프랑스에서 1895년에 창간된 『라 퀴지니에르 코르동 블뢰』.

중세 시대에 열린 연회의 한 장면.

a litull in faire grece · but lete not boyle · then take it oute · and ley on
a faire boyde · and butte it in faire smale peces as thou list And putte
hem agen into the panne til they be brolene · And then caste Sugur
on hem · And sue hem forth ·

Pety pernautes

Take faire floure · Sugur · Saffron · and salt · and make paast þof
then make smale coffyns · then cast in erye a coffyn · iij · or iiij yalke
polkes of egges hole · and ij gobettes · or iij · of Mary couche þ'in
þen take polk dey of gyng' Sugur · seysons of Cosans and cast
above · þen couer the coffyn with a lyd of þe same paste · then
bake hem in a oven · or elles fry hem in faire grece fresch And
then serby hit fortho ·

an' pety pernautes

Take and make thi coffyns · as hit is afor said · then take yalke
polkes of egges tvynde in sugur poudey of Gyngey and resons
of Cosans and myysed mary but not to smal And caste all
this into a faire boll · and medel all togidye and put hit i coffyns
and bake hem · or fry hem as þ' aidyist be ye topey ·

Custarde

Take vele and suyre hem hit in litull peces · and wassh it clene · put
hit into a faire potte with faire water and lete hit boyle togidye · þen
take perlly · Sange · Isopp · Sauerey · Wassh hem · helve hem And cast
hem into flessh Whan hit boileth · then take polk dey of egg · canel
colbes · Maces · Saffron · salt · and lete hem boyle togidye · and a
goode dele of Wyne With all · And Whan the flessh is boyled · take
it vp fro þe brotth · And lete the broth kele Whan hit is colde sheyne
polkes and Whire of egges thozyn astreyue · and put hem to the
broth so many that the broth be styff ynolbe · And make fayn coffyns
and couche iij or iiij peces of the Flessh in þe coffyns then take
Dates · prunes · and kitte hem cast togeto polk dey of Gyng' · a litull

---

1440년에 쓰인 『요리에 대한 책』. 182가지 레시피를 담았다.

Entvogel im frühling.

오리와 거위 간을 부풀리기 위해 억지로 사료를 먹이는 일은 고대 이집트 시기부터 시작됐다.

『비턴의 가정관리서』에 나오는 찬 음식의 순서별 모음.

엘리자베스 데이비드의 『지중해 요리책』(1950)이 출간됐을 때 앞표지를 장식한 삽화.

옥소 사는 저렴한 방식으로 가족 식사에 풍미를 더해주는 이미지로서 영국을 대표하게 되었다.

미국의 요리사 줄리아 차일드의 「프랑스 셰프」 출연 장면.

로버트 캐리어는 사람들에게 요리와 파티를 즐기라고 조언했다.

런던 켄싱턴 플레이스 식당의 롤리 리.

헤스턴 블루먼솔은 끈질긴 과거 요리 연구를 통해 고기과일과 같은 중세 요리를 현대 요리로 바꿔놓았다.

역사를 만든 백가지 레시피

역사를 만든 백가지 레시피

윌리엄
시트웰
지음

안지은
옮김

A HISTORY OF FOOD
IN 100 RECIPES

고대 이집트
빵에서
최신 메뉴
고기과일까지

에쎄

로라에게

2010년 7월의 어느 날, 소더비에서 경매를 마치고 19세기 요리책과 요리에 관련된 그림, 카툰을 한 아름 안고 행사장을 빠져나왔다. 스탠리 J. 스티거가 소장한 요리 관련 컬렉션의 일부로 내 작은 컬렉션을 구성하는 데 중요한 자료가 될 것이었다.

나는 그것들을 연구 관련 자료를 모아놓는 책장에 고이 모셔두었다. 서재는 온통 음식과 관련된 대형 사진으로 도배됐다. 그릇에 담긴 잘 익은 무화과 열매에서부터 콩깍지에 들어 있는 완두콩, 데이미언 허스트 스타일의 '샤크 인 젤리shark in jelly'까지 다양하다. 기존에 있는 책들과 더불어 이지적이고 역사적인 요리책들이 서재를 채웠다. 그중에는 편집자나 홍보 담당자들이 몇 년에 걸쳐 보내온 요리책도 있다. 내가 일하는 음식 잡지에 실렸으면 하는 바람으로 보내온 것이다. 유명한 셰프들이 쓴 자서전도 있고 내가 직접 구입한 특이한 요리책들도 있다.

나는 구입한 시기가 오래된 책들부터 읽기 시작했다. 책장에서 오랫동안 존재감을 드러낸 그 책들은 제본이나 표지, 누렇게 뜬 본문이 매우 따분해 보였다. 그런데 읽다보니 예상을 깨더니 개성 있는 문체가 시선을 사로잡았다. 페이지 곳곳에 개성 넘치는 글이 담겨 있었다. 요리와 관련된 정보가 잔잔한 톤으로 펼쳐질 거라 예상한 부분에선 장황하게 나열된 저자의 견해를 볼 수 있었다. 예를 들어 19세기의 요리 입문서라 할 수 있는 『카셀의 요리사전Cassell's Dictionary of Cookery』에는 급진적인 견해와 평이 가득하다. 이 책에는 편집자 A. G. 페인이 다음과 같은 불평 섞인 서문을 남겼다.

"많은 사람이 해마다 극심한 기근으로 사망했다니 충격이다. 식량을 공평하게 배분했더라면 사망자 수를 20분의 1로 줄일 수 있었을 텐데……."

이런 관점이 무척 반가웠다. 나는 '남은 고기 토막이나 베이컨 가장자리가 무분별하게 낭비된다. 신중하게 판단해서 멋진 리솔rissole[동그랑땡과 비슷한 요리]을 만들어야 한다'고 생각한다. 그래서 내가 일하는 잡지를 비롯해 여러 매체를 통해 남은 음식을 잘 활용해서 '첨단' 스타일의 요리를 만들어보자고 제안했다. 그런데 식상한 아이디어라는 비웃음 섞인 평가를 받았다.

나는 윌리엄 키치너 박사가 1817년에 집필한 위트 넘치는 『요리의 신탁Cook's Oracle』을 우연히 읽었다. 그는 피가 난무하는 잔인한 요리 방법에 대해 자세히 설명하는 것 말고도 기존의 요리책 저자들을 신랄하게 공격했다. 그는 이들 요리책에 대해 "영국에서 인도로 안전하게 항해하기 위해 『로빈슨 크루소』를 읽는 것보다" 더 무가치하다며 일침을 놓았다. '이것 소량, 저것 한 줌, 그것 조금, 밀가루 소량, 레몬을 한번 쭉 짠 정도'와 같은 애매모호한 표현 앞에서 절망감을 느꼈으며, 그러한 표현으로 기술된 레시피를 대할 때마다 어리둥절해할 수밖에 없었다. 기존 요리책에서 볼 수 없었던 구체적이고 상세한 정보를 독자들에게 제공해준 저자였다. 그와 같은 방식으로 책을 쓴 저자가 또 있는데, 바로 파리 경마클럽의 주방장으로 일한 경력의 소유자 쥘 구페다. 1868년에 발표한 『궁정 요리책Royal Cookery Book』에서 "지금까지 출간된 수많은 요리책이 얼마나 쓸데없는지 그 책들의 무용성"에 대해 가차 없이 지적했다.

이런 말들은 무척 익숙하게 들렸다. 홍보 담당자들이 내게 최신판 요리책을 보내면서 항상 하는 말이 지금까지 볼 수 없었던 차별화된 요리책이며 이보다 더 명확하게 쓰인 요리책은 없었다고 말하지 않았던가? 그러면서 새 책에 소개된 레시피들은 정말 훌륭하며 독자의 상상력을 사로잡을 만한 새로운 요리 스타일을 보장한다는 말도 잊지 않았다.

좀더 깊이 있게 연구하기 위해 나는 1747년에 해나 글래스가 발표한 『쉽고 간단한 요리 기술The Art of Cookery Made Plain and Easy』도 읽었다. 그녀는 책에 다음과 같이 썼다.

"지금까지 이런 책은 없었다. 이 책을 집필하는 동안 아무도 생각하지 못한 가치 있는 요리 기술의 새로운 브랜드를 시도하고 있다고 스스로 믿게 됐다."

시대를 더 거슬러 올라가보자. 1500년에 익명으로 발표된 『조리법에 관한 도서This Boke of Cokery』란 책이 있다. 여기에는 다음과 같이 쓰여 있다.

"여기 왕정 연회와 왕자를 모시는 하인들 또는 사유지에서 필요로 하는 요리에 대한 고귀한 책이 시작된다. 이 책과 함께 당신은 그와 관련된 많은 정보를 확실하게 얻을 수 있을 것이다."

다른 책보다 내용이 더 확실하고 간소할 뿐 아니라 분명하다는 것이다.

내용의 진정성과 영특함에 대한 이런 대담한 주장에 끌려 이 책을 읽게 됐고, 수백 년 동안 사람들이 그런 식으로 인상을 강력하게 표현할 수밖에 없었던 확실한 특징을 파악할 수 있었다. 이 책에는 오늘날의 셰프들이 푹 빠져서 열광할 만한 새로운 내용은 없다. 음식에 대한 집착이 심하고 판타지에 빠진 요즘 셰프들이 좋아할 만한 내용은 아니라는 것이다. 최상의 식재료를 얻기 위한 열정만큼이나 역사적으로 주방에서 흘러나오는 격렬한 분노가 느껴졌다. 1980년대 후반에 마르코 피에르 화이트가 자신의 식당 한쪽 벽에 치즈 목록을 성의 없게 끼적거려놓은 것을 기원전 350년에 시칠리아에 살았던 유명한 미식가 아르케스트라투스가 봤더라면 크게 화를 냈을 것이다. 그는 아티카 지역에서 생산한 꿀이 진짜라고 말했다. 만약 식재료로 아무 꿀이나 쓰면 "패덤[물의 깊이 측정 단위로 약 1.8미터]으로 측정할 수 없을 정도로 심연에 묻히는 것과 같다"고 말할 만큼 식재료에 까다로웠다. 또한 요리를 하지 않고 모든 음식에 소스를 붓는 식으로 음식을 만든다면 "맛있는 돔발상어를 준비하는 것"과 같다며 비꼬았다. 이 상어과 물고기는 오늘날에는 식용 가능하지만 당시에는 먹을 수 없는 식재료였다.

셰프를 비롯해 식품 생산자와 소비자들의 열정 덕분에 요리에 대한 화두는 늘 살아 숨 쉬는 생명체처럼 이어져 내려왔다. 이 책에는 그 과정에서 얻어낸 탐구 결과가 고스란히 담겨 있다. 수 세기에 걸쳐 음식 이야기를 엮어낸 열정적인 인물들에게 찬사를 보내는 책이라 할 수 있다. 대단한 미식가로 통하는 인물이 몇 명 있었다. 예를 들면 소스류를 사랑한 아피키우스는 서기 10년에 고대 로마 제국의 유일한 요리책으로 전해지는 글을 썼다. 치즈를 유독 좋아한 판탈레오네 다콘피엔차는 15세기 중반 유럽 전역에서 생산되는 유제품을 맛보러 다니던 미식가였다. 어둡고 멀게만 느껴지던 과거는 요리다운 요리가 없는 암흑시대였고 음식 맛도 상당히 뒤떨어졌다.

요리의 역사는 여러 개인이 노력한 결과다. 그 역사를 제대로 기술하도록 도우미 역할을 한 레시피를 쓴 사람들이 있었기에 발전이 가능했다. 이 책은 백 가지 최고의 레시피의 역사를 일일이 모아서 완성한 작품이다. 역사적으로 가장 큰 특징을 자랑하는 음식들, 한 시대를 풍미한 음식계의 악동과도 같았던 인물들을 집중 조명하고 역사적으로 가장 맛있는 요리라고 할 수 있는 음식들을 선별해 수록했다. 이 책에는 고대 이집트 사람들이 사후세계에서 먹으려고 만든 빵부터 아주 어려운 기술을 요구하는 '고기과일'까지 다양한 레시피를 수록했다.

21세기 초반에 영국의 음식 전문 작가로 활동하고 있는 내 마음을 특히 사로잡은 이야기가 있다. 플라티나가 1475년에 마르티노 데로시가 개발한 레시피를 계속해서 몰래 표절한 사건에서부터 2011년에 '에피큐리오스닷컴Epicurious.com'에서 표절한 것까지의 이야기다.

한마디로 이 책은 영국 음식 문화의 탄생과 죽음 그리고 재탄생을 다룬다. 물론 아직은 재탄생을 확정지을 단계가 아니지만 그 과정에 있다고는 말할 수 있다. 글을 쓰면서 오늘날 소비지상주의 경향의 증대와 함께 웰빙 푸드에 대한 관심에 맞서는 편리한 인스턴트식품에 대한 내용도 고려했다. 왕과 왕비, 정복자들, 식당 주인이 음식에 미친 영향력에 대해서도 심사숙고했다. 그리고 이 땅에 살면서 경험할 수 있는 '좋은 음식'에 대해 끊임없이 전망하는 일을 하는 나처럼 먹는 것을 좋아하는 탐욕스러운 사람들이 음식에 미친 영향에 대해서도 고민했다.

노샘프턴셔 플럼턴에서
윌리엄 시트웰

『역사를 만든 백가지 레시피』는 장마다 실제로 만들어지는 레시피를 다룬 요리책이 아니다. 요리 방법이 현실적으로 가능하거나 쉬운 것은 더더욱 아니다. 특정 시대의 향기를 느낄 수 있는 그 시대의 개성 있는 음식을 독자들에게 소개하는 책이다.

애석하게도 음식 역사의 초석을 다진 과거의 요리 작가들은 오늘날의 레시피 작가들처럼 세부적인 내용에까지 꼼꼼히 신경 쓰지 않았다. 예를 들어 독자 여러분이 읽게 될 바이킹 족의 레시피를 소개할 때 나는 아이슬란드의 전통 이야기에서 단서를 찾으려고 애썼다. 영웅 그레티르와 그의 경쟁 상대인 붉은 머리 아틀리가 상대방의 소유물을 약탈하기 위해 계략을 세우는 다양한 모습을 전달하고자 했다. 그리고 그들이 이동 중에 말린 생선을 많이 먹었다는 증거를 바탕으로 그들이 자주 먹었던 음식을 소개했다. 예를 하나 더 들자면, 영국 역사가 세워진 시기에 먹었던 빵에 대한 레시피는 거의 발견되지 않았다. 15세기에 이르러서야 빵에 대한 글들이 본격적으로 발표됐다. 그전 시대에도 사람들은 빵을 먹었다. 그래서 독자들이 섭섭해하지 않도록 바이외 태피스트리^{Bayeux Tapestry}에 등장하는 빵에 대해 자세하게 묘사한 내용을 이 책에 실었다. 또한 11세기에 전투에 나가기 전 야외에서 군사들이 먹을 음식을 만드는 장면을 구경하면서 그 시대의 빵 역사에 대해 알아볼 기회도 가졌다.

다시 말해 과거의 특정 시기에 옛 조상이 만들었던 특정 음식을 현대의 버전으로 번역해서 레시피를 소개한 것이 아니라, 당시의 시대 배경과 더불어 그들이 어떻게 음식을 준비하고 만들었는지를 설명하는 데 집중했다. 예를 들어 소고기를 굽거나 홍합을 졸이는 찜 요리를 오늘날의 재료들로 업데이트해서 과거의 요리를 재탄생시킨 것이 아니라 옛날식 요리법에 초점을 맞췄다고 이해하면 된다. 물론 까다로운 표현이나 옛날의 표기법은 독자의 이해를 돕기 위해 의도적으로 '번역'을 했다. 레시피는 결코 현대식 버전으로 풀어서 설명하지 않았다. 나는 독자들이 레시피와 관련된 글을 읽으면서 즐거움을 느끼기를 원한다. 어쩌면 모든 레시피를 3중 테스트하지 않은 유일한 책일지도 모른다. 사실 기존의 요리책들은 초기 레시피에 쓰였던 재료가 아닌 대체 가능한 재료를 찾아 바꿔놓곤 했다. 그래서 독자들이 동네 슈퍼마켓에서 장을 봐도 얼마든지 만들 수 있는 레시피로 둔갑시켰다. 17세기에 드니 파팽이 당시에 사용하던 압력냄비로 만든 고등어 요리를 지금 일반 가정집에서 그대로 재현하는 것은 힘들다. 또 헤스턴 블루먼솔과 애슐리 파머 와츠가 제안한, 당시에 첨단을 장식했던 '고기과일'도 오늘날 똑같이 흉내내기는 힘들다. 그런 의미에서 이것은 실용적인 레시피 요리책이 아니다. 그럼에도 나는 독자들이 이 책을 맛있게 읽어주기를 간절히 바란다.

A HISTORY OF FOOD IN 100 RECIPES

역사를 만든 백가지 레시피

차례

1

고대 이집트의 빵

Ancient Egyptian Bread

세네트 묘실의 벽. 이집트 룩소르, 저자 미상, 기원전 1958~기원전 1913년

Recipe 나무그릇에 넣은 곡물을 막대기로 부순다. 잘게 부순 곡물가루를 체에 쳐서 껍질을 골라낸다. 곡물가루는 맷돌에 갈아 더 미세하고 하얗게 만든다. 여기에 물을 충분히 넣고 부드럽게 반죽한다. 밀가루 반죽을 커다란 항아리에 넣고 손으로 부드럽게 치댄다. 반죽이 충분히 부드러워지면 작고 동그란 모양으로 떼어낸다. 떼어낸 반죽을 뜨거운 숯불 위에서 바로 굽거나 주형틀에 올려놓은 다음 뜨겁게 달군 철판 위에서 지진다. 빵을 구울 때 한쪽 면이 황갈색으로 변하기 시작하면 바로 뒤집어서 다른 쪽 면을 익히도록 해야 한다.

뜨겁고 먼지 나는 셰이크 아브 델 쿠르나 언덕, 고대 테베 시 근처(지금의 룩소르 지역)에서 나일 계곡을 내려다보면, 세네트의 묘실로 들어가는 좁은 길이 보인다. 석회석으로 된 산을 깎아서 만든 수백 개의 묘실 중 하나인 세네트의 묘실에는 특별히 귀족, 장교 등 고대 이집트 파라오 시대에 권력을 휘둘렀던 인물이 잠들어 있다.

묘실 내벽에는 당시 사람들의 일상이 그려져 있는데 사후에도 그렇게 살고 싶다는 소망을 담았다. 그래서인지 벽화는 하나같이 행복한 모습이다. 4000년이 지난 오늘도 당시의 생활상을 확실하게 알 수 있을 정도로 행복한 추억과 의식이 그림 곳곳에 상세하게 묘사되어 있다. 사냥, 낚시, 곡식과 포도를 수확하는 모습을 비롯해 축제를 즐기는 농촌의 평범한 삶이 그려져

있다.

대부분 남자를 위한 묘실이지만 테반의 묘실 TT60호에는 세네트가 잠들어 있다. 세네트의 묘실은 기원전 2055~기원전 1650년 이집트 중왕국 시대에 살았던 여인의 무덤으로 알려져 있다. 묘실에 그려진 벽화의 보존 상태가 훌륭한, 가장 오래된 무덤으로 손꼽힌다. 묘실 벽에는 사냥하고 농사짓는 장면 외에 빵 굽는 그림도 있는데 아주 세밀하고 색깔이 다채로워 벽화를 보는 이들의 시선을 압도한다. 이집트 연구자인 티에리 벤더리터는 1970년대에 이 벽화를 보고 다음과 같이 말했다.

"우리는 이집트 중왕국 시대 사람들이 빵 굽는 장면을 그대로 재현한 탁월한 작품을 보고 있다."

그런데 세네트는 누구일까? 기록에 따르면 안테포커 수상의 아내 또는 어머니로 추정된다. 안테포커는 아메네마트 1세와 그의 아들인 세소스트리스 1세가 집권하던 12대 왕조가 시작될 무렵(기원전 1958~기원전 1913)에 수상을 지낸 인물이다. 세네트는 안테포커와 중요한 관계에 있는 여인이었기에 당시 자신의 지하 묘실, 즉 개인 묘를 가질 수 있었던 듯하다. 그런데 오늘날 세네트의 묘실을 방문해보면 입구 어디에서도 장엄함을 느낄 수 없다. 같은 언덕에 있는 다른 묘실과 비교하면 초라해 보일 정도다. 세네트의 묘실 입구에는 벽돌이 쌓여 있고 나무로 된 문이 달려 있다. 1914년에 영국 출신의 이집트 연구자 노먼 데이비스가 입구에 추가로 설치한 것이다.

이 지역은 대중에게 묘실을 잘 공개하지 않는다. 세네트의 묘실 또한 방문객이 거의 없고, 경비가 매우 삼엄하다. 빛을 받으면 벽화가 손상될 위험이 있어 사진 촬영도 엄격하게 금한다. 방문 허가를 받은 사람은 먼저 입구를 에워싼 일렬로 쌓아놓은 돌무더기를 헤치고 지나가야 한다. 그런 다음 묘실을 안전하게 보호하기 위해 여기저기에 쌓아둔 돌들을 치워야 나무문을 열 수 있다. 문을 열면 좁고 어두우며 긴 통로가 무덤까지 이어진다. 무덤까지 가는 통로는 지붕이 아주 낮아서 마치 위에서 짓누르는 듯한 압박감을 느끼게 된다. 좁은 통로를 따라 걸어가면 먼지가 뿌옇게 덮인 사각형 무덤이 나오고, 그 앞에 세네트의 동상이 서 있다. 완전히 해체됐던 파편들을 모아 복원한 것이다.

무덤 너머로 또 다른 길이 보이는데 다양한 색채로 그린 벽화가 있어 밝다. 황토색, 노란색, 빨간색, 파란색의 그림들이 눈에 들어온다. 제일 먼저 시선을 끄는 부분은 안테포커가 사냥하는 장면이다. 그가 간편한 옷을 입고 위엄 있는 모습으로 활시위를 팽팽하게 당기는 모습이 보인다. 목에는 파란색, 녹색, 흰색이 조합된 정교한 목걸이를 하고 손목에는 그 목걸이와 조화를 이루는 팔찌를 차고 있다.

사냥개와 하마 그리고 아름다운 새들의 그림도 보인다. 밝은 하늘색을 배경으로 거위, 오리, 플라밍고가 그려져 있다. 가젤과 산토끼 무리가 개들에게 쫓기는 그림도 있다. 그물에 걸린 새들과 호수에서 잡은 물고기들도 있는데 어찌나 세밀하게 그렸는지 그 종류를 알아볼 수 있을 정도다. 통로에서 20미터 정도 아래를 보면, 오른쪽에 요리하는 모습을 담은 그림들이 있다.

그중 하나는 식사를 준비하는 그림이다. 차양 아래 그늘에서 남자들이 황소 한 마리를 잡고 있다. 그 옆에는 고기를 끈으로 묶어 매다는 사람이 있고, 또 다른 사람들은 햇볕에서 고기를 돌로 두들기며 살을 연하게 만들고 있다. 오른쪽에 있는 한 남자는 한 손으로는 수프를 끓이는 가마솥에 뼈를 넣고, 다른 한 손으로는 막대기로 연신 수프를 젓는다. 또 다른 남자는 불판 위에서 닭꼬치를 굽는 동시에 불이 꺼지지 않도록 반원형의 부채로 부채질을 한다. 이 모습은 마치 꿀벌들이 일을 나누며 협동하는 것과 같다.

이 장의 도입부에 요약한 내용을 정확하게 보여주는 벽화도 있다. 물론 집에서 요리하는 법을 직접 가르치기 위해 그린 벽화 같지는 않다. 어쨌든 이 벽화를 보면, 그들이 사후세계에서도 신선하게 구운 빵을 먹고 싶어했다는 것을 느낄 수 있다. 이 그림은 수천 년 전에 어떻게 빵을 구웠는지에 대한 기초적인 정보를 알려준다.

이 벽화에는 곡물을 밀가루로 만드는 방법뿐만 아니라 등장인물 사이의 대화도 남겨져 있는데, 등장인물 주변에 생각을 드러내는 말풍선처럼 상형문자로 쓰여 있다. 예를 들어 두 남자가 나무그릇에 담긴 곡물을 빻는다. 한 사람이 "내려!"라고 말하자 다른 사람이 "당신이 원하는 대로 하겠소!"라고 대답하는 것 같다. 그다음에는 한 여자가 곡물을 가는체로 걸러 껍질

1958-1913 BC

룩소르에 있는 세네트의 묘실 벽화. 이집트의 빵 만드는 과정을 묘사했다.

을 골라낸다. 또 다른 여자는 체에 거른 곡식가루를 맷돌에 넣고 더 부드럽게 만든다. 그 옆에 있는 한 소녀는 손으로 밀가루 반죽을 주물럭거린다. 다른 소녀는 밀가루 반죽을 손으로 비벼서 가는 줄처럼 만든 다음 길쭉한 원뿔 모양의 틀에 넣는다. 그 뒤에 있는 남자는 이 틀을 화덕 안에 넣는다. 남자는 한 손으로 화덕을 달구는 통나무를 뒤적거리고 다른 손으로는 뜨거운 불에 데지 않으려고 얼굴을 가린다. 남자의 얼굴은 별로 행복해 보이지 않는다. "장작이 아직도 덜 탔네!"라고 말하며 탄식하는 듯하다.

그러는 동안 한 여자가 훨씬 더 큰 밀가루 반죽을 치댄다. 반죽을 탁자 위에 넓게 편 다음 납작하게 누르고 잡아당긴다. 완성된 반죽은 아마도 바로 옆 그림에 있는 빵 굽는 곳으로 보내질 것이다. 빵 굽는 곳에는 남자 감독관 한 명이 끝이 뾰족한 위협적인 지팡이를 쥐고 서 있다. 그는 일꾼들이 일을 잘하도록 옆에서 격려하고 있다. 그 밑에 있는 한 남자는 무릎을 꿇고 반죽을 치대면서 겸손한 태도로 이렇게 말하는 것 같다.

"감독관님이 바라시는 대로 일하고 있어요. 아주 열심히 하고 있습니다."

그의 동료가 붉은빛이 도는 밤색 주형틀에 넣은 반죽을 불꽃이 이글거리는 또 다른 화로 위로 가져온다. 다른 일꾼들은 반죽을 치대면서 납작하게 펴거나 아니면 손으로 주무르면서 잘 섞는다. 맨 끝에 있는 인물은 뜨거운 불 위에서 갈색을 띠며 반쯤 익은 빵을 뒤집고 있다.

이런 식으로 만든 빵은 고대 이집트의 주요 음식 중 하나였다. 세계에서 가장 오래된 빵 만드는 과정을 담은 그림을 통해 우리는 당시 사람들의 농사짓는 법, 타작하는 법, 밀가루를 만들고 반죽해 빵 굽는 법까지 세세히 알 수 있다. 물론 정확히 언제부터 효모를 반죽에 넣어 빵을 부풀려서 더 부드럽고 가벼운 빵을 만들었는지는 알 수 없다.

이 그림에 나오는 빵은 오늘날의 피타 빵pitta bread과 많이 닮았다. 이 벽화가 있는 통로에는 고대 이집트인들이 효모를 사용했을 거라고 짐작케 하는 맥주 만드는 장면을 그린 그림도 있다. 효모는 공기 중에 노출되면서 발효를 일으키는데 당분이 알코올로 변하는 과정이 필요하다. 고대 이집트인들은 언제부턴가 효모를 빵 반죽에 넣었을 것이다. 룩소르 부근에 있는 다른 묘실의 벽화를 보면, 화덕 근처에 여분의 빵이 쌓여 있는 것이 보인다.

이 빵들은 하루 동안 공기 중에 노출되면서 빵에 있는 효모 성분을 자연 발효시키는 것인지도 모른다. 빵 반죽을 그렇게 놔두면 솜처럼 부드러워지는데, 빵 만드는 사람은 부푼 빵에 매우 흡족해했을 것이다. 물론 세네트의 묘실 벽화에 이런 상황을 자세하게 설명해주는 그림은 없다. 당시 사람들이 효모가 발효되는 과정에 담긴 과학의 원리를 정확히 이해했는지는 모르겠다. 하지만 효모가 발효할 때 밀가루의 글루텐이 팽창하면서 빵 반죽이 부풀어 오르는 것은 두 눈으로 확인할 수 있다.

빵을 만드는 방법과 맥주 제조법은 종종 협업으로 이뤄지기 때문에 우연이건 의도적인 실험에 의해서건 발효된 맥주를 밀가루 반죽에 사용했을 가능성이 높다. 그런데 효소는 처음 빚은 반죽에 넣어야 완전히 부푼 빵을 만들 수 있다. 전날 빚어서 이튿날 아침 화덕에 들어가는 반죽에 넣어야 한다.『성경』(「출애굽기」 12:34, 39)에도 누룩을 넣어 빵을 발효시켰음을 알려주는 내용이 기록되어 있다. 이스라엘 백성이 이집트의 포로생활을 끝내고 도망쳐 나올 때, "발효되지 않은 반죽을 옷에 싸서 어깨에 걸치고" 나왔다는 표현이 있다. "그들이 이집트에서 가지고 나온 미처 발효되지 않은 반죽으로 빵을 구웠다. 이집트에서 탈출해야 하기 때문에 시간을 지체할 수 없었다"란 구절도 있다.

고대 이집트 사람들은 빵 외에 과일, 채소, 닭을 즐겨 먹었다는 기록도 있다. 이집트 사람들은 커민cumin과 호로파fenugreek 같은 허브를 음식에 넣었다. 요리를 하는 일상적인 모습을 담은 벽화들이 있는 걸 보면 그들이 사후세계에서도 얼마나 활동적으로 살고 싶어했는지 짐작할 수 있다. 그런 마음은 오늘날도 마찬가지다.

2
카나수 수프

고기와 야채를 넣어 끓인 스튜_Kanasu broth

저자 미상, 기원전 1700년경, 바빌로니안 컬렉션

Recipe 스물한 가지 고기 수프와 네 가지 야채 수프

카나수 수프. 양고기의 다리를 쓴다. 물을 준비하고 추가로 지방을 넣는다. 요리용 냄비에 사미두^{samidu}[메소포타미아 문명권에서 먹던 옛날 채소. 양파처럼 생김], 고수^{coriander}, 커민, 카나수[고대의 밀. 파스타 재료로 쓰는 듀럼 밀과 비슷함]를 넣고 으깬 마늘을 중간에 넣어 섞는다. 그런 뒤 수후틴누^{suhutinnu}[고대 향신료의 일종]와 박하를 넣어 잘 섞는다.

다진 고기로 만든 쿠바^{Kubbah}를 먹으면서 티그리스 강둑을 거니는 평범한 이라크 시민들은 그들이 발을 딛고 있는 바로 그 땅에서 4000년 전에 고급 요리가 탄생했다는 것을 알고 있을까?

고대 이집트 중왕국이 요리법의 기초를 다질 때, 티그리스 강과 유프라테스 강 사이에 있는 메소포타미아에서는 음식 문명을 꽃피웠다. 그곳은 땅이 비옥했다. 당시 사람들은 깜짝 놀랄 정도로 다양한 식단을 보유했다. 특히 리크^{leek}[큰 부추같이 생긴 채소], 샬롯^{shallot}[작은 양파의 한 종류], 마늘, 겨자과 식물, 병아리콩, 렌즈콩, 상추, 완두콩, 무화과, 석류 등 수많은 종류의 채소를 먹었다. 다양한 종류의 치즈를 먹었고 빵 종류가 300가지나 되며 수프의 종류도 무궁무진했다. 어쩌면 오래전 메소포타미아 사람들이 저녁에 먹던 빵과 수프, 치즈가 오늘날 우리가 먹는 것보다 더 세련됐을지도 모른다.

카나수 수프 요리법이 새겨진 점토판.

이 모든 정보를 상세한 기록을 통해 접할 수 있다. 오늘날에는 노트에 레시피를 간략하게 메모하거나 그것들을 모아 책으로 출간한다. 아니면 온라인 사이트에 올리거나 스마트폰 앱에 올린다. 하지만 옛날에는 레시피를 기록하는 데 지금보다 훨씬 더 많은 노동을 요했다. 여러분이 글을 읽고 쓸 줄 아는 소수의 전문가 계층이라고 가정해보자. 먼저 점토판을 만든다. 그런 다음 점토판이 부드러운 상태일 때 날이 무딘 갈대로 만든 바늘로 문자 탄생의 선구자적 역할을 한 고대 상형 기호인 아카드Akkad의 설형문자로 천천히 요리법을 새긴다.

돌로 된 수많은 판이 오랫동안 사람들의 손을 타지 않은 상태로 보존되면서 지금까지 이어져 내려오고 있다. 뉴잉글랜드의 예일 대학은 1933년에 약 4만 점의 유물을 확보했는데 그중 많은 양이 대학 산하의 바빌로니안 컬렉션에 보관되어 있다. 판을 오래도록 잘 보존하기 위해 큐레이터들은 판을 일렬로 나열한 다음 내용을 베끼는 작업을 했다. 판에 새겨진 내용은 수년 동안 잘 알려지지 않은 약을 만드는 방법으로 추정됐다. 그러다가 프랑스 출신의 아시리아 학자 장 보테로가 자세하게 분석한 결과를 2004년에 공식적으로 발표했다.

그는 세 조각으로 금이 간 캐러멜 색깔의 이 점토판을 최초로 연구하며 설형문자 코드를 해독하는 데 주력했다. 내용을 해독함에 따라 복잡한 법칙을 나타내는 공식이 아니라 단순히 어떤 요리에 대한 레시피라는 것을 알게 됐다. 여러 개의 판에는 다양한 종류의 요리에 대한 설명뿐만 아니라 정교한 혼합 기술과 예술적인 기교, 폭넓은 재료에 대한 내용이 담겨 있다. 여러 개의 판 중 크기가 12×16센티미터밖에 안 되는 한 점토판에 바로 카나수 수프의 레시피가 담겨 있다.

카나수는 고대의 밀이다. 양고기로 만든 스튜에 카나수를 넣으면 스튜를 더 걸쭉하게 만들 수 있다. 양고기 캐서롤lamb casserole[양고기를 쪄서 양파와 감자를 얹은 요리]에 보리쌀을 넣었다고 생각하면 된다. 레시피는 비교적 간단하다. 보테로는 점토판 위에 새겨야 하기 때문에 시간적인 제약이 있었을 것으로 추정했다. 그러면서 당시에 음식을 기록하는 것은 하나의 의식이었을 것이라고 주장했다. 이 레시피는 요리 초보자를 위한 것이 아니다. 왜냐하면 정확한 수량이나 요리 시간이 전혀 제시되어 있지 않기 때문이다. 따라서 어느 정도 요리에 대한 노하우가 있는 사람들을 대상으로 한 레시피였을 것으로 추측된다.

양고기 스튜는 스물한 가지 채소를 넣은 고기 수프 중 하나다. 레시피를 보면 다른 요리들보다 더 맛있을 것 같다. 특히 푹 찐 순무로 시작되는 레시피, "고기는 필요하지 않다. 끓는 물. 지방을 물에 넣어라"라고 시작되는 레시피와 비교하면 더 그렇다. 부연 설명이 필요한 재료가 많다. 예를 들면 사미두는 세몰리나[듀럼밀보다 입자가 더 큰 가루] 또는 입자가 고운 하얀 밀가루 같아서 수프의 즙을 걸쭉하게 만들 때 쓴다. 수후틴누는 아마도 당근이나 파스닙parsnip[배추 뿌리같이 생긴 채소]처럼 뿌리채소일 것이다. 고대의 재료들을 현대식 부엌에서 그대로 재현하기란 힘들다. 레시피 해독에 수년을 쏟아부은 보테로 역시 실력 좋은 요리사이건만 다음과 같이 고백했다.

"내가 싫어하는 최악의 적들을 제외한 나머지 사람들에게 결코 이 음식들을 만들어주고 싶지는 않소."

이런 말을 하면서 그는 발효시킨 소스에 메뚜기를 넣는 요리를 머릿속에 떠올렸을지도 모른다. 고대 레시피가 새겨진 판들 중 하나에서 실제로 언급한 요리다. 그러나 정반대의 반응을 보이는 사람이 있었다. 바로 『뉴 헤이븐 레지스터New Haven Register』의 편집자다. 그는 보테로의 카나수 수프의 레시피에 감탄하며 다음과 같이 높이 평가했다.

"당신은 4000년 전, 신비로운 메소포타미아 허브를 첨가해 만든 걸쭉한 소스와 함께 부글부글 끓고 있는 양 다리의 냄새를 맡을 수 있는 사람이군요."

비록 고대 음식들이 현대인의 입맛에 맞지 않지는 몰라도 판에 나열된 풍부한 재료와 다양한 요리 기술은 우리에게 강한 인상을 남기기에 충분하다. 요리에 필요한 도구의 수에 따라 그 음식이 신전에 오르는 것인지, 궁전에서 먹는 것인지도 알 수 있다. 평범한 가정집이나 움막, 동굴에서는 요리 도구가 변변치 않았기 때문에 최소한의 도구로만 음식을 만든다. 레시피를 보면, 얇게 썰거나 쥐어짜거나 방망이로 두드리거나 물에 끓이거나 잘게 조각 내거나 소스에 재우거나 체에 거르는 등의 방법이 나온다. 열한 자나 되는 이름의 국가가 있던 시절, 바퀴를 처음 발명하고 닭의 간으로 점을 치던 시절, 죽으면 사후세계에서 나쁜 음식을 먹는다고 믿던 시절에 살았던 요리사들도 지금의 요리사들과 같은 방식으로 음식을 만들었다는 것을 알 수 있다.

3

타이거 너트로 만든 사탕류

Tiger nut sweets

『성경』「창세기」43:11

Recipe 그들의 아버지 이스라엘이 그들에게 이르되 그러할진대 이렇게 하라. 너희는 이 땅의 아름다운 소산을 그릇에 담아가지고 내려가서 그 사람에게 예물로 드릴지니 곧 유향 조금과 꿀 조금과 향품과 몰약과 유향나무 열매와 감복숭아[아몬드]이니라.

선사시대의 맛있는 음식들이 구운 양고기나 납작한 빵, 병아리콩에 국한됐을 것이라고 단정짓지는 말자. 그 시대 사람들도 우리와 다르지 않은 인간이었다. 내가 새벽 4시에 호브노브[영국의 전통 비스킷 브랜드]를 갈망하듯 고대 사람들도 판에 문자를 새기면서 단것을 먹고 싶은 욕구를 느꼈을 게 틀림없다.

요셉이 이집트에서 명성을 떨치게 된 이야기가 사실이라면 그 시기를 고고학적인 증거 자료에 따라 기원전 1700년경으로 추정할 수 있다. 요즘 대규모 엔터테인먼트 산업에서는 요셉이라는 인물에 의존한 작품을 제작하고 있다. 좀더 구체적으로 말하면, 요셉이 입은 화려한 의상을 일명 '요셉의 외투'라고 부르며 아이템으로 쓰고 있다.

『성경』에 따르면, 요셉의 형제들이 요셉을 시기해 그를 고향에서 추방시키고자 이집트로 떠나는 사람들에게 노예로 팔아버린다. 그러나 요셉은 꿈을 해석하는 뛰어난 재능을 타고났기에 이집트에서 점점 유명해진다. 마침내 파라오에게 풍년일 때 식량을 비축해 앞으로 다가올 흉년에 대비하라는

근엄한 이탈리아 르네상스 시대에 보르소 데스테가 쓴 『성경』 「창세기」의 한 부분.
고결한 양피지 종이에 그려졌다.

조언을 하게 되고 그의 예상은 적중한다. 흉년이 들자 이웃 나라에 살던 주민들이 곡식을 사기 위해 이집트로 넘어온다. 그중에는 요셉을 버린 형제들도 있었다. 그들은 기근으로 초토화된 가나안 땅을 뒤로하고 먹을 것을 얻기 위해 이집트에 온 것이다.

파라오의 꿈을 잘 해석한 요셉은 왕에 버금가는 대접을 받고, 오랫동안 떨어져 지낸 형제들은 높은 지위에 오른 그를 알아보지 못한다. 요셉은 가족들에게 식량을 주면서 다음에 남동생 베냐민을 데려오면 더 많은 식량을 주겠노라고 약속한다. 형제들은 고향으로 돌아가 아버지에게 이 소식을 알린다. 처음에는 의심하던 아버지도 마침내 동의한다. 그는 자식들에게 충고를 하면서 주머니에 먹을 것을 조금 넣어 보낸다. 그 음식이 바로 이 책에 소개되리라고는 꿈에도 몰랐을 것이다. 그가 아들의 주머니에 넣은 먹을 것을 살펴보면 꿀과 향신료, 너트, 감복숭아 열매가 있다. 간단히 말해 이 재료들은 바로 타이거 너트[기름골. 찌그러진 땅콩 모양의 덩이뿌리] 사탕을 만들기 위한 것이다.

막내아들 베냐민의 주머니에 타이거 너트 사탕 재료를 넣은 사람이 아버지라는 데는 의심의 여지가 없다. 타이거 너트 사탕은 당시에 사람들이 누군가에게 감사 또는 애정을 표시할 때 선물하는 전통 음식이었다. 그 시기의 것으로 여겨지는 양피지 두루마리에서 타이거 너트 사탕을 만드는 레시피의 일부 내용이 발견되기도 했다. 그것을 타이거 너트 사탕으로 부르게 된 이유는 같은 이름의 덩이뿌리와 생김새가 비슷했기 때문이다. 가장 오래된 사탕으로 알려진 타이거 너트 사탕은 꿀, 대추야자, 깨, 감복숭아와 혼합해 끈적끈적하다. 재료를 잘 섞어서 작은 공처럼 둥글게 마는데 사탕이지만 영양가도 풍부하다. 그래서 저녁 식사를 마친 뒤 진한 커피와 함께 먹으면 좋다. 이 음식의 진정한 가치를 느끼고 싶다면 각양각색의 헝겊을 이어 만든 화려한 망토나 드레싱 가운을 입고 먹어보자.

4

무화과 잎에 싼 생선구이

Fish baked in fig leaves

아르케스트라투스, 기원전 350년,

『헤디파테이아Hedypatheia (럭셔리한 삶Life of Luxury)』

Recipe 이 요리는 일부러 망치고 싶어도 잘 안 될 것이다. 생선을 무화과 잎에 올려놓고 소량의 마저럼marjoram과 함께 잘 덮어둔다. 치즈도 없고 난센스도 없다! 무화과 잎에 조심스럽게 올려놓았다가 가는 끈으로 재료를 돌돌 만다. 그러고 나서 숯불에 굽는다.

살아생전에 아르케스트라투스는 최대한 많은 지역을 방문하며 식용 가능한 재료들을 찾는 데 몰두했다. 시칠리아 출신으로 그리스 전 지역은 물론 이탈리아 남부, 소아시아 지역, 흑해 주변을 두루 돌아다녔다. 그리고 낙원과도 같은 여행길에서 맛본 음식을 기록했는데, 고대 그리스어로 6운각의 시를 지었다. 오늘날 레시피를 기록하는 방식과는 사뭇 달랐지만 그는 자신이 발견한 음식에 시적인 분위기를 더하고 싶었는지도 모른다. 거기에 서사시의 경쾌한 패러디도 추가했다.

그는 자신의 작업을 『헤디파테이아(럭셔리한 삶)』로 불리는 시집 형태로 기록했다. 그중 지금까지 남아 있는 시 가운데 겨우 몇 편만이 음식으로 만들 수 있는 충분한 정보를 제공한다. 즉 그가 먹은 음식에 대한 유익한 정보와 요리 방법이 기술되어 있는 것이다. 재료와 음식, 맛에 대한 그의 평가는 기원전 350년경에 살았던 부유한 고대 그리스인들을 담은 그림으로도 재현됐는데, 고대 그리스인의 정형화된 이미지 그대로였다. 긴 의자에 반쯤

누운 자세로 음식을 먹는 모습, 손가락으로 포도를 집는 모습이 묘사돼 있다.

아르케스트라투스의 시를 보면 그가 좋고 싫음에 있어 분명한 사람임을 알 수 있다. 그는 육류를 좋아하지 않았다. 종교적 제물과 관련된 동물이 연상돼 잔치 음식 가운데서도 고기 음식엔 별로 매력을 못 느꼈다. 반면 바다와 강에서 구할 수 있는 재료는 무척 좋아했다. 그가 쓴 시 62편이 지금까지 남아 있는데 그중 48편이 생선을 다뤘다. 그는 생선 음식을 크게 두 범주, 즉 양념장에 재워둘 필요가 있는 살이 단단한 생선과, 잡은 다음 바로 요리해서 먹어도 되는 연한 생선으로 구분했다. 그의 요리철학을 한마디로 말한다면 '요리는 단순해야 한다'는 것이다. 그는 요리할 때 날음식의 우수한 질을 유지하기 위해 추가로 넣는 재료를 자제해야 한다고 믿었다. 그래서 그릴에서 재료를 익힐 때도 양념과 오일을 최소량만 썼다. 예를 들어 상어 요리와 관련된 그의 레시피는 다음과 같다.

"토로네[그리스 동북부에 있는 고대 도시]에서 백상아리의 배 부위를 산다음 그 위에 소금이 아닌 커민을 살짝 뿌리세요. 친애하는 동지 여러분, 다른 무언가를 더 넣으려고 하지 마세요. 그린 올리브유를 뿌리는 거라면 몰라도 말입니다."

여기서 소개한 생선구이 레시피도 이 상어 요리처럼 호들갑을 떨 필요 없이 아주 간단하게 준비할 수 있다. 그는 다음과 같은 글도 남겼다.

"그 밖의 모든 요리법은 내겐 그저 주변적인 생각들에 불과합니다. 걸쭉한 소스를 그 위에 붓고 치즈를 녹이고 기름을 너무 많이 붓는 것은 돔발상어 요리를 할 때나 가능하죠."

어쩌면 그가 어린 시절 참고 먹어야 했던 음식들에 대한 반항을 그제야 표출하는 것인지도 몰랐다. 그는 어렸을 때 양이 많을 뿐만 아니라 이런저런 재료가 한데 혼합된 시칠리아 음식을 먹어야만 했을 것이기 때문이다. 플라톤은 시칠리아 음식을 경멸하면서 다음과 같이 말했다.

"시칠리아는 음식에 집착하는 곳이다. 사람들이 게걸들린 것처럼 하루에도 두 번이나 잔치를 여는가 하면 밤에도 바로 잠을 자지 않는다."

아르케스트라투스는 음식에 소스를 넣는 것을 좋아하지 않았으며 신선한 재료들의 가치를 강조했다.

"제가 추천하는 것들을 드세요. 지역 별미라고 떠들어대는 것은 알고 보면 부족함이 많은 미천한 것들에 불과합니다. 삶은 병아리콩과 일반 콩, 사과와 말린 무화과 열매를 드세요."

그는 음식의 기원과 자기가 발견한 최상급 재료들의 출처에 대해서도 관심이 많았다. 그래서 글에 다음과 같이 기록하기도 했다.

"최고의 재료를 원하신다면 비잔티움에서 생산된 것을 쓰세요."

그의 글에서는 마치 고대 생산품을 광고하는 어느 해설가의 목소리가 울려 퍼지는 듯하다.

그가 좋아하는 육류로는 주로 제물로 바치지 않는 동물인 산토끼, 사슴, 암퇘지의 자궁, 거위, 찌르레기, 유럽산 검은새 등이 있다. 그는 육류로 음식을 만들 때 다음과 같은 요리법을 선호했다.

"사람들이 뜨거운 음료를 마실 때 구운 고기를 대접한다. 이때 고기를 쇠꼬챙이에 끼워서 소금을 살짝 뿌려 굽기만 한다. 고기가 설익은 상태에서 먹는다. 육즙에서 이코르ichor[그리스 신화에 나오는, 신들의 몸속에 혈액처럼 흐르는 액체], 즉 피가 보여도 걱정하지 마라. 고기를 맛있게 먹으면 된다."

그는 생선 요리를 할 때도 마찬가지로 준비과정이 간단한 요리를 원칙으로 한다. 그는 아는 것이 많은 학식가로 고집이 무척 센 사람이었던 듯하다. 생선을 부위별로 정교하게 평가하기도 했는데 지느러미와 배, 머리와 꼬리의 맛이 어떻게 다른지 미묘한 차이를 글로 기술하기도 했다. 그래서 후대 작가들은 그의 전문 지식에 의존하지 않을 수 없었다. 『현인들의 저녁 연회the Learned Banquet』를 쓴 나우크라티스 출신의 아테나이오스와 같은 작가가 없었다면 고대세계의 문화적 발자취를 거의 파악하지 못했을 것이다. 그는 전임자 아르케스트라투스에게 많은 영향을 받았다. 그는 전임자에 대해 다음과 같이 기술했다.

"그는 자신의 열망을 채우며 모든 육지와 바다를 다녔다. 그의 열망은 (…) 바로 배를 채우는 기쁨을 위한 맛에 대한 탐구였다."

아르케스트라투스의 음식에 대한 사색은 매력이 물씬 풍길 만큼 활기가 넘친다. 그가 글로 옮긴 레시피는 맛의 한계가 없을 정도로 자유로우며 열정이 넘친다. 최고급 재료를 알려줄 때 특히 그렇다.

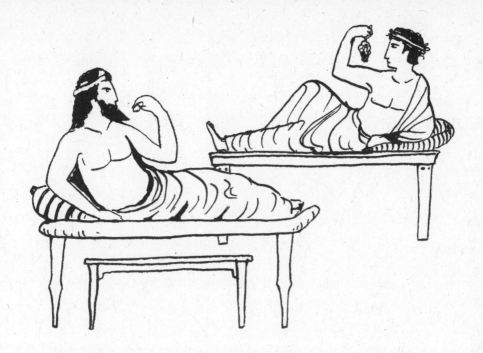

　　"만약 설탕이 부족하다면 그리스 아테네의 꿀을 찾아라. 그러면 당신이 만드는 케이크의 맛이 한층 더 좋아질 것이다. 이것이야말로 진정한 자유인의 삶이 아닌가! 그렇지 않다면 우리는 깊이를 헤아릴 수 없는 깊은 지하 속에 (…) 묻혀 있는 것과 같을 것이다."

　　어쩌면 이 세상에서 가장 오래된 요리책이 바로 그의 『헤디파테이아』가 아닐까 싶다. 이 책은 현대판 베스트셀러에서 느낄 수 있는 모든 에너지와 색채감을 다 갖췄다.

5

소금으로 간한 햄

The Salt Ham

대* 카토, 기원전 160년,

『데 아그리 쿨투라De Agri Cultura(농경서On Farming)』

Recipe 햄[돼지 다리살]과 오펠라에ofellae[소량의 돼지고기 덩어리]에 소금을 뿌리는 것은 포추올리[이탈리아 남부의 도시]의 요리 방식이다. 햄을 소금에 절이는 방식은 다음과 같다. 큰 통이나 단지에 소금을 뿌린 햄을 보관한다. 먼저 햄에서 발굽을 제거한다. 햄에 곱게 간 로마산 소금을 1/2모디우스[9리터] 정도 뿌린다. 이때 통이나 단지 바닥에도 소금을 뿌려놓고 그 위에 햄을 올려놓는다. 그래야 햄 밑부분에도 소금간이 밴다. 그런 식으로 햄 위에 다른 햄을 층층이 올린다. 햄과 햄이 서로 맞붙지 않도록 중간에 소금을 골고루 흩뿌린다. 햄에 소금을 뿌릴 때 햄 본연의 색이 두드러지지 않도록 해야 한다. 소금 표면이 매끄럽게 되도록 잘 문지른다. 소금 뿌린 햄을 5일 정도 숙성시킨 뒤에 꺼낸다. 이때 소금이 빠지지 않도록 주의한다. 이번에는 햄 윗부분이 밑으로 가도록 뒤집은 다음 다시 통이나 단지에 넣는다. 그리고 이전처럼 소금 뿌리는 작업을 반복한다. 12일 정도 지난 다음 햄을 꺼내서 소금기를 제거한다. 건조한 곳에서 말리면서 이틀 동안 보존 처리를 한다. 셋째 날에 햄을 바닥에 내려놓고 스펀지로 깨끗하게 닦은 뒤 식초 섞은 올리브유가 잘 스며들도록 발라주고 실내 고기 보관실에 넣어둔다. 해충이 생기지 않는다.

46

로마의 정치가 마르키우스 포르키우스 카토는 로마 동남부에 위치한

투스쿨룸 근처의 농촌에서 성장했다. 열일곱 살 때 입대했으며 나중에 정치가가 되어 높은 관직을 얻는 데 성공했다. 웅변술이 뛰어나 연설가로 유명했는데, 자유민주주의적인 원로원을 꾸짖는 발언을 지나칠 정도로 잘했다. 그래서 나중에는 공공의 도덕성을 검열하는 공직과 관련된 검열관의 직위를 얻기도 했다. 그는 그 일을 매우 열정적으로 수행했다. 부도덕한 공직자들을 단속하고 사치를 막기 위한 법을 지지했다. 그래서 후대 사람들은 그를 검열관 카토라 불렀다. 그는 과하다고 생각되는 것은 가차 없이 제한했다. 그가 150년 후에 아피키우스의 주방에서 만들어진 크림소스를 보았다면 아마 탐탁해하지 않았을 것이다. 서기 1세기의 역사가 플루타르코스는 카토를 칭송했는데 군사 지도자로서의 업적 때문만은 아니었다. 그는 로마인들이 악의 세계에 빠지지 못하도록 훈계하고 절제시켰다.

농촌에서 어린 시절을 보낸 덕분에 어린 카토는 스파르타식 검소함이 몸에 밸 수밖에 없었다. 카토는 아버지가 어렸을 때 돌아가셨기 때문에 10대 초반부터 농장 운영하는 법을 배우며 책임감을 키웠다. 성인이 된 카토는 자신이 부리는 하인들과 함께 식사를 했다. 집에서는 엄격한 아버지에 가혹한 남편이었으며, 타협을 하지 않는 공직자로 몹시 고리타분했다.

그는 방대한 양의 글을 쓰는 작가이기도 했다. 물론 지금까지 남아 있는 작품은 몇 편 안 된다. 라틴어로 이탈리아 역사를 기술했으며 자신의 연설을 모아 발표했다. 그중에는 자신의 임기 시절을 회상하며 쓴 『영사에 관하여On His Consulship』(검열관이 되기 전에 영사를 지냈다)와 『군대에 관하여On Soldiery』가 있다. 현재 『군대에 관하여』의 원본은 남아 있지 않다.

반면 보관 상태가 매우 훌륭한 책이 있으니 『데 아그리 쿨투라(농경서)』다. 농사짓는 법에 대한 기초가 잘 기술되어 있다. 예를 들면 카토는 올리브를 수확할 때 노예를 몇 명이나 고용하면 되는지 상세하게 알려주었다. 더 놀라운 점은 노예 한 명에게 배당하는 급식의 양을 어느 정도까지 줄이면 노예가 병에 걸리는지도 계산했다는 것이다. 그는 음식을 오랫동안 보관하는 방법에 대해서도 자세하게 설명했다. 여기서 소개한 '소금으로 간한 햄' 레시피도 이 책에 실린 것이다. 카토는 소금절이와 훈제법에 관한 레시피도 알려주었다. 그의 글을 보면 그 분야에 상당한 일가견이 있다는 것을 알 수 있다. 그는 오늘날에도 유용하게 이용할 수 있는 요리법들을 제안했다.

슈퍼마켓과 냉장고가 나오기 전에는 육류와 생선, 과일을 장기간 보관할 방법을 아는 것이 무엇보다 중요했다. 폴란드 출신의 마리아 뎀빈스카 교수는 20세기 후반에 쓴 글에서 그 문제야말로 "원시인들이 가장 염려한 난제"라고 했다. 매일 먹을 식량을 구하는 일이 힘든 도전이었던 시절에 인간에게 가장 중요한 문제는 식량 보존이었을 것이다. 굶주림에 대한 공포에 휩싸인 인간은 음식을 보관하고 더불어 효율적으로 저장하는 방법을 모색했다.

만약 우리가 직접 짐승을 사냥해야 한다면, 짐승이 인간에게 돌격해올 때 창으로 잡아야 한다면, 오늘날 낭비되는 육류의 양을 줄일 수 있을 것이다. 다음 사냥 때까지 음식을 양호한 상태로 유지하기 위한 필요도 있었지만 사냥을 한 곳과 실제로 소비되는 곳이 멀리 떨어졌을 수 있기 때문에 음식 보관은 당시에 매우 중요한 문제였다. 그래서 어떤 사람들은 음식 재료를 발견한 그 자리에 묻었다. 아일랜드와 노르웨이의 해안에서 기원전 5000~기원전 2000년 것으로 추정되는 생선뼈가 발견된 적도 있다. 그 뼈를 분석한 결과, 과거 선조들이 땅속에 묻어 저장한 생선이었다. 음식 재료를 묻어둔 곳의 위치를 알려주는 지도가 없었다면 아마도 음식 재료는 땅속에서 의도한 기간보다 더 오랫동안 보관될 수도 있었을 것이다.

2400년 전에 헤로도토스는 바빌로니아와 이집트에서 바람과 햇빛을 이용해 생선 말리는 방법에 대한 글을 썼다. 육류는 지붕에 널어두었는데, 어쩌면 집에 불이 났을 때 고기가 타면서 음식 맛을 높일 뿐 아니라 보관 기간도 연장할 수 있는 훈제 요리법이 탄생했을 수도 있다. 물론 이러한 추측을 증명해줄 기록은 없지만 바이킹 족이 이런 식으로 훈제 방식을 발전시켰을지도 모른다. 소금이 음식을 오랫동안 보존하는 데 효과적이라는 사실이 알려지면서 소금 사용은 빠른 속도로 확산됐다. 기원전 1800년경에는 소금광산이 곳곳에 있었다. 당시에는 생선을 땅에 묻어 보관했는데 특히 북부 지방에서 유행했다.

스웨덴의 인구조사를 기록한 1348개의 장부에서 올라푸에르 그라블락스Olafuer Gravlax란 이름을 찾을 수 있다. 스웨덴 중부의 옘틀란드에 살았던

사람인데 그의 성은 현지어로 '땅에 묻은 생선'이란 뜻이었다. 따라서 우리는 그가 살아생전에 했던 일을 쉽게 추측할 수 있다. 스칸디나비아 지방에서 최초로 그라블락스[소금 및 여러 허브와 함께 저장시킨 연어]를 만든 사람이 누구인지는 알 수 없지만 아마도 실수로 연어 보관법을 발견했을지도 모른다. 어쩌면 겨울에 먹을 생선을 보관하는 방법을 찾다가 우연히 생각해낸 것일 수도 있다. 겨울에 기온이 뚝 떨어지면 강과 호수가 얼어버리기 때문에 낚시를 하는 것은 거의 불가능하다. 그래서 올라푸에르 그라블락스는 생선을 잡자 다른 사람이 훔쳐가지 못하도록 몰래 땅에 묻었을 수도 있다. 그래야 도둑에게 식량을 빼앗기지 않을 테니까…… 노르웨이의 작가 아스트리 리데르볼은 그와 관련해 "네발짐승뿐만 아니라 두 발 달린 인간으로부터" 음식을 지킨다는 말을 했다.

올라푸에르 그라블락스는 땅에 생선을 묻었다. 그러고 나서 몇 달 후에 땅을 파면 지하에서 악취가 진동했다. 땅속에서 발효된 생선에서는 코끝을 찌르는 강한 냄새가 났지만 용기를 내어 생선을 맛본 사람은 땅에 묻을 당시처럼 신선하지는 않더라도 충분히 식용 가능하며 맛도 특별하다는 것을 알았을 것이다. 그렇게 기적과 같은 일이 일어났다. 이듬해 겨울에는 생선에 소금이나 설탕을 조금 뿌려봤을 것이다. 설탕과 소금을 한데 섞어 생선에 뿌렸을 수도 있다. 숙성 기간을 줄여보는 실험을 했을 수도 있다. 몇 달에서 몇 주, 며칠로 시간 단위를 바꿔가면서 생선 상태를 비교했을 수도 있다.

누가 알겠는가! 이 과정이 어떻게 시작됐으며 어떻게 확실한 기술로 정착했는지…… 사람들은 생선의 자극적인 맛을 좋아했고 이는 결국 전통적인 요리법이 됐다. 이를 둘러싼 상업적인 거래는 말할 것도 없다. 올라푸에르 그라블락스는 절인 생선과 관련된 장사를 직접 하지 않았을 수도 있다. 기록에서 관련 단서를 찾을 수도 있다. 기원전 1509년의 스톡홀름에 관한 기록을 보면, 마르틴 술락스Martin Surlax란 이름이 나온다. 성을 번역하면 '시큼한 생선'이란 뜻이다. 어쩌면 그라블락스는 생선을 땅에 묻는 일을 했고, 생선을 땅에서 꺼내는 일은 술락스가 담당했을 수도 있다.

그라블락스는 1980년대에 영국에 급속도로 퍼지면서 다시 한번 반향을 일으켰다. 특히 딜소스를 곁들인 그라블락스가 만찬에 단골 메뉴로 등장했다. 물론 그때는 생선을 땅에 묻을 필요가 없었다. 그냥 슈퍼마켓에서 쉽게 구할 수 있었다. 혹은 집에서 직접 생선에 설탕이나 소금, 딜을 비롯한 여러 향신료(말린 후추 열매와 고수 씨)를 넣어 숙성시킴으로써 자기만의 그라블락스를 만드는 것도 가능했다. 냉장고에 이틀 정도만 보관해도 충분하다. 그러나 14세기에는 그 과정이 그렇게 쉽지 않았다. 생선을 처음으로 땅에 묻은 사람들은 분명 그 위에 무언가를 같이 넣었을 것이다. 과학적으로 어떤 과정이 일어나는지 확실하게 이해하지 못한 상태에서 우연한 기회에 본능적으로 소금과 설탕을 첨가했을 것이다. 소금은 녹아서 물이 되기도 하지만 단백질을 부패시키지 않고 생선을 보존하는 역할을 한다.

중세 시대에 생존을 위해 연어에 소금을 뿌린 사람이나 로마 시대에 여분의 시간에 돼지 다리살에 소금을 뿌린 원칙주의자 모두 배고픔을 달래기 위해 재주를 부린 최초의 요리 혁신가라고 할 수 있다. 과거에 굶주린 배를 채우기 위해 시도된 기술들이 지금은 현대식으로 바뀌어 인간의 식탐을 충족시키고 있다. 만약 오늘날 우리에게 짠맛 또는 단맛 나는 음식이 없다면 과연 어떻게 비만이 되고 갈증을 느끼겠는가?

6

염소구이

Roast goat

베르길리우스, 기원전 30년, 『게오르기카Georgics [농경시] I』 545

> **Recipe** 그리하여 예상대로 바쿠스를 향해 노래할지니
> 고대의 찬가를 부르며 그를 칭송할지어다.
> 케이크와 음식을 그에게 대접하고
> 운이 다한 염소의 뿔을 앞세우며 제단으로 향할지어다.
> 개암나무 가지에 염소의 내장을 끼워 구울 것이다.

독자들은 지금까지 베르길리우스를 레시피 작가로 여기지 않았을 것이다. 하지만 염소구이 레시피와 관련해 꼬챙이 요리의 굽는 법을 기술한 글을 보면 생각이 달라질 것이다. 그가 쓴 책에서 발췌한 위 내용을 레시피로 보는 사람은 비단 나만이 아니다. 1800년에 베르길리우스의 글을 인용하면서 요리법으로 구운 요리의 간편함을 강조한 책도 있었다. 1825년에 미국에서 출간된 『미국 농부American Farmer』의 '여성 편'을 보면, "구운 요리는 음식을 준비할 때 열을 이용한 가장 간단하면서도 바로 할 수 있는 요리법이다"란 구절이 등장한다. 그보다 4년 앞선 1821년에는 프리드리히 아큠이 저서 『요리화학Culinary Chemistry』에서 베르길리우스가 "꼬챙이에 끼워 고기를 굽는 것은 열을 이용해 육류를 먹을 수 있는 가장 오래된 방식이다"라고 한 부분을 인용하기도 했다.

쇠꼬챙이를 쓰기 전에는 나뭇가지에 끼워 고기를 구웠다. 특히 베르길리우스의 시에서처럼 개암나무를 자주 사용했다. 나무에 있는 수액은 가열

되면서 나뭇가지를 돌리는 작용을 한다. 이는 요리하는 동물이 몸집이 작은 새처럼 가벼워야 가능하다. 돼지를 꼬챙이에 끼운다면 저절로 돌아가지는 않을 것이다. 만약 이런 광경을 보는 사람들이 있다면 초자연적인 현상을 경험했다고 생각할 것이다. 더구나 개암나무는 점치는 막대기로도 사용됐다.

인간이 어떻게 고기를 꼬챙이에 끼워 굽기 시작했는지 그 기원에 대해서는 여러 설이 제기됐다. 수천 년 전에 인간은 날음식을 먹었다. 그러다가 불 피우는 법을 발견하고 음식을 요리하기 시작했다. 몸을 따뜻하게 하거나 야생동물을 위협할 때 사용한 불로 음식도 익혀 먹었다. 멧돼지가 사는 동굴에 횃불이 떨어지면서 처음으로 익은 고기를 맛본 것일까? 아니면 돼지 비계가 타는 냄새를 맡으면서 튀긴 돼지껍데기를 처음 맛본 것일까? 그것도 아니면 풀을 뜯던 매머드가 그만 불에 넘어지면서 구운 살코기의 냄새를 맡은 것일까? 바람에 실려온 처음 맡아보는 고소한 향기에 군침이 돌았던 것일까?

어찌됐든 인간은 동물을 구워 먹었고, 불을 이용해 음식을 만드는 일은 가히 혁명적인 변화를 일으켰다. 음식에 새로운 맛을 더했다는 것에도 의의가 있지만, 먹을 수 없었던 음식을 식용 가능한 음식으로 바꾸었다는 점은 높이 살 만하다. 가열해야만 먹을 수 있는 밀, 보리, 쌀, 감자 등을 경작하기 시작했다. 인간은 영양가가 풍부한 음식을 섭취하게 되면서 건강 상태가 좋아졌다. 게다가 요리할 때 불을 사용하는 것은 인간을 동물과 구분짓는 결정적인 요인이 됐다. 인간은 요리를 하면서 완전한 인격체가 됐다. 개는 뼈다귀를 땅에 묻고, 라쿤은 식량을 물에 씻어 먹는다. 동물은 식량을 저장하지만 오직 인간만이 요리를 할 수 있다.

구운 요리를 할 줄 알게 되자 인간은 차츰 복잡한 음식을 만들고 끓인 요리를 하기 시작했다. 음식을 끓여 먹는 것도 문명화를 증명하는 변화다. 인류학자 레비스트로스가 쓴 요리에 관한 에세이 『요리의 삼각관계The Culinary Triangle』를 보면 "구운 요리는 자연의 일면이지만 끓이는 요리는 문화의 일면이다"라는 구절이 있다. 문자 그대로 해석하면 맞는 말이다. 음식을 끓이려면 용기를 사용해야 하기 때문이다.

"무언가를 삶으려면 음식과 불 사이에 물이 담긴 매개체가 필요하다. 그러나 구운 요리에는 매개체가 없다."

인간이 문화를 형성하면서 구운 요리는 원시적이고 기초적인 요리가 됐다. 반면에 끓이는 요리는 복잡하고 더 정교한 요리로 대접받게 됐다. 그러다가 세월이 흐르면서 요리법이 점점 더 정교해지고 과감해지는 가운데 구운 요리의 진가가 재발견됐다. 반면에 도시의 중산층 남자는 일요일에 맛있는 수프를 직접 끓여 먹는 것에 대해 별로 자부심을 느끼지 않게 돼버렸다.

물론 그렇다고 그가 염소구이를 해 먹는 것은 아니다. 그러나 기원전 30년으로 거슬러 올라가면 푸블리우스 베르길리우스 마로, 짧게 줄여 베르길리우스는 서사시 『게오르기카』에서 친구들에게 개암나무 가지에 끼운 염소구이에 대해 이야기하면서 즐거워했다. 이 로마 시인이 『아이네이드The Aeneid』를 발표한 후에 가장 유명한 작품으로 꼽히는 『게오르기카』는 농사짓는 법을 소개하는 안내서다. 여기서 소개한 염소구이는 활기 넘치게 묘사되었다. 그는 작물을 경작하고 나무 심는 법과 가축이나 말을 키우고 양봉하는 법도 이야기했다.

베르길리우스가 염소구이를 언급한 시는 나무의 가지치기와 포도밭을 찬양하는 글 다음에 나온다. 그는 포도밭에 대해 이야기하면서 포도를 '감미로운 열매'를 맺게 하는 나무라고 말했다. 그가 바쿠스를 언급할 때 염소

구이는 성공적인 농가 수확을 축하하는 요리처럼 언급된다. 그다음에는 괭이질로 땅을 관리하는 방법에 대한 조언이 나열된다.

베르길리우스는 우아하게 농가를 운영하는 방법을 알려주면서 염소구이에 대해 언급해 독자들의 식욕을 돋웠다. 그의 시에서 느껴지는 음식의 향이 수백 년에 걸쳐 이어져오는 듯하다. 에피쿠로스의 철학이 유행할 때 활동하던 베르길리우스는 삶의 좋은 측면을 즐기는 인간의 현존을 옹호하는 시인이었다. 음식과 우정은 자신의 염려를 초월하는 대상이다. 그의 말은 옳았다.

7

가금류 요리에 넣는 또 다른 소스

Another sauce for fowl

마르쿠스 가비우스 아피키우스,

서기 10년, 『데 레 코퀴나리아De re coquinarias(요리에 관하여Of Culinary Matters)』

Recipe 후추, 로바지lovage[미나릿과 식물], 파슬리, 말린 박하, 회향, 포도주에 적신 꽃, 폰투스 산의 구운 견과류나 편도 열매, 소량의 꿀, 포도주, 식초를 첨가해 수프를 만든다. 솥에 기름을 붓고 가열한 다음 휘저으면서 소스를 만든다. 이때 녹색 셀러리 씨와 개박하를 넣는다. 가금류에 칼질을 한 뒤 그 위에 소스를 붓는다.

아피키우스의 조상인 아르케스트라투스는 소스에 대해 우울한 경험을 한 적이 있다. 소스에 과도하게 공을 들였다가 신선한 음식을 망쳐버렸던 것이다. 반면 아피키우스에게는 그런 경험이 없었다. 그는 고대 로마 제국의 황금기에 살았다.

만약 누군가 여러분에게 로마 제국의 절정기가 언제였는지, 구체적으로 어떤 시기가 절정의 순간을 상징하는지 묻는다면 그 대답은 로마 제국에 속하는 먼 영토에 침범한 야만족을 물리친 시기나 공중 화장실이 탄생한 시기와는 아무 상관이 없다는 것을 기억하자. 로마는 소스가 가장 맛있었을 때 최고의 전성기를 보냈다. 소스의 양도 풍부하고 영양가도 만점이었던 시절 말이다. 우리는 그 시기를 마르쿠스 가비우스 아피키우스가 소스에 대한 글을 쓰던 시절로 콕 집어 말할 수 있다. 그는 기원전에 태어나 서기 1세기 초엽 40년까지 살았는데 당시는 황제 아우구스투스와 티베리우스가 통치하던 시기였다. 그의 요리책은 오늘날에도 책으로 출간되어 있다. 라틴어를 유창하게 구사하지 못한다면 영어로 번역된 『요리에 관하여』를 읽어보자. 500가지 레시피가 실려 있는데 그중 400가지는 소스 만드는 법이다.

소스는 고대 로마 제국의 요리사들에게 매우 중요한 영역이었다. 비록 아피키우스가 당시에 최고의 요리사가 아니었다고 해도 놀라운 소스를 선보인 요리사인 것만은 확실하다. 몇몇 학자는 아피키우스를 몇 안 되는 실력 있는 요리사로 손꼽았을 정도다. 여러 사람이 만든 레시피 모음도 아피키우스의 이름이 있을 때 지지를 얻었다. 하지만 앞서 언급했듯이 마르쿠스 가비우스 아피키우스란 인물이 알려진 데에는 그가 가진 돈이 중요한 역할을 했다. 그는 요리사이기도 했지만 레시피 교정자였으며 요리학교에 돈을 낸 기부자였다. 만약 그가 현대인이라면 아마 이탈리아에서 발리멀로 Ballymaloe[아일랜드 요리학교]에 버금가는 요리학교를 운영했을 수도 있다.

그는 요리의 이상을 전파하기 위해 사람들을 만날 때면 영감을 주고자 했으며 그의 엄격한 교육 스타일에 저항하는 사람들에게도 지치지 않고 멘토 역할을 했다. 그는 비정상적일 정도로 요리에 사로잡혀 살았다. 천성적으로 고집이 셌고, 확실하고 구체적이었으며, 세세한 부분까지 꼼꼼하게 챙겼다. 그는 부유한 가정에서 태어난 재력가였다. 고대 로마 제국의 훌륭한 음식에 대해 이야기할 때 그것은 결코 민주주의 사상과 연결될 수 없다. 왜냐하면 당시에 대부분의 평민은 돈이 없어 지나치다 싶을 만큼 간소한 식단으로 끼니를 해결했기 때문이다. 우아한 식단은 향락을 즐기는 부유층에만 국한되었다. 아피키우스의 레시피에 포함된 풍성한 음식들은 엘리트 계층의 만찬에만 해당되었다. 그는 상류층 모임의 회비를 완납한 회원이었다.

아피키우스는 엄청난 부를 축적했고 그 돈을 음식에 썼다. 그의 주방은 최신 설비로 꾸며졌다. 요리 도구는 아름다운 수공예품으로 무척 귀한 것들이었다. 예술품이라고 해도 과언이 아닐 정도였다. 그러나 시대 상황상 솥이나 구이용 꼬챙이처럼 기본적인 주방 기구만 있었을 것이다. 냉각기가 없는 것이 그에게는 오히려 유리했다. 그는 적어도 '모든 종류의 새요리에 염소를 구울 때 풍기는 향'이 나는 레시피를 구상할 수 있었다.

그렇지만 그의 주방에는 오늘날과 같은 가전제품이 없었기 때문에 그는 부득이하게 주방 보조를 동원해야 했다. 신선한 재료를 구하는 것도 어려웠다. 농경산업이 계획적으로 이뤄지던 시대가 아니었고, 운송 수단에도 제한이 있었으며, 기본적인 저장만 가능한 시절이었기 때문이다. 손님이 많이 오면 주방에서도 많은 사람이 재료를 준비하며 음식을 했다. 우리가 살고 있는 요즘과 그 시대의 가장 큰 차이가 아닐까 싶다. 지금은 재료 값이 상대적으로 더 싸다. 원하면 지구 어디서나 몇 분 안에 재료를 구할 수 있는 세상이 되었기 때문이다. 물론 음식은 저렴해도 노동력은 그렇지 않다. 반면 아피키우스는 인건비가 저렴한 일꾼을 고용한 것이 아니라 아예 무보수로 노예들을 부려먹었다. 지금은 상상하기 힘든 일이지만 당시의 부자들은 그렇게 일꾼을 부렸다.

우리는 아피키우스가 10여 명의 주방 보조와 함께 부산하게 움직이며 요리하는 모습을 그려볼 수 있다. 새벽부터 해가 질 때까지 재료를 자르고 준비하는 모습이 상상된다. 그의 주방에서 일하게 된 일꾼들은 재료를 보고는 눈이 휘둥그레졌다. 식품 저장실에 산토끼, 돼지, 양과 두루미, 오리, 비둘기, 공작, 타조, 홍학 등 다양한 가금류가 걸려 있었기 때문이다. 아피키우스는 트뤼플[송로]을 비롯한 온갖 종류의 버섯과 성게, 홍합, 다양한 종류의 생선으로 요리를 했다. 그가 사용한 허브의 종류가 어찌나 다양했던지 다 들으면 깜짝 놀랄 것이다. 로바지, 고수, 커민, 회향 씨 등이 있다. 그는 포도주를 졸이고 피클을 따로 준비한 돼지고기와 그레이비소스를 만들었다.

마르쿠스 가비우스
아피키우스.

그리고 그 과정을 자신의 레시피 책에 그대로 옮겨 적었다.

아피키우스의 책은 유럽에서 가장 오래된 요리책이자 고대 로마 제국의 레시피가 남아 있는 유일한 것이다. 1926년에 이 책을 영어로 번역한 조지프 벨링은 다음과 같이 썼다.

"인간의 마음으로 향하는 길은 위를 통한다. 여기 고대 로마 시대에 살던 한 개인이 남긴 요리책을 통해 그 길로 가는 최상의 방법을 터득할 수 있으니 얼마나 희망적인가."

물론 그 여정은 순탄하지 않았다. 아피키우스의 레시피는 한편으로는 화려한 만찬을 묘사한 회화의 주제가 될 정도로 정교한 맛과 질감을 자랑하지만, 다른 한편으로는 그가 극도로 싫어한 관료주의와의 타협점을 찾지 않으면 안 됐다.

오늘날 활동하는 요리사는 신선한 음식을 차리는 데서 그치는 것이 아니라 그 이상의 무언가를 제공해야 한다고 생각한다. 맛있는 음식을 먹을 수 있는 레스토랑을 만드는 것 외에도 관련 협회와 검사관, 규제 기관과 문제가 없도록 타협해야 한다. 이때 홍보 전문가들의 조언에 귀 기울이고 비평가들의 평가를 견뎌야 하는 것은 말할 필요도 없다. 아피키우스도 그만의 문제가 있었다. 역사책에선 로마의 쇠퇴와 관련한 이야기를 다루면서도 사치스러운 생활을 즐기는 계층에 대해선 대수롭지 않게 보는 경향이 있다. 플리니우스와 플루타르코스와 같은 작가들은 화려한 만찬을 열며 자기들끼리만 삶을 향유하는 상류층의 생활에 동의하지 않았다. 법조계도 같은 생각이었다. 그래서 가정마다 특정 음식의 양을 제한하는 법을 만들었다.

원로 정치인과 공직자들은 대중의 도덕성을 보호할 필요성을 느꼈다. 그런 까닭에 콜로세움에서 사자에게 잡아먹히는 기독교인들을 구경하지 못하도록 했다. 또 황제가 먹는 음식을 담당하는 검사관을 직접 주방으로 보내 오늘날의 위생 담당자가 검사하듯이 주방의 실태를 조사하도록 했다. 그러나 당시 만연해 있던 나쁜 관습이 있었으니 바로 부패였다. 음식 재료를 관리하러 검사관들이 집에 도착하면 아피키우스는 기다렸다는 듯 자기가 거느리는 요리사 중 한 명이 그들을 극진히 대접하도록 했다. 음식을 통제하러 온 검사관들은 부엌에서 한 요리를 집에 싸가지고 갈 수 있다는 감언

이설과 함께 돈을 주겠다는 약속에 곧바로 정신을 빼앗기고 말았다. 그 결과, 값비싼 재료 구입과 화려한 만찬을 금지시키러 온 검사관들의 임무는 극진한 대접으로 인해 명백한 실패로 끝나고 말았다.

고급 음식을 사랑하는 로마인들은 손쉬운 방법으로 음식 검사관의 눈을 피할 수 있었다. 법의 구속도 요리조리 잘 피했다. 로마인들은 아피키우스의 맛있는 음식과 소스를 맛보며 충만함을 느꼈다. 상상할 수 있는 모든 종류의 육류와 함께 그가 만든 소스를 맛볼 수 있었다. 산토끼, 오리는 물론이고 바닷가재와 정어리도 먹었다. 게다가 동면쥐까지 요리해 먹었다. 동면쥐는 쥐처럼 생긴 덩치 큰 설치류로 주로 나무에서 생활하는 동물이다(다람쥐와 닮지는 않았다). 아피키우스는 돼지고기와 견과류, 허브를 동면쥐의 몸속에 넣은 다음 굽거나 끓였다. 그는 요리와 조화를 이루는 소스가 만들어지기까지 광적일 정도로 실험을 거듭했다. 자신이 개발한 소스의 새로운 이름이 생각나지 않으면 그냥 '또 다른 소스'라 불렀다. 여기에 소개된 레시피의 제목도 그렇게 지어진 것이다.

아피키우스의 글을 보면 상세한 내용을 적어야 할 때는 말이 많은 편이다. 하지만 그런 경우가 자주 있지는 않았다. 그의 언어는 한마디로 바쁘고 할 일이 너무 많아 정신없는 남자의 말에 가깝다. 애매모호한 표현들은 실질적인 도움이 되지 않기 때문에 요리를 처음 배우는 이들은 그의 지식 수준에 실망할 수도 있다. 어쩌면 당시에 그의 책을 출간하려 했던 사람이 그에게 대필자, 유령 작가를 제안했을 가능성도 높다. 하지만 우리는 자신의 글쓰기에 집중한 남자의 책에 초점을 두기보다는 직업이 요리사인 아피키우스란 인물에 중점을 두어야 한다.

특히 행간의 의미를 파악하다 보면 그가 얼마나 인간적인 요리사인지 알 수 있다. 그 시절에는 많은 사람이 동물이 죽을 때 고통을 더 많이 느낄수록 고기 맛이 좋다고 여겼다. 불쌍한 짐승을 고문하듯 죽여야 육즙이 좋다는 소문이 나돌 정도였다. 그러나 아피키우스의 글에선 그와 관련된 사례를 찾기 힘들다. 동물을 고통스럽게 죽이는 두 가지 사례를 들어보면, 하나는 닭을 죽이기 전에 관절을 부러뜨리는 것이고, 다른 하나는 돼지를 굶주리게 한 다음 말린 무화과를 먹이고 나중에 벌꿀 술을 먹이는 방법이다.

그러면 돼지의 몸속에 들어간 무화과가 점점 발효하기 시작하고 나중에 간에 영향을 미쳐 간이 부풀면서 결국 죽고 말았다. 현대판 거위간 요리인 푸아그라 foie gras 와 비슷하다.

아피키우스는 이런 식으로 동물을 잔인하게 대하는 것에는 별로 관심이 없었고, 그보다는 채소 요리를 장려했다. 혹시 여러분이 양배추 레시피에 관심이 많다면 그는 바로 당신을 위한 요리사다. 또한 음식의 본래 모습을 교묘하게 감추는 변신술에서도 최고 실력을 자랑했다. 이러한 변신술은 경제적이거나 실리적인 이유를 충족시키기 위해서라기보다는 보여주기 위한 측면이 더 강하다. 가짜 거북 수프 mock turtle soup [바다거북 대신 송아지 머리고기를 써서 비슷하게 맛을 낸 수프]를 생각하면 이해가 더 잘 될 것이다. 요리 심사위원단은 그의 '안초비 없는 안초비 반죽'이 마치 정교하게 꾸며낸 속임수로 손님들에게 익살을 떨며 즐거움을 준다고 생각하거나, 아니면 진짜 안초비가 다 떨어져서 어쩔 수 없이 고안해낸 음식으로 여길 수도 있다. 상상 이상의 부를 거머쥔 아피키우스는 어쩌면 음식 변신술에 있어 최초의 스승일 것이다.

아피키우스는 완벽주의를 추구하는 까다로운 사람이었으며 자신의 레시피가 독자의 식견을 높이고 삶의 질을 높이는 데 기여할 수 있도록 애썼다. 하지만 푸딩 요리에서만큼은 별다른 제안을 하지 않았다. 로마인들이 단맛 나는 제과류를 사랑했음에도 그의 요리책에서는 단 음식에 대한 레시피가 없다. 아마 그가 유일하게 배달해서 먹은 음식이 바로 제과가 아니었을까 싶다.

그의 음식 사랑은 무척 강했다. 최후를 맞을 때조차 음식을 썼을 정도다. 전갈고기와 다마스쿠스산 자두를 구하고 주방을 멋지게 꾸밀 정도로 자기 재산을 음식 사랑에 바쳤다. 그래서 수입보다 지출이 더 늘어나기 시작했다. 마침내 금괴가 몇 개 남지 않자 마지막으로 남은 몇백만 세스테르티[고대 로마의 화폐 단위]로 웅장한 최후를 맞을 준비를 했다. 지금까지 누린 생활 방식을 유지할 수 없다면, 음식의 질이 그에게 영감을 주는 높은 수준을 만족시키지 못한다면 그에게는 더 이상 살아야 할 이유가 없었다.

그래서 어느 날, 그는 가장 아끼는 친구들을 초대해 마지막으로 나무랄

데 없는 성대한 잔치를 열었다. 예전에 했던 음식보다 더 정교한 음식들로 식탁을 채웠다. 그리고 그가 사용할 접시에만 특별한 재료가 들어갔다. 그 음식이 '호박 튀김'이었는지 '렌틸콩과 밤'이었는지, 아니면 '속을 두 번 채운 새끼돼지 요리'였는지는 알 수 없다. 그러나 중요한 것은 아피키우스가 그 음식에 독을 넣었다는 것이다. 그렇게 그는 자신의 일생을 마감했다.

8

꿀을 넣은 치즈케이크

Honeyed cheesecakes

아테나이오스(에피카르모스의 『헤베의 결혼식Hebe's Wedding』에서 인용),
200년경, 『데이프노소피스타Deipnosophistae(현인들의 저녁 연회The Learned Banquet)』

Recipe 물에 밀가루를 넣어 촉촉하게 반죽을 만들어서 프라이팬에 올린다.
그 위에 꿀을 바르고 참깨와 치즈를 얹는다.

고대 그리스와 로마의 해안을 방문한 사람이라면, 고대 그리스 학자인
아테나이오스가 정중하게 권하는 달콤한 꿀과, 꿀이 들어간 다양한 음식을
즐기지 않고는 그곳을 떠날 수 없다. 이집트의 무역 항구인 나우크라티스에
서 태어난 아테나이오스는 200년경에 활동한 작가다. 그의 작품들은 현재
많이 소실됐지만 15부로 구성된 『데이프노소피스타』 덕분에 그는 후대에
귀감이 되고 있다.

이 책은 다양한 분야의 학식 있는 이들이 모인 웅대한 연회에서 이뤄
진 대화를 담고 있으며, '현인들의 저녁 연회' 또는 '저녁 식사에 모인 철학
자들'로 번역할 수 있다. 그들은 소소한 대화 중 여러 작가와 사상가의 말을
인용했다. 당시의 관습과 사상에 대한 기록도 있어 작품의 가치가 더욱 높
다. 고대 로마 시대의 생활상에 대한 자세한 정보도 접할 수 있는데, 이 책
이 쓰인 시기인 200년경의 일상뿐만 아니라 그전 시대의 역사에 대해서도
알 수 있다.

대화는 음식에서 시작해 음악과 춤, 여성 등 다양한 주제로 확장된다.
어떤 주제에 대해 이야기하다가 갑자기 다른 이야기를 하는데 주제의 변화

가 매우 자연스럽다. 시와 철학, 신화와 전설이 다양한 사람의 입을 빌려 자세하게 소개된다. 치즈케이크의 역사에 관해서는 아마 지구상에서 가장 긴 대화일 것이다. 여러 종류의 치즈케이크에 대해 이야기하는데, 나는 특히 문학 속에 등장하는 치즈케이크에 주목했다. 장담하건대, 고대 그리스인과 로마인은 치즈케이크를 정말 좋아해서 엄청난 양을 소비했다. 치즈케이크의 이름도 다양하거니와 만드는 방식도 천차만별이었다. 그중 한 예를 들면 기원전 500년경에 활동한 희곡작가이자 철학자인 에피카르모스가 맛본 치즈케이크다. 그는 세상에서 가장 맛있는 치즈케이크를 먹었다. 여기서 소개할 레시피는 꿀을 넣는 방식인데 당시 꿀은 치즈케이크의 핵심 재료였다.

흘러내리는 토가로 멋지게 몸단장을 한 손님들이 긴 소파에 비스듬히 누워 잡담을 나누는 동안 하인들은 분주하게 음식과 음료를 나른다. 손님들의 대화는 끊어졌다 이어지기를 반복한다. 이때 제공되는 치즈케이크는 어쩌면 두 번째로 제공되는 디저트이거나 마지막을 장식하는 디저트일 것이다. 최고의 치즈케이크가 등장하자 대화 주제에서 벗어난 여담이 손님의 입에서 튀어나온다.

"사모스 섬의 전통 치즈케이크는 맛이 정말 일품이군요."

누군가 이런 말을 하자 또 다른 사람은 자신이 치즈케이크를 어떻게 만들어 먹었는지를 설명하기 시작한다.

"틀에 재료를 넣어 케이크를 만들었는데 달걀, 꿀, 입자가 아주 고운 밀가루를 사용했지요."

결혼식에서 신부와 신랑을 위해 만드는, 꿀을 듬뿍 바른 치즈케이크는 행복한 부부를 상징한다. 아예 재료에 꿀을 넣어 잘 섞은 다음 튀겨서 만든 요리를 다시 꿀과 함께 대접하기도 했다. 단 음식에 관한 한 재능 있는 작가인 크리시포스가 구운 견과류와 양귀비 씨로 만든 레시피도 있다. 재료를 절구통에 넣어 빻은 다음 끓인 꿀과 검은 후추를 섞은 과일 주스를 넣는다. 치즈 반죽을 추가해서 재료를 납작하게 한 뒤 네모난 모양으로 만든다. 그 위에 으깬 깨를 흩뿌리고 끓인 꿀을 부어서 표면을 매끄럽게 한다. 마지막으로 익히면 하나의 요리가 완성된다. 우리에게 이런 레시피를 알려주다니 크리시포스는 정말 고마운 사람이다. 그 밖에도 꿀을 사용한 음식은 수천 가지나 된다. 여기서는 그중 하나의 레시피만 살펴봤다.

고대 그리스인과 로마인에게 꿀은 소중한 식재료였다. 방부와 살균 효과가 뛰어나 장수, 불멸과 밀접한 관계가 있었기 때문이다. 꿀은 암브로시아[신들이 먹는 음식]인 동시에 신이 인간에게 준 선물이었다. 신화에 등장하는 아리스테우스는 꿀벌을 키웠다. 그는 아폴론과 님프 사이에서 태어난 아들로 어린 시절에 과일즙과 꿀을 입으로 받아먹으면서 불멸의 존재가 됐다. 어른이 되자 님프들이 그에게 포도나무와 올리브나무를 키우는 법을 가르쳤고 양봉도 가르쳤다. 그는 꿀벌에게서 꿀을 얻는 노하우를 인간에게 전수해주었다.

크레타 섬에서 발굴한 초기 유물 중에는 꿀벌과 관련된 모티프가 새겨진 항아리와 보석들이 있다. 히포크라테스는 아픈 사람은 물론 일반인에게도 꿀을 섭취하라고 권장했다. 아리스토텔레스는 꿀벌을 주제로 심도 있는 연구를 한 적이 있으며, 원자 연구에 많은 시간을 보낸 데모크리토스는 오랫동안 건강하게 살기 위해 가장 좋아하는 레시피에 꿀을 넣었다. 데모크리토스는 다음과 같이 말했다.

"인간은 몸의 표면에는 기름으로, 내부에는 꿀로 영양분을 공급해야 한다."

고대 그리스인은 꿀을 대량 생산했으며, 그 결과 꿀은 일반 무역 상품이 됐다. 기원전 1300년의 기록에 따르면, 꿀단지 110개가 당나귀 또는 황소 한 마리의 값어치와 같았다. 무엇보다도 꿀은 영양이 풍부한 데다 맛까지 좋다. 그래서 오늘날에도 잘 알다시피 치즈케이크에 넣는 재료로서 인기가 아주 높다.

아테나이오스가 쓴 저녁 연회에 대한 글을 읽다 보면 그가 연회를 한 편의 연극처럼 바라보고 있다는 생각이 든다. 독자들은 그의 글을 읽으면서 다른 식도락가들이 중요하게 여기는 주제를 한두 가지 정도 알게 될 것이다. 아테나이오스의 저녁 연회에 초대된 손님들은 음주를 좋아하지 않았던 듯하다. 만찬 코스 중 끝에서 두 번째로 제공되는 음식이 나올 때까지 술을 마시지 않았다. 이는 연회가 곧 끝날 것을 아는데도 술을 마시고 싶지 않다는 것을 의미한다. 그렇다면 그날은 술 한 모금 마시지 않는 무미건조한 밤으로 끝난다.

손님 중 한 명이 공개적으로 선언했다.

"우리는 과하게 술을 마시는 계층이 아닙니다. 낮부터 술이나 마약에 취하는 사람은 이 중 단 한 사람도 없습니다."

그러자 다른 손님도 입을 열었다.

"여러 종류를 섞지 않은 순수한 포도주를 과도하게 마시는 사람은 결국 공격적으로 변하기 마련입니다."

헤로도토스의 인용에 따르면, 그러는 동안 그 자리에 있던 다른 친구는 이런 말을 했다.

"포도주가 몸속으로 들어가면 악하고 분노에 찬 언어가 입 밖으로 나오기 쉽습니다."

연회에는 손님들의 들뜬 기분을 가라앉히기 위해 음악이 함께하기도 했다. 음악이 있으면 음식을 빨리 먹는 것도 막을 수 있다.

"음악은 사람들의 뚱한 성격을 완만하게 해주는 효과가 있다. 슬픔을 잊게 하고 기분을 좋게 만들어 매너를 유지하면서도 기쁨을 만끽하게 한다."

그러나 즐거운 경험이 정상 수준을 벗어나는 일이 종종 일어났다. 그래서 숙취와 관련된 논쟁이 많았다. 아테나이오스의 글에는 희극시인 클레아르코스의 다음 말이 인용되기도 했다.

"우리는 처음에 모든 종류의 기쁨을 만끽한다. 하지만 그다음에 가혹한 고통이 뒤따른다면 그전에 느꼈던 모든 기쁨을 한 번에 잃어버린다."

여러분이 이 주제와 관련된 또 다른 생각을 듣고 싶다면, 아리스토크세노스의 글을 참조할 수 있다. 그는 말했다.

"만찬에 참석한 손님은 모두 야만적이었다. 음악도 엉망이고 퇴폐적이었다."

게다가 그는 의심할 여지 없이 당시 젊

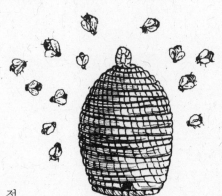

은이들에게 어른에 대한 존경심이 결핍되어 있다고 느꼈다.

다시 음식 이야기로 돌아와서, 치즈케이크는 사람들에게 귀중한 음식이었다. 아테나이오스의 이야기에 자주 나오는 요리 몇 가지를 소개하면 석류와 꿩, 새끼돼지, 소금에 절인 게 요리 등이 있다. 그는 이렇게 말했다.

"작은 파이와 치즈케이크는 황금벌에게서 얻은 다량의 꿀에 흠뻑 적셔 놓는다."

서정적인 글쓰기의 정수를 보여주고자 하는 작가의 노력이 엿보인다.

9

콘지

Congee

영호덕분令狐德棻, 636년, 『주서周書』

***

Recipe 9개월 동안 상복을 입는 시기에는 채소와 과일을 먹을 수 있다. 또한 물을 마실 수 있고 소금과 크림을 넣지 않은 콘지[죽]를 먹는다.

***

중국 역대 왕조와 관련된 스물네 가지 사서史書 중 하나인 『주서』는 총 55장으로 이루어져 있으나 그중 일부는 세월이 흐르면서 소실됐다. 그중 한 장에 언급된 음식은 지금까지도 사람들의 인기를 얻으며 현재 아시아 지역에서 수백만 명이 일상적으로 즐겨 먹는 음식이 됐다. 특히 상喪을 당한 기간에 먹기 적절한 음식으로 인기가 많다. "중국의 황제黃帝가 좁쌀을 재료로 한 콘지를 최초로 먹었다"는 기록이 있다. 오늘날 콘지는 대개 쌀을 재료 삼아 만든다. 하지만 쌀이 흔치 않던 시절에는 쌀 대신 다른 곡류를 썼다는 사실을 황제와 관련된 일화를 통해 확인할 수 있다.

콘지는 한국, 일본, 필리핀, 타이, 싱가포르까지 전파됐다. 기본적인 방법은 비슷하지만 각 나라는 고유의 방식으로 콘지를 만들었다. 쌀에 다량의 물을 넣고 끓이면 물이 차츰 줄어들고 죽처럼 걸쭉한 상태가 된다. 당 태종이 북주北周의 공식적인 역사를 남기기 위해 『주서』 편찬을 주문하던 당시에도 이와 비슷한 방식으로 콘지가 만들어졌다. 그 시절에는 콘지가 지금보다는 좀더 특별한 음식으로 여겨졌는데, 황제나 귀족에게 바치는 선물용 음식으로 쓰였다. 그래서 무한한 복종과 함께 존경심을 보이는 척도가 되는 음식으로 그 가치를 인정받았다. 당시에 높은 사람들은 끝부분이 금으로 된 상아로 만든 젓가락을 이용해 콘지를 천천히 먹었다.

콘지는 다양한 의식에 등장하는 음식이었다가 지금은 극히 평범한 음식이 됐지만 여전히 존경심을 표할 때 대접하는 가장 겸손한 선물이다. 사실 기본 재료로만 만든 콘지는 맛이 별로 없다. 밤새 솥에서 끓인 귀리죽이나 소화가 잘 안 되는 빵을 웃으면서 먹어야 한다고 상상해보라. 콘지는 맛이 상대적으로 밋밋하지만 담백하고 건강에 좋다. 콘지를 아침에 먹으면 하루를 든든하게 시작할 수 있다. 소화도 잘되고 단시간에 에너지를 발휘하는 데 효과적이다. 곧 적군의 공격에 맞닥뜨리게 될 처지라면 아주 든든한 한 끼가 되어준다. 콘지 애호가들은 콘지를 담은 그릇을 잡을 때 상대적으로 덜 뜨거운 가장자리를 잡고 먹으라고 조언한다. 그러면 당신은 콘지 세 그릇을 몇 분 만에 뚝딱 해치울 수도 있다. 음식물은 위에 내려가서도 부담 없이 소화되면서 빠른 속도로 체내에 흡수된다. 그래서 적을 향해 여러분이 검을 휘두르는 동안에도 몸이 전혀 부대끼지 않는다.

뿐만 아니라 콘지는 몸에 기운을 북돋우는 능력이 탁월하다. 그래서 운동 후 빠른 시간 안에 에너지를 충전하는 데 이상적이다. 병에 걸렸을 때 체력을 회복하는 데도 안성맞춤이다. 체력을 증진시켜주는 이점 때문에 종종 장례식 때 조문객들에게 제공되는 음식이 됐다. 콘지는 수백 년 동안 나라에 기근 현상이 심했을 때 백성의 생존을 유지시켜준 음식으로서의 역할도 톡톡히 해냈다. 기원전 108년부터 1911년까지 중국은 1828차례의 기근을 겪었다. 이 수치는 거의 1년에 한 번씩 나라에 기근이 들었다는 것을 의미한다. 사람들이 생명을 유지할 수 있도록 도와준 음식, 굶주림에서 수백만 명을 살린 것은 바로 콘지였다. 쌀로 만든 데다 몸을 따뜻하게 해주고 힘을 북돋우는 효과가 뛰어났기 때문이다.

쌀은 전 세계적으로 매우 중요한 식량 중 하나로 그 종류는 1만 가지가 넘는다. 그중 8000가지가 식량으로 재배되고 있다. 밀과 보리 같은 작물보다 이점이 더 많은데, 수확량도 많고 수분 함유량이 상대적으로 적어서 장기간 보관이 가능하다. 그래서 기근이 심할 때 저장해둔 쌀을 유용하게 쓸 수 있다. 실제로 당나라(618~907) 시기에 저장해둔 쌀이 진가를 발휘했다. 수로 옆에 저장고를 지어서 급하게 쌀이 필요한 지역에 운반할 수 있도록 조치를 취하기도 했다.

당나라는 쌀 수확이 농업의 핵심 영역을 차지하게 될 것을 예상했다. 특수 장비를 개발하고 여러 갈래로 나뉜 논에 물이 골고루 공급되도록 관개 시설을 구축함으로써 쌀이 중국 역사상 가장 화려하고 번성한 시대가 됐다. 경제가 성장하면서 군사력도 강화되기 시작했다. 세수 확보가 효과적으로 이뤄졌고, 성인 남자는 나라에서 받은 경작지를 일구면서 세금을 냈다.

엘리트 계층뿐만 아니라 모든 사람이 콘지를 좋아했다. 가난한 가정에서도 콘지를 먹었다. 세월이 흐르면서 콘지의 종류는 다양해졌다. 추운 겨울날 아침에 고기를 넣은 콘지는 몸을 데워주는 역할을 했다. 한여름에는 땅거미가 질 무렵 낮의 열기가 서서히 가라앉을 때, 연꽃 씨나 산사나무 가지를 넣은 시원하고 상쾌한 콘지를 먹기도 했다. 서양 모과를 넣은 콘지는 늙고 허약해진 몸의 면역 체계를 튼튼히 하는 역할을 했다.

콘지 레시피는 아주 먼 옛날에 살았던 어느 어부의 아내에게서 유래했다는 전설이 있다. 전설에 따르면, 그녀는 남편과 함께 배에 오를 때마다 바다에서 먹으려고 물에 넣고 끓인 쌀을 담은 단지를 가지고 갔다. 해적이 쳐들어오자 얼른 뜨거운 단지를 담요 밑에 숨겼다. 해적이 물러가고 난 뒤에 단지를 꺼내자 미지근하게 식은 요리에서 고소한 향기가 나고 먹을 때도 촉감이 더 부드럽다는 사실을 알게 됐다.

오늘날 콘지와 관련된 여러 레시피를 보면, 먼저 물에 불린 쌀을 센 불에서 끓인 다음 1시간 30분 동안 솥을 식힌다. 종종 제철 재료를 소량 넣어 콘지를 만드는데 그 담백한 맛이 우리 입맛을 사로잡아 콘지를 더욱 돋보이게 한다. 만약 콘지가 중국인에게 별로 중요한 음식이

좁쌀로 만든 콘지를 최초로 맛본 사람은 중국의 황제다.

AD 636

아니었다면 중국 안후이 성 판창毳트 현에 콘지 전문 박물관이 세워질 리 없지 않겠는가! 마치 콘지 순례를 하는 기분마저 든다. 반면 스코틀랜드에서는 현재 포리지porridg[곡류를 주재료로 하여 물과 우유를 붓고 끓여 소금이나 설탕을 타서 먹는다] 전문 박물관을 찾아볼 수 없다.

10

말린 생선

Dried fish

저자 미상, 800년경, 『그레티르 사가The Saga of Grettir the Strong』

Recipe 아틀리는 말린 생선을 얻기 위해, 스네이펠스네스로 향했다. 말을 여러 필 준비해 집에서 그의 동서인 감리가 사는 흐루타피오르의 멜라르까지 갔다. 그곳에서 감리의 형제인 토르할의 아들 그림이 또 다른 남자 일행 및 아틀리와 동행할 준비를 마쳤다. 남자들은 하우카달스카르의 길을 거쳐 서부로 향했다. 그 길은 네스로 이어졌고 그들은 그곳에서 생선을 다량 구했다. 그리고 말 일곱 필에 실었다. 그들은 각자 짐을 실은 뒤 집으로 돌아갔다.

본래 바이킹 족은 요리책을 글로 쓰지 않았다. 침략 전쟁으로 몹시 바빴기 때문이다. 바이킹 족은 지적 추구와는 거리가 먼 부족이었다. 로마 문자가 유럽 전역에 전파되는 동안에도 더 간소한 문자인 푸타르크를 고집했다. 푸타르크는 바이킹 족의 룬 알파벳을 말하는데 수평과 수직, 대각선이 많아서 칼로 문자를 새길 때 훨씬 더 수월하다. 바이킹 족은 약탈하기 위해 오두막을 부수고 불태울 때 승리의 표시로 그 집 문에 음탕한 말을 새겼다.

700년대 후반에 바이킹 족은 바위가 많고 척박한 스칸디나비아 부근의 고향에 머무는 것에 만족하지 못하고 다른 곳으로 눈을 돌렸다. 결국 그들은 더 나은 땅을 찾아 기나긴 항해를 시작했다. 북유럽에서 저 멀리 동쪽에 자리잡은 콘스탄티노플로부터 서쪽으로는 아메리카 대륙까지 먼 여행을 떠났다. 바이킹 족은 영국의 린디스판을 공격하고 노섬벌랜드의 동북쪽에

스칸디나비아의 바다에서 잡은 청어 떼를 육지로 건져 올리는 장면.
올라우스 망누스의 『북유럽인들의 역사』에
목판화로 그려져 있다.

사는 수도사를 포로로 붙잡았다. 『앵글로색슨 연대기Anglo-Saxon Chronicle』를 통해 이러한 내용을 확인할 수 있다. 이 연대기의 787년 6월에는 다음과 같은 기록이 있다.

"이교도들이 린디스판에 자리잡은 신의 교회에 쳐들어와 약탈과 대량 학살의 참혹한 공격을 가했다."

바이킹 족은 아일랜드 더블린과 브리튼 섬 요크에 정착해 살기 시작했다. 그곳에는 식습관을 포함해 바이킹 족의 여러 행적이 남아 있다. 요크에선 바이킹 족이 땅에 구덩이를 파서 만든 화장실이 발견됐다. 조사 결과 2000년의 세월이 흐르는 동안 그들이 다양한 종류의 음식을 먹었다는 것을 여실히 보여주는 흔적을 찾아냈다. 과일, 채소(당근, 순무, 양배추), 양, 돼지, 갈매기 알, 해산물, 생선 등이 있는데 특히 생선을 많이 먹었다. 그래서인지 바이킹 족은 키가 컸다. 그들은 솥과 프라이팬, 주전자 등 다양한 주방 기구를 이용해 요리를 했으며 나무로 만든 접시와 스푼, 금속 칼도 사용했다.

바이킹 족은 글을 쓰는 것보다는 말하는 것을 더 좋아해 구술 형태로 옛 전통이 전해져 내려왔다. 사가 형식으로 기록을 남긴 것은 12세기 후반부터인데, 그중 대표적인 예가 『그레티르 사가』다. 13세기에 발표된 이 사가는 성질이 난폭한 아이슬란드의 바이킹 족인 그레티르의 이야기를 다루고 있다. 법을 지키지 않는 그레티르는 방화와 살인을 여러 차례 저질렀고, 적수인 붉은 족 아틀리와도 만났다. 아틀리는 스네이펠스네스에서 말린 생선을 대량으로 구입해 집으로 돌아가는 길에 그레티르의 공격을 받았다는 내용이 바이킹 족의 사가를 통해 전해 내려온다. 하지만 여기서 내가 주목하는 점은 두 사람의 싸움이 아니라 '말린 생선'이란 단어다. 이 싸움이 일어나고 500년이 지난 뒤에야 비로소 바이킹 족이 즐긴 음식 레시피에 대한 정보를 얻을 수 있었다.

사실 생선 요리는 바이킹 족의 사가에서 언급하지 않은 음식이다. 그래서 어떻게 준비하고 어떻게 요리로 만들어 먹는지 참조할 만한 자료를 찾기 힘들었다. 하지만 세월이 흐르면서 올라우스 망누스의 기록을 통해 힌트를 얻을 수 있었다. 그는 1555년에 스칸디나비아인들의 문화와 역사를 모은 『북유럽인들의 역사Historia de Gentibus Septentrionalibus』를 썼다. 그 책을 통해 당시 사람들이 생선을 어떻게 말렸는지 알 수 있다. 바이킹 족이 살던 시대에 썼던 방법이 지금까지 유지됐을 가능성도 배제할 수 없다.

여러분이 바스테르보텐으로 불리는 지역 북쪽에 있는 해안가로 간다면 많은 물고기를 볼 수 있다. 여기저기에 가득한 물고기를 보면 너무 놀라워 말문이 막힐 정도다. 더불어 식욕이 저절로 채워지는 느낌이 들 것이다. 여기 있는 물고기 중 일부 품종은 소금물을 뿌려 산 밑에 있는 2~3에이커 크기의 평지에 넓게 깐 다음 바람을 맞혀 바짝 말린다. 덩치가 더 큰 다른 품종은 장대로 들어 올려서 받침대에 걸어 말린다. 그리고 햇빛과 바람에 노출시켜 습기를 제거한다. 이렇게 말린 생선은 가정에서 바로 음식 재료로 사용되거나 장사꾼들에게 팔린다.

말린 생선에서는 강한 냄새가 날 수밖에 없다. 올라우스 망누스도 그

점을 언급했다.

"산 밑자락에서 건조시킨 생선 냄새가 저 멀리 바다에 있는 어부들한테까지 진동한다. 어부들이 육지로 돌아와 생선이 있는 곳으로 가기 전에 생선 냄새가 먼저 그들을 맞이한다. 어부들은 폭풍우가 몰아치는 어둠 속에서 고군분투하며 싸울 때 그 냄새를 맡으면 난파에 맞서 선원들과 배를 지켜야겠다는 결의를 다지게 된다."

그처럼 말린 생선에서 나는 고약한 냄새는 당시에 어둔 밤에 불을 밝히는 등대와 같았다. 하지만 그런 역할을 한 생선 냄새가 수 세기 동안 지속되지는 않았다. 생선에 루트피스크lutefisk라는 관리법을 시행했기 때문이다. 올라우스 망누스는 그 방법에 대해 기록했다.

"건조시킨 대구를 이틀 동안 가성소다에 담갔다가 담수로 씻고 끓이기 전에 하루 동안 담수에 담가놓는다. 그런 다음 소금을 넣은 버터와 함께 대접하면 왕도 좋아할 만한 훌륭한 요리가 완성된다."

그렇지만 초기 사가에는 음식이나 식습관에 대한 자세한 내용이 별로 없다. 접대의 중요성을 강조하는 부분이 주를 이루었다. 『하바말Hávamál 사가』는 당시에는 여관이 없었기 때문에 바이킹 족이 마을에 도착하면 아무집 문이나 두드리며 먹을 것과 물을 요구했다고 이야기한다.

"집 안으로 들어온 그의 옆에/ 불이 필요하다./ 그의 무릎이 저려온다./ 음식과 옷이/ 산을 넘어온/ 그 사람에게 필요하다."

다른 출처에 적힌 주석을 따르면 집에 찾아온 손님에게 예절을 갖추는 것이 기본이지만 손님은 한 집에 3일 이상 머물지 않는다고 나와 있다. 또 『뵐루스파Völuspá 사가』에는 집에서 먹는 즐거운 저녁 식사에 대한 내용이 나온다. 저녁 식사가 준비된 식탁에 대해 다음과 같이 묘사했다.

"어머니가 만드신/ 수를 놓은 천은/ 아마로 된 흰색 식탁보가 되어/ 식탁을 덮고 있다."

바이킹 족 중에서도 사회적 신분이 높은 계층은 일요일에 손님을 위해 최고의 접대를 준비했다는 사실을 알 수 있다. 그들이 먹은 음식에 대한 자료는 매우 귀한데 이 책에 다음과 같은 내용이 있다.

"반들거리는 돼지고기와/ 구운 새 요리가 있다./ 술독에는 포도주가 담겨 있으니/ 그들은 마시고 이야기를 나누며/ 그렇게 하루가 지나갔다."

사가에 훈제 생선에 대한 언급은 없지만 당시 바이킹 족은 생선을 구워 먹었다. 스웨덴 출신의 고고학자는 포텐비켄 박물관 야외에 바이킹 훈제장을 만들었다. 연기가 천천히 위로 올라오면 나무 기둥에 걸어둔 청어가 익기 시작한다. 훈제 생선을 만들기 위해 꼭 훈제장이 있어야 하는 것은 아니다. 바이킹 족이 거주하는 집에는 바닥 한가운데에 화로가 있었는데 거기서 나오는 연기가 자연스럽게 주위로 퍼지면서 집에 걸어둔 육류나 생선을 훈제시켰다.

수백 년이 지난 지금까지도 말린 생선과 훈제 생선은 스칸디나비아 문화를 대표하는 음식으로 자리하고 있다. 834년에 매립된 노르웨이 오세베르그 호에서 여성의 시체와 함께 당시에 사용했던 요리 도구가 발견됐다. 이것을 1585년에 스웨덴의 법무상인이었던 페르 브라헤가 아내에게 추천한 요리 도구와 비교해보니 큰 차이가 없었다. 그 지역 사람들이 먹는 음식과 요리하는 방식은 무려 700년이 지난 후에도 별로 달라지지 않은 것이다. 바이킹 족이 북유럽 주변의 다른 나라를 침략한 교양 없는 부족처럼 보일 수 있지만, 그들이 없었다면 과연 오늘날 이케아 매장을 돌아다니다가 잠시 숨을 돌리기 위해 들른 음식 코너에서 훈제 청어 요리를 맛볼 수 있었을까?

11

맨치트 빵

Manchet bread

저자 미상, 1070년경, 바이외 태피스트리

Recipe 고기가 다 익자 하인들이 음식을 대접하고 초대된 사람들이 저녁 식사를 한다. 그곳에서 주교가 음식과 포도주를 예찬한다.

중세 시대에 기록된 현존하는 문서 중에는 빵과 관련된 레시피가 남아 있지 않으며, 파손이 심한 얇은 천에 겨우 흔적만 있을 뿐이다. 바이외 태피스트리의 보존 상태가 그나마 괜찮은데, 이는 윌리엄 1세 정복왕의 이복형제인 바이외 주교의 주문으로 제작됐다.

1070년경에 만들어진 이 태피스트리는 가로 길이가 약 70미터이며, 잉글랜드를 침공한 노르만 군대의 활약상을 담고 있는데 특히 1066년에 일어난 헤이스팅스 전투가 전쟁의 클라이맥스를 장식했다. 윌리엄 노르망디 공은 헤럴드 색슨 경이 참회왕 에드워드가 죽고 나서 왕이 된 뒤 잉글랜드를 공격했다. 왕권을 자신의 것으로 만들고 싶었던 윌리엄 노르망디 공이 군대를 이끌고 잉글랜드에 출항을 결심한 것이다.

태피스트리에 수놓인 그림에서 윌리엄 노르망디 공이 잉글랜드에 도착해서 먹은 음식을 확인할 수 있다. 그 자료는 노르망디 지방의 바이외에 보관되어 있다. 라틴어 문구가 새겨진 천에는 요리사가 고기를 요리하고 하인들이 음식과 포도주를 나르는 장면이 묘사되어 있다. 윌리엄은 신임하는 부하들과 식사를 하기 위해 잘 차린 만찬을 축성의 대상으로 여겼다. 만찬 음식 및 요리과정과 관련한 세부 내용이 글로 기록되지는 않았지만 그림으로

바이외 태피스트리에 묘사된 그림을 자세히 살펴보면, 윌리엄 1세 정복왕이 잉글랜드에 도착해서 먹은 음식을 확인할 수 있다. 잔치를 위해 음식을 장만하는 일꾼이 화로에서 갓 구운 빵을 꺼내고 있다.

남겨졌다.

그림을 좀더 자세히 들여다보면 임시로 만든 야외 취사장에서 방패를 탁자 대용으로 사용한 것을 볼 수 있다. 휴대 가능한 화덕에서 뿜어져 나온 불꽃이 바닥으로 떨어지고 화덕 위에서는 스테이크가 구워지고 있다. 화덕에서 갓 구운 빵을 맨손으로 꺼내기에는 너무 뜨거웠던지 한 남자가 집게를 사용해 꺼내는 모습도 보인다. 오른손에 쥔 집게로 빵을 잡은 다음 왼손에 든 접시에 올려놓았다.

화덕 왼쪽에는 커다란 솥에서 수프를 데우고 있다. 말뚝을 양쪽에 세운 다음 솥을 걸어두었는데 넘어지지 않도록 두 하인이 양쪽을 붙잡고 있다. 완성된 요리는 가장 먼저 탁자 가운데에 앉아 그릇을 들고 있는 윌리엄에게 가져간다. 윌리엄 오른쪽에 있는 남자는 경적처럼 생긴 뿔을 불며 연회의 분위기를 흥겹게 돋우고 있다. 그러는 사이에 메추라기로 보이는 작은 새들을 꼬챙이에 끼워 굽고 있으며, 고기가 익는 순서대로 탁자 쪽으로 옮겨간다.

포도주가 음식과 함께 나오며, 갓 구운 빵을 먹을 수 있다. 요리용 번철에 구운 케이크도 있다. 오래된 문서에 따르면 15세기부터 케이크 레시피가 기록됐으며, 사프란을 넣은 재료를 얇게 말아 반죽으로 초승달 모양을 만들어 뜨거운 번철 위에 놓고 구웠다. 이 케이크가 좀더 두꺼운 빵으로 만들어지면 맨치트 빵[맷돌로 갈아 정제한 밀가루로 만든 발효시킨 빵]에 가까운 모습이 된다.

어떤 종류의 빵이 바이외 태피스트리에 나와 있는지에 주목하는 또 다른 이유는 바로 1066년이 빵의 발전사에서 결정적인 변화가 일어난 해이기 때문이다.

빵과 관련된 이야기를 간략하게 하자면 이렇다. 정확한 시기를 알 수 없는 아주 오랜 옛날, 한 남자가 밀가루와 물이 합쳐지면서 끈적끈적한 반죽이 되는 것을 발견했고, 그 반죽을 구우면서 빵의 기원이 됐다. 그때 자연스럽게 혹은 우연한 기회에 효소가 첨가됐을 가능성이 높다. 또 빵을 만들기 위해 식물을 재배하면서 수확한 곡물을 가늘게 빻는 과정이 정착됐다. 곡물을 빻기 위해 기구를 사용하기 시작한 것은 2500년 전으로, 스페인에서 손으로 돌리는 맷돌이 발명됐다. 그 뒤 로마에 방앗간이 생겼고 풍력과 수력을 이용해 곡물을 빻기 시작했다. 중세 영국의 『토지대장Dommesday Book』에는 1086년 영국에 세워진 방앗간의 수가 약 6000개에 달했다고 적혀 있다.

17세기에 이르면서 제빵산업이 크게 발달했다. 그러나 런던 푸딩 레인Pudding Lane에서 일어난 대형 화재로 제과점이 큰 피해를 입으면서 도시에 있는 다른 제과점은 물론 제빵산업 전체가 큰 손해를 봤다. 빵의 역사는 1912년까지 주춤하다가 그해 미국 아이오와 주에 거주하던 한 발명가가 빵 자르는 기계를 개발하면서 상황이 호전됐다. 수십 년 동안 공백을 메우는 일이 진행됐으며, 1961년에 빵 만드는 속도를 높이고 동시에 비용을 절감할 수 있는 신개념 생산 공정이 개발됨으로써 마침내 큰 발전의 틀을 마련하게 됐다. 이 과정을 일명 콜리우드 식빵 가공법Chorleywood Bread Process이라 부른다.

빵의 역사를 말할 때 그냥 넘어갈 수 없는 핵심적인 발명이 있는데, 바로 헤어 시브hair sieve다. 이 기구는 원래 말의 꼬리털을 엮어 만든 체를 말한다. 이것은 예전에도 사용되었지만 1066년부터 영국인들이 밀가루의 입자를 고를 때 본격적으로 쓰기 시작했다. 나무 또는 리넨 천으로 된 것을 쓰다가 헤어 시브로 바꾸었다. 이것은 특히 헤이스팅스 전투를 치르면서 영국이 암흑시대로부터 벗어나게 하는 데 도움을 주었다. 윌리엄 노르망디 공이 영국의 왕관을 탈환하면서 영국 역사에 큰 획을 그었는데 이때 헤어 시브도 확산되면서 빵 역사에 획기적인 변화가 찾아왔다. 솜처럼 하얀 빵을 만들기 전과 후로 갈린 것이다.

밀가루를 헤어 시브로 거르다 보니 겨와 같이 곡류를 찧을 때 생기는 부산물이 모두 빠져나가 전보다 더 순수한 밀가루로 깨끗하고 가벼운 빵을 만들 수 있게 됐다. 어떤 사람들은 마술에 의해 탄생된 빵으로 여기기도 했다. 헤어 시브는 요리계뿐만 아니라 사회에서도 크게 인정을 받으며 도약했다. 빵이 사회적 신분을 상징하는 음식이 되었기 때문이다. 튜더 왕조 시대에는 사람들이 자신의 계급을 나타내는 빵을 먹었다. 귀족들은 하얀 맨치트 빵, 상인들은 밀로 만든 둥근 빵, 가난한 사람들은 겨로 만든 빵을 먹었다. 튜더 왕조 시대의 귀족들은 손님에게 하얀 빵을 내놓으며 자신의 신분을 과시했다.

수도원에서는 종교적으로 엘리트층이라 할 수 있는 성당 참사회 회원들이 흰색 빵을 먹었고, 그보다 서열이 낮은 종교인과 하인들은 작은 갈색 빵을 먹었다. 흰색 빵은 사회적 신분의 우위와 함께 종교적 색채도 드러냈다. 신성한 의식을 거행할 때 십자가와 함께 '파니스 도미니panis domini(신성한 빵, 주의 빵)'가 기원이 된 종교적 빵이 제단에 차려졌다. 오늘날까지도 성당에서 차리는 빵이나 웨이퍼wafer[가톨릭교에서 성찬식 때 신부가 주는 제병]의 색은 하얗다.

비록 가난한 사람은 투박한 손에 흰 빵을 쥔 적이 거의 없었지만 그래도 살면서 한 입 정도 베어 먹으며 맛을 본 적은 있을 것이다. 어쩌면 그중 일부는 귀족이 사는 저택의 주방 뒷문을 어슬렁거리며 남는 빵 조각을 기다렸을 수도 있다. 흰색 빵덩어리를 허겁지겁 입에 넣는 초라한 소작농의 모습을 상상할 수 있다. 적당하게 부푼 빵이 입안에 들어가면서 부드럽게 녹았을 것이다. 그들이 평소에 먹는 딱딱한 갈색 빵과는 맛이 확실히 달랐을 것이다. 그들에게 치아가 남아 있었다면 아마 갈색 빵을 먹을 때는 치아가 부러질 정도로 딱딱하다고 느꼈을 것이다.

엘리트 계층이 흰색 빵 만드는 방법을 공개하면서 다른 계층도 이를 모방하기 시작했다. 11세기에는 흰색 빵의 생산량이 꾸준히 증가했으며 그다음 세기에도 계속 늘어났다. 빵 가게도 가난한 사람들에게 파는 갈색의 거칠고 조잡한 빵을 만드는 가게와 속이 부풀고 입안에서 살살 녹는 흰색 빵을 만드는 가게로 나뉘었다. 16세기 후반에는 갈색 빵보다 흰색 빵을 만드는 가게 수가 두 배나 더 많아졌다. 그러면서 세기말에 맨치트 빵에 관한 레시피가 발표됐는데, 1588년에 나온 『좋은 주부가 주방에서 직접 손으로 만든 음식들The Goode Huswife's Handmaide for the Kitchin』에 수록되었다.

고운 밀가루 28킬로그램과 미온수 3.7리터, 하얀 소금 한 줌과 효소 570밀리리터를 골고루 잘 섞는다. 여기에 술은 넣지 않고 최선을 다해 반죽한다. 그런 다음 약 30분간 그대로 내버려둔다. 반죽의 일부를 떼어내 맨치트 빵 모양으로 만든다. 화덕에 넣고 1분 정도 익힌다.

맨치트 빵의 유행은 18세기에 이르러서도 계속됐다. 작가 루이스 마장디는 1795년에 다음과 같은 글을 남겼다.

"곡물의 겨를 완전히 제거한 밀가루로 만들어야 감칠맛 나는 빵을 즐길 수 있다. 안 그러면 부자들뿐만 아니라 궁핍한 생활을 하는 사람도 그 빵을 거부한다."

흰색 빵에 대한 선호는 20세기 후반까지 지속됐다. 당시에는 흰색 빵이 주식이 되면서 최고의 절정기를 보냈다. 콜리우드 식빵 가공법을 통해 세 시간 안에 빵을 굽고 포장까지 마칠 수 있게 되었다. 요즘 사람들은 얇게 썬 흰색 빵을 대량 생산된 질 낮은 빵으로 여긴다. 프랑스 출신의 요리사 레몽 블랑에겐 빵 취급도 못 받는다. 식도락가의 일인자로 꼽히는 사람들은 장인이 정제되지 않은 밀가루로 만든 빵을 찾아다닌다.

바이외 태피스트리에 묘사된 것처럼 윌리엄 노르망디 공은 해럴드 군대를 찾으러 가기 전에 흰 빵을 먹었다. 영국에서 정제된 밀가루로 만든 최초의 흰색 빵이었다. 그러나 그는 해럴드 군대와 싸우다가 그만 눈에 화살을 맞는 사고를 당했다. 노르망디 지역 출신 사람들은 영국 음식이 고향의 음식과 비교할 때 너무나 단출하며 조잡하다고 생각했다. 그래서 음식 수준을 개선하려고 애썼다. 그들은 향신료와 허브를 수입하기 시작했고 토끼와 같은 육류로 만든 음식을 영국에 소개했다. 또 훌륭한 빵을 만드는 데 지원을 아끼지 않았다. 태피스트리에는 헤어 시브가 나오지 않지만 그들이 영국에 도입한 것으로 보인다. 흰색 빵은 1066년에 현지 귀족들에게 인정받기 시작하면서 20세기 후반까지 인기를 이어갔다. 당시 화려한 생활을 했던 귀족들은 예상외의 행동을 하기도 했다. 그들은 시골풍의 갈색 빵, 너무 딱딱해서 치아가 부러질 것 같은 갈색 빵을 별미처럼 찾았다.

12

파스타

Pasta

무함마드 알 이드리시, 1154년,

『타불라 로게리아나Tabula Rogeriana(로게르의 책The Book of Roger)』

Recipe 시칠리아 트라비아는 1년 내내 물이 풍부하고 방앗간도 많은 축복의 장소다. 이 마을에서는 밀가루를 길게 뽑아 음식을 만들었다. 양도 풍부해서 칼라브리아 지역의 여러 도시, 이슬람교 지역과 기독교 지역에도 공급할 수 있었다.

파스타가 1154년 이전부터 만들어졌다는 말이 사실일까? 그럴 가능성이 매우 높다. 로마에서 북쪽으로 약 65킬로미터 떨어진 카에레에서 에트루리아인의 돈을새김 조각이 발견됐다. 14세기에 제작된 이 작품에 파스타를 만드는 장비와 매우 비슷한 기구들이 보인다. 그러나 파스타에 대한 확실한 레시피는 1154년에 쓰인 논평이다. 문서화된 글은 내용이 매우 명료하고 직접적이다. 파스타의 유무를 의심할 여지가 없는 글이다.

파스타의 기원과 관련된 또 한 권의 책이 있다. 작가는 무함마드 알 이드리시로 1099년 모로코에서 태어났다. 그는 열여섯 살 때 전 세계로 여행을 떠났다. 소아시아, 프랑스 남부, 스페인, 북아프리카를 다니며 세상에 대한 다양한 경험을 했다. 그는 시인이자 아라비아어로 산문을 쓰는 작가였으며, 그의 탁월한 글재주는 왕가의 관심을 받기에 충분했다. 시칠리아의 로게르 2세가 그의 작품에 관심을 가졌다.

로게르 2세는 노르망디 출신의 정복자인 아버지로부터 왕관을 물려받았으며, 세상의 모든 재능을 궁전에 집합시키고자 한 시대를 앞선 르네상스인이었다. 그래서 왕권을 휘두를 때 그러한 재능을 활용해 학식 있는 지리학자, 수학자, 철학자, 의사 등을 주변에 두었다. 로게르 2세의 후원 아래 무함마드 알 이드리시는 1138년부터 알게 된 세계를 지도화하고 도표화하는 작업을 15년여 동안 했다. 그가 제작한 지도는 매우 정확해서 이후 300년 동안 유용하게 쓰였다.

그 지도는 나중에 해설본을 동반한 『타불라 로게리아나』 또는 『로게르의 책』이란 제목으로 출간되면서 유명해졌다. 이 책에는 '세계를 다니는 것에 열망하는 여행의 쾌락Pleasure Excursion of One Eager to Traverse the World's Regions'이라는 부제가 붙어 있다. 무함마드 알 이드리시는 최대한 사무적인 어조로 자신이 방문한 곳에서 보고 들은 내용을 담담하게 기술했다. 그래서 일부 내용은 매우 비판적으로 들린다. 그는 브리튼 섬에 대해 말하면서 '음울한 기후'를 언급했고, 파리에 대해서는 "센 강의 작은 섬이 포도밭과 숲에 둘러싸여 있는데 크기가 너무 작다"고 적었다. 반면에 파스타를 대상으로 한 글이나 "지구는 구처럼 둥글다"는 표현을 쓸 때처럼 자신의 속마음이 드러나는 글도 있다.

무함마드 알 이드리시가 파스타와 관련된 글을 쓸 당시엔 이미 파스타 만드는 기술이 완전히 발전한 상태였다. 수출해도 될 만큼 충분한 양을 생산했으며 상당량은 건조시켜 저장하기도 했다. 파스타 개발의 핵심 요소는 아라비아에서 재배한 듀럼밀을 시칠리아로 들여온 것이 아니다. 그 시기는 17세기 후반이었다. 나중에 파스타 모양을 가늘고 길게 뽑거나 나비 모양, 작은 벌레 모양으로 만든 것도 아니다. 파스타를 건조시켰다는 것이 무엇보다 핵심이다.

파스타를 건조시키면 오랫동안 보관이 가능해 쌀처럼 주식으로 먹을 수 있다. 고대 그리스와 아라비아의 기록에서 파스타에 대한 내용을 찾을 수 있다. 그럼에도 이탈리아인들은 파스타를 자신들의 고유 음식으로 인식하며 주장했다.

로마의 트레비 분수 맞은편에 위치한 국립파스타박물관에서는 파스타를 두고 "세계인이 부러워하는 이탈리아의 발명"이라고 강조하고 있다. 그

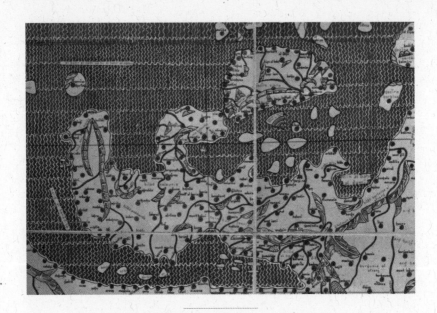

1154~1157년에 시칠리아를 통치하던 로게르 2세를 위해 무함마드 알 이드리시가 그린 지도다.
이탈리아의 시칠리아는 물론 지중해 주변 영토까지 보여준다.
『타불라 로게리아나』에 수록돼 있다.

리고 "열한 곳의 전시 홀을 통해 첫 번째 요리 코스인 파스타의 800년 역
사"가 어떻게 전개되는지 보여주겠다는 말까지 명시해두었다. 이를 본 외국
인 방문객들은 당연히 파스타가 이탈리아에서 발명된 것으로 생각한다. 시
칠리아는 파스타를 처음 만든 곳이라는 행운의 명성을 얻었다. 위치상으로
해외 무역을 하기에도 적절했으며 문명을 꽃피우며 놀라운 변화를 거듭했
다. 메리 스노드그라스는 『키친 히스토리 백과사전Encyclopedia of Kitchen History』
에서 다음과 같이 썼다.

파스타는 여러 이유로 세계 문명을 가속화한 획기적인 발명품이다. 먼저
저장이 용이해 오랫동안 보관하면서 기근에 대비하는 가정 음식으로 손
색이 없다. 그리고 평화기와 전쟁기를 보내는 동안 물가와 수요를 예측하
는 기준이 되어 화폐 투기의 주요 공급원 역할을 했다. 세계 경제에 매우

중요한 영향을 미친 음식으로 듀럼밀을 재료로 한 건빵과 파스타를 꼽을 수 있다. 이 두 음식 덕분에 갤리선 조리실에서는 오랜 시간 바다를 항해해야 하는 선원들을 위한 식량을 조달할 수 있었다. 그리하여 그들은 유럽을 떠나 서반구로 갈 수 있게 됐다.

이탈리아는 파스타를 국가의 대표 음식으로 기꺼이 받아들였다. 로게르 2세도 틀림없이 파스타를 먹었을 것이다. 파스타에 관한 다방면의 지식을 유지하기 위한 노력도 의심할 여지가 없다. 무함마드 알 이드리시는 자신을 고용한 왕에 대해 이렇게 말했다.

"그의 학식이 얼마만큼 넓은지는 말로 다 표현할 수 없다."

동시대를 살았던 어느 역사가도 왕에 대해 이렇게 표현했다.

"그는 자고 있을 때조차도 다른 왕들이 깨어 있을 때보다 더 훌륭한 공적을 남겼다."

『로게르의 책』은 1154년에 발표됐으며 로게르 2세는 그 책이 나오고 3주 뒤에 죽었다. 파스타의 기원을 알리는 깃발은 결국 시칠리아에 세워졌다. 그리하여 이탈리아인들은 그의 공적에 대해 지금까지도 감사하고 있다.

13

룸마니야

석류소스에 담근 미트볼_Rummaniyya

저자 미상, 1250년,

『칸즈 알 파와이드 피 탄위 알 마와이드Kanz al-fawa'id fi tanwi al-mawa'id(다양한 음식을 차리는 데 유용한 조언의 보고The Treasure of Useful Advice for the Composition of a Varied Table』

Recipe 고기를 여러 조각으로 잘게 자른 다음 단지 안에 넣고 물을 붓는다. 끓이면서 수면에 생긴 거품을 완전히 제거한다. 개암 크기로 만든 마트볼을 넣는다. 수프가 가벼운 느낌의 벨벳처럼 부드러운 즙이 될 때까지 계속 끓인다. 그러는 동안 시큼한 석류에 장미 시럽을 넣어 달콤한 맛을 낸다. 막자사발에서 으깬 박하와 피스타치오를 넣어 걸쭉하게 만든다. 소량의 사프란을 넣어 색을 낸 뒤 아트랍 팁atraf tib[검은 후추, 정향, 생강을 섞은 향신료]에 속하는 재료들을 넣어 양념 맛을 낸다. 마지막으로 장미수와 희석시킨 사프란을 뿌린 뒤 먹는다.

13세기 이집트의 배고픈 젊은이들은 미트볼로 배를 채우는 데 점점 싫증을 느꼈다. 미트볼은 그 지역에서 매우 흔한 음식 중 하나였다. 1250년에 알려진 『칸즈 알 파와이드 피 탄위 알 마와이드(다양한 음식을 차리는 데 유용한 조언의 보고)』는 용병 출신인 맘루크의 후예들이 이집트를 지배할 때 작성되었다.

책에 적힌 레시피들은 중동에서 일어난 투쟁으로 사람들이 이주했던 상황을 잘 반영하고 있다. 새로운 식습관과 요리들이 먼 나라에서 전해졌다. 예를 들면 그리스(순무, 그리스식 요리법), 바그다드(응축시킨 요구르트,

쾬바리스quanbaris), 독일의 프랑크 족이 살던 지방(생선에 뿌리는 살사소스)에서 유행하는 음식이 다른 지역에 퍼졌다. 또, 시리아와 팔레스타인의 십자군들, 이라크의 무굴 제국 침략으로 인해 군대가 오가면서 음식의 수출입이 이루어졌다. 그 밖의 투쟁들은 말할 것도 없다. 다시 유럽으로 돌아온, 전쟁으로 심신이 지친 남성들은 고향과 멀리 떨어진 지역에서 겪은 놀라운 모험담만 이야기로 옮긴 것이 아니었다. 그들이 가져온 짐 속에는 맛있는 음식이 들어 있었다.

이국적인 음식 재료들이 유럽에 소개되면서 장미수와 석류 같은 재료는 유럽식 요리에 색다른 변화를 주었고 후대에 전통 음식으로 전해졌다. 장미수는 영국의 만찬이 있는 곳이라면 어디서든 볼 수 있는 단골 재료가 됐다. 짭짤한 음식과 잘 섞으면 달콤한 양이 오랫동안 지속됐다. 그 덕분에 장미수는 달콤한 요리를 만들 때 쓰는 재료로 수백 년 넘게 사랑받으며 코스 요리의 피날레를 장식했다.

룸마니야('석류가 있는 음식'이란 뜻)는 이국적인 재료를 사용해 만든 음식의 대표적인 예다. 시큼하게 톡 쏘는 석류 주스를 이용한 미트볼 요리다. 이국적인 재료를 첨가해 단조로운 음식에 활기를 불어넣었다. 그 결과, 중세 시대의 연회에 초대된 손님들은 이 룸마니야를 맛보며 감탄했다. 처트니chutney[과일, 설탕, 향신료와 식초로 만드는 걸쭉한 소스의 일종]와 마르멜로 음료, 후무스hummus[병아리콩 으깬 것과 오일, 마늘을 섞은 중동 지방의 음식]

등도 이국적인 음식이다. 후무스를 만들 때는 식초에 절인 레몬과 계피, 생강, 파슬리, 박하와 루타rue[운향과의 상록 다년초]를 재료로 넣었다. 그런데 루타는 일반인이 취급하기에는 위험할 수 있으니 더 안전한 식물인 로즈메리로 대체해서 써도 된다.

『칸즈 알 파와이드 피 탄위 알 마와이드』에는 건강에 좋은 여러 특이한 음식이 방대하게 수록되어 있다. 그중 상당수는 동시대의 다른 자료집이나 초기 영양학과 관련된 문서에서 나왔다. 유럽의 요리책은 그 뒤로도 몇백 년 동안 같은 레시피를 소개하며 세대를 거쳐 전해 내려왔다. 맛이 좋은 요리보다는 몸에 좋은 약효가 있는 요리란 점이 강조됐다. 몸에 좋은 재료 중에서도 석류가 들어간 요리는 지금까지도 많은 사람에게 건강식으로 유명하다.

하지만 이 음식은 기름과 소금이 거의 들어가지 않기 때문에 준비과정에서 주의를 기울여야만 한다. 몸에 좋은 기능이 있다고 해서 약 맛이 나지는 않는다. 음식에서 신맛과 단맛이 적절하게 조화를 이루려면 요리할 때 교묘한 속임수가 필요하다. 이러한 요리법이 유행하면서 유럽에서는 누구나 꼭 한번 이런 요리를 해봤을 것이다. 신선한 살구를 곁들인 양 스튜라든가 피스타치오와 함께 만든 소고기 요리, 호두를 넣은 닭 요리, 개암을 넣어 만든 시큼한 소스에 파바빈fava bean을 재료로 한 채소 요리 등 말이다. 이러한 요리는 영양가가 풍부하며 이국적인 분위기를 물씬 풍긴다. 달콤함과 시큼함이 섞인 묘한 맛은 중세 음식의 조합을 증명하는 대표적인 특징이 됐다.

14

배로 만든 파이

Pear of pies

기욤 티렐(일명 타이방Taillevent),

1379년, 『르 비앙디에Le Viandier(음식 제공자The Food Provider)』

Recipe 밀가루 반죽의 가장자리를 꼿꼿하게 세운 다음 가운데 움푹 팬 공간에 설탕 113그램을 넣고 큼지막한 배를 3개 넣는다. 깬 달걀과 사프란으로 덮은 다음 표면을 골고루 바른다. 이제 익히면 된다.

여러 세기가 지나면서 사람들은 동굴 그림에 의존하기보다는 시집이나 만찬에 관한 기록 또는 14세기 스웨덴인의 성에서 요리의 변천사를 분석하려고 했다. 만약 여러분이 영향력이 큰 레시피를 구상했다면 사람들은 그것을 더 좋은 레시피로 발전시키려 할 것이다. 타이방의 레시피는 조리 있어 보이지만 그는 재료의 정확한 양이라든가 요리 시간에 대해 명시하지 않았다. 그래도 그의 인기는 변함없었다. 14세기 후반에 『르 비앙디에』란 제목으로 그의 요리책이 처음 나왔다. 이 책은 이후 거의 300년 동안 열네 군데 출판사를 거쳐 거듭 출간됐다. '배로 만든 파이' 레시피는 그가 페이스트리에 대해 기록한 초기 레시피들 가운데 하나로 매우 정교하다. 파이가 과일을 잘 지탱해줄 뿐만 아니라 맛도 달콤하고 파이의 단단한 부분도 맛있게 먹을 수 있다.

프랑스인인 기욤 티렐은 작품을 필명인 타이방으로 발표했다. 그의 작품은 요리 분야의 밑바닥에서 시작해 정상에 오르는 데 성공한 한 인간의 요리에 관한 고전적인 이야기로 채워졌다. 오늘날 훌륭한 요리사들 중에도 처음에는 채소 껍질을 벗기는 일부터 시작해서 정상의 자리에 올라간 이가 꽤 많다. 그러나 타이방은 정상에 올라 자신의 제국을 만들 수 없었다. 왜냐하면 진짜 제국을 가진 왕을 위해 요리했기 때문이다.

그는 열네 살 때부터 요리와 관련된 일을 시작했다. 샤를 5세의 부인인 잔 드 부르봉이 사는 성의 주방에서 고기 굽는 꼬챙이를 돌리는 일부터 했다. 그 일은 어린 소년에게는 너무나도 힘들었다. 뜨거운 불 바로 옆에 서서 무거운 쇠꼬챙이를 돌리며 들었다 내려놨다 하면서 시간을 보내는 게 여간 힘들지 않았다. 그렇게 하루를 마치면 그의 몸에선 연기와 고기 냄새가 진동을 했다. 그러나 그는 포기하지 않았다. 결국 주방에서의 서열이 점점 높아지면서 글을 읽고 쓸 수도 있게 되었다. 그의 실력이 일취월장하자 사람들은 그의 요리 실력에 주목했다. 결국 그는 프랑스의 왕이 먹는 음식까지 맡게 되었다.

샤를 5세는 안전한 실용주의 정책 덕분에 현명한 왕 샤를로 잘 알려져 있다. 나라를 잘 다스리기도 했지만 학식도 매우 높아서 오늘날 그를 상징하는 대표 유산이 된 거대한 도서관을 지었다. 그는 타이방을 최고의 요리사로 임명했다. 특히 왕이 식욕을 잃고 고생할 때 그의 역할은 매우 중요했다. 왕이 식중독으로 팔에 종기가 생겼을 때도 그가 옆에서 치료에 도움이 되는 음식을 만들었다. 왕은 요리사로서의 실력을 인정하며 타이방에게 글을 써보라고 권유했다. 그동안 그가 개발한 레시피를 한데 모으는 것뿐만 아니라 그가 모은 다른 사람들의 레시피도 참조해 한 권의 요리책을 내는 것이었다.

프랑스 최초의 요리책에는 수프와 라구^{ragout}[고기와 야채에 갖은 양념을 하여 끓인 음식], 구이와 관련된 수많은 레시피가 담겨 있다. 새끼돼지에서 가마우지까지 고기의 종류는 다양하다. 타이방은 "요리할 때 처음에는 왜가리처럼 하고 그다음에는 백조나 공작새처럼 해야 한다. 그러나 재료를 준비할 때는 황새처럼 해야 한다"고 썼다. 이 책에는 병에 걸린 환자들을 위한 음식, 생선 요리, 소스, 포도주를 쓰는 요리를 할 때 알면 좋은 점과 아이디어들도 수록했다. 뿐만 아니라 '디저트와 기타'란 제목의 장까지 따로 마련했다. 디저트에 소개된 예로는 맛있는 우유 타르트, 기타의 예로는 고습도

치 요리가 있다.

타이방이 만든 음식들 가운데 '배로 만든 파이'는 특히 유명하다. 그 이유는 시대를 앞선 파이 요리이기 때문이다. 영국에서 페이스트리와 관련된 최초의 레시피라고 해도 과언이 아니다. 1545년에 『요리에 관한 제대로 된 새 책A Proper New Booke on Cookery』이 런던에서 출간되면서 본격적으로 페이스트리 레시피가 사람들에게 알려졌다. 그러나 이 책은 완벽한 요리책이라기보다는 요리에 대한 기억을 되살리는 데 도움이 되는 비망록에 가깝다. 실질적으로 유용한 세부 내용이 부족하기 때문이다.

타이방이 파이 레시피를 쓰기 전인 중세 시대의 요리책에도 분명 파이가 나온다. 그러나 파이 레시피의 수준을 높인 점에서 그의 공이 컸다. '배로 만든 파이'는 가장자리 부분까지도 맛있게 먹을 수 있기 때문이다. 파이를 익히고 나면 배에 있는 과즙이 파이로 다 빠져나간다. 그래서 파이를 먹으면서 달콤한 맛과 사프란의 맛을 느낄 수 있다. 그의 레시피가 혁명적인 이유가 무엇인지 궁금할 것이다. 지금은 사람들이 페이스트리를 먹을 때 당연히 파이의 가장자리를 먹으며 최고의 부위로 칭송하지만 옛날에는 그 부분은 먹을 것이 못 됐다. 당시 파이의 가장자리는 음식 재료를 담는 용기 역할에 불과했다.

당시에 파이는 대부분 그런 식이었다. 파이 전문가인 제인 클라크슨은 사람들에게 다음과 같이 말하길 즐긴다.

"옛날 옛적에 모든 것을 화덕에 굽던 시절이 있었는데 그때 파이는 먹을 수 있는 빵이 아니었다."

빵도 처음부터 화덕에서 구운 것은 아니다. 벽난로의 바닥 돌이나 철판 위에서 구워 먹던 시절이 있었다. 고기는 쇠꼬챙이에 끼워서 먹게 됐다. 화덕이나 가마는 원래 도자기를 구울 때 처음으로 사용됐다. 그러다가 우연히 가마 속에서 음식을 익히면서 요리용 가마가 탄생했다. 이 과정은 마치 아가Aga[영국산 레인지 및 히터 상표명]의 탄생 배경과 흡사하다. 원래 아가는 처음에 옷을 말리거나 개가 잘 때 춥지 않도록 하는 역할을 했다. 그러다가 누군가가 실험 삼아 오븐처럼 쓰면서 주방 기구 기능을 하게 된 것이다.

타이방의 『르 비앙디에』는 거의 300년 동안 책으로 출간됐다.
그의 무덤에 새겨진 이 조각 그림은 1892년에 출간된 개정판에 삽화로 수록됐다.

음식을 익힐 때는 가마를 사용했는데 구이용 쇠 그릇과 닭고기용 점토 판을 쓰기 전에 요긴하게 사용됐다. 어떤 사람들은 음식을 잎사귀에 싸는 가 하면 토분에 넣어 익히는 사람도 있었다. 그렇게 고기를 익히자 고기의 가장자리가 바삭바삭하게 구워지면서 육즙이 밖으로 빠져나가지 않았다. 또 고기를 운반할 때 용기 역할을 하면서 단시간이라도 따뜻한 상태를 유지하는 데 도움이 됐다. 요즘에는 사람들의 시선을 사로잡는 파이의 가장자리가 과거에는 먹는 부분이 아니었다니 믿기 힘들 정도다. 누군가가 파이의 가장자리를 먹어봤고, 이후 파이는 시간이 지나며 밀가루 반죽에 기름이 잘 배어들면서 촉촉한 페이스트리가 됐다.

중세 시대의 레시피를 보면 페이스트리를 '관^{coffin}'으로 지칭했다. 16세기 이탈리아에서 쓰인 레시피의 첫 구절에서도 페이스트리를 상자처럼 표현했다.

"훌륭한 파이 또는 페이스트리를 위한 관을 만들어라. 그리고 바닥에는 주먹 크기만 한 구멍을 뚫어라."

그건 그렇고, 이 레시피의 이름은 다름 아닌 '새들이 와서 살 수 있을 정도의 파이를 만들고, 다 먹으면 새들이 날아가버리는 파이 만들기'였다.

타이방의 '배로 만든 파이'에 들어갈 수 있는 새의 수는 총 42마리가 안 됐다. 샤를 5세는 그의 웃기는 제안을 별로 마음에 들어하지 않았다. 게다가 파이에 들어가는 재료 값이 너무 비쌌다. 사프란은 설탕만큼이나 구하기 힘들어서 이 요리는 만찬 때나 맛볼 수 있었다. 원한다면 고슴도치 요리 후에 맛있는 푸딩 요리를 먹는 것도 나쁘지 않았다. 타이방은 음식 재료들을 잘게 썰어 포도, 치즈, 허브와 잘 섞었다. 그런 다음 양의 위장에 준비한 재료를 넣고 나무로 된 꼬챙이에 끼워 고정시켜서 구웠다. 물론 그가 어떻게 구웠는지는 기술하지 않았다. 하지만 나는 뜨거운 석탄불에 구웠을 것이라고 추측한다.

15

어볼레이트

허브를 넣어 구운 달걀_Erbolate

리처드 2세의 수석 요리사, 1390년, 『요리의 형태The Forme of Cury』

Recipe 파슬리와 박하, 세이버리savory, 세이지sage, 쑥국화, 버베인vervain, 클레리clary, 루타, 꽃박하, 회향, 개사철쑥을 준비한다. 재료를 가늘게 썰어서 잘게 으깬 다음 달걀과 잘 섞는다. 용기에 버터를 넣고 섞은 재료를 넣는다. 잘 익힌 뒤 먹을 만큼만 덜어서 시식한다.

타이방이 프랑스의 왕 샤를 5세를 위해 중요한 요리책을 세상에 발표한 지 11년 만에 영국의 요리사들도 이에 질세라 책을 냈다. 그들의 멘토였던 리처드 2세의 격려를 받으며 왕궁의 주방을 책임지던 수석 요리사들이 저마다 책을 선보였던 것이다. 하지만 어느 한 개인에게 출간의 영광을 돌릴 수는 없는데, 그 작품에 소개된 레시피들은 왕이 고용한 실력 있는 요리사들의 합작품이었기 때문이다.

양피지로 만든 긴 두루마리에 적어 내려간 레시피의 사본은 현재 영국 도서관에 소장되어 있다. 연한 붉은색 잉크로 우아하게 써 내려간 멋진 산문시에는 총 196가지 레시피가 자세하게 소개되어 있다. 그중 어볼레이트는 여러 종류의 허브를 세심하게 모아서 달걀과 섞은 요리다. 그전까지는 들어본 적이 없는 특이한 레시피로 이 책의 정신을 잘 드러낸다. 실제로 이 책은 왕정 의학 전문가 및 철학자들의 승인과 격려를 받았다. 앞서 살펴본 룸마니야가 그랬던 것처럼 당시에 요리와 의학은 굉장히 긴밀하게 연결되어 있었다. 레시피에 허브를 넣는 목적은 약효를 제대로 내기 위해서였다. 이는 동시대의 의사인 부어드 박사가 표현한 바와 같이 "훌륭한 요리사란 곧 절반은 의사"라는 믿음을 반영한 결과였다.

『요리의 형태』의 영어 제목에 'cury'가 있다고 해서 혹여 독자들이 이 책을 카레 요리 전문 레시피로 결론지을까봐 미리 당부한다. 중세 시대 영어에서 'cury'는 오늘날의 'cookery(요리)'를 의미한다. 왕궁의 주방을 책임지던 요리사들이 만든 이 책은 전 지역의 요리사들에게 도움을 주기 위해 쓰였다. 글을 읽을 줄 아는 요리사라면 누구든 이 책을 이해할 수 있었다. 유럽의 요리 교육서로는 초기 작품으로, 현존하는 유럽의 요리책 가운데 가장 오래됐다. 이 책이 유명해진 결정적인 이유는 바로 사람들이 요리를 잘할 수 있도록 도와주기 위해 쓰였다는 데 있다. 책의 도입부에는 다음의 구절이 있다.

"집에서 일상적으로 먹는 진한 수프와 고기 요리일지라도 정교하면서 영양가 있게 만들 수 있어야 한다."

마침내 요리를 위한 진정한 요리책이 세상에 모습을 드러냈다. 그전에는 겉으로 포장하기에는 만찬에 대한 내용이지만 내용물을 들여다보면 종교와 관련된 소책자나 철학 논문이 많았는데, 이 책은 그렇지 않았다. 왕은 자신이 왕궁에서 즐겨 먹는 요리들을 백성이 먹을 수 있도록 해야 한다고 생각했다. 그러나 그 요리들은 소소한 것이 아니었다. 리처드 2세는 파티가 있을 때마다 대규모로 음식을 장만하게 했다. 한 번에 거의 1000인분이 넘었다. 그는 허브를 첨가한 구운 달걀을 연달아 만들게 하지 않았다. 작가는 '일상적으로 먹는' 요리를 서두에 언급한 뒤 "상류층과 하류층 모두에게 호기심을 유발하는 진한 수프와 고기 요리, 세련된 요리를 선보이겠다"고 약속했다. 따라서 여러분은 당시에 유행한 볼거리 많은 음식들 가운데 드물게 매운 음식도 기대할 수 있다.

중세 시대의 영어인 'sotiltees'는 오늘날 정교함을 뜻하는 'subtleties'의 고어다. 하지만 성대한 파티 음식으로 차린 작품에서는 정교함이 느껴지지 않았다. 배나 성, 새 모양으로 장식한 음식은 크기가 클수록 더 좋은 평가를 받았다. 젤리나 설탕으로 자그마한 새보다는 커다란 독수리를 만들어야 사람들의 환호와 박수를 받을 수 있었다. 이러한 음식들은 탁자에 나가

면서 일종의 '알림이' 노릇을 했다. 손님들에게 이제 본격적인 저녁 식사가
시작됐다는 것을 알리며 손님들이 기대하는 음식의 정교함을 가늠하는 데
실마리를 제공해주었다. 당시에는 요리사들이 식사 전에 앙증맞은 모양의
애피타이저나 식욕을 돋우는 향기로운 수프를 소량 대접했다. 하지만 리처
드 2세는 요리사들에게 풍성한 음식들을 바로 가져오라고 하는 데서 즐거
움을 느꼈다. 여러분이 왕과 함께 만찬을 즐기는 자리에서 한 입에 쏙 들어
가는 음식 대신 성을 그대로 모방한 거대한 음식물이 바로 나온다면 어떨
지 상상해보라.

리처드 2세는 음식을 무척 좋아했다. 그의 성 주방에는 약 300명의 요
리사가 대기하고 있었다. 그에게는 실제로 이 정도의 요리사들이 필요했다.
그가 초대한 손님들의 수를 헤아려보면 충분히 이해가 된다. 왕과 랭거스터
대공이 1387년 9월 12일 잔치에 사용한 재료는 다음과 같다.

"소금에 절인 황소 14마리, 갓 죽인 양 120마리, 돼지 140마리, 거위
210마리, 큰 토끼 400마리, 두루미 12마리, 달걀 1만1000개……."

그 밖에 파티를 위한 출장 서비스에 속하는 요리들도 틀림없이 더 있었
을 것이다. 오늘날 우리는 진짜 성대한 파티를 모르는 채 살고 있다고 해도
과언이 아니다.

당시에 명성 높은 요리사들이 모여 다양한 음식을 만드는 모습은 가히
장관이었다. 암탉, 자고새, 메추라기, 종달새, 멧도요가 주방 한쪽에 걸려 있
었다. 그 옆으로는 소금에 절인 육류와 생선이 방대한 양을 자랑했다. 향신
료는 찬장에 안전하게 보관하며 조심스레 다뤘다. 생강, 소화 기능이 탁월
한 것으로 알려진 검은 후추를 비롯해 양강과 같은 이국적인 향신료는 베
네치아 상인 또는 여러 차례의 십자군 전쟁을 마치고 귀국한 기사들에 의
해 본토에 소개됐다.

주방은 말 그대로 열기의 도가니였다. 많은 양의 황소 고기를 꼬챙이에
끼워 익히려면 거대한 불이 필요했다. 이 불은 주방 가장자리에 마련됐다.
주방 한가운데에 있는 화로에는 커다란 철판을 놓고 음식을 익혔다. 커다
란 막자로 거대한 사발에 넣은 향신료를 빻았는데 그 일은 인부에게 주어
진 유일한 임무였다. 기다란 탁자에는 요리사들이 자른 고깃덩어리들을 한

데 모아두었다. 그 시대에 사용한 요리 도구들을 보면 불이 얼마나 뜨거웠는지 짐작할 수 있다. 손잡이가 기다란 도구가 많았기 때문이다. 깊숙이 팬 프라이팬은 튀김용이었다. 당시에는 맥주를 넣은 밀가루 옷을 입힌 튀김 요리가 많았다. 육류는 먼저 소금으로 절여 씻은 다음 요리하기 전날 냉장 보관한다. 그리고 다음 날 육질을 연하게 하기 위해 먼저 삶은 뒤에 굽는다.

어볼레이트 레시피는 『요리의 형태』 두루마리 하단부에서 셋째 줄에 나와 있다.

『요리의 형태』에는 정교한 음식 준비 방법이 나온다. 그중 얇게 썬 돼지비계에 색깔을 입히는 과정이 있다. 돼지비계를 가늘게 썬 다음 사프란을 넣어서 황금빛을 냈다. 당시의 요리사는 예술가였다. 왕은 이따금 고상한 저녁을 요구하기도 했다. 그럴 때 구운 달걀 요리가 등장했다. 나라면 라미킨[한 사람이 먹을 분량의 음식을 담아 오븐에 구워내는 소형 그릇]에 잘게 썬 베이컨, 소금, 후추를 넣은 달걀 요리를 선호했겠지만 왕은 허브를 첨가한 구운 달걀 요리를 좋아했다. 어쩌면 그는 잠자리에 들기 전 간단하게 먹는 야식으로 여겼을지도 모른다. 이때 허브의 약효가 밤새 마법과 같은 효력을 발휘하길 기대했을 수도 있다.

이 레시피를 보고 누군가는 정원에서 바로 따온 허브를 썼으리라고 생각할 것이다. 그래서 분명 성에 허브 전용 정원이 있었으리라 여길 것이다. 이 요리는 수플레^{soufflé}[달걀흰자에 우유를 섞어 구운 요리 또는 과자]라기보다는 오믈렛의 모습에 더 가깝다. 왕은 이 요리를 먹으면서 어떤 음료를 마셨을까? 그 시대에는 아직 유리병이 없었기 때문에 포도주가 금방 식초로 변질됐을 것이다. 그래서 발효가 되면 얼른 마셔야 했다. 그 대신 맥주가 그날의 음료가 됐다. 맥주는 모든 사람이 소비할 수 있는 음료였다. 음식을 먹을 때는 물을 마시는 것을 별로 바람직하게 여기지 않아서 구운 달걀 요리와 같은 가벼운 저녁을 먹을 때도 물은 피했다. 텔레비전이 존재하지 않던 시절이라 왕은 아마도 식사할 때 심심하지 않도록 재미난 익살꾼을 식탁 앞으로 불렀을 것이다.

16

그린 포레이

Green Porray

저자 미상, 1392년, 『파리의 집주인Le Ménagier de Paris

(훌륭한 아내가 되는 지침서The Householder of Paris)』

Recipe 고기를 금하고 생선을 먹는 금육재일에 그린 포레이를 먹는다. 양배추는 바깥 잎을 제거하고 썰어서 찬물에 씻는다. 신맛 나는 과즙과 소량의 물을 넣어 함께 익힌다. 소금을 뿌리고 국물이 걸쭉하게 될 때까지 끓인다. 그릇 바닥에 소금 버터나 가능하면 생버터를 간다. 아니면 치즈나 시간이 좀 지난 신맛 나는 과즙을 뿌리고 양배추로 만든 포레이를 놓는다.

중세 시대에 유럽 사람들이 즐겨 먹었던 수프는 국가의 결속력을 다지는 데 이바지했다. 큰 솥에 끓여 여럿이 나눠 먹었기 때문이다. 가난한 사람들이 주로 먹던 귀리죽이었을 수도 있고 영양가가 풍부한 세련된 스튜 요리였을 수도 있다. 걸쭉한 수프는 부자와 가난한 사람 모두가 동등하게 먹을 수 있는 음식이다. 종류는 무척 다양한데 그중 하나가 포레이다.

여러 곡물과 양파를 넣어 만든 수프와 달리 포레이는 녹색을 띤다. 주로 양배추를 넣기 때문이다. 당시 가난한 사람들이 먹던 포레이는 스튜처럼 많이 걸쭉하기보다는 가벼운 느낌의 수프에 가깝다. 반면 귀족들은 그 속에 고기나 빵 조각, 달걀 등 다른 재료를 추가로 넣는다. 이처럼 어떤 수프를 먹는가에 따라 그의 사회 계급을 말할 수 있었다. 돈 많은 귀족들은 고기를 즐겨 먹었지만 농사짓는 가난한 사람들에게 고기는 매우 귀한 음식이었다. 실용적인 이유에서도 고기를 먹을 수 없었는데 잡아서 먹는 것보다 가축으로 키워서 일을 시키는 편이 더 효율적이었기 때문이다.

암소와 양, 염소는 지속적으로 젖을 제공해주며 양털도 요긴하게 쓰였다. 닭과 오리, 거위는 알을 낳아 먹을 것을 공급해주는데 암컷이 더 이상 알을 낳지 못하면 그제야 잡아먹었다. 반면에 황소는 쟁기를 끄는 노동을 분담했다. 요리할 때 동물의 피가 필요하다거나 블랙푸딩black pudding[돼지 피와 기름, 곡물을 섞어 만든 소시지의 일종으로 순대와 비슷함]을 만들어야 할 때 굳이 그 동물을 도살할 필요는 없었다. 윗다리에 작은 상처를 내서 피만 조금 빼면 됐다.

케냐의 마사이 족은 이런 식으로 동물의 피를 뽑아 마셨다. 콜롬비아에서 이구아나의 알을 구하는 방법을 들으면 아마 여러분은 몸서리칠지도 모른다. 사냥꾼들이 임신을 해서 천천히 움직이는 이구아나를 잡는다. 이구아나의 배를 연 다음 알을 제거하고 나무 태운 재를 상처 부위에 바른 뒤 배를 꿰맨다. 그러고는 이구아나가 정신은 없지만 혼미한 상태에서 덤불로 도망갈 수 있도록 풀어준다. 어쨌든 잡았다가 산 채로 놓아주는 것이다. 이 사냥 풍습은 수 세기 동안 전해 내려왔는데 수프를 만들어 먹은 풍습만큼이나 오래됐다. 커다란 솥에 하루 이상 먹을 수 있는 많은 양의 수프를 끓인다고 생각해보자. 당시 사람들은 날것으로 먹으면 몸에 좋지 않을 것 같은 채소들을 끓여 먹었다. 로마인들은 수프에 보리와 여러 종류의 콩을 넣었다. 솥에 양배추를 넣고 끓이다가 수프가 거의 완성될 무렵에 잎이 많은 채소와 생선 젓갈을 넣었다.

걸쭉한 수프는 끓인 푸딩 요리의 원조인 포리지의 6촌 격이다. 사실 'soup'는 빵 조각을 뜻하는 'sop'에서 유래했다. 처음에는 단단한 음식을 지칭하던 단어가 나중에 액체 음식을 일컫는 이름으로 바뀌었다. 주로 가난한 사람들이 끼니를 해결하기 위해 빵 조각 위에 수프를 부어서 먹었다. 노동자들은 부엌에서 좀 떨어진 곳에서 빵과 수프를 먹곤 했다. 나중에 그릇과 접시가 발명되자 수프를 먼저 그릇에 담고 빵 조각을 수프에 담가 찍어 먹기 시작했다. 그러다가 딱딱해진 빵 조각을 수프에 넣어 부드럽게 만든 다음 시식하는 방법이 유행했다.

그런데 왜 수프의 진화가 1392년을 기점으로 멈춘 것일까? 유명한 프랑스 요리책 『파리의 집주인』에 언급된 포레이의 초기 레시피에서 그 단서를 찾을 수 있다. 이 책은 1392년에 출간됐는데 다소 기이하며 여성을 무시하는 성차별적 성향이 짙다. 반면 통찰력 있고 유용한 내용도 수록되어 있다.

작가가 알려지지 않은 인물이어서 화자가 실제 인물인지 허구인지는 불분명하다. 작가는 오늘날 사우디아라비아 남성들의 시각 및 태도와 비슷한 관점에서 글을 썼는데 실존 인물일 가능성이 높다. 확실한 것은 그가 파리 출신이고 나이가 어느 정도 있는 사람이라는 점이다. 그는 자기보다 열다섯 살 어린 부인과 결혼한 지 얼마 안 된 귀족이었다. 아내가 일상생활을 하는 데 도움이 되는 안내서를 본인이 직접 써서 책으로 만들었다.

이 책은 『코스모Cosmo』 지와 정반대되는 성차별적인 성격을 띠었다. 먼저, 이 책의 영어 제목은 'The Householder of Paris'다.(1928년에는 '파리의 굿맨The Goodman of Paris'으로 번역됐다.) 일상에 도움이 되는 여러 방면의 조언이 담겨 있다. 레시피와 패션에 관한 조언, 집안일에 유용한 팁, 기도문과 시도 포함되어 있다. 이 책에 담긴 조언들은 실용적인 것에서부터 정신적인 것까지 주제가 다양하다. 그중 몇 가지 강조할 만한 내용을 발췌해본다.

남편이 지붕에 난 구멍에 빠지는 일이 없도록, 또 불을 피울 때 연기에 휩싸이는 일이 없도록 그를 보호하라. 남편과 싸우지 마라. 다정다감하고 유쾌한 모습을 보이고 그와 함께 있을 때 평화로운 상태를 유지하라.

아내는 겨울에 그을린 연기가 심하게 나지 않도록 불을 피워야 한다. 그래서 남편이 아내의 품에 안겨 아늑하고 따뜻한 상태에서 잠을 청할 수 있도록 해야 한다. 이런 식으로 아내는 늘 남편에게 자신의 매력을 발산해야 한다.

여름에는 침실이나 침대에 벼룩이 있으니 각별히 주의하라.

집에 도착하자마자 우선 개에게 먹이를 준다. 그러고 나서 개의 몸이 젖었거나 진흙이 묻어 있다면 불가로 데려가 말린다. 개들에게는 채찍질도 해야 한다. 그렇게 해야 개들이 식탁이나 다른 작은 탁자에 오르려는 행동으로 사람들을 성가시게 하지 않을 것이다. 그리고 개들이 침대 위에 올라가는 일도 일어나지 않을 것이다.

이 작가의 말대로라면 여성은 결코 새로운 패션을 제시하면 안 됐다. 길을 걸을 때도 "머리를 곧게 세우되 시선은 밑을 향해야 한다"고 적혀 있다. 최악의 부인들만이 "눈을 크게 뜨고 머리를 마치 사자처럼 당당하게 들고 걷는다. 그런 여성들은 두건 밖으로 엉킨 머리카락이 나와 있다"고 표현했다. 게다가 여성이 남편의 판단에 대해 물어보는 것도 있을 수 없는 일이었다. "남편 혼자 모든 것을 알도록 내버려두어야 한다"고 이 책에 언급한 것처럼 말이다.

남편은 자신이 모든 것을 알고 있다고 여기기 때문에 요리를 하며 식사 준비를 하는 일에도 관여했다. 이 책에는 모든 종류의 음식에 대한 요리법이 빠짐없이 정리되어 있다. 서너 번에 걸쳐 나뉘어 나오는 저녁 코스부터 그의 '소유물'이나 다름없는 부인이 만드는 친밀한 요리까지 총망라되어 있다. 성대한 결혼식을 위한 피로연 요리와 여러 음식에 관한 끝없는 조언뿐만 아니라 그 음식들을 만들기 위해 필요한 사람의 수와 비용까지 언급했다. 대규모 만찬의 안전을 위해 '문 앞을 지키는 체격 좋고 힘 센 병사들 동원'과 같은 글도 빠지지 않았다. 그의 부인이 성 문지기를 고용하는 것을 잊기라도 한 양 꼼꼼하게 챙겼다.

그의 책에 언급된 음식들은 매우 정교하다. '작은 파이 속 포도와 복숭아'를 시작으로 수프와 구이 요리가 차례차례 코스별로 나온다. '구운 돼지 5마리와 찌르레기 20마리' '병아리 10마리와 새끼 토끼 10마리, 돼지 1마리와 가재 1마리'가 포함된 젤리 타입의 요리도 있었다. 의심할 여지 없이 그는 리처드 2세의 만찬을 자신의 집에서 그대로 모방해 재현하고 싶어했다.

이어서 만찬보다는 조용한 일상에서 먹는 음식으로 포레이를 소개했다. 신 과즙은 중세 시대의 인기 있는 양념 재료 중 하나였다. 덜 익은 포도나 꽃사과로 신 과즙을 만들었다. 그것은 요리의 맛을 한층 강하게 만드는 역할을 했다. 걸쭉한 수프에 신 과즙을 넣으면 생선 요리의 사이드 메뉴로 손색이 없었다. 양배추 수프는 생선 요리와 조화를 이루기 때문에 장어, 도미류, 터봇turbot[유럽산 가자미] 등 여러 종류의 생선과 함께 먹을 수 있는 레

중세 시대의 한 요리사가 수프의 맛을 음미하고 있다.

시피도 수록했다.

　그의 어린 부인이 편지로 "종이에 편지를 쓴 다음 불에 태우면 아무도 볼 수 없을 거야" "XXXX에게. 난 정신 나간 식도락가 늙은이와 결혼했어" 라며 자신의 속마음을 표현했을 수도 있다. 하지만 그녀는 편지를 읽은 상대가 자신에게 그 어떤 위로도 해주지 않을까 겁이 났다.

17

파티 준비

Party planning

시카르 아믹조, 1420년, 『요리에 관하여Du fait de cuisine』

Recipe 요리를 적절히 하고 깨끗하게 내놓기 위해, 또 접대를 하면서 빠르게 일을 처리하려면 많은 양의 금 접시와 은 접시가 필요하다. 백랍과 나무로 만든 접시도 필요하다. 4000개 이상이 필요한데 첫 번째 코스에 일부를 사용하고, 두 번째 코스를 위해 잔여분이 충분히 있어야 하기 때문이다. 코스 사이에 첫 번째 코스에 사용한 접시들을 깨끗하게 닦으면 됐다.

음식의 역사를 보면 잔치에 대한 이야기가 자주 등장한다. 지난 수 세기 동안 성대한 연회에 필요한 인원과 관련된 내용은 물론 현실적으로 상상하기 힘든 규모의 퇴폐적인 저녁 모임에 대한 내용도 있었다. 황소와 야생 조류, 가금류들이 음식 목록으로 나열됐는데 모두 비용이 많이 들었다.

수석 요리사들은 자신의 경쟁자보다 더 빛나 보이기 위해 아주 철저하게 요리에 임했다. 그의 경쟁자는 동시대의 요리사일 수도 있고 과거에 존재한 가장 화려한 파티를 선보인 역사적인 요리사일 수도 있다. 프랑스 출신인 시카르 아믹조도 예외는 아니었다. 지금부터 낮은 위치에서 최고의 위치에 오른 또 다른 수석 요리사에 대해 이야기하고자 한다. 그는 부엌 심부름꾼으로 일했다. 재료를 씻고 칼로 써는 일을 하면서 주방 견습공으로 일하다가 점점 위치가 높아져 마침내 미식업계의 최고봉에 올랐다. 자신을 요리사로 고용한 사부아 공작의 눈에 띄었고 그 뒤에 성공적인 기간을 보냈으며 공작으로부터 요리책을 내보라는 권유를 받았다.

당시에 나온 잔치와 관련된 책들은 통속적인 내용을 담고 있는 반면, 이 책은 여느 책과 달랐다. 시카르 아믹조는 파티 플래너였다. 그는 "황소 400마리를 잡아서 파슬리소스와 함께 대접하라"는 말에서 끝나지 않았다. 독자들에게 어떻게 만드는지 구체적인 과정을 수치와 함께 설명했다. 레시피와 관련된 매우 소소한 것까지 언급했는데, 당시에는 아직 요리에 필요한 시간과 온도를 정확히 잴 수 없었기 때문에 주로 재료의 양을 기준으로 삼았다. 예를 들면 이 허브는 2.7킬로그램, 저 허브는 3.6킬로그램이 필요하다는 식으로 정확한 무게를 언급했다. 다른 요리책과 견주면 가히 혁명적인 수준이었다. 그는 이전의 요리책 작가들보다 훨씬 더 실용적인 레시피를 선보였고 더 큰 그림을 볼 수 있는 안목을 지녔었다.

아마데우스 8세로 알려진 사부아 공작은 말솜씨가 아주 뛰어났다. 그는 상류층 및 종교계 인물들과 교류하며 자주 모임을 가졌다. 부르군디 공작의 딸과 결혼식을 올렸으며, 자신이 유럽을 대표하는 돈 많고 권력을 거머쥔 남자가 되겠노라고 말했다. 시카르 아믹조는 사부아 공작이 친구들을 초대했을 때 손님들에게 음식을 대접했다. 그의 음식 솜씨에 감탄한 사부아 공작은 여러 나라에서 온 이전의 수석 요리사들과 함께 그에게 요리에 관한 지식을 기록으로 남겨 그 자료를 후세대를 위해 쓸 수 있도록 권했다.

시카르 아믹조는 대필을 시켰다. 내용이 길고 비장하며 세세하게 모든 것을 기록으로 남겼다. 예를 들어 파르마 타르트^{Parma tarts}는 손이 많이 가는 음식이다. 그 레시피를 설명한 긴 문단에 포함된 단어 수는 1415개였다. 혹자는 시카르 아믹조를 나이 많고 스스로를 영예롭게 평가하는 허영심 가득한 요리사처럼 묘사했다. 그런 요리사가 긴 의자에 편하게 앉아 겁을 먹어 몸을 움츠리는 하인에게 레시피를 받아 적도록 시키는 모습이 그려졌다. "다시, 파르마 타르트"라고 하며 그가 태연하게 운을 떼운다.

"파르마 타르트 제작을 주문받았다면, 일단 서너 마리의 덩치 큰 돼지를 준비하라. 하지만 내가 어림잡은 것보다 연회 규모가 더 크다면 한 마리가 더 필요할 수도 있다."

이 레시피는 결코 여러분이 집에서 할 수 있는 요리가 아니다. 네 마리의 덩치 큰 돼지는 기본이거니와 비둘기 300마리, 병아리 200마리, 수탉

100마리, 작은 새 600마리가 추가로 필요하기 때문이다. 타르트는 크기가 작지만 그 수가 워낙 방대하기 때문에 이렇게나 많은 동물이 필요한 것이다. 위에서 예로 든 동물 고기와 매운 양념, 허브를 잘 버무려서 타르트의 속을 채운다. 이 음식을 선보일 때도 야단스러운 동작이 곁들여진다. 시카르 아믹조는 말했다.

"파르마 타르트에 각 귀족 가문의 문장紋章을 작은 깃발처럼 만들어서 꽂는다. 그러고는 그 문장에 해당되는 귀족에게 그 타르트를 대접한다."

시카르 아믹조는 자신의 파티 계획에 대한 조언을 책에 담기 전에 먼저 주인에게 아첨하는 말로 시작했다. 아마 인류 역사상 가장 비굴한 인간을 뽑으라면 그라고 말할 수 있을 정도다. 시카르 아믹조는 주인 앞에서 저자세를 유지하며 상대를 떠받들었다.

"주인님, 덕망 높고 권력을 가진 왕자이시자 에메 가문의 귀족 출신인 사부아 공작님께 모든 명예와 존경심을 표합니다. 저는 당신의 어떤 명령에도 바로 복종할 준비가 되어 있습니다. 저의 소박하지만 헌신하는 마음을 담은 존경심을 주인님께 보냅니다."

그는 2절판으로 된 책의 236쪽 분량의 글을 쓰면서 서두에 다음과 같은 내용을 밝혔다.

"저는 주인님의 보잘것없는 하인들 중 가장 미천한 존재일 것입니다. 사회적 지위도 낮고 배운 것이 많지 않아 아는 것이 별로 없습니다. 무지와 태만 때문에 제가 알고 있는 것은 아직 충분하지 않습니다."

그가 발표한 책에 소개된 레시피는 총 3만4000개의 단어로 기술됐다. 그중에는 파르마 타르트처럼 내용이 길고 태도가 오만할 뿐 아니라 만들기 힘들며 장황하고 두서없는 레시피들도 포함되어 있다.

시카르 아믹조는 주인 앞에서는 한없이 겸손하지만 부하들에게는 아주 가혹한 요리사였다. 환상적인 결과물을 얻기 위해서였다. 그래도 가식적인 겸손함 때문에 그의 뛰어난 파티 추진력이 떨어지지는 않았다. 그는 이틀에 걸쳐 진행되는 파티를 하려면 적어도 4개월 동안 계획해야 한다고 말했다. 예를 들어 결혼식이 있으면 피로연에 선보일 음식들을 꼼꼼하게 체크하며 세부적인 것까지 다 계획했다. 종교적인 기간에 치를 의식에 필요한 음식을 만들 때도 생선이나 고기 또는 유제품 종류에 제한이 있는지 확인했다. 그래서 조금이라도 착오가 생기면 다른 재료로 대체했다. 대규모 만찬에 필요한 주방 기구의 수까지도 정확히 세어서 목록으로 작성했다. 그는 화로와 필요한 석탄의 양까지 고려했으며 독자들에게 이 모든 것을 준비할 만한 경비가 충분히 마련됐는지 상기시키는 말도 잊지 않았다.

일꾼들이 게으르지 않게 일하고 부족함 없이 일할 수 있는 조건이 갖춰져야 한다. 주방을 책임지는 수석 요리사에게 경제적인 지원이 뒷받침되어야

중세 시대의 연회는 대규모로 거행됐으며 매우 화려했다. 어떤 연회는 이틀 동안 열렸다.

1420

필요한 양의 소금과 채소가 가득 든 솥, 그 밖의 요리에 필요한 모든 재료를 구할 수 있다. 그러나 현재로서는 나에게 아직 이 조건들이 만족스럽지 않다.

시카르 아믹조는 요리사들에게 양초를 충분히 준비하라고 시켰다. 그리고 자신이 원래 쓰던 주방 말고 다른 곳에 가서도 음식을 만드는 법을 익히도록 했다. 예를 들면 주인의 친구가 사는 성에 가서도 요리를 한 적이 있다. 그래서 자신의 주방이 아닌 다른 곳에서도 얼마든지 시카르 아믹조의 스타일이 돋보이는 파티 분위기를 연출했다. 그는 파티를 준비할 때 아주 세심한 부분까지 신경썼다. 심지어 초대된 귀족들이 자신의 하인을 몇 명이나 데려오는지도 확인할 정도였다. 그 하인들은 환영을 받았을 뿐만 아니라 만찬 곳곳에 도움을 주었다.

"요리사가 요구하는 것들을 신속하게 처리하고, 많은 일을 하기에 충분했다."

그릇과 칼, 포크, 수저와 같은 식기에 관해서도 언급했는데, 한 번 파티를 열면 금 접시와 은 접시, 백랍과 나무로 만든 접시가 4000개 이상 필요했다. 파티에 필요한 도구들이 이 정도면 파티가 끝나고 세척해야 하는 식기의 양이 얼마나 많았을지는 굳이 언급하지 않아도 알 것이다. 오늘날 부자와 유명 인사들을 고객으로 한 파티 플래너들은 그들이 어떤 세상에 태어났는지 알지 못한다.

18

머스컬스 인 셸

백포도주소스에 끓인 홍합 요리_Muscules in shell

저자 미상, 1440년, 『요리에 대한 책Boke of Kokery』

Recipe 홍합을 필요한 양만큼 준비한 뒤 솥에 넣고 잘게 썬 양파를 넣어 끓인다. 후추와 포도주를 적절하게 넣는다. 그리고 식초를 조금 넣는다. 홍합이 벌어지기 시작하면 솥을 불에서 내려놓는다. 따뜻하게 데운 접시 위에 홍합을 놓고 빵과 함께 먹는다.

1440년에 어떤 일이 있었는지 알아보자. 이탈리아의 건축학자 필리포 브루넬레스키가 설계한 파치 예배당이 피렌체에 처음 지어졌다. 같은 해에 독일 마인츠 출신의 세공업자 요하네스 구텐베르크가 금속활자를 이용한 인쇄술을 처음으로 발명했다. 그리고 테노치티틀란에서 아즈텍 족을 통치하던 지도자 이트스코아틀이 사망하고 몬테수마 1세가 그 뒤를 이었다. 영국에서는 헨리 4세가 이튼 칼리지를 세웠으며 커스터드custard 레시피가 담긴 『요리에 대한 책』이 출간됐다.

실제로 이 책에는 커스터드와 관련된 두 종류의 레시피가 제시되어 있다. 저자는 알려지지 않았지만 철자법에서 자기가 원하는 대로 자유롭게 쓴 흔적이 보인다. 당시는 철자법 표준화가 이루어지기 전이라 기존 문서에 이상한 글자가 있어도 일관되게만 쓰면 충분히 허용됐다. 책을 소유하는 것만으로도 충분히 감동적인 일로 인정받았기 때문에 철자법이 이상해도 대수롭지 않게 여겼다.

당시에도 여전히 많은 요리사가 기억에 의지해 요리를 했다. 요리책이 귀했기 때문에 특정 레시피를 알고 있으면 마치 일급비밀인 양 남의 귀에 들어가지 못하도록 보안을 철저히 했다. 이 『요리에 대한 책』에는 182가지의 레시피가 들어 있는데 모두 손으로 썼다. 영국에서 최초의 인쇄서적은 1473년에 가서야 등장했다. 손으로 쓴 레시피가 본격적으로 사용되기까지는 시간이 좀 걸렸다. 영국에서 통용되는 익숙한 철자법에서 벗어난 단어들이 있었고 특히 프랑스어 구어체 표현도 있었다. 예를 들어 영어의 'milk(우유)'를 대체하는 단어를 보면, 프랑스어로 우유를 뜻하는 'lait'와 발음이 유사한 'let'가 쓰였다. 또 영어의 'cold(차가운)'를 대체하는 단어는 프랑스어의 'froid'와 발음이 비슷한 'fryit'가 쓰였다. 그렇더라도 글을 큰 소리로 읽으면 문맥상 어느 정도 의미를 파악할 수는 있다. 발음할 때는 특이한 악센트를 느낄 수 있는데, 예를 들어 'green sauce'라고 하지 않고 'sauce verte'라고 쓴 것이 있으며, 이는 허브로 만든 소스를 뜻한다.

"허브를 잘게 썬 다음 가늘게 모양을 만들어 식초에 담근다. 그런 뒤 여과기를 통해 소스를 뽑아낸다."

이 부분을 누군가가 꾸민 티가 나는 목소리로 소리 내어 읊는다면 어떤 장면일까 상상해보니, 한 사람이 여과기를 통해 소스를 뽑는 동안 다른 한쪽에서 그의 친구가 그 소스를 받아내는 장면이 떠오른다.

이 책에 나오는 커스터드가 당신이 생각하는 것과 많이 달라 충격을 받을 수도 있는데 그에 대해서는 나도 어쩔 수가 없다. 두꺼운 질감에 따뜻한 노란색의 달콤한 커스터드를 떠올렸는가? 애플 크럼블 위에 올려 먹는 커스터드로 여겼다면 다시 생각해보자. 1440년에 사람들이 만들었던 커스터드는 전혀 다른 것이었다. 소스라기보다는 고기 또는 파일 조각으로 가득한 내용물을 그대로 보여주는 파이에 가까웠다. 하지만 한눈에도 커스터드라는 것을 짐작할 수 있는 요소들은 있다. 달걀과 우유를 혼합해 만든 달콤하면서도 소스 맛이 나는 재료가 윗부분을 이루었기 때문이다. 빵 조각과 관련해서 'sop'로 알려진 부분은 앞서 걸쭉한 수프에 대해 이야기할 때 이미 언급했다. 커스터드는 그 빵 위에 뿌리는 소스를 부르는 이름이었다.

이 책에서 커스터드 레시피는 다음과 같이 시작된다.

"송아지 고기를 아주 작게 썬 다음 깨끗하게 썻어낸다."

a litull in faire grece · but lete not boyle · then take it oute · and ley on
a faire borde · and kutte it in faire smale peces as thou list · And putte
hem azen into the panne til thei be brokne · And then caste Sugur
on hem · and serue hem forth ·

Pety panntes

Take faire floure · Sugur · Saffron · and salt · and make paast · Þerof ·
then make smale coffyns · then cast in eche a coffyn · iij · or iiij · yolke
yolkes of egges hole · and ij · grobettes · or iij · of Mary · couche þin/
þen take yolkes of tryed Suruy · Reysons of Corans and cast
abofe · þen couer the coffyn With a lyd of þe same paste · then
bake hem in an oven · or elles fry hem in faire grece fressh · And
then serue hit forth ·

Aliter pety panntes

Take and make thi coffyns · as hit is aforseid · then take yolke
yolkes of egges trynde in sugur pouder of Gynger and reysons
of Corans and myxed many but not to smal · And caste all
this into a faire boll · and medel all togidre · and put hit in coffyns
and bake hem · or fry hem as þi dischit be þe toþer ·

Custarde

Take vele and smyte hem hit in litull peces · and wassh it clene · put
hit into a faire potte With faire Water and lete hit boyle togidre · þen
take percelly · Sange · Isop · Sauerey · Wassh hem · helpe hem · And cast
hem into flessh Whan hit boileth · then take yolkes of peper · Canel
Clowes · Mace · Saffron · salt · and lete hem boyle togidre · and a
goode dele of Wyne With all · And Whan the flessh is boyled · take
it vp fro þe broth · And lete the broth kele When hit is colde sheyne
yolkes and White of egges thorgh a streynur · and put hem to the
broth so many that the broth be styff ynolde · And make faire coffyns
and couche iij · or iiij · peces of the flessh in þe coffyns then take
Dates · prunes · and kutte hem cast þigeto yolkes of Gyng · a litull

이렇게 씻어낸 송아지 고기 조각을 허브와 함께 끓인다. 여기에 파슬리와 세이지를 넣고 포도주도 넣는다. 혼합한 재료를 서늘한 곳에서 식힌 다음 달걀흰자와 노른자 부분을 분리시켜서 재료에 넣어 걸쭉한 수프처럼 만든다. 이 혼합물을 페이스트리 틀에 넣는다. 여기에 잘게 썬 대추야자와 자두를 가장자리에 배치하고 마지막으로 요리 위에 생강가루를 뿌린다.

롬바르디아 커스터드로 불리는 레시피는 크기가 큰 파이 속에 굽는 과일 커스터드 타르트와 흡사하다. 크림과 달걀노른자, 허브와 대추야자를 재료로 쓴다. 또 아몬드 크림과 설탕을 먹기 전에 그 위에 뿌린다. 이런 유형의 요리를 통틀어 '크루스타드croustade'라고 한다. 페이스트리에 속하기 때문에 바삭바삭하게 튀긴 빵을 뜻하는 'crust'에서 파생된 단어다.

여러분이 커스터드 레시피에 별로 관심이 없다면 또 다른 혼합물을 보자. 하지만 이것 역시 여러분이 좋아하기 힘들 가능성이 매우 높다. 바로 '쓰레기 처리에 대한 것'이다. 하인들에게 쓰레기를 어떻게 버리는지 알려주는 내용이 아니라 동물의 내장을 폐기하는 방법을 다룬 것이다. 어쩌면 옛날 사람들은 동물의 내장이나 남은 기관을 처리하면서 버려야 할 오물을 뜻하는 'garbage'란 단어를 만들었는지도 모른다.

『요리에 대한 책』을 읽은 비평가들은 이 책이 요리를 준비하는 하인들에게 유익한 책이라고 평했다. 왜냐하면 주방에서 갖춰야 할 준비물과 함께 고기를 어떤 식으로 썰어야 하는지 종류별로 자세히 설명했기 때문이다. 주방에서 일하는 하인들에게 필요한 식품을 적절하게 보관하는 방법에 대한 조언도 따로 마련했다. 음식물을 보관하는 방법도 물론 있지만 그보다는 도둑맞지 않고 안전하게 보관하는 방법에 더 주력했다. 고기와 허브, 양념은 당시에 아무나 쓸 수 없는 부자들의 전유물이었다.

하지만 많은 하인이 교육을 받지 못하던 시대였는지라 이러한 정보를 주는 글을 읽는 것이 현실적으로 일반화되기는 어려웠다. 게다가 책을 소유하는 것은 그 자체만으로도 사치였던 까닭에 요리책이라고 해도 물이 튀고 음식물이 묻는 주방으로부터 멀리 떨어진 곳에 고이 보관됐다. 내가 참조한 사본이 정확히 어디서 보관하던 것인지는 알지 못하지만 책 어디서도 기름자국이나 밀가루 얼룩은 찾아볼 수 없었다. 이 책에 소개된 레시피 가운데 최고의 요리로 나는 홍합 요리를 골랐다.

다른 재료는 넣지 않고 홍합 자체의 순수한 맛을 강조한 레시피로, 크림을 듬뿍 넣지 않은 상태에서 짧은 시간에 간편한 방식으로 만든 요리다. 식초나 마늘을 추가하기도 하는데 이 요리에서는 두 재료를 쓰지 않았다. 그래도 맛을 보면 전혀 후회되지 않는다. 이 책의 저자는 이 레시피의 마지막 줄 때문에 더 극찬을 받아야 한다. 아마 식당에 가서 이 요리를 먹을 때 '뜨거운 접시'가 아닌 차가운 접시에 담겨 나온다면 짜증이 날 것이다. 뜨거운 음식은 따뜻하게 데운 접시에 담는 것이 정석이니 말이다. 그런 의미에서도 이 『요리에 대한 책』은 역사상 길이 남을 최고의 요리책이 될 자격이 있다.

19

레세 프라이

치즈 타르트_Lese Fryes

저자 미상, 1450년경, 『할리문고 필사본Harleian Manuscrpt』 4016, 영국박물관

Recipe 네시nessh 치즈를 준비하고 깨끗하게 손질한다. 막자사발에 치즈를 넣고 잘게 으깬다. 달걀노른자와 흰자를 여과기에 넣어 분리시킨다. 재료를 분쇄기에 넣고 잘 섞는다. 여기에 설탕과 버터, 소금을 추가한다. 그 전날 만든 페이스트리 반죽 위에 재료를 올린다. 충분히 익힌 다음 먹는다.

네시 치즈에 준하는 치즈를 찾으려고 전전긍긍하지는 말라. 여러분이 딱 맞는 훌륭한 치즈를 찾았다고 해도 아마 이 책에 나오는 것과는 다를 것이다. 이 치즈 타르트를 제안한 요리사는 여러분에게 '소프트' 치즈를 쓰라고 말한다. 여러분이 지금 이 레시피를 만들어보고 싶다면, 하우다치즈를 써보자. 추가 설명을 더 하면, 치즈를 사와서 일단 가장자리의 딱딱한 부분을 제거하라. 치즈를 다른 재료와 함께 믹서기에 넣고 잘 섞는다. 그런 다음 그전에 만들어둔 페이스트리 반죽 위에 올린다. 오븐에 넣고 200℃에서 35분 동안 충분히 굽는다.

만드는 방법도 간단하고 맛도 일품인 이 레시피는 15세기에 쓰인 필사본에서 처음 발견됐다. 이 책은 현재 영국박물관에 소장되어 있다. 이 필사본에 소개된 레시피들은 엘리자베스 1세와 옥스퍼드 백작이 그중 일부를 발췌했고 1888년에 책으로 출간되기도 했다. 그 책의 제목이 바로 『15세기에 관한 두 요리책Two Fifteenth-Century Cookery-Books』이다. 출판사 편집자 토머스 오스틴은 이 책의 내용을 편집해 글로 옮기는 제안에 대해 처음에는 별로

관심을 보이지 않았다. 그런데 막상 레시피를 확인한 뒤에는 다음과 같이 평가했다.

"많은 레시피가 현대 요리사들을 깜짝 놀라게 할 정도였다. 옛 선조들은 바깥활동을 할 때 위를 튼튼하게 해주는 음식을 먹었고 양념이 잘 배어 있고 톡 쏘는 맛이 인상적인 음식들을 분명 좋아했을 것이다."

물론 토머스 오스틴은 후추와 생강, 정향, 마늘, 계피, 식초를 다량으로 넣는 레시피에 대해서는 좋은 평가를 자제했다. 포도주와 맥주를 듬뿍 넣는 레시피에 대해서도 칭찬을 아꼈다. 그는 "재료를 그렇게 쓰는 레시피에 대해서는 별로 기대할 것이 없다"고 썼다. 그는 여전히 빅토리아 시대에 살고 있었다. 과도한 양념 맛이 나는 음식은 그의 인상을 찌푸리게 만들었다.

여기에 소개한 치즈 타르트는 그보다는 훨씬 덜 자극적이다. 우유 또는 유제품으로 만든 수많은 음식 중 하나다. 여기서 재료로 자주 쓰이는 아몬드 우유에 대해 짚고 넘어가는 것이 좋겠다. 아몬드밀[아몬드의 종실에서 채유한 깻묵]을 뜨거운 물에 담가놓았다가 압축시킨 것으로 연어나 돼지고기로 만드는 모든 요리에 사용할 수 있다.

우유는 중세 시대에 가장 많이 사용된 음식 재료다. 농민들은 암소 몇 마리를 공유지에서 키우면서 소젖을 얻었다. 건강에 좋고 맛도 좋으며 다목적으로 쓰이는 우유는 아주 요긴한 음식이었다. 전해에 수확한 곡물이 떨어지고 새해 첫 수확을 하기 전에 주린 배를 채워주었기 때문이다. 우유는 더운 날에 빨리 상하는 단점이 있어서 가난한 사람들은 우유를 고체 상태의 응유로 만들어 먹었다. 그리고 신선한 유장whey[젖 성분에서 단백질과 지방 성분을 뺀 맑은 액체]을 마셨는데 일반 우유보다 더 오래 보관할 수 있었다. 응유를 천에 싸 액체를 남김없이 제거한다고 해서 무조건 치즈가 되는 것은 아니다.

15세기 유럽에서 치즈를 만드는 방법은 생각보다 많이 발전한 상태였다. 영어로 쓰인 초기 필사본에 언급될 때만 해도 치즈는 구체적인 브랜드가 없었다. 그래도 종류는 이미 다양했다. 영국의 목장은 환경적으로 훌륭했으며 그곳에서 만들어진 치즈는 맛이 좋을뿐더러 종류도 다양했다. 심지어 오늘날 우리가 먹는 파르메산과 비슷한 치즈도 있었다.

치즈에 푹 빠져 살았던 이탈리아의 의사 판탈레오네 다콘피엔차 덕분에 당시에 파르메산 치즈가 있었다는 사실을 알 수 있다. 판탈레오네는 유럽 전역을 여행하며 치즈를 맛보고 연구했다. 그런 뒤 치즈에 대한 책을 출간했다. 왜 그토록 치즈여행에 몰두했는지 자신에게 주어진 임무를 밝히며 진지하게 글로 써 내려갔다. 자신의 책을 『치즈에 대한 안내서A Guide to Cheese』라 하지 않고 『유제품에 관한 개요서Summa Lacticiniorum(Compendium of Milk Products)』라고 했다. 물론 도발적인 제목과는 거리가 멀지만 이 책을 떠올리면 당시에 유명했던 또 다른 묵직한 개요서가 저절로 떠오른다. 바로 토마스 아퀴나스가 쓴 『신학대전Summa Theologica(Compendium of Theology)』이다.

많은 사람이 토마스 아퀴나스의 책을 서양 문학사상 가장 영향력 있는 작품으로 꼽는다. 철학사의 고전으로 알려져 있는데, 판탈레오네가 살던 시대에도 신을 주제로 한 아퀴나스의 책은 매우 중요하게 여겨졌다. 그의 책은 짧게 줄여 'Summa'라 불렸다. 그러다가 200년이 지나자 신의 존재나 인간의 목적을 다룬 'Summa'가 아닌 치즈를 대상으로 한 'Summa'가 유명세를 얻었다.

어떤 것이 더 중요하고 영원불변의 법칙인지, 아니면 어디를 가야 최상품 체다 치즈를 구할 수 있는지에 대한 논쟁은 하지 않을 생각이다. 어쨌든 『유제품에 관한 개요서』는 의심할 여지 없이 치즈 분야의 새로운 길을 연 독보적인 작품이다. 1477년에 책으로 나오기 전에도 치즈를 재료로 한 레시피 책이 있었고 치즈의 종류도 증가하는 추세였다. 우리가 발견한 레시피 책보다 더 쓸모가 많았다. 치즈를 재료 삼아 요리하는 방법이 기술되어 있을 뿐만 아니라 치즈를 우수한 재료로 평가하고 있다. 게다가 오로지 한 가지 음식만을 대상으로 한 책은 이것이 처음이다.

판탈레오네가 유럽을 여행하면서 치즈를 연구하기 전까지는 아무도 그런 책을 쓴 적이 없었다. 음식에 관해 글을 쓴 초기 작가들이 그랬듯이 그에게도 섬겨야 할 주인이 있었다. 사실 그의 본업은 토리노와 파비아의 의과대학 교수였다. 그뿐만 아니라 귀족 사부아 가문의 건강을 책임지는 의료 고문 역할도 했다. 당시에 사부아 가문의 가장이었던 공작의 이름은 루도비코였다. 그는 치즈를 무척 좋아해서 건강 고문에게 꼭 치즈에 관한 책을 쓰도록 요청했다. 그렇게 해서 세계 최초로 치즈를 중점적으로 다룬 요리책이 탄생했다. 글로 옮기는 일을 도와주기 위해 고용된 사람들은 주로 가문 내부에서 골랐다. 루도비코의 부친은 앞서 언급한 아마데우스 8세. 부친 역시 자신의 요리사인 시카르 아믹조에게 요리책을 쓰게 했다.

루도비코는 자식에 대한 사랑만큼이나 치즈를 좋아했다. 실제로 그는 19명이나 되는 자녀를 두었다. 치즈가 사람들의 호평을 받지 못하던 시기에 그는 판탈레오네를 먼 곳으로 보내 치즈의 진가를 발견하도록 했다. 르네상스 시대 사람들에게는 치즈가 몸에 좋지 않다는 편견이 있었다. 루도비코는 판탈레오네에게 집필을 의뢰하는 것으로 치즈에 대한 열정을 증명하고 싶어했다. 아쉽게도 그는 생전에 책을 보지 못했고, 1465년에 사망한 뒤 책이 출간됐다. 그는 판탈레오네가 확실하게 일을 처리해줄 것으로 믿었다. 건강 문제에서 심사숙고하는 인물로 정평이 난 사람이기 때문에 더욱 그랬다. 의대 교수였던 판탈레오네는 1464년에 루도비코와 함께 여행을 떠났다. 도중에 프랑스 왕의 친구인 니콜라 티글랑 대령을 만났는데, 대령이 의사들마저 가망 없다고 진단한 병에 걸린 것을 알게 된 판탈레오네가 그를 위해 병을 낫게 하는 약을 찾아주었다는 이야기가 전해진다. 물론 기록에는 대령이 구체적으로 어떤 병에 걸렸는지, 판탈레오네가 환자를 어떻게 치료했는지는 나와 있지 않다. 하지만 결과적으로 병이 나았고 판탈레오네는 유명 인사가 됐다. 어쩌면 환자에게 치즈를 먹였는지도 모를 일이다.

판탈레오네는 치즈를 연구하는 동안 여러 시장과 치즈 생산 작업장을 직접 방문했다. 그러면서 치즈 제조 방식에 대해 많은 의문을 품었다. 그는 치즈의 맛과 촉감에 대해 오랜 기간 심도 있게 분석했다. 그 결과, 치즈 예찬을 뒷받침할 수 있는 강력한 논거들을 그의 책에 담아냈다. 많이 알려진 소문 중 하나가 치즈는 건강에 좋지 않다는 주장이었다. 그러나 그는 "왕과 공작, 백작, 후작, 남작, 군인, 귀족, 상인 등 모든 계층의 사람이 정기적으로 치즈를 먹고 있으며 치즈를 사랑한다"고 강력하게 주장했다.

그의 책은 치즈를 만드는 데 쓰이는 여러 종류의 우유를 설명하는 것에서 시작한다. 시대에 따라 달라진 특징과, 암소·염소·양 중 어느 동물의 젖으로 치즈를 만드는지, 치즈가 만들어지는 지역적·기후적 특성에 따라 치즈가 어떻게 달라지는지를 설명했다. 치즈의 다양한 형태에 대해서도 밝히고 있다. 예를 들어 구멍이 송송 나 있는 치즈가 있는가 하면 어떤 치즈는 가장자리가 딱딱하게 굳어 있다. 그는 발견한 모든 치즈의 세세한 부분을 자세하게 묘사했다. 치즈 목록은 참으로 인상적이다. 프랑스와 스위스에서 만들어진 치즈, 플랑드르 치즈, 다양한 영국산 치즈를 소개했다. 영국산 치즈는 그가 영국해협을 건너서 본 것이 아니라 벨기에의 앤트워프에 있는 한 시장에서 발견한 것이다. 판탈레오네는 최고의 치즈를 이탈리아에서 보았다고 했다. 반면 연구하는 데 시간을 가장 적게 들인 치즈는 독일산이었다. 맛도 그저 그랬고 특별할 것이 없었기 때문이다. 그의 고향에서 생산되는 치즈들은 그가 최고로 꼽는 이탈리아산이다. 피드몬트의 로비올라^{Robiola} 치즈와 발레다오스타^{Valle d'Aosta} 치즈가 대표적이다. 그는 그중에서 특히 파르메산 스타일 치즈인 피아첸차 파르마^{Piacenza Parma}를 좋아했다.

판탈레오네는 치즈가 왜 건강에 좋은지 설명하면서 각 연령대에 적합한 것을 소개했다. 치즈를 어떻게 먹어야 하는지에 대한 흥미로운 조언도 아끼지 않았다. 자신의 기질과 어울리는 것을 먹어야 한다고 강조하는 것이다. 단순히 맛에 대한 소개에서 그치지 않고 실용적인 조언을 확실히 해준다.

"치즈는 점심을 먹고 난 뒤 또는 폭식 후에 먹는다. 고기를 먹고 난 뒤에 치아 사이에 낀 기름기 있는 음식 찌꺼기를 제거하는 데 효과적이다. 또 다른 음식을 먹은 뒤에 입에 남은 음식 냄새를 없애준다."

그는 치즈를 먹으면 입천장을 깨끗하게 닦을 수 있다고 말하며 치즈를 예찬했다. 그래서 많은 사람이 치즈를 거부하는 것을 안타까워했다. 자신의 책에 "치즈 애호가인 내가 그것을 자제해야 하는 시대에 살고 있다니 참으로 비통하다"고 적었다.

한편 유럽 전역에 걸쳐 치즈 제

조가 활성화되고 있다는 사실을 알게 되자 큰 위로를 받았다. 생산자들은 힘을 합쳐서 협력 단체를 만들었다. 그렇게 생산된 치즈는 확실히 예전 것보다 우수했다.

치즈가 언제 생겨났는지 아무도 정확히 말하지 못한다. 치즈학자 앤드루 돌비도 치즈 탄생을 알리는 "확실한 결정적 사건은 존재하지 않았다"고 했다. 우유가 서늘한 곳에서 식거나 빠르게 응고되어 응유가 되지 않았다면 인간의 조상(기원전 7만 년경, 신석기 시대)이 젖을 얻을 수 있는 가축을 기르면서 치즈를 얻지 못했을 것이다.

이런 장면을 상상해볼 수 있다. 유목민 부족인 아랍인들이 햇볕이 쨍쨍 내리쬐는 따뜻한 날, 사막을 터벅터벅 걷고 있다. 동물 위장으로 만든 주머니에 우유를 담아 어깨에 짊어지고 걸었다. 그런데 동물 위장에 있던 레닛 rennet[우유를 치즈로 만들 때 사용되는 응고 효소]이 우유와 반응하면서 우유가 빠르게 응고되기 시작했다. 그들은 휴식 시간에 갈증을 해소하기 위해 우유를 마셨고 그 안에서 응어리진 하얀 응유를 발견했다. 목마름을 상쾌하게 해결해주지는 못했지만 응유의 맛이 썩 괜찮다고 여겼다. 이렇게 치즈는 탄생했다.

우유는 계절에 따라 성분이 다르다. 그래서 다양한 영양분을 함유한 저장 식품인 치즈로 소비된다. 역사학자들은 치즈의 발견을 '이차 생산품 혁명'의 주역으로 본다. 그전까지만 해도 고기와 뼈, 가죽을 얻기 위해 동물을 사육했다면 치즈를 발견한 후에는 젖을 얻기 위한 가축 사육이 활발해졌다.

판탈레오네가 글을 쓰던 당시에도 치즈 제조업이 정교하게 발달하면서 소비량이 증가했다. 그는 요리할 때 사용하는 치즈의 최고봉으로 발레다오스타 치즈를 꼽았다. "냄새가 심하게 날 수도 있다"고 했지만 일단 치즈를 녹이면 그 어떤 맛과 비교할 수 없는 최고의 맛을 즐길 수 있다. 실제로 현재 이 지역에서 치즈를 생산하는 사람들은 '판탈레오네가 추천한 치즈'라는 광고 문구를 사용하고 있다.

판탈레오네는 빠듯한 예산으로 치즈를 소비해야 한다면 피드몬트산 치즈가 이상적이라는 것을 알아냈다.

"이 치즈는 매운맛이 강해서 돈 없는 사람들이 사 먹기에 유리하다. 향이 너무 매워 많이 먹을 수 없기 때문이다."

물론 이런 발상은 진보적이지 않다. 그래도 그는 부족한 논거를 보충하기 위해 다음과 같이 덧붙였다.

"덤으로 이 치즈는 가난한 사람들에게 알맞다. 식탁에 차린 요리에 이 치즈를 넣으면 향이 워낙 매워 추가로 다른 매운 양념이나 소금을 넣을 필요가 없기 때문이다."

판탈레오네는 맛을 표현하는 데 선구자적 인물이다. 그는 음식에 관해 좀더 정교한 관점을 제시했으며 요리에 대한 글을 쓸 때도 음식이 경제와 건강, 문화와 어떤 관계가 있는지 핵심을 잘 파악해서 요약했다. 그의 열정은 사람들이 브리 치즈^{Brie cheese}[프랑스산의 부드러운 치즈]에 다가가 기꺼이 냄새를 맡도록 격려한다. 또 치즈 타르트에 하우다치즈를 넣을 수 있도록 장려한다. 그는 토마스 아퀴나스와 견주어도 전혀 뒤지지 않는 인물이다.

20

사순절 금식 기간이 아닐 때 먹는 라비올리

Ravioli for non-Lenten times

마르티노 데로시, 1465년, 『리브로 데 아르테 코퀴나리아Libro de arte coquinaria
(조리법에 관한 책Book on the Art of Cooking)』

Recipe 10인분 요리를 완성하려면 숙성 기간이 긴 치즈 227그램과 지방이
많은 치즈 소량, 기름기가 많은 돼지 복부 또는 송아지 가슴살 454그램을
준비한다. 재료를 폭 익힌 다음 칼로 썬다. 잘게 자른 신선한 허브와 후추,
정향, 생강을 넣는다. 여기에 수탉 가슴살을 잘게 잘라 넣으면 맛이 더 좋
다. 모든 재료를 잘 섞는다.

파스타를 얇게 편 다음 그 안에 재료를 넣어 라비올리를 만든다. 밤의 절
반 크기보다 조금 더 크게 만든다. 라비올리를 닭고기 수프나 다른 고기
수프에 넣고 끓인다. 이때 사프란을 넣으면 노란빛을 띤다. 주기도문을 두
번 외우는 동안 라비올리를 뜨거운 불에 익힌다.

수 세기 동안 마르티노 데로시는 요리사에서 중요한 인물이 됐다. 그는
그 공로를 인정받아 1475년에 발표된 중대한 요리책에서 찬사를 받기도 했
다. 그 책의 저자는 작가이자 인문주의 학자인 바르톨로메오 데사키였다.
로마에 살면서 플라티나라는 이름으로 활동한 그는 중세 시대부터 계몽
주의 바람이 싹트기 시작한 르네상스기까지 사람들의 관심을 끄는 요리책
『데 호네스타 볼루프타테 에 발리투디네De honesta voluptate et valitudine(참된 즐거
움과 건강에 대하여On Honourable Pleasure and Health)』를 세상에 선보였다. 250여 가
지 레시피가 수록된 이 책은 재료와 기술 등 모든 방면에서 가히 혁명적이

었다. 그가 소개한 레시피는 근대 이탈리아 요리의 탄생을 알리는 시발점 역할을 했다. 뿐만 아니라 인쇄기로 제작한 최초의 요리책이기도 하다. 광범위한 지역에 유통되었고, 유럽 지역에서 적어도 4개 이상의 언어로 번역됐다.

플라티나는 찬사와 예찬을 들으면서도 자신이 쓴 레시피에 영감을 준 사람에 대해 잊지 않았다. "오, 불멸의 신이시여! 이보다 더 훌륭한 요리사는 없을 것이다. 코모에 사는 내 친구 마르티노"라고 적으면서 "요리의 왕자이며 내가 요리에 대해 배운 모든 지식은 그에게서 온 것이다"라고 했다.

그러나 그게 전부다. 마르티노란 인물이 정확히 누구이며, 언제 어디에서 살았는지, 직업이 무엇이었는지, 레시피에 관한 책을 냈는지의 여부는 파악할 수 없다. 그는 요리계의 레이더망에 포착되지 않은 채 사라졌다. 그러다가 1927년이 돼서야 비로소 학구적인 독일계 미국 요리사이자 호텔리어이며 학자인 조지프 도머스 벨링이 우연히 단서를 찾아냈다. 이탈리아에서 고서를 파는 가게 주인이 가지고 있던 오래된 책에 나와 있었던 것이다. 저자의 이름이 눈에 들어온 벨링은 필사본을 구입했다. 그 책의 제목이 바로 『리브로 데 아르테 코퀴나리아(조리법에 관한 책)』였다. 그 책을 손에 쥔 벨링은 이탈리아어로 적힌 글을 번역하기 시작했고, 마르티노가 만든 음식 세계를 발견하게 됐다. 작가는 코모 출신의 마에스트로 마르티노. 벨링은 플라티나가 쓴 책에서도 언급됐기에 마르티노란 이름을 그전부터 잘 알고 있었다.

마침내 벨링은 자신이 발견한 정보를 바탕으로 1932년 10월에 『호텔 소식 및 국가의 대표적인 요리사들Hotel Bulletin and the Nation's Chefs』이란 책을 출간했다. 그는 책에서 놀라운 발견을 새롭게 조명했다. 플라티나가 발표한 250가지 레시피 모두 마르티노가 발견한 것과 겹쳤다. 그중 10가지는 우연찮게도 앞서 언급한 아피키우스의 레시피에서 가져온 것이었다. 이 필사본은 벨링이 1950년에 사망한 뒤 워싱턴 의회도서관에 기부, 소장되어 있다.

교황의 말을 쓰는 일이 본업이었던 플라티나가 이처럼 방대한 양의 요리법을 어떻게 정확하게 알게 됐는지 학자들은 놀라워했다. 하지만 이제는 그 의문에 대한 답을 찾을 수 있다. 그는 다른 사람의 레시피를 도용한 표절차일까?

마르티노가 쓴 글에 대해 오늘날 우리가 알고 있는 정보는 그리 많지 않다. 그의 레시피는 스페인의 영향을 받은 것으로 알려졌다. 그는 주로 밀라노에 있는 가족을 위해 요리를 했다. 그러다가 고용주인 루도비코 트레비산 추기경을 따라 로마로 거주지를 옮겼다. 그의 주인은 당시에 가톨릭계의 고위 성직자로서 영향력이 매우 높은 인물이었다. 마르티노가 쓴 책의 제목이 적힌 페이지에 이 추기경의 이름도 같이 나와 있다.

마르티노의 레시피는 혁신적이었다. 그전까지의 요리책은 그저 경험 많은 요리사들의 기억력을 향상시키기 위한 도우미 역할을 하는 수준에 불과했다. 그래서 특별한 음식에 필요한 재료가 나열되거나 화려한 연회나 파티에 대한 기록이 담긴 것이 고작이었다. 많은 요리책이 문화적 위상을 높이는 데 기여했지만 실용적인 면에서는 도움이 되지 않았다. 반면 마르티노의 책은 달랐다. 그는 실제로 필요한 재료의 양을 단위로 기술했으며 독자들을 위해 요리에 걸리는 시간도 글에 포함했다.

그의 레시피 중 고기를 넣은 콩소메^{consommé}를 예로 들어보자. "소금에 절인 고기 28그램과 으깬 후추 열매 40개, 마늘 3~4쪽, 한 잎당 세 갈래로 찢어진 세이지 잎 5~6장, 월계수 잔가지 2개……"를 준비해야 한다고 책에 명시했다. 아침 일찍 재료를 준비하려면 시간이 좀 걸릴 것을 예상해야 한다. 이어서 "7시간 동안 솥에 재료를 넣고 끓인다". 정확한 분량을 재는 것에서 그의 조언은 도움이 된다. 하지만 그는 결코 자기 자신을 근대화된 세계에 맞추지 않았다. 그가 2분을 말할 때 쓰는 방식이 있는데, 이는 그가 가장 좋아하는 표현이기도 했다. 그는 2분이라고 말하는 대신 "주기도문을 두 번 외우는 만큼의 시간이 걸린다"고 말하는 것을 좋아했다. 그전에 사용된 표현에 비하면 확실히 이해가 잘되는 유용한 표현이다.

그는 레시피를 기술할 때 자신만의 독특한 개성을 주입시켰다. '사냥을 하듯 만드는 앙증맞은 수프'에 대한 레시피도 그랬다. 그는 다음과 같이 서술했다.

"돼지비계를 인정이 느껴지는 양만큼 자른다. 작은 조각으로 자르는데 주사위 놀이를 하듯 주사위 모양으로 자르면 된다."

그는 사슴이나 노루와 함께 파이를 만드는 것처럼 독자에게 장난치듯 레시피를 설명했다. 가령 "먼저 고기를 잘게 자르는데 이때 여러분의 주먹 크기만 하게 잘라보자"고 말한 것이다.

그가 제공하는 레시피들은 지금도 여전히 유용하다. 새로운 레시피도 제안했는데, 특히 페이스트리와 관련된 레시피는 현대인들이 만들어 먹어도 무방할 정도다. 그는 젤리 형태를 확실하게 만들고 싶을 때 달걀을 사용하면 된다는 팁도 알려주었다. 마르티노는 시간을 절약하는 요리법과 본래 재료가 가진 본연의 맛을 강조하는 요리를 제안했다. 또 일반적으로 음식을 조리할 때 잘 감지하기 어려운 미묘한 특징들을 섬세하게 포착해 설명했다. 그는 올리브유 한 방울이 음식에 어떤 향을 더하는지, 나아가 두 방울을 떨어트리면 요리를 망칠 수도 있다는 것도 인지하고 있었다. 또 마늘은 '거칠게' 또는 '정교하게' 자르기 전에 항상 '꾹꾹 잘 눌러야 한다'고 했다. 어떻게 보면 세세한 것에 집착하는 듯 보이지만 훌륭한 요리사라면 그를 충분히 이해할 것이다. 그는 음식에 간을 하거나 적절하게 단맛을 살리고 싶을 때 설탕을 사용했다. 그리고 채소를 데칠 때 알 단테al dante[음식을 중간 정도로 설익힌 상태를 뜻하는 말]로 익힌다. 그가 선보인 '로마식 브로콜리' 레시피를 보면 채소가 "반쯤 익으면" 솥에서 꺼낸다고 나와 있다. 솥을 불에서 내려놓은 다음 잘 다진 돼지비계를 소량 넣고 다시 불 위에 올린다. 이제 단시간에 물을 넣고 끓인다.

농부들이 채소를 죽이 될 때까지 끓여 먹던 시절은 이제 지나갔고, 1970년대에 이르러 내 부모 세대가 다시 채소 수프를 먹기 시작했다. 사실 마르티노는 많은 채소 수프를 고용주인 귀족들에게 대접했다. 비록 농부들이 자주 먹는 음식이라 하더라도 부자들에게 대접하는 수프 요리에는 고기를 넣어 정성을 다해 만들었다.

마르티노도 대규모 연회를 준비할 때는 사람들의 눈을 감쪽같이 속이는 현란한 장식을 한 요리를 거부할 수 없었다. 그래서 "공작이 날개를 활짝 핀 모습 그대로를 유지하며 요리를 만들고 공작이 마치 살아 있는 것처럼 효과를 내기 위해 부리에서 일부러 불이 뿜어져 나오도록 만드는" 레시피를 쓰기도 했다.(장뇌camphor[녹나무에서 산출되는 밀랍과 같은 흰색의 투명

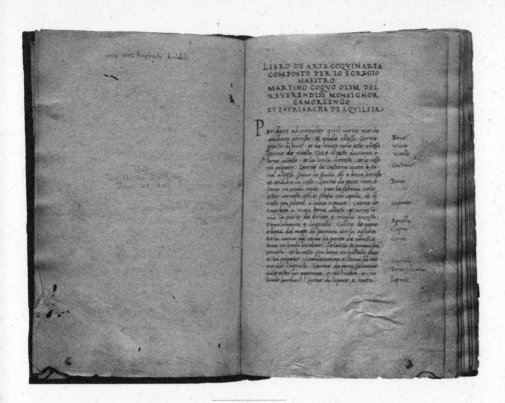

요리에 필요한 재료의 양과 요리 시간을 명시한 최초의 책은 기술 서적으로도 손색이 없다.
『리브로 데 아르테 코퀴나리아』는 최초로 인쇄된 요리책이기도 하다.

한 고체 지방]와 알코올에 적신 면섬유를 부리 안에 넣어 불을 피운다.) 하지만 그는 천성적으로 아담한 요리, 친근감이 느껴지는 저녁 요리를 선호했다. 당시에는 보여주기 식의 파티가 유행하면서 화려한 연출을 강조하는 요리가 대세였지만 그의 취향은 그쪽이 아니었다. 그는 적은 수의 인원을 대상으로 하는 출장 요리에 알맞은 레시피들을 주로 보유했다. 그런 면에서 디너파티를 위한 출장 요리의 초기 개발자라고도 할 만하다.

그의 레시피에는 소스, 토르테torte[크림, 초콜릿, 과일 등을 혼합한 재료로 속을 채운 케이크], 튀김 요리, 달걀 요리를 비롯해 전통적 재료와 근대적 생산품을 조합한 요리가 많다. 이들은 두 시대의 융합을 이루어 근대세계로 더 가까이 다가갈 수 있는 계기를 마련했다.

그렇다면 플라티나는 어떻게 되는 것인가? 사기를 쳤으니 그를 처단해야 하는가? 그 질문에 대한 실질적인 대답은 '아니다'이다. 그가 없었다면 마르티노의 아이디어는 세상에서 잊혔을 것이다. 플라티나는 마르티노의 글을 라틴어로 번역해서 최초의 요리책으로 인쇄하는 데 공헌했다. 플라티나가 있었기에 마르티노의 혁신적인 아이디어들이 독자들에게 알려질 수 있었다. 또한 플라티나는 도입부를 직접 썼으며 다이어트와 건강에 관련된 장도 썼다. 그는 훌륭한 음식이란 퇴폐적인 것이나 폭식과 관련된 것이 아니라고 주장했다. 그의 책은 "좋은 환경에서 자란 남자가 건강을 바라고 품위 있는 방식으로 식사를 하는 데 도움이 된다". 반면 "사치스러운 음식과 지나치게 기교를 부린 음식을 추구하는" 사람을 위한 책은 아니다.

실제로 플라티나의 삶이 평탄하지만은 않았다. 그가 교황의 말을 기록하는 일을 했다고 해서 전혀 고생하지 않았다고 생각하는 사람도 있겠지만, 그는 견해가 분명한 사람이었기 때문에 1464년에 결국 교황 바오로 2세와 부딪쳐 언쟁을 높인 사건이 발생했다. 그 일을 계기로 플라티나는 하드리아누스 황제가 가족의 묘를 안치하기 위해 지은 거대한 산탄젤로 성에 있는 감옥에 갇혔다. 현재 바티칸 교황청의 전시 책임자는 그 감옥에 대해 "당신이 상상할 수 있는 최악의 감옥이다"라고 말한다. 한술 더 떠 16세기에 그곳에 수감된 적이 있던 예술가 벤베누토 첼리니는 자신이 있던 방에 대해 "물이 샜고 커다란 거미들이 들끓었다. 그리고 해로운 벌레들이 우글거렸다"고 회상했다. 또 대마로 만든 매트리스가 "스펀지처럼 방에 있는 물을 흡수했다"고 말했다.

플라티나가 석방된 후에 다시는 불편한 일을 겪지 않으려고 안전주의를 택했을 거라고 예상하겠지만 실상은 아니었다. 교황 암살 음모의 용의자로 지목되면서 또다시 고충을 겪었다. 하지만 증거 부족으로 감옥에서 풀려났다. 그는 이번에는 입장을 바꿔 교황을 칭송하는 취지로 『교황들의 삶』이란 글을 완성했다. 나름대로 살아남기 위한 전략이었던 셈이다. 그 결과 더 이상 곤경에 처하지 않게 됐고, 로마 교황 식스투스 4세에게 인정을 받아 귀족 작위까지 수여받았다. 그러면서 바티칸 교황청 도서관의 관리자로 임명됐다. 그가 작위를 받는 모습은 화가 멜로초 다포를리의 회화에 고스란히 재현되어 불멸의 예술품으로 남겨졌다. 이 그림은 오늘날 바티칸 피나코테카 미술관에 가면 볼 수 있다.

어쩌면 플라티나는 감옥에 있는 동안 요리에 관한 글을 구상했을지 모른다. 자유인이었을 때 맛보았던 음식들을 그리며 마르티노와의 우정을 되새겼을지도 모른다. 그래서 감옥에서 나가면서 요리책을 썼을 수도 있다. 아니면 두 번째로 수감된 감옥에서 금방 풀려난 뒤 마르티노가 이탈리어로 쓴 책을 라틴어로 번역하는 일을 시작했을 수도 있다. 그러면서 단식일 및 축일과 관련된 레시피를 수집하고, 거기에 내용을 덧붙이는가 하면 아피키우스의 레시피를 추가했을 것이다.

그가 세상에 내놓은 책은 얼마 지나지 않아 금세 성공을 거두었다. 물론 그의 가치를 폄하하는 사람들도 있었다. 동시대의 작가인 조반니 안토니오 캄파노는 그의 요리에 대해 다음과 같이 평가했다.

"플라티나의 입에는 리크leek[큰 부추같이 생긴 채소]가 가득하고 그의 위장에는 양파가 가득하다."

하지만 적어도 플라티나가 요리를 가볍게 대하지 않고 관심을 쏟은 사람이었다는 것만큼은 증명됐다.

플라티나는 1421년 이탈리아 파다니아에 있는 습한 평야 마을의 가난한 가정에서 태어나 사회적 신분 상승을 이루기 위해 노력했다. 그의 요리책이 없었다면 요리의 장인 마르티노의 레시피는 아마 세상에서 빛을 보지 못했을 것이다. 그의 정교한 송아지 커틀릿 요리는 "결코 간과할 수 없는 음식이다". 마카로니와 라비올리 레시피도 마찬가지다. 맛있는 라비올리는 특히 여러분이 주기도문을 두 번 외우는 데 걸리는 시간만큼 빚은 밀가루 반죽으로 음식을 하고 싶을 때 적합하다. 플라티나는 스승의 레시피를 몰래 훔친 제자였다. 그런데 괜찮은 요리사들 중에 스승의 레시피를 한 번도 모방한 적이 없는 사람이 과연 존재할까?

21

익힌 모과 요리

For to bake quinces

저자 미상, 1500년, 『조리법에 대한 도서This Boke of Cokery』

Recipe 모과 3~4개를 준비한 다음 안에 들어 있는 씨를 빼낸다. 빈 공간은 달콤하면서도 향신료가 든 포도주나 양념 가루, 설탕을 섞은 맛있는 시럽으로 가득 채운다. 그런 뒤 틀에 넣어 익힌다. 다 익으면 불에서 꺼내 먹는다.

『요리에 대한 책』은 『조리법에 대한 도서』와 매우 비슷한 것 같지만 기본 내용에서 분명한 차이가 있다. 요리를 뜻하는 단어의 첫 알파벳이 'K'에서 'C'로 바뀌기까지 60년이라는 시간 차이도 엄연히 존재한다. 『요리에 대한 책』은 손으로 쓴 필사본인 반면 여기서 소개하는 『조리법에 대한 도서』는 인쇄본이다. 사실상 영어로 인쇄된 요리책 중 가장 오래된 것으로 알려져 있다. 물론 다른 요리책들도 있었다. 하지만 당시에 가치를 인정받지 못한 것은 대부분 유실됐다. 상대적으로 덜 중요하다고 판단되는 작품들은 수명이 오랫동안 지속되지 못했다. 평이한 계절 음식, 레시피들이 그런 유다. 좀더 가치 있는 자료들은 생명이 길었는데, 당시에 활동한 인쇄술 관리자인 리처드 핀슨은 주로 성문법이나 그와 비슷한 부류의 책들을 인쇄하곤 했다.

그런 점을 염두에 두었을 때 이번 레시피의 출처가 되는 책의 제목은 너무 평범하고 소박하다고 생각된다. '조리법에 대한 도서'라는 제목이 인쇄된 페이지 다음 장에 장문의 도입부가 나오는데 다음과 같은 내용이 쓰여 있다.

"연회와 같은 만찬 모임과 귀족 가문의 주방, 그 밖의 여러 장소에서 꼭 필요한 고귀한 책이 여기에 있다. 당신은 이 책을 통해 확실한 요리법을 시도할 수 있다."

손에 흰 장갑을 낀 채 나는 낡은 책장을 넘겼다. 윌트셔에 위치한 롱릿 기록보관소에 있는 서늘한 지도실에서 쿠션 위에 안치된 책을 열람했다. 이 책은 거의 200년 동안 그린 라이브러리Green Library에 있었는데, 당시에 있던 도서관 일곱 곳 중 한 곳에 보관되어 있던, 결혼으로 맺어진 가문 컬렉션의 한 권이었다. 이 책은 발견 당시에 『돈키호테』『잉글랜드의 전쟁』『아라비안 나이트』와 토머스 무어 경의 작품과 나란히 진열되어 있었다. 지금은 도서관의 공기 조절 장치가 마련된 방에 안전하게 보관되어 있다.

이 책은 주방에 돌아다니는 그런 부류의 것은 아니다. 당연히 과거에도 그랬다. 본문은 성서만큼이나 보관 상태가 깨끗했다. 기록물 형태로 쓰였으며 요리사에게 기억을 도와주는 역할을 톡톡히 했다. 한편 요리 시간과 필요한 재료의 양에 대한 언급은 거의 눈에 띄지 않는다. 위에 소개한 모과 요리와 관련된 레시피에만 필요한 양을 언급했다.

귀족 가문의 주방에서 요리를 하는 고참 요리사들이 그렇듯 이 책의 저자 역시 과거에 있었던 기억할 만한 성대한 연찬에 대해 기록하는 것을 잊지 않았다. 1399~1413년에 나라를 다스렸던 헨리 4세를 위한 연회가 열렸고 1413년에는 새 왕이 된 헨리 5세의 대관식을 기념하기 위한 만찬에 올렸던 음식 목록이 있다. 이때 만찬에 초대된 손님들은 수프, 삶은 강꼬치고기, 성대[쏨뱅이목 성댓과의 바닷물고기], 송어 요리 등을 대접받았다. 만찬에 등장한 음식 명단에 이어 제철 요리들의 따분한 명단이 빽빽하게 나열된다. 닭고기 스튜, 끓인 송어, 소스를 곁들인 도미류 등 요리 이름이 끝없이 나열되어 있다. 저자가 "이제 연례 주요 행사에 대한 내용은 여기까지 하고 지금부터 레시피를 알아보겠다"고 했을 때 나는 비로소 마음이 편안해졌다.

『조리법에 대한 도서』를 반복해서 읽는 동안 나는 탐정 수사를 하는 듯 뭔가 특이한 점을 발견했다. 이 책에 독창적인 아이디어가 있는 것은 아니었다. 다른 표절 작가들의 작품과 마찬가지로 저자는 기존 레시피들을 나열한 뒤 살짝 재구성하며 자신의 글로 다시 썼다. 『조리법에 대한 도서』의

129

작가가 쓴 홍합 요리는 1440년에 나온 책에 등장하는 홍합 레시피와 비슷하다. 그의 새로운 버전이 이전 버전보다 더 훌륭하다고 볼 수는 없다. 게다가 따뜻한 접시에 요리를 대접하는 것이 얼마나 중요한지에 대한 본질적인 사항도 후기 레시피에는 다뤄지지 않았다.

하지만 우리는 그런 점을 충분히 용서할 수 있다. 왜냐하면 누가 뭐래도 이 책은 영국에서 최초로 인쇄된 요리책이기 때문이다. 플라티나가 마르티노의 레시피를 훔쳐서 자기가 개발한 것인 양 둔갑시켜 주변 사람들의 인정을 받은 것처럼 이 저자도 마찬가지였다. 음식과 사회가 발전할 수 있도록 기여하는 좋은 레시피에 대해 예전보다 범위를 확장해 사람들에게 전파한 공을 인정받은 것이다. 조리 기술도 발전하면서 당대 사람들의 입맛을 다양화하는 데 이바지했다. 식초의 경우 음식 위에 살짝 뿌리는 레시피를 제시했다. 그 결과 오늘날 우리가 올리브유에 식초를 첨가하는 식습관을 갖게 된 것이다. 그 시대의 미각적 기호가 톡 쏘는 맛을 좋아하는 편이었거나 아니면 당시에 사용된 식초가 살짝 달았을 수도 있다. 입맛은 결국 그 시대에 먹을 수 있는 식재료에 순응할 수밖에 없다. 당시에는 올리브와 버터가 귀한 반면 식초가 흔했기에 사람들은 방금 찐 게를 먹을 때 식초를 뿌려 먹었을 것이다. 그때의 선택이 지금까지 이어져 오늘날에도 게를 먹을 때 식초를 사용하게 된 것이다.

게 이야기가 나와서 말인데 이 책에는 '게나 바닷가재를 재료로 쓴' 레시피도 등장한다. 저자는 "게나 바닷가재의 작은 발을 잽싸게 집어 올려서 끓는 솥에 넣으면 된다"고 했다. 중세 시대의 영어 단어 중에 'vent'가 있는데, 이는 어떤 생명체의 아랫부분을 지칭하는 용어다. 그 시대의 저자가 그런 부분까지 세세하게 알려주다니 참 흥미로운 레시피다. 게나 바닷가재의 작은 발을 단시간에 휙 낚아채야 그들을 압도할 수 있다. 그래야 그 순간 물이 펄펄 끓는 솥에 휙 던질 수 있지 않겠는가? 이 책에서는 끓는 물 또는 뜨겁게 데워진 화덕에 게나 바닷가재를 넣고 익힌 다음 "완성된 요리를 식초와 함께 먹어라"라고 제안하고 있다.

생선 요리를 할 때도 자비 따위는 있을 수 없다.

"잉어를 준비해 뜨거운 물에 넣는다. 잉어가 몸서리치도록 내버려두었다

설탕과 향신료가 든 포도주와 함께 모과를 틀에 넣어 만든 요리는
『조리법에 대한 도서』에 소개된 레시피 중 하나다.

가 얼른 꺼내 프라이팬에 던진다."

　이러한 레시피는 잉어를 뜨거운 물에 살짝 데쳐 죽지 않을 때까지만 내
버려두었다가 바로 살아 있는 채로 튀기는 대담한 요리 아닌가? 이 잉어 레
시피에는 생선을 먹을 때 '하얀 아몬드'를 곁들이라고 명시했다. 그 시대의
화려한 식습관의 면모를 보여주는 부분이다.

　여러분이 상상할 수 있는 모든 종류의 새를 구워 먹는 수많은 레시피도
살펴볼 수 있다. 자고새, 메추라기, 두루미, 해오라기, 왜가리, 거위 등이 있

다. 롱릿의 문서보관 담당자인 케이트 헤리스 박사는 다음과 같이 평했다.

"당시 사람들은 야생 가금류를 다량으로 요리해서 먹는 데 관심이 많았다. 이런 장르의 책은 단순히 레시피 책이라기보다는 조류학 서적에 가깝다."

사실 『조리법에 대한 도서』가 나오고 얼마 지나지 않아 처음으로 조류 보호와 관련된 법이 제정됐다. 명분상 새를 보호하기 위한 조항이었지만 당시 사람들은 조류의 특정 종을 보호하기보다는 요리 재료로 새들을 잡는 데 열심이었다. 왕가와 귀족 가문이 식탁을 채우기 위해 그물로 잡는 조류 목록을 여기에 일일이 언급하지는 않겠지만 그때 만들어졌던 새와 관련된 음식 가운데 오늘날 우리 입맛에 딱 맞는 실질적인 레시피들이 책에 등장한다. 새를 잡는 것보다 덜 공격적인 요리들은 굳이 말할 것도 없다.

설탕과 함께 익힌 모과 요리는 정말 맛있고 일상생활에서 자주 먹을 수 있어 실용적이다. 이 음식을 준비할 때는 굳이 새를 죽일 필요도 없으니 종의 보존 측면에서도 이롭다. 모과는 세월이 흘러도 변함없이 가치를 발하는 과일이다. 달콤하면서도 향신료가 든 포도주를 모과 위에 붓거나 설탕과 양념 가루를 그 위에 뿌려 익히는 요리다. 매운 향신료 가루를 요리에 추가하면 잘 구운 달콤한 과일 디저트 요리에 중세 시대의 색감을 더하는 효과를 발휘한다.

화덕에 넣을 때 쓰는 튼튼한 오븐 전용 그릇이 없다면 페이스트리를 만들 때 쓰는 틀을 활용한다. 달콤한 페이스트리로 맛 좋은 모과 파이를 만들 수 있다. 『조리법에 대한 도서』에 이와 관련된 사항이 정확하게 기술되어 있지 않다고 해서 과연 즉석에서 모과 레시피를 만들 수 없는 것일까?

22

히포크라스 젤리

Hippocras jelly

저자 미상, 1530년, 『스태퍼드 남작과 백작 그리고 그들의 가문 사람들과 버킹엄 공작에 관한 문서와 관련 장부Register of Evidences and Documents Concerning the Family of Stafford, Barons and Earls of Stafford, and Dukes of Buckingham』

Recipe

- 포도주 11.3리터
- 생강 57그램
- 설탕 1.4킬로그램

- 계피 227그램
- 육두구와 정향 28그램
- 그레인 오브 파라다이스Grains of paradise [기나아생강나무의 열매 속에 있는 갈색 씨] 57그램

이 레시피는 히포크라스[향신료를 넣은 포도주]로 만들었다. 히포크라스가 젤리로 변할 수 있도록 부레풀과 사슴뿔[녹각], 송아지 다리나 상아질을 첨가하자!

오늘날 먹는 젤리는 종류가 제한되어 있다. 보통 젤리는 아이들이 먹는 음식으로 치부하거나 주요 요리에 장식용으로 사용한다. 식품연구소에서는 과일 맛 나는 알약 모양의 젤리를 만들기도 하고, 학생들은 파티 때 젤리에 보드카를 넣은 술 맛이 나는 젤리를 먹기도 한다. 보드카 젤리의 기원을 거슬러 올라가보면, 지금보다 훨씬 더 우아한 분위기에서 먹는 음식이었다. 옛날 사람들은 술 취한 이들 주변에서 가볍게 먹는 군것질용 젤리가 아닌,

허름한 가구들이 배치된 허름한 파티 장소가 아닌, 훨씬 더 근사한 곳에서 보드카 젤리를 먹었다.

술이 들어간 최초의 젤리는 헨리 8세가 주최한 저녁 모임에서 처음 등장했다. 1520년 5월 윈저에서 열린 모임 때 차려진 메뉴들을 정독하는 동안 자칫하면 놓치게 되는 메뉴다. 성에서 장장 이틀 밤에 걸쳐 진행된 저녁 파티에 차려지는 수많은 음식에 대한 설명 중 갑자기 등장해 짧게 언급되고는 사라져버리기 때문이다. '토요일과 일요일 저녁, 즉 5월 28일과 29일에 저녁 모임에 참가한 왕과 여왕의 가터 기사단을 위한 조례 사항'을 보면 그 모임이 어떤 식으로 열렸는지 알 수 있다.

저녁 모임이 시작되자 먼저 두 가지 코스 요리가 나왔다. 코스가 두 가지라고 해서 식사가 간단할 것이라고 오해하지는 마라. 코스마다 14~19가지의 다른 음식이 나왔다. 수프, 생선(연어, 강꼬치고기, 잉어, 철갑상어), 닭, 메추라기, 토끼 등의 재료는 기본이다. 이어서 이튿날 세 번째 코스와 네 번째 코스가 준비됐다. 총 이틀에 걸쳐 모임이 진행되는데 젤리는 마지막 날에 드디어 모습을 드러냈다. 고어로 'leche' 또는 'leach'의 형태로 표현되는 젤리는 정교한 형태로 손님들 상에 올랐다. 성 또는 동물 모양의 젤리나 여러 색으로 장식한 젤리를 선보였다. 이것을 본 사람들은 감탄사를 내뱉으며 '와' 하는 함성을 질렀고 몇몇은 박수까지 쳤다.

히포크라스 젤리가 언급된 초기 요리책은 발견되지 않았다. 그나마 가장 오래된 문서가 바로 여기서 소개한 어느 귀족 가문의 장부 기록이다. 현재 영국도서관에 소장된 이 문서에는 옛날 사람들이 먹었던 젤리를 만드는 레시피가 기록돼 있다. 특히 젤라틴 성분을 젤리로 변신시키는 과정이 소개돼 있다. 여러 원재료로 젤리를 만들 수 있다. 한때는 철갑상어의 부레(부레풀)에서 젤라틴을 추출하기도 했고 또 다른 시대에는 붉은 수사슴의 뿔(녹용)에서 취하기도 했다. 송아지 다리에 다량 함유된 콜라겐의 향이 중성적이어서 젤리 재료로 사용하던 시기도 있다. 예를 들어 산딸기 젤리는 송아지 다리에서 끈적끈적한 젤라틴 성분을 추출했다. 송아지 다리에서 얻은 재료라고 해서 별로 구미가 당기지 않을 수도 있는데 실제로 먹어보면 오늘날 현대인들이 젤리를 만들 때 쓰는 젤라틴보다 훨씬 더 매력적임을 알게 될 것이다.

그러나 젤리는 윈저에서 열린 저녁 모임이 끝날 무렵에 제공되었기 때문에 사람들의 주목을 한 몸에 받았던 것은 아니다. 일요일 저녁 마지막 코스의 두 번째 요리가 나올 무렵에 등장했는데, 문서에 적힌 것을 보면 '섬세한'·'착한 아이'라는 두 표현 사이에 '히포크라스 젤리'란 단어가 딱 한 번 나오는 게 전부다.

히포크라스는 향신료를 넣은 포도주를 말하는 것으로 15세기 그리스의 의사였던 히포크라테스가 이 술이 건강에 좋다고 주장한 것으로 알려져 있다. 확실히 향신료를 넣은 포도주를 마시면 몸이 따뜻하게 데워지면서 건강해지는 느낌이 든다. 실제로 히포크라스가 꼭 몸을 데워주는 기능을 하는 것은 아니지만 사람들은 그렇게 느꼈다. 젤리로 만든 음식을 화려한 장식처럼 꾸미기 위해 추가로 다른 식재료를 첨가했다. 헨리 8세의 가터 기사단은 칼레 지역을 습격하고 불로뉴를 점령한 기사들의 모습을 형상화한 젤리를 보며 왕의 호의를 즐겁게 누렸다. 왕은 당시에 결혼한 지 얼마 되지 않았는데 새신부의 아버지도 그 가터 기사단에 속해 있었다. 기사들은 자신이 언제 죽을지 모르기 때문에 왕의 성에서 누릴 수 있는 최대의 특권을 누렸다. 깔깔대며 웃고 술이 들어간 젤리를 마음껏 먹을 수 있어도 어느 순간 갑자기 왕에게 외면을 받으면 그 성에서 자신의 삶을 끝내거나 그보다 더 최악의 상황을 맞을 수 있었다. 만약 여러분이 튜더 왕조 시대에 성 안에서 열린 만찬에 참석했다면 애석하게도 그것은 곧 보드카 젤리를 먹고 숙취를 느낄 수밖에 없는 곳에 있다는 것을 의미한다.

23

칠면조 타말레

Turkey tamales

베르나르디노 데사아군, 1540년경,

『히스토리아 제네랄 데 라 코사스 데 라 누에바 에스파냐Historia general de las cosas de la Nueva España(뉴스페인의 풍물의 역사General History of the Things of New Spain)』

Recipe 귀족들이 먹는 음식으로는 솥에 끓인 칠면조로 만든 패스티pasty[만두처럼 고기와 채소를 넣어 만든 작은 파이]를 들 수 있는데 그 위에 씨를 뿌리기도 한다. 옥수숫가루와 옐로 칠리를 넣어 만든 고기 타말레도 있고, 암컷 칠면조 구이나 메추라기 구이도 있다. 작은 칠리로 만든 소스, 토마토, 땅에서 얻은 씨앗 으깬 것으로 칠면조 요리를 하기도 한다. 아니면 레드 칠리나 옐로 칠리, 그린 칠리를 넣은 칠면조 요리를 한다.

칠면조가 영국 연안지역에 식용 음식으로 퍼진 것은 16세기 중반부터다. 칠면조를 생전 처음 본 사람들은 그 모습에 아연실색했다. 이국적인 깃털과 목, 특이하게 생긴 코 등 못생긴 외양 때문에 당시 해외에서 칠면조를 수입하던 상인들은 칠면조를 아주 희한하게 생긴 새로 여겼다.

칠면조가 터키와 동일한 이름인 'turkey(터키)'로 불리게 된 이유는 당시에 칠면조의 원산지가 터키라고 생각했기 때문이다. 하지만 그 이름으로 불리기 전까지 상인들은 칠면조를 'Levant(레반트)'라고 했다. 동지중해를 뜻하는 단어였는데 이들이 처음 식용 가능한 몸집이 큰 새를 잡았을 때 그곳에서 왔다고 여겼기 때문이다. 칠면조는 유럽 전역에 확산됐다. 영국인은 칠면조를 터키에서 온 새라고 여긴 반면 네덜란드와 덴마크, 핀란드, 독일,

프랑스인들은 인도에서 온 새라고 생각했다. 그래서 프랑스어로 칠면조를 뜻하는 단어 'dinde(딘드)'는 '인도에서 온 닭cock of India'에서 유래했다. 덴마크어로는 인도 말라바르 연안에 있는 항구인 캘리컷[현재 지명은 코지코드]에서 영향을 받아 'kalkun(칼쿤)'이라 부른다. 칠면조가 인도에서 번식한 것은 맞지만 그곳에 있는 칠면조는 토종이 아니다. 원래 포르투갈 출신의 탐험가 바스쿠 다가마에 의해 캘리컷까지 오게 되었기 때문이다. 남아프리카공화국의 희망봉 주변을 항해하며 아프리카 동쪽 해안을 여행하던 바스쿠 다가마는 인도양을 건너 1498년 인도 캘리컷에 도착했다. 배가 그곳에 정착하면서 그가 멕시코에서 가져온 칠면조들도 인도에 서식하게 됐다.

터키에 칠면조가 서식하게 된 기원은 멕시코까지 거슬러 올라간다. 그래서 정확히 따지자면 칠면조는 'mexicos(멕시코스)'로 불려야 마땅했다. 그 시절에 멕시코는 뉴스페인으로 불렸다. 탐험가 에르난 코르테스가 1521년부터 그곳을 정복하고 주민들을 학살하면서 점령하기 시작했다. 뉴스페인이 된 그곳은 원래 아즈텍 족이 살던 곳이었다. 토착민들은 칠면조를 'huexolotl(우엑솔로틀)'이라 불렀다. 현재 멕시코에서는 칠면조를 'guajolote(과홀로뗴)'라 하는데 'turkey(터키)'가 그 단어보다 발음하기 더 쉽기 때문에 사람들은 계속 칠면조를 '터키'로 부르게 됐다.

칠면조를 뭐라고 부르든 간에 아즈텍 족은 칠면조 요리를 무척 좋아했다. 칠면조 화석이 멕시코 고지에서 발견되기도 했는데 1000만 년이 넘은 것이었다. 16세기 초에도 칠면조는 부족에게 중요한 식량이었다. 기념제나 잔치를 열 때마다 칠면조 요리는 빠지지 않는 단골 음식으로 등장할 정도였다. 칠면조 고기는 사람들에게 인기가 아주 많았다. 날개로 머리 장식을 만드는가 하면 보석에 색을 입히는 데도 쓰였다.

아즈텍 족의 칠면조 식습관에 대한 자세한 이야기는 스페인 출신의 프란시스코회 수사인 베르나르디노 데사아군에게서 들을 수 있다. 그는 1529년 선교사 활동을 위해 뉴스페인으로 떠났다. 살라망카수도회에서 공부한 그는 30세에 오지의 토착민들을 대상으로 한 선교활동의 중요성에 눈을 떴다. 그리하여 사람들에게 종교적 확신을 설파하며 에르난 코르테스가 죽이지 않은 현지 부족들에게 가톨릭교를 전파하려고 애썼다. 그의 동료들은 그가 아침 예배를 빼먹은 적이 단 한 번도 없었다고 증언했다. 또한 그가 황홀경 상태를 자주 경험했다고 전했다.

에르난 코르테스가 아즈텍 족의 황제였던 몬테수마를 무찌르면서 수천 명의 부족민을 죽이고 그들의 제단을 파괴한 지 몇 년 지나지 않았을 때였다. 그때 처음으로 현지의 핫초콜릿 맛을 보게 됐다. 아즈텍 족은 완전히 몰살되지 않고 일부가 남아 고유의 풍습을 이어갔다. 그리하여 베르나르디노 데사아군은 그 부족에 대한 연구 작업에 착수했다. 그는 다음과 같이 기록했다.

"부족들은 나이 많은 대표 10~12명을 뽑았다. 그 사람들이 대표로 나와 대화를 나누었고 어떤 주제든 상관없이 내가 궁금해하는 내용을 설명해주었다. 2년 동안 마을의 노인 추장들과 함께 많은 시간을 보냈다. 그들은 나와 이야기한 다방면의 주제와 관련된 그림들을 주었다."

베르나르디도 데사아군은 자신의 수고에 대해 매우 겸손한 태도를 보였다. 부족 추장들은 그런 그를 좋아했다. 천성적으로 착한 그의 품성 덕분이었다. 베르나르디노가 부족의 언어를 배우고 유창하게 말을 한다고 해서 그를 좋아한 것이 결코 아니었다. 그가 쓴 『뉴스페인의 풍물의 역사』는 아즈텍 족이 직접 그린 2000여 점의 그림이 수록된, 인류학 분야에 길이 남을 위대한 작품이 됐다.

그가 아즈텍 족의 실생활에 대해 묘사한 생생한 이야기들은 총 12권의 책으로 출간됐다. 2400쪽에 달하는데, 아즈텍 족의 사회, 경제, 의식은 물론 음식에 대한 자세한 내용이 담겨 있다. 그중에서도 특히 아즈텍 족이 관심을 갖는 내용은 바로 음식이었다. 베르나르디노는 "제불보 바치기 위해 갓 잡은 동물과 요리하는 청년에 대한 내용을 제외하고 아즈텍 족은 칠면조를 무척 좋아했다"고 말한다. 그는 뉴스페인에 도착한 뒤 몇 달 동안 먹어본 음식 중에 '올챙이, 날개 달린 개미와 벌레'가 있었는데, 칠면조 요리가 나오자 마음속으로 안도했다고 한다.

그는 칠면조 요리에 대해 평하면서 "맛도 좋지만 기분을 좋게 만드는 향기가 인상적이었다"고 썼다. 그를 초대한 집주인들은 여러 방식으로 칠면조 요리를 했다. 여기에 소개한 레시피는 『뉴스페인의 풍물의 역사』 8권에 수

베르나르디노 데사아군의 『뉴스페인의 풍물의 역사』에는 16세기 메시코에 실었던,
칠면조 요리를 유난히 좋아했던 아즈텍 족이 직접 그린 칠면조를 그림이 소개되어 있다.

록된 것으로 오늘날 현대인들이 먹는 칠면조 요리와 가장 흡사한 레시피다. 끓여 먹거나 구워 먹는데 요리에 들어가는 소스의 종류가 다양하다. 그린·옐로·레드 칠리로 만든 소스를 쓰는데, 어떤 것을 넣느냐에 따라 자연히 색깔도 달라진다. 베르나르디노는 특히 칠면조 타말레를 좋아했다. 옥수숫가루로 만든 반죽에 칠면조 고기를 넣고 바깥을 넓은 잎사귀로 감싼다. 그리고 먹기 전에 잎을 떼어낸다. 현지 부족들을 무시하고 그들의 개미 요리를 경멸했던 정복자들은 칠면조 요리를 맛보며 그곳 생활에 잘 적응할 수 있었다.

베르나르디노가 가장 먼저 기록한 내용 중 하나는 바로 아즈텍 족 여성들이 축제 때 타말레를 준비한다는 것이었다. 이때 여성들은 예술작품을 만들듯 정성스럽게 음식을 준비한다. 어린 소녀들은 반죽을 비틀어서 머리를 땋듯이 길게 모양을 꼰다. 거기에다 조개껍데기로 빗살무늬를 내고 나비 모양을 만든다. 미국에서는 멕시코 음식 하면 상추와 쌀, 콩을 대충 쌓아 만든 성의 없는 음식이라는 선입견이 있는데 그런 편견을 완전히 깬 정교한 모양이다. 여러 신을 기리기 위해 타말레를 채우는 속도 종류가 다양하다. 콩을 넣기도 하고 칠리, 새우, 생선 또는 개구리를 넣는 타말레도 있다. 스페인 출신의 수사인 베르나르디노는 그중에서도 칠면조 타말레를 선호했다. 그는 책에 다음과 같이 썼다.

"맛이 아주 좋다. 고기 요리 중 단연 으뜸이다. 최고의 요리답게 맛도 좋고 기름기도 충분하며 향도 그만이다."

하지만 그가 완성한 훌륭한 책은 그의 생전에는 크게 빛을 발하지 못했다. 그가 멕시코에 머물면서 91세를 일기로 생을 마감할 때까지 말이다. 함께 일했던 현지 부족들은 그와 가까워질수록 그가 멕시코에 가톨릭교를 전파하기 위해 왔다는 생각을 덜 하게 됐다. 그는 부족들이 생활하는 모습을 있는 그대로 솔직하게 기술했다. 그런 까닭에 스페인 당국은 그의 책을 위험한 서적으로 간주할 정도였다. 왜냐하면 아즈텍 족이 그들의 종교를 복원하려 할까봐 겁이 났기 때문이다. 이 책에는 에르난 코르테스의 정복에 관해 읽기 불편한 내용이 꽤 있다. 베르나르디노는 정복자가 저지른 끔찍한 학살에 대해 직접 수기로 옮긴 최초의 작가였다.

이 작품은 조용히 침묵하다가 250년이 지난 후에 홀연히 모습을 드러내 세상 사람들을 깜짝 놀라게 했다. 결국 1929년에 사람들의 칭송을 받으며 전집이 출간됐다. 그 무렵 칠면조는 이미 전 세계에 확산되어 있었다. 오늘날 멕시코를 대표하는 음식이 된 몰레 포블라노mole poblano에도 칠리소스와 함께 맛있는 칠면조 고기가 들어간다. 이 음식은 멕시코 어디를 가든 쉽게 볼 수 있다. 씨와 견과류를 걸쭉하게 끓인, 초콜릿 향이 나는 소스가 음식의 향기를 더 짙게 만든다.

칠면조가 영국과 유럽에서도 인기를 끌게 된 것은 그리 놀라운 일이 아니다. 스페인의 왕은 라틴아메리카의 정복자들이 고향으로 돌아올 때 반드시 배 한 척당 칠면조 열 마리(수컷 다섯 마리와 암컷 다섯 마리)를 가져오도록 명령했다. 그 결과, 먹을 때 힘줄 때문에 씹기 어려웠던 공작이나 거위를 연회 식탁에 내놓는 대신 칠면조 고기를 내놓게 됐다. 영국인들은 큰 새를 요리하는 일에 이미 익숙했던 터라 칠면조를 손질하는 데 금방 적응했다. 헨리 8세는 칠면조에 대한 사랑이 지극해서 16세기 말에 영국과 유럽의 왕가와 함께한 모임에서 칠면조 요리를 꾸준히 주문했다.

1600년에 이르러서는 영국의 극작가 셰익스피어까지 자신의 작품에 칠면조를 등장시켰다. 그의 희극 『십이야』에는 칠면조가 깃털을 자랑스럽게 펼쳐 보이며 으스대면서 걷는 모습을 유치한 듯 놀리는 장면이 나온다. 토비 벨치 경은 말볼리오의 태도를 보며 "우쭐대는 불한당 같은 녀석"이라고 한다. 이 말을 들은 페이비언이 말볼리오를 칠면조에 비유하며 이렇게 말한다.

"쉿, 가만! 저렇게 생각에 잠겨 있는 꼴이 정말 보기 드문 칠면조 같구나. 깃을 추켜세우고 우쭐거리는 꼬락서니라니!"

24

핫초콜릿

Hot chocolate

베르날 디아스 델카스티요, 1568년, 『히스토리아 베르다데라 데 라 콘키스타

데 라 네바 에스파냐Historia verdadera de la conquista de la Neva España

(뉴스페인 정복의 진상The True History of the Conquest of New Spain)』

Recipe 몬테수마 황제가 식사를 마치면 경비 요원들이 식사를 했다. 이들은
수많은 요리를 대접받으며 다른 하인들보다 훨씬 더 많은 양의 식사를 했
다. 심지어 거품이 생긴 카카오주스를 담은 병이 2000개가 넘을 정도였다.
멕시코에서 만든 음료였다.

정복자 에르난 코르테스와 아즈텍 족의 마지막 왕 몬테수마 2세의 만
남은 역사적으로 가장 위대한 만남 중 하나로 기억된다. 두 문화가 서로 얼
굴을 맞대며 공존했는데, 하나는 옛것이고 다른 하나는 근대적인 모습이다.
각 문화권의 사람들은 자신들 고유의 생활 방식을 고수했다. 뿐만 아니라
종교와 중요하게 여기는 가치도 달랐다. 각자 다른 문화권의 사람들이 생각
하지 못한 철학과 꿈, 소유 재산이 있었다. 코르테스는 신세계를 발견했고
그 땅에 스페인 깃발을 꽂았다. 또 자신이 갔던 시내와 마을에 예수 그리스
도의 십자가를 세우는 일도 잊지 않았다. 당시에 몬테수마는 영광스러운 풍
요와 으스댈 만한 의식을 거행하던 통치자였다. 두 사람 모두 상대가 가진
소유물에 넋을 잃을 정도로 마음을 빼앗겼다. 당시에 코르테스는 말을 보
유하고 있었고 몬테수마는 초콜릿을 가지고 있었다.

1519년 11월 8일에 두 사람은 한자리에 모여 얼굴을 마주했다. 수개

월 동안 협상과 연락 단절, 선물 공세, 외교 정책을 시도한 끝에 둘은 오늘날 멕시코시티가 된 지역 외곽에서 다시 만났다. 각자 상대에게 공포와 함께 존경심을 느꼈다. 40세였던 몬테수마는 겁이 많이 났다. 이 이방인은 케트살코아틀의 신성한 지배자가 왕국을 잘 지킬 수 있도록 무사히 돌려보낼 것인가, 아니면 왕국을 약탈하는 모험을 감행할 것인가? 몬테수마는 평소 어린 동물을 희생하는 의식을 거행했다. 동물을 죽여서 이를 먹었는데 결국 의식을 통해서도 황제가 원하는 확실한 답을 얻지 못했다.

코르테스의 처지에서는 자신의 모험을 중단시킬지도 모르는 인물을 만나는 것이었다. 명령을 내리면 바로 출동 가능한 상당 규모의 군사를 보유한 몬테수마를 만나는 것이었기에 천하의 코르테스도 겁이 나기는 마찬가지였다. 황제가 자신이 다스리는 땅에 가톨릭 성당을 세울 수 있도록 허락해줄지, 자신이 황금과 보석·음식과 같은 귀중한 것을 싣고 금의환향하도록 허락해줄지 알 수 없었다.

코르테스의 부하로 칼잡이 역할을 했던 베르날 디아스 델카스티요는 당시 상황을 회상하는 글에서 "그땐 정말 환상적이었다"고 적었다. 그는 1568년에 코르테스와 몬테수마 사이에 있었던 상황을 자세하게 묘사한 최초의 기록을 남겼다.

"지금 나는 그때의 상황을 적고 있다. 내 눈앞에서 벌어진 광경을 모두 기록으로 남기고 있다. 꽤 지난 일이지만 마치 어제 일어난 듯 생생하다."

그는 코르테스가 라이벌인 황제를 만났을 때의 상황을 묘사했다. 황제는 휘하의 하인 행렬과 함께 나타났다. 하인들은 고개를 들어 황제를 바라보지 못한 채 머리를 조아렸다. 황제의 옷은 매우 화려했다. 심지어 그가 신은 샌들의 밑창까지 황금색이었다. 황제가 입은 상의에는 보석이 달려 있으며 그가 지나가게 될 길은 깨끗했고 바닥에는 천이 깔려 있었다.

어색한 사교적 인사말이 오갔다. 외국에서 온 정복자들은 밤을 지낼 숙소로 향했고 그곳에서 저녁을 먹었다. 비록 함께 식사를 하진 않았지만 몬테수마는 코르테스가 볼 수 없는 곳에서 식사를 하고 난 뒤 왕정 사람들 및 코르테스와 그의 부하들이 있는 성대한 만찬장에 모습을 드러냈다.

카스티요는 황제의 요리사들이 몬테수마를 위해 300여 가지의 음식을 만드는 과정을 기록했다. 요리사들은 자신이 만든 음식이 황제에게 선택되기를 기대했다. 황제는 하얀 식탁보가 깔린 낮은 탁자 앞에 앉았다. 요리가 담긴 그릇 밑에는 작은 화로가 있어 음식을 따뜻하게 데워주었다. 네 명의 아리따운 여성이 손을 씻을 수 있도록 대야를 갖고 오자 황제는 그 내야에 손을 담갔다. 하얀 토르티야^{tortilla}[옥수수나 밀가루로 만든 빈대떡처럼 생긴 멕시코 음식]와 꽈배기 빵, 웨이퍼^{wafer}[바삭하게 구운 과자의 일종]가 다양한 구이 요리와 함께 등장했다. 이때 오리, 토끼, 칠면조, 꿩 등 갖은 고기로 요리를 만들었다.

황제가 앉은 자리 앞에는 장식용 막이 쳐져 있어서 그는 사적인 공간에서 식사를 할 수 있었다. 몇몇 원로가 그와 말동무를 하며 함께 식사를 했다. 황제가 질문을 하면 옆에 있는 사람들이 대답을 했다. 그러면 그는 자신이 좋아하는 음식의 일부를 떼어내 원로들에게 나누어주었다. 식사 시간 동안 역사학자는 황제에게 역사 이야기를 들려주었다.

"오늘날의 컵처럼 생긴 황금 그릇에 카카오 열매로 만든 음료가 담겨 있다. 시녀들은 황제에게 존경하는 마음을 담아 이 음료를 바쳤다."

황제는 과일을 조금 먹고는 다시 손을 씻었다. 이제 잠깐 시간을 내어 유흥을 즐길 차례였다. 못생긴 꼽추 몇 명이 왕 앞에 등장해 지그^{jig}[빠르고 경쾌한 춤]를 추었다. 어릿광대는 재미난 농담을 했다. 그런 뒤 황제는 담배 파이프를 물었다. '사람들이 토바코^{tobacco}라 부르는 풀'로 만든 담배였다. 담배를 피운 황제는 잠을 청했다.

그러면 왕궁에 있던 다른 사람들이 식사를 할 차례였다. 성대한 뷔페라고 상상해보자. 물론 황제가 다른 사람들과 함께 뷔페를 즐긴 것은 아니지만, 당시 사람들은 그날의 만찬을 회상하며 구운 사슴 고기와 토끼 요리를 먹고 있으면 여기저기서 시종들의 팔이 불쑥 튀어나와 새로운 요리를 대접했다고 말한다. 코르테스와 그의 부하들은 운 좋게도 처음 맛보는 이국적인 음료를 마셨다. 이 장의 도입부에서 원문을 인용한 것처럼 카스티요의 기록에는 '2000개의 병'에 담긴 핫초콜릿이 '모두 거품이 한껏 올라온 상태'였다고 되어 있다. 카스티요는 음식에 대한 레시피를 상세하게 정리하지는 않았다. 하지만 그는 다음과 같이 기록했다.

"우리는 완벽할 정도로 가지런하게 정리된 음식들을 보고 아연실색했다. 그 방대한 음식의 양에 또 한 번 놀랐다."

몬테수마는 식사 분량에 대해 치밀하게 계산했을 것이다. 그는 만찬에 필요한 어마어마한 양의 고기 값을 치러야 했다.

"황제의 여자와 시녀들, 제빵사, 카카오 열매로 핫초콜릿을 만드는 사람들을 왕정에 들이면서 황제가 감당해야 할 경제적 비용은 엄청났을 것이다."

하지만 핫초콜릿은 몇 달 동안 상당한 양의 비용을 지불할 자격이 충분한 음료였다. 당시에는 초콜릿 음료를 꼭 뜨겁게 데워서 마시지는 않았다. 코르테스는 핫초콜릿을 많이 마셨다. 그가 스페인의 카를로스 1세[카를 5세]에게 보낸 편지를 보면, 핫초콜릿에 대해 "신성한 음료, 저항력을 높여주고 싸움을 치른 뒤 몸에 쌓인 피로를 풀어주는 음료"라고 예찬한 구절이 있을 정도다. 호세 데아코스타로 불리는 예수회 선교사도 핫초콜릿에 대해 이렇게 평가했다.

"이 음료에 익숙하지 않은 사람들은 처음에 거북하게 느낄 수도 있다. 음료 표면에 거품이 있기 때문이다. 부글부글 끓어오르는 듯한 거품이 있다."

그리고 이렇게 덧붙였다.

"그러다가 나중에는 중독될 정도로 빠진다."

여러분은 핫초콜릿과 관련해 이런 이야기를 들어본 적이 있는가?

1528년에 코르테스는 카카오 열매를 싣고 본국 스페인으로 돌아갔다. 중요한 점은 카카오 열매를 어떻게 핫초콜릿으로 만드는지에 대한 정보도 입수했다는 것이다. 그렇다고 핫초콜릿이 스페인 사람들에게 곧바로 인기를 얻은 것은 아니다. 카를로스 1세의 아들인 펠리페 2세가 통치하는 시대에 이르러서야 스페인 왕정에서 사람들이 이 음료를 즐겨 마시기 시작했다.

코르테스가 소개한 레시피는 유럽인들의 입맛에 너무 썼다. 오늘날 우리가 잠자리에 들기 전 홀짝거리며 마시는 달콤한 핫초콜릿과 당시 사람들이 마신 거품 많은 코코아는 맛이 전혀 달랐다. 포도주, 칠리, 아로마 향이 나는 꽃 등 여러 재료를 추가로 넣으면서 음료를 준비했을 것이다. 이 음료는 코코아 열매와 다른 재료를 섞어서 반죽을 만든 다음 물을 붓는다. 그

1519년에 에르난 코르테스와 아즈텍 족의 마지막 황제인 몬테수마 2세는
현재 멕시코시티가 있는 도시의 외곽지역에서 만났다.

리고 이 병에서 저 병으로 옮기며 거품을 내어 마셨다. 맥주를 마실 때처럼
거품이 생기는 음료였다.

바닐라를 비롯한 또 다른 식품이 스페인에 유입되면서 사람들은 코코
아 가루에 설탕을 넣었고 물 대신 우유를 타서 마셨다. 그러는 와중에 사
람들의 입맛을 돋우는 맛있는 핫초콜릿이 완성됐다. 스페인 왕가는 수년간
다른 사람들에게 알리지 않고 자기들끼리만 몰래 핫초콜릿을 마셨다. 카카
오 열매는 공급량이 부족했기 때문에 사용하기 전에 잘 으깨서 반죽으로
만들어야 했다. 왕궁에서 일하는 하인들은 이 정보가 바깥으로 새어나가지
않도록 각별히 주의를 기울였다.

시간이 흐르면서 유럽인들은 점차 초콜릿의 우수성을 깨닫게 됐다. 그
러면서 왜 핫초콜릿이 신성한 음료인지 이해하게 되었다. 물론 아즈텍 문명
이전에 존재했던 고대 마야인들과 동일한 시각으로 이해했던 것은 아니지
만 말이다. 고대에 사용됐던 병에 새겨진 그림 중 귀족들이 핫초콜릿이 담
긴 컵을 무덤에 묻는 장면이 있다. 그만큼 그들은 사후세계에서 영원히 잠

들기 전에 맛있는 핫초콜릿을 한잔 마시고 싶어했다. 옛 조상이 새긴 작품 가운데 카카오 열매가 어떻게 수확되고 발효되는지, 건조과정을 거쳐 굽는지 등 단계별 과정을 묘사한 작품도 있다. 땅에서 자란 식물로부터 수확한 열매가 핫초콜릿 반죽으로 변하는 과정이 담겨 있다. 이 음료는 의식을 치를 때도 사용됐다. 뿐만 아니라 화폐로 쓰이면서 그 가치가 크게 치솟은 적도 있다. 한마디로 나무에 돈이 주렁주렁 맺힌 시대가 있었다는 소리다. 1521년 멕시코에 도착한 정복자들은 카카오 열매를 아주 중요한 자본으로 여기며 보관했다. 심지어 가짜 열매를 위조 화폐처럼 쓰다가 적발된 경우도 있었다. 카카오 열매의 가치가 실제 동전처럼 높아진 것이다. 이 시기를 보냈던 스페인 출신의 한 남자는 물건을 싣다가 카카오 열매가 떨어지자 "사람들이 무릎을 꿇더니 손을 모아 바닥에 떨어진 열매들을 부리나케 주웠다. 꼭 눈알이 바닥에 떨어지기라도 한 것처럼"이라고 말했다.

사람들은 초콜릿의 물량이 풍부하다고 생각했다. 스페인 정복 후 선교사로서 수년간 멕시코에서 생활했던 베르나르디노 데사아군은 열이 나고 소화불량을 호소하는 사람들에게 초콜릿이 치료 효과가 있다고 주장했다. 여러분은 코코아를 차갑게도 마시고 뜨겁게 데워서도 마실 것이다. 위로 내려간 음료는 여러분에게 숙면을 촉진시킨다. 한편 기상할 때 정신을 맑게 해주는 효과도 있다. 어떻게 준비하느냐에 따라 효과가 달라지기 때문에 코코아는 정말 한계를 모르는 다재다능한 음료라 할 수 있다.

역사적으로 볼 때, 카카오 열매를 생산하는 사람들은 주로 가난한 이들이었던 반면 핫초콜릿을 마시는 사람들은 부자였다. 몬테수마는 카카오 열매가 화폐로 사용되던 시절에도 자신의 식탐을 채우기 위해 수시로 핫초콜릿을 마셨다. 코르테스의 부하였던 에르난도 데오비에도 이 발데스가 장부에 기록한 내용에 따르면, 카카오 열매 4개로 토끼 한 마리를 살 수 있으며, 10개로는 매춘부와 잠자리를 한 번 가질 수 있었다. 또 100개가 있으면 노예 한 명을 살 수도 있었다.

콜럼버스는 1503년에 멕시코를 발견했을 때 카카오 열매도 함께 발견했다. 하지만 어떻게 사용해야 할지 몰랐다. 그는 '진짜' 황금을 구하는 일에만 혈안이 돼 있었던 것이다. 우리는 코코아 열매를 가져온 코르테스에게 고마워해야 할 것이다. 그 덕분에 오늘날 기분을 진정시켜주는 맛있는 음료인 핫초콜릿이 유럽에 존재할 수 있었다.

스페인 사람들은 핫초콜릿의 확산을 높이 평가해야 할 것이다. 19세기의 음식 백과사전을 펼쳐보면 스페인 사람들이 당시에 가장 사랑한 음식 중 하나로 핫초콜릿이 등장한다.

"스페인 사람들은 코코아와 초콜릿 소비량이 세계에서 가장 높다. 건강과 체격을 유지하는 데 도움이 되는 음식임에 틀림없다. 그래서 코코아와 초콜릿을 먹지 못하게 하는 것만큼 최악인 벌이 없을 정도였다. 심지어 범죄를 저지른 수감자들은 코코아와 초콜릿을 먹지 못하는 것을 가장 견디기 힘든 벌로 여겼다."

나는 누구보다도 그들이 어떤 심정이었을지 이해가 간다.

25

걸쭉한 수프 같은 자발리오네 만들기

To prepare a thick broth called zabaglione

바르톨로메오 스카피, 1570년,

『오페라 디 바르톨로메오 스카피: 마에스트로 델라르테 델 쿠치나레(바르톨로메오
스카피의 작품: 요리법의 달인The Works of Bartolomeo Scappi: Master of the Art of Cooking)』

Recipe 흰자를 뺀 아직 요리하지 않은 신선한 달걀노른자 6개와 달콤한 마
므지malmsey[단맛이 나는 숙성이 오래된 독한 포도주] 170그램, 설탕 85그
램, 계핏가루 7그램, 물 113그램을 준비한다. 모든 재료를 한데 섞는다. 체
나 소쿠리에 거른 다음 건더기를 끓는 물과 함께 작은 주전자에 넣어 끓
인다. 물은 세 손가락이 찰 정도로만 주전자에 담으면 충분하다. 구리로 만
든 양푼같이 생긴 모양이 넓은 주전자를 이용한다. 걸쭉한 수프처럼 자발
리오네zabaglione[커스터드와 비슷하게 생긴 디저트]가 될 때까지 끓인다. 완
성된 요리에 생버터를 소량 넣어도 좋다. 마므지 대신 피스토이아산 트레비
아노Trebbiano[청포도 품종]나 다른 달콤한 와인을 넣어도 괜찮다. 요리할 때
김이 너무 많이 나는 것을 꺼린다면 포도주 양을 살짝 줄이고 물을 더 부
어도 된다. 밀라노에서는 임신한 여성들에게 해주는 요리로 유명하다. 달걀
노른자와 함께 흰자가 섞여 들어갈 수 있으니 반드시 체로 잘 걸러야 한다.
이 음식은 따뜻한 상태에서 먹는다.

카트린 드메디치는 14세의 나이에 또래인 프랑스의 오를레앙 공작 앙리
와 마르세유에서 결혼식을 올렸다. 카트린의 삼촌인 교황 클레망 7세의 주
도하에 식이 치러졌는데 그 뒤 프랑스에 어떤 변화가 일어났는지 예상할 수

있겠는가? 이탈리아와 프랑스로 맺어진 이 결혼이 있고 난 후 그다음 세대가 곧바로 달콤한 노란색 자발리오네를 미식 전통 요리의 하나로 즐기게 된 것은 아니다. 카트린의 식도락가로서의 면모와 프랑스에 미친 영향력은 그 뒤 몇 세대가 이어질 때까지도 베일에 감춰져 있었다. 그러다가 극적인 해 프닝처럼 세상에 알려졌다. 결국 카트린이 죽고 나서 몇 년의 시간이 흐른 뒤에야 사람들에게 공개될 수 있었다. 이에 역사학자들은 카트린이 페이스트리나 케이크 분야에서 남긴 공을 세세하게 알기에는 그녀가 너무나 큰 격동의 혼란기를 보냈다고 말한다.

※ 카트린 드메디치는 프랑스에 이탈리아 음식을 가져왔다.
그녀는 프랑스 식도락가의 어머니로 널리 알려지게 됐다.

카트린의 어린 시절은 굉장히 잔인했으며 공포 그 자체였다. 정상적인 유년기가 아니었다. 그녀는 피렌체의 부유한 메디치 가문에서 태어났다. 메디치 가문은 당시 피렌체에서 돈이 가장 많고 권력을 가진 가문이었다. 하지만 생후 몇 개월이 되지 않아 부모님을 여읜 카트린은 그때부터 바로 정치적 담보물로 전락하고 말았다. 처음에는 증조모집에서 지냈지만 1년 후 할머니께서 돌아가시자 숙모집으로 보내졌다. 그녀는 친척들이 거주했던 궁전인 팔라초 메디치에서 살았다. 그곳에서 카트린은 여러 차례 궁정 무용과 연회에 참석하도록 강요받았다. 스페인 남자와 이탈리아 남자들의 은밀한 제안을 받고 흥분해 소란을 피우는 사건도 발생했다. 그때 그녀의 나이는 열 살이었다. 이후에는 추방 위기에 놓이기도 했다.

카트린은 안전을 위해 삼촌인 교황이 운영하는 수도회에 들어가 생활하다가 마침내 로마로 거주지를 옮기기로 결정했다. 일반적인 10대의 삶과는 거리가 먼 힘든 시기를 보낸 그녀는 이탈리아 귀족들 사이에서는 결혼으로 희생되어야 할 제물로 취급받았다. 외국의 왕가에서도 그녀에게 관심을 보였다. 결국 최후의 승자는 프랑스 왕가였다. 성인이 되면 아름다운 여자가 될 가능성이 다분했기에 프랑스의 왕은 자신의 둘째 며느리로 그녀를 선택했다. 카트린의 삼촌은 직접 이 거래의 주동자 노릇을 했으며 이 커플의 결혼식을 준비하는 데 앞장섰다.

당시 10대였던 앙리는 그녀에게 마음의 위로를 주지 못했다. 시아버지는 이 어린 부부가 신혼 첫날밤에 관계를 꼭 맺어야 한다고 강조했다. 그때 그녀의 심리 상태가 어땠는지 정확히 알 수는 없지만 그녀는 이후 10년 동안 계속해서 임신에 실패했다. 여자로서 불행한 삶을 더 가혹하게 만드는 사건도 일어났는데 그녀의 어린 남편이 자신의 유모와 바람을 피운 것이었다. 디안 드 푸아티에라는 이름의 유모는 결국 남편의 정부情婦가 됐다. 몇 년 후 앙리의 정식 애첩이 된 그녀는 실세를 장악했다. 그래서 당시 도시에 지어진 기념물이나 건물에 앙리의 유모였던 그녀의 이름 이니셜이 들어간 문장이 새겨질 정도였다.

카트린은 둘째 아들과 결혼을 했으니 일생이 평온할 것이라고 기대했다. 그러나 그녀의 바람은 현실로 이뤄지지 못했다. 남편의 형이 18세 때 갑자기 사망하면서 그녀는 사람들의 이목을 받는 자리에 올랐다. 남편이 왕이 되자 그녀도 왕비 자리에 올랐다. 그러나 상속자가 될 자식을 낳지 못했으며 남편은 애첩에게서 비합법적인 자식을 여럿 낳았다. 카트린은 그녀의 배경을 비웃는 대중 때문에 왕비가 됐어도 국민과의 관계에서 위로를 얻지 못했다. 부유한 은행업자의 가문에서 태어났건만 그녀의 삶은 별로 고귀하지 못했던 것이다. 그녀의 가치를 폄하하는 사람들은 심지어 그녀를 이탈리아의 '식료품 잡화상'이라 불렀다.

그럼에도 카트린은 결코 불평하지 않았다. 늘 예의 바르고 매력적인 모습을 보였다. 결국에는 임신에도 성공했다. 모두 10명의 자녀를 낳았는데 그중 몇 명만 가까스로 살아남았다. 혼란의 시기를 보내는 동안 그녀의 아들 중 3명이 왕의 자리에 올랐다. 여자는 왕권을 계승할 수 없었던 까닭에 카트린은 섭정 여왕으로 남았다. 남편이 죽자 그녀는 남편의 애첩들을 제거했다. 그녀의 남편은 자녀의 결혼식이 열리던 날에 행해진 마상 창 시합 때 눈에 창이 찔리는 사고로 죽었다. 마침내 그녀는 왕 뒤에서 실세를 장악하는 유력 인사가 될 수 있었다. 자발리오네에 대해 알아보기 전에 이러한 역사적 사실을 짚어본 것은 매우 의미 있는 일이다.

카트린이 실세를 장악하면서 그녀의 영향력도 함께 커졌다. 그녀는 패션에 영향을 미쳐 허리를 잘록하게 만드는 옷에서 하이힐까지 유행을 주도했다. 예술을 장려했으며 사람들에게 독서를 권했다. 또 여러 건물을 짓게 했고 새로운 장르의 무용이나 재단 기술, 향수를 프랑스에 소개했다. 사실 그녀는 절세미인이 아니었다. 동시대를 살았던 사람의 증언에 따르면 "그녀의 입은 너무 컸고 눈은 통방울처럼 튀어나왔다"고 한다. 하지만 그녀의 측근에는 우아한 사람이 많았다. 16세기의 한 역사학자는 다음과 같이 기록했다.

"카트린 드메디치가 사는 궁은 지상에 있는 천국과 같았다. 프랑스의 기사도 정신과 평화의 집합소였다. 그곳에는 청명한 밤하늘에 반짝이는 별처럼 빛나는 여성들이 있었다."

카트린은 10대에 결혼한 뒤 누가 봐도 격리된 삶을 살았을 것 같으니 독자들은 카트린이 그 생활을 어떻게 견뎠을까 궁금할 것이다. 그것은 바로 음식에 있었다. 그녀는 파리에 올 때 혼자가 아니었다. 음식 재료와 요리 노하우를 가진 요리사들을 데리고 왔다.

1533년 10월 28일, 결혼식이 열리던 무렵은 피렌체의 미식업계가 절정을 이루던 시기였다. 아피키우스가 서기 10년에 레시피를 쓴 이래로 인류의 음식에 대한 지식은 점점 축적됐다. 또한 스페인의 정복자들 덕분에 새로운 식재료들이 유럽에 소개됐다. 카트린으로 인해 프랑스의 왕정 메뉴에 이탈리아 음식이 미친 영향력은 상당했다. 우선 마카로니가 있었고 송아지 췌장으로 만드는 스위트브레드sweet bread와 송로, 셔벗sherbet도 있었다. 당시 왕정에서는 얼음을 사용했다. 카트린이 시칠리아산 얼음을 파리까지 가져오게 해서 결혼식 피로연 때 그라니타granita[으깬 얼음을 넣어 만든 음료나 디저트]를 만들도록 주문했다는 기록도 있다. 요리사들은 뜨거운 기름에서 재료를 튀기는 기술을 비롯해 여러 레시피를 프랑스에 전수했다. 예를 들면 베샤멜 소스와 크레프 등이 있다. 중탕냄비도 가져왔는데, 자발리오네를 만들 때 특히 유용하게 쓰이는 이 주방 기기는 뜨거운 물이 든 냄비 안에 음식을 담은 작은 냄비가 이중으로 들어 있다. 그래서 요리사가 따뜻하게 데운 상태에서 혼합된 재료를 휘저을 때, 음식을 태우지 않으면서 완성시킬 때 사용된다.

혹자는 카트린이 중세 시대의 스페인 연금술사인 마리아 데클레오파를 통해 중탕냄비를 알게 됐고 결혼과 동시에 이 냄비를 프랑스에 가져왔다고 주장한다. 이 연금술사는 의학 서적을 손수 집필한 경력이 있으며 마법과 요리에 능했다. 하지만 다른 사람들은 이 냄비가 그보다 훨씬 더 전에 다른 누군가에 의해 발명됐을 것이라고 주장한다. 연금술사인 예언자 미리암(또는 '유대인 마리아'로 알려진 인물)은 성서 「출애굽기」에 등장하는 모세의 누이다. 혹자는 그녀가 처음으로 중탕냄비를 만들었다고 한다. 아피키우스가 이 냄비를 처음 구상했다는 설도 있다. 그의 주인이 언제 저녁을 먹을지 확실히 알지 못해서 음식을 따뜻하게 데우고자 중탕냄비를 고안했다는 것이다.

누가 처음으로 중탕냄비를 개발했는지는 밝혀지지 않았다. 르네상스의 대표 요리사 바르톨로메오 스카피는 비록 자발리오네 레시피를 기록으로 남겼지만 중탕냄비의 최초 발명가는 아니다. 이 음식은 이탈리아에서 처음 만들어진 요리로 카트린이 프랑스의 왕비였을 때 유행했다. 다른 나라에까지 소문이 퍼지면서 자발리오네 레시피는 여러 언어로 번역됐다. 카트린의 요리사는 그녀가 사는 궁의 주방에서 이 요리를 만들었다. 이때 그녀가 특별히 좋아하는 아티초크artichoke를 추가했다. 스카피는 아티초크로 수프를 만들곤 했으며 맛이 훌륭한 타르트도 만들 줄 알았다.

카트린은 아티초크를 과도하게 먹곤 했다. 1576년 6월에 로메니 후작이 마르티그 가문의 딸과 결혼식을 올리던 날에도 그녀는 아티초크를 과하게 섭취했다. 이에 프랑스의 일기작가인 피에르 드 레스투알은 다음과 같이 기록했다.

"왕비가 과식해서 이러다가는 죽을 것 같다고 생각했다. 결국 심한 설사병으로 몸져누웠다. 사람들은 왕비가 아티초크와 함께 그녀가 정말 좋아하는 어린 수탉의 콩팥이나 고기 요리를 너무 많이 먹어서 생긴 결과라고 진단했다."

음식에 대한 사랑이 매우 컸던 카트린은 자신만의 고유한 레시피를 고집했다. 생선 요리에서 수프까지 그 종류도 다양했다. 그녀의 개인 요리사들은 프랑스인들에게 허브와 향신료를 이용해 고기 맛을 어떻게 풍요롭게 내는지를 가르쳤다. 중세 시대의 일반적인 레시피처럼 그저 어떤 향이나 맛을 감추고 싶을 때 무언가를 추가로 넣는 것이 아니었다. 그로부터 80년이 지난 1651년에 이러한 레시피에 영향을 받은 요리사 라 바렌은 요리책 『프랑스 요리사Le Cuisinier François』를 세상에 공개했다. 그가 사용하는 향신료는 단순히 튀어 보이기 위한 재료가 아니라 음식 맛을 한껏 높이는 역할을 했다. 그의 손길이 닿으면 더 정교한 음식이 됐다. 예를 들어 그는 소스를 걸쭉하게 만들 때 빵 조각보다는 루roux[지방과 밀가루를 섞은 것]를 썼다.

카트린은 달콤한 요리를 향신료 향이 강한 정돈된 코스 요리와 철저히 구분했다. 중세 시대에는 코스별로 다양한 요리가 나왔다. 탁자 한쪽에는 푸딩 세트(젤리나 블랑망제blancmanger[우유에 과일 향을 넣고 젤리처럼 만들어 차게 먹는 디저트])가 있고, 다른 한쪽에는 고기 요리가 있는 식이었다. 그래서 올리브유와 콩이 가득한 식단, 훌륭한 요리들에 둘러싸인 자리에 앉은 그녀는 잘 차려진 코스별 음식을 먹으며 남편의 무심한 태도에 속상해하지 않을 수 있었다.

카트린의 입맛과 요리에 대한 취향 덕분에 이탈리아 음식이 프랑스에 소개됐지만 거기서 끝이 아니었다. 프랑스 요리가 더 풍성해질 수 있도록 기여한 점이 분명 있었다. 프랑스는 이탈리아의 요리 스타일로부터 영향을 받으면서 특정 기술을 도입해 음식의 질을 향상시켰다. 이탈리아에서는 거의 잊혀가는 기술들이 프랑스에서 환생한 격이었다. 그런 점에서 볼 때, 카트린 드메디치는 프랑스 미식업계의 어머니라고 할 수 있다. 20세기의 작가 장 오리외는 이 점에 관해 다음과 같이 평했다.

"피렌체 출신의 한 여성이 프랑스의 중세 전통 요리에 혁신을 일으켰다. 그리고 근대적인 프랑스 요리를 탄생시키는 데 기여했다."

카트린의 음식에 대한 사상은 여기서 그치지 않고 전국으로 확산됐다. 그녀의 요리사들은 다른 가정집 요리사 시종들에게 전문 레시피를 가르쳤다. 그녀가 자주 '화려한' 만찬과 연회를 열 때 초대된 손님들은 그녀가 주문한 음식을 맛보았다. 그러면서 예쁘게 수놓인 식탁보와 도자기로 된 그릇, 베네치아에서 장인이 만든 컵을 구경했다. 그녀가 사용하던 여러 개의 포크도 눈에 들어왔다. 그때만 해도 프랑스에서는 잘 알려지지 않은 도구였다. 프랑스 사람들이 포크를 일상적으로 쓰기까지는 시간이 더 걸렸다. 빵과 페이스트리, 케이크 제조와 함께 카트린은 프랑스 요식업에 새로운 스타일을 선보인 선구자였다. 베르사유의 루이 14세가 왕위에 오른 시기는 그로부터 200년 후인데 그녀의 영향력은 두 세기가 지났을 때까지도 절정을 이루며 커져갔다. 유년기의 대부분을 가족과 떨어져 보내면서 여러 음모와 암살의 순간을 모면해야 했던 카트린은 누구보다 생존 본능이 강했다. 이러한 배경을 감안하건대, 이탈리아인들이 요리에 대한 정보를 주지 않았다면 프랑스 미식업계는 결코 오늘날의 모습을 갖출 수 없었을지도 모른다.

26

감자

튀긴 감자에 베이컨을 얹은 요리_Earth apples

마르크스 룸폴트, 1581년,

『아인 뉴 코흐부흐Ein new Kochbuch(새로운 요리책A New Cookbook)』

Recipe 감자 껍질을 벗기고 잘게 썬다. 물에 넣고 끓인 다음 깨끗한 천에 건져내 꼭 짠다. 물기를 제거한 뒤 잘게 썬 베이컨과 감자를 함께 넣고 기름에 튀긴다. 소량의 우유를 넣은 다음 한 번 더 튀겨낸다. 알맞게 익으면 맛있게 먹는다.

감자의 역사는 특이하게도 마인츠의 어느 독일 대주교의 영향력과 밀접한 관계가 있다. 그의 이름은 다니엘 브렌델 폰 홈부르크다. 16세기 후반에 그는 독일 신성로마제국의 선거인을 대표하는 사람으로 임명됐다. 그때는 종교적·정치적으로 권모술수가 난무하고 있었다. 그는 루터교도와 가톨릭교를 믿는 왕자들이 서로 평화적인 관계를 유지할 수 있도록 물심양면으로 애썼다. 루터교도들은 마르틴 루터의 엄격한 프로테스탄티즘을 따랐다. 당시에는 많은 사람이 그 종교를 고집 센 이단교로 여겼다.

그런데 이 대주교는 어떻게 평화를 유지했을까? 그의 집 주방에는 아주 훌륭한 요리사가 있었다. 아마 그는 두 대립 집단에게 맛있는 저녁 식사를 대접하며 기분을 유쾌하게 만들었는지도 모른다. 그렇다면 대주교는 손님들에게 어떤 음식을 내놓았던 것일까? 환상적인 레시피로 선보인 요리에는 구이, 페이스트리, 파이, 수프, 토르테torte[크림, 초콜릿, 과일 등을 혼합한 재료로 만든 케이크], 샐러드가 포함됐다. 찐 배와 파바빈을 베이컨과 함께 튀겨 만든 콩 요리가 대표적이었다. 보기에는 간단한 식사이지만 매우 이국적인 요리들이었다. 왜냐하면 독일은 물론 유럽 전역에서 보기 힘든 희 귀한 재료가 사용됐기 때문이다. 특히 '땅에서 나는 사과'로 만든 요리가 유명했는데 오늘날 우리는 이 채소를 감자라고 부른다. 독일어로 감자는 'Erdäpfel'이며 프랑스어로는 'pomme de terre'라 부른다. 그 밖의 나라에 서는 감자를 일컬을 때 '땅에서 나는 사과'란 표현을 쓴다.

마르크스 룸폴트는 대주교의 요리사들 중 한 명이었다. 그가 1581년에 발표한 『아인 뉴 코흐부흐(새로운 요리책)』에는 2000여 가지의 레시피가 실 려 있다. 그는 자기 주인이 정치적·종교적 목적을 위해 만찬과 연회에 내놓 을 음식을 만들었다. 그리하여 방대한 양의 레시피를 보유할 수밖에 없는 상황이었다. 마침내 젊은 요리사들이 레시피를 배우며 용기를 얻을 수 있도 록 요리책을 출간했다.

룸폴트는 마인츠의 대주교 밑에서 일하기 전에 유럽의 여러 귀족을 모 셔본 경험이 있었다. 그 덕분에 서로 다른 지역의 음식들을 배울 수 있었으 며, 그는 갖은 요리 지식을 섭렵한 것에 대해 무척 뿌듯해했다. 그는 자신만 의 고유한 레시피를 소개하기 전에 이 사연을 명시했으며, 다른 요리사의 레시피를 훔친 적은 없었다. 여느 요리사라면 으레 레시피를 도용했겠지만 그는 달랐다. 게다가 그가 쓴 요리책에는 포도주 제조법에 대해서도 자세히 기술되어 있다. 이 요리책에는 150점의 목판화로 제작한 그림도 삽화로 들 어 있다.

인류 초기에 생존에 성공하게 된 레피시에 감자가 포함되어 있기 때문 에 감자를 재료로 한 그의 레시피는 역사적인 의미를 지닌다. 게다가 그 의 책에는 채소 요리법에 대한 훌륭한 상식들이 담겨 있다. 룸폴트는 감자 를 잘게 자른 다음 튀겨서 기름기를 쭉 빼고 건조시켜 먹는 레시피를 고안 해냈다. 그런 뒤 베이컨을 함께 넣어 튀기고 소량의 우유를 넣으면 룸폴트 만의 감자 요리가 완성된다. 맛 좋은 이 요리는 왕자나 종교 관련 인사들만 먹을 수 있었다. 감자는 북아메리카와 남아메리카에서 수 세기에 걸쳐 인기 를 얻었지만 유럽에서 보편화되기까지는 150년의 시간이 더 걸렸다. 아메리 카인들은 산에서 다년생 식물인 야생 감자를 재배했다.

유럽인들이 볼 때 매우 이국적인 재료들은 16세기 정복자들에 의해 발견됐다. 정복자들이 유럽에 소개한 재료는 역사학자와 그 밖의 인물들에 의해 신화적인 대상으로 인정받았다. 1553년 페루에 도착한 페드로 데 레온, 1537년 콜롬비아에 도착한 히메네스 데 케사다가 그 주역이었을까? 아마 둘 다일 가능성이 높다. 히메네스 데 케사다는 주민들이 모두 사라진 마을에 우연히 다다랐다. 스페인인들이 토착민을 학살하는 일은 자주 일어났기 때문에 별로 놀라울 것도 없었다. 그곳에서 그는 옥수수와 콩, 송로와 비슷하게 생긴 감자를 발견했다. 실제로 송로는 인도에서 별미 버섯으로 통했다. 이탈리아인들은 크기가 작고 모양이 특이하게 생긴 이 울퉁불퉁한 감

자를 송로와 비슷하다고 해서 트뤼플truffle이라 불렀다. 이것은 감자의 변종인 핑크 피어 애플 감자Pink Fir Apple Potato와도 매우 비슷했다.

땅에서 캔 트러플 같다고 해서 'tartuffli(타르투플리)'라 불리게 된 이 채소가 드디어 유럽에 들어왔다. 혹자는 1580년대에 수학자 토머스 해리엇이 이 채소를 가장 먼저 유럽에 들여왔다고 주장한다. 그가 월터 롤리 경을 따라 아메리카 대륙으로 건너갔을 때 그곳에서 처음 발견했고, 돌아와서 아일랜드의 킬러라그에 있는 사유지에 심으면서 감자가 유럽에까지 확산됐다는 것이다. 사람들은 반신반의했지만 해리엇은 자신 있게 정원사에게 땅을 파

라고 명령했고, 많은 양의 감자 덩이줄기를 수확할 수 있었다.

하지만 감자가 유럽에 전파되기까지는 시간이 많이 걸렸다. 프랑스인들은 감자를 업신여겼는데, 감자를 먹으면 문둥병에 걸린다는 소문이 나돌 정도였다. 스코틀랜드의 프로테스탄트 교도들은 그 점에 대해 강력하게 부인했다. 왜냐하면 성서에 그런 구절이 없었기 때문이다. 감자 재배가 일반화되면서 사람보다 가축이 더 큰 혜택을 입었다. 그러다가 지역 당국은 조사 결과 가난한 사람들에게 감자가 매우 요긴한 식량이라는 것을 알게 됐다. 1663년 영국 학술원 회원인 서머씻 출신의 한 인물이 전국에 감자 생산을 장려하는 운동을 벌인 적도 있다. 그러나 1719년에 출간된 『원예 대전The Complete Gardener』을 보면 감자는 여전히 무시당하고 있다. 그와 비슷한 주제를 다룬 다른 출간물에서는 감자를 무보다 더 열등한 채소로 묘사해놓았다.

마침내 18세기 중반에 감자는 독일 전역으로 확산됐다. 몇몇 지역에서는 거의 의무적으로 감자를 재배했다. 1750년대에 영국의 농업이사회는 "감자와 물 그리고 소금만 있으면 사람들을 먹여 살릴 수 있다"고 공표한 바 있다. 또한 성직자들은 종교 집단에 속한 회원들에게 감자로 식단을 짤 것을 촉구했다. 머지않아 감자는 서양 식단의 대들보 역할을 하게 됐다.

오늘날에는 수백 가지의 감자 품종이 개발되어 있으며 그 쓰임새도 무척 다양하다. 감자로 술을 빚기도 하고 반죽도 만든다. 이제 감자는 생산량이나 재배 면적에서 밀을 초월했다. 과거에 마르크스 룸폴트의 『새로운 요리책』이 베스트셀러였는데도 감자 레시피의 가치가 폄하되어온 점이 안타깝다. 200년은 족히 지난 후에야 사람들은 감자 레시피로부터 영감을 받아 요리를 시작했고 프랑스 도피네 지방의 레시피에 따라 음식을 만들게 되었다.

27

트라이플

Trifle

토머스 도슨, 1596년, 『훌륭한 아내의 보물The Good Huswife's Jewell』

Recipe 농도가 짙은 크림 570밀리리터를 설탕 및 생강과 잘 섞는다. 이것을 장미수와 섞은 다음 잘 저어서 바로 먹거나, 접시에 담아 미온으로 따뜻하게 데워 먹는다. 은색으로 도금한 접시나 그릇에 담은 뒤 가장자리부터 떠먹는다.

여기에 소개된 트라이플 레시피를 그대로 따라 할 생각에 마냥 마음이 들떴던 독자라면 아마 내용을 읽고 금세 기분이 달라졌을 것이다. 막상 보니 독자가 생각하는 트라이플이 아니어서 실망했을지 모른다. 그러나 토머스 도슨의 이 책은 당시에 보석과도 같은 존재였다. 그가 트라이플이라고 명명한 이 레시피는 충분한 자격이 있다. 사실, 18세기 중반에 와서야 오늘날 우리가 알고 있는 근대적인 트라이플이 모습을 갖추었다. 포도주에 적신 비스킷을 그릇 바닥에 간 다음 그 위에 커스터드를 놓고, 거품을 낸 와인크림syllabub을 올려놓은 모습의 트라이플은 1755년에 이르러서야 완성됐다. 바로 그런 점에서 해나 글래스는 자신의 『쉽고 간단한 요리 기술』에서 '왕의 식탁에 적합한' 레시피를 제공했다. 그녀가 제안한 요리는 일단 나폴리 비스킷[손가락처럼 생긴 스펀지같이 부드러운 과자]과 라타피아ratafia[과실주], 마카롱을 재료로 쓴다. 이 재료를 드라이한 맛의 백포도주에 담근다. 그리고 여기에 커스터드를 넣고 토핑으로 와인크림을 얹는다. 이때 젤리는 뺀다.

오늘날 프랑스에서는 트라이플을 '크렘 앙글레즈crème anglaise'라 부른다.

이 트라이플이 토머스 도슨의 버전과 흡사한데, 즉 영국식 크림으로 만든 디저트를 말한다. 토머스 도슨의 트라이플은 요리법이 아주 간단하고 추가 재료가 없는 매우 뻣뻣한 음식으로 보일 수 있다. 그래서 달콤함을 가장한 속임수로 여러분을 기만한다고 느낄 수도 있다. 그는 자신의 책 도입부에서 "요리세계의 뻣뻣한 음식으로 최고봉에 오를 자격이 있는 전대미문의 음식"이 포함되어 있다고 짧게 언급했다. 아마도 트라이플 레시피를 머릿속으로 떠올리면서 이런 발언을 한 듯싶다.

토머스 도슨이란 인물에 대해 알려진 사실은 많지 않다. 어쨌든 그가 엘리자베스 시대에 매우 중요한 요리사였다는 사실만큼은 틀림없다. 그의 책은 엘리자베스 1세 집권 후반에 세상에 모습을 드러냈다. 그 결과, 귀족이 아닌 계층에서도 훌륭한 요리에 대한 열정을 불러일으키는 역할을 했다.

중산층의 수가 점점 증가하면서 그들에게도 외부 도움이 필요했다. 특히 중산층 여성들은 자신의 일을 도와줄 도우미가 절실했다. 토머스 도슨의 책에 명시된 대로 당시에 남자들은 집안일을 하지 않았다. 그래서 그는 책을 통해 영국의 신사들에게 몇 페이지에 걸쳐 조언을 남겼다. 매일 일상적으로 마시는 음료를 만드는 레시피를 가르쳐주고 몸이 아픈 사람에게 해주면 좋은 음식, 동물을 잘 키우는 팁을 소개했던 것이다. 음식에 대한 조언뿐만 아니라 농사에 대한 조언도 아끼지 않았다. 또한 "모든 농사 전문가가 농사를 지을 때 꼭 알아야 하는 몇 가지 중요한 사항이 있다"며 운을 떼었다. 가축을 키우는 축산업에 대한 언급도 빼놓지 않았는데, 그러면서 그는 자신의 손을 움직이며 현장에서 일했다. 훌륭한 요리사이기도 했지만 돼지나 암탉, 황소를 직접 기르는 축산업에 대해서도 정통했다.

토머스 도슨의 레시피들은 대부분 중세 시대의 특성에서 벗어나지 않으며, 허브와 달콤한 향신료로 음식의 향을 풍부하게 했다. 그가 목록으로 작성한 식재료들을 보면 아니스 씨, 육두구, 사프란, 생강, 장미수, 석류, 자두, 설탕이 눈에 띈다. 물에 넣고 끓인 고기로 만든 레시피가 유독 많다. 송아지 요리, 닭 요리, 송아지 뒷다리로 만든 스튜 요리에 수프까지 종류가 다양하다. 그런 가운데 근대적인 특징을 보이는 레시피도 있었다. 예를 들어 커스터드가 들어간 레시피는 당시에 유행하던 파이와 차별화됐다. 달콤한

THE
good huſvvifes
Iewell.

VVherein is to be found moſt excel-
lend and rare Deuiſes for conceites in
Cookery, found out by the prac-
tiſe of Thomas Dawſon.

Wherevnto is adioyned ſundry approued
receits for many ſoueraine oyles , and
the way to diſtill many precious
waters, with diuers approued
medicines for many
diſeaſes.

Alſo certain approued points of huſbandry, very
neceſſary for all Husbandmen to know.

Newly ſet foorth with additions. 1596.

Imprinted at London for *Edward White,*
dwelling at the litle North doore of
Paules at the ſigne of the Gun.

토머스 도슨이 쓴 『훌륭한 아내의 보물』의 책머리다.
이 책은 엘리자베스 시대에 가사를 돌봐야 했던 여성들을 위한 지침서였다.

맛과 함께 달걀, 크림, 사프란, 계피, 생강, 버터를 혼합한 향이 강한 자극적인 맛이 나는 레시피였다. 그는 오렌지와 체리·구스베리를 잘 보관해두었다가 마르멜로 마멀레이드를 만들거나, 포도주에 담가둔 딸기와 함께 타르트를 만들었다. 요즘 먹는 블랙 푸딩^{black pudding}과 비슷한 레시피도 소개했다. 오트밀과 양의 피로 만들었는데 당시에는 양파 대신 리크를 사용했다.

토머스 도슨은 신선한 허브 잎을 넣은 샐러드 레시피도 소개했다. 오이와 잘게 썬 삶은 달걀, 오일과 식초로 드레싱을 만들었다. 그 밖에 달콤하면서도 영양가가 풍부한 아몬드 우유를 넣은 맛있는 레시피도 제안했다. 이를 "최고급의 새로운 유행을 따르는" 음식이라 일컬었다. 이웃 나라의 요리법에 대해 그는 짧지만 전대미문의 특이한 레시피, 즉 '프랑스식 레시피를 따른 삶은 고기 요리'를 어떻게 만드는지도 설명했다.

수많은 요리책이 그랬듯이 그의 요리책에도 치료 효과를 강조한 레시피들이 있다. 예를 들어 '두통같이 머리가 아픈 질병'과 '몸이 아프고 따가울 때' 효과적인 치료 음식들을 수록했다. 인생을 살면서 남자들을 괴롭히는 갖은 문제를 해결해주는 기적적인 음식도 있다. 예를 들어 '갑자기 언어 능력을 상실한 사람이 정상으로 돌아올 수 있도록' 그는 들어보지도 못한 허브를 다른 특이한 재료들과 섞어 문제 있는 사람의 코에 올려놓으라고 제안했다. 또 영국의 엘리자베스 1세 시대에 살이 불어난 사람들에게 다이어트에 효과를 보이는 조언을 했다. 토머스 도슨이 제안한 다이어트 식습관은 간단하다.

"날씬한 몸매를 갖고 싶은 사람이라면 이제부터 회향을 우린 차를 마시면 된다."

그는 마음이 따뜻한 남자였는데 특히 동물에 대한 사랑이 컸다. 황소를 기르는 목축업자들에게 조언하면서 날씨가 너무 춥거나 더울 때는 "소들을 대할 때 신경 써야 한다. 밤에 몸을 씻겨주고 털을 가지런히 빗질해주어야 한다"고 충고했다. 또 바깥활동이 긴 하루를 보내고 난 뒤에는 발에 가시가 찔리지 않았는지 확인하고 꼬리를 깨끗한 물로 씻겨줘야 한다고 덧붙였다. 외양간의 위생 상태가 청결한지도 철저히 확인해야 한다고 말했다.

"가금류와 돼지가 소 외양간에 들어오는 일이 없도록 주의를 기울여야 한다. 가금류의 깃털 때문에 소가 병균에 감염되어 죽을 수도 있기 때문이다. 또 병에 걸린 돼지의 배설물에서 생긴 기생충은 소에게 해로운 영향을 미친다."

정확히 어떤 기생충인지는 모르지만 비위생적인 것만은 확실하다.

그는 사람들에게 다소 위험해 보이는 의학적 조언도 했다. 소가 아플 때 소의 이마에 상처를 내어 피가 나게 하면 병이 낫는 '극도의 효과'를 본다는 것이었다. 그는 이 방법을 프랑스 사람에게서 들었다는 말도 덧붙였다. 이에 그치지 않고 과학적 근거가 전혀 없는 조언들도 늘어놓았다. "소의 오줌에 피가 있을 때" 어떻게 하면 되는지에 대해 조언할 뿐 아니라, "광견병에 걸린 미친개"한테 물려서 몸이 아플 때는 "전갈의 몸에 있는 끈적끈적한 액체를 물린 상처 부위에 바르라"고 했다.

대체로 그의 책에 담긴 내용은 엘리자베스 시대에 집안일과 가축을 돌봐야 했던 사람들에게 매우 이상적이었다.

28

프린스 비스킷

왕자를 위해 만든 비스킷_Prince-bisckets

휴 플랫, 1602년, 『부인들을 위한 기쁨Delightes for Ladies』

Recipe 입자가 매우 고운 밀가루 454그램과 가루설탕 454그램, 달걀 8개, 장미수 2큰술, 캐러웨이Caraway 씨앗 28그램을 준비한다. 이 씨앗을 한 시간 동안 빻아야 하는데 잘 빻을수록 반죽이 더 잘된다. 조리용 틀에 넣어 재료를 익힌 뒤 하얀 접시에 완성된 요리를 담는다. 그 위에 버터를 살짝 얹어 먹으면 훨씬 더 맛있다. 이제 음식을 그 상태로 보관하면 된다.

휴 플랫 경은 한마디로 시대의 거장으로서 영국의 튜더 왕조 시대를 산 인문주의자의 완벽한 본보기였다. 그가 펴낸 책과 글에는 열정이 넘쳐났는데 다른 사람들이 볼 때는 생각하는 것만으로도 머리가 아픈 내용이었다.

그는 부유한 하트퍼드셔 가문에서 태어나 케임브리지에서 학교를 다니며 교육을 받았다. 그의 아버지는 런던에서 큰 부를 획득한, 유명한 맥주 양조업체 소유주였다. 휴 플랫 경은 학교를 졸업한 뒤 베스널 그린에 정착해 자신의 기발한 아이디어를 책으로 출간하기로 마음먹었다. 그는 관심을 보이지 않은 주제가 거의 없을 정도로 모든 것에 관한 글을 썼다. 정원 설계부터 군수품 제조, 농업(땅의 비옥도와 옥수수 밭 경작, T자 눈접을 시도하는 과일나무 등)은 물론 아이들의 교육과 바느질, 맥주 양조까지 주제도 다양했다.

1594년에 그가 발표한 책 『예술과 자연의 주얼 하우스The Jewell House of Art and Nature』는 일상생활을 '어떻게' 보낼 수 있는지에 대한 안내서다. 그는 책에서 연기가 피어오르는 굴뚝을 관리하는 방법에서부터 술을 마신 후 취기를 피하는 방법, 벌집에서 꿀을 얻는 방법, 카드놀이를 할 때 속임수를 쓰는 법, 물컵을 연구해서 달의 주기 변화를 확인하는 등의 내용을 소개했다. '나무에 사과나 견과류가 주렁주렁 매달려 있을 때 총 개수를 알아맞히는 방법'도 포함돼 있다.

그는 탄약과 관련해서 포탄의 파편을 개발하고 빈 배에 폭탄을 설치해서 적군의 배에 가까이 보내 폭발하게 만듦으로써 충격을 주는 방법도 고안해냈다. 또 양질토(실트질 토양)에서 석탄 대용물을 어떻게 깔끔하게 만들어내는지를 설명하는 팸플릿까지 직접 제작했다. 석탄에 불을 붙여 연료로 쓰면서 "위엄 있게 서 있는 벽걸이와 집 안에 있는 비싼 가구들을 훼손시켰다. 비싸고 우아한 옷들도 모두 망가뜨렸다". 그는 양질토에 관한 글을 쓰는 것에 그치지 않고 직접 그 흙을 파는 일에도 뛰어들었다. 소위 전염병을 예방해준다는 약을 팔면서 행상을 다닌 적도 있다. 21세기의 한 역사학자는 "그 약은 아무런 효과가 없는 무용지물이었다"라고 기록했다. 어쩌면 그는 당시의 여느 의사들과 별다를 바 없는 돌팔이 의사였을 것이다.

하지만 다른 대상들을 대체할 만한 하나의 관심사가 있었는데 바로 음식이었다. 특히 그가 맨 처음 열정을 쏟은 음식은 파스타였다. 그는 파스타를 다른 말로 마카로니라 불렀다. 그러면서 자신이 처음 개발한 요리라고 주장하면서 자랑스러워했다. 이탈리아인들이 그의 말을 듣는다면 분명 할 말이 있을 것이다. 그는 파스타의 장점에 대해 방대한 양의 글을 썼다. 그는 이렇게 말했다.

"파스타는 오래가는 식품이다. 단맛이 나는 파스타를 간식할 수도 있고 3년 동안 아무 탈 없이 보관할 수도 있다."

그는 "무게가 무척 가벼우며 요리 시간을 빠르게 조절할 수 있다"고도 했고 "기름과 버터, 그 밖의 재료를 추가해서 더 정교한 맛의 파스타를 즐길 수 있다"고도 했다.

휴 플랫 경은 파스타 요리를 사람들에게 홍보할 때 상업적인 동기로 냄새 없는 석탄을 같이 언급했다. 그리고 마침내 파스타 만드는 기계를 제작하는 데 성공했다. 그러나 그 기계는 오로지 런던에서만 쓰였다. 그러다가 프랜시스 드레이크가 서인도 여행을 마치고 귀국했을 때 부하들이 심한 기근으로 고생하자 휴 플랫 경은 파스타를 강력하게 추천했다.

그는 파스타가 기근을 해결하는 방책이 될 것이라며 프랜시스 드레이크에게 간절하게 제안했다. 그 결과 소고기와 치즈, 소금을 뿌린 생선을 주로 먹던 식습관에서 파스타 요리를 먹는 것으로 변화가 일어났다. 길든 짧든 여행하는 동안 사람들은 저렴한 파스타 재료를 저장해두었다가 만들어 먹었다. 프랜시스 드레이크를 고객으로 삼은 일이 성과를 거둔 것이다. 탐험가들은 여행할 때 적어도 한 차례는 다량의 파스타를 식사로 했다는 기록이 전해진다.

휴 플랫 경에게 파스타에 대한 타고난 지식이 있었다는 것은 그가 제안한 요리를 통해 확인할 수 있다. 그러나 실제로 그가 요리를 정말로 잘했는지는 확신할 수 없다. 휴 플랫 경은 단지 사람들에게 '면이 잘 익을 때까지' 물에 충분히 담그라고만 말했기 때문이다. 파스타로 인한 성공을 즐기는 것으로는 부족했던지 그는 상류층 여성들을 위한 '단것'에도 주목했다. 파스타보다 더 큰 수익을 거둘 수 있는 영역으로 판단했던 것이다.

당시에 설탕은 굉장히 비싼 식재료였다. 과일을 오랫동안 보관하기 위해 작은 덩어리로 만들면 설탕은 필수적이었다. 저녁 파티에 사용하는 정교한 장식물도 설탕으로 만들었다. 당시 사람들은 설탕이 건강에 좋다고 여겼다. 1970년대까지만 해도 그러한 인식이 팽배했으나 의사들이 설탕 섭취가 심장병과 다른 질병을 야기한다고 진단하면서 생각이 달라졌다.

집에서 열린 파티에서는 설탕이 보이지 않았다 해도 약국, 약제상에는 꼭 설탕을 구비해두었다. 몇백 년 동안 설탕은 약효를 지닌 재료였으며 의사들은 치료 목적으로 설탕을 권장했다. 예를 들어 1715년에 프레더릭 스네어 박사는 「설탕에 대한 옹호의 글A Vindication of Sugar」이란 논문을 썼다. 의사들이 설탕에 대한 선호를 개인적인 집착으로 간주하며 비판할 때도 그에 맞서 설탕을 옹호하는 글을 썼다. 설탕의 많은 이점을 나열하면서 자신이 설명한 내용을 몸소 실행했다. 포도주에 설탕을 첨가하는가 하면 설탕을 넣은 코담배를 피우고 치약에도 설탕을 넣었다. 또한 박사는 뷰퍼트 공작의 사례를 들면서 그가 장수한 비결이 바로 40년 동안 최고급의 저녁 파티를 보낸 뒤 밤마다 단것을 많이 먹었기 때문이라고 주장했다.

그에게 설탕은 세계 최고의 재료이며 가장 달콤하고 맛있을뿐더러 건강에도 좋은 식품이었다. 과일로 장식을 만들 때도 설탕을 첨가해 화려하게 꾸몄다. 특히 오렌지를 활용할 때 그랬다. 오렌지는 맛과 향도 풍부하지만 우의적인 의미가 풍성한 과일이었다. 그래서 머지않아 부자들은 온실에 오렌지 나무를 심어 친구들을 감동시켰다. 오렌지 나무가 없다고 해도 오렌지를 구하는 일은 어렵지 않았다. 사람들은 오렌지 위에 끈적끈적한 설탕을 입혀 단 음식을 내놓았다. 휴 플랫 경은 저서 『부인들을 위한 기쁨』에서 오렌지로 단 음식을 만드는 방법을 선보였다. 또한 이 책에는 수백 가지 레시피와 실용적인 조언들이 담겨 있다.

그는 주방에서 필요한 기구들도 소개했다. 깊게 팬 청동 프라이팬, 국자, 놋쇠로 만든 주걱(프라이팬 가장자리에 달라붙은 설탕을 떼어낼 때 쓰는 기구)이 등장했다. 그가 하는 조언들은 상세하고 정확하며 매우 실용적이었다. 그에 따르면 설탕을 녹일 때 그 비율은 설탕 1.36킬로그램에 '물 570밀리리터'가 딱 적당했다. 불꽃이 피지 않은 뜨거운 석탄 불 위에서 천천히 설탕을 녹이는데 "설탕을 국자로 풀 때 송지처럼 걸쭉한 액체 상태가 될 때까지 끓인다. 국자로 들어올렸을 때 설탕이 한 방울씩 끊기는 것이 아니라 긴 줄기처럼 이어질 때까지 끓이면 된다."

설탕에 대한 신뢰가 매우 높았던 휴 플랫 경은 이 책의 서문에 설탕을 주제로 한 긴 시를 썼다. 그 시에서는 레시피만큼이나 낭랑한 어조가 느껴진다. 그는 자신이 쓴 언어로 우아한 매력을 발산했다.

"이제 나의 펜과 종이에서 향기가 날 것이다. 내가 주문한 가장 달콤한 향기가 날지니/ 이 세상이 낳을 수 있는 가장 달콤한 창조물일지어다."

그가 쓴 시의 일부다. 그런데도 부인들이 별 감흥을 보이지 않으면 그는 이어서 다음과 같이 말했다.

호두, 작은 견과류, 달콤한 밤
설탕을 넣어 달짝지근한 알맹이들이 만족감을 주는 미각을 상실했구나.
수년간 이곳에 저장되어 있다가
강한 맛이 나는 과일들과 함께 예술적으로 만들어져 유지되는구나.

그는 마침내 도를 넘어 설탕이 세상의 문제를 해결해줄 것이라고 했다. 예를 들면 전쟁과 폭력을 근절시킬 수 있다고 했던 것이다.

이제 무기로 찌르는 행위여 안녕
끝이 뾰족한 탄알을 설탕 알갱이로 바꾸어라
스페인인들의 공포심이 누그러지고 모든 분노가 사라질지어다

그의 사업가적 정신이 바탕이 된 활동들을 확인하면서 혹자는 과연 그가 소량의 설탕으로 정말 적의 마음을 진정시킬 수 있으리라고 믿었을까 의심할 수도 있다. 하지만 그런 의심이 든다 해도 사람들은 그가 설탕에 절여 잘 보관한 자두와 체리, 구스베리에 박수갈채를 보내지 않을 수 없었다. 설탕으로 토끼나 비둘기 모양의 장식을 만들거나 다른 종류의 새와 동물을 조각한 것을 보고도 감탄을 금치 못했다.

그러나 이처럼 설탕을 입힌 단 식품으로 장식을 만드는 것은 구시대적 유행이다. 그가 레시피로 소개한 마지펜marzipan[아몬드, 설탕, 달걀을 섞은 과자 또는 케이크 위를 덮는 장식]은 그 시대에는 완벽했어도 현대적 취향은 아니다. 그나마 그가 소개한 비스킷이 지금과 가장 잘 맞는 최상의 레시피

다. 그가 소개한 일명 프린스 비스킷은 아몬드만 빼면 오늘날의 마카롱과 비슷하다. 그 비스킷은 인류 초기의 비스킷 레시피 형태를 띠지만 맛은 일품이었다.

게다가 휴 플랫 경은 과일로 결정을 만드는 레시피에 덧붙여 음식의 미적인 면도 다루었다. '얼굴에 붉은 기가 있거나 여드름이 났을 경우' 어떻게 하면 아름다운 피부를 가꿀 수 있는지 그 해결책을 알려주는 것도 잊지 않았다. 향기가 나는 물을 옷에 뿌리는 방법도 알려주었다. 그 스스로도 몸에 향수를 뿌리고 멋지게 치장했을 것이며, 다른 사람들도 원하면 충분히 그럴 수 있다고 했다. 그는 실제로 어떤 사람이었을까. 어쩌면 옷치장에 꽤나 신경을 쓰는 멋쟁이였을 수 있다. 런던 이곳저곳을 누비고 다니며 인맥을 크게 넓히면서 영감을 구하고 다녔을 수 있다. 그는 주방에서 식품을 배달하는 사람부터 전문 쥐잡이꾼까지 다방면의 사람들을 알았다. 여왕을 위해 트럼펫을 연주하는 음악인과 옷 만드는 디자이너와도 알고 지냈다. 그는 자신이 아는 사람들에게서 아이디어와 레시피의 영감을 얻었다. 그런 그가 있었기에 오늘날 우리는 그의 독보적인 자료들을 통해 엘리자베스 시대의 사람들이 어떤 입맛을 추구했고 어떤 대상을 열망했는지 가늠할 수 있다.

29

버터 크레이피시

To butter crayfish

엘리너 페티플레이스 부인, 1604년,
『엘리너 페티플레이스의 레시피북Elinor Fettiplace's Receipt Book』

Recipe 크레이피시를 물에 넣고 끓인 다음 꼬리와 발톱을 제거한다. 그런
뒤 물을 102 또는 103스푼 넣고, 백포도주를 물과 비슷한 양으로 맞춰 넣
는다. 메이스mace 한 잎 또는 육두구 소량과 소금 소량, 레몬 껍질을 한데
섞어서 크레이피시에 올린다. 재료가 크레이피시에 잘 배어들게 한 뒤 불에
익힌다. 버터 113그램을 넣어서 버터가 재료와 잘 혼합돼 녹을 때까지 익
힌다. 여기에 소량의 레몬즙을 넣는다. 원한다면 레몬 껍질을 물에 넣고 끓
인 즙을 써도 좋다.

　1604년은 전염병이 일어난 최악의 해였다. 여름은 폭염으로 무더웠고
시골 사람들은 목숨을 잃을 정도의 치명적인 전염병이 도시에 새롭게 발생
했다는 소식이 들리자 이를 염려하며 전염병에 대한 소식을 몹시 궁금해했
다. 한 해 전에는 런던에서만 약 3만 명이 목숨을 잃었었다. 다른 곳으로 이
사 가는 도시인들도 있었고 집에 남아 문을 닫고 칩거생활에 들어간 도시
인들도 있었다. 많은 사람이 이 끔찍한 운명에 체념하며 시간을 흘려 보냈
다. 피할 수 없는 전염병이 언제 들이닥칠지 몰랐다.

　시골 사람들은 의사에게서 도움과 조언을 얻기보다는 지역의 큰 부호에
게 의지했다. 귀족들은 소작료를 모았고 마을 사람들에게 질책하는 동시에
정의로운 행동을 보였다. 귀족 집안의 부인은 질병에 걸린 환자에게 조언을

해주고 치료약을 나눠주었다. 개에게 물렸다거나 위에서 통증이 느껴질 때, 또는 우울증에 걸렸을 때 귀족 집안의 부인들은 허브와 특정 식물의 뿌리를 달여서 쓴 약을 만들어 치료약으로 사용했다.

집안에서 부인들의 권력과 영향력은 점점 더 커졌다. 이들은 가정에서 해야 할 세탁에서 요리까지 체계적으로 조직화했다. 가족만 부양하는 것이 아니라 하인과 마을 사람 모두를 돌보았다. 조직력이 뛰어난 부인들은 자신의 레시피와 질병에 대한 치료 방안을 글로 썼다. 그중 일부는 전문 필경사가 옮겨 적기도 했다. 이 기록물은 어머니가 딸에게, 그 딸이 자신의 며느리에게 건네면서 여러 세대에 걸쳐 전해 내려왔다.

20세기의 문학 편집자이자 작가인 힐러리 스펄링은 남편의 증고모할머니가 보관해오던 필사본 기록을 물려받았다. 수년에 걸쳐 추가하고 평가하는 내용이 더해졌는데 이 기록물에 소개된 레시피들은 17세기 초반에 유행하던 이탈리아 스타일의 글씨체로 쓰였다. 맨 마지막 장에는 '앤서니 브리지로부터'라는 서명까지 있는데, 총 225쪽으로 1604년에 처음 세상에 발표됐다. 엘리너 페티플레이스 부인이 쓴 글을 앤서니 브리지가 다시 옮겨 쓴 것이다. 레시피와 집안 허드렛일, 정원 관리법과 계절별 건강 치료법이 명확하면서도 자세하게 기술되어 있다. 엘리자베스 시대에 가정에서 만들 수 있는 정교한 요리들과 새로운 가정환경을 조성하기 위한 아이디어들도 담겨 있다. 뿐만 아니라 그전에 유행했던 레시피들도 포함되어 있다.

엘리너 페티플레이스 부인은 기사 작위를 받은 귀족의 아내였다. 멋진 튜더 하우스는 옥스퍼드에서 몇 킬로미터 떨어진 외곽에 위치해 있었다. 저당 잡힌 재산이 있긴 했으나 비교적 부유한 편이었고 인맥관계에서도 흠잡을 데가 없었다. 그들은 저녁 식사를 마음껏 즐겼으며 정교하게 만든 다양한 요리를 맛볼 수 있었다. 엘리너 페티플레이스의 버터 크레이피시 레시피는 세상에 나온 지 300년이 지나고서야 비턴 여사에 의해 재현되었다. 그린 샐러드를 곁들이고 껍질이 바삭바삭한 빵과 시원한 백포도주를 함께 먹었다. 정원에서 친구들과 여름날 저녁 식사를 할 때 함께 먹을 수 있는 맛있는 메뉴가 됐다.

1604년이 지나면서 사람들의 관심사는 전염병에서 점점 멀어져갔다. 마침내 음식에서 중세의 족쇄를 과감히 끊는 변화가 일어났다. 엘리너 페티플레이스의 크레이피시는 봉건 시대에서 근대로 넘어가는 길목에 위치한 음식 역사의 대표적인 레시피다.

"크레이피시를 소량의 물과 함께 끓인다. 물의 양이 적을수록 재료로 넣은 시금치가 더 부드러워지고 단맛이 더 강해진다."

부인이 첫 대목에 자세하게 설명한 부분이다. 그녀는 신맛이 강한 즙(시큼한 포도나 야생 능금을 갈아서 발효시킨 톡 쏘는 맛이 있는 즙)을 추가로 넣었다. 그리고 버터와 설탕을 넣고 달걀노른자 2개와 크림을 넣기 전에 재료들을 잠깐 동안 천천히 끓였다. 마지막으로 혼합한 재료를 잘 섞은 뒤 먹기 전에 설탕을 조금 뿌렸다.

크림을 넣되 지나친 양이 아니면 섬세하고 맛 좋은 사이드 디시가 된다. 크레이피시를 요리할 때도 크림을 넣을 수 있다. 이전 레시피 모음보다 더 검소하고 실용적인 푸딩과 고기 요리에도 마찬가지로 크림을 넣을 수 있다. 페티플레이스 부인의 레시피는 6인분용이었다. 대규모 홀에서 식사를 하는 것에서 사적인 저녁 소모임으로 성격이 바뀌었던 것이다. 하지만 장소는 바뀌었어도 식사는 같은 시간대에 했다. 하인들이 식사를 하는 시간대도 비슷했다.

부인의 레시피들은 대부분 간편하고 실용적이다. 세탁 방법과 전염병에 걸렸을 때의 해결책도 포함되어 있다. 상식을 꿰뚫고 있던 그녀는 피를 내거나 구토를 하는 등 그 시대에 관습적으로 통하던 불쾌한 방식은 결코 추천하지 않았다. 천연두에 대해서도 그녀는 진정 효과를 예로 들었다.

"마맛자국이 보이면 사프란과 우유를 섞은 음료를 만든다. 감기에 걸리지 않도록 주의하며 몸을 따뜻하게 유지한다. 그렇다고 너무 뜨거운 상태로 놔두면 상처가 덧날 수도 있다."

부인은 상처를 치료하는 방법 56가지와 같은 유용한 정보를 제공했을 뿐 아니라, 불면증·고열·기침·요통에 대한 치료법도 잊지 않고 언급했다. 그런 그녀도 군주 시대 방식의 치료법으로 미신에 굴복하는 모습을 보인 적이 있다. '전염병 또는 악성 전염병에 대한 헨리 8세 왕의 의술'은 질병을 미연에 방지하는 예방책의 성격을 띠고 있다. 그녀는 책 여백에 이렇게 적었다.

"만약 이 음료를 병의 증상이 나타나기 전에 마신다면, 그것은 신의 은총에 의해 병을 치료한 셈이 된다."

그녀의 레시피에서 우리는 음식의 진화과정을 확인할 수 있다. 사프란이나 아몬드 우유, 수프에 대한 언급은 별로 없다. 카트린 드메디치처럼 페티플레이스 부인은 단 음식과 향이 강한 음식을 구별했다. 예전에는 같은 탁자 위에 여러 음식을 한꺼번에 대접했으며, 심지어 한 그릇에 서로 다른 음식을 담아 낸 적도 있었다. 설탕을 넣은 요리와 향신료를 넣은 요리, 고기 요리와 과일이 같은 식탁 위에 한꺼번에 올라왔는데, 그녀는 이런 중세시대의 식사 습관과 작별을 고했다. 인공 색소를 넣는다든가 이색적인 기교를 부리던 것도 끝났다. 그녀는 옛날 요리책에서 사랑받던 고기와 가금류 요리를 줄줄이 선보이던 만찬 스타일도 따르지 않았다.

당시 아랍권에서 들여온 장미수와 말린 과일, 향신료가 유행하는 가운데 사람들은 걸쭉한 수프를 만들 때 빵이나 밀가루보다는 달걀을 많이 사용했다. 그리고 프랑스의 영향을 받아 오늘날 우리가 잘 아는 머랭 meringue[달걀흰자와 설탕을 섞은 것. 또는 이것으로 구운 과자]이 출현하기 시작했다. 바로 이 시기에 등장한 영국의 전통 음식을 보면 다음과 같다. 로스트비프와 요크셔푸딩, 레드커런트 젤리를 곁들인 양고기, 정향으로 향을 낸 브레드소스와 함께 먹는 칠면조 요리가 그것이다.

부인이 살던 애플턴 대저택에서는 20세기 코츠월드와 튜더 왕조 시대 건축물의 특징을 엿볼 수 있다. 집 밖에 고기를 굽는 화덕이 있고, 시대를 앞서간 신식 주방 기기들이 눈에 띈다. 쥬을 모을 때 쓰는 접시를 사용한 흔적도 보인다. 부인은 육즙으로 소스를 만들 때 마지막에 프랑스산 적포도주를 즐겨 추가하곤 했다. 집에는 금속으로 된 기계가 있었는데 석탄으로 열을 가해 한 층에는 뚜껑을 덮지 않은 프라이팬을 놓아 음식을 가열했고 그 위층에는 뚜껑을 덮은 프라이팬을 올려놓았다. 그 시절에도 숯불로 음식을 익혔다. 부인이 쓴 레시피에는 '석탄불로 익힌 신선로 냄비'가 나온다. 당시에도 아마 음식을 건조·보관하는 저장고가 있는 방과 증류시키는 방이 분리되어 있었을 것이다.

부인은 빵을 굽기 위한 오븐을 따로 가지고 있었다. 17세기 초의 주방은 가내 수공업의 방식과 모습이 흡사했다. 집안일은 거의 자급자족으로 이루어졌다. 아픈 사람을 위해 약을 직접 만드는가 하면 치약과 비누, 쥐약, 농약도 집에서 제조했다. 집안일을 하는 여성들은 계절이 바뀔 때마다 필요한 것을 스스로 만들었다. 페티플레이스 부인은 허브 및 채소 재배와 관련된 조언을 했는데 겨울용 식량으로 쓸 수 있는 채소 재배에 특히 관심이 많았다.

부인의 집에 있는 저장고에는 많은 식재료가 저장되어 있었다. 음식 배달부들이 걸어서 오거나 말을 타고 집까지 음식을 배달했는데, 이들은 그녀의 집에서 모든 사람이 그렇듯 음식을 대접받았다. 파티 기간, 예를 들어 성탄절을 기념하기 위해 12월 25일부터 1월 6일까지 12일 동안 축제가 열리면 하루에 두 차례에 걸쳐 50명을 위한 음식을 장만했다. 음식이 끝도 없이 줄줄이 이어졌다.

겨울을 지내는 동안에는 전반적으로 식량 생산이 줄기 때문에 가정마다 식재료를 비축해두어야 했다. 식초에 절인 샘파이어samphire[주로 유럽의 해안가 바위에서 자라는 미나리과 식물]와 보관 상태가 양호한 오이 및 아티초크를 꺼내 말린 과일과 치즈, 비스킷과 함께 먹었다. 그러다가 봄이 오고 여름이 다가오면 여러 종류의 허브와 꽃, 꿀, 과일로 요리를 했다. 축산업자들이 기르는 젖소의 젖에서 짠 우유 표면에 있는 크림 성분도 버리지 않고 식재료로 썼다.

주방에서 일하는 하인들은 하루에도 몇 번이나 허브를 막자사발에 넣고 으깨는 일을 했다. 그들은 부글부글 끓어오르는 시럽 거품을 깃털로 걸어 올렸다. 케이크에 당의를 입힐 때도 깃털을 사용했다. 속이 텅 빈 말린 회향 줄기는 눈에 점안액을 떨어트리는 시험관으로 사용됐다. 페티플레이스 부인의 정교하면서도 기발한 아이디어들이 반영된 레시피들 가운데 설탕 시럽을 넣은 것이 특히 유명하다. 새의 깃을 빨대처럼 이용해 깨끗하게 씻은 돼지 방광에 가루설탕을 불어 넣은 다음 돼지 방광을 따뜻하게 데운 솥 위에 걸어둔다. 하루 종일 '은근한 불 위에' 솥을 올려놓고 음식을 익힌다.

힐러리 스펄링은 이 레시피가 1950년대에 프랑스에서 요긴하게 사용됐다고 한다. 엘리자베스 데이비드도 이를 확인했다. 살찐 양계 방광 요리

엘리너 페티플레이스 부인이 살았던 애플턴 대저택. 윌리엄 버드가 그렸다.

Poularde en vessie(영어로 '닭의 오줌보'란 뜻)는 1958년 라마스트르에 있는 호텔 뒤 미디의 주인인 바라테로 부인이 만든 요리다. 이 요리를 접한 데이비드는 바라테로 부인에게 이런 요리는 영국에 존재하지 않는다고 했다. 그러자 호텔 여주인이 흥분한 목소리로 이렇게 말했다.

"그게 무슨 소리예요? 영국에서는 돼지 방광을 구하지 못한단 말이에요? 돼지를 기르지 않아요?"

페티플레이스 부인의 주방은 철저히 효율성의 원칙에 따라 운영됐다. 그녀가 쓴 책의 가장자리에 남긴 기록을 보면 부인이 직접 요리했다는 사실을 확인할 수 있다. 그 시대에 그녀와 같은 계층에 속한 부인들과 달리 그녀는 요리사들과 정기적으로 회의하는 데 만족하지 않고 자신이 나서서 주방을 운영했다. 부인은 부엌에서 일하는 하인들을 대할 때 빈틈없이 행동했다. 하인들에게 지시할 때도 정확하고 간단명료하게 했다. 그녀의 오믈렛 레시피를 읽어보면 이런 구절이 있다.

"버터가 프라이팬 위에서 뜨겁게 데워지기 시작할 때 잘 섞은 달걀을 붓는다. 달걀이 익기 시작하면 휘젓는다. 달걀이 프라이팬 바닥에 붙지 않도록 주의하면서 익혀야 한다."

힐러리 스펄링은 이 부인이 제시한 레시피들이 "단순하지만 섬세하고 정교하다"고 평한 뒤 덧붙여 말했다.

"이 레시피들이 근대 요리와 어떤 관계를 맺고 있는가는 셰익스피어의 언어가 오늘날 우리가 사용하는 언어에 어떤 영향을 미쳤는가의 관계와 유사하다. 읽으면서 즐거움을 줄 뿐만 아니라 따라 하기도 쉽고 구사하기 편하다. 내 개인적인 경험에 따르면 그녀의 레시피대로 만든 요리는 늘 나에게 훌륭한 식사를 선사했다."

페티플레이스 부인의 크레이피시 요리는 맛이 기가 막힌다. 이 음식을 먹으면서 그녀의 특이한 인맥관계를 살펴보면 음식 먹는 재미가 더욱 쏠쏠하다. 그녀의 할머니는 휘팅턴 가문 출신이다. 시장을 세 차례나 역임한 딕이 속한 가문이다. 또 그녀의 조카딸은 조지 호너 경의 집안사람과 결혼했다. 그의 이름은 잭이었다. 조지 호너 경의 증조부가 바로 존 경인데 그는 키가 아주 작은 걸로 유명했다. 페티플레이스 부인은 토머스 머펏 박사로부터 전수받은 레시피도 알려주고 있다.

30

포크를 가장 처음 발견한 영국인

An Englishman discovers the fork

토머스 코리얏, 1611년, 『코리얏의 생채소 요리: 프랑스와 이탈리아
외 기타 지역을 5개월 동안 여행하며 맛본 음식 탐방기Coryat's Crudities: Hastily
Gobled Up in Five Moneths Travells in France, Italy, etc.』

Recipe 이탈리아인 그리고 이탈리아에 거주하는 많은 외국인은 고기를 자를 때 항상 작은 포크를 사용했다. 이 같은 식사 형태는 이탈리아 전역에서 흔히 볼 수 있었다. 포크는 대부분 강철로 제작됐으며 일부 고급 포크는 은도금을 했다. 하지만 은 포크는 주로 귀족들 사이에서만 사용됐다. 이탈리아에 거주하는 이들이 포크에 관심을 갖게 된 이유를 살펴보니, 아마도 사람들의 손이 항상 깨끗한 상태를 유지할 수 없었던 까닭에 손으로 음식 만지는 것을 더는 두고 볼 수 없어서 그런 것 같다.

1608년 5월 14일, 30대의 토머스 코리얏은 런던에서의 삶에 싫증을 느꼈다. 그는 서머싯에서 태어났으며 교구 목사의 아들로서 교육도 받았다. 웨일스 지방 헨리 왕자의 지인들 가운데 패션에 관심이 많은 사람과 어울리기도 했다. 그는 스스로를 지식인이라 생각했지만 주변 사람들은 그를 괴짜로 여겼다. 그가 런던의 삶을 경박하다면서 폄하할 때에도 사람들은 그를 시골 무지렁이로만 보았다. 그는 이국적인 장소에서 벌어진 이야기들을 자주 언급하며 대화했지만 사람들은 그의 말을 진지하게 듣지 않았다. 오히려 그를 놀리며 비웃었다. 궁정 밖 사람들과의 만남도 있었지만 아무도 그의 이야기에 관심을 기울이지 않았다.

결국 그는 어느 봄날 아침 배를 타고 프랑스로 떠났다. 유럽 곳곳을 둘러보는 여행의 시작이었다. 그는 직접 발품을 팔며 유럽여행을 했다. 다시 영국으로 돌아왔을 때 그의 해진 신발은 오드컴에 있는 집 옆에 위치한 교구 교회 실내 한쪽에 걸리게 됐다. 그 여행은 18세기 초반에 시작되어 수년간 이어졌다. 그는 자신의 모험을 상세하게 기록으로 남겼다. 그 결과 1611년 『코리얏의 생채소 요리』가 완성됐다. 책에는 그가 이탈리아에서 발견한 두 가지 물건을 언급되어 있는데, 이것들은 코리얏과 동시대를 살아가는 사람들에게 중대한 영향을 미쳤다.

그중 하나는 롬바르디아 크레모나에서 만들어진 것으로, 코리얏은 이 물건의 용도에 대해 다음과 같이 기술했다.

"태양의 열기로 몸이 그을리는 것을 막기 위해 은신처처럼 사용했다."

그러면서 "이탈리아어로 '엄브렐라에스umbrellaes'라 불렸다"고 덧붙였다. 코리얏은 오늘날 우산이 된 이 물건을 "형태를 유지하기 위해 가죽으로 작은 지붕을 만들었다. 그리고 이 지붕이 적당히 큰 공간을 확보할 수 있도록 나뭇가지로 테를 둘러 고정시켰다"고 묘사했다. 그는 말을 타는 사람들이 종종 이 물건을 사용했다고 적기도 했다.

"장시간 말을 타고 갈 때 상체가 햇빛에 그대로 노출되는 것을 막기 위해 이 물건을 사용함으로써 오랫동안 그늘을 만들 수 있다."

코리얏은 자신이 발견한 것들을 영국 궁정에 있는 친구들에게 알렸다. 그러자 친구들은 "말도 안 되는 뚱딴지같은 소리"라며 투덜거렸다. 하지만 영국에서 살아봤거나 그곳을 방문한 경험이 있는 이들이라면 영국인들이 그가 발견한 우산을 고국에 소개한 점에 대해 진심으로 감사해야 한다는 점을 알 것이다. 영국에서는 햇빛으로부터 피부를 보호하는 것보다도 자주 내리는 비를 막기 위해 우산이 얼마나 적격인지는 공감할 것이다.

이어서 그가 토리노에서 발견한 물건은 사실 처음에는 제대로 된 것이 아니었다. 그는 자신의 책에 토리노에 대해 언급하면서 "이 풍요롭고 아름다운 도시에 대해 별로 다루지 못해 유감이다"라고 적었다. 그 이유는 그가 "피에몬테산의 달콤한 포도주를 너무 많이 마신 탓에" 몸이 아팠기 때문이다. 그는 "거리 곳곳을 걸어다니고픈 작은 욕망 외에는 아무것도 느낄 수 없었다." 그는 고향에 있는 동료들이 수 세기 동안 간과해왔던 조언들을 글로 담았다.

"나는 이탈리아 여행 계획이 있는 영국인들에게 그곳에 도착하면 어떤 일이 일어날지 몰라 불안해하지 말고 바로 포도주에 물을 타서 마셔보라고 말하고 싶다."

이탈리아에서 숙취를 느꼈던 코리얏은 자신이 발견한 물건에 대해 드디어 언급했다.

"내가 방문한 이탈리아의 모든 도시에서 공통된 습관 하나를 발견했다. 그것은 다른 나라를 여행하면서는 볼 수 없었던 것이다. 기독교를 믿는 다른 국가에서 과연 그것을 사용할지는 의문이다. 오로지 이탈리아에서만 사용 가능한 것이다."

이어서 그는 자신이 우연한 기회에 포크를 보게 된 특별한 사연에 대해 소개했다. 도입부에서 자세히 설명했던 부분이 바로 포크의 발견이다. 당시 이 도구 대신 손가락을 사용하는 것은 "훌륭한 예절 법칙을 어기는 행위로 함께 있는 사람을 모욕하는 일이나 다름없다. 그래서 그런 실수를 하게 되면 말로 훈계를 받는 데서 그치지 않고 크게 혼이 나 다시는 그러지 못하도록 협박을 받게 될 것이었다."

코리얏은 포크의 쓰임새에 감동을 받아 남은 여행 기간 동안 포크를 가지고 다녔다. 독일을 여행할 때도, 다시 영국으로 돌아갈 때에도 포크를 사용했다. 친구들은 갑자기 바뀐 그의 습관을 비웃었다. 이 일을 계기로 그의 별명은 퍼시퍼furcifer['포크를 쓰는'을 의미하는 라틴어]가 됐다. 그 시대의 영어로 '쇠고랑'을 뜻하는 단어다. 영국식 포크는 이탈리아 포크와 달리 매우 정제된 스타일을 고수했다. 반면 이탈리아에서는 포크를 또 다른 용도로 사용했다. 동시대 사람들은 포크를 '여성적인 남색가'들이나 쓰는 도구로 여겼다.

코리얏은 교육 수준이 낮은 영국인들이 포크를 사용할 수 있도록 적극적으로 장려한 최초의 선구자였다. 하지만 인쇄된 책에서 포크에 대해 언급한 첫 작가는 아니다. 포크에 대한 최초의 언급은 그보다 1세기 전인 1526년부터 있었다. 이탈리아의 작가이자 편집자인 유스타키오 첼레브리노는 『오페라 누오바 체 인세그나 아파레치아레 우나 멘사^{Opera nuova che insegna} apparecchiare una mensa(잔치용 식단을 준비하기 위한 새로운 작업)』란 책을 집필했다. 그러면서 식탁을 어떻게 꾸며야 하는지에 대해 상세하게 기술했다. 빵과 크래커, 케이크를 언급했으며 나이프와 포크가 양쪽에 놓인 요리에 대해서도 설명했다.

그는 포크를 'pirone(피로네)'라 부르면서 현명하게 식탁을 차리려면 꼭 포크가 있어야 한다고 강조했다. 첼레브리노는 도움이 되는 정보를 사람들에게 전해주었고 일상생활에 관한 여러 지침을 책으로 출간했다. 그를 요즘 사람에 비유한다면 다방면에 걸쳐 많은 것을 알고 있는 특별 기사 전문 기고가라고 할 수 있다. 그는 책에서 윤택한 생활을 위한 레시피를 비롯해 매독 치료법에 이르기까지 다양한 주제를 다루었다. 그가 출간한 책 제목 중에는 『아름다워지고 싶어하는 여성들을 위한 비밀』이란 것도 있다. 그뿐만 아니라 전염병을 피하는 노하우를 다룬 책도 출간했다.

첼레브리노는 베네치아에서도 여러 권의 책을 펴냈다. 당시 베네치아는 유럽 출판업계의 중심지 역할을 했다. 그는 비즈니스에서 예술까지 모든 분야를 확실하게 알고자 했다. 이에 르네상스 인문주의가 꽃피는 궁정을 드나들었으며 심지어 노름꾼 소굴과 매춘부들이 있는 매음굴에도 가보았다. 그러다 법적 문제에까지 연루되면서 관할 당국을 피해 베네치아로 도망갔다. 그는 베네치아에 도착하기 전에 이름을 바꿨다.

하지만 아무리 그의 과거가 의심쩍어 보여도 그는 포크를 어떻게 사용하는지 잘 알고 있었다. 격식을 차리는 식사 자리에서 포크를 쓰는 것은 당시 부유한 이탈리아인들에겐 문화인을 상징하는 식탁 매너의 시작이었다. 포크가 처음으로 예술 걸작품으로 등장한 때는 1542년으로, 야코포 바사노의 「최후의 만찬」에서 그 모습을 드러냈다. 그림에서 예수 오른쪽에 있는 회색 수염을 기른 제자 베드로가 두 갈래로 나뉜 포크를 손에 쥐고 있다.

그러나 포크는 당시에 바로 인기를 얻지는 못했다. 그 이유에 대해 미국의 음식학자인 클리퍼드 A. 라이트는 다음과 같이 주장했다.

"식탁에서의 에티켓이란 점을 제외하면 포크는 실질적으로 별로 유용하지 못했다. 손을 사용하거나 칼, 수저만 있어도 충분했기 때문이다. 도시에 거주하는 상류층 사람들, 다른 말로 하면 부르주아 계층의 고유한 의미를 부여하기 위해 일부러 고급스러운 취향을 드러내고자 한 새로운 대상의 필요에 따라 포크가 만들어졌다."

빅토리아앤드앨버트 박물관에 가면 초기 형태의 날붙이를 볼 수 있다. 오랜 시간 나이프와 포크는 우아함과 부를 상징하는 도구였다. 프랑스에서 16세기에 제작한 화려한 장식의 나이프와 포크, 꼬챙이 세트는 가죽 케이스 안에 보관되어 있었다. 친구 집을 방문해 그 식기 세트를 꺼낸다면 틀림없이 사람들에게 깊은 인상을 줄 만한 도구들이었다. 당시에 나이프는 흔했던 반면 포크는 희귀했다. 오늘날에도 식탁 위에는 여러 종류의 나이프가 질서정연하게 놓인다. 비록 우리가 나이프를 거의 사용하지 않고 손을 쓰는 것을 선호할지라도 말이다.

포크와 관련된 아주 오래된 예가 있다. 고대 이집트 신전에서 제물을 들어올릴 때 커다란 포크를 사용했다. 17세기 중동의 궁정에서는 두 갈래로 갈라진 작은 포크를 사용한 흔적이 발견되기도 했다. 기록에 따르면, 11세기 비잔틴 제국의 공주가 포크를 사용했다고 전해진다. 그녀는 원래 그리스 출신이었으나 베네치아의 총독에게 시집을 갔다. 그녀가 포크를 사용하는 것을 목격한 베네치아의 성직자는 공주의 행동을 매몰차게 비난했다. 이는 손을 사용하도록 한 신의 말을 거역하는 행위나 다름없었다. 혹자는 공주가 포크를 사용하는 것은 그녀의 몸에 악마가 씌었기 때문이라고 주장했다. 교회 지도자 중 한 명은 그녀가 식사하는 모습을 기록했다.

"공주의 습관은 매우 사치스럽다. 손을 사용해 음식을 만지는 것을 마치 격이 떨어지는 행동인 양 여긴다. 대신 자기 시종에게 음식을 작은 조각으로 자르게 한 다음 두 갈래로 나뉜 금을 입힌 포크로 음식을 하나씩 찍어서 입으로 가져갔다."

그 뒤 몇백 년 동안 포크에 대한 관심이 사라지는 듯싶더니 다시 첼레브리노가 언급하면서 사람들에게 알려지기 시작했다. 하지만 대중이 일반적으로 사용하기까지는 시간이 더 걸렸다. 카트린 드메디치는 1533년 앙리 2세와 결혼하면서 프랑스로 오게 됐을 때 이탈리아의 유명한 은세공인이 만든 포크 10여 개를 지참금으로 가져왔다. 그때까지만 해도 포크는 사람

들에게 인기를 얻지 못했다. 프랑스인들은 포크를 위험한 도구로 여겼고, 독일의 성직자이자 신학자인 마르틴 루터는 포크를 두려움의 대상으로 인식했다. 루터는 심지어 자신의 프로테스탄트적 성향을 위협하는 도구로 여기며 무서워할 정도라 "신은 나를 포크로부터 보호해주신다"고 말하기도 했다.

코리앗의 영국 친구들 역시 고기를 찢을 때 손을 사용했고 잘게 자른 고기를 손으로 집어 먹었다. 모든 사회 계층에서 포크를 사용하기까지는 100여 년의 세월을 더 기다려야 했다. 영국의 찰스 1세가 1633년에 "포크를 쓰는 것은 예의 바른 행동이다"라고 선언했음에도 정착되기까지는 시간을 요했던 것이다.

역사적으로 포크에 관한 담론은 주로 괴짜 작가들을 통해 이뤄졌다. 조지 시트웰이 쓴 여러 편의 글에 포크가 언급되어 있다. 그는 20세기 초반의 괴짜 작가로 시인 이디스 시트웰의 아버지다. 이디스 시트웰은 나의 증조부다. 조지 시트웰의 작품 가운데 『포크의 역사The History of the Fork』가 있다. 이 책에 포함된 내용 중 몇 가지를 소개하면, '중창법의 기원' '중세 시대의 가죽 장신구에 삽입된 장식 모티프' '서양 정원 속 공작새의 유입' 등이 있다. 안타깝게도 현재 조지 시트웰이 쓴 중대한 기록들의 사본 중 남아 있는 것은 하나도 없다. 어떤 사람들은 심지어 그의 아들인 오스버트가 아버지의 기록물을 날조한 것은 아닐까 하고 의심했다. 아들이 아버지의 글을 풍자해서 성공을 거두려 했다는 것이다. 한편으로는 수긍이 가는 말이다. 조지 시트웰이 포크에 대한 글을 쓴 것이 아니라 리볼버[회전식 연발 권총]와 같이 유용한 발명품에 대해 썼다고 하면 더 설득력 있게 들리기 때문이다.

어찌됐든 코리얏과 시트웰은 포크에 대해 관심을 보였다는 이유로 동시대인들로부터 비웃음을 샀다. 둘 다 평범한 사람과는 거리가 있었다. 어쩌면 그렇기 때문에 먼 후대 사람들에게 없어서는 안 될 필수 도구가 된 포크의 가치와 사회적 중요성을 일찍이 발견할 수 있었는지도 모른다.

31

화이트소스를 뿌린 아스파라거스

Spargus with white sauce

프랑수아 피에르(라 바렌의 귀족), 1651년,

『프랑스 요리사Le Cuisinier François』

Recipe 정원에서 막 가져온 아스파라거스의 표면을 박박 긁은 다음 같은 크기로 자른다. 물에 소금을 넣고 끓인다. 뜨거운 물에 살짝 담갔다가 건진다는 생각으로 아스파라거스를 데쳐야 맛이 더 좋다. 건져올린 아스파라거스의 물기를 쭉 뺀 뒤 생버터와 달걀노른자, 소금, 육두구, 식초 한 방울과 함께 소스를 만든다. 재료들을 한데 섞어 잘 휘저은 다음 화이트소스가 완성되면 아스파라거스 위에 뿌려서 먹는다.

화이트소스를 뿌린 아스파라거스 요리는 전혀 혁명적인 음식으로 보이지 않는다. 역사적 상징성도 없어 보인다. 하지만 실제로 이 요리는 대단했다. 레시피를 꼼꼼하게 들여다보자. 사실 아스파라거스 요리는 17세기 중반 프랑스에서는 결코 맛볼 수 없는 종류의 음식이었다.

요즘 식으로 말하자면 네덜란드소스를 뿌린 아스파라거스 요리라고 해야 맞을 것이다. 레시피를 자세히 살펴보면 깜짝 놀랄 만한 근대적 감각이 엿보인다. 솜씨 좋은 정원 관리사나 요리사라면 누구나 한목소리로 증언할 것인바, 최고의 아스파라거스 요리는 흙에서 뽑아올려 다듬고는 바로 끓는 물에 넣는 것이다. 위에서 요리사가 "정원에서 막 가져온"이란 표현을 쓴 데서도 싱싱한 아스파라거스를 얼마나 강조하는지 알 수 있다. 여러분 역시 이 귀한 채소를 너무 오래 익히길 원하지 않을 것이다. 요리사는 "살짝 뜨거운 물에 담갔다가 건진다는 생각으로 아스파라거스를 데쳐야 맛이 더 좋다"고 친절하게 설명해준다. 그런 다음 오늘날 우리가 흔히 네덜란드소스라고 부르는 것을 만들면 된다. 비록 꼼꼼하게 챙긴 설명은 아니지만 그가 대상으로 삼은 독자들은 집에서 가사를 돌보며 음식을 만드는 이들이 결코 아니었다.

라 바렌이란 별명으로 불렸던 프랑수아 피에르는 요리를 전문적으로 하는 동료 요리사들을 위해 레시피를 작성했다. 책에 수록된 내용은 가히 혁명적인 수준이었다. 『프랑스 요리사』는 1379년에 타이방의 『르 비앙디에』 필사본이 나온 이래로 프랑스에서 처음 인쇄된 요리책이었다. 『르 비앙디에』는 인쇄물로 출간된 이후 유럽 전역에 확산되면서 쇄를 거듭했다. 프랑스 언론들이 이 책에 대해 비판할 때조차 단 한 가지, 음식에 대해서만은 혹평을 하지 않았다.

타이방의 요리책은 신성했으며 결코 죽지 않는 불사조 같았다. 음식을 주제로 한 내용이 특히 중요해서 그 밖의 내용은 굳이 인쇄할 필요성을 느끼지 못했다. 심지어 다른 주제를 다룬 내용은 무례함이 정도를 벗어난다는 평까지 받았다. 아마도 그가 책으로 펴낸 레시피는 음식업계의 비밀스러운 조언을 담고 있었기 때문에 그만큼 인정을 받은 것이 아닐까 싶다. 사실 음식업은 굉장히 폐쇄적이었다. 높은 계급의 부유한 가정에서만 누릴 수 있는 혜택이었기 때문이다. 이런 가운데 멘토 역할을 하는 스승이 견습공에게 레시피를 선물처럼 전수해주게 된 것이다. 그 덕분에 실력 있는 요리사들 밑에 있지 않아도 그의 빈자리를 레시피로 대신 채울 수 있었다. 그전에는 주방에서 어느 정도의 지위를 차지하지 않는 한 레시피의 비밀을 알 기회가 결코 주어지지 않았지만 말이다.

또한 손님을 집으로 초대해 접대하는 것은 그 주인이 다른 사람보다 한 발 앞서 있다는 것을 보여준다. 자신의 재력을 드러낼 기회의 장이었던 것이다. 사람들은 주방의 비밀을 경쟁자에게 함부로 노출하고 싶어하지 않았다. 물론 이러한 문화는 지극히 프랑스적인 특징이라 할 수 있다. 왜냐하면 영국과 독일, 이탈리아에서는 요리책이 아무 거리낌 없이 세상 사람들을 위해 출간되었기 때문이다. 이탈리아에서 음식은 사람들이 매우 진지하게 생각하는 토론 주제였다. 부유한 가문에서는 건축물로부터 음식에 이르기까지 풍요로움을 과시하는 데서 만족감을 느꼈다. 그리고 자신들이 우아한 취향을 갖고 있다는 것을 여러 면을 통해 보여주려 했기 때문에 화려한 만찬과 연회 내용을 기록으로 남겨 레시피를 간직하는 것에 대해 전혀 반감이 없었다.

반면 프랑스인들은 음식 자체를 가치 있는 대화 주제로 여기지 않았다. 당시 프랑스인들은 이탈리아인들과 대화할 때 상대가 계속 음식에 대해 말하는 것에 불쾌감을 호소할 정도였다. 중요한 사안에 대해 이야기할 때 음식을 거론하는 것에 대해서도 혐오감을 느꼈다. 한 프랑스인의 기록에 따르면 그가 대화에서 "풍부하고 화려한 어휘를 구사하는 경우는 제국의 정권에 대해 이야기할 때"였다.

하지만 이러한 특징은 세월과 함께 변했다. 라 바렌, 즉 프랑수아 피에르는 그 전세대와 후세대가 그러했듯이 열심히 일한 결과 신분 상승의 꿈을 이루었다. 그는 처음에 꽉 막힌 집안 창고 같은 곳에 처박혀서 일을 해야 했다. 어린 심부름꾼 노릇부터 시작해 냄비를 씻고 석탄이 떨어지면 채우고 쇠꼬챙이를 뒤집는 일들을 해왔다. 보잘것없는 신분이었지만 신분 상승에 성공해 둑셀 후작의 집에 들어가 주방을 담당하는 관리자가 됐다. 왕족이 특출한 귀족의 권력을 제한하고자 했던 시대임을 감안하더라도 그의 주인은 부유한 귀족 가문으로서 왕과 친분이 있었다.

마침내 프랑수아 피에르는 귀족 신분이 차지할 수 있는 자리에까지 올랐다. 이러한 신분 상승은 그가 얼마나 믿음직스럽고 다른 사람을 감동시켰는지를 여실히 보여준다. 주방 관리자는 주방에서 일어나는 모든 일에 책임이 있었다. 그는 식재료 공급에서부터 음식의 질적 상태와 메뉴까지 관장했다. 또한 집의 전반적인 운영을 관리하는 대집사에게 상황을 보고하고, 그보다 지위가 낮은 집사 및 포도주를 담당하는 관리자와도 연락을 취하며 일을 했다. 이러한 체계적인 업무 방식은 훗날 대형 레스토랑의 주방 지배인이 하는 일과 별반 다르지 않았다.

그 무렵 프랑스인들은 이탈리아인들의 화려한 스타일을 따라 하고 싶어 안달이 나 있었다. 모든 것을 모방하고 싶어했던 것이다. 즉 저택 건축 양식에서 가구, 태피스트리는 물론 드레스와 식사까지 따라 하려고 했다. 그러다 보니 음식을 담당하는 관리자의 입김은 실로 대단했다. 부를 과시하기 위한 수단으로 식탁에 차린 음식을 활용하는 것은 매우 효과적이었다. 카트린 드메디치에 의해 이탈리아의 혁신적인 면들이 프랑스에 유입되면서 프랑스인들은 다양한 이탈리아의 음식 문화를 접했다. 그렇다고 해도 이와 관련해 책을 내는 것은 시기상조였다.

라 바렌은 출판업자 피에르 데이비드를 만났지만 출판업자는 요리책 내는 것을 주저했다. 그는 책의 도입부에 거의 사과 조로 글을 썼다. 그러면서도 이 책이 건강 회복법을 알려주는 책들을 대체할 만한 유용함을 지녔다고 강조했다. 또한 사람들이 일단 식사를 잘하면 약은 굳이 필요없을 거라고 주장하며 도입부에서 '성가신 치료약'이란 표현을 썼다. 그러면서 자신이 책을 통해 달성하고 싶은 목표는 "도움과 서비스를 필요로 하는 모든 이에게 그것을 제공하기 위함"이라고 강조했다. 그는 도움이 필요한데도 자존심이 세서 다른 사람에게 도움을 요청하지 못하는 요리사들이 세상에 너무 많다고 지적했다.

"어떤 요리사들은 분명히 조언을 받아야 마땅한데도 그렇게 하면 자신의 위신을 떨어트린다고 생각하는 것 같다. 요리사라면 으레 그 분야에서 모르는 것이 없을 정도로 학식이 풍부한 사람이어야 한다고 생각하기 때문이다."

이에 그는 자신의 책을 통해 "요리사들이 그처럼 난처한 상황을 극복하길 바랐다". 그는 도입부 글을 마치기 전에 마지막으로 자신이 쓴 책이 "유용한 만큼 즐거움을 주는 책이 되길 바란다"고 했다. 라 바렌은 요리는 즐거워야 한다고 단언할 뿐 아니라 요리책을 읽는 것이 여가를 즐기기 위한 수단이 되어야 한다고 여겼다. 그러한 생각이 시초가 되어 사람들이 요리책을 침대 옆에 두고 읽는 시대가 도래한 것이다. 이로써 최신 베스트셀러 목록에 요리책이 당당히 올라갈 수 있게 되었다.

하지만 그 시대에는 요리책의 위상이 아직 그 정도에 미치지 못했다. 『프랑스 요리사』는 카트린 드메디치 이후로 프랑스에서 이탈리아 요리를 발전시키는 데 중요한 역할을 했다. 라 바렌은 오믈렛과 정교한 소스들에 대해 기록으로 남겼다. 그는 소스를 걸쭉하게 하기 위해 빵 조각을 넣기보다는 루를 섞는 쪽을 택했다. 캐러멜을 만들었고 호박 파이와 베니에 beignets(초기의 도넛 형태)도 직접 만들었다. 또한 프랑스인들이 이탈리아 레시피를 그대로 흡수하기만 한 것이 아니라 이를 초석으로 삼아 어떻게 요리 스타일을 발전시켰는지 보여주었다. 그 결과, 프랑스 음식은 전보다 더 감각적으로 변했으며 덜 신비스러워졌다. 캐나다 온타리오 주의 교수인 테렌스 스컬리는 이 책을 근대 영어로 번역했는데 라 바렌이 어떤 방식으로 프랑스인들에게 음식에 대한 의식을 계몽시켰는지를 설명했다. 그는 "그것은 이전까지 전혀 볼 수 없었던, 그리고 이후에도 볼 수 없는 창의적이고 강렬한 개화의 움직임"이었다고 말했다.

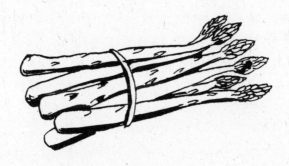

라 바렌은 전보다 더 정교해진 장비를 사용했다. 그의 주방에 갖춰진 요리용 화덕은 이름만 들었을 때 떠올리게 되는 소박한 옛날 스타일의 화덕이 아니었다. 냄비를 올려놓는 판은 벽돌로 제작돼 매우 효율적이었다. 조리판의 높이는 성인의 허리께쯤 됐다. 밑에서 불을 피우면 열기가 위로 올라왔는데 음식을 데울 때 쓰는 작은 구멍 4개 중 3개가 꼭대기 부분에 있었다. 솥을 그 위에 올려놓고는 불길을 높였다 낮췄다 하면서 조절했다. 덕분에 요리사는 전보다 더 정교한 요리를 할 수 있게 됐고 복잡한 레시피를 구사할 때 실수하지 않으면서 불의 양을 조절할 수 있었다.

이러한 변화는 라 바렌의 작품이 이뤄낸 성공적인 결과 중 하나였다. 출판업자들이 처음 이 책을 낼 때 염려했던 걱정거리들은 금세 사라졌다. 이 책의 성공에 이어 다른 요리책들이 잇따라 나오기 시작했다. 귀족이 고용한 요리사들은 선임보다 더 뛰어난 요리 실력을 갖추고 있다는 것을 증명하기 위해 자신만의 요리책을 내려 했다. 라 바렌이 그전까지 금기시되던 일을 과감히 선보이자 이후부터는 프랑스에서 너도나도 요리와 관련된 책을 내려고 유난을 떨었다. 그런 가운데 타르트와 페이스트리, 저장 식품, 잼과 같은 음식을 주제로 한 요리책들이 출간됐다. 한편 라 바렌의 요리책을 욕하는 사람도 있었다. L.S.R.이란 이니셜을 썼던 사람인데 1674년에 그가 세상에 선보인 책 『식사를 잘 대접하는 기술Art de bien traiter』을 보면 알 수 있다. 그는 이 책에서 자신이 왕가와 어떤 관련도 없는 인물이며 '모든 사람'을 위한 '새로운' 책을 썼다고 강조했다. 그는 당대에 라 바렌을 비판한 유일한 사람이었는데, 라 바렌의 레시피에 한마디로 '역겹다'는 평을 내렸다. 또 미식가의 기준으로 볼 때 라 바렌의 요리는 맛없는 음식들이라며 혹평했다. 그런 그도 라 바렌이 처음 혼자서 금기에 맞서 외롭게 목소리를 낸 것에 대해서는 지지했다. 라 바렌이 있었기에 한 세기가 끝날 무렵에 프랑스에서 많은 요리책이 출간될 수 있었던 것이다. 소박한 소형 요리책자가 나오고 더 많은 독자를 대상으로 한 요리 텍스트가 세상에 나올 수 있었던 것은 바로 라 바렌 덕분이었다.

라 바렌은 중요한 유행의 바람을 일으킨 선두 주자로 인정받아 마땅했다. 그는 식재료의 고유한 특징을 존중하는 요리사였기에 쓸데없이 재료의 고유한 맛을 변질시킬 필요가 없다고 생각했다. 아스파라거스 고유의 향을 간직하면서 네덜란드소스를 곁들인 요리만 봐도 그렇다. 만약 이 채소에 소스를 과하게 넣었다면 아스파라거스의 향을 잃었을 것이다. 그의 관심사는 수많은 사람을 위한 거대 만찬이 아니라 소박하지만 맛 좋은 저녁 식사에 어울리는 메뉴에 있었다. 그는 평민이 음식에 관심을 가질 수 있도록 대중적인 음식 열풍을 일으켰으며 프랑스 고유의 요리법을 극적으로 재탄생시켰다. 그 결과 프랑스는 더 이상 과거로 회귀하는 모습을 보이지 않았다.

32

훌륭한 저녁 요리

빵 속에 양고기를 넣어 구운 요리_A good supper dish

해나 울리, 1664년, 『요리사의 안내서The Cook's Guide』

Recipe 양 다리를 최대한 가늘게 썬다. 이때 두께는 얇아도 너비는 손가락 3~4개를 맞붙인 길이를 유지한다. 파슬리와 양파, 박하를 잘게 다지고 양의 지방에서 추출한 기름을 넣는다. 포도주와 후추, 정향, 메이스, 소금을 넣어 간을 맞춘다. 그런 다음 이 재료를 얇게 썬 양고기 위에 얹는다. 달걀 노른자와 잘게 썬 빵 조각을 섞어 굽거나 버터를 바른 그릇에 재료를 넣고 익힌다. 양고기 대신 송아지 고기를 쓸 수도 있다. 그럴 때는 건포도를 재료에 추가한다. 파이 형태로 굽거나 포도주와 버터를 섞어 진한 스튜 형태로 익힐 수 있다.

　17세기 중반에는 영국에서 요리책의 수가 급증했다. 인구가 증가함에 따라 물질적인 부가 축적됐을 뿐 아니라 무역과 상업도 번영했다. 더 많은 음식 재료를 구할 수 있게 되면서 국민의 식탁에 오르는 요리의 종류는 다양해졌다. 육류 소비량도 전보다 증가하는 추세였다. 물론 인구의 20퍼센트를 차지하는 하층민들은 여전히 죽을 주식으로 삼았지만 고기를 얻는 날에는 바로 식단에 추가했다. 하층민들의 식탁은 주로 빵과 치즈·양파로 차려졌으며, 특히 인기 있는 식량은 감자였다.

　영국 상류층 사람들은 응접실을 터키산 카펫과 이탈리아산 벨벳으로 만든 쿠션으로 장식했다. 그들의 주방에는 네덜란드산 홉과 프랑스산 체리, 그리스산 건포도가 널려 있었다. 가정에서 많이 사용하는 레시피가 기록으로 남고 엘리너 페티플레이스 부인과 같은 주부들에게 전수되면서 요리책이 점점 널리 퍼졌다. 그렇지만 정작 기록으로 정리해 책으로 출간하는 사람들은 해나 울리를 제외하고는 모두 남자였다. 1661년에 해나 울리는 첫 책 『부인용 안내 책자The Ladies Directory』를 출간했는데, 주변 사람들에게 뻔뻔하다는 평가를 받았다. 남자인 로버트 메이가 그 당시 『기량이 뛰어난 요리사The Accomplisht Cook』란 책을 출간했을 때는 출판사로부터 넉넉한 선도금을 받았던 반면 해나 울리는 사비를 털어서 책을 펴내야 했다.

그녀는 대담한 성격 덕분에 지구상에 요리책을 출간한 최초의 여성이 됐다. 이러한 모험은 결과적으로 대성공이었다. 그녀는 첫 책을 출간하고 3년 뒤 두 번째 책 『요리사의 안내서』를 펴냈다. 도입부에서 언급한 레시피는 바로 이 책에서 발췌한 것이다.

1623년에 태어난 해나 울리는 어머니와 자매들 곁에서 요리하는 법을 배웠다. 그녀는 에식스로 이주한 뒤 17세에 메이너드 부인이라는 귀족에게 고용돼 요리사로 일했다. 그녀의 주인은 친절하고 성격이 좋았다. 요리사로 고용한 해나 울리의 재능을 키우는 데 여러모로 신경을 써주었던 것이다. 그녀가 레시피와 관련된 책을 쓸 수 있도록 도왔으며, 시장에서 질 좋은 재료들을 구입할 수 있도록 장려했다.

해나 울리는 마을의 학교 교사와 결혼했다. 결혼 후에도 메이너드 부인을 위해 계속 일했는지의 여부는 알려져 있지 않다. 어쨌든 메이너드 부인의 딸인 앤 로스와 친하게 지냈으며(그녀는 두 번째로 출간한 책을 앤 로스에게 헌사했다) 앤 로스의 딸인 메리와도 가깝게 지냈다. 결혼한 지 7년이 되자 아들 넷과 딸 둘을 두게 되었다. 해나 울리의 가족은 해크니로 이사 갔고 그곳에 작은 기숙사 학교를 차렸다. 해나는 남편이 1661년에 갑자기 사망하기 전까지 그곳에서 살았다. 귀족 저택에서 요리사로 일하면서 쌓은 요리 노하우와, 남편과 가족을 부양하면서 쌓은 요리 상식, 거기에 학교 식당에서 일한 경력까지 더해지면서 그녀는 더 많은 독자에게 자신의 요리 정보를 전해줄 수 있으리라는 확신이 생겼다.

『부인용 안내 책자』 『요리사의 안내서』 그리고 『풍성한 찬장The Queen-like Close』은 그녀가 펴낸 책들이다. 이 책 제목들을 보면 그녀의 장사꾼 기질을 알 수 있다. 확실히 수준 높은 부인들은 여왕처럼 화려한 찬장을 갖고 싶어하지 않던가. 두 번째로 출간한 책 제목에 '안내서'란 단어를 넣은 것도 좀 더 현실적인 조언을 하는, 실천하기 쉬운 책이라는 인상을 심어주기에 충분했다. 또 그녀의 경쟁자인 남성 작가들이 결정한 책 제목에 비하면 확실히 요리사로서 더 겸손한 모습을 강조했음은 두말할 나위 없다.

예를 들어 남성 작가 중에 저베이스 마컴은 17세기에 『시골에서의 자족감』을 출간했다. 2권으로 구성된 이 책의 1부는 집에 있는 남성들에 대한 것이었다. 여가 시간에 무엇을 하는지, "유쾌하진 않지만 집안 살림에 도움이 되는 수익을 얻게 해주는 고된 일을 하고 난 뒤 어떻게 기분 전환을 하는지 알려준다". 여가 시간을 보내는 방법으로 승마, 사냥, 사냥감 쫓아다니기, 개집 관리하기 등이 있다. 저베이스 마컴은 그와 관련된 조언을 하면서 특별한 팁을 제시했다. 예를 들면 독자가 우연히 왕자를 만나게 됐을 때 말을 타는 방법에 대한 노하우를 들려준다.

그런 뒤 집에서 가사를 돌보는 여성에 대해 솔직하게 지적했다. 남성이 하는 일은 "주로 집 바깥인 들판이나 뜰에서 이뤄진다". 또 "가정 내의 여성과 남편의 내연녀인 정부는 집 안에서 이뤄지는 전반적인 일을 도맡아 한다". 마컴은 집에서 여성이 어떻게 행동해야 하는지, 옷을 어떻게 입고 어떤 생각과 말을 해야 하는지 일일이 제안했다. 그러면서 여성은 "상식에 어긋나는 생각들을 억제"하고 "분노로 인해 발생하는 모든 종류의 폭력을 피해야 한다"고 강조했다. 또한 유행하는 패션을 삼가고 "밝은 색의 광택이 나는" 스타일을 피해야 한다고 적었다. 마컴은 여성이라면 참을성과 위트가 있어야 하며 "격렬한 언쟁이나 수다스러운 태도"도 피해야 한다고 조언했다. 그리고 현지에서 생산되는 상품을 구입해야 하며 외국에서 건너온 질 낮은 상품은 쓰지 않아야 가족의 건강을 안전하게 유지할 수 있다고 강조했다.

마컴은 여성들이 이러한 일을 잘 수행할 수 있도록 신체 치료와 관련된 방대한 양의 목록을 작성했다. 그 내용 중에는 '광포한 격분'을 느낄 때 이를 잠재울 수 있는 방법도 포함되어 있다. 그럴 때는 비트를 압축시켜 즙을 내어 코 위에 뿌린다. 그리고 격분을 참지 못하는 사람에겐 에일 맥주를 주라고 했다. 그렇게 하면 "기분을 편안하게 만들 수 있다"는 것이다. 그 밖에도 '무기력증' '뱀한테 물렸을 때' '술에 취했을 때'(이때 저자는 술을 마시지 말라는 충고는 하지 않았다), '입 냄새가 심할 때' '얼굴에 여드름이 심하게 날 때' 어떻게 하면 되는지 조언을 아끼지 않았다. 또 '침대에서 실수로 오줌을 쌀' 그 버릇을 고치는 방법도 소개했다. 게다가 샐러드에서 팬케이크, 빵, 삶은 요리, 고기구이 등 수십 가지 레시피도 잊지 않고 밝혀두었다.

로버트 메이의 『기량이 뛰어난 요리사』가 겉치레를 중요시하는 사람들의 이목을 집중시키는 책이라면, 해나 울리의 책은 반가운 안도감을 주는 책이다. 역사학자들은 메이와 마컴이 쓴 책을 읽는 주요 독자가 주방을 어슬렁거리면서 불쌍한 하인들에게 새롭게 발견한 요리를 주문하는 성직자나 귀족들이었다면, 해나 울리의 책은 실제로 집에서 가사를 하는 사람들, 직접 요리를 담당하는 사람들이 주로 읽었을 것으로 추정했다.

『요리사의 안내서』를 쓴 해나 울리.

물론 부유한 계층에 속한 사람들 중에도 문맹은 있었다. 그녀는 글을 읽을 수 있는 교육받은 사람들을 자신의 독자층으로 삼았다. 글을 읽을 수 있는 요리사들, 스스로 개선하기를 원하는 여성들, 가사일의 효율성을 높이고 싶어하는, 신분 상승의 가능성이 있는 여성들이 그녀의 책을 읽었다. 그녀의 글쓰기는 독자의 시선을 사로잡는 묘한 매력이 있다. 독자에게 설교하듯 레시피를 소개하기보다는 사람들이 좋아하는 레시피를 선정해 요점만 간추리는 형식을 고집했다. 그리고 잘 쓰지 않는 식재료에 과감하게 도전했는데, 예를 들어 안초비나 케이퍼caper[지중해 연안에 자생하는 식물로 꽃봉오리를 향신료로 이용함], 포도주를 사용해서 평범한 가정집에서도 부잣집 부럽지 않은 우아한 요리를 만드는 방법을 소개했다.

해나 울리는 결코 독자를 깔보는 투로 말하지 않았다. 요리를 소개할 때도 "내가 (…) 한 음식을 큰 저택에서 만들었다"고 말하면서도 "이 요리는 기발한 재주가 있는 사람이라면 누구나 만들 수 있다. 몇 가지 재료를 빼거나 새로운 재료를 추가하면서 즐겁게 요리할 수 있다"고 덧붙였다. 따라서 독자들은 메뉴를 보고 자신이 원하는 재료를 선택할 수 있었다. 예를 들어 어떤 메뉴에는 즉석에서 구운 장어, 튀긴 굴, 버터를 바른 새우나 바닷가재 요리가 있다. 물론 이런 재료들은 신선도가 보장되어야 한다. 기발한 생각을 가진 적극적인 요리사가 아니라면 아마도 격식 차리며 젠체하는 주방장이 명령하는 내용을 받아 적으면서 수동적으로 요리를 할 수밖에 없다. 『요리사의 안내서』는 두께가 7.6~12.7센티미터쯤 되는 소형 책자다. 비밀로 가득한 이 책은 앞치마 주머니에 들어가는 크기로 글을 깨우친 하인들이 더 나은 요리사가 되는 길을 열어주었을 것이다.

또한 이 책은 그전에 출간된 『부인용 안내 책자』의 후속편으로 봐도 된다. 『부인용 안내 책자』가 집안 허드렛일, 리넨 천과 장갑을 빳빳하게 다리미질한 다음 향기가 나도록 만드는 법에 치중했다면 이후에 낸 책은 달랐다. 그녀는 "내 첫 번째 작품 때문에 시행착오를 겪은 분들은 내 희망대로 이번 요리책으로 용기를 얻을 수 있을 것"이라고 했다. 그녀는 진심이 마음에 와닿는 겸손한 어투로 독자들의 심금을 울렸다. 이전에 출간된, 멘토들에게 무릎을 꿇으며 아부하는 주방장들의 어투와는 뚜렷이 달랐다. 그녀는 독자들의 피드백에도 적극적이었다. 이 책 후반부에 가면 "부인들이여, 나는 여러분이 내가 쓴 표현보다 더 잘 쓸 수 있다고 말하는 날이 오기를 바랍니다. 여기에 소개된 요리를 직접 만들어보면서 부족한 점은 힐책하고 잘된 점은 칭찬해주길 간절히 바랍니다"라는 구절이 나온다.

그녀의 레시피들은 좋은 반응을 얻었다. 이 장의 제목을 '훌륭한 저녁 요리'라고 한 것도 바로 그런 사연에서 기인했다. 그냥 양고기가 아니라 어린 새끼 양고기의 가슴을 잘라 빵의 부드러운 속 부분에 가득 채운다. 색깔이 금색을 띨 때까지 화덕에 넣어 익힌다. 그 밖에도 여러 레시피가 책에 소개됐는데 논리적으로 이해되는 순서 같은 것은 없다. 맛있는 푸딩, 레몬크림, 레몬을 첨가한 와인크림, 팬케이크가 등장하며 퍼프 페이스트리puff pastry[얇게 반죽한 페이스트리를 여러 장 겹쳐서 만드는 파이 또는 케이크]를 만드는 방법도 있다. 그녀가 쓴 글들은 여러 출판사를 거쳐 우여곡절 끝에 책으로 나왔다.

그녀의 글을 마음에 들어한 사람들이 심각하게 표절하는 사건이 벌어졌기 때문이다. 원작자인 그녀의 허락 없이 1673년에 그녀의 글을 표절한 글이 책으로 나왔으며, 1685년에 또 다른 책이 출간됐다. 모두 그녀의 초기 작품들을 몰래 훔쳐서 펴낸 것이다. 이것은 작품 절도의 시작에 불과했다. 해나 울리가 여러 위험이 있음에도 여성 최초로 과감하게 요리책을 내려고 했을 때 남성 작가들은 그런 그녀를 가만 놔두지 않았다. 수년에 걸쳐 그녀의 레시피는 물론이고 다른 여성들이 쓴 레시피를 마치 자기들이 쓴 것처럼 가장했다. 여성 작가들이 요리에 대한 책을 자유롭게 내기까지는 그로부터 세월이 더 흘러야 했다. 맹목적인 남성우월주의를 앞세운 출판산업계의 족쇄에서 풀려나 여성 작가들도 점점 더 많은 독자를 확보할 수 있는 시대를 맞이하게 됐다.

33

완두콩 수프

Peas soope

앤 블렝커위 부인, 1669년,

『앤 블렝커위 부인의 레시피 북The Receipt Book of Lady Anne Blencowe』

Recipe 완두콩 2.26리터를 준비해서 끓이다가 리크와 베이컨 몇 조각, 달콤한 허브 소량을 넣어 콩이 흐물흐물해질 때까지 계속 끓인다. 국자로 떠서 헤어 시브에 걸러 건더기를 건져낸다. 완두콩 1.7리터를 준비해서 걸쭉해진 죽 3.39리터와 잘 섞는다. 이 재료를 화로 위에 올려놓고 끓이면 된다. 3.7리터의 죽에 여러 종류의 허브를 넣는다. 시금치 한 움큼, 수영sorrel 1/3움큼, 양배추 1개를 준비한다. 상추, 처빌chervil 소량과 크레스cress, 샐러리 머리 부분 1~2개, 엔다이브, 사보이와 소량의 박하를 준비한다. 이때 녹색을 띠는 박하라면 잘게 썰고, 마른 거라면 살짝 태운 뒤 체에 걸러 박하 가루로 만든다. 여러 허브를 작은 리크 1개와 함께 잘게 썬다. 재료를 놋그릇에 넣고 버터 227그램을 넣는다. 재료들이 부드러워질 때까지 화로에 올려놓고 익힌다. 그레이비소스를 1.13리터 넣으면 더 걸쭉한 수프가 완성된다. 그레이비소스는 최상의 재료라 할 수 있다. 요리에 그레이비소스를 넣고 다른 재료와 잘 섞는데 이때 완두콩을 더 넣어도 된다. 잘게 다진 정향과 메이스를 추가로 넣어도 상관없다. 30분 정도 끓인 다음 프렌치 롤 빵을 준비한다. 화덕에 넣어 굽거나 불에 토스트처럼 구운 빵을 얇게 썰어서 수프와 함께 먹으면 미각을 만족시키는 식사가 된다. 여러분이 원한다면 수프에 미트볼이나 스위트브레드sweetbreads[요리 재료로 쓰이는 송아지나 어린 양의 췌장], 그 밖의 다른 고기 부위를 섞은 재료를 넣으면 또 다른 맛을 느낄 수 있다.

피에르 코프만은 1970년대에 런던의 고급 레스토랑인 라 탕트 클레르의 메뉴에 족발 요리를 넣었다. 이로써 서민적인 음식이 어떻게 고급 요리로 변신할 수 있는지를 사람들에게 보여주었다. 그는 최고의 식당에 수여한다는 미슐랭 별을 3개나 받았으며 그의 족발 요리는 사람들이 식당을 찾는 결정적인 이유가 됐다. 고급 식당에 멋지게 옷을 차려입고 식사하러 오는 손님들은 분명 부유층이었다. 그런 그들이 가난한 사람들이 주식으로 먹는 족발을 어떻게 고급스럽게 먹을 수 있게 하는가가 관건이었다. 이 문제의 요리를 고급화시키기까지 몇몇 마법과 같은 변신이 필요했다. 코프만의 요리에 대한 자부심은 뼈를 바르는 단계에서부터 시작됐다. 그런 뒤 스위트 브레드를 재료로 채우면서 모렐 버섯^{morel mushroom}의 향이 강하게 나는 요리를 선보였다.

마치 교묘한 술수를 쓴 것처럼 평범한 요리를 화려하게 둔갑시키기 위해 사람들은 수년간 노력을 기울였다. 사실 요리사들이 농민이 먹는 요리를 그런 식으로 세련되게 만드는 노력은 몇 세기 전부터 이어져오던 풍습이다. 1669년에 일기 작가인 새뮤얼 피프스가 쓴 글에도 그와 관련된 이야기가 나온다.

왕정 소속의 해군사령관이자 의회 의원을 지낸 그는 1660년대에 격동의 시기를 보내는 동안 꾸준히 일기를 썼다. 그 시절에는 화재와 전염병, 군주제 부활과 같은 굵직한 사건이 여럿 있었다. 새뮤얼 피프스는 무엇보다 음식을 사랑했다. 그래서 일기에 자신이 먹은 음식들을 자주 거론했다. 그는 자신이 직접 음식을 준비할 때는 그와 관련된 사항을 기록으로 남겼다. 1669년 4월 12일에는 다음과 같이 적었다.

"……그래서 화이트 홀 거리를 걸었다. 언생크스에서 아내를 만났다. 아내는 제인과 함께 있었다. 우리는 코크 식당으로 갔다. 그곳에서 셰어스, 톰과 함께 저녁 식사를 했다. 아내는 완두콩으로 만든 수프를 먹고 싶어했고 맛있게 식사를 했다."

그렇다면 코크 식당의 대표 요리가 완두콩 수프였을까? 새뮤얼 피프스의 아내 엘리자베스는 친구들에게 "코크 식당에 가서 완두콩 수프를 꼭 맛봐야 한다"며 적극 추천하기까지 했다. 그렇다. 완두콩 수프는 수 세기 동안 가난한 사람들의 생존을 유지시켜준 음식이었다. 캐나다, 미국, 독일, 네덜란드, 잉글랜드까지 전 세계의 수많은 사람이 이 수프를 식단에 포함시켰다.

우리는 코크 식당에서 맛본 완두콩 수프의 품격이 매우 높다는 것을 짐작할 수 있다. 왜냐하면 피프스가 자신의 일기에 처음 완두콩 수프를 언급했을 때만 해도 별로 좋아하지 않는 기색이 역력했기 때문이다. 그 일기를 쓴 날짜는 1660년 2월 1일이었다. 그는 조촐하게 먹은 저녁 식사를 회상하며 일기를 썼다.

"아침에 사무실로 출근했다. 노인이 수레에서 내 앞으로 온 편지들을 가져왔다. 정오가 되어 나는 집에 가서 아내와 고작 완두콩 수프를 먹었다. 점심으로 먹은 것은 그게 다였다."

그의 말투는 왠지 모르게 완두콩 수프를 비하하는 것처럼 들린다. 그 정도의 음식을 대접받는 데 만족하기에는 자신이 더 높은 수준에 있다는 듯 말이다.

그의 가정환경은 지극히 평범했다. 재단사인 아버지와 화이트채플에 있는 푸줏간 주인의 여동생인 어머니 사이에서 태어났다. 그러나 그는 부모 세대와 달리 직업적으로 성공한 사람이 됐다. 따라서 그는 자신의 지위가 완두콩 수프를 먹는 계층보다는 한 수 위라고 여겼다. 식재료의 기본이 되는 완두콩은 사실 어떤 요리에나 추가로 넣기에 부담이 없다. 다른 제철 채소에서부터 고기 요리까지 어떤 요리에나 가능했다. 피프스가 살던 시대에는 여전히 고기가 귀해 부유층이 아닌 이상 쉽게 먹을 수 없었다. 고기 값은 매우 비쌌다. 피프스는 일기에 다음과 같이 적었다.

"수많은 가족이 살아생전에 고기가 어떤 맛인지 경험하지도 못한다. 국민 대다수가 거의 호밀, 보리, 귀리로 끼니를 해결하고 있다."

나는 완두콩 수프를 별로 좋아하지 않는다. 맛이 밋밋하고 색깔이 흐린 것은 아마도 삶아 으깬 완두콩일 것이고, 피프스가 그나마 좋아한 완두콩은 말린 완두콩일 것이다. 스플릿 콩split pea이라고 해서 쪼개 말린 완두콩인데, 한마디로 겉껍질을 벗긴 콩류에 가깝다. 그나마 내가 완두콩 중에서 좋아하는 종류다.

피프스의 부인이 좋아한 완두콩 수프의 맛은 과연 어땠을까? 당시의 레시피는 노샘프턴셔 대지주의 아내인 앤 블렝커위 부인의 기록에서 나왔다. 그녀는 레시피 북을 수기로 기록했는데 여기에 완두콩 수프 레시피가 포함되어 있다. 엘리너 페티플레이스 부인의 기록처럼 앤 블렝커위의 기록은 수백년간 웨스턴 홀에 있는, 가문 대대로 내려오는 대저택의 도서관에 보관되어 있었다. 너무 오래돼서 거미줄까지 쳐진 이 스크랩북은 부인이 또박또박 쓴 글씨로 가득했다.

1920년대에 앤 블렝커위 부인이 쓴 원본을 모아 인쇄한 사본이 드디어 세상에 공개됐다. 그 뒤 그녀의 후손이 2004년에 글을 모아 책으로 출간했다. 앤 블렝커위 부인이 쓴 완두콩 수프 레시피는 그 책에 포함된 레시피 가운데 내용이 가장 길다. 그 밖에 채소밭에서 막 따온 신선한 재료들(셀러리, 엔다이브, 상추, 처빌, 박하 등)을 추가하면서 맛의 정교함이 한층 더 깊어졌다. 부인이 소개한 레시피는 미식가들의 즐거움을 사기에 충분해 저녁 파티용으로 적합했다. 그녀의 남편은 판사인 데다 지역 의회 의원까지 겸해 지역에서 명성이 꽤나 높았다. 그는 딸 수재나가 젊은 나이에 남편을 병으로 여의자 딸과 어린 두 손녀가 몹시 안쓰러워 1714년 밸런타인데이 선물로 딸에게 집을 주었다. 그 집이 바로 웨스튼 홀이다. 이 집은 그 가문의 여성들에게 대대로 상속 재산이 됐다. 내 증조모는 이 집을 그녀의 숙모로부터 물려받았다. 그리고 내 조부인 사셰버렐 시트웰이 캐나다 출신의 조지아 도블과 결혼할 때 선물로 물려받았다. 조지아 도블은 친구인 조지 세인츠버리에게 앤 블렝커위 부인의 수기 원본을 보여주었고 그는 그 원본을 복사해서 1925년에 책으로 출간했다.

이 책은 오늘날 우리가 1660년대의 음식세계를 이해하는 데 통찰력을 제공한다. 예를 들면 치즈를 만들 때 노란색을 내기 위해 마리골드 marigold[국화과의 꽃]를 넣는다는 내용이 있는데, 최근까지도 많은 종류의 치즈에 마리골드가 들어갔다. 앤 블렝커위 부인이 개발한 레시피에는 수많은 사람의 이름이 거론됐다. 몇 가지 예를 들면 "그린 오렌지는 스테이플턴 부인의 방식대로" "가금류 구이를 할 때는 토머스 퍼킹스 경의 방식대로" 한다. 후자의 요리 방식은, 꼬치에 끼워서 굽기 전에 굴과 양파를 섞어 속을 채우는 것이다. 그녀는 또 "비스킷을 만들 때는 B부인의 방식"을 따른다고 적었다. B부인이 누구인지는 모르지만 어쨌든 그녀의 레시피는 휴 플랫 경이 1602년에 제시한 프린스 비스킷 레시피와 유사하다.

그녀가 소개한 몇몇 레시피는 현대인의 입맛에도 충분히 맞다. 가령 스페인식 커스터드는 가루로 으깬 아몬드와 오렌지 플라워 워터, 달걀, 흰 설탕, 크림과 셰리주[스페인 남부 지방에서 생산되던 백포도주로 흔히 식사 전에 마심]를 넣어 만든다. 어떤 요리는 과거 스타일을 그대로 고수하기도 했다. '엔터메스Entermess를 위한 작은 파이'는 연회 만찬의 막간을 이용한 최고의 음식이었다. 파이 속에 닭고기를 넣었으며 살이 포동포동하게 찐 종달새 고기도 함께 익혔다. 살아 있는 크레이피시의 다리를 막대기로 때려 타박상을 입힌 뒤 조리하는 크레이피시 요리도 있었다.

새뮤얼 피프스(1633~1703)의 초상화.

이뿐만이 아니었다. 그녀는 피할 수 없는 여러 '신체적인 증상'이 생겼을 때 해소할 수 있는 방법도 소개했다. 현기증, 다리가 붓는 현상, 정신착란은 물론 소화불량과 같은 문제로 고통을 호소하는 당시 사람들에게 증상을 완화해주는 해결책을 제안했다. 이를테면 '광견병에 걸린 개에 물렸을 때'는 일단 상처 부위의 피를 280그램가량 빼야 한다고 했다. 그리고 낯선 이름의 말린 허브들을 섞은 다음 따뜻한 우유와 함께 먹고, 한 달 동안 매일 아침 강이나 샘에 가서 찬물로 목욕하라고 권했다.

'치아의 미백 효과를 노리고 싶다면' 날짜가 새겨진 돌을 불에 달구어서 써보라고 하는가 하면 '눈을 건강하게 만들고 싶다면' 아니스 씨앗을 씹고 다른 사람을 시켜 눈에 입김을 불게 하면 된다고 했다. 또 '옷을 깨끗하게 세탁하고 싶을 때는' 양의 배설물을 쓰면 되는데, 물이 고인 연못에 이 배설물을 넣고 옷을 빨라고 권했다.

그녀의 기절초풍할 만한 의학 관련 제안들은 그녀가 남편을 돌보는 동안에는 전혀 문제가 되지 않았다. 어찌나 잘 부양했던지 남편은 84세까지 장수했다. 우리는 그의 건강 비결이 곧 완두콩 수프에서 비롯된 것임을 확인할 수 있었다. 완두콩 수프는 배고픔을 호소하는 농민들에게 구세주와 같은 식량이기도 했고 그 덕분에 존 블렝커위 경 또한 장수할 수 있었다. 이 수프는 새뮤얼 피프스와 엘리자베스 피프스의 입맛을 충족시키기에도 충분했다. 결국 이 음식은 사회 계층 사이의 장벽을 허무는 도전 과제를 무사히 통과했다. 그리하여 한 시대를 풍미한 수많은 요리책에서 대표적인 단골 메뉴가 됐다.

34

소고기 로스트 필레

Roast fillet of beef

로버트 메이, 1671년, 『기량이 뛰어난 요리사』

Recipe 등심 안쪽에 해당되는 부드러운 살코기를 원하는 크기로 자른다. 꼬챙이에 고기 조각을 끼운다. 이때 고기의 최상급 부위가 떨어져나가지 않도록 주의한다. 느긋하게 여유를 갖고 고기를 굽는다. 달콤한 버터를 끼얹어 육즙의 맛을 더한다. 고기를 익히면서 그레이비소스를 만들 수 있도록 밑에 접시를 받친다. 파슬리와 달콤한 향이 나는 허브를 잘게 저민다. 달걀노른자 3~4개와 통후추 열매도 잘게 으깬다. 재료들을 잘 섞은 다음 오렌지 껍질과 양파 소량을 추가로 넣는다. 모든 재료를 잘 혼합하여 끓인다. 여기에 버터·소량과 식초, 그레이비소스, 걸쭉한 수프 한 숟가락을 넣고 소스를 완성한다. 이 소스를 소고기 요리 위에 뿌린다.

다른 방법

장미식초와 클라렛 포도주claret-wine, 시큼한 식초, 으깬 정향, 육두구, 후추, 계피, 생강, 고수, 회향 씨앗과 소금을 섞어 만든 소스를 뿌릴 수도 있다. 허브 종류는 곱게 으깨고 살코기 위에 뿌려 재운다. 고기를 굽고 버터와 함께 육즙을 낸다. 그레이비소스를 만들고 고기의 기름기를 떼어낸 다음 오렌지나 레몬 즙을 뿌린다. 시큼한 식초도 소량 뿌린다.

또 다른 방법

살코기에 밀가루를 입혀 하룻밤 재어둔다. 그것에 파슬리와 백리향, 스위트 마저럼, 비트, 시금치, 윈터세이보리Winter Savory를 넣는다. 모두 일일이 잎을 따서 잘게 저민다. 여기에 삶은 달걀노른자와 후추를 섞어 저민 살코기의 속을 채운다. 불에 익히면서 그레이비소스를 만든다. 허브, 그레이비소스, 양파 소량, 클라렛 포도주, 오렌지 1~2개의 즙을 곁들여 스튜가 될 때까지 끓인다. 고기는 소스와 함께 뜨거울 때 먹는다. 요리 옆에 오렌지 슬라이스 조각을 놓거나 레몬이나 매자나무 열매barberry를 장식해도 좋다.

해나 울리는 개성 있는 문체와 부드러운 어투로 영국 여성들에게 요리 비법을 친절히 알려주었다. 반면 로버트 메이는 그녀와 다른 방식으로 독자들에게 접근했다. 그는 72세의 전문 실력을 갖춘 요리사로서 귀족 계급을 위한 요리를 만드는 데 일생을 바쳤다. 그는 자신이 알고 있는 지식을 사람들에게 알려주는 것이야말로 세상이 자신에게 원하는 것이라고 생각했다. 정작 사람들은 그에게 요구하지 않았건만 그 자신은 의무라고 여겼다. 그는 글에서 "신과 내 머릿속 의식은 무덤에 내 회색 머리칼과 함께 이 경험들이 묻히도록 내버려두지 않는다"고 했다. 그리하여 자신이 알고 있는 모든 종류의 레시피를 모아 글로 적기 시작했다.

혹시 오믈렛 레시피를 찾고 있는가? 그렇다면 로버트 메이가 오믈렛과 관련된 스물한 가지의 레시피를 가지고 있다. 좋은 조언을 듣고 싶은가? 그렇다면 당신이 무엇을 물어볼 것인지 신중하게 생각해야 할 것이다. 왜냐하면 로버트 메이는 당신에게 결코 평범한 정보를 제공하지 않을 것이기 때문이다.

"사슴을 죽여야 하고 동물의 머리 고기를 따로 떼어내야 한다. 거위를 기르고 백조를 들어올려야 할 수도 있다. 또 거세한 수탉으로 소스를 만들고 암탉을 죽이며 닭고기를 얼리고, 청둥오리를 연약하게 만들며 토끼의 끈을 풀어주고, 왜가리를 부위별로 절단하고 두루미를 내보이며, 공작을 망가뜨리고 알락해오라기의 관절을 비틀고, 꿩을 풀어놓고 자고새와 메추라기가 날갯짓을 하게 할 것이다. 또한 물떼새 고기를 잘게 저미고 비둘기의 넓적다리를 자르며, 고기파이의 가장자리를 만들고, 딱따구리의 넓적다리를 자를 것이다."

머릿속으로 어떤 그림이 그려질 것이다. 하지만 소고기 로스트 필레와 같이 구체적인 레시피를 찾는다면 당당하게 영국의 전통 레시피로 만든 군주제 부활 시기와 잘 어울리는 그의 레시피를 믿어도 된다.

로버트 메이는 자신이 알고 있는 요리 지식을 대중에게 공개하고 싶어 했다. 그는 요리 기술이 사람들의 존경을 받지만 베일에 싸여 아직 밝혀지지 않은 부분이 많다고 보았다. 그의 책은 라 바렌이 1651년에 프랑스어로 사람들의 이목을 집중시킨 강력한 요리책을 펴낼 때 했던 것과 똑같은 염려를 했다. 즉 비평가들의 비난을 받으면 어쩌나 하는 것이었다. 로버트 메이는 책 도입부에 이렇게 적었다.

"비평가들은 요리 기술의 비밀을 낱낱이 세상에 드러낸 나를 저주할 것이다."

그럼에도 그는 비밀의 장벽을 걷어내기 위해 안간힘을 썼다. 그리고 자신의 생각을 밝혔다.

"요리와 관련된 모든 기술이 간편하고 확실한 방법으로 공개되어 이 세상에 존재하는 모든 언어로 번역돼야 한다."

그의 말은 확실한 약속이었고 이후 출판사들은 그의 레시피를 책으로 내기로 했다. 그는 우리에게 '간편하고 확실한' 글을 약속했다. 사실 그리 새로운 내용은 없었지만 그가 여느 요리사들과 다른 점은 스스로를 최초의 유명한 요리사로 불렀다는 점이다.

그전에 출간된 책이나 필사본에서는 그 글을 쓴 개인에 대한 정보를 얻으려면 동시대의 다른 문서를 참조하거나 레시피 혹은 그 밖의 글에서 잠시 언급되는 정보를 잘 찾아야 했다. 그러나 로버트 메이는 직접 자서전을 썼다. 기량이 뛰어난 요리사의 아들이었던 그는 스스로 어떤 경로로 프랑스로 건너가 요리를 배우게 됐는지 설명했다. 그 뒤 런던으로 돌아와 집안 좋고 부유한 귀족들과 함께 일하게 된 사연도 소개했다. 청년 시절의 삶과 영감을 받았던 대상에 대해 심사숙고하면서 그는 자신이 확실한 견해를 가진 남자라는 점을 짚었다. 그러면서 그의 과거가 곧 이상적인 유명 요리사가 될 자격이 충분하다는 것을 증명한다는 태도를 취했다.

자신의 견해를 더 잘 표현하기 위해 그는 프랑스인을 비하하는 발언을 서슴지 않았다. 어쩌면 그런 식으로라도 프랑스에 체류한 5년이라는 시간을 보상받고 싶었는지 모른다. 그는 프랑스에서 교육을 받았고 프랑스어를 배웠다. 하지만 요리사로서 그가 요리하는 방식이나 기술은 요리사 집안의 특성을 벗어나지 못했다. 그는 누가 뭐래도 영국인이었던 것이다.

그는 프랑스인의 속임수에 넘어가지 말라고 경고했다. 프랑스인들은 무식하며 그의 표현을 빌리자면, "우리 나라의 건장한 청년들을 에피그램 epigram[프랑스 양고기 요리]에 홀리게 만들었다. 그리고 식사용이 아닌 소스용 환각 버섯을 소개하면서 현지에서 유행하는 일반 재료라고 속였다. 그 버섯은 우리의 관심을 받을 만한 가치가 없는 재료다".

한편 이탈리아와 스페인에 대해서는 관대해 두 국가의 전통 음식에 어느 정도 수긍하는 태도를 보였다. 그는 자신의 책을 영국의 으뜸가는 최초의 요리책으로 여겼다. 그 밖의 책들은 쓸모없다고 치부했으며 다른 요리사들이 제안한 요리 방식은 "혼란을 야기한다"고 했다. 또 그들의 요리 경력에 대해서도 "별 성과 없는" 것으로 평가했다. 거의 모든 요리책에 대해 비판을 가했는데, 해나 울리의 요리책에 대해서만큼은 칭찬을 아끼지 않았다.

로버트 메이는 주인에게 실질적으로 도움이 되는 만찬, 실제로 충분히 만들 수 있는 레시피를 제공해야 한다는 생각에 압박감을 느꼈다. 그러나 그가 쓴 책의 앞부분을 보면 창의적이고 환상적인 작품을 만드는 데 더 치중했다는 것을 알 수 있다. 먹을 수 있는 재료로 배 모양을 만들었는데, 페이스트리로 수사슴 미니어처를 만드는가 하면 부상당한 사람의 피를 흉내내기 위해 클라렛 포도주 몇 방울을 떨어트렸다. 새와 개구리를 산 채로 조리해서 만든 파이도 있었다.

"조리과정의 절정은 냄비 뚜껑을 여는 순간 그 안에 있던 개구리들이 밖으로 튀어나올 때다. 이 모습에 깜짝 놀란 부인들이 비명을 지르며 뛰어다니는 풍경이야말로 이 요리의 절정이다."

로버트 메이는 거기서 그치지 않고 지극히 현실적인 레시피들도 제안했다. 버터를 녹이고 계피 향이 나는 프랑스식 토스트 만드는 법을 소개했다. 완성된 토스트를 포도주에 살짝 적셔 먹을 수도 있고 설탕이나 오렌지 시럽과 함께 먹을 수도 있다.

그의 책은 출간되자마자 거의 즉각적인 성공을 거두었다. 그 뒤 몇 년 동안 여러 출판사에서 그의 책을 다시 출간하고 싶어했다. 국내외에서 여러 요리사가 그가 제안한 요리를 만들었다. 또 그가 제공한 음식 저장법과 보관법에 대한 아이디어를 실행에 옮겼다. 물론 그가 제안한 '바닷가재를 1년 동안 신선한 상태로 유지하는 법'이 음식의 위생을 판단하는 심사위원들에게 인정받지는 못했지만 말이다. 먼저 바닷가재를 뜨거운 물에 넣고 끓인 다음 소금물에 적신 천주머니로 감싼다. 그런 뒤 로버트 메이는 "바닷모래를 깊게 파서 웅덩이를 만들어 그곳에 묻으면 된다"고 주장했다.

그의 책이 다섯 번째로 재판되면서 그는 자신의 책을 인쇄하고 광고까지 해주는 스폰서를 만나게 됐다. 그는 오바디아아 블러그레이브라는 물을 파는 사람이었다. 그가 파는 물은 눈을 좋게 해주는 치료약으로 유명했다.

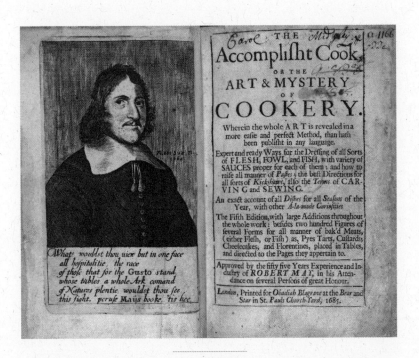

로버트 메이의 『기량이 뛰어난 요리사』에는 우리가 상상할 수 있는 모든 종류의 레시피가 총망라됐다.
출간되자마자 바로 성공을 거두었으며 여러 출판사에서 출판 계약 요청이 쇄도했다.

그래서 당시에 "학식 있는 주교들이 그 물을 썼고 90세가 될 때까지 안경을 끼지 않고도 글을 읽을 수 있었다"고 전해졌다.

외국에서 요리 수업을 받은 경험이 있는 로버트 메이는 기력이 넘치며 전문 요리사다운 모습을 보였다. 자신의 의견을 당당하게 밝히며 상대를 압도하는 능력이 탁월했는데, 즉 현대판 셰프의 면모를 모두 갖추었다고 해도 과언이 아니다. 그가 제안한 로스트 필레는 고기를 굽는 과정이 복잡한데 당시에는 '스핏잭spitjack'으로 불렸다. 종이로 받치거나 밑에 쟁반을 받쳐서 육즙을 받아 맛 좋은 소스를 만들고 여기에 스페인 세비야산 오렌지 과즙으로 맛을 더했다.

35

생선 실험 13

Fish experiment XIII

드니 파팽, 1681년, 『고기뼈를 부드럽게 하는 새로운 압력솥

또는 엔진A New Digester or Engine for Softening Bones』

Recipe 6월 15일. 나는 고등어 한 마리를 그린 구스베리와 함께 유리 솥에 넣었다. 그리고 이 솥을 엔진 속에 넣었다. 나는 열을 내기 위해 석탄 118그램을 썼는데 10초 만에 물이 증발할 정도로 가열 속도가 빨랐다. 내부 압력은 보통의 기압보다 7배나 높았다. 석탄이 연소되면서 시간이 지날수록 불의 세기가 점점 약해지기 시작했다. 나중에는 석탄이 3.54그램밖에 남지 않았다. 생선뼈가 부드러워질 만큼 잘 익었지만 살이 흐물흐물한 정도는 아니었다. 그래서 뼈째 먹어도 전혀 걸리는 게 없었다. 이 생선은 솥에 넣어 익히기 전까지는 무게가 255그램이었지만 생선찜을 한 뒤의 무게는 198그램이었다. 거의 57그램이 즙으로 나왔다. 만약 기존 방식대로 생선찜을 했다면 아마 이 즙을 얻을 수 없었을 것이다. 결국 특별한 방식으로 익힌 결과 더 좋은 생선의 맛을 볼 수 있었다. 소금이 휘발 성분에 섞여 빠져나가지 않고 음식에 배거나 즙에 녹아들었다. 거기에 구스베리가 음식의 맛을 더 살렸다. 탄 곳은 한 군데도 없었다.

드니 파팽은 거품을 내거나 증기를 발산시키면서 자신의 생각을 실험으로 옮겼다. 그는 잠수함, 에어건air gun, 유탄 발사기 등 모든 종류의 기계를 대상으로 연구에 착수했다. 최고의 성공은 증기 조리기의 발명이었다. 우리는 그가 만든 기구를 압력솥이라 부른다. 안타깝게도 당시에 그의 영국 학

술원 친구들은 그 기구에 대해 큰 호응을 보이지 않았다.

그는 프랑스에서 태어나 교육을 받았으며, 런던으로 이주해 아일랜드 출신의 화학자이자 물리학자인 로버트 보일과 함께 일하면서 수많은 프로젝트를 완수해냈다. 진공 상태와 증기를 이용한 기계들을 발명하기도 했다. 로버트 보일은 본인의 성을 딴 법칙을 만들었고 소논문 여러 편을 발표했다. 그중 하나가 바로 「몇 가지 주제에 대한 임시적 성찰Occasional Reflections upon Several Subjects」이다. 드니 파팽은 여가 시간에 이 글을 읽으면서 획기적인 조리기를 만들었다.

그는 무쇠로 된 용기에 꽉 조이는 밀착 뚜껑을 만들어 씌웠다. 그런 다음 석탄을 연소시키면서 자신의 실험을 완성시켜갔다. 로버트 보일이 집으로 돌아가거나 친구들을 만나 부활과 천상의 힘에 대해 토론하는 동안 그의 조수 노릇을 하던 드니 파팽이 무언가를 발명해낸 것이다.

그의 연구실로 배달되는 재료에는 여러 종류의 물약과 가루가 있었다. 소고기 뒷다리와 허리살, 양 다리, 토끼, 다양한 채소도 배달됐다. 연구실에서는 밤새 음식 냄새가 끊이질 않았다. 끓는 물에 넣어 삶기도 하고 태우기도 하면서 갖은 요리를 시도했다. 그가 고안해낸 발명품이 추구하는 원리는 간단했다. 물과 함께 고압에서 식재료를 익히는 것이었다. 음식을 익히는 끓는점이 기존 레시피보다 더 높은 것이 특징인데, 그 결과 음식 조리 시간이 크게 단축될 수 있었다. 드니 파팽은 이러한 레시피가 아주 효과적이며 요리 비용을 줄일뿐더러 맛의 수준도 높일 수 있을 거라 생각했다.

그는 "요리란 고대 예술과 같다"고 주장했는데, 그 이유는 다음과 같다.

"너무나 일반적이고 또 너무나 자주 볼 수 있기 때문이다. 사람들은 요리를 개선하기 위해 힘쓴다. 요리는 완벽한 경지에 도달할 수 있을 것 같고, 꼭 그래야만 한다고 믿고 싶게 만드는 대상이다."

결국 드니 파팽이 개발한 기계는 놀라운 발전을 거듭했으며 그의 믿음대로 기술적인 부문이 개선되어 실용적인 조리 기구로 발돋움할 수 있었다. 물론 그 과정에서 수많은 난관에 부딪혔지만 그는 끝까지 포기하지 않았다. 결국 '자신의 발명품에 최고의 찬사'를 보내는 글을 쓰는 날이 왔다.

"이 기구의 유용성이 후세에까지 전해질 수 있도록 장려했다."

그를 힘들게 한 상황은 실험할 때만 발생한 것이 아니다. 그는 자신의 아이디어를 구체화할 자금이 절실하게 필요했다. 원형으로 만든 시제품의 기술을 개선시켜야 했고 더 많은 가정에서 사용할 수 있도록 상품화 단계를 거쳐야 했다. 그는 이 기계로 익히면 "암소 부위 중 가장 질긴 곳을 송아지 고기와 품질 좋은 소의 다른 부위처럼 연하고 맛있게 만들 수 있다"고 썼다. 그러면서 가난한 사람들의 식사를 책임질 요리를 만들 때 자신의 발명품이 매우 요긴하게 쓰일 것이라고 확신했다.

몇 달 동안 여러 밤을 지새운 그는 연구실에서 실험과 혈투를 한 끝에 결국 '엔진'이라고 명명한 압력솥을 완성했다. 그는 석탄으로 가열 온도를 낮췄다 높이며 조절했다. 또 기술적인 부분을 보완해서 조리 시간을 조정할 수 있도록 장치를 고안해냈다. 뿐만 아니라 통 속에 들어가는 물의 양도 조절했다. 가령 물이 너무 적으면 금방 증발되기 때문에 고기가 탈 수 있었다. 그는 소고기로 실험을 하다가 그다음에는 양고기를 썼다. 뼈만 넣어보기도 하고, 토끼를 넣어보기도 했다. 그는 나이를 많이 먹은 동물의 고기도 써보고 어린 동물의 고기도 써보았다. 그 뒤에는 비둘기도 넣어보았다. 또 강꼬치고기와 고등어까지 영역을 넓혔다. 여기에 소개한 레시피는 고등어를 재료로 한 요리다. 이후에는 뱀장어로도 요리를 했다. 콩과 체리, 구스베리, 자두, 모과, 설탕, 초콜릿을 재료로 넣었다.

로즈메리, 계피, 아니스 씨앗 등 허브들도 넣어보았다. 심지어 식용하기 어려운 재료까지 넣었다. 백랍, 상아, 뿔, 거북 등껍데기 그리고 광물 호박까지 넣어봤던 것이다. 이러한 재료를 압력솥에 넣었을 때 어떤 결과가 나왔는지에 대한 기록은 거의 없다. 그는 이렇게 적었다.

"나는 이러한 실험 결과에 대해 결코 싫증을 느끼지 않을 것이다."

그러고는 덧붙였다.

"물론 아직 이렇다 할 쓰임새는 발견하지 못했다."

그럼에도 그는 충실하게 실험을 지속하며 결과를 기록으로 남겼다. 이따금 친구들에게 실험해볼 것을 권하기도 했다. 그는 혼자서 여러 실험을 했다. 그중에서 고등어와 구스베리를 재료로 한 실험이 꽤 괜찮은 결과물을 낳았다. 하지만 소고기 뼈를 우려내어 젤리소스를 만든 뒤 샘플을 추출하면서는 쓴웃음을 지어야 했다.

"나는 조리가 끝난 음식에 설탕과 레몬즙을 넣어서 맛을 보았다. 마치 녹용즙처럼 위에 부담이 전혀 없는 건강식품을 먹는 것 같았다."

그는 실험을 마치고 결과물을 모아 영국 학술원에 기증할 책으로 발표했다. 그 책이 바로 『고기뼈를 부드럽게 하는 새로운 압력솥 또는 엔진』이다. 여기에는 솜씨 좋게 그린 그림, 세부 묘사가 눈에 띄는 그림들이 실려 있다. 그는 자신이 발명한 압력솥의 안전한 쓰임새를 강조했고 더불어 '요리, 바다에서의 여행, 과자·음료 제조, 화학 반응과 염색 작용'에 대한 수많은 가능성을 일일이 예를 들어가며 설명했다. 고기에서 육즙을 내어 젤리 소스를 만들고부터는 바다로 항해를 떠난 사람들이 소금에 절인 고기를 먹으면서 생기는 '괴혈병'으로 고생할 일이 없어졌다.

그의 발명품이 제조 공장에서 생산되어 이윤을 얻기까지는 많은 시간과 비용이 들었다. 그는 "훌륭한 큰 엔진은 가격이 비싸지만 그 기계가 가져다줄 이윤 역시 상당할 것이다"라는 말까지 했다. 그의 책은 저자가 개발을 위한 자금을 지원받고 싶은 진심을 드러낸 열정적인 간청과 같았다. 특별 제작한 용광로와 같은 압력솥을 만들려면 자금이 꼭 필요했다. 그는 자금을 지원받아 자신의 실험을 진척시키고 싶었다. 그래서 기계를 효율적으로 작동시키기 위해 열심히 노력했다.

그는 자신이 생각해낼 수 있

드니 파팽(1647~1712년경)이 발명한 압력솥이다.
1970년에 이르러서야 조리 기구로서
인기를 얻기 시작했다.

는 논거는 빠짐없이 활용하려고 애썼다. 음료를 제조하고 알코올이 들어간 독주를 만들 생각도 했다. 동시에 "음식을 먹으면 배에 가스가 자꾸 차는 안 좋은 증상을 없애고 싶었다. 또한 두통을 해결해주는 음료를 만들고 싶"다고도 했다. 그 결과 그는 드디어 가난한 사람들의 끼니를 해결하고, 효율성을 높이며 요리 비용을 절감해주는 기계를 제안했다. 또 자꾸 방귀가 나오는 현상을 없애고 숙취를 해소해주는 음료를 만들 수 있을 거라 믿었다. 그 기계를 위해 자금을 투자하는 것이 과연 쉬운 결정이었을까?

영국 학술원에서 있었던 일화는 그 기계의 유용성을 확실하게 증명할 수 있었다. 일기 작가이자 샐러드 전문가인 존 에벌린은 "그 기계로 찐 양고기 요리를 먹었는데 어린 양고기를 먹는 것처럼 맛이 좋았다"고 평가했다. 그러나 이것만으로는 충분한 지지가 될 수 없었다. 첫 번째 제품 홍보를 시작하고 몇 년이 흐른 뒤 그는 크게 낙담했다.

이에 필사적으로 자신의 심경을 글로 적었다.

"이 압력솥은 훌륭한 원리를 바탕으로 만들어진 유용한 발명품이다. 경험을 통해 그 주장이 사실로 입증됐다."

"이 발명품이 세상에 제품으로 공개된 지 5년이 채 안 됐다. 하지만 소수의 사람만이 기꺼이 이 기계를 쓰려고 한다."

슬프게도 그의 실험은 더 이상 진척되지 못했다. 드니 파팽은 돈이 점점 떨어졌고 말년을 가난에 허덕이며 살았다. 그의 죽음에 대한 기록은 어디서도 찾을 수 없다. 그는 자신이 설계한 압력솥에 대해 미처 특허 신청을 하지 못했다. 결국 그의 발명품을 그대로 따라 만든 다른 사람들이 기존의 모델을 더 발전시켰고 큰 부자가 됐다. 드니 파팽이 생전에 예언한 것처럼 압력솥의 유용성은 마침내 세상에 빛을 발했다.

1970년대에 이르러 압력솥은 사람들의 인기를 한 몸에 받았다. 그러다가 전자레인지가 발명되면서 갑자기 빛을 잃고 말았다. 하지만 현재 압력솥은 재기에 성공해 사람들의 호응을 얻고 있다. 이 유서 깊은 조리 기구는 시간과 돈을 절약해주는 장점이 있다. 몇 년 전에 『압력솥으로 만드는 80가지 레시피80 Recipes for Your Pressure Cooker』를 출간한 리처드 에를리히는 누구보다도 압력솥을 좋아하는 팬이다. 그는 재료를 솥에 넣고 한 번에 음식을 준비하는 것이기 때문에 항상 같은 맛을 느낄 필요가 없다고 강조한다. 폭발할 일도 없고 당신에게 화상을 입힐 염려도 없다. 어쩌면 한때 대중에게 외면받은 압력솥을 새롭게 부활시키고 음식 역사의 뒤안길로 사라졌던 천재를 다시 불러야 할 때가 온 것인지도 모른다.

36

스페인 스타일의 토마토소스

Tomato sauce in the Spanish style

안토니오 라티니, 1692년, 『로 스칼코 알라 모데르나Lo scalco

alla moderna(근대식 조리사The Modern Steward)』

Recipe 잘 익은 토마토 6개를 준비해 불에 익힌다. 알맞게 익으면 조심스럽게 껍질을 벗겨서 칼로 잘게 다진다. 맛을 더해주는 양파도 잘게 썬다. 고추도 잘게 썰고 소량의 야생 타임도 잘게 썬다. 모든 재료를 한데 섞은 다음 그 위에 소금과 오일, 식초를 조금씩 뿌린다. 고기나 그 밖의 재료를 끓이는 동안 맛 좋은 소스를 만든다.

인류가 토마토를 재배하기까지는 시간이 꽤 걸렸다. 예를 들어 카트린 드메디치가 이탈리아산 재료와 레시피를 1530년대에 파리에 소개했을 때에도 토마토는 없었다. 17세기 중반에 이르기까지 남프랑스의 프로방스 지역은 물론 이탈리아 음식에서 토마토는 찾아볼 수 없다.

스페인인들은 남아메리카를 정복하면서 우연히 토마토의 존재를 알게 됐다. 그러나 처음에는 토마토를 가볍게 여겨 무시했다. 아즈텍 족이 토마토를 재배했으니 식량의 일환으로 먹었겠지만 스페인인들의 입맛을 사로잡지는 못했다. 아즈텍 족이 사람을 먹는 식인부족이다 보니 스페인인들은 그들이 먹는 음식을 그대로 먹기보다는 매우 신중한 태도를 취했을 것이다.

그럼에도 남아메리카의 해안가에서 떠난 배들은 토마토를 싣고 유럽으로 향했다. 배에는 스페인인들이 몰래 훔친 카카오 열매에서 고추까지 다양한 종류의 식재료가 가득했다. 사실 '토마토tomato'란 이름은 실수로 잘못 부

안토니오 라티니의 책 『근대식 조리사』에 토마토에 관한 내용이 나온다.
스페인 스타일로 소스를 만들 때 토마토를 썼으며 고기 요리를 할 때도 추가 재료로 넣었다.
자신감 넘치는 위의 초상화는 책에 실린 라티니의 모습니다.

른 것이 굳어진 표현이다. 원래 아즈텍 족은 '통통한 과일'이란 뜻으로 '토마틀tomatl'이라 불렀다. 기원을 거슬러 올라가면 원래는 '시토마틀xitomatl'이었다. 초기 발견자가 뭐라 불렀든 간에 토마토는 물 건너 다른 곳으로 가면서 다른 이름으로 불렸다. 이탈리아 출신의 약초 재배자인 피에트로 안드레아 마티올리는 1544년에 '금색 사과'를 보았다는 이야기를 했다. 그는 처음에는 녹색이었다가 금색을 띠는 이 열매가 다 익자 맨드레이크와 같은 식물로 간주했다. 그리하여 몸에 해롭고 먹으면 죽을 수도 있는 매우 위험한 가짓과 열매라고 설명했다. 당시에 독 있는 식물 중에 노란색을 띤 게 많아 그렇게 정의한 것이다. 식물 위쪽에 달린 잎이 특이하게도 뾰족해서 유독성을 더 의심했던 것 같다.

그로부터 10년의 세월이 더 흐른 뒤에 스위스 출신의 동식물 연구가 콘라트 게스너는 붉은 토마토 변종을 수채화로 그렸다. 그는 붉은 토마토를 '포마 아모리스poma amoris'라 불렀다. 라틴어로 '사랑의 사과'란 뜻이다. 콘라트 게스너는 토마토에 최음제 성분이 들어 있다고 생각했다. 당시 이탈리아인들은 마티올리가 제안한 '포모도로pomodoro(금색의 사과)'란 이름을 마음에 더 들어했다. 그래서 이탈리아에서는 지금까지도 토마토를 포모도로라 부른다. 반면 영어나 그리스어, 덴마크어, 프랑스어와 스페인어에서는 아즈텍 족으로부터 유래한 명칭을 고수했다. 대부분의 유럽 국가가 그 이름으로 불렸다.

1590년대에 토마토의 존재가 세상에 널리 알려지면서 영국 출신의 약초 재배자 존 제라드는 토마토가 "맛이 고약하며 불쾌한 냄새가 난다"고 기록했다. 그는 토마토에 독이 들어 있다고 생각했다. 제임스 1세의 전속 약재상이던 존 파킨슨은 영국의 정원에서 호기심을 채우기 위한 목적으로만 토마토를 길렀다. 그러면서 더운 나라에서는 사람들이 토마토를 식용한다고 언급했고, 덧붙여 "뜨거운 위의 열기를 식혀주고 갈증을 풀기 위해" 토마토를 먹었다고 설명했다.

16세기 후반까지도 스페인이나 이탈리아에서는 소수의 용감한 사람만이 토마토를 먹거나 요리 재료로 사용했다. 토마토가 이탈리아 주방의 정식 재료로 인정받는 데는 17세기 중반까지 기다려야 했다. 바르톨로메 무리

요가 1646년에 그린 「천사들의 부엌The Angels' Kitchen」에 토마토가 나온다. 한 프란시스코회 수도사가 열광적으로 기도를 올리고 있고 천사들이 저녁 식사를 위해 접시를 놓는 장면이 묘사되어 있다. 통통하게 살이 오른 어린 천사 둘은 바닥에 앉아 과일 바구니에서 과일을 고르고 있다. 그들이 자리잡은 바닥 주변에는 가지 2개와 호박 1개, 과즙이 풍부해 보이는 커다란 토마토가 있다. 이들이 준비하는 음식은 요즘의 미국식 비프스테이크처럼 보인다. 하지만 천사들이 정확히 어떤 요리를 준비하는지는 알 수 없다. 토마토가 재료로 들어가는 최초의 레시피는 1692년에야 등장했기 때문이다.

안토니오 라티니는 손님들 시중을 드는 종업원에서 요리사, 주방장, 저택 관리자까지 여러 일을 차례로 경험했다. 그런 와중에 자신의 첫 책 『로스칼코 알라 모데르나』를 1692년에 발표하면서 남들과 다른 개성의 소유자로 성장했다. 그는 확실히 그렇게 보였다. 첫 책에 자신의 얼굴을 그린 초상화가 있는데 자신감 넘치는 모습이다. 커다란 곱슬머리 가발을 쓴 것은 귀족처럼 보이게 하려는 의도로 읽힌다. 그는 책에서 대담하게 스스로 '근대식 조리사'라고 주장했다. 물론 그가 요리 분야에 미친 영향력은 의심할 여지 없이 매우 중요했다.

그는 같은 일을 하던 영국의 동시대 사람들인 저베이스 마컴나 로버트 메이와는 꽤 다른 모습이었다. 안토니오 라티니는 자신이 쓴 책의 부제를 '훌륭한 연회를 여는 기술The Art of Good Banqueting'이라고 지었다. 그러면서 자신이 책임지고 맡았던 연회에 대해 기록했다. 로마에서 추기경을 위해 일한 적도 있고 나폴리에서는 스페인에서 온 총독을 모시는 주방장으로 일하기도 했다. 그의 책에는 장엄함이 느껴지는 메뉴들이 수록돼 있다. 뿐만 아니라 음식을 보관하는 방법, 멋지게 식탁을 차리는 기술, 필요한 주방 기기들에 대한 상세한 설명도 있다.

그가 제안한 토마토소스 레시피는 어쩌면 스페인에서 온 주인으로부터 영향을 받은 것인지도 모른다. 그 소스는 다른 음식을 만들 때 추가로 넣는 재료처럼 보였다. 하지만 안토니오 라티니는 결코 토마토소스를 파스타에 넣지 않았다. 피자를 만들 때 기본 재료로도 쓰지 않았다. 토마토소스가 파스타와 피자의 소스로 쓰이기 시작한 것은 시간이 더 지나서였다. 그는 이 소스를 고기 요리에 추가했다. '또 다른 요리로는 토마토 스튜'가 있는데 여기에는 비둘기와 송아지 가슴살, 속을 채운 닭고기를 요리해서 허브나 향신료와 함께 비축해둔다는 내용이 나온다. 그는 잘 익힌 토마토를 고기 요리에 넣어 만든 음식에 대해 기록하면서 "토마토는 익는 데 시간이 별로 안 걸리니 불 위에서 과하게 익히지 않도록 주의하라"고 당부했다.

1797년 『브리태니커 백과사전』에서는 토마토를 '영국인들이 일상적으로 먹는' 음식으로 설명했다. 하지만 여전히 많은 사람이 토마토의 진가를 의심했다. 그러다가 1831년에 이르면서 영국 출신의 원예사 헨리 필립스가 '고약한 냄새'가 나는 채소로 알려진 토마토의 잘못된 소문을 일축시켰다. 당시에 미국인들은 토마토로 케첩을 만들었으며 장사꾼들은 토마토를 실은 수레를 끌고 다니기 시작했다. 모양이 둥글고 속에 과즙이 꽉 찬 토마토, 크기가 큰 토마토, 작은 토마토, 붉은색을 띠거나 노란색을 띠는 토마토는 오늘날 주방의 단골 채소가 됐다. 토마토가 없는 주방은 상상하기 힘든 세상이 된 것이다.

37

샐러드 드레싱

Salad dressing

존 에벌린, 1699년,

『아세타리아: 샐러드에 관한 고찰Acetaria: A Discourse of Sallets』

Recipe 벌레 먹었는지, 끈적끈적한지, 얼룩이 있는지, 잎이 상하지는 않았는지 잘 확인해서 상태가 양호한 허브를 식재료로 준비한다. 샘물로 썻고 소쿠리에 담아 물기가 빠질 때까지 기다린다. 마지막으로 깨끗하고 올이 성긴 냅킨에 조심스럽게 감싼 뒤 흔들어준다. 칼을 이용해 허브를 자른다. 이때 강철이 아닌 은으로 된 칼을 쓰기도 한다.

오일은 깨끗하면서 유분기가 많지 않고 너무 노랗지 않은 것을 사용한다. 연녹색의 부드러운 올리브유, 특히 루카 올리브는 혀에 닿을 때 즐거움을 선사한다. 오일을 싫어한다면 버터를 써도 되지만 그러면 위장이 부대낀다는 단점이 있다. 되도록 한련 같은 꽃잎을 우려내 만든 식초를 사용하자. 소금도 깨끗하고 색깔이 밝으며 잘 건조시킨 최상급을 쓴다. 설탕 또는 꿀도 필요하다. 겨자는 이왕이면 튜크스베리산을 쓰고 겨자씨는 요크셔산을 쓴다. 후추는 가루가 아닌 거친 알갱이로 된 것을 사용한다. 달걀은 노른자가 적당히 익을 정도로만 삶아야 한다.

달걀을 잘 으깨서 오일, 식초, 소금, 후추, 겨자와 잘 섞는다.

도자기 접시에 샐러드를 담는다. 샐러드 양에 맞춰 너무 깊거나 얕은 그릇은 피하자. 포크와 스푼으로 재료를 잘 휘저어 소스가 골고루 잘 배어들도록 한다.

존 에벌린은 샐러드드레싱에 관해 발표하지 않은 글이 1400단어나 있었다. 어쩌면 여러분은 영국 학술원의 설립자들이 쓴 샐러드에 대한 담론을 기대하고 있을지도 모르겠다. 존 에벌린은 그런 점을 진지하게 고려했다.

유명한 일기 작가인 그는 샐러드와 허브만을 주제로 한 책을 쓰기로 결심했다. 많은 요리사와 주방장이 자신들의 레시피에 한 항목으로 샐러드를 언급했던 반면 그는 오로지 샐러드에 관해서만 고민하고 글로 쓰고 싶어했다. 그가 쓴 책의 제목에 들어간 아세타리아는 라틴어로 '샐러드'를 뜻한다. 그는 샐러드 잎과 식용 허브가 어떤 점에서 건강에 좋은지 심사숙고했다. 그러면서 약효가 있는 재료들을 찾기 시작했다. 이와 더불어 73가지 종류의 다양한 허브를 정의하면서 샐러드에 쓰인 허브에 대해 심도 있게 연구했다. 그리고 요리할 때 최상의 허브는 무엇인지, 향이 가장 좋은 허브는 무엇인지에 대해서도 조언을 아끼지 않았다. 존 에벌린은 샐러드의 영양학적 한

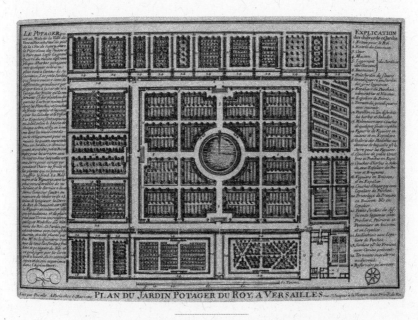

17세기 왕이 거처하는 궁의 주방을 나타낸 지도로, 페렐 가문에서 제작했다.
벽으로 둘러싸인 정원과 과수원에서 궁정 식사에 필요한 과일과 채소를 얻었다.

계에 대해서도 진지하게 연구했다. 녹색 잎이 건강에 좋은 것은 확실하며, 최고의 맛을 원한다면 그 위에 근사한 드레싱을 뿌리면 된다.

레시피를 쓰는 일이 그의 유일한 직업은 아니었다. 그를 아는 사람은 그의 폭넓은 학식에 감탄했다. 20세기 초반에 그는 학업에 충실하기로 결심했지만 당시 잉글랜드는 그리 안전한 곳이 아니었다. 그는 영국 내전으로 피해를 입을까 두려웠다. 그의 가족들은 당시에 큰 부를 쌓을 수 있는 화약 제조업에 관심을 가졌지만 왕정주의자였던 그는 상추에 관심을 보였다.

내전으로 혼란스런 국가에서 샐러드에 대한 관심은 어울리지 않는 생각이었다. 1640년대 초에 라운드헤즈가 영국 찰스 1세 시대의 왕당파와 대립할 때 그는 걱정에 휩싸였다. 이에 "영국의 청춘이 경험한 것 중에서 가장 심각하고 가장 놀라운 위험이 동시에 일어났다"고 기록했다. 결국 그는 고국을 떠나 이탈리아와 프랑스의 평화로운 지역에서 살았고, 마침내 파리에 머물게 되었다. 그는 그곳에서 추방당한 왕정주의자들의 모임을 알게 됐고 영국인 리처드 브라운 경의 딸을 만나 결혼하게 됐다.

1652년에 고국의 상황이 안정되자 그는 영국으로 돌아갔다. 크롬웰이 초대 호국경의 자리에 오른 시기였다. 그는 사람들의 눈을 피해 부인의 가족들이 있는 뎃퍼드의 세이즈코트에서 살았다. 그는 그곳에 도서관을 세웠고 정원도 만들어서 자신의 생각과 관심사를 구체적인 실천으로 옮겼다. 그는 "정원의 공기와 천재성은 인간의 정신에 미덕과 신성함을 부여한다"는 글을 남겼다. 그가 정원에 관해 연구한 기록은 현재 런던의 루이셤 자치구에 보관되어 있다. 그의 연구는 당대 사람들에게 널리 인정을 받았고 영향력을 미쳤다.

찰스 2세의 왕정복고 시대에 접어들자 존 에벌린은 마침내 대중에게 모습을 드러내며 활동하기 시작했다. 군주제로의 복귀를 끈기 있게 기다려왔지만 정작 눈앞에 펼쳐진 현실에는 실망하지 않을 수 없었다. 그는 "왕정복고가 결실은 없고, 사악하며, 공허한 대화로 가득 차 있다"고 말했다. 그것은 일기 작가인 새뮤얼 피프스도 공감하는 생각이었다. 존 에벌린은 새뮤얼 피프스와 자주 서신을 주고받는 사이로 지냈다.

궁중에서는 존 에벌린이 그토록 열망했던 내용의 담론을 제시하지 못했다. 그는 자신이 알고 있는 내용을 활용해 개인적인 의견을 담은 논문을 쓰기 시작했다. 가령 유리 공장과 철을 만드는 용광로를 짓기 위해 숲의 나무를 베는 행위를 비난하며 토지 소유자들에게 나무를 더 심으라고 권장했다. 같은 맥락에서 그는 런던의 공무원들에게 공기를 오염시키는 공장 건설을 제한하는 것은 물론 공기를 정화시키기 위해 나무를 심어야 한다고 강력하게 주장했다. 사람들이 발생시키는 이산화탄소의 총량을 의미하는 탄소발자국이 포화 상태에 이르게 될 것을 염려했던 것이다.

그는 고기를 뺀 식단을 강조했는데 아마도 최초의 채식주의자로서 사람들의 이목을 받은 인물이 아닌가 싶다. 샐러드는 그의 친환경주의적 철학에 잘 부합하는 식단이었다. 채소 섭취는 환경에도 유익하지만 신체에도 좋기 때문이다. 사람들이 샐러드 잎에 대해서만 자꾸 말하는 그를 이상한 시선으로 본다는 것을 그 자신도 잘 알고 있었다. 그는 다음과 같이 썼다.

"혹자는 내가 사소한 것에서 위대함을 찾으려 한다며 의아해할 것이다. 하지만 익혀 먹는 채소와 함께 먹는 샐러드드레싱을 만드는 멋진 레시피가 곧 탄생할 것이다."

사실 이런 생각을 그가 최초로 한 것은 아니었다. 여러 시대에 걸쳐 여러 독재자, 황제, 정치가들이 그와 같이 생각했다. 이에 대해 그는 자신의 생각을 덧붙였다.

"이런 부류의 사람들이 국민을 위해 고귀한 업적을 쌓고 난 뒤 이따금 손에서 봉을 대신해 삽을 들곤 한다. 그리고 자줏빛을 띠는 화려한 옷에서 정원사의 앞치마로 갈아입기도 한다."

하지만 존 에벌린이 샐러드에 들어가는 모든 재료를 기초부터 탄탄히 마련한 사람인 것만은 틀림없는 사실이다. 그는 오이에 대해 언급하면서 이 채소는 "식욕을 돋우고 간을 차갑게 만든다"고 했다. 수박에 대해서는 "외국에서 들어온 과일로 먹으면 속이 시원하다"고 말했다. 또 마늘에 대해서는 "남부 지방 사람들이 다른 지역보다 특히 선호하며 대부분의 음식에 이 채소를 넣어 먹는다"고 하면서, "모든 질병을 예방해주는 매력덩어리"라고 표현했다. 리크는 특히 "웨일스 지방 사람들이 많이 먹으며", 멜론은 "당분이 부족해서 완벽하기에는 뭔가가 결핍된" 과일이라고 기술했다. 또 파슬리에 대해서는 "배뇨를 촉진시키는 효과가 탁월하며 영양소가 풍부하다"고 했다. 그는 아스파라거스(1651년에 라 바렌이 말한 아스파라거스와 비슷한 종을 가리킨다)를 요리할 때 알아두면 좋은 팁도 소개했다.

"아스파라거스는 단시간에 데쳐야 한다. 그래야 녹색 빛을 유지할 수 있다. 그리고 물을 끓이는 동안 채소를 넣어서 데쳐야 채소의 부드러움이 더 잘 유지된다."

존 에벌린은 작가이면서 사상가이기도 했다. 그의 생각은 근대 시기와 부합했는데, 당시 희귀한 채소 중 하나였던 감자를 식재료로 준비할 수 있도록 한 사람도 그였다. 그는 당시에 생소한 감자를 "작고 녹색을 띠며 체리 크기만 한 과일"이라고 묘사했다. 감자를 꼭 재배해야 한다고 생각했던 그는 사람들에게 감자를 사용해보라고 제안했다.

"장작이나 숯이 타다 남은 불로 굽거나 아니면 칼집을 낸 뒤 감자 속에 다량의 버터를 바른다. 껍질째 익히는데 소금과 후추로 간을 한다. 껍질은 다 구웠을 때 바삭바삭한 맛이 일품이다."

구운 감자 속에 한껏 녹아든 버터……, 생각만 해도 존 에벌린은 정말 시대를 앞서간 인물이란 생각이 든다.

38

아이스크림

Ice cream

메리 일스, 1718년,

『메리 일스 부인의 레시피Mrs Mary Eales's Receipts』

Recipe 주석으로 된 얼음통을 준비한다. 밋밋하거나 달콤한 맛, 혹은 과일로 만든 크림을 넣는다. 뚜껑을 굳게 닫고 준비한 6개의 통에 8~9킬로그램의 얼음을 잘게 부숴 넣는다. 바닥부터 꼭대기까지 얼음 조각이 골고루 스며들도록 한다. 물통을 준비해 바닥에 짚을 깐 다음 얼음을 놓는다. 크림을 넣은 여러 개의 얼음통을 바닥에 가지런히 정리한다. 이때 통과 통 사이에 얼음과 함께 소금을 뿌린다. 그래야 통끼리 서로 붙지 않는다. 얼음을 바닥에서 위까지 층층이 쌓는다. 짚을 깐 물통의 꼭대기도 짚으로 잘 덮는다. 그런 뒤 햇빛은 물론 집 안 불빛도 들지 않는 창고에 놓아둔다. 네 시간 동안 얼음을 얼리는데, 더 오래 얼려도 상관없다. 필요할 때 꺼내서 쓰면 된다. 통을 잡으려고 하면 손에서 빠져나가 미끄러질 수도 있으니 주의하자. 과일 맛 나는 아이스크림을 원한다면 체리, 산딸기, 건포도, 딸기를 넣어 주석으로 된 얼음통을 과일로 채워보자. 그렇다고 통이 가득 찰 정도로 채우지는 말자. 샘물과 달콤한 맛을 낸 레몬주스를 첨가할 공간을 남겨두자. 통에 과일을 어느 정도 채운 것 같으면 얼음과 크림을 넣는다.

아이스크림과 관련된 최초의 레시피를 고르는 일은 솔직히 쉽지 않았다. 전문가들은 얼음을 넣어서 만든 디저트의 초기 형태를 꼽으면서 즐거워할 것이다.

예를 들면 14세기 닌토쿠[仁德] 천황이 즉위하던 시기에 한 일본 왕자는 지방을 순행하던 중 얼음 구덩이를 우연히 발견했다. 왕자가 앞에 있는 것이 무엇이냐고 묻자 마을 사람들은 무릎을 꿇으며 굽실거렸다. 그러면서 자신들의 보잘것없는 행동을 용서해달라고 빌었다.

"고귀하고 저명하신 왕자님, 그것은 얼음 구덩이입니다. 초가지붕의 짚단을 뚜껑처럼 덮어 웅덩이를 만든 것입니다. 웅덩이 바닥에 갈대를 말린 짚을 깔고 그 위에 얼음을 넣은 것이지요."

얼음 구덩이의 주인이 왕자가 미처 모르는 내용을 자신은 감히 아는 데 대해 생명에 위협을 느끼며 잔뜩 겁을 먹은 채 대답했다. 그러고는 덧붙였다.

"그래서 여름에 이 얼음을 쓰고 있습니다. 짚단이 바깥 온도를 차단시켜주기 때문에 구덩이 안에서 얼음이 계속 있을 수 있기 때문입니다. 이 얼음으로 시원한 사케를 마시거나 아이스크림을 만들어 먹지요. 천황만큼 위대하신 왕자님, 이제 이것을 어떻게 할까요? 땅콩이나 산딸기를 넣어드릴까요?"

그러자 왕자는 그의 옷을 홀딱 벗기도록 명령하더니 채찍질을 가했다. 얼음 구덩이 주인의 무모한 시도에 격분해 매질을 했지만 그래도 목숨은 해치지 않았다.

알렉산더 대왕은 꿀과 과일즙을 넣어 맛이 좋은 아이스크림으로 뭇 여성을 유혹하지 않았던가? 네로 황제는 노예들을 눈 덮인 산으로 보내 얼음을 가져오게 해서는 얼음에 과일과 주스를 섞어 맛있는 음식을 만들지 않았던가? 네로 황제는 "기독교인들을 사자 무리로 보내는 광경을 보는 것은 얼음물에 시럽을 넣은 음료를 마시는 것보다 더 신나는 일"이라고 말하기도 했다.

아이스크림의 진짜 원조를 찾는 일은 어렵다. 시작과 관련해 여러 설이 있기 때문이다. 물론 그중에서 가장 믿을 만한 것은 카트린 드메디치가 즐겨 먹었던 아이스크림이다. 그녀의 전용 아이스크림 제조자가 자주 거론되면서 그의 이름이 루게리라는 것도 세상에 알려졌다.

건축가이자 무대 연출가인 베르나르도 부온탈렌티는 16세기 중반에 연회와 잔치를 주관하는 담당자로 명성이 높았다. 파티 플래너로서 수준 높은 실력을 자랑한 그는 화려한 불꽃놀이와 얼음 조각을 제작한 덕분에 사치를 좋아하는 상류층에게 큰 신임을 얻었다. 그는 얼음을 넣은 맛있는 디저트도 만들었다. 이때 자발리오네와 과일을 썼다. 한여름에 입안을 상쾌하게 만드는, 얼음이 들어간 시원한 푸딩 요리를 맛보고 감동하지 않은 사람은 아마 없었을 것이다.

부온탈렌티는 건축가의 직업 특성을 살려 얼음집을 설계하는 책임을 맡은 적도 있다. 얼음을 보관하는 용도 외에 어떤 쓸모가 있을지는 미지수였지만 그래도 그는 공사에 착수했다. 얼음집의 기원은 훨씬 더 과거로 거슬러 올라간다. 아테나이오스는 장기간 앓으면서 치즈케이크에 유독 열광했다. 『데이프노소피스타』에는 "치몰라스 섬에서 지하에 냉동고를 만들어 여름에 사람들이 그 안에 따뜻한 물이 담긴 항아리를 넣어두었다가 눈처럼 차갑게 얼면 꺼냈다"는 기록이 있다.

16세기에 이르러 이탈리아 과학자들이 통에 질산칼륨을 추가로 넣으면 물이 더 빨리 얼음으로 응고된다는 사실을 발견했다. 1558년에 잠바티스타 델라 포르타는 실험을 통해 검증한 여러 과학적 사실을 『자연의 마력』이란 책으로 발표했다. 연금술을 다룬 이 책에는 납을 주석으로 바꾸는 화학 작용, 암탉 없이도 알을 부화시키는 방법, 완두콩 보관법, 무화과나무에서 최상의 열매를 맺게 하는 방법(붉은색 분필과 기름, 인분을 잘 섞은 뒤 나무 뿌리에 바르는)을 연금술사의 관점에서 설명하고 있다. 얼음에 시럽을 넣은 음료와 포도주를 섞은 레시피도 책에 수록되어 있다.

잠바티스타 델라 포르타는 "얼린 포도주를 어떻게 유리잔으로 마실 수 있는지"에 대해 자세히 기술했다. 포도주는 당시 연회에서 빠지지 않는 중요한 식재료였다. 그런 포도주를 "얼음처럼 차갑게 얼려서 여름에 마실 수 있다"면 최상이었다. 그는 포도주와 소량의 물을 따른 잔을 질산칼륨을 넣은 눈더미 속에 넣으라고 했다. 그러면 유리잔에 있던 액체가 얼음으로 응고된다는 것이다. 그는 얼음 음료에 익숙하지 않은 이들에게 "당신은 그것을 빨아먹어야 한다. 입김을 불어서 녹여 먹는 수밖에 없다"고 충고했다. 이는 기존의 음식과는 완전히 차별화된 것이었다. 이 음료는 사람들에게 큰 인기를 얻었다. 안토니오 라티니는 1692년에 '레몬 소르벗 20잔'을 만드는 레시피를 소개하기도 했다.

하지만 이 음식에 최고 점수를 줄 수는 없다. 얼린 포도주와 푸딩 요리를 대접한 것은 좋았지만 정확히 말해서 아이스크림은 아니기 때문이다. 그렇다면 아이스크림의 진정한 역사는 달걀 커스터드에서 입안에 넣으면 사르르 녹아버리는 얼음 결정이 들어 있는 소박한 레시피로 전환할 때 비로소 시작된 것일까?

그런 관점에서라면 1718년 메리 일스 부인이 제시한 레시피가 적합하다. 비록 그녀가 한 일은 이 요리의 몇 가지 기본 사항만 정리한 데 지나지 않았지만 말이다. 그녀의 설명대로 "주석으로 된 얼음통을 준비한다. 밋밋하거나 달콤한 맛, 혹은 과일로 만든 크림"과 같은 내용을 읽었을 때 아이스크림의 기본 과정이라는 것을 단번에 알 수 있다.

우리는 그녀가 스스로 깨우친 노하우라는 것을, 그리고 음식을 만드는 과정에서 소금을 사용할 줄 알았다는 것을 짐작할 수 있다. 메리 일스 부인은 앤 여왕의 제과 담당자였다. 그녀가 자신의 레시피를 모아 펴낸 소형 책자는 달콤한 설탕과 과자류가 대부분을 차지한다. 그중에는 '초콜릿 크림'도 있다. 만드는 방법은 다음과 같다. 초콜릿 113그램을 녹인 뒤 물 140밀리리터를 넣고 크림 570밀리리터와 잘 섞은 달걀 2개를 추가로 넣는다. 이 재료들을 본격적으로 요리하기 전에 잘 섞는다. 빨리 대접해야 하는 상황이라면 요리하기 직전에 "다시 한번 저어줌으로써 혼합물이 거품을 내면서 완전히 섞이게 했다".

물론 그녀의 레시피가 세상에 소개되기 전에 다른 아이스크림 레시피가 없었던 것은 아니다. 1660년대에 앤 팬셔 부인이 쓴 기록에 아이스크림이 나온다. 하지만 팬셔 부인은 소금에 대해서는 언급하지 않았다. 그런 의미에서 아이스크림 레시피의 주인공은 메리 일스 부인이 되어야 맞을 것이다. 게다가 그녀는 초콜릿무스 같은 맛있는 레시피도 보유하고 있었다. 음식 역사에서 그녀가 차지하는 위상은 이 정도면 확실히 다져진 셈이다.

39

퍼프 페이스트리

결을 많이 낸 페이스트리_Puff pastry

에드워드 키더, 1739년,

『페이스트리와 요리를 위한 레시피The Receipts of Pastry and Cookery』

Recipe 밀가루 454그램을 준비하고 버터 57그램을 으깨서 넣는다. 그리고 달걀 2개를 풀어 넣어 찬물로 반죽한다. 여기에 버터 454그램을 추가해 반죽을 찰지게 한다. 반죽을 납작하게 펴서 네모난 모양으로 만든다. 그 위에 밀가루를 입히고는 반죽을 더블 컬러, 즉 접은 깃 모양으로 만든다. 양쪽 끝을 가운데로 모은다.

18세기 초반에 영국의 왕가는 하노버 왕가로 계보가 이어졌다. 그 무렵 인쇄 사업이 성장하면서 일간 신문이 나오고 온갖 장르의 책이 출판됐다. 또 커피 하우스가 런던 전역에 퍼지기 시작했다. 부자들은 집을 화려하게 장식했고, '능력가' 랜슬럿 브라운[영국의 조원가造園家이자 건축가로 영국식 정원 기법을 확립했다]을 고용해서 정원을 꾸몄다. 반면 가난한 사람들은 계속 누추한 집에 살았다. 페이스트리 메이커로 불린 에드워드 키더는 런던 치프 사이드에 위치한 퀸 스트리트에 가게를 열었다.

그는 가게 쇼윈도를 새로운 스타일로 꾸몄다. 갓 구운 페이스트리와 파이를 진열장에 놓았던 것이다. 새끼 양고기, 사슴 고기, 닭고기도 함께 진열장을 장식했다. 그의 가게에는 상상할 수 있는 종류의 파이가 모두 있었다. 장식용 페이스트리와 달콤한 타르틀렛[작은 파이], 노란빛을 띠는 딱딱한 껍질로 덮인 속이 꽉 찬 파이도 있었다.

집에서 일하는 하인과 요리사들은 에드워드 키더가 만든 파이를 사갔다. 결혼하지 않은 남자들도 그의 파이를 오랜 습관처럼 사갔다. 그래서 누가 갑자기 집에 찾아오거나 배고플 때 주방 한쪽에 놓인 작은 탁자 위에 둔 파이를 먹었다. 집에서 손님을 접대하기 위해 파이를 사가는 사람이 있는가 하면, 긴 여행을 할 때 숙소에 다다르기 전까지 파이로 배고픔을 달래기 위해 사가는 사람도 있었다.

에드워드 키더의 파이는 맛이 정말 훌륭했다. 그가 만든 페이스트리도 마찬가지였다. 그는 요리 비법에 대해 여러 차례 질문을 받았다. 그때마다 요리 방법을 설명해주고 심지어 즉석에서 시범으로 요리를 만들기도 했다. 결국 그는 자신의 파이 레시피 기술과 관련된 수업을 하기로 했다. 수업을 듣는 학생들은 유복한 집안의 부인들이었다. 그는 매주 정기적으로 가르치면서 학생들에게 요리 기술을 전수했다. 산토끼, 닭, 염소, 비둘기, 백조, 칠면조, 아티초크 등 여러 재료가 들어가는 레시피를 가르쳤다. 그 밖에 생선을 넣은 파이와 고기를 넣은 민스파이[영국에서 크리스마스 때 전통적으로 먹는 음식], 달짝지근한 파이도 몇 가지 더 소개했다. 그는 페이스트리에서 끝내지 않고 레시피의 범위를 확장시켰다. 단순한 구이 요리에서 수프, 프리카세^{fricassee}[육류를 채소와 함께 장시간 삶은 다음 소금과 버터로 간을 한 서양 요리], 맛있는 푸딩까지 만들었다. 더불어 채소와 육류를 보관하고 젤리를 만드는 노하우도 교육 내용에 포함시켰다.

그의 사업은 날로 번창해 홀번에 두 번째 가게를 열었다. 그는 두 가게를 번갈아 다니며 시간을 쪼개 써야만 했다. 그가 보조 요리사를 썼는지의 여부는 기록에 나와 있지 않다. 하지만 충분히 썼으리라고 예상할 수 있다. 왜냐하면 그는 월·화·수요일 오후에는 세인트 마틴스 르 그랜드에 있는 학교에서 강의했고, 목·금·토요일 오후에는 퍼니벌즈 인에 있는 학교에 나갔기 때문이다. 게다가 그의 가게에 나오지 않고 자신의 집에서 개인 수업을 받길 원하는 부인들도 있었다. 에드워드 키더는 "부인들이 원하면 자택에서 수업을 할 수도 있다"고 직접 광고까지 했다.

그전에도 영국에 요리학교가 있었는지는 관련 기록이 없어 정확히 알기 어렵다. 어쩌면 그가 최초의 요리학교 설립자였는지도 모른다는 생각이 든

다. 요리 노하우가 멘토에서 학생들에게 전해지고 가정주부로부터 주방 도우미, 어머니에서 딸에게로 전해지게 된 것이다. 에드워드 키더와 같이 요리를 가르치는 사람들은 후세대를 위해 자신들의 레시피를 기록으로 남겼다. 어떤 부인도 자신의 레시피를 기록으로 남겼는데, 1678년에 책으로 남긴 레시피가 지금까지 전해오고 있다. 그 책은 『메리 틸링해스트 부인이 경험하고 배운 희귀하고 훌륭한 레시피Rare and Excellent Receipts, Experience'd and Taught by Mrs Mary Tillinghast』다. 하지만 이 부인이 어떻게 그리고 어디에서 이 레시피들을 배우게 됐는지는 알려지지 않았다. 반면 에드워드 키더는 책 첫머리에 가르친 내용의 출처를 명확하게 언급했다. 1739년에 그가 출간한 책 앞부분에도 그러한 내용이 명시되어 있다.

그는 레시피를 책으로 내는 발상을 오랫동안 사람들에게 주입시켰다. 73세의 나이에도 수업을 계속했다. 그가 쓴 책들을 보면 한눈에 수기로 쓴 필사본 형태라는 것을 알 수 있다. 끊어지지 않고 자연스럽게 이어지며 스타일이 세련되고 정교한 필체가 인상적이다. 하지만 글씨체를 자세히 살펴보면 손으로 쓴 글씨가 아니라 동판 인쇄로 찍어낸 글씨라는 게 확인된다.

아마도 이 인쇄본들은 교육적인 측면과 수업 내용을 기억하기 위한 회상록, 이 두 가지 면을 충족시키기 위해 제작된 것으로 보인다. 그의 수업 내용이 본문에 앞서 나오는데 어쩌면 그는 이 책을 자기 수업을 광고하기 위한 영업 수단으로 썼는지도 모른다. 그의 수업에 참석하도록 책으로 고객들에게 동기 부여를 한 것이다. 수업 내용 중에는 기니피그 두 마리가 등장하는데 당시에 가격도 저렴하고 사람들에게 인기가 많았다. 『레이디Lady』란 신문에 실린 기사에 따르면, "그는 대략 6000명에 달하는 부인들에게 페이스트리 레시피를 가르쳤다"고 한다.

그는 스스로 '페이스트리 마스터'라고 칭했다. 당시에 페이스트리 기술을 배우는 게 유행한 것은 틀림없다. 그래서 여기서 그의 퍼프 페이스트리 레시피를 소개하게 된 것이다. 그는 실제로 훌륭한 스승이었다. 그의 레시피는 시대 배경상 그렇게 근대적인 스타일은 아니었다. 그는 분명 전통 요리를 고집하는 전통주의자였으며, "학자들이 쓸 수 있도록" 자신의 레시피를 자세하게 기술한 책을 발표한다고 말했다. 그전 시대, 즉 약 150년 전 시대의 사람들이 자주 먹었을 것 같은 음식들의 레시피를 소개했다. 끓는 물에 넣고 삶은 고기, 구운 고기, 케이크, 수프 등 여러 종류의 레시피가 등장했다. 당시에는 토마토와 감자가 큰 인기를 얻었는데 그의 책에는 이처럼 시대를 앞서가는 재료들은 실려 있지 않았다. 그는 비록 근대적 요리가는 아니었지만 인기는 여전했다.

에드워드 키더는 생전에 많은 부를 축적한 부자였다. 의지만 있다면 그는 하지 못할 것이 없었다. 아내와 두 딸에게는 금시계와 다이아몬드 반지, 화려한 침실용 가구들과 여러 장신구를 남겼다. 그의 초상화가 책 표지에 실리기도 했는데 가발과 의상이 17세기 중반 남성의 모습을 잘 재현했다. 그는 정확한 표현을 강조하며 상대를 쩔쩔매게 하는 강압적인 표정의 소유자였다. 에그 파이를 만들면서 오른쪽 검지를 삐죽 내밀며 상대를 가르쳤다.

"삶은 달걀노른자 20개를 준비한 다음 같은 무게의 호박을 준비한다. 소고기 기름을 준비하고 달콤한 향이 나는 향신료와 레몬즙과 레몬 껍질을 섞어 맛을 낸다. 파이의 속을 이것들로 채운다."

슬프게도 70여 가지의 레시피가 담긴 책이 나오자마자 그는 갑자기 사망하고 말았다. 그는 요리학교를 처음 생각한 선구자였으며 후세 사람들에게 자신의 레시피를 글로 전달한 사람이었다.

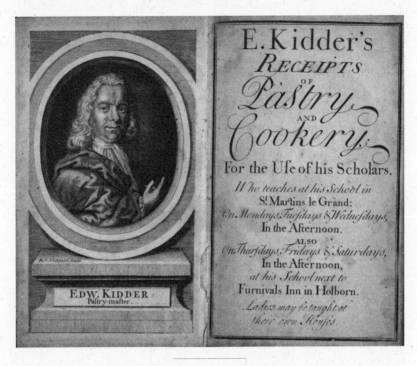

에드워드 키더의 『페이스트리와 요리를 위한 레시피』.
첫 장에 그의 초상화가 실려 있다.

40

송로를 곁들인 리틀 푸아그라 페이스트리

Little foie gras pastries with truffles

루이오귀스트 드 부르봉(돔브의 왕자), 1740년,
『요리사 가스콩Le Cuisinier Gascon(The Gascon Chef)』

Recipe 송로와 함께 거위 간을 준비한다. 푸아그라를 만들려면 특별히 작은 페이스트리를 준비한다. 바닥에 포스미트forcemeat[고기를 잘게 다져 혼합한 것]를 깔고 거위 간을 올린다. 옆면에는 송로를 놓고 맨 위는 다시 포스미트로 덮는다. 거위 간과 송로가 보이지 않도록 포스미트로 꼼꼼하게 덮은 다음 화덕에 넣어 굽는다. 다 익으면 위에 있는 포스미트를 건지고 소량의 에센스라 할 수 있는 푸아그라를 꺼내 대접한다.

음식을 화폐처럼 사용하며 상업적으로 거래하는 풍경은 거의 보기 힘들 뿐만 아니라 상식적으로도 이해하기 어렵다. 물론 어린 시절 운동장에서 선인장즙으로 만든 사탕을 축구 선수 스티커와 교환한 경험은 있지만 음식으로 하는 물물교환은 그리 신뢰하기 어렵다. 시도한다 하더라도 그 거래가 양쪽 모두에게 만족을 줄 가능성은 희박하다. 성서에서 에서는 자신의 장자권을 동생 야곱에게 팥죽 한 그릇에 팔았다. 팥죽은 정말 맛있는 음식이었음에 틀림없다. 그러나 그는 곧 자신의 선택이 얼마나 큰 손해였는지 깨닫고 비통해하며 후회했다.

내 증조부인 조지 시트웰 경은 아들 이튼의 학비를 지불하기 위해 열차한 대분의 화물에 해당되는 감자를 바쳤다. 그러나 학교는 그가 보낸 감자를 거부했다. 반면 쌍방이 거래에 만족하는 사례도 있었다. 1788년에 알자스 주지사인 마레샬 드 콩타드는 프랑스 왕 루이 16세에게 푸아그라를 바치면서 피카르디 지방의 북쪽 땅 일부를 알자스에 포함시켜줄 것을 요청했다.

왕은 땅을 충분히 갖고 있었던 반면 푸아그라는 그렇지 못했다. 결국 두 사람은 음식과 땅을 교환하기에 이르렀고 그 거래에 흡족해했다. 당연히 왕이 준 땅은 상태가 좋은 것이었다. 물론 얼마만큼 주었는지 그 구체적인 면적에 대한 내용은 없다. 어쨌든 땅이 비옥해서 밀을 재배하고 포도밭으로 경작하기에 좋은 땅이었다. 푸아그라는 그렇게 세상 사람들에게 선풍적인 인기를 끄는 음식이었다.

푸아그라를 준비한 사람은 콩타드의 페이스트리 전문 주방장 장 제프 클로즈였다. 콩타드는 알자스 지방 고유의 음식에 질려 있었다. 덤플링 dumpling[고기 요리에 넣어 먹는 새알심]과 면을 곁들인 토끼 요리는 너무 많이 먹어서 더 이상 구미를 당기지 않았다. 이에 콩타드는 클로즈에게 참신하고 독창적인 프랑스 요리를 해보라고 권했다.

주방장은 밤을 새우면서 아이디어를 고민하던 끝에 송아지 고기 및 포스미트 기름과 함께 거위 간을 익히는 요리를 구상하기에 이르렀다. 콩타드는 그 음식을 아주 좋아했다. 왕 또한 그 맛에 반해 푸아그라에 '식용 가능한 황금'이라는 이름을 붙였다. 자신이 원하던 부동산을 소유하게 된 콩타드는 푸야그라로 얻게 된 행운에 만족하며 주방장 클로즈에게 선물로 금화 20냥을 주었다. 클로즈는 그 돈으로 커다란 여행 가방을 사서 자신의 물건들을 쌌다. 그리고 스트라스부르로 옮겨가 가게를 열었다. 그 뒤 40년 동안 그는 거기서 푸아그라를 팔며 행복하게 살았다.

그는 가게를 운영하면서 푸아그라에 추가 재료로 송로를 넣었다. 어떤 기록에는 왕이 푸아그라를 좋아한 이유는 그 안에 넣은 송로 때문이라고 나와 있다. 그래서 왕이 먹은 푸아그라에 요리사 클로즈가 송로를 넣은 것인지 아니면 가게를 차린 뒤 추가한 재료인지에 대해서는 의견이 분분하다.

클로즈는 자신이 만든 음식을 '파테 드 푸아그라 드 스트라스부르pâté de foie gras de Strasbourg'라 불렀다. 그는 푸아그라 시대가 도래했다고 주장했다. 푸아그라를 포장해서 손님들에게 팔았는데 판매량이 어마어마했던 것이다. 이 음식은 유명세를 타기 시작했다. 클로즈가 레시피를 작성했을 수도 있지만 그에 관한 기록은 어디서도 찾아볼 수 없다. 결국 송로를 넣은 푸아그라 레시피를 최초로 요리책에 담은 명예는 다른 요리사에게 돌아갔다. 그는 클로즈가 가게를 열기 40년 전에 이미 푸아그라와 관련된 레시피를 책에 소개했다.

오리와 거위 간을 부풀리기 위해 억지로 사료를 먹이는 사육 방식은 고대 이집트 때 시작되었다.

1740년에 인기를 누린 책 『요리사 가스콩』이 바로 그것이다. 작가는 알려지지 않았지만 돔브의 왕자에게 헌사한 책이라는 사실은 알려져 있다. 그런데 실제로 그 책을 쓴 사람이 바로 그 왕자라는 소문이 무성했다. 귀족 신분으로 요리사가 될 수 없는 시대 배경 때문에 왕자가 익명으로 자신의 레시피를 모아 책을 냈다는 것이다.

돔브 왕자는 본명이 루이오귀스트 드 부르봉으로 멘 공작의 아들이었다. 그는 미각이 뛰어났다. 1740년에 출판업을 하면서 217가지 레시피를 담은 깔끔한 소책자를 편집한 적도 있다. 그는 "18세기 프랑스의 세련된 생활상을 알 수 있는 본질적 증거"가 그 책에 있다고 기술했다. 여기에 소개된 푸아그라 요리 외에도 '오렌지 플라워 워터에 담근 달걀 요리' '카라카타카트Caracatacat식으로 조리한 닭고기' '녹색 빛을 띠는 굴이 들어간 리틀 페이스트리'와 같은 요리가 레시피로 소개됐다.

돔브 왕자가 송로를 넣은 푸아그라 레시피를 처음으로 책에 소개한 주역이라면, 라 바렌은 거위 간을 이용한 여섯 가지 레시피를 기록으로 남겼다. 밀가루 반죽에 거위 간을 넣고 소금을 친 뒤 튀기는 요리를 제안했다. 튀긴 거위 간에 레몬즙을 뿌렸다. 또 다른 레시피는 송로를 넣지만 돔브 왕자가 설명한 것처럼 거위 간을 쪄서 만드는 오늘날의 푸아그라 형태와는 다르다. 또 마르크스 룸폴트가 쓴 『아인 뉴 코흐부흐』는 송아지의 대망막(갓 태어난 송아지 머리와 얼굴을 감싸는 양막의 일부로 맛이 일품이다!)에 거위 간을 넣어 돌돌 만 다음 익혀서 먹는 요리를 제안했다. 갈색빛을 띠는 수프에 완성된 요리를 넣어 먹는 식이었다.

푸아그라의 재료에 관한 논쟁은 계속되고 있다. 오늘날 동물 보호를 외치는 운동가들은 오리와 거위의 간을 일부러 부풀리는 행위를 비난하며 푸아그라를 파는 식당은 물론 슈퍼마켓 체인점을 대상으로 불매운동을 펼치고 있다. 심지어 어떤 운동가들은 도시 전체에 푸아그라 금지운동을 추진했다. 오리나 거위의 입을 벌려 목구멍까지 길게 들어가는 관을 통해 억지로 사료를 먹이는 사육 방법을 처음 생각해낸 영특한 인물에게 항의하고 싶다면 그러한 방법을 최초로 구상한 사람이 고대 이집트인임을 알아야 한다. 그들은 기원전 3세기에 이러한 방법으로 통통한 거위 간을 얻었다. 이에 대한 증거는 파리 루브르 박물관에 가면 확인할 수 있다.

카이로 근처 무덤에서 발견한 돌 장식의 그림에는 집에서 기르는 오리와 거위에게 억지로 사료를 먹이는 장면이 묘사되어 있다. 원기둥 모양의 관을 손에 쥔 남자가 나오는데 그 도구로 무엇을 하는가에 대해선 의심의 여지가 없다. 이 무덤은 티Ti라고 불리는 남자의 것이다. 마겔론 투생 사마의 『먹거리의 역사A History of Food』에서 그의 이름이 언급되는데, "파라오와 친하며 그의 수석 요리사로 네페리카레의 피라미드에 살면서 파라오의 방을 관리한 사람"으로 불렸다. 이렇게 긴 수식어보다는 차라리 티라는 이름이 낫다. 그는 오리와 거위 간을 좋아하는 만큼 긴 호칭을 좋아했던 것 같다. 이처럼 위까지 삽입된 관을 통해 강제로 영양분을 삽입하는 것을 '위관 영양gavage'이라 했다. 그는 죽어서도 거위 간과 영원히 함께하고 싶었기에 무덤에도 그와 관련된 그림을 새기게 했다.

고대 이집트인들에게 조류에게 위관 영양을 하라고 가르친 선조는 없었다. 이주생활을 하면서 그들 스스로 깨우친 것이다. 기후가 다른 지역으로 이동하면서 식량으로 오리와 거위 고기를 먹었다. 두 동물의 간은 다량의 지방 성분 덕분에 활동에 필요한 에너지를 비축하는 데 큰 도움이 됐다. 그러던 어느 날 누군가가 여행 때 데리고 갈 새 한 마리를 통통하게 살찌운 뒤 죽였다. 그러자 간 부분이 금빛을 띠며 지방질이 크게 부풀어 오른 것을 발견했다. 이제 사람들은 일부러 오리나 거위 간을 부풀려놓으면 1년 내내 먹을 양을 얻을 수 있다는 점을 터득했다.

이집트인들은 거위 간을 무척 좋아했다. 고대 로마인과 그리스인들도 마찬가지였다. 아르케스트라투스는 거위 간을 묘사하면서 "참으로 감명 깊다"고 표현했다. 또 기원전 218년 짧은 기간 동안 왕위에 오른 타락한 엘라가발루스 황제는, 그의 머리는 물론 어머니의 머리가 잘리는 끔찍한 일을 겪기 전에 거위 간을 자기 개들에게 주었다는 기록이 전해진다. 개에게 그런 음식을 준 것으로 볼 때 황제의 하인들은 개들에게 장거리 이동을 시켰을 것으로 추정된다.

요리사와 식도락가들도 거위 간을 거부하지 못했다. 한번 맛보면 야만적인 사육이 싹 잊힐 정도다. 미국의 요리사 댄 바버는 그 점에 대해 지적하며 말했다.

"오늘날 그 음식만큼 공개적인 비난을 받는 메뉴는 없다. 당신이 한 식당의 주방장으로서 메뉴에 푸아그라를 넣는다는 것은 손님들로부터 항의를 받을 수 있다는 것을 의미한다. 요리사들이 겪는 딜레마는 그럼에도 불구하고 푸아그라는 맛이 정말 좋다는 것이다."

맛이 풍부하고 기름기가 번지르르한 푸아그라는 확실히 요리사는 물론 저녁 식사를 하는 사람들에게 거부할 수 없는 메뉴다. 벤 쇼트는 『다양한 음식과 음료 모음집Food and Drink Miscellany』에서 푸아그라가 "전염병보다 더 치명적인 위험으로 대식가들을 위협하고 있다"고 적었다.

거위나 오리에게 강제로 영양을 보충함으로써 평소 간 크기의 여덟 배까지 부풀릴 수 있다. 프랑스인들은 전통적으로 푸아그라를 위해 오리와 거위를 길렀다. 그러면서 사육 방식의 가혹함을 애써 부인했다. 리처드 올니의 『검소한 프랑스 음식Simple French Food』(1974)에 저자가 페리고르에서 프랑스 여성을 만난 일화가 소개된다. 그 여성은 자신의 직업에 대해 강한 애정을 보였고 신비스러운 표현으로 자신이 하는 일을 설명했다.

저는 새들을 대할 때 부드럽고 다정하게 대해요. 이 일을 하면서 열정을 느끼고 미각을 극대화하는 일을 하고 있지요. 새의 배를 조심스럽게 가르는 그 순간, 긴장감과 함께 짜릿한 흥분이 느껴진답니다. 사랑스럽게, 부드럽게 배를 가르면 큼지막하고 영광스러운, 부드러운 금빛의 보물이 나타납니다. 부서질 수 있으니 아주 조심스레 다뤄야 해요. 몇 달 동안 세심하게 보관해서 순간의 쾌감을 즐길 수 있어요.

그녀의 말을 이해한 리처드 올니가 말을 이었다.

"그녀는 인생을 살면서 숭고한 순간을 경험했다. 최고의 절정을 가져다주는 아름다움을 적극적으로 느끼면서 풍만하게 부푼 거위 간을 생생하게 그릴 수 있었다."

클로즈는 자신의 파테 드 푸아그라 요리에 송로를 넣었다. 고가의 사치품으로 여겼던 송로를 거위 간에 넣음으로써 완벽한 숭고함을 자랑하는 요리가 된 것이다. 푸아그라는 결국 사람들의 인기를 한 몸에 받는 데 성공했다. 가금류의 간을 부풀림으로써 음식 문화에 혁신적인 변화의 바람이 분 것은 바로 18세기 말이다. 마침내 푸아그라는 프랑스 요리를 상징하는 대표 요리가 됐으며 동시에 지역적인 색채가 강한 메뉴로 자리잡게 됐다. 그 뒤로 몇 년의 세월이 더 흘러 거위 간 제조업자는 이 상품을 수호하기 위한 투쟁에 뛰어들어 결국 성공했다. 거위 간 소비의 이면에는 정치적 성격도 내재되어 있는 것이다.

이제 파테 드 푸아그라라는 명칭의 사용과 그것에 거위 간이 포함되는 최소 비율에 대한 규율이 법적으로 규제되면서 훌륭한 미식업계는 프랑스에 국한되지 않고 다른 국가까지 확장됐다. 그래서 지금은 진짜 푸아그라가 아닌 가짜 푸아그라, 프랑스어로 'faux gras'가 생산되고 있다. 억지로 영양을 보충한 것이 아니라 거위가 자발적으로 사료를 먹으면서 살이 찐 경우가 있기 때문이다. 그런 거위 간으로 메뉴를 준비하는 요리사들은 사람들의 항의로 인한 위협을 고려하지 않아도 된다.

41

요크셔푸딩

A Yorkshire pudding

해나 글래스, 1747년, 『쉽고 간단한 요리 기술The Art of Cookery Made Plain and Easy』

Recipe 우유 약 1.13리터와 달걀 4개, 소량의 소금을 준비한다. 밀가루로 팬 케이크용처럼 반죽을 두껍게 만든다. 그리고 스튜용 팬 위에 고깃덩어리를 올린 다음 불 위에 놓고 익힌다. 다 익으면 밀가루 반죽으로 만든 푸딩 속에 넣으면 된다. 밀가루 반죽을 불 위에 얹고 반죽이 충분히 부풀어 오를 때까지 기다린다. 푸딩을 거꾸로 뒤집어서 고기를 구운 팬 위에 올린다. 그런 다음 팬을 뒤집어서 안에 있던 고기가 푸딩 속에 들어가도록 한다. 이때 불의 열기를 유지해서 요리가 전체적으로 은은한 갈색을 띨 수 있게 한다. 고기가 완전히 익으면 식사를 준비한다. 푸딩에 있는 기름기를 빼고 다시 따로 불 위에 올려서 겉을 바삭바삭하게 만든다. 기름기를 충분히 제거하고 나면 접시 위에 올리고 버터를 추가한다. 컵 안에 재료를 넣고, 푸딩 가운데에 고기가 있도록 위치를 잘 조정한다. 그레이비소스를 곁들이면 완벽한 푸딩 요리가 된다.

해나 글래스는 주부들로부터 여신과 같은 존재로 여겨졌다. 남편, 가족, 고용주를 위해 식사를 준비해야 하는 주부들의 짜증나는 일상에 맞서 영국 여성들을 구제하는 데 앞장선 그녀는 개성 넘치는 요리사였다. 하지만 소심한 방패를 휘두르는 수줍은 기사와 같아서 자신의 책이 세상에 나와 유명세를 탔을 때도 정작 책에 자기 이름은 넣지 않았다. 『쉽고 간단한 요리 기술』을 출간했을 때 저자 이름에 '부인A lady'이라고만 기재했다가 이후

책이 재판될 때 본명인 해나 글래스를 명시했다. 그때가 20세기로, 그녀의 실명이 처음으로 공개된 것이다.

사람들은 '부인'이 남성이라고 추측했다. 당시 남성들은 여성이 글을 쓰고 책을 내는 것은 올바르지 못하다는 편견을 가지고 있던 터라 당연히 남자라고 생각했던 것이다. 그 책이 나온 후에도 많은 요리책이 남성의 이름으로 출간됐지만 알고 보면 실제 지은이는 여성인 경우가 더러 있었다. 안타깝게도 요리책을 쓰는 여성 작가는 해나 울리 이전엔 세상에 모습을 거의 드러내지 않았다. 1664년에 해나 울리가 대범하게 요리책을 쓰는 작가로 처음 등단하면서 상황은 달라지기 시작했다. 해나 글래스의 책이 출간된 후 여러 해 동안 책을 쓴 사람이 누구인지에 대한 의견이 분분했다. 웅변하는 듯한 말투와 뛰어난 구성력 때문에 사람들은 의심할 여지 없이 남자가 쓴 것이라고 간주했다.

제임스 보즈웰은 자신의 일기에서 출판업자 찰스 딜리의 집에서 있었던 파티를 회상하며 이 문제에 대해 사람들이 이야기를 나눈 일화를 언급했다. 그러면서 그는 새뮤얼 존슨이 한 말을 일기장에 그대로 옮겨 적었다.

"여성들은 정보를 그럴듯하게 제시하는 능력은 뛰어나지만 그런 생각들을 훌륭한 요리책으로 만들 능력은 없다."

보나 마나 그의 이러한 평가가 끝나자마자 주변 사람들은 깔깔거리며 웃었을 것이다. 하지만 예민한 귀를 가진 사람이라면 그 요리책에 소개된 레시피들과 도입부가 여성적인 문체로 쓰였다는 점을 눈치챘을 것이다. 해나 글래스는 다음과 같이 말했다.

"나는 내가 더 이상 바라지 않는 내 성별에 대해 사람들이 좋은 평가를 내려주는 것에 마냥 행복해해야만 하는 것인가. 나는 그저 모든 여성에게 간절히 청한다. 사람들이 나를 질책하기 전에 어서 내 책을 꼭 읽어보라."

가정에서 일하는 요리사들과 밀접한 관련이 있는 그녀의 이야기 방식은 그전에는 들을 수 없는 스타일이었다. 물론 얼핏 들으면 그녀가 하는 일은 이전 시대 요리사들의 일과 비슷하게 느껴진다. 제목을 정리한 페이지에는 여러 구이 요리와 끓이는 요리, 수프와 죽, 피클 만들기 그리고 '미친개에 물렸을 때 효과적인 치료'와 같이 우리에게 친숙한 민간요법을 통한 음식 제목이 소개되어 있다. 해나 글래스는 자신의 책이 기존 요리책과 다를 것이라고 확신했다. 그러면서 과감하게 자기 책이 "기존에 출간된 그 어떤 책에도 없는, 한계를 넘는 내용을 다룰 것이다"라고 선언했다. 그녀는 계속해서 자신의 주장을 피력했다.

"나는 지금까지 그 누구도 글로 기록하지 못한 요리의 새로운 지식 분야를 기록하려고 애썼다."

그녀는 분명 돈을 목적으로 책을 냈다. 그녀는 1708년 노섬벌랜드에 위치한 핵섬에서 부유한 귀족의 사생아로 태어났다. 경제적으로 부족할 것 없는 환경에서 자랐으며, 열여섯 살이 됐을 때 존 글래스와 결혼했다. 그러나 그것은 그녀의 일생에서 돌이킬 수 없는 실수였다. 그들은 런던으로 이사했고 남편은 자신의 본성을 드러냈다. 알고 보니, 경제적 형편도 어려웠고 툭하면 술 마시는 버릇이 있었다. 집은 누추했고 비위생적이었다. 그녀는 열한 명의 자녀를 낳았는데 그중 여섯 명을 신생아 때 잃고 말았다.

그녀는 가족의 생계를 유지하기 위해 옷 만드는 일을 했다. 그러나 급여가 시원치 않았다. 글을 읽고 쓸 줄 알았으며 요리도 할 줄 알았던 해나 글래스는 결국 자신이 가진 능력을 펼칠 수 있는 방법을 찾았다. 책을 내기로 했던 것이다. 이전에 출간된 내용, 같은 일을 한 다른 작가들이 이미 글로 옮긴 내용을 최대한 수집했다. 그래서 원하는 내용을 모방하고 표절하면서 수중에 들어오는 괜찮은 레시피와 아이디어들을 마구잡이로 도용했다.

15세기에 활동한 바르톨로메오 플라티나 이후로 이렇게 대담한 도둑은 없었다. 그녀는 '부인'이란 필명으로 1737년에 발표된 『여성의 모든 임무The Whole Duty of a Woman』에 소개된 972가지 레시피 가운데 263가지를 그대로 옮겨 적었다. 이야기를 전달하는 문체에서 남성의 말투가 느껴지는 것으로 보아 그 책의 '부인'은 해나 글래스가 아니었을 것이다. 또한 나머지 90가지 레시피는 다른 책에서 몰래 훔쳤을 것이다.

당시에 표절은 관습적인 행위였다. 1783년에는 요리사 존 팔리가 심각한 표절을 했다. 그는 비숍스게이트에 있는 런던 태번의 수석 요리사였다. 이 레스토랑은 총 2500명의 손님을 한 번에 모실 수 있는 초대형 식당이었다. 그곳에서 일하는 존 팔리가 출간한 책 『런던의 요리법London Art of Cookery』

에는 798가지 레시피가 담겨 있다. 그중 하나만 빼고 나머지는 전부 라팔드 부인이 손으로 쓴 원고를 한 자 한 자 그대로 베껴 쓴 것이다. 사실 존 팔리는 기자에게 돈을 주고 원고를 대필하도록 시켰다. 그리고 마지막 저자란에 자신의 이름만 넣었다. 이에 대해 아무도 불만을 토로하지 않았으며, 존 팔리는 전설적인 요리사이자 레시피 작가로 알려졌다. 프랑스의 식당업자였던 앙투안 보빌리에는 존 팔리를 무척 존경한 나머지 파리에 런던 태번에 버금가는 '라 그랑드 태번 드 롱드르La Grande Taverne de Londres'란 이름의 레스토랑을 열 정도였다.

1709년에 저작권 관련 법안이 통과됐지만 법적 규제가 요리책에까지는 미치지 않았다. 그래서 다른 사람의 레시피를 제 것인 양 써도 전혀 비난받지 않았다. 요리를 어떻게 만들고 또 어떤 새로운 아이디어들이 생겨났는지를 설명해주면 그것으로 족했다. 그래서 실제로 표절과 관련된 소송이 제기된 적은 한 번도 없었다. 해나 글래스가 사망하고 난 후에도 한동안 그런 풍토가 지속됐다. 그녀의 명성은 이어졌고 후세대는 18세기를 대표하는 위대한 요리사들 중 한 명으로 그녀를 기억했다. 그러나 과연 해나 글래스가 그러한 칭송을 받을 만한 자격이 있는가?

해나 글래스는 다른 사람의 레시피들을 훔쳐다가 썼다. 끓이는 요리, 관리법, 병과 항아리에 보관하는 법을 따라 했다. 하지만 그중 많은 부분은 내용을 바꾸거나 수정하면서 자기 식대로 표현을 달리했다. 그녀는 새로운 요리의 세계로 독자들을 차분하게 안내했다. 양이나 소의 기름을 쓰지 말고 버터를 쓰며, 크림 대신 우유와 달걀을 쓰라고 권했다. 그녀는 명확한 이해력을 바탕으로 재정비한 요리법을 제시했다. 『여성의 모든 임무』에서 레시피를 가져온 것은 맞지만 문장도 새롭게 가다듬었다.

해나 글래스는 수치, 양, 시간도 이전 레시피보다 더 정확하게 썼다. "약 4.5킬로그램의 소고기를 한 시간 반 동안 굽는다. 그리고 9킬로그램 무게의 또 다른 재료는 세 시간 동안 굽는다"와 같이 정확한 무게와 시간을 기록했다. 그녀는 너무 오랫동안 요리하지 말라고 당부했다.

"끓는 물이 담긴 솥에서 요리를 익히는 것이 바로 굽는 것보다 낫다. 바로 구워버리면 고기의 육질을 훼손할 위험이 있다."

또한 채소는 주의를 기울여서 요리해야 한다.

"녹색 채소는 너무 오래 끓이면 쭈글쭈글하게 변하며 달콤한 향도 사라질 뿐 아니라 시각적인 아름다움도 손상된다."

예를 들어 시금치에는 다음과 같은 방법을 제안했다.

"소금을 두 손가락으로 집을 만큼만 넣고 씻는다. 물은 넣지 말고 팬 위에 시금치를 올려놓고 자주 흔들어서 익힌다."

요크셔푸딩으로 불리는, 고기 기름을 뚝뚝 떨어트리면서 만든 푸딩은 18세기에 처음 완성되었다. 이 푸딩이 가능했던 이유 중 하나는 블랙컨트리[잉글랜드 중서부의 중공업 지대]에서 다른 곳보다 더 많은 석탄을 태울 수 있었기 때문이다. 성격이 거친 그곳 사람들은 불에 가까이 가서 고기 기름을 뽑아오는 일을 두려워하지 않았다. 기름이 뜨거울수록 푸딩 반죽은 더 바삭바삭해졌다.

초기 요크셔푸딩은 불 위에서 고기를 굽고, 구운 고기 밑에 팬을 놓아 고기에서 떨어진 기름을 모아 만들었다. 처음부터 고기와 곁들여 먹는 요리로 만들어진 것은 아니지만 그러한 요리의 선구자적 역할을 한 것은 맞다. 푸딩의 속이 부풀어 오르고 바깥은 바삭바삭하게 익었다. 푸딩에는 고기 육즙이 배어 있었다. 당시에 푸딩은 고기 요리를 먹기 전에 시장기를 달래고자 먹는 음식으로 여겨졌다. 즉 본요리인 고기를 기다리며 군침을 흘릴 때 배를 채우는 음식이었다. 해나 글래스는 푸딩에 대해 다음과 같이 평가했다.

"그것은 정말 훌륭한 푸딩이다. 고기에 그레이비소스를 곁들여 먹으면 맛이 훨씬 좋다."

그녀는 영국의 가정집에 최초로 카레 요리를 소개한 인물이기도 하다. 생강 향이 나는 피클, 즉 파코 릴라paco lilla도 소개했다. 이 피클은 피칼릴리piccalilli와 크게 다르지 않다. 해나 글래스는 동인도회사에서 사무관직으로 일하다 퇴직한 남자를 통해 피칼릴리를 알게 됐다. 그녀는 동포들이 해외에 나가서 접한 새로운 시도에 관심이 많았다. 그리고 "동인도에 여행 갈 때 동물의 창자를 잘 보관해서" 그것으로 만들 수 있는 레시피를 제공했다. 그러면서 당부도 잊지 않았다.

"인도에 가게 될 때 도중에 잘 포장한 재료를 절대로 열어서는 안 된다. 도착해서 제대로 만들어 먹을 때까지 기다려야 한다."

그녀는 사람들이 여행 중간에 간단한 식사로 그 재료를 쓰는 것을 원치 않았다.

참신한 레시피를 원하는 그녀에게 시간이 오래 걸리고 요리법도 무척 까다로운 오래된 연회 요리는 선택받지 못했다. 물론 동물을 도살하는 기술은 여전히 필요했다. 왜냐하면 블랙 푸딩과 같은 요리를 하려면 동물을 죽이는 까다로운 일부터 해야 했기 때문이다. 블랙 푸딩 레시피는 "먼저 당신의 돼지를 죽이기 전에……"로 시작한다. 해나 글래스는 베이컨에 꿩 고기를 넣고 돌돌 마는 요리를 제안했다. 닭요리에 버섯소스를 시도하기도 했다. 그녀가 제안한 요리 아이디어를 세부적으로 들여다보면 오늘날 우리가 하는 요리법과 크게 다르지 않음을 확인할 수 있다. 요즘 시대의 주부들은 요리할 시간이 부족한 것으로 인해 스트레스를 받는다. 한편 당시에는 고용한 하인이 한숨을 내쉬게 만들었다. 해나 글래스는 그 점을 잘 알았고 자신의 책에 주방에서 하인들의 요리 실력을 늘릴 수 있는 방법을 소개했다.

"나는 경험을 통해 눈으로 보고 확인했다. 하인들 대다수의 요리 실력이 턱없이 부족하다는 것을……."

그녀가 직접 평가한 말이다. 그렇다고 포기하기엔 아직 이르다. 글을 읽을 줄만 안다면 얼마든지 필요한 기술을 습득할 수 있다. 그녀가 열정적으로 추구하는 목표는 바로 "무지한 자, 배우지 못한 자를 교육하는 것"이었다.

다른 말로 표현하면, 그녀는 영화 「라타투이Ratatouille」의 셰프 구스토가 굳게 믿었던 것을 그보다 훨씬 더 전에 믿었던 지지자이기도 하다. 셰프 구스토는 "누구나 요리를 할 수 있다"고 강조한다. 해나 글래스는 결코 자신의 책에 『여성의 모든 임무』와 같은 뉘앙스의 제목을 쓰지 않았다. 『여성의 모든 임무』의 부제는 바로 '나이와 생활환경을 불문하고 모든 여성, 처녀, 부인, 과부의 행위와 태도에 대한 규율, 가르침, 감시에 대해 말해주는 여성을 위한 확실한 안내서'였다. 여기서는 아직 성인이 되지 않은 소녀도 피해갈 수 없다. 모든 여성에게 해당되는 내용이기 때문이다. 이 책을 비롯해 여성을 통제하려는 오만불손한 책들에는 식탁을 어떻게 차려야 하는지를 비롯해 여성이 갖춰야 할 예절이 담겨 있다. 그러나 해나 글래스는 그 책에 적힌 내용과 정반대의 태도를 지닌 여성이었다. 그녀는 고백했다.

"나는 결코 여성들에게 식탁을 어떻게 차려야 하는지 알려주는 일에 관여하고 싶지 않다."

그녀는 여성들의 삶이 더 편해지길 원했다. 그리고 일련의 규율과 원칙의 짐을 내려놓기를 바랐다. 그녀는 이렇게 말했다.

"하인들의 생활 조건을 향상시키고 여성들로부터 여러 부담의 짐을 덜어주고 싶었다."

해나 글래스는 자신의 요리에 근대적인 스타일을 가미했다. 그녀는 자신이 살고 있는 시대를 누구보다 잘 꿰뚫고 있었다. 프랑스인들을 공격하는 것에 즐거움을 느꼈고 그들이 스스로 셰프로 여기는 것을 조롱하며 비웃었다.

"신사들이 프랑스 출신의 요리사를 두고 싶어한다면 결국 프랑스식 속임수에 넘어갈 것이다."

그녀는 자신의 생각을 신랄하게 드러냈다.

"어떤 요리사가 버터 2.7킬로그램과 12개의 달걀로 달걀 프라이를 했다고 들었다. 요리를 좀 해본 사람이라면 누구나 안다. 그 정도 양의 달걀 프라이를 하는 데는 버터 227그램이면 족하다는 것을 말이다. 그러나 프랑스인들은 아니었다. 이 시대의 정신 나간 장님과도 같은 그들이라면 충분히 그와 같이 요리를 하고도 남는다. 프랑스의 멍청이들이 훌륭한 영국 요리사에게 충고를 한답시고 그들의 레시피를 강조하고 있다."

그녀는 프랑스식으로 자고새 요리법을 기술하면서는 이렇게 말했다.

"나라면 결코 이런 요리를 사람들에게 권하지 않겠다. 정말 괴상한 쓰레기 뒤범벅을 생각나게 하는 요리가 아닐 수 없다."

해나 글래스는 프랑스인의 별난 요리 취향을 극도로 혐오했다. 심지어 시기까지 적절했는데, 피로 얼룩진 프랑스 혁명이 일어나기 약 30년 전이었다. 이 혁명은 프랑스 민중이 부유하고 풍요로운 식습관을 향유하는 계급으로 상징되던 상류층에 대항한 반란이었다. 그녀는 1745년에 일어난 자코

바이트의 난[제임스 2세의 왕권을 복권시키려는 운동]에 대해서도 반감을 드러내며 우려를 표했다. 프랑스를 지지하던 찰스 에드워드 스튜어트가 남쪽으로 내려갔을 때, 만약 더 내려갔다면 프랑스군이 그를 지원하기 위해 영국을 침략했을 수도 있었다. 그러나 자코바이트들은 컬로든에서 패했고 그들의 침공 전략을 거두어들일 수밖에 없었다. 해나 글래스를 비롯해 프랑스를 싫어하던 사람들은 안도의 한숨을 내쉬었다.

　해나 글래스는 자신이 이룬 모든 성공에도 불구하고 수입에 대한 관리를 제대로 하지 못했다. 결국 파산 신청을 해야 했고 빚을 갚지 못해 감옥에까지 갔다. 그녀는 석방 후에 두 권의 책을 더 썼다. 한 권은 『하인들을 위한 지침서The Servants Directory』이고, 다른 한 권은 『완벽한 제과 요리The

Compleat Confectioner』다. 두 권 모두 그녀의 초기 작품만큼 큰 성공을 거두지는 못했다. 그렇더라도 그녀는 음식과 관련된 일이라면 빠지지 않고 항상 발전의 초석을 다지는 일에 앞장섰다.

42

칩 마멀레이드 만들기

To make chip marmalade

수재나 매키버, 1783년, 『요리와 페이스트리Cookery and Pastry』

Recipe 오렌지와 설탕은 같은 무게로 준비한다. 오렌지를 깨끗하게 썻고 닦는다. 잘라 즙을 짠 다음 체로 거른다. 껍질이 부드러워질 때까지 끓인다. 바늘이 들어갈 정도가 되면 불에서 내려놓는다. 수분을 빼고 오렌지에 있는 가는 실처럼 생긴 부분을 긁어낸다. 오렌지를 얇게 저민다. 색깔이 투명해질 때까지 끓인다. 강판에 간 것처럼 흐물흐물해지면 끓는 물을 그 위에 붓고 덮어놓는다. 얇게 저민 오렌지가 거의 투명한 빛깔을 보이면 주스에 넣는다. 체로 물기를 모두 뺀 뒤 주스가 젤리 형태가 될 때까지 계속 끓인다. 받침 접시에 담아 식힌다.

제임스 케일러 앤드 손 던디 마멀레이드의 하얀색 세라믹 그릇은 세계 도처에 흩어져 있다. 캐나다의 노바스코샤의 어느 가정집 뒤뜰에서, 하와이의 버려진 광산에서도 발견됐다. 북부 뉴욕 주의 플래시드 호수에서 스노클링을 하던 일행도 우연히 이 유명한 그릇을 주웠다. 이베이 경매 사이트에 올라온 그릇만도 수백 개에 달한다.

19세기 중반까지만 해도 이 세라믹 그릇 사업은 꽤나 번창했다. 던디에 위치한 공장에서는 300명의 직원이 일했다. 매년 마멀레이드 그릇 200만 개를 생산했다. 이 그릇은 용도가 무척 다양했다. 연필통, 나무수저를 넣는 숟가락통은 전혀 어울릴 것 같지 않은 낯선 공간에서도 곧잘 등장했는데 그다지 놀랄 일도 아니었다. 사람들은 이 마멀레이드 그릇을 좋아했다. 그 덕분에 던디 사는 유명해졌다. 하지만 최초의 그릇은 이곳에서 개발된 것이 아니었다. 장 조제프 클로즈가 거위 간을 포장해서 판매할 때, 1790년대에 그가 만든 파테 드 푸아그라가 한창 유행할 그 시기에 재닛 케일러는 마멀레이드를 만들어 팔았다.

마멀레이드는 우연히 만들어졌다. 스코틀랜드 동쪽 해안에 심한 폭풍이 불어 유럽으로 향하던 배 한 척이 던디 항구에 어쩔 수 없이 정박해야 했다. 악천후가 며칠째 계속되자 사람들은 해안가에 과일과 채소 짐짝을 풀어 내렸다. 식료품점을 운영하던 존 케일러가 이 소식을 듣고 부인 재닛을 항구로 보내 가게에 필요한 채소와 과일을 사오도록 했다. 재닛은 세비야산 오렌지를 대량으로 구입해 집으로 돌아왔다.

"이걸 다 팔 수는 없소. 그리고 맛이 너무 쓴걸."

존은 재닛이 오렌지를 너무 많이 사온 게 못마땅했다. 그런데 재닛의 대답은 의외였다.

"수재나 매키버의 『요리와 페이스트리』에 나온 마멀레이드 레시피가 있잖아요. 사람들이 그러는데 맛이 정말 환상적이래요."

이후 우리가 상상할 수 있는 시나리오가 척척 진행됐다. 재닛은 다량의 마멀레이드를 만들어 핫케이크처럼 팔았다. 일기예보를 들으니 폭풍이 계속될 전망이었다. 재닛은 심부름꾼 소년에게 해안가에 정착한 배에 가서 오렌지를 더 사오라고 시켰다. 결국 그녀는 캐슬 스트리트에 있는 자신의 가게에 오렌지를 계속해서 보급해줄 공급업체도 찾았다.

머지않아 그녀의 주방은 마멀레이드를 대량으로 만들기에는 너무 비좁은 공간이 되어버렸다. 그녀의 아들 제임스가 새로운 사업을 구상해 결국 1797년 '제임스 케일러'라는 상호를 붙였다. 1804년에는 벤처 사업을 시작했는데, 이번에는 사업자명을 '제임스 케일러 앤드 손'으로 고쳤다. 마멀레이드 제조업은 나날이 번창했다. 제임스의 가족은 회사를 위해 일했다. 케일러 가문은 규모를 키워 대량 생산을 했다. 브랜드를 내건 식품이 음식 공장에서 단일 상품으로 제작되는 것은 당시로서는 매우 드문 일이었다.

역사학자 C. 앤 윌슨은 『마멀레이드 책The Book of Marmalade』에서 단호하게 주장했다.

"재닛 케일러가 최초로 마멀레이드를 개발한 것은 아니다."

마멀레이드를 상품화해서 판 사람도 그녀가 처음은 아니라고 강조했다. 다만 그녀가 오렌지를 '얇게 썰어서' 만든 점만은 차별화됐다. 그녀는 막자와 막자사발을 이용해 오렌지를 부드럽게 갈지 않고 작은 덩어리로 쪼개서 마멀레이드를 만들었다. 힘이 덜 들었고 어쨌든 맛도 더 좋았다. 기존의 마멀레이드보다 알갱이가 더 굵고 색깔도 짙은 그녀만의 마멀레이드는 확실히 오렌지즙으로 만드는 기존 음료와는 대조적이었다.

재닛 케일러는 당시에 출간된 가족용 레시피 책에 이미 수많은 레시피가 소개되어 있었기 때문에 굳이 새로운 레시피를 개발해야 할 필요성을 느끼지 못했다. 에든버러에 거주하는 요리학교 교사 수재나 매키버의 책에도 이미 마멀레이드에 관한 2종의 레시피가 수록되어 있었다. 하나는 부드러운 스타일이었고, 다른 하나는 가는 칩처럼 썰어서 만드는 것이었다. 수재나 매키버는 책에 다음과 같이 썼다.

"사람들이 원래 하던 많은 방식과 달리 나는 경험을 통해 이 두 가지 레시피를 시도해보았고 이 두 방식이 최고의 선택임을 알게 되었다."

재닛 케일러는 자신의 마멀레이드를 '던디 마멀레이드'라 불렀다. 이 음료는 무척 잘 팔려서 스코틀랜드의 대표 음료가 됐다. 맛이 훌륭한 음료를 상징하며 스코틀랜드식 아침 식사에서 빠지지 않았다. 그 결과 스코틀랜드의 마멀레이드는 그 뒤에도 꾸준히 사람들 입에 오르내렸다. 스코틀랜드 출신의 극작가이자 시인인 월터 스콧은 클라이드 제방 근처에 살았는데 다음과 같은 글을 남겼다.

"우리는 킬마르디니 식당에서 아침 식사를 하곤 했다. 싱싱한 송어와 간단한 파이, 식은 상태에서 먹는 사슴 고기,

소의 허리 고기가 구석 탁자에 놓여 있었다. 집에서 만든 스콘, 흰색 푸딩과 스코틀랜드식 롤빵 그리고 말할 것도 없이 던디 마멀레이드와 스코틀랜드식 배넉bannock[오트밀이나 보릿가루를 개워서 구운 과자빵]이 있었다."

케일러 가문은 그들의 사업을 나날이 번창시켰고 그 뒤에도 수백 년 동안 활동을 이어갔다. 회사는 마멀레이드 그릇을 해외에 수출하기도 했다. 전 세계로 활동 범위를 넓혀감에 따라 외국에 거주하는 교포를 비롯해 오스트레일리아, 남아프리카, 인도, 중국까지 전 세계인이 마멀레이드 상품을 소비했다. 스코틀랜드의 맛을 느끼며 아침에 토스트를 먹을 수 있게 된 것이다.

마멀레이드가 스코틀랜드 고유의 식품은 아니다. 이름은 포르투갈어 '마르멜로marmelo'에서 유래했는데 원래 단어의 의미는 '마르멜로 잼'이다. 오늘날 영국인들에게 마멀레이드는 오렌지 잼으로 통한다. 그리스어인 '마르멜라다marmelada'는 단순히 '잼'을 뜻하는 단어이며, 이탈리아어로는 '마르멜라타marmellata'라고 한다. 달콤하면서도 질감이 야무진 마르멜로 젤리는 15세기에 선물용 식품으로 손꼽혔다. 그리고 식사가 끝난 뒤 마지막 입가심으로 먹는 귀한 음식이었다. 어떤 사람들은 마르멜로를 약처럼 여겼다. 헨리 8세는 선물로 마멀레이드를 가득 채운 항아리를 받았다. 1524년에 헐 오브 엑세터란 사람이 상자에 마르멜로 잼이 든 항아리를 담아 왕에게 선물했다는 기록이 전해진다.

마르멜로 잼에 대한 레시피는 16세기 요리책에 여러 형태로 소개된 바 있다. 그런 가운데 마르멜로 외에 다른 과일들로 시도하기 시작했다. 존 파트리지는 1584년에 『생필품의 자만적인 요소와 숨겨진 비밀에 대한 보고Treasurie of Commodius Conceites and Hidden Secrets』란 책을 발표하면서 '댐슨자두damsons와 일반 자두로 만든 마멀레이드' 요리법을 소개했다. 그 뒤에도 오렌지와 레몬을 쓴 마멀레이드가 영국인들이 자주 먹는 식품으로 자리잡았다. 아랍인들이 남유럽에 처음 가져온 것이 영국에서까지 유행하게 된 것이다. 1602년에 휴 플랫 경은 『부인들을 위한 기쁨』에서 "포르투갈에서 유행하는 방식에 따라 오렌지를 보관하는 법"을 설명했다. 그로부터 200년의 세월이 더 흐른 뒤에야 사람들은 오렌지 마멀레이드를 상품으로 제조하게 됐다.

제임스 케일러는 오렌지 껍질을 벗기는 기계를 개발했다. 1860년대에 이르러서는 그의 후손들에 의해 더욱 정교한 기계로 발전해나갔다. 회전심에 있는 날카로운 칼날들이 진화를 거듭하면서 오렌지를 가는 칩 모양으로 자르는 기술이 전보다 더 우수해졌다. 그 무렵 공장에서는 주로 젊은 여성을 고용해 기계에 넣은 오렌지 껍질을 관리하도록 했다. 그리고 끓는 구리 냄비에 줄줄이 오렌지 조각을 넣어 휘젓는 작업도 맡겼다. 이러한 생산과정은 데이비드 브렘너를 감동시켰다. 그는 케일러 가문이 운영하는 공장을 방문하면서 받은 인상을 1869년에 발표한 『스코틀랜드의 산업』에 언급하며 열변을 토했다. "깨끗하고 질서정연한 공장을 돌아다니다 보면 방문객들이 그곳을 탐방하게 된 것에 만족감을 느끼지 않을 수 없다." 또 "공장에서 일하는 노동자들의 모습을 보면 그곳에서의 작업이 충분히 만족스럽다는 것을 알 수 있다"고도 덧붙였다.

점잖은 제임스 케일러의 모습을 그린 초상화가 현재 던디에 위치한 맥매너스 갤러리에 전시되어 있다. 그는 1839년에 사망했다. 그의 첫 공장에서 생산한 마멀레이드가 전 세계에서 아침 식사로 애용된다는 것을 알고 편안한 마음으로 눈을 감을 수 있었다. 재닛 케일러의 독창성 덕분에 가문의 사업이 번창했다고 해도 과언이 아니다. 시초 역할을 했던 캐슬 스트리트에 있는 건물 벽에는 그와 관련된 내용을 담은 명판이 있다.

43

샌드위치

Sandwiches

샬럿 메이슨, 1787년, 『식단을 조정하고 공급하는 데 도움을 주는 부인의 조수
The Ladies' Assistant for Regulating and Supplying the Table』

Recipe 얇게 썬 소고기를 준비한다. 얇게 썬 빵과 버터 사이에 고기를 끼운다. 가장자리를 깔끔하게 자르고 접시 위에 올려놓는다. 송아지 고기와 햄을 얇게 썰어서 동일한 방식으로 샌드위치를 만든다.

샬럿 메이슨이 샌드위치 만드는 법을 기록으로 남긴 것을 보면, 격식을 갖추지 않은 문제로 대충 적은 것처럼 보인다. 그녀가 쓴 『식단을 조정하고 공급하는 데 도움을 주는 부인의 조수』라는 책에 여러 레시피를 소개하면서 끝에서 두 번째로 언급한 것이 바로 샌드위치다. 하지만 그녀는 이 짧은 레시피가 음식 역사의 창세기에 해당되는 핵심 메뉴로 자리잡을 것이라는 점을 미처 깨닫지 못했다. 오늘날 수십억의 사람이 일상적으로 먹는 배달 음식이 된 샌드위치는 그녀의 요리에서 시작됐다.

샌드위치는 제4대 샌드위치 백작인 존 몬테규의 이름을 따서, 만들어졌다. 그가 예의를 차리는 사회에 샌드위치란 음식을 소개하게 된 사연은 이미 잘 알려진 전설 중 하나다. 한량이자 노름꾼이던 그는 18세기에 유행하던 카드 게임에 푹 빠져 지냈다. 1762년에는 노름에 빠져 하루 24시간 내내 노름판에 있을 정도였다. 게임 판을 떠나는 것은 오로지 화장실에 다녀올 때나 슬리크slick[게임용 카드의 뒷면을 매끄럽게 함으로써 다른 카드보다 쉽게 미끄러트릴 수 있도록 만드는 속임수]를 펼칠 때, 아니면 다 떨어진 게임 머

니를 채워야 할 때, 스토킹stocking[카드 섞기를 하는 동안 카드의 묶음을 미리 정하는 행위]을 위한 속임수로 다리를 무장할 때뿐이었다.

그는 간식이 너무나도 먹고 싶었지만 차마 식당으로 갈 수 없었다. 그래서 게임 판 앞에 두고 먹을 무언가가 절실히 필요했다. 그는 카드를 손에 쥐고 계속 노름을 하면서 먹을 수 있는 촌스럽지 않은 메뉴를 원했다. 결국 하인을 불러 빵 두 조각에 버터를 바른 다음 그 사이에 얇은 고기 한 조각을 끼우라고 주문했다. 음식이 도착하자 동료 노름꾼들도 같은 메뉴를 요청했다. 그렇게 '샌드위치 백작이 먹는 대로' 사람들이 간편한 요리를 먹는 것이 유행하게 됐다.

이 중요한 음식의 레시피가 언제 정확히 정해졌는지는 알려지지 않았다. 또 샌드위치 백작이 그 음식을 '샌드위치'라고 부른 것이 노름할 때였는지 아니면 책상 앞에 앉아 일하면서 생각해낸 것인지는 알려지지 않았다. 한 가지 확실한 점은 그해 11월 이전에 샌드위치가 사람들에게 알려지기 시작했다는 것이다. 역사학자이자 하원의원인 에드워드 기번이 1762년 11월 24일 처음으로 샌드위치 레시피에 대해 언급했다.

"나는 코코아나무 앞에서 식사를 했다. 점잖은 사람들이 저녁마다 그곳에 와 여유를 즐기는데 매우 영국적인 풍경이다. 20~30명 되는 사람들이 작은 탁자 앞에 앉아 음료를 마시며 시간을 보냈다. 그리고 식힌 고기나 샌드위치를 먹곤 했다."

샌드위치 백작 4세가 자신의 이름을 이 놀라운 음식에 부여했을 가능성도 있다. 어디든 쉽게 들고 다닐 수 있는 이 스낵은 사실 그가 최초로 만든 것은 아니었다. 어쩌면 그는 지중해 동부 지역을 여행하면서 그와 비슷하게 생긴 음식을 보았을 수도 있다. 왜냐하면 빵 두 쪽 사이에 정교하게 만든 음식 재료를 넣는 메제mezes[중동, 그리스, 터키에서 식사 시작 전에 내놓는 전채 요리]나 빵 위에 재료를 얹는 카나페가 그전부터 있었기 때문이다. 그리스인들도 오래전부터 그 음식을 먹었고 그러다가 영국인들에게까지 퍼졌다.

샌드위치의 유명세는 초반에는 좀 약했지만 상류층 인사들이 늦은 밤에 술을 마실 때 안주로 샌드위치를 먹으면서 인기 메뉴로 자리잡았다. 수

다를 떨고 게임을 하는 동안 배가 고플 때 먹으면 좋은 음식이었다. 그러다가 무도회와 큰 파티에서도 샌드위치를 볼 수 있게 됐다. 19세기에 들어서는 샌드위치가 정찬은 물론 이브닝 파티에 단골 메뉴로 등장했다. 그 전날 만든 구이 요리가 남았을 때 식은 고기를 다음 날 샌드위치 재료로 쓰기에 안성맞춤이었다.

또한 집과 일터의 거리가 멀어지면서 샌드위치는 사람들이 손쉽게 먹을 수 있는 식사거리가 됐다. 지하에서 일하는 광부들의 음식인 패스티pasty[만두처럼 고기와 채소로 소를 넣어 만든 작은 파이]는 먹기 편하고 건강에 유익하긴 하나 따뜻하게 데워 먹어야 제맛을 느낄 수 있다. 반면 샌드위치는 스낵처럼 깔끔해서 마차와 기차를 타고 이동하는 사람들이 선호했다.

이런 음식이 18세기 중반에 이르러서야 빛을 발했다는 것이 그저 놀라울 따름이다. 물론 빵 속에 재료를 담아 내놓는 음식은 오래전부터 있었다. 수프와 걸쭉한 죽을 딱딱한 빵 위에 부어서 메인 요리처럼 먹은 적도 있었다. 빵 위에 여러 종류의 고기를 얹어 먹기도 했다. 그러다가 누군가가 황급히 식탁을 떠나야 했다. 그는 배가 고픈 나머지 이동하면서 먹기 위해 빵 조각과 얇은 고기 조각을 손에 든 채 자리를 떴다.

빵 위에 음식을 올려 먹는 방식은 사람들의 관심을 끌기에 충분했다. 얇게 썬 두 빵 사이에 무엇을 넣었는지는 전혀 감출 거리가 아니었다. 사람들은 장소를 이동할 때 편하게 샌드위치를 먹었다. H. D. 레너는 1944년에 퍼낸 『식습관의 기원The Origins of Food Habits』에서 샌드위치와 관련해 다음과 같이 평했다.

"이러한 장점에도 불구하고 사람들은 샌드위치의 표면, 즉 빵이 가장 먼저 보이기 때문에 음식에 대한 생리적 욕구와 심리적 욕구, 이 두 가지를 완벽하게 느낄 수가 없다."

시간이 흘러서 사람들은 소풍, 저녁, 티타임 때 샌드위치를 즐겨 먹게 되었다. 뿐만 아니라 선술집과 호텔에서도 샌드위치를 팔았다. 19세기 영국에서는 에일과 진을 과도하게 마시는 사람들을 위해 국가 차원에서 금주운동이 일어났다. 좀 단호하기는 했지만 충분히 수긍할 만한 조치였다. 이때 선술집 주인들은 가게에 손님들이 끌어모으기 위해 무료로 샌드위치를 제공하겠다는 광고까지 했다.

조지 3세가 섭정하던 시기에 샌드위치가 사람들에게 알려지기 시작했다. 이 시기에 왕은 아메리카 대륙의 식민지를 잃어 정신이상자가 돼 있었다. 샌드위치는 샬럿 메이슨이 정리한 음식의 중요한 발전의 예에도 포함됐다. 그녀의 책에는 '차우더chouder[생선이나 조개류와 야채로 만든 걸쭉한 수프]로 불리는 해산물 요리' 레시피뿐만 아니라 달걀을 재료로 하는 양 많고 창의적인 요리들도 포함되어 있었다. 소고기 올리브 요리에서 '웰시Welsh' 토끼, '플로팅 초콜릿 아일랜드floating chocolate island'도 등장했다.

샬럿 메이슨에 대해서는 확실하게 정의하기 힘들다. 그녀에 대해 알려진 사실은 30년차 주부라는 것과 제철 요리에 관심이 많은 사람이라는 것이다. 그녀는 식당에 오래된 '메뉴 목록'을 제안하기도 했다. 그녀는 그 목록을 작성하는 과정을 일명 '식단 조절'이라 했다. 페이지마다 이 코스 요리가 어떤 음식과 조화를 이루는지에 대해 조언했다. 물론 그녀는 샌드위치 자체를 하나의 메인 요리로 여기진 않았다. 그녀는 자신의 조언이 "맛에서도 신뢰를 주고 가정주부들이 음식을 관리할 때 믿음을 줄 수 있는" 것이 되기를 바랐다. 만약 그녀가 여성들에게 샌드위치를 소개하면서 또 다른 행복의 요소를 제안했다면 샌드위치는 훨씬 더 빨리 유행할 수 있지 않았을까?

44

버터를 바른 애플파이

A buttered apple pie

어밀리아 시먼스, 1796년, 『미국의 요리American Cookery』

Recipe 사과 껍질을 벗기고 4등분 해서 자른 다음 가운데 씨 부분을 빼내고 애플파이를 만든다. 밀가루 반죽을 펴고 준비한 사과를 올린다. 30분 정도 가열해 윗부분이 바짝 익었을 때 꺼낸다. 여기에 설탕과 버터, 계피, 메이스를 넣고 포도주나 장미수를 넣는다.

애플파이는 미국의 문화 아이콘이 된 음식이다. 제2차 세계대전에 참전한 미군들은 어머니를 위해 싸웠고 또 애플파이를 위해 싸웠노라고 말할 정도였다. 미국인들은 갓 구운 애플파이의 냄새를 맡고 성조기가 펄럭이는 모습을 보는 것만으로도 눈시울을 붉힌다. 그들의 삶에 피해를 입을 수도 있다는 생각을 하는 사람이라면 누구나 자신이 사랑하는 대상을 지키기 위해 기꺼이 군대에 지원할 수밖에 없었다. 그렇다고 미국인들 스스로 애플파이를 만든 최초의 요리사로 여기는 것은 아니다. 다만 애플파이를 선호하는 민족인 것은 맞다. 미국의 초기 요리책에 애플파이가 처음 소개됐을 때 그 파장은 놀라울 정도로 대단했다.

어밀리아 시먼스는 여러 버전의 애플파이 레시피를 보유하고 있었다. 그 중 '버터를 바른 애플파이'는 사과를 미리 익히지 않고 만드는 요리여서 특별하다. 다른 레시피에서는 사과를 먼저 끓인 다음 체로 받쳐 물기를 쏙 뺀 뒤 파이 반죽 위에 올렸다. 계피와 메이스를 넣어 익힌 다음 육두구로 가장 바깥쪽 표면을 덮음으로써 묘한 맛을 자랑했다. 이 버전은 요즘 미국인들이 먹는 애플파이와 크게 다르지 않다. 특히 장미수나 포도주를 넣지 않고 만든 애플파이는 향이 달콤하고 부드러우며 바삭바삭한 질감을 즐길 수 있다.

미국인들은 애플파이에 대한 자부심이 대단하다. 어느 주에 가든 애플파이를 볼 수 있으며 어디에든 사과나무가 많다. 사과는 저장법도 단순하다. 애플파이는 하루 중 아무 때나 먹을 수 있는 음식으로 인식된다. 미국의 첫 요리책을 쓴 작가에게서 애플파이에 대한 레시피를 들을 수 있었던 것도 이들에게는 자랑거리였다. 어밀리아 시먼스는 요리책을 쓰면서 미국 전역에 오랫동안 확산되던 미국인들의 독립성을 드러냈다. 영국의 항복은 아득한 기억이 됐고 독립선언문을 낭독한 지 20년이 되던 해였다.

그녀가 책을 출간한 해에 처음으로 대통령 선거가 치러졌다. 그리고 유럽인들이 서부로 이민을 오기 시작하면서 미국의 인구는 빠른 속도로 증가했다. 테네시 주는 구획이 완성되고 얼마 안 있어 미국의 열여섯 번째 주로 공식 인정을 받았다. 어밀리아 시먼스는 마치 자신의 레시피가 모든 주의 음식이라도 되는 양 책 제목을 『미국의 요리』라고 지었다.

그전까지만 해도 미국에서는 저베이스 마컴과 해나 글래스 같은 영국 요리 작가들이 쓴 책이 유통됐다. 1742년에 일라이자 스미스가 쓴 『완벽한 가정주부The Compleat Housewife』가 출간됐지만 영국에서 그전부터 150년 넘게 출간돼온 가정생활과 주부들에 대한 여러 책의 내용을 짜깁기한 아류작이었을 뿐이다. 새롭게 태어난 미국의 정신적 가치관을 반영한 요리책은 당시까진 없었다. 즉 미국의 토산물을 재료 삼아 만들 수 있는 요리에 대해 진지하게 고민해 글로 옮긴 독자적인 요리책은 찾아볼 수 없었다.

그러나 어밀리아 시먼스가 판도를 뒤집었다. 적어도 그런 요리 중 몇 가지를 제안했으니 말이다. 그녀는 옥수숫가루로 음식을 만들기도 했으며, 칠면조 요리와 잘 어울리는 크랜베리소스를 만드는 데 성공했다. 이 소스는 튜더 왕조 때의 요리사들이 사냥해온 고기에 곁들일 때 만들곤 했던 붉은 장과 열매로 만든 소스에서 유래해 후세대로 전해 내려온 것인지도 모른다. 물론 미국인들 스스로 그 소스의 원조가 자신들의 조상이라고 우길 만한 명분은 분명히 있다. 사실 미국 요리 작가가 옥수숫가루를 재료로 하는 레시피를 소개하기 몇 년 전에 프랑스 요리책에 이미 옥수숫가루 레시피가 등장한 적이 있다. 어밀리아 시먼스는 옥수숫가루를 쓰는 여러 레시피를 가지고 있었는데 어쨌든 그녀가 설명하는 레시피는 사실 그렇게 프랑스적이지는 않았다.

어밀리아 시먼스는 초기 베이킹파우더로 쓰인 진주회를 최초로 책에 언급한 작가다. 반죽이 부풀어 오르는 효과를 내고 옥수수의 속대 위에서 베이컨을 구울 때 썼다. 그녀는 미국 시장을 위해 여러 요리의 이름을 새롭게 짓는 일에도 참여했다. 예를 들면 인디언들이 먹는 오트밀 비스킷은 인디언들이 부르는 이름 대신 '쿠키cookie'란 단어로 불렸다. 미국인들에게 친숙한 과자인 쿠키는 이렇게 탄생했다.

그녀가 이뤄낸 위대한 업적 중 하나는 바로 미국의 토산물을 영국의 전통 요리법과 절묘하게 만나도록 한 점이다. 그녀의 레시피는 새롭게 그리고 급성장하는 국가에 딱 어울렸다. 그녀는 자신의 요리책을 선전할 때도 "이 나라에 어울리는, 그리고 모든 사회 계층에 어울리는" 요리라고 소개했다. 그녀가 제안하는 요리의 재료는 가격도 저렴했다. 2실링 2펜스면 살 수 있는 것들이었다. 요즘 화폐로 계산하면 1파운드에 해당되는 가격이다. 요리책은 큰 인기를 끌었고 그녀는 책을 출간한 해에 2쇄를 찍었다. 그녀는 당시에 "사람들의 요청이 쇄도했다. 책이 정말 빠르게 팔려나갔다"고 말했다.

어밀리아 시먼스, 그녀는 누구인가? 레시피와 서문에 적힌 몇 가지 단서를 제외하면 그녀에 대한 개인적인 정보는 거의 없다고 해도 과언이 아니다. 제목과 관련한 페이지에서 그녀가 고백했던 터라 고아 출신이라는 것은 알려져 있다. 그녀는 '미국 출신의 고아'였다. 그 점에 대해 그녀는 살짝 화가 난 것 같기도 했으며 매우 민감한 반응을 보였다. 평범한 가정에서 자란 사람들을 부러워하는 마음이 은연중 드러났기 때문이다. "이 여성들은 부모가 있거나 형제가 있다. 아니면 돈이 많다"고 말한 적이 있는데 왜 그런 말을 했는지 충분히 이해가 간다.

그녀는 책을 쓰면서 희망하는 독자들에 대해 말할 때 "이 나라에서 부모를 잃거나 다른 불행한 일을 겪은 여성들이 가족의 품으로 돌아가고 가정을 꾸리는 데 도움이 되는 필수 도서가 되길 바란다"고 했다. 그 무렵 독립전쟁이 일어났고 마침내 독립선언문을 낭독하는 날이 왔다. 국가에 대한 자부심이 치솟는 순간을 경험했지만 그 와중에도 여전히 비참한 생활을 하는 사람은 너무나 많았다. 그녀는 고아들이 생존을 위해 '그들 자신의 생각과 결단력'을 가져야만 한다고 이야기했다. 어밀리아 시먼스는 불행한 시기를 보냈지만 그 덕분에 큰 교훈을 얻었다. 그녀의 책은 그녀처럼 힘든 시기를 보내는 사람들에게 도움의 손길이 되는 안내서 역할을 했다.

그녀의 책은 또한 젊은 독자들을 겨냥했다. "나이 많은 사람들은 다양한 변화, 일상적으로 일어나는 유행에 적응할 수가 없다" 이는 자신의 경험에서 우러나온 말이었다. 하녀로 일하면서 요리에 차츰 눈을 뜨게 된 그녀는 청소년기에 겪은 경험에서 여러 영감을 얻었다. 그녀의 말대로 젊은 사람들은 "시시각각 변하는 취향과 시기에 맞는 유행에 유연하게 반응하고 순응하는 경향이 있다".

그녀는 지혜로웠지만 거의 문맹이었다. 그녀는 책을 재판할 때 초판의 내용이 결코 자신이 생각한 결과물이 아니라는 것을 알게 되었다. 그녀는 "심각한 실수와 부정확한 표현들이 눈에 띄었다. 잘 몰라서 한 실수도 있었지만 글로 옮기면서 있는 그대로 적지 않은 불순한 의도에서 비롯되기도 했다"고 고백했다.

추정컨대 아는 것은 많았지만 책으로 옮기기에는 글솜씨가 부족했던 그녀가 다른 사람에게 자신이 말하는 레시피를 글로 대신 적어달라고 부탁한 게 틀림없다. 물론 이야기 자체는 매우 훌륭했다. 다만 초고본을 잘 읽을 수 없었기에 출간과정에서 다른 사람이 그녀를 대신하여 읽을 수밖에 없었다. 실체를 알게 된 그녀는 격분했다.

그렇더라도 악의는 별로 없는 내용이었다. 어밀리아 시먼스가 화를 낸 결정적인 이유는 바로 책 앞부분 몇 페이지에 넣은, 시장에서 식재료를 고를 때 한 조언이 마음에 들지 않았기 때문이다. 상태가 안 좋은 생선을 골라내는 방법에 대한 유용한 정보였다. 즉 "아가미 상태가 신선한지, 눈 색깔이 전체적으로 밝은지" 유심히 보면 된다는 것이었다. 하지만 정직하지 못한 상인들은 일부러 생선 아가미에 후추를 쳐놓는다든가 싱싱하게 보이려고 꼬리에 물을 묻혔다. 또 몸에 동물의 피를 묻히고 아가미에 물감을 발라

1781년 10월, 버지니아 주 요크타운에서
전투에 패배한 영국군이 워싱턴 장군에게 항복을 선언하는 모습이다.

색깔을 조작했다.

하지만 이런 정보는 영국 책에서 수도 없이 언급된 내용이었다. 그녀는
자신의 이야기에 차별을 부여하고 싶었다. 그래서 17쪽에 달하는 정보를 자
신의 의도와 상관없이 책에 넣은 것에 분노할 수밖에 없었다. 그녀의 책을
읽은 독자들도 좋은 상품과 나쁜 상품의 차이 정도는 구별할 수 있었기에
그런 내용을 담은 책을 낸 것이 그녀 입장에서는 못마땅했다.

그녀의 생각이 옳은지 그른지는 중요하지 않다. 중요한 것은 그녀의 책
이 영국으로부터 독립하기 이전의 식민지 시대 국가에 정체성을 심어주는
데 기여했다는 점이다. 영국 책에는 시장에서 물건을 살 때 도움이 되는 정
보가 소개됐지만 그녀는 이런 내용을 원하지 않았다. 아마 오래된 제철 음
식을 다룬 '메뉴 목록'도 책에 포함시키고 싶어하지 않았을 거라고 추측할

수 있다. 적어도 그녀가 한 말을 글로 옮긴 사람은 그 내용을 담지 않았다.

그녀는 결혼을 하지 않았다. 그녀가 책을 내고 나서 부자가 됐는지의 여부는 결코 알 수 없다. 큰 성공을 거둔 것은 사실이지만 말이다. 어쩌면 그녀는 자신을 고용한 주인 밑에서 하던 일을 그만두었을지도 모른다. 그리고 뉴잉글랜드의 허드슨 리버 밸리 어딘가로 이사했을 수도 있다. 그녀의 책을 펴낸 출판사들이 추정한 내용에 따르면 그렇다. 또 어쩌면 이 불쌍한 고아 출신의 여성은 드디어 자신이 진정으로 갈망하던 독립적인 삶을 살기 시작했을 수도 있다.

그녀의 책을 표절한 사람들이 있었다는 것은 두말할 필요도 없다. 1805년 『새로운 미국의 요리^{New American Cookery}』란 제목으로 출간된 책은 '미국 부인'이 쓴 것으로 알려졌는데 알고 보니 어밀리아 시먼스의 책을 그대로 베껴 쓴 것이었다. 1819년에 해리엇 화이팅이 쓴 『가정의 요리^{Domestic Cookery}』는 보스턴에서 나왔는데 이 책도 표절인 것은 마찬가지지만 2쇄에 수정된 내용은 보완되지 않았다. 여러 작가가 어밀리아 시먼스의 동의 없이 그녀의 책을 베꼈다. 하지만 우리가 기억하는 그녀는 분노나 표절 행위와 관련된 모습이 아니다. 새로운 미국 정신을 구현한 것, 그보다 더 중요한 것은 애플파이 레시피를 소개한 작가로 더 많이 기억한다는 점이다.

45

수플레

Soufflé

앙투안 보빌리에, 1816년, 『요리사의 기술L'Art du Cuisinier(The Art of the Cook)』

Recipe 신선한 버터를 달걀 크기만큼 덜고 육두구 소량, 신선한 달걀 4개의 노른자와 흰자를 분리해서 거품이 날 때까지 휘젓는다. 부드러운 빵 부분을 만들기 위한 과정이다. 재료들이 뜨거운 퓌레가 된 것처럼 서로 잘 섞이도록 천천히 젓는다. 은색 그릇이나 페이퍼 주형틀에 넣는다. 모양이 둥글어도 되고 사각형이어도 상관없다. 용기에 담은 재료를 오븐에 넣으면 수플레가 살짝 부풀 것이다. 충분히 부풀 때까지 기다렸다가 꺼낸다. 부푼 빵이 가라앉기 쉬우니 바로 먹는다.

앙투안 보빌리에는 수플레를 무척 좋아했다. 특히 가금류나 다른 고기와 같이 먹는 걸 즐겼다. 그의 수플레는 파리 리슐리외 가에 있는 그의 식당 라 그랑드 태번 드 롱드르에서 제공하는 여러 메뉴에 가볍게 추가하는 디저트로 자리잡았다. 그의 식당은 파리에서 문을 연 최초의 대형 식당이다. 아마 전 세계 최초였는지도 모른다. 그전에 같은 거리에서 열었던 식당은 규모가 훨씬 작았는데, 이름은 그의 성을 따 '보빌리에'로 했다. 그의 고객들은 모두 귀족이었다. 프랑스 혁명으로 귀족들이 구금됐을 때 그도 함께 체포됐다. 그렇더라도 그의 식당을 드나들던 고객들의 불운한 운명이 그의 삶을 옭아매지는 못했다. 얼마 지나지 않아 그는 석방됐는데, 정부가 볼 때 죄수로서보다는 요리사로서 더 쓸모 있는 사람이라고 판단했기 때문이다.

보빌리에는 감옥에서 나오면서 성공적인 귀환을 위한 계획을 짰다. 몇 해 전 런던을 방문했을 때 태번에서 식사를 한 기억과 거기서 만난 유명한 주방장 존 팔리를 떠올렸다. 요리사이자 레시피 도둑이었던 그는 비숍스게이트에 연회장 용도로 2500명을 수용하는 대규모 식당을 소유하고 있었다. 음식은 성대한 파티에서 나올 법한 메뉴답게 고급스러웠다. 하지만 자유로운 메뉴 선택권은 없었는데, 그러한 방식이 수백 년간 지속되었다. 메뉴의 참신함은 찾아볼 수 없었고 집에서 집을 거쳐 전수한 경험만 고스란히 남아 있었다. 선술집이나 여관 그리고 음식을 제공하는 숙박시설에서는 손님에게 요리사가 만든 음식과 함께 에일 맥주를 제공하는 것이 다반사였다.

그러한 풍습은 보빌리에를 실망시켰다. 1754년 태생인 그는 코트 오브 프로방스에서 견습공으로 일한 경력이 있는 요리사였다. 조리과정에 대한 방대하고 상세한 지식을 갖춘 그는 파리 사람들에게 새로운 요리를 선보이고 싶은 열망이 컸다. 그는 과거에 귀족이 개인적으로 여는 파티에 고용되어 고객의 비위를 맞추며 출장 요리를 만든 경험도 있었다. 그럴 때마다 다양한 종류의 메뉴를 선보여 손님들에게 선택의 기회를 제공했다. 많은 사람이 선택할 수 있는 파티 요리를 당시에는 왜 떠올리지 못했을까? 마침내 보빌리에는 자신의 식당을 열면서 고객에게 메뉴판을 보여주며 식사를 고르도록 하는 참신한 발상을 사업에 적용시켰다.

몇몇 역사학자는 보빌리에가 최초의 식당 경영자는 아니라고 주장한다. 최초의 식당 경영자로는 자신의 성을 딴 가게를 1765년에 연 불랑제를 꼽을 수 있다. 그는 뜨거운 수프와 죽을 만들어 원기를 회복시키는 메뉴라고 소개하며 손님들에게 자신의 제과점을 '레스토랑'으로 칭했다. 그의 가게로 들어가는 문에는 다음과 같이 적혀 있었다.

"불랑제는 건강에 매우 좋은 음식을 제공합니다."

그와 비슷한 맥락의 문구가 가게의 다른 곳에도 명시되어 있었다.

"배고픈 사람은 이리 오십시오. 제가 당신에게 자양분을 주겠소."

불랑제는 가게에 나갈 때 의상에도 신경을 썼다. 괴상한 옷을 입고 검을 휘두르며 손님들을 맞이했다는 소문도 있다. 반면 동시대를 살았던 미국 출신의 학자 레베카 스팽은 이를 입증할 증거는 없다며 반박했다. 이런 종류의 일화들은 대개 "다른 사람에게서 전해 들은 말을 부풀려서 사실과 다르게 신화화하는 경향이 있다"고 주장한 것이다.

어쨌든 보빌리에는 그렇게 신화적인 인물은 아니었다. 파리에 있는 그의 식당은 20년 동안 인기를 얻었고, 그의 식당을 모방한 경쟁업체가 우후죽순으로 생겨났다. 다른 식당 경영자들이 선구자로서 얻은 그의 왕관을 탈환하려고 애썼지만 당대의 변호사 출신 정치가인 장 안텔름 브리야사바랭은 보빌리에의 식당을 찾았고 부드러운 흰색 치즈를 맛본 후 그의 식당에 대한 평가를 내렸다.

"우아한 실내, 똑똑한 종업원들, 선택을 가능케 하는 지하 창고, 수준 높은 요리, 이 네 가지 요소를 골고루 갖춘 최초의 식당이다."

보빌리에는 고상한 주인이었다. 요리도 했고 손님들이 있는 식당에서도 일을 했다. 그는 고객들의 이름과 개인적인 취향까지 기억했다. 그럼으로써 메뉴를 선택할 때 고객들이 좋아할 만한 요리를 추천할 수 있었다. 그중에서도 압권은 그의 옷주머니에 있는 커다란 열쇠였다. 바로 포도주 창고를 여는 열쇠로, 그는 손님이 고른 요리와 잘 어울리는 훌륭한 포도주를 제안한 뒤 그 열쇠를 마치 자랑스러운 무기인 양 휘둘렀을 것이다.

그는 식당 경영자로서 고객이 돈을 지불할 때 식당 주인이 선보인 요리의 맛을 풍성하게 즐긴 것에 대한 대가라고 느낄 수 있도록 유도했다. 특히 그의 수플레 요리가 그랬다. 여러 맛이 있었으며 손님들에게 인기가 높았다. 수플레 레시피는 그가 1814년에 발간한 책 『요리사의 기술』에 수록됐다. 영국에서 1825년에 그의 책을 영어로 번역, 출간할 때는 『프랑스 요리의 기술The Art of French Cookery』로 제목을 의역했다. 그는 수플레를 대접할 때는 부푼 빵이 가라앉기 전에 재빨리 해야 한다고 강조했다. 수플레가 계속 부푼 상태로 있지 못하고 가라앉는 것은 수년간 어쩔 수 없이 이어졌다. 마리앙투안 카렘은 그의 요리 계승자로 유명한데, 그도 수플레(프랑스어 'soufflé'는 영어로 '부푼 상태puffed up'를 뜻함)를 주제로 한 글을 쓸 때 어떻게 하면 빵이 폭삭 가라앉지 않고 요리할 수 있는지에 대해 여러 페이지에 걸쳐 설명했다. 그가 쓴 책은『파리의 왕가를 위한 과자 제조업자Le Pâtissier Royal Parisien』다.

카렘은 보빌리에가 사망하기 3년 전에『요리사의 기술』을 뒤이을 책을 발표하면서 향후 몇 년간 차세대가 주목해야 할 프랑스 요리들을 선보였다. 보빌리에는 자신의 책에서 "요리는 기원이 단순하나 여러 세기를 거치면서 정교하게 발전했다. 그러면서 까다롭고 복잡한 기술이 됐다"고 했다. 그는 40년 넘게 가게를 운영하면서 여러 재료를 실험해보고 혁신적으로 바꾸기 위해 노력했다. 그러면서 별 탈 없이 자신의 작업을 '최상의' 결과물로 기술했다. 그는 "식탁에서 즐거움의 요소를 가장 잘 이해하는 사람들은 늘 나를 믿고 따라왔다"고 했다.

보빌리에는 원칙주의자였다. 나쁜 종업원은 곧 나쁜 주인이 있기에 생기는 결과물이라 여겼다. 그래서 최상의 주인이라면 "식당 홀에서 부유층이 내비치곤 하는 악덕한 모습을 보여서는 안 되며 같은 조직 내에서 술에 취한 모습도 보여서는 안 된다"고 했다. 그는 또한 낭비를 극도로 싫어했다. 손님이 부자든 가난한 사람이든 훌륭한 주방의 생명은 절약이라고 강조했다. "닭의 발톱이나 생선 가시도 낭비해서는 안 된다"고 입버릇처럼 말하기도 했다. 요리사는 좋은 재료가 명품 요리를 만든다는 것을 결코 잊어서는 안 되며, "삶을 윤택하게 하는 좋은 것들이 넘쳐난다 해도 우리는 결코 그것들을 남용해서는 안 된다".

더불어 시간을 낭비하는 것도 용납할 수 없는 일이었다. 좋은 요리사는 주위를 잘 관찰하고 학습하며 레시피를 머릿속으로 다 외우고 있어야 한다고 강조한 이유다.

"요리사가 레시피를 보려고 요리책을 펼치면 그만큼 노동량이 많아진다."

보빌리에는 사람들에게 메뉴의 다양화를 촉구했다. 많은 요리 선배가 그랬던 것처럼 그도 식당 메뉴를 꼼꼼하게 정했다. 메뉴는 그에게 영감을 주는 대상이어야 했다. 또한 크기나 속도 면에서 다양성을 추구해야 했다. 그는 "진정한 음식의 맛이 매번 거북이나 사슴 고기를 통해서만 나오는 것은 아니다"라며 다음과 같이 말했다.

"손님들은 단순히 맛 좋은 망고주스나 신선한 샐러드에서도 행복을 느낄 수 있다. 대화를 원활하게 이어갈 때도 이야기의 매력을 음미하며 식사를 할 수 있다."

보빌리에는 독자를 위해 다양한 종류의 레시피를 소개했다. 이로써 식당을 찾는 손님들이 경험했던 '품격 높은 식사'를 독자들 또한 집에서 누릴 수 있도록 장려했던 것이다. 그의 레시피에는 카레 요리는 물론 베샤멜소스, 벨루테소스velouté sauce[고기나 생선 요리에 알맞은 흰색 소스]도 있었다. 아이스크림과 음료, 통조림에 대한 소개도 잊지 않았다. 음식을 어떻게 장식하는가도 중요했다. 예를 들어 아스파라거스 요리를 할 때 "대접할 준비가 됐다면 아스파라거스를 접시에 세팅하고 움푹한 드레싱용 그릇에 버터소스를 담아 함께 식탁으로 가져가라"고 조언했다. 또 꿩을 요리할 때는 "영국식 식단이라면 고기와 함께 브레드소스를 준비하라"고 했다.

보빌리에는 포도주 애호가였다. "숙성된 지 얼마 안 된 포도주를 마시면 위에서 발효되는 느낌이 들 뿐 아니라 머리까지 전해지는 것 같고 너무 오래된 포도주를 마시면 신경계에 좋지 않다"고 충고했다. 그러면서 덧붙여 말하길 "샤블리Chablis 포도주는 편하게 마실 수 있으며 메르소Mersault는 맛이 훨씬 좋다. 하지만 누가 뭐래도 최고봉은 슈발리에 몽라셰Chevalier Montrachet"라고 평했다. 샴페인에 대해서는 "최고급을 마시면 정신이 고양되는 것 같다"고 말했다. 여성들에게 포도주와 관련된 조언을 할 때는 "랑그도크 포도주가 여성들이 좋아할 만한 맛이 나므로 먹기에 가장 알맞다"고 했다.

식당 주인으로서의 섬세한 배려가 느껴지는 보빌리에의 식당에 가서 오후 내내 시간을 보낸다면 행복 그 이상의 벅찬 기분을 느낄 수 있을 것만 같다.

46

봄철 과일로 만든 푸딩

Spring fruit pudding

윌리엄 키치너 박사, 1817년, 『요리의 신탁』

Recipe 루바브rhubarb 4다스 중에서 3다스를 깨끗하게 씻어 스튜용 팬에 넣는다. 레몬 껍질과 시나몬 소량, 정향 2개를 넣고 달콤한 맛을 더하기 위해 습당moist sugar[정제하기 전의 설탕]을 넣는다. 불 위에 스튜용 팬을 올린 다음 마멀레이드처럼 재료가 농축될 때까지 가열한다. 헤어 시브에 넣어 거른 뒤 추가로 레몬 껍질과 강판에 간 육두구 227그램, 신선한 버터 113그램, 달걀노른자 4개, 달걀흰자 1개를 잘 섞는다. 파이 접시에 퍼프 페이스트puff paste[파이나 타르트를 만드는 데 사용하는 반죽]와 함께 넣어 잘 섞은 뒤 30분 정도 굽는다.

아크로폴리스에서 영감을 받아 런던 유스턴 로드에 세운 성 판크라스 교회의 드넓은 실내를 걸어보자. 교회 안으로 들어가면 시끄러운 차 소리가 사라지고 나지막한 속삭임이 들린다. 오른편의 어두운 신도석을 따라 걷다 보면 윌리엄 키치너 박사를 기리는 명판이 있다. 명판에는 "의학에 정통한 인물이었으며 음악에도 일가견이 있는 이론가이자 작곡가이며 망원경 기술을 발전시킨" 인물이라는 설명이 있다. 그는 놀라운 업적을 쌓은 대단한 인물이다. 하지만 전설적인 식도락가를 연구하는 사람들에게까지 관심을 받지는 못했다.

워런 스트리트 부근에서 살았던 키치너 박사는 의학이나 음악 외에 망원경에도 관심이 많았다. 그리고 그의 관심사가 하나 더 있었으니 바로 음식이었다. 그는 의학적 관점에서 시중에서 구할 수 있는 모든 요리책을 섭렵했다. 그런 뒤 조심스럽게 요리의 세계에 발을 내디디며 집요하게 연구에 뛰어들었다.

그는 요리의 진화에 대단한 기여를 했다. 조리에 필요한 측정 도구를 표준화하기 위해 노력했고 지난 수십 년 동안 지속돼온 과정을 체계화하는 일에 주력했다. 뿐만 아니라 조리과정과 음식 소비에 관련된 여러 매너를 간결하게 정리했다. 위트가 넘치며 괴짜 기질을 타고난 인물이었던 그의 책에는 요리에 관한 많은 생각과 레시피가 소개되어 있다. 『요리의 신탁』은 그때까지 나온 요리책 중 가장 흥미로운 것이었다. 침대 머리맡에 놓고 즐겁게 읽을 수 있는 최초의 요리책이었던 것이다.

1777년에 부유한 석탄 상인의 아들로 태어난 키치너는 이튼에서 교육을 받았으며 나중에는 글래스고로 건너가 의학 공부를 했다. 잉글랜드에서 활동할 의사 자격증을 받지 못한 그는 스코틀랜드에서 일을 할 것으로 생각했다. 아버지는 그에게 7만 파운드를 유산으로 넘겼다. 마침내 다시 런던으로 이사 오게 된 그는 굳이 돈을 벌지 않아도 생활에 지장이 없을 정도로 재산이 많아 자신의 열정을 불사르기로 마음먹었다. 요리를 하고 사람들과 대화를 나누며 결국 요리에 대한 글을 쓰게 된 것이다.

그는 워런 스트리트에 집을 마련하고 아내, 아들과 살면서 두 가지 일을 했다. 하나는 책을 수집하는 것이고 다른 하나는 정기적으로 특별한 저녁 모임을 여는 것이었다. 공들여 자세하게 쓴 요리책들을 읽은 뒤 그는 레시피대로 음식을 만들고 친구들에게 먹어보게 하면서 맛을 시험했다. 마침내 때가 됐을 때 그는 자신만의 요리책을 합리적인 방법으로 출간했다.

하지만 음식이 그의 유일한 관심사는 아니었다. 식도락에 관한 내용으로 카타르시스를 느끼기도 했지만 노래에서 말까지 폭넓은 주제와 씨름하면서도 카타르시스를 느꼈다. 그가 쓴 여러 책의 제목만 봐도 알 수 있다. 『눈의 경제학』『선택의 규칙』『렌즈 사용법』『오페라 글라스』『망원경』『유언장 작성의 기쁨』『찰스 딥딘의 바닷노래』 등이다. 그는 수많은 저녁 모임을 열어 친구와 지인들을 초대해 자신의 방대한 지식을 펼쳤다. 동시대의 어떤 사람은 그가 "광학, 음악, 의학, 배를 채워주는 것에 대해 방대한 재능"

을 지녔다고 평가했다.

방대한 요리 공부 모임이 끝난 뒤 그는 스스로 실망감을 드러냈다. '따분한 진보' '엄청나게 힘든 노동'의 결과를 보고서야 수도 없이 많은 레시피 책에 담긴 결점들이 눈에 들어왔다. 그는 부인들의 행동거지에 대해 거만하게 조언하며 냉정한 태도를 보였으나 이전 세기의 레시피 도둑에 대해서는 너그러웠다. 그는 『요리의 신탁』도입부에서 '오려서 붙이기'가 '펜과 잉크'를 쓰는 것보다 더 공통된 특징이라고 말했다. 많은 작가가 "실수와 편견을 반복하며 선배들의 글을 표절하곤 했다". 그는 애매모호한 표현들, 가령 "이것 조금, 저것 한 줌, 엄지손가락과 집게손가락으로 집을 수 있을 만큼"과 같은 성의 없는 표현들에 대해서는 불쾌감을 느꼈다. 그런 표현은 특히 주방에서의 요리 경험이 전무한 사람들에게는 전혀 도움이 되지 않기 때문이다. 그에 따르면, 그러한 표현을 쓴 레시피들은 "마치 『로빈슨 크루소』를 읽으면 선원이 영국에서 인도까지 안전하게 항해할 수 있다"고 설득하는 것이나 다름없었다.

그는 직접 요리를 맛본 다수의 레시피 작가를 믿지 않았으며, 자신이 모든 것을 변화시키겠노라고 맹세했다. 새로운 기준을 세우려고 했던 그는 "이러한 세부적인 내용은 기존 요리책에서 한 번도 언급되지 않았다"고 주장했다. 그러고는 자신의 책에서 독자적인 기준을 제시했다. 모든 요리사에게 필요한 것은 재료의 양을 '재는 눈금과 척도'였다. 그의 조언은 수준이 매우 높을 뿐 아니라 의미 있는 정교함을 요구하는 내용이었다는 데는 두말할 필요도 없다.

가난한 사람들은 빵과 버터, 감자와 베이컨이 주식인 생활을 한 반면, 중산층과 상류층은 하인들을 고용해 식재료의 범위를 꾸준히 넓혀나갔다. 중산층과 상류층은 푸딩을 좋아했다. 키치너 박사가 제안한 봄철 과일로 만든 푸딩은 그렇게 이국적인 음식이 아니었지만 달콤함이 그들의 입맛을 사로잡았다. 인구가 빠른 속도로 증가하고 조지 3세의 집권기가 끝날 무렵, 그러니까 그가 왕좌에 오른 지 60년이 되었을 때 영국은 유럽을 이끄는 선두적인 권력을 보유한 국가로 부상했다. 조지 3세는 영국 역사상 가장 오랫동안 왕정을 유지했으며, 영국의 사회 풍습이나 관습은 점점 더 형식주의를 강조했다.

윌리엄 키치너 박사는 의사이자 과학자이며 발명가였다.
『요리의 신탁』을 쓴 저자이기도 하다.

키치너 박사의 책은 이러한 형식주의의 거대한 물결과 잘 맞물렸고, 주
방과 식당의 형식화에 이바지했다. 키치너 박사는 자신이 평가한 내용을 실
천으로 옮겼다. 그는 자신의 레시피를 평가하기 위해 주기적으로 저녁 클럽
을 주최했다. 초대된 사람들은 그의 작업을 평가하며 그가 만든 엄격한 음
식 예절 코드를 배웠다.

키치너 박사의 저녁 클럽은 '맛을 보는 위원회' 같았다. 가장 높은 위치
에 있는 식도락가들로만 구성되었던 것이다. 그는 책에서 클럽 참가자들을
"화려한 대도시에 사는 가장 저명한 미식가들"이라 일컬었다. 그중에는 섭
정 왕자인 조지 4세도 있었는데, 바로 부친이 정신병에 걸렸을 때 대신 나

라를 통치했던 인물이다.

위엄과 공손함, 식사 자리에 대한 존경을 목표로 삼은 그에게 규칙은 중요한 것이었다. 저녁 초대를 할 때는 "10일 전에 초대장을 써서 보내야 하고 적어도 모임이 있기 24시간 전에는 답변을 들어야 한다"고 했다. 또한 이유를 막론하고 거절할 때는 겸손하게 사과의 말을 꼭 덧붙여야 한다고 당부했다. "매우 중요한 이유, 도저히 피할 수 없는 이유에 근거하지 않은 거절보다 더 불친절한 것은 없다"면서, 신은 처음에 수락했다가 나중에 회피하려고 애쓰는 사람을 용납하지 않는다며 '급한 사업, 병, 심지어 죽음'과 같은 이유만이 충분히 이해 가능한 거절의 사유가 된다고 덧붙였다.

또한 그는 시간을 엄격하게 지키는 사람이었다. 정기적으로 오는 손님이던 윌리엄 브로크던에게 보낸 초대장을 보면 차후 모임이 어떻게 진행되는지 시간대별로 명시되어 있다.

"5시 30분 정각에 음식 표본들이 식탁에 나올 예정이며 그날 모임이 바로 시작될 것이다."

그의 벽난로 위 선반에는 "7시에 와서 11시에 돌아가라"고 적힌 푯말까지 있었다.

그의 신속 정확성에 대한 열망은 요리사가 시간에 지배당하면서 요리를 만들 수밖에 없는 조건을 강요했다. 심지어 그는 "5시에 식사가 제공되면 위에 부담도 덜 되고 자양물로서 원기를 회복하는 데 효과적이다. 하지만 15분이 경과된 후에 내놓는다면 더 이상 먹을 수 없으며, 소화에 문제가 생길 수 있다"고 했다. 따라서 지각하는 사람은 즐거움을 '마비시키는' 사람으로 취급받았다. 지각하는 손님은 곧 '실수투성이의 못 배운 멍청이'로 인식됐다.

그래서 15분 일찍 오는 것이 30분 지각하는 것보다 훨씬 나았으며 약속 시간 안에 도착하지 않는 것은 결코 용납되지 못했다. 그는 사람들에게 "아무도 기다릴 수 없으며 예정된 시간이 되면 식전 감사 기도를 드리고 바로 그날의 일정을 시작한다"고 당부했다. 그는 시간 준수에 고군분투했다. "5시에 오라고 초대하면 사람들은 6시에 와도 된다고 이해하는 것 같다"면서 볼멘소리를 했다. 그는 5시라고 말하면, "당연히 정각 5시를 의미하는 것"이라고 주장했다.

저녁 식사를 하기 전에 갖는 모임이나 미팅에서 그는 주인으로서 빈틈없는 조언을 아끼지 않았다. 자리에 참석한 사람들을 확실하게 소개하기 위해 "각자의 이름을 호명하되 다른 사람들이 다 들을 수 있는 목소리로 부른다. 그리고 사람들 사이에 친목을 돈독히 하기 위해 솜씨 있게 소개한다". 그는 "이 과정은 필수다. 오페라가 시작될 때 가장 먼저 서막을 알리는 전주곡을 연주하는 것과 같다"고 믿었다.

그는 또한 사람들이 앉는 자리마다 이름이 적힌 카드를 놓도록 권했다. 프랑스에 있을 때 저녁 파티에 갔는데 먼저 자리에 앉은 여성들이 자기 옆에 앉히고 싶은 남성의 이름을 호명하자 그는 몹시 실망했던 경험이 있었다. 마치 즉흥적으로 하는 축구 시합에서 선수들을 마구잡이로 고르는 느낌이 들었던 것이다. 그때 그는 그러한 좌석 배치는 결코 이상적인 방법이 될 수 없다고 생각했다.

"수줍음이 많은 여성들은 마음에 드는 대상을 부를 만한 용기가 없다."

그렇기 때문에 큰 파티를 열 때 파티 주최자는 식탁의 한가운데에 앉아야 한다. 절대로 끝자리에 앉아서는 안 되며 파티 주최자가 모든 손님에게 동등하게 시간을 할애하면서 골고루 대화를 나누는 자리를 마련해야 한다.

식사하기 전에 감사 기도를 드리는 부분도 등장한다. 기도를 말로 할 수도 있고 찬송가를 부를 수도 있다. 『요리의 신탁』에서 키치너 박사는 자신의 음악 실력을 발휘해 운율이 맞는 기도 또는 노래를 불러야 한다고 명시했다. 이때 반드시 영어로 해야 한다면서, "외국어로 감사의 노래를 부르는 것보다 더 야만적인 짓이 있을까"라며 독자들에게 물었다.

키치너 박사는 손님이 모두 자리에 앉으면 이들에게 자신의 레시피를 선보였다. 그가 대접하는 요리를 다 먹는 것은 쉬운 일이 아니었다. 그는 '맛의 위원회'로 명명한 모임을 19세기의 개척자에 비유하며 평했다.

"이 사람들은 결단력 있는 영혼들이다. 나중에 극지방에 가서 극한 기후에 맞서 용감하게 싸우며 고래, 곰, 빙하와 배고픔을 견딜 만한 사람들이다."

그는 여러 실험적 메뉴를 손님들에게 선보였다. 그의 저녁 모임에 자주 드나들었던 윌리엄 저든은 특정 음식을 좋아하지 않으면 "그가 즉각적으로 유리병에 든 무언가를 가져오며 당신에게 열정적으로 그걸 떨어트려보라고 할 것이다. 세 방울을 떨어트렸는데도 맛이 여전히 별로라면 그땐 유언장을 작성해야 할 것이다"라고 했다. 또 다른 증언자는 키치너 박사가 대접하는 요리에 대한 자세한 설명에 신물이 난다고 토로했다.

"수프를 먹을 때 그가 설명한 재료들이 들어갔음에도 맛이 훨씬 나아졌다는 느낌은 들지 않았다."

그래도 많은 사람이 그의 음식과 모임의 대화를 즐겼다. 저든은 키치너 박사를 성품이 부드럽고 대화를 위트 있게 하는 남자로 기억했다. 어느 날, 그 시대에 가능한 이동 수단에 대해 이야기하는 와중에 키치너 박사가 말에 올라타는 대신 암소를 타자는 제안을 하며 흥분해서 소리쳤다고 한다.

"그러면 암소 위에서 여행을 즐길 수도 있고 중간에 젖을 짜서 마실 수도 있지요."

저녁 파티는 식사를 마치고 좋은 품질의 포도주도 다 마신 뒤 보통 11시에 끝났다. 그 시간이 되면 손님들은 일제히 자리를 떠났다. 키치너 박사가 단호하게 정한 모임의 규칙이었다. 1827년 저녁 모임까지는 그랬다. 베이커 스트리트에 위치한 브라함의 집에서 저녁을 먹게 된 키치너 박사는 기분이 무척 좋았다. 그의 친구 중 한 명은 그때 그가 '전성기'를 보냈다고 했다. 집주인이 애완동물로 키우는 마코앵무새가 무척 마음에 들었는데 저녁 내내 주인의 어깨 위에서 앉아서 이따금 꽥꽥거리며 울었다. 그러다 자신도 모르게 시간을 잊게 된 키치너 박사는 자리에서 벌떡 일어나 떠났다. 친구 집에서 보낸 저녁 모임이 "마법의 11시를 훌쩍 넘어 두 시간이 더 흐른 뒤였다." 그런데 그다음 날 아침 9시에 키치너 박사는 50세의 나이에 숨을 거두고 말았다.

그의 장례식장에 참석한 친구들은 고급스러운 음식들을 차려놓고 건배를 했다. 생전에 키치너 박사의 신조인 "훌륭한 저녁은 인간의 삶에 가장 위대한 즐거움 중 하나"라는 것을 그의 장례식장에서 실행에 옮긴 것이다.

47

브리야사바랭식의 꿩고기

Phesant Brillat-Savarin

장 안텔름 브리야사바랭, 1825년,『미각의 생리학 또는 초월적
미식법의 명상Physiologie du Goût, ou Méditations de Gastonomie Transcendante
(The Physiology of Taste, or Meditations on Transcendental Gastronomy)』

Recipe 깃털을 뽑고 피부를 벗기고 난 뒤:

이 새의 속을 채워야 하는데 다음과 같이 하면 된다.

두 마리를 잡아 털을 벗긴 뒤 동시에 한 접시에 올린다. 새의 간과 그 밖의
내장은 빼서 따로 모은다.

살을 떼어낸 다음 고기와 지방, 파인 허브fines herbes[서너 개의 허브를 가늘
게 쪼갠 향료의 혼합물]를 넣고 한데 버무린다. 여기에 꿩의 위를 송로로 가
득 채우는데 소금과 함께 넣는다.

빵을 큼지막하게 썬다. 꿩의 살보다 조금 더 크게 썬다. 빵 조각을 간을 비롯
한 내장과 송로로 덮는다. 안초비와 소량의 생버터를 추가해도 상관없다.

위에서 준비한 음식 재료에 꿩고기를 얹는다. 요리가 잘 익었으면 접시에
옮겨서 가장자리를 플로리다산 오렌지로 장식한다. 식사할 때 너무 불안해
하지 말라.

요리를 다 먹은 뒤 버건디burgundy[부르고뉴산 포도주]를 마셔보자. 이 음
식을 오랫동안 먹어본 결과, 이 음식과 가장 잘 맞는 포도주는 버건디임을
알게 됐다.

프랑스가 음식으로 미식업계의 최고봉을 주장할 때 장 안텔름 브리야

사바랭은 선언했다.

"당신이 어떤 종류의 음식을 먹는지 내게 말해주시오. 그럼 나는 당신이 어떤 유형의 인간인지 말해주겠소."

1825년 12월 8일에 브리야사바랭이 영국에서 『미각의 생리학』을 출간했을 때 윌리엄 키치너 박사의 『요리의 신탁』은 이미 1만5000부가 팔렸었다. 키치너 박사는 독자들에게 음식과 음식 에티켓에 대해 위트가 넘치면서도 함축적인 정보를 제공했다. 한편 브리야사바랭은 음식에 대해 새로운 점을 부각시켜 그 중요성을 강조했다.

브리야사바랭은 음식을 철학의 일부로 보았을 뿐 아니라 간단명료하면서도 무척 매력적인 대상으로 여겼다. 훌륭한 음식뿐 아니라 심지어 위대한 음식을 강조했으며, 인류가 계속해서 지구에서 살려면 음식은 필수 요소라고 주장했다. 만약 브리야사바랭이 시도한 음식을 200년 전에 영국인이 진지하게 먼저 시도했더라면 아마 영국은 오늘날 지금보다 더 깊이 있는 음식 문화를 보유할 수 있었을 것이다.

18세기 초반에 프랑스는 이 분야에서 선두적인 위치를 점했으며, 키치너 박사조차도 그 점을 인정했다. 그에 따르면, 프랑스인은 영국인보다 음식에 대한 이해력이 더 높았다. 이유는 그들이 '훌륭한 포도주가 풍부한 환경에서' 살기 때문만은 아니었다. 그는 "우리 이웃 국가에 사는 사람들은 주방에서의 조리 실력으로도 명성이 높았다"고 했다. 그러면서 "프랑스인은 인구수만큼이나 요리사 수도 많다"는 말에 적극 동감했다. 그는 이어서 다음과 같이 적었다.

"그들은 좋은 음식을 먹으면서 인생의 상처를 수월하게 회복하는 방법을 알고 있다. 그들은 신경을 자극하는 술을 찾으면서 인생을 망치지 않는다."

브리야사바랭은 이러한 상황의 완벽한 본보기다. 그가 말한 명언들은 오늘날까지 이어져 유명한 표현으로 굳어졌다. 음식에 관한 확고한 진실을 담은 표현들은 다음과 같다.

세계는 모든 생명체와 그 생명체가 먹어야 하는 음식이 없다면 아무것도 아니다.

동물은 배를 채우고, 인간은 음식을 먹는다. 사리분별이 있는 남자만 어떻게 식사하는지를 안다.

국가의 운명은 국민의 식사 방식에 따라 결정된다.

새로운 요리에 대한 발견은 인류에게 새로운 별을 발견한 것보다 더 벅찬 행복을 안겨준다.

위의 내용은 브리야사바랭이 세계 미식업의 위상에 대해 논의할 때 나온 생각들 가운데 일부를 발췌한 것이다. 이것은 정치나 역사, 경제 분야의 중대한 지식만큼이나 중요하다. 음식은 일상의 본질을 이루는 것은 물론 인류에게 꼭 필요한 기쁨을 누리기 위해 없어서는 안 될 대상이기 때문이다. 그는 일생 동안 의학과 과학을 연구한 끝에 예리한 법률적 직감을 발휘한 음식 연구에 성공했다. 그는 판사 직도 수행했다. 일생을 미혼으로 살았는데, 그가 그저 연구하고 훌륭한 저녁 식사를 차리는 일에만 자신의 일생을 건 것은 아니었다.

브리야사바랭은 1755년 브레스 지방 벨레이의 변호사 가문에서 태어났다. 어머니는 솜씨 좋은 요리사였다. 그는 숙모가 죽을 때 이름을 바꾸는 조건으로 유산을 물려받았는데, 그가 법학과 화학·의학을 공부하러 디종으로 떠나기 전이었다. 그는 벨레이에서 변호사 자격증을 땄고, 정치에 관심이 많아 프랑스 하원인 국민의회의 의원이 됐다. 1790년대에는 프랑스 대법원의 판사로 임명됐다. 프랑스 혁명이 일어났을 때 그는 사형 선고를 지지하는 발언을 했음에도 온건파로 여겨졌다. 직위에서 쫓겨난 후에는 혁명재판소에 소환되어 연방주의를 수호했다는 혐의를 받았다.

브리야사바랭의 가치를 떨어트리려는 사람들은 어떻게든 그를 단두대에 올리려 했는데, 그는 운 좋게 여권을 발급받아 몰래 스위스로 도주했다. 그러고 나서 네덜란드로 갔다가 미국 대륙으로 건너갔다. 수년 동안 체류 기간을 연장하며 뉴욕에서 프랑스어 교사로 일했고, 오케스트라 공연을 하는 소형 극장에서 바이올린을 켜기도 했다. 1797년 프랑스 혁명의 분위기가 가라앉자 그의 표현대로 "시대가 호전됐을 때" 그는 고국으로 돌아갔고, 판사로서의 직위를 되찾아 대법원에서 근무했다.

40대 초반이 된 그는 파리에 있는 집에 친구들을 초대해 즐겁게 놀거나 조약들을 작성하면서 시간을 보냈다. 사람들이 그에 대해 기억하는 대표적인 작품은 그가 사망하기 두 달 전에 출간한 책이다. 하지만 작가의 겸손함이 가득한 그 책은 익명으로 발표됐다.

훗날 실제 작가가 누구인지에 대한 이야기가 퍼졌고, 20세기의 전기 작가인 질 맥도노는 다음과 같은 의견을 내놓았다.

"파리 사람들은 이 놀라운 연구에 얼떨떨한 심정이었다. 키 크고 약간 뚱뚱한 판사가 위트 있게 이 모든 작업을 했다는 것에 또 한 번 놀라움을 감출 수 없다."

이 책의 성공 요인은 쉽게 읽힌다는 데 있다. 『워싱턴 포스트』 기자는 이런 글을 작성했다.

"훌륭한 음식, 포도주, 동반자에 대해 자존심을 지킬 줄 아는 애호가는 복사본을 만들어야만 한다."

여기에 소개한 꿩고기를 포함해 그의 레시피들에 어울리는 포도주를 추천한 것도 매우 참신한 발상이 아닐 수 없다!

이 중요한 책에서 '미식'이라고 하는 것은 그의 표현을 빌리면 "삶을 지배하는 주체"다. 여러분은 그 점을 무시하거나 회피할 수 없다. 왜냐하면 정말로 맛있는 음식을 먹는 생활이 곧 "우리를 요람에서 무덤까지 지탱해주기 때문이다. 아이가 우는 것은 양육자의 젖을 맛보고 싶기 때문이다. 또 죽어가는 남자는 죽기 전에 시원한 청량음료를 마시는 기쁨을 만끽하길 원한다". 좋은 음식을 먹는 습관은 모든 사람에게 영향을 미친다. 그는 이것이 모든 사회 계층에 해당되며 결코 열외에 속하는 부류는 없다고 주장했다. 국가의 운명은 종종 좋은 저녁 식사에서 결정되는데, 중대한 영향력을 미치는 의사 결정을 내릴 때는 참석자들의 배가 가득 찼는지, 즉 포만감을 느끼는지에 따라 내용이 달리 결정될 수도 있는 법이다. 그와 동일한 관점에서 볼 때, "식사를 제대로 하지 않은 남자는 오랫동안 공복을 참을 수 없으며 연장 근무에 극도의 피로감을 호소할 수밖에 없다".

그는 인간이 맛을 보는 것은 그저 심심풀이 취미를 만족시키기 위해서가 아니라고 말했다.

"그것은 삶의 소비로 인한 상실감을 회복하기 위해 우리를 일종의 쾌락으로 초대하는 행위다."

맛을 볼 줄 아는 능력은 곧 우리를 건강하게 만드는 음식을 고르는 능력을 부여한다. 인간은 그럴 자격이 충분하다. 그는 "지구상에 살고 있는 인간은 의심할 여지 없이 가장 큰 고통을 경험하는 동물이다"라고 단언했다. 그러한 고통으로 인해 인간은 머리카락이 빠지고, 싸우기 위해 전쟁에 참가한다. 또한 살면서 병에 걸려 아픔을 호소하기도 한다. 인간의 신체를 구성하는 많은 기관은 미각에서 오는 기쁨을 인간에게 부여하는 것보다 다른 감각으로 인한 고통을 더 많이 부여한다. 결국 인간에게 좋은 음식을 먹는 행위는 절대적으로 필요한 것이지 사치스러운 행위가 결코 아니란 이야기다.

이 메시지는 점점 더 부유한 삶을 살았던 교육을 잘 받은 파리의 부르주아가 우리에게 해주는 충고다. 그의 책을 읽은 독자들은 잘 먹으려고 노력했다. 브리야사바랭은 자신이 가장 좋아하는 식료품들과 빵, 페이스트리를 독자들이 살 수 있도록 장문의 목록으로 작성해 책에 수록했다. 영국을 비롯해 독일, 러시아, 아프리카, 아메리카의 식재료들이지만 시장에 가면 얼마든지 살 수 있는 것이었다. 브리야사바랭은 "세계는 그것이 생산해내는 상품을 통해 자신의 얼굴을 만들어간다"고 표현했다.

그는 오늘날의 사람들에게도 충분히 도움이 될 만한 건강 관련 조언을 아끼지 않았다. 그는 비만이 과도하게 음식을 먹고 마신 결과이지만 그와 더불어 운동의 결핍, 너무 오랜 시간 잠을 잔 결과라고 꼬집어 말했다. 그의 설명을 그대로 옮기면 이렇다.

"비만은 그 사람이 본래 가진 신체 비율의 조화를 파괴하면서 아름다움을 퇴색시키는 것이다. 팔과 다리에 살이 오르면서 신체의 전체적인 비율이 깨져버린다."

또한 소량의 설탕은 몸에 좋다고 말했다.

"밀크커피에 설탕을 소량 넣으면 가볍게 단맛을 즐길 수 있다. 이 음료는 아침 식사 후에 바로 일터에 나가야 하는 사람들에게 특히 알맞다."

오늘날 프랑스인뿐만 아니라 전 세계인은 좋은 음식이 주류 문화의 일부로 통합되어야 한다는 주장에 동의한다. 그러면서 브리야사바랭을 인용하고 1825년에 출간된 그의 책을 인쇄된 도서 중 가장 인상적이라고 꼽았다. 전 시대를 통틀어 음식을 주제로 한 글에서 인용이 가장 많이 된 작가들 중 한 사람인 브리야사바랭은 다음과 같이 말했다.

"식탁에서 누리는 기쁨은 나이나 조건에 상관없이, 모든 국가와 지역에 공평하게 적용되어야 한다. 이러한 기쁨은 다른 종류의 기쁨과 조화를 잘 이루며 결국 음식으로의 일탈이 우리를 위로해준다."

그는 이런 말도 덧붙였다.

"치즈가 없는 디저트는 한쪽 눈을 잃은 미모의 여성과 같다."

그는 기발한 생각들을 종이 위에 옮기면서 늘 에너지가 충만해지는 것을 느꼈다. 마지막 줄을 완성하는 순간, 그는 "내 작업은 여기서 끝난다. 하지만 나는 전혀 숨이 차지 않는다"고 말했다.

브리야사바랭은 프랑스 혁명이 일어난 1790년대에
프랑스 대법원의 판사로 임명되어 활동했다.

48

컵케이크

Cupcake

일라이자 레슬리, 1828년, 『페이스트리, 케이크, 설탕 절임을 위한
75가지 레시피Seventy-five Receipts for Pastry, Cakes and Sweetmeats』

Recipe

- 달걀 5개
- 입자가 고운 갈색 설탕 같은 양
- 영양이 풍부한 우유 1컵
- 올스파이스allspice[서인도제도산 나무 열매를 말린 향신료]와 정향 가루 빻은 것 1/2컵
- 몰라세molasse(당밀) 2티스푼
- 생버터 같은 양
- 체에 거른 밀가루 5컵
- 생강 1/2컵

버터를 잘라 우유에 넣고 살짝 데운다. 몰라세도 따뜻하게 데우는데 우유와 버터를 넣어 휘젓는다. 계속 저으면서 설탕을 천천히 넣는다. 그런 다음 불에서 내려 식힌다.

달걀을 풀어 가볍게 거품을 낸다. 달걀을 하나씩 깰 때마다 밀가루 1컵을 넣는 식으로 교대로 넣으면서 잘 휘젓는다. 여기에 생강과 다른 향신료를 추가로 넣고 모든 재료를 열심히 젓는다.

작은 깡통 속을 버터로 문지른다. 준비한 재료로 채운 다음 중간 불의 오븐에 넣어 케이크를 만든다.

1850년대에 필라델피아에서 60대를 보낸 일라이자 레슬리는 성격이 강

하고 고집이 세며 아주 거만했다. 게다가 예의범절과 옳고 그름을 무척 따졌다. 그녀를 만나러 간 젊은 여성들은 아무리 예의 바르게 행동하고 점잖은 모습을 보여도 바로 혼이 나고 말았다. 평생을 미혼으로 살았던 레슬리는 행동양식에 대한 가치관이 뚜렷했다. 그녀는 자신이 알고 있는 예의범절을 혼자 간직하지 않고, 에티켓을 주제로 한 방대한 범위의 지식과 세세한 정보를 책으로 엮었다. 1834년에는 이를 완벽하게 정리해 두꺼운 책으로 세상에 내놓았다.

『레슬리 양의 행동양식에 관한 책: 여성들을 위한 안내서이자 지침서Miss Leslie's Behaviour Book: A Guide and Manual for Ladies』에는 옷 입는 방법부터 화법, 식사법, 여행하는 법 등 다양한 주제를 아우르는 행동양식이 담겨 있다. 그녀는 이 책을 통해 역사가 자신을 기억해주길 바랐다. 또한 어린이들을 위한 동화도 열심히 썼다. 그녀는 행동양식이 곧 국가의 기본적인 예절 규범의 초석을 다지고, 자신을 사람들의 기억 속에 오랜 세월 남게 해줄 것이라고 예상했다.

그러나 이런 예상은 빗나갔다. 정작 그녀를 유명 인사로 만들어준 것은 바로 그녀가 쓴 요리책들이었다. 1837년에 출간한 요리책은 제목도 무미건조하게 『다양한 분야에서의 요리의 방향Directions for Cookery, in its Various Branches』이었다. 이 책은 15만 부가 팔리는 대성공을 거두었으며 19세기 미국인들이 가장 좋아하는 요리책이 됐다.

그러나 그녀에게 진정한 음식 역사의 출발점은 결코 이 책이 아니었다. 1828년에 보스턴의 한 편집자는 그녀가 쓴 『페이스트리, 케이크, 설탕 절임을 위한 75가지 레시피』를 펴냈는데, 이는 인쇄된 레시피 책 가운데 컵케이크를 다룬 최초의 요리책이었다.

미국과 영국에서 인기를 끌며 부활한 제과가 있으니 바로 컵케이크다. 과거에는 미국의 도시에 있는 제과점에서만 컵케이크를 만들며 인기를 끌던 시절도 있었다. 그런데 지금은 상황이 역전되어 전 세계 블로그에서 컵케이크를 볼 수 있다. 친구들끼리 요리 클럽을 결성해 컵케이크를 굽고 자신이 좋아하는 레시피를 공유한다. 『마사 스튜어트의 컵케이크Martha Stewart's Cupcakes』는 출간된 지 11주 만에 『뉴욕타임스』가 선정한 베스트셀러가 되기도 했다. 구글 사이트 검색창에서 사람들이 찾는 레시피들 가운데 가장 빠른 속도로 인기 순위에 오른 음식도 바로 컵케이크다.

심지어 영국에 있는 컵케이크 추종자들은 특별 강좌에 등록해 여러 혼합물과 조화를 이루는 컵케이크 레시피를 배운다. 컵케이크는 종류가 무궁무진하다. 또한 이것은 개인적인 음식으로, 여러분이 만든 컵케이크는 온전히 여러분만의 것이다. 그 누구와도 나누지 않는, 독차지할 수 있는 자기만의 음식이란 점이 바로 컵케이크가 가진 매력이다. 보기에도 예쁠 뿐 아니라 장식할 수도 있고 화려한 느낌을 낼 수도 있다. 집주인이 여러 종류의 컵케이크를 쟁반에 담아 내오면 한 종류의 케이크를 대접하는 것보다 인심이더 후하게 느껴진다. 컵케이크마다 맛과 토핑으로 쓴 재료들이 조금씩 다를수 있다. 집주인의 컵케이크에 대한 열렬한 사랑이 스며든 결과다. 하지만컵케이크라고 해서 다 작은 것은 아니다. 기존의 케이크보다 더 크게 만들수도 있고 놀이를 하듯 장난치며 만들 수도 있다.

작은 케이크에 대한 기록은 18세기로 거슬러 올라간다. 일명 여왕 케이크라 불렸는데 전통적으로 커런트와 레몬즙, 아몬드로 만들었다. 우리가 알고 있는 컵케이크는 그것보다는 파운드케이크pound cake와 더 비슷하다. 파운드란 이름이 붙게 된 것은 재료의 무게를 설명할 때 1파운드[약 454그램]를주로 썼기 때문이다. 그렇다면 '컵케이크'란 이름은 어떻게 생겨난 것일까?처음에 재료를 재는 단위로 '컵'을 사용했기 때문일 수도 있다. 하지만 본래이 케이크를 만들 때 컵처럼 생긴 틀에 넣었기 때문에 컵케이크로 불렸다.일라이자 레슬리는 자신의 레시피에서 이 컵 모양의 틀을 '작은 깡통'이라표현했다.

일라이자 레슬리의 레시피는 어쩌면 그녀가 다닌 요리학교에서 배운 내용일 수도 있다. 그녀는 10대 후반에 필라델피아에 있는 '굿펠로 부인의 요리학교'에 다녔다. 부인의 집에서 하숙도 했는데, 이는 어머니의 일손을 돕기 위해서였다. 그녀의 가족은 힘든 시기를 보냈다. 시계 제조공이었던 아버지는 가족을 데리고 영국으로 이사한 뒤 새 터전에서 수출입을 담당하는장사를 시작했다. 하지만 가족들에게 재산을 남기지 못한 채 일찍 돌아가셨다. 그 바람에 가장이 된 어머니는 집에 하숙생들을 들이면서 어린 딸과 두 아들을 보살폈다.

여러 해 동안 많은 양의 요리 정보를 습득한 일라이자 레슬리는 친구들과 공유하기 위해 레시피를 글로 옮겼고, 그 내용을 책으로 펴냈다. 그때만 해도 컵케이크 레시피는 쓰지 않았었다. 그녀가 마흔이 됐을 때 출간한 『페이스트리, 케이크, 설탕 절임을 위한 75가지 레시피』는 오븐에 굽는 베이킹 요리를 중점적으로 다룬, 당시에는 매우 희귀한 요리책이었다. 물론 솔직하게 말하면 책 후반부에 그녀가 좋아하는 몇 가지 요리를 중구난방으로 소개해놓긴 했다. 그중에는 '유행하는 소고기 요리'와 '치킨 샐러드', 굴을 넣은 여러 레시피도 포함되어 있다.

그녀가 약속한 대로 레시피는 "평이하고 간결한 스타일로 쓰였다. 그래서 하인들이나 보통의 요리 실력을 가진 사람이 이해하기에 적합하다". 영국에서 몇 년간 거주하면서 그곳에서 수입된 수많은 유럽식 레시피 책을 읽어본 그녀에게는 출간된 책들이 썩 인상적이지 않았다. 그런 까닭에 과거의 요리책들을 비웃으며 이렇게 말했다.

"많은 유럽식 레시피 책들은 내용이 너무 복잡한 데다 힘든 노동을 요한다. 여성 요리사들은 그 책에 소개된 레시피를 만들기 위해 체력적으로 고된 요리를 할 엄두가 나지 않는다."

그녀의 레시피는 '모든 의미에서' 미국적이었으며, 그녀는 자신의 국적을 자랑스러워했다. 그런 까닭에 영국인들이 그녀의 동포들을 얕잡아볼 때마다 화가 났다. 에티켓을 다룬 그녀의 책에서도 이런 상황에 대한 이야기를 짧게 언급하고 있다. 그녀는 영국인들에 대해 다음과 같이 말했다.

"그들은 우리가 쓰는 언어가 곧 자신들의 언어라고 배웠다. 더욱이 새로 이주한 미국인들의 영어 실력이 꽤 좋은 것에 대해 더 이상 칭찬의 말을 하지 않는다."

일라이자 레슬리는 그들이 어떻게 감히 그런 생각을 하는지 이해할 수 없었다.

"당연히 영국보다 미국에 사는 사람들이 영어를 더 잘한다."

그리고 그녀가 만든 케이크 역시 영국식 케이크보다 더 잘 구워졌다.

그녀는 독자들에게 자신의 레시피를 권하는 이유가 돈을 절약할 수 있

필라델피아의 로어 체스트넛 스트리트에 위치한 올드 커스텀 하우스.

기 때문이라고 강조했다.

"제과점에서 파는 음식을 살 때보다 비용을 절반으로 줄일 수 있다."

사실 당시 집에서 오븐에 음식을 넣고 익히는 과정은 꽤나 힘겨운 일이었다. 그녀는 한 예로, 집에서 버터를 만들었다면서 음식을 만들기 전에 버터를 잘 씻어야 한다고 말했다. 그 말은 버터에 묻은 버터밀크를 잘 제거해야 한다는 뜻이다. 우유 고형분은 우유 표면의 시큼한 크림을 완전히 제거한 후에 남아 있는 것을 말한다. 반면 설탕은 '가루 성분'을 고집했다. 원뿔 모양의 단단한 설탕도 팔았지만 그녀는 가루 설탕을 권했다. 또한 적절한 요리 시간을 알려주는 것은 불가능에 가깝다는 게 그녀의 입장이었다. 당시에는 오븐의 표준 온도와 관련해서 아직 정확한 기준이 규정되지 않았다. 그래서 그녀는 "오븐에 굽는 요리를 할 때의 기술은 결국 수많은 연습과 집중, 경험에서 우러나온다"고 말했다.

물론 그녀가 오늘날의 컵케이크를 본다면 강박적으로 신경을 쓴다는 인상을 받을지도 모른다. 컵케이크를 굽는 방식이 지나치다는 것이 아니라 그 것을 어떻게 장식하는지, 어떻게 먹는지 그리고 컵케이크를 만들 때 어떤 태도를 보이는지가 다소 과하게 보일 수 있다는 것이다. 어쨌든 19세기 중 반의 젊은 미국 여성들에게는 레슬리의 에티켓 가이드가 큰 도움이 됐다.

예를 들면 "시골에 사는 친구 집에 먼저 자발적으로 가려고 하지 마라" 는 그녀의 조언을 잘 따르더라도 친구가 여러분을 시골집으로 초대할 수 있 다. 그때는 객실 하녀가 당신의 잠자리를 대신 만지지 못하도록 여러분이 직접 관리해야 한다. 그리고 하녀 중 누군가가 "당신의 물건에 손을 댔을 경 우" 어떻게 대처해야 하는지도 알려준다. 없어진 물건이 고가의 가치를 지 닌 게 아니라면 당황했다 하더라도 일을 크게 만들어 소란을 피우지 말라 는 것이 답이다.

영국 귀족에게 사람을 소개하는 방법에 대해서도 알려주었는데 꽤나 까다롭다. 그녀의 말에 따르면, "미국인들은 이 점에서 흔히 안타까운 실수 를" 저질렀다. 아침 식사 때 무슨 옷을 입는가도 중요했다. 특히 "머리에 꽃 이나 리본을 꽂지 말라"고 충고했다.

어린 소녀들에게는 "사람들 앞에서 권유받지 않는 한 절대로 먼저 나서 서 피아노를 치지 말라"고 조언했다. 그리고 프랑스식 저녁 식사 자리에서 너무 눈에 띄는 행동을 해서는 안 된다고 당부했다. 예를 들면 오렌지 껍질 을 벗기거나 치아로 견과류를 깨며 소리를 내지 말아야 하고, "샴페인을 두 잔 연거푸 마시는 것은 보기에 좋지 않다"고 했다.

이 조언들은 그녀가 자신이 만든 컵케이크를 집에 온 손님들에게 대접 하면서 공유한 정보임에 틀림없다. 늦은 나이에 유명세를 탄 그녀는 대부분 의 시간을 집에서 사람들을 맞으며 보냈다. 왜냐하면 그녀가 편안하게 걸어 다닐 수 없을 정도로 뚱뚱해졌기 때문이다. 그렇게 되기까지는 그녀가 만든 케이크들이 틀림없이 한몫했을 것이다.

49

프티 수플레 알 라 로즈

Petits soufflés à la rose

마리앙투안 카렘, 1833년, 『프랑스 요리의 기술L'Art de la Cuisine Française
(The Art of French Cookery)』

Recipe 작은 그릇에 곱게 가루를 낸 227그램의 설탕을 담는다. 달걀흰자를 넣어 단단한 반죽을 만든다. 10분 동안 반죽하다가 장미에서 추출한 액체 몇 방울을 떨어뜨려 반죽이 붉은빛이 도는 밝은 분홍색을 띠게 한다. 이것을 돌돌 말아서 고운 설탕 가루를 뿌린 판 위에 올려놓는다. 손가락 크기 만큼 길게 반죽을 뺀 뒤 주사위 모양으로 자른다. 종이로 된 작고 둥근 틀에 반죽을 각각 나누어 담는데, 너비 1.9센티미터, 높이 0.6센티미터가 되도록 한다. 물을 묻힌 손으로 반죽 표면을 살짝 누른다. 반죽이 틀 밖으로 1.3센티미터 솟아오르면 오븐에 넣어 15분 동안 굽는다. 표면이 바짝 마를 때까지 익힌 다음 꺼낸다. 몇 분 더 기다려도 되는데 이때는 본연의 색깔을 금세 잃을 수 있으니 주의하자.

마리앙투안 카렘은 셰프라는 호칭을 얻기에 적합했지만 기존 셰프의 틀은 깨버리고 새로운 모습으로 거듭나 셰프의 틀을 재정비했다. 요리사로서 그의 스타성은 유럽 전역에서 빛났다. 물론 그가 있기 전에 명성을 좇는 요리사가 없었던 것은 아니지만 그는 셰프 중에서도 가장 유명한 셰프로 알려졌다. 혹자는 그를 최초의 스타급 셰프로 보기도 했다.

브리야사바랭이 근대적 미식 문화의 기초를 다졌고 일상생활과 문화생활을 누리는 데 미식의 적절한 위상을 주장했다면, 마리앙투안 카렘은 레시피를 고안하고 음식을 요리할 수 있는 집까지 구상했다. 그는 정교한 요리를 시도하면서 새로운 기술과 새로운 조리 기구, 새로운 식사 대접 스타일까지 생각했다. 그는 과시하기 위한 화려한 연회 장치를 특히 좋아했다. 우리는 수백 년의 세월 동안 부자들의 사치스러운 연회 모습을 확인한 바 있다. 그는 음식 문화의 여러 측면을 새롭게 개혁한 핵심 인물이다. 예를 들면 그는 일반 가정집에서 식당까지 수준 높은 고급 음식을 먹을 수 있도록 물꼬를 텄다. 여기에 소개한 섬세한 요리인 '프티 수플레 알 라 로즈'도 그중 하나다. 그는 수많은 요리를 사람들에게 계몽하듯 알렸다. 강한 향신료를 넣던 과거를 뒤로하고 섬세한 아로마 향을 식재료로 사용한 주역이기도 하다. 이탈리아 르네상스 셰프들의 영향을 받은 강한 향신료는 16세기에 카트린 드메디치가 프랑스로 오면서 프랑스 전역에 걸쳐 유행하게 되었다.

그는 주방에 필요한 새로운 기구들을 발명했다. 설탕을 부을 때 쓰는 소스용 팬을 비롯해 여러 주형틀을 직접 개발했다. 셰프가 쓰는 모자의 모양도 바꿨다. 물론 획기적인 변신은 아니었지만 어쨌든 직접 모자를 디자인했다. 그는 주방이 더 청결한 공간이 되도록 위생 시스템을 도입하기도 했다. 이러한 시스템은 다른 도시들과 마찬가지로 악취가 진동하던 당시의 파리에서는 혁명적인 변화였다. 그리고 저녁 식사에 나오는 코스 요리의 수를 줄였고, 육류 요리와 생선 요리를 구분했다. 또 이전에는 코스별로 요리가 나올 때 간격이 매우 짧았는데 그 시간 간격을 더 여유 있게 조정했다.

무엇보다도 그는 파리의 후기 혁명주의 시대를 대표하는 인물이었다. 그는 시대를 잘 타고난 운이 좋은 사람이었고 배경도 완벽했다. 한 역사학자는 그 시대를 "고도의 기교를 부리는 사이클론"이라고 명명했다. 셰프는 물론 음악가와 무용수들이 명성을 떨쳤던 시기다. 마리앙투안 카렘은 자신만의 개인적인 이야기를 가지고 있었으며, 스스로를 신화적인 인물로 여기기도 했다. 그는 새로운 정보를 열렬히 탐하는 자기계발자였으니, 그가 살던 시대와 딱 어울리는 사람이었다.

프랑스 혁명이 끝난 뒤 자수성가한 사람들은 자신의 명성을 스스로 만들어내기를 원했다. 그들은 더 이상 현존하지 않는, 실체가 없는 귀족들과 함께 식사하는 모임에 초대받지 않았다. 그렇지만 자신들이 놓친 고품격의 식사는 간절히 원했다. 갑자기 돈이 많아진 기득권층은 화려한 사치에 눈이 멀 정도로 집착했다. 그러한 욕망을 채우기 위한 수단이 갖추어졌으니 그럴 만도 했다. 이처럼 그들의 자존심을 채우고 욕망을 만족시켜줄 대상이 필요했던 것은 그들이 고품격의 패션과 멋진 건물 그리고 훌륭한 음식에 목마른 사람들이었기 때문이다.

1784년에 태어난 카렘은 10대 후반에 외국에서 요리와 관련된 각종 자격증을 획득해 신흥 부르주아 계층을 위한 완성도 높은 요리를 선보였다. 그는 청소년기의 시간들을 주로 부엌에서 보냈는데, 맛이 개선된 소스에 대한 감각은 그때부터 있었다.

위대한 예술가들의 시작을 보면 거의 볼품없는 일을 한 경우가 많다. 카렘도 마찬가지였다. 파리에서 태어난 그는 남녀 형제가 25명이나 있는 집안에서 자랐다. 그의 아버지는 일이 서툰 노동자였고 어머니는 항상 피곤을 호소하는 사람이었던 것으로 추정된다. 아버지는 일을 하는 대신 술을 마시며 시간을 보냈기 때문에 가정형편이 무척 어려웠던 것으로 추정된다. 그는 지나고 나서 그 시절을 회상하며 아버지가 한 가지 잘한 게 있다고 말했다. 잔인하긴 하지만 중대한 결정을 내린 순간이 있었는데, 즉 아버지가 아들을 길거리로 내쫓은 것이다.

저녁에 길거리로 내몰린 카렘은 당시 상황을 잘 기억하고 있었다. 그의 나이 겨우 열 살밖에 되지 않았던 때다. 그의 아버지는 그와 형제들을 데리고 거리를 돌아다니다가 저녁을 먹으려고 허름한 선술집에 들어갔다. 다시 집에 돌아왔을 때는 최악의 상황이 그를 기다리고 있었다. 아버지는 어린 아들을 한쪽으로 데려가며 말했다.

"아들아, 지금 떠나거라."

카렘은 이 일화를 개인 비서인 프레더릭 파욧에게 여러 차례 말했다. 하지만 그의 비서가 이 이야기를 들은 최초의 측근도, 혹은 마지막 측근도 아니었다.

"이 세상에는 꽤 괜찮은 장삿거리가 많이 있단다. 그러니 우리를 떠나야 해. 이 집에 있으면 비참하게 살 운명밖에 안 돼. 이제 많은 돈을 벌, 기회의 세상으로 나가야 할 때가 왔단다. 부자가 되기 위해 꼭 필요한 것은 단 하나야. 바로 똑똑한 머리란다. 그런데 넌 그걸 가지고 있어. 신이 너에게 준 그 은총의 선물을 가지고 어서 이 집에서 나가거라."

카렘의 반응은 결코 다음과 같은 대답이 아니었다.

"네, 아버지 말씀이 맞아요. 하지만 지금은 밤 9시고 아버지는 술에 취하셨어요. 그리고 전 겨우 열 살인걸요."

그는 정말로 아버지의 말대로 행동했다. 그렇게 일생일대에 처음이자 마지막으로 집을 나갔다. 그 뒤로 그는 부모와 형제들을 다시는 보지 못했다. 형제 수가 그렇게나 많았는데 한 명도 다시 보지 못했다니 놀라울 따름이다.

어디로 간다는 단서도 남기지 않은 채, 무슨 일을 할지도 이야기하지 않은 채 그는 자신의 행운을 시험해보기 위해 지혜를 발휘해 아버지와 같이 갔던 선술집을 찾아갔다. 메인 지방으로 이어지는 입구 주변에 위치한 선술집이었는데 이른 저녁에 사람들이 그곳에서 식사를 하곤 했다. 그는 그곳에서 허드렛일을 하는 대가로 숙박과 식사를 그럭저럭 해결했다. 그곳에서 꽤 오랜 기간 머물면서 기본적인 요리 기술을 배웠다. 그 뒤 몇 년 동안 그가 어디에서 일했는지에 대한 구체적인 기록은 없지만 열여섯 살 때 돌파구를 찾기 위해 길을 나섰고, 페이스트리 셰프로 명성이 높은 인물 중 한 명인 실뱅 베일리의 가게에 취직을 했다. 그가 일하던 가게는 왕궁에서 가까웠다.

그의 사장은 카렘이 어리지만 정열적인 에너지와 창의적인 감각을 타고난 것을 알고는 깜짝 놀랐다. 이에 국립도서관에서 공부하며 요리 기술을 갈고닦을 수 있도록 배려해줬다. 그렇게 카렘은 글 읽는 법을 배웠다. 또 시간이 날 때마다 도서관에 들러서 요리 외에 또 다른 애정의 대상인 건축과 디자인에 관한 공부도 했다. 일주일에 두 번은 오후에 도서관에 가서 고전 요리책을 읽고 건축 드로잉을 공부했다. 그 뒤에 그가 사랑하는 두 가지 대상을 조합해 화려한 당과류를 스케치하기 시작했다.

"나는 구상한 여러 디자인을 성공시켰다. 그러나 그렇게 되기까지 얼마나 많은 밤을 새우며 지냈는지 모른다."

훗날 그가 회상한 과거다. 그는 위로 높게 올리는 당과류 장식을 200개나 완성했다. 그는 만족하며 스스로에게 말했다.

"네가 구상한 장식이 이전 장식보다 훨씬 더 독창적이다."

이어서 또 이렇게 말했다.

"페이스트리를 만드는 일은 비교적 간단하다."

당과류를 정교하게 쌓아올리는 장식 작업은 몇 미터 이상을 해야 할 때도 있었다. 피라미드나 신전, 고대 유적지를 흉내 낸 장식도 있고 폭포에서 절벽까지 자연의 대상을 테마로 한 것도 있었다.

그가 나중에 책으로 펴낸 레시피들은 결코 대충 만든 작품들이 아니었다. 그중에는 '작은 중국식 선박' '베네치아의 곤돌라' '고딕 양식의 탑'을 형상화한 당과류 장식도 있었다. 그뿐만 아니라 '인도풍의 정자' '사랑의 표상으로 장식한 고대 현악기인 리라'도 있었고 군대에서 사용하는 여러 종류의 헬멧을 본뜬 장식도 있었다. 그리스풍이나 터키풍의 분수도 만들었는데

1854년에 출간한 『파리의 왕정식 당과류』에서
저자 마리앙투안 카렘이 구상한 페이스트리 장식 그림이다.

설탕을 녹여서 실처럼 길게 늘어트린 뒤 그 위로 액체가 흐르도록 연출했다. 그는 아몬드 반죽과 밀가루, 달걀, 설탕, 소금과 천연 색소를 혼합해서 이끼처럼 장식해 고대 유적지를 형상화한 장식도 만들었다.

그는 글과 함께 그림도 직접 그렸다. 그의 책을 읽고 따라 했던 셰프들은 그림을 보고 감탄했다. "정말 훌륭한 결과물을 창조했다! 높이 세우는 이 일련의 장식들은 실행하는 과정이 어렵지는 않다. 소소한 부분이 비교적 간단한 데다 이해하기 쉽게 잘 설명됐기 때문이다."

카렘은 베일리를 위해 일하는 것을 그만두고 자신의 사업에 착수했다. 이미 파리의 주요 인물들로부터 주목을 받았던 그는 그중에서도 교활한 외교 전략으로 유명한 외교관 샤를 모리스 드 탈레랑 페리고르에게 고용되어 중요한 연회를 위한 요리를 만들었다. 그 뒤에는 독립적으로 사업을 하면서 유럽 전역을 다니며 활동했다. 파리에서는 은행가 제임스 드 로스차일드와 손을 잡고 일하기도 했고 영국에서는 섭정 왕자에게 고용되어 일하기도 했다.

카렘이 페이스트리 작업만 한 것은 아니다. 성대한 연회에 필요한 중요한 장비들도 만들었다. 물론 그가 구상한 계획이 모두 성공을 거둔 것은 아니었다. 한 예로, 브라이턴에 위치한 로열 파빌리온에서 특별한 저녁 파티를 준비한 적이 있었다. 이때 긴 탁자에 손님을 앉게 하고, 그들이 스스로 원하는 음식을 골라서 먹게 했다. 이 파티에 참석한 손님이 쓴 글을 보면, "대화를 지속적으로 이어나가는 것이 불가능했다. 자꾸만 다른 누군가가 방해를 했기 때문이다". 가령 누군가가 갑자기 끼어들면서 "죄송한데 페리구식의 살찐 영계 요리 좀 건네주시겠어요"라고 말을 건넨다거나, 다른 사람이 "어머나, 저기 나폴리식 마카로니 탱발timbale[고기를 다져 찐 요리]이 너무 맛있어 보이네요"라고 말하는 식으로 대화를 끊는 것이었다. 또한 그 손님은 "하인들이 계속해서 분주히 움직이며 돌아다녔다"고 했다.

그래도 돈은 계속 굴러 들어왔고 카렘의 재능은 유럽 전역에서 꽃을 피웠다. 독립적으로 일했던 최초의 요리사 중 한 명인 그는 어느 부유한 가정이나 귀족 가문에 소속된 일꾼으로서 요리를 하지 않았다. 그는 자신의 직업적 위상을 충분히 높이면서 일했다. 그의 글에는 다음과 같은 구절이 있다.

"훌륭한 예술은 총 다섯 가지다. 그림, 조각, 시, 음악 그리고 건축이다. 이 다섯 가지 예술이 다같이 중요하게 다뤄지는 분야가 바로 페이스트리다."

그는 여러 권의 요리책을 출간하면서 많은 페이스트리 셰프에게 독립적으로 활동하도록 장려했다. 그중에서도 『프랑스 요리의 기술』은 영향력이 컸다. 프랑스 요리를 체계화하고 국가 미식업의 중대한 좌표 역할을 했던 것이다. 그는 페이스트리로 탑을 쌓아 도시 전체를 구상하려 한 것 외에도 여러 건축작품을 시도했다. 하지만 주방에서 고된 노동을 많이 한 탓인지 카렘은 오래 살지 못하고 겨우 49세의 나이에 숨을 거두었다. 그는 한때 다음과 같은 말을 한 적도 있다.

"금전적으로 희생을 많이 당한 요리사일수록 요리 기술의 진보에 더 큰 영향을 끼친다."

물론 그의 대형 장식품들은 오늘날의 정찬 의식에는 잘 들어맞지 않는다. 지나치게 사치스럽고 음식 재료들을 쓸데없이 장식용으로 낭비한다는 인상을 지울 수 없기 때문이다. 그럼에도 수많은 위대한 예술가가 음식을 높이 쌓아올리겠다는 그의 기발한 발상에 대한 존경심을 담아 그를 추모하는 오마주 작품을 지금도 만들고 있다. 시작은 볼품없었지만 위대한 요리사가 되는 것을 꿈꾸는 수많은 사람에게 카렘은 영감을 불어넣는 고마운 요리사로 기억되고 있다.

50

싹양배추

Brussels sprout

일라이자 액턴, 1845년,

『가족을 위한 현대 요리Modern Cookery for Private Families』

Recipe 변색된 잎을 골라내고 줄기를 바르게 자른다. 싹양배추를 통째로 씻는다. 물이 든 냄비에 적당량의 소금을 넣고 싹양배추를 8~10분 동안 익힌다. 물은 빼고 버터를 발라 양쪽 면을 잘 구운 두꺼운 둥근 빵 위에 싹양배추를 올려놓는다. 이 요리와 잘 녹인 버터를 함께 식탁으로 가져간다. 이것이 바로 벨기에식 드레싱소스를 겸비한 싹양배추 요리다. 프랑스에서는 여기에 소스를 부어 먹는다. 아니면 스튜용 팬에 담아 버터와 후추, 소금을 넣어 익히고 그 위에 송아지 그레이비소스를 한 스푼 뿌린 다음 (소량의 레몬즙을 넣어도 좋다) 9~10분 정도 완전히 익혀 먹는다.

양배추가 악마의 채소로 알려져 있다면 싹양배추는 사탄과 6촌관계다. 얼마나 많은 사람이 어린 시절 양배추와 그의 친척에 대한 소문에 속아 시간을 낭비했던가? 나 역시 그랬다. 비록 지금은 크리스마스 때마다 점심에 칠면조 요리에 싹양배추와 함께 그레이비소스 및 브레드소스를 곁들여 먹는 연례행사를 치르지만 어렸을 땐 양배추를 정말 싫어했다.

싹양배추는 약 1000년 전부터 지중해에서 재배했고, 이후 북유럽에 퍼졌다. 첫 번째 확산에 대한 내용은 정확하게 밝혀지지 않았지만 지중해로 여행 온 사람들에 의해 퍼진 것으로 추정된다. 그리스나 남프랑스, 사르디니아 섬의 요리에 싹양배추를 넣은 기록이 거의 없었던 것으로 보아 지중해 지역 사람들은 식용 채소로 여기지 않았던 듯하다.

벨기에 사람들은 싹양배추를 반갑게 맞아들였다. 그러면서 벨기에의 수도인 브뤼셀을 딴 이름까지 붙였다. 이 채소가 벨기에에서 언제부터 식용으로 소비됐는지는 정확히 알기 어렵다. 17, 18세기까지만 해도 이 채소는 산발적으로 생산되다가 18세기 말에 가서야 영국 토지에 뿌리 내려 안정적으로 생산됐다. 찰스 마셜은 1796년에 발표한 『정원 관리와 관련된 정보를 다룬 평이하고 쉬운 입문서Plain and Easy Introduction to the Knowledge and Practice of Gardening』에서 이 채소를 "겨울철에 먹을 수 있는 녹색 채소로 케일같이 생겼다"고 표현했다.

어쩌면 싹양배추를 재료로 한 레시피에 대한 사람들의 반감은 19세기 중반까지 지속됐는지도 모른다. 양배추는 품종이 약 400종이나 됐지만 부담스러운 재료였다. 그렇지 않았다면 분명 요리에서 나무랄 데 없는 고마운 채소로 대접받았을 것이다. 일라이자 액턴은 양배추를 재료로 한 레시피가 포함된 요리책을 낸 최초의 저자였다. 2개 장을 할애해 양배추 관련 레시피를 단독으로 다루었다. 그녀는 양배추를 익히면 거북한 냄새와 맛이 난다는 것을 잘 알고 있었다. 그래서 레시피를 만들면서 다량의 버터와 후추를 넣은 것은 물론 맛이 좋은 송아지 그레이비소스를 듬뿍 뿌리게 된 것이리라.

그녀가 제안한 싹양배추 레시피는 어린이의 입맛에도 충분히 맞았다. 하지만 안타깝게도 여러 세대에 걸쳐 많은 요리사가 싹양배추를 과도하게 익혀서 요리했다. 그러다 보니 채소의 질감이 질척질척해지고 도무지 먹을 수 없는 요리가 되곤 했다. 만약 모든 사람이 그녀가 충고한 채소 레시피를 잘 준수했더라면 이런 일은 없었을 것이다. 그녀는 채소를 아주 조심히 다루어야 하며 수확할 때도 세심하게 다뤄야 한다고 설명했다.

"이 채소가 가진 우수한 특성은 잘못 요리하는 순간 모두 망가지고 만다."

밭에서 수확한 채소가 접시 위의 요리로 변신할 때까지 걸리는 시간에 대해 그녀는 매우 현대적인 접근법을 굳게 믿었다.

"채소의 향기는 자르고 한데 모은 뒤 몇 시간 안에 사라지기 마련이다."

그렇기 때문에 말린 완두콩이나 콩, 예루살렘산 안티초크, 감자를 재료로 쓸 때를 제외하고 다른 채소로 하는 요리는 물을 '단시간에 끓여서' 익

혀야 한다. 이때 소금을 친 뒤 거품이 나면 얼른 물 위에 뜬 거품을 제거해야 한다.

채소를 다룰 때는 각별한 주의를 요한다. 너무 오래 요리하면 안 될뿐더러 물속에 너무 오래 담가둬도 안 된다. "그렇게 되면 채소의 영양소와 맛이 사라진다"고 그녀는 말했다. 또한 채소를 덜 익히면 안 된다고 충고하기도 했다. 요즘에는 채소를 익힐 때 살짝 데쳐서 먹는 것이 유행이다. 그러나 그녀는 "채소를 먹을 때 반쯤만 익혀서 먹는 것은 정말 무시해야 할 전통이라며 질감이 단단한 채소로 음식을 해먹는 것"을 극도로 싫어했다. 한때 살짝 익히는 것이 유행한 시절이 있긴 했지만 그녀는 건강이 유행보다 더 중요하다고 강조했다.

한편 오늘날의 요리사들이 확실히 피해야 할 조언이 한 가지 있다. 일라이자 액턴은 시들시들한 채소에 싱싱한 색감을 되살리기 위해 중탄산나트륨(소다)을 넣으라고 충고했다. 그러나 그녀는 1티스푼 분량의 중탄산나트륨으로 채소의 모든 영양소가 파괴될 수 있다는 점을 간과했다. 비타민 C가 모두 파괴될 수 있다는 사실을 그녀는 미처 알지 못했던 것이다.

　하지만 사소한 실수 하나가 그녀의 위대함을 무너뜨리지는 못한다. 또 그녀가 사람들에게 부담스러운 대상인 싹양배추에 대해 언급한 것도 전혀 해가 되지 않는다. 그녀는 사람들이 기피하던 채소를 식용으로 손색없게끔 만들었다. 동시대의 음식 비평가들은 그녀에 대해 말하길, "지금까지 세상에 드러난 경이로운 음식들을 수집한 가장 위대하고 가장 현명한 수집가"라고 평가했다.

51

케저리 혹은 키저리, 인도의 아침 식사

Kedgeree or kidgeree, an Indian breakfast dish

일라이자 액턴, 1845년, 『현대 가정식 요리법Modern Cookery for Private Families』

Recipe 부드럽게 건조시킨 카레용 쌀 113그램으로 밥을 하고, 밥이 식으면 생선 뼈와 껍질을 제거한 후 토막 내서 함께 소스팬에 넣는다. 버터 28~57그램, 풍부한 향을 내는 붉은 고추, 적당량의 소금을 추가하고 케저리가 뜨거워질 때까지 저어주면서 가열한다. 이때 2개의 날달걀을 잘 풀어 빠르게 섞어준다. 달걀이 완전히 섞이면 불을 끄고 접시를 준비한다. 모리션 채트니Mauritian Chatney[여러 과일로 만든 요리]와 함께 먹으면 좋다. 버터 대신 달걀 1~2개를 더 넣어도 상관없다. 비목어, 가자미, 연어, 넙치, 달고기, 새우 등이 케저리를 만들 때 많이 쓰이는 해산물이다.

델리아 스미스는 "영어로 요리책을 쓴 사람 가운데 가장 우수한 작가"는 일라이자 액턴이라고 격찬했다. 스미스는 요리를 설명하고 독자에게 조언하는 액턴의 방식이 간단명료해서 사람의 마음을 사로잡는다며 높이 평가했다. 비록 사후지만 『현대 가정식 요리법』을 출간하고 150년이 흐른 뒤에도 자신이 인정받는다는 사실에 그녀는 매우 만족할 것이다.

액턴은 자신의 요리가 완전히 신뢰할 수 있는 것이며, 요리를 간단하게 하기 위해 독창적인 개념을 도입했다고 주장했다. 이후 많은 요리책 작가가 이를 따랐다. 액턴은 책 마지막 부분에 요리에 필요한 재료와 양을 적어놓았다. 필요한 재료 목록을 책 앞부분에 따로 넣을 생각을 처음 한 사람은 비턴 여사였지만, 이러한 방법을 대중화한 인물은 액턴이었다.

오늘날과 달리 과거의 요리사들은 필요한 재료의 종류와 양을 알아내기 위해 요리책을 샅샅이 뒤져야 했다. 하지만 그렇게 해도 어떤 재료가 필요한지 매번 알아낼 수 있는 것도 아니었다.

액턴이 이런 방법을 쓴 이유는 사람들이 요리 방법을 더 간단하게 파악하고, 조리과정에서 생기는 음식물 쓰레기의 양을 줄이도록 하기 위해서였다. 돈의 가치에 대해 별다른 생각이 없는 가정주부나 하인은 요리할 때 낭비를 많이 하는데, 액턴은 이를 '심각한 해악'이라 여기며 분노했다. 항상 그렇듯이 이러한 분별없는 행위가 문제가 됐을 때 욕을 먹는 쪽은 힘없는 하인들이다. 액턴은 "매일 버려지는 양질의 음식 재료가 상상을 초월할 정도다"라며 울분을 토했다. 요리법이 정확하면 요리의 효율성을 높일 수 있으며 낭비되는 재료의 양은 줄어들 것이었다.

가난한 하인들은 부족한 점이 많았다. 대부분 요리를 제대로 배우지 못했는데, 이 점에 대해 액턴은 자선단체에서 가난한 이들에게 요리만 빼고 모든 것을 다 가르쳤다며 이들 단체를 비난했다. 액턴은 그들이 "필요 없는 반쪽짜리 지식"만 배웠다고 주장했다.

19세기 중반에는 요리하는 하인의 숫자가 부족해 이들을 고용하려면 비싼 값을 치러야 했다. 액턴은 이러한 하인들을 "영국에서 없어서는 안 될 존재"라고 하면서도 쓸 만한 하인을 고용하는 데 돈이 많이 들어간다는 사실에 신경질적인 반응을 보였다. 산업혁명이라는 큰 변화를 겪으며 영국사회는 많은 부분이 발전했지만 요리엔 별로 신경을 쓰지 않았다. 다양한 공산품이 풍부하게 생산됐지만, 액턴은 영국의 요리가 영국보다 발전이 안 된 다른 나라보다 훨씬 못하다고 지적했다. 부유층과 귀족층에선 요리사를 고용했지만, 그들 요리사는 대부분 외국인이었다.

그런 와중에 액턴은 서광이 비쳐옴을 느꼈다. 요리가 성공한 부유층과 지식계층의 관심을 받기 시작했던 것이다. 그래서 요리책을 많이 펴내는 것 외에 요리법을 잘 가르치는 것도 중요해졌다. 액턴은 훌륭한 요리사를 키워내는 것이 요리책을 발간하는 것보다 더 중요하다고 주장했다. 20여 년 전 브리야사바랭이 프랑스 지식인들에게 주장한 내용도 바로 그것이었다.

액턴은 "음식물 섭취가 건강에 미치는 영향은 우리가 생각하는 것보다

크다"고 주장하며 "건강하게 살기 위해서는 잘 먹어라"라고 충고했다. 음식으로 건강을 유지할 수 있다는 신념을 지닌 그녀는, 이러한 신념을 자기 가족의 건강과 행복으로만 국한하지 않았다. 그녀는 급격한 변화의 시대에 살고 있으며 또한 자신이 목표로 삼는 중산층이 이 혁명을 이끌고 있다는 사실을 알았다. 액턴은 책 서문에 "과학, 예술, 문학, 문명을 발전시키는 근면함, 높은 지적 능력, 천재성은 중산층에서 나온다"고 적었다. 그런 까닭에 중산층을 잘 먹여야 한다는 사명감을 느꼈다. 카렘이 산업혁명 이후 프랑스 부르주아에게 맛있는 요리를 보급했듯이 액턴은 점점 늘어나는 영국 중산층에게 질 좋은 음식을 제공함으로써 그들 생활의 질을 향상시키는 데 일조했다.

1799년에 서식스 주 양조업자의 딸로 태어난 액턴은 영국의 유명 소설가 제인 오스틴이 생생하게 묘사한 시대를 몸소 겪었을 뿐 아니라 국가를 발전시킨 빅토리아 시대의 변화를 목격했다. 예를 들면 더 많은 상품을 가게에서 살 수 있게 됐다. 버드가 분말 커스터드를 발명한 해인 1826년에 액턴은 자신의 첫 책(시집)을 출간했다. 그해는 항아리와 주전자를 위에 올려놓을 수 있도록 금속으로 된 화실 덮개에 둥근 고리가 달린 주방 레인지가 도입된 해이기도 하다. 그 제품은 모델에 따라 화실 한쪽에 오븐도 있었지만 온도를 마음대로 조절할 수는 없었다. 청소기와 온도 조절이 가능한 가스 오븐은 1850년대가 돼서야 나왔다.

주방 기기가 발전하면서 요리사의 능력이 향상됐을 뿐 아니라, 철도 덕분에 물자 수송이 빨라지고 다양한 음식 재료가 나오자 요리도 더욱 세련됐다. 식품의 원거리 수송이 가능해지면서 식민지에서 향신료도 들어왔다. 액턴은 케저리를 인도의 아침 식사로 소개했는데, 이로써 영국에서 인도 요리가 얼마나 유행했는지를 알 수 있다.

영국은 동인도회사를 설립하고 교역을 시작한 1600년대 초에 인도 음식을 받아들였다. 처음에는 무역만 했던 영국과 인도의 관계가 전쟁을 치르면서 점차 지배-피지배 관계로 바뀌었다. 1858년부터 영국이 인도를 본격적으로 통치하면서 영국에서는 인도 음식에 대한 관심이 되살아났다.

해나 글래스가 카레와 필라프[버터를 넣고 볶은 쌀밥에 고기, 야채, 조미

인도인의 행렬 속에서 말을 타고 있는 동인도회사의 영국 귀족.

료를 버무린 요리] 요리를 1747년에 소개했는데, 이 요리법은 마리아 런델이 쓴 『새로운 가정 요리A New System of Domestic Cookery』(1806년 초판 발행. 1840년에 마 로버츠가 편집, 수정) 개정판에도 나왔다. 해나 글래스는 이 새로운 요리를 아시아, 페르시아, 터키와 힌두스탄[인도 북부 지역]에서 왔다는 의미로 '동양 요리Oriental Cookery'라 불렀다. 이 동양 요리에는 마드라스 보리새우와 말레이시아 치킨에서부터 '클라이브 남작[영국의 군인 정치가이며, 동인도회사의 첫 총독]' '칼리 왕' '우드의 왕' 등 유명인의 이름을 딴 요리에 이르기까지 수많은 카레 요리가 있다. 이 요리는 모두 서로 다른 카레 가루를 사용하는데, 그녀는 이를 각 분야에 맞게 설명했다.

이 요리는 여러분이 생각하는 것처럼 시시한 음식이 아니다. 한 가지 요리를 위해 그녀는 고수 씨, 후추, 심황을 갈았다. 다른 요리를 위해선 커민과 레몬 피클을 갈았다. 생마늘과 고추를 갈아 만드는 요리가 없기 때문에 벵골 카레 가루는 강한 맛을 내는 신선한 라임주스를 조금이라도 넣어야 한다.

에마 로버츠는 '키처리khicheree' 요리도 소개하는데, 이는 우리가 알고 있는 요리가 아니다. 달걀도 생선도 넣지 않는다. 하지만 일라이자 액턴은 요리할 때 그것들을 넣었다. 그녀는 아침 식사가 다시 유행할 때 치커리를 아침 식사로 먹을 수 있다고 생각했다. 아침 식사로 오트밀과 차가운 고기를 먹는 것은 수 세기를 거치면서 만들어진 식습관이기 때문에, 액턴의 케저리는 사람들에게 이국적인 맛을 안기는 것과 같은 효과를 냈다. 다른 지역에선 아침 식사를 쌀 요리로 했다. 예를 들면 중국에선 아직도 아침 식사로 쌀죽을 먹는다. 영국에선 달걀과 생선을 넣어 더 맛있게 만들었다.

곡물은 아직 식탁에 오르지 못했다. 미국의 '제7일 안식일 예수 재림교'가 채소 음식으로서의 곡물 반죽을 굽고 가는 실험을 시작하기 몇 년 전에야 곡물이 식탁에 올랐다. 그리고 이러한 음식은 존 하비와 윌 키스 켈로그가 병원 환자들의 식사를 개선하기 위해 만든 콘 프레이크가 나온 1894년 이전까진 없었다.

기존의 모든 요리의 빛을 바래게 하고 일라이자 액턴이 열심히 개발한 많은 요리를 도용하면서 비턴 여사가 인기를 한 몸에 받으며 등장할 때까지(1861) 영국의 아침 식사는 오늘날까지 알려진 두 종류가 있었다. 비턴은 베이컨과 달걀만을 넣은 "아침 식사의 단조로움을 없애라"면서 가정주부를 압박했다. 그러고는 적당한 가격에 먹을 수 있는 고기구이, 스테이크, 커틀릿과 감자튀김 등을 아침 식사용으로 제안했다.

비턴 여사는 "달걀을 끓는 물 위에 풀고 나머지 부분을 저녁에 마요네즈와 함께 먹는다면, 일라이자 액턴의 케저리를 인정할 겁니다"라고 말했다.

52

웰시 레어빗

웨일스식 치즈 토스트_Welsh rarebit

찰스 엘메 프랑카텔리, 1852년,
『노동자 계층을 위한 간편 요리책Plain Cookery Book for the Working Classes』

Recipe 먼저 토스트 한 쪽을 구워 버터를 바른다. 얇게 썬 치즈를 은근한 불에 올려 녹인다. 겨자, 후추, 소금으로 간을 한다. 치즈 토스트는 뜨거울 때 먹는다.

음식에 관한 이야기는 부유층의 입에 더 자주 오르내리게 마련이다. 아무래도 더 좋은 재료를 구할 여유가 있고 솜씨 좋은 요리사를 고용해 젤리부터 기가 막힌 페이스트리에 이르기까지 인기 있는 음식과 이국적인 음식 재료 및 식사에 대한 새로운 개념을 제시함으로써 초대한 친구들을 놀라게 할 수 있기 때문이다. 형편이 안 되는 계층은 양배추, 양파, 감자, 빵만으로 요리를 할 수밖에 없다.

빅토리아 시대(1837~1901)의 개화기에 정치가들은 9세 미만의 어린이들이 직물 공장이나 광산에서 일하는 것을 금지했고 교육도 점차 의무화했다. 그러면서 빈민층을 위한 식생활 개선에 관심을 쏟았다. 이탈리아계 영국인 찰스 엘메 프랑카텔리는 파리에서 카렘으로부터 요리를 배웠다. 그는 빈민층을 위한 식생활 개선에 관심을 쏟은 인물 중 한 명으로, 빅토리아 여왕의 수석 주방장과 메트르 도텔Maitre D'Hotel[식당 지배인]의 자리에 오르기까지 영국에서 부유층과 귀족층을 위해 일했으며, 여왕은 물론 그 가족들의 식사까지 전적으로 책임졌다.

그의 요리는 프랑스로부터 큰 영향을 받았다. 첫 책인 『현대 요리The Modern Cook』를 1846년(빅토리아 여왕 9년)에 출간했는데, 수많은 프랑스 정통 요리와 화려하게 장식한 푸딩 및 수플레, 풍부한 소스 등을 다양하게 소개 했다.

1846년에는 과자류 제조를 다룬 책에서 디저트를 소개했고, 그보다 1년 앞서 가사를 돌보는 사람들과 레시피를 공유하기 위해 『요리사 지침서 와 주부 및 집사를 위한 책The Cook's Guide and Housekeeper's and Butler's Assistant』을 출간했다.

그는 자기 책이 노동자 계층을 위한 요리에는 전혀 도움이 되지 않는다 는 것을 깨달았다. 이에 상류층을 위한 두 권의 책을 출간하기에 앞서 요리 하는 사람들에게 직접적으로 도움이 될 만한 저서를 집필하기 시작했다. 여 기에는 요리에 필요한 조언과 예산을 고려한 레시피 그리고 노동자 가족의 입맛에 맞춰 제공할 수 있는 요리 등이 실려 있다.

그는 애초의 목적과 내용에 맞도록 책 제목을 『노동자 계층을 위한 간 편 요리책』이라고 붙였다. 결국 책을 펴낸 목적이 정확히 들어맞았고 그의 열망을 충족시키기에 충분했다. 프랑카텔리는 새로운 독자의 요구와 바람 에 어떻게 접근했을까? 그 책이 노동자 가정에서 그들의 마음을 울리고 자 부심을 안겨주었을까?

도시화가 진행될수록 실제 빈민층이 선택할 수 있는 음식의 종류는 제 한되었다. 수 세기 동안 시골에 살던 사람들은 빵이나 배추, 양파같이 값싼 채소를 주식으로 삼아왔는데 이제는 소작 농지마저 빼앗기고 도시에서 값 싼 고기를 먹으며 살아갔다.

저널리스트 헨리 메이휴는 조사팀과 함께 수백 명의 남녀 노동자 계층 과 그들의 자녀를 관찰하고 인터뷰한 뒤 쓴 책 『런던의 노동자와 가난한 사 람들』에서 1840년대 도시 빈민층의 생활상을 속속들이 밝히면서 놀랄 만큼 상세하게 그려냈다. 그는 그것을 "사람들의 입에서 나온 역사"라고 일컬었다.

책에서는 노동자들과의 긴 대화, 습관, 말투와 속어까지 기록하고 시 장, 거리, 주택을 비롯해 자신이 만난 사람들을 생생하게 묘사했다. 뿐만 아니라 행상인과 환경미화원, 시장 상인, 노동자들의 세계까지도 깊이 파고

들었다.

어느 토요일 저녁, 물건 값을 치른 뒤 메이휴는 사람들로 가득 차 발 디 딜 틈도 없는 램버스의 뉴컷 시장을 거닐었다.

"사내아이들이 손에 양파를 서너 개 들고 애처로운 목소리로 시장 고객 에게 동정을 하며 사람들 사이를 요리조리 비집고 다녔다."

상인들이 물건을 팔기 위해 목청껏 소리를 질러대는 바람에 사방은 정 신없이 소란스러웠다. 헨리 메이휴는 새로 나온 주석 냄비를 파는 가판대, 도로변에 줄줄이 나와 있는 낡은 구두들, 구걸하는 가족, 성냥 한 상자를 들고 부끄러운 듯 고개 숙이고 있는 아버지를 지나 붉은 등이 켜진 진열대 에 고기를 쌓아둔 정육점 앞을 지나갔다. 푸른색 옷을 입은 정육점 주인은 허리춤에 차고 있던 칼갈이에 칼을 갈면서 가게 안을 어슬렁거렸다.

녹색과 흰색 순무, 노란 양파, 자색 양배추를 파는 가판대도 있었다. 상 인들이 하는 말은 도무지 알아들을 수가 없었다. 메이휴는 상인들이 처음 듣는 사람은 알아듣지도 못하는 속어로 대화한다는 사실을 깨달았다. 시 장에서 많은 시간을 보낸 메이휴는 도박과 쥐 죽이기, 개싸움을 취미로 삼 는 사람들, 싸움을 부추기는 자들, '경찰에게 앙갚음'하는 이를 존경하는 행 상인들 사이를 돌아다녔다.

상인들은 헐값으로 물건을 사서 최고가로 파는 기술만 배웠을 뿐 학교 교육은 받지 못했다. 메이휴가 도박하는 무리를 구경하고 있을 때, 한 젊은 남자가 "안으로 들어와서" 저녁 식사로 수프와 으깬 감자를 먹고 가라며 말 하는 소리가 들렸다. 메이휴가 만난 또 다른 사람들은 약간의 튀긴 고기와 빵 그리고 버터뿐인 저녁 식사를 할지도 몰랐다. 상인들은 주로 집 밖에서 식사하는 일이 잦았다. 당시 사람들은 정육점에서 가장 값싼 '고기의 부속 물'을 사서 술집에 가져가 요리를 해 먹을 수 있었다.

메이휴는 배우지 않은 것에 만족하는 고집스럽게 생긴 청소부를 만났다.

"난 몇 살인지 몰라요, 하지만 아주 까칠한 턱수염이 있는 걸 보면 먹을 만큼 먹었을 거예요."

그 남자는 자신의 식습관을 말하기 전에 이런 말부터 꺼냈다.

"난 수시로 조리된 고기나 차갑게 식은 수육을 사서 술집에 가서 먹어요. 저는 날마다 고기를 먹거든요. 아주 따뜻하거나 후추를 넉넉히 뿌릴 수 있다면 모를까, 좋아하는 채소는 양파와 양배추뿐이에요."

메이휴가 만난 남자들은 대부분 글을 몰랐다. 그들에게 이따금 신문을 읽어주는 친구가 생겨도 별 도움이 되지 않았다. 빌이라는 친구는 이렇게 말했다.

"신문 내용을 읽어줘도 도무지 이해를 못 해서 어려운 말은 자세히 설명해줘야 해요."

메이휴가 만난 또 다른 사람들은 과일이나 고기를 넣어서 만든 따끈한 파이와 값싼 생선을 먹고 살아가는 사람들 이야기를 했다. 메이휴는 아일랜드의 소작농들이 먹는 음식이 감자이듯이 런던의 소득이 적은 사람들 사이에서는 "생선을 주식으로 삼는 식사"가 흔한 음식이 된 것 같다고 기록했다.

상인들은 저가의 청어와 대구를 팔았는데 "도시의 빈곤 가정에서는 언제나 청어 냄새가 난다"고 쓸 정도로 메이휴는 빈곤 가정에 큰 관심을 가졌다. 유쾌하진 않지만 '생선 냄새를 악취라고 생각하지' 않는다면 깨끗한 부엌에서도 생선 냄새가 날 수 있다.

메이휴가 만난 어떤 사람은 "형편이 좋아지면, 즉 '술 먹는 일에 돈을 다 쓰지 않는다면' 일요일에 양고기를 먹을 수 있다"고 했다. 메이휴는 "술이나 도박 말고는 여가를 보낼 만한 것이 없어서 많은 사람이 고주망태가 될 때까지 술을 마신다"고 강조했다. 사실 꾸준한 수입이 없는 비정규직 노동자들은 일할 때는 지나친 음주, 일하지 않을 때는 극심한 가난이라는 '두 가지 고질병'을 안고 살았다. 다시 말해, 과음과 빈곤의 '악순환'이었다.

그렇다면 자랑스레 구레나룻을 기르고 프랑카텔리식 옷을 깔끔하게 차려입은 이탈리아 후손은 그런 사람들에게 무엇을 가르칠 수 있었을까?

당시 최고의 보수를 받았던 음식학자 콜린 스펜서는 오븐부터 구리 팬과 튀김 팬, 감자 찜통까지 필요한 주방용품의 목록을 만드는 작업을 최소한 6주간에 걸쳐 마무리했다. 비용이 많이 든다는 사실을 알면서도 프랑카텔리는 주방용품을 구입하기 위해 6주 동안 월급을 조금씩 떼어서 모아둘 것을 제안했다. 그러나 여왕의 요리사였으며 훗날 리폼 클럽의 주방장이 된 프랑카텔리는 새끼 돼지와 거위뿐만 아니라 가격을 똑같이 맞출 수 없는

저널리스트인 헨리 메이휴는 『노동자와 런던의 가난한 사람들』이라는 책에서
런던의 가난에 대해 획기적이고 영향력 있는 조사를 한 것으로 유명하다.

카키 리키 수프cocky-leaky soup용 닭고기는 요리 재료로 제시하지 못했다.

19세기에 영향을 미친 『카셀의 요리사전』의 머리글을 쓴 A. G. 페인은 저소득층을 위해 프랑카텔리가 쓴 작품들을 경멸했다. 그 책에 나와 있는 레시피는 대부분 현실적이지만 맛이 너무 밋밋해서 먹을 수 없는 게 문제였고, 채소나 샐러드를 찾는 사람들에게 용기를 주는 말은 한마디도 없었다.

그 책에는 뭉근하게 끓인 장어, 발효 빵, 감자 푸딩이 실려 있다. 돼지 족발 요리는 3일 동안 소금에 절인 후 세 시간을 끓이라고 했다.

프랑카텔리는 토드 인 더 홀Toad-in the hole에 대한 레시피로는 가장 값싼 고기를 사서 파리가 앉았던 냄새 나는 부분은 떼어낼 것을 권하면서 음식을 망칠 수 있다는 말까지 했다.

감자 파이는 그냥 양파와 삶은 감자를 접시에 놓고 으깬 감자를 그 위에 얹은 다음 구워낸다. 생선수프는 시장에서 싼 생선이 나올 때 구입해서 냄비에 10분 동안 끓인 뒤 양파와 백리향, 후추, 소금을 넣고 15분간 더 끓인다. 천엽탕에 대한 레시피를 내놓기 전에 그는 이런 말을 했다.

"여러분은 가끔 이 맛에 빠질 수 있다고 느낄 겁니다. 그렇다면 여기 토스트 워터[환자용 음식] 만드는 법이 있습니다. 빵을 구워서 그릇에 담은 뒤, 끓인 물을 붓고 마시기 적당한 온도로 식힌 다음 드시면 됩니다."

앞서 기술한 웰시 레어빗은 독특한 맛이지만 많은 레시피가 적힌 프랑카텔리의 요리책을 당시의 시민들은 구입하기 힘들었고, 구입하더라도 읽을 수 없었기에 오히려 축복이었다.

53

콜리플라워와 치즈

cauliflower & cheese

존 스미스, 1860년,

『채식주의 요리의 원칙과 실천Principles and Practice of Vegetarian Cookery』

Recipe 콜리플라워를 살짝 데치고 물기를 잘 뺀 다음 찧는다. 접시에 담아서 화이트소스를 약간 끼얹는다. 그 위에 치즈를 갈거나 얇게 썰어 올린다. 불이나 샐러맨더Salamander[위에서 열이 공급되는 가열 기구]에 올리기 전에 갈색이 될 때까지 끓인다. 치즈가 없다면 버섯이나 미리 데친 양파를 같이 넣어도 좋다. 구워낸 빵과 함께 내놓는다.

1847년 9월 어느 저녁, 영국 동남 해안에 있는 램스게이트의 한 병원에서 채식주의 단체를 만들기 위한 모임이 있었다. '채식주의'는 당시에 획기적인 말이었다. 물치료 전문 병원을 운영하는 윌리엄 호셸을 비롯해 하원의원 조지프 브라더딘이 채식주의 원칙을 제대로 보여주기로 결심했다. 14~76세에 이르는 150명이 채식주의에 즉각 서명했고, 이듬해 맨체스터에서 열린 첫 총회에서는 회원이 265명으로 늘어났다. 수년이 지난 뒤 영국 전역에서 회의가 진행됐다. 그들은 『베지테리언 메신저Vegetarian Messenger』라는 잡지를 발간했고, 1860년 요크셔 출신의 존 스미스가 『채식주의 요리의 원칙과 실천』이라는 책을 펴냈다. 이론은 어려웠지만 요리법은 간단했다. 콜리플라워 치즈는 그 책 맨 마지막에 나오는데, 레시피에서 채소는 반드시 삶아야 하고 거기에 바삭바삭한 빵 조각을 곁들이는 독특한 메뉴를 제안했다.

스미스는 육류를 싫어하진 않았으나 "뜨거운 상태의 모든 음식은 고체든 액체든 피해야 한다. 치아에 손상을 줄 수 있고 위를 약하게 하며, 그로 인해 모든 기관과 동물계 일부에도 나쁜 영향을 미칠 수 있다"고 쓸 정도로 뜨거운 음식을 싫어했다. 비턴 여사는 채소를 삶으라고 강조했으며, 존 스미스는 음식을 차게 해서 먹어야 한다고 주장했다.

채식주의자들의 행진은 음식이 뜨겁든 차든 미지근하든 상관없이 이어졌다. 런던에 채식주의 식당이 몇 군데 들어서기 시작했고 1897년에는 7곳으로 늘어났다. 이 운동은 다음 세기에 그 수가 늘어나기는 했지만 제1차 세계대전이 발발하면서는 직접적인 관심만 유지됐다. 전쟁 동안 참호 속에서 지내는 남자들은 필요한 단백질을 쉽게 구하는 방법을 선택할 수밖에 없었다. 그로 인해 채식주의의 진행 속도는 더뎌졌다.

마하트마 간디는 1881년 영국에서 유학하면서
런던 베지테리언 소사이어티 회원이 됐고 거기서 뜻을 같이하는 사람들을 만났다.

고기 없는 식단을 만들기 위해 운동을 벌인 사람들은 당시에 널리 퍼진 고기 위주의 식단과 싸우면서 채식주의 운동을 펼쳤다. 영국은 제2차 세계 대전 때 역사상 최초로 국가는 물론 부자나 가난한 사람 모두가 똑같은 음식을 배급받아야 한다는 성명을 발표할 기회를 갖게 됐다.

육류 섭취를 자제해달라고 사람들을 설득하는 과정은 힘겹고도 도전적이었다. 그러나 이 운동을 시작한 사람들은 채식주의자들의 정신이 기꺼이 그들 편이 됐다는 사실을 위안으로 삼고 행동에 옮겼다.

채식주의 요리책인 『바보들의 경전The Cranks Bible』의 저자 나딘 아벤수르는 이렇게 말했다.

"언제나 개척자와 바보, 이상주의자들은 꼭 있어야 하고 우리는 어제의 바보가 오늘의 천재가 된다는 사실을 안다."

역사상 확고한 생각을 가진 이상주의자들은 꽤 독특한 성격의 소유자들이었다. 예를 들면 레오나르도 다빈치는 고기를 먹지 않았는데 장갑탱크나 헬리콥터는 발명하지 않았다. 또 기원전 570~기원전 495년에 생존한 인물인 피타고라스를 능가할 만한 채식주의자가 있을까? 많은 사람이 그가 수학을 잘하고 수금 연주는 물론 노래와 작곡도 잘한 것으로 알고 있다. 그는 그물에 잡힌 물고기 수를 정확하게 알아맞혔고, 웃고 우는 모습을 남에게 보인 적이 없으며, 물 위를 걸을 뿐 아니라 동시에 두 곳에 나타날 수도 있었다고 한다.

그는 오랜 친구인 사냥개를 어떤 남자가 때리자 말린 적이 있을 정도로 동물에 대한 연민이 깊었다. 당시는 신에게 동물을 제물로 바치던 시대였는데 피타고라스는 고기를 제물로 바치는 대신 케이크를 바쳤다. 특히 초콜릿으로 만든 케이크를 제물로 올리는 것은 대단히 높은 도덕성을 보여준다. 붓다(기원전 563~기원전 483년경)는 다른 나라와의 전쟁에서 동물을 제물로 바치는 것은 물론 고기 먹는 행위까지도 강력하게 비난했다. 이 운동을 지지하는 사람들은 옛날로 돌아가는 것이 진정한 채식주의라고 말한다. 음식학자 콜린 스펜서가 "옛날의 낙원은 채식주의"를 했다고 말한 바와 같다. 역설적이지만 아담이 먹지 말라는 과일을 먹으면서 인간의 부패가 시작됐다. 하느님은 고기에 물린 야만적인 인간에게 홍수를 내려 세상을 멸망시키고 새로운 시작을 할 수 있었다.

하느님이 채식주의라고 주장하는 사람도 있다. 그러나 노아는 방주에서 내리자 동물 한 쌍을 희생 제물로 바쳤다. 성서에서는 이에 "하느님은 향기로운 냄새를 맡았다"고 말한다. 하느님이 동물을 죽여서 요리하는 것을 허락하지 않았다면 지구상에 동물은 하나도 없었을 것이다. 구약성서 여러 곳에서 하느님은 인간에게 고기 먹는 것을 허락했지만 동물의 피는 마시면 안 된다고 강조했다. 그런 까닭에 채식주의자들은 홍수 이후로 새 세상에서 보여준 노아의 유명한 고기 사랑 행동 이후 오랫동안 그들의 주장을 합리화하기 위해 안간힘을 썼다.

제물로 바치기 위해 동물을 죽이는 것은 역사적으로 하느님과 인간이 직접 소통하는 의미를 지닌다. 한편 고기를 요리하는 것은 부와 권력의 상징일 뿐 아니라 친구와 가족을 하나로 묶는 의식이었다. 역사 전반에 걸쳐 봤을 때 대단히 많은 양의 생물과 짐승, 가금류를 죽이는 행위는 엄청난 축제를 의미했다. 적에게 하느님에 대한 두려움을 심어주기 위해서나 친구에게 감동을 주기 위해 가지를 굽거나 넛 리솔[햄버거]을 요리하는 부유한 귀족은 없었다.

고기 먹는 일은 인간이 취한 행위였다. 르네상스가 도래하고 콜린 스펜서가 "고기 먹는 것이 사회 관습으로 확고히 뿌리 내리게 됐다"고 쓴 것과 같다. 역설적이지만 앞에서도 말했듯이 고기를 먹는 것은 부자의 특권이었다. 가난한 사람들은 고기를 살 여유가 없었다. 소는 쟁기를 끌기 위해 길렀고, 닭은 알을 얻기 위해 키웠다. 만약 동물이 도축용으로 팔려나간다면 판매자는 밀가루, 소금, 채소를 더 많이 살 수 있었을 것이다. 그런 까닭에 역사상 가난한 사람들은 어쩔 수 없이 채식주의자가 됐다. 그들은 가난으로부터 벗어나게 되면 고기를 먹으면서 사회적으로 지위가 상승했음을 과시했다.

물론 채식주의를 옹호하는 견고한 두 가지 사상이 있다. 동물을 학대하는 데 항의하는 것과 채식이 건강에 좋다는 것이다. 이 가운데 많은 초기 채식주의 운동가에게 힘을 실어준 것은 전자의 사상이다. 그러나 냉정한 육류 생산업자의 야만성과 재미 삼아 사냥하는 자들의 냉혹함은 여전했다.

15, 16세기 네덜란드의 학자이자 채식주의 동조자였던 에라스뮈스는 "사냥꾼들은 동물을 몰아 죽이면서 어떤 기분을 느끼는가?"라며 사냥꾼들을 비난하는 글을 썼다. 정치가이면서 헨리 8세의 전문 상담가였던 채식주의 운동가 토머스 모어 경은 다음과 같이 말했다.

"육류 섭취는 가장 무가치하고 가장 저속할 뿐 아니라 가장 비열하면서 가장 비굴한 도살 행위다. 또한 육류 생산업자는 필요에 따라 동물들을 죽이지만 사냥꾼은 죄 없고 비참한 동물들에게 도살 행위를 가하는 살인자일 뿐이며 오직 즐거움만 좇는다."

육류를 과시적으로 소비하는 튜더 연회장에 모어가 있었더라면 그는 틀림없이 치밀어오르는 화를 억눌러야 했을 것이다. 당시 헨리 8세는 제1차 계승 법안에 반대하는 모어보다 오히려 채식주의와 사냥에 반대하는 모어를 사형집행장으로 보냈을 게 뻔하다.

모어가 생각한 유토피아는 채식주의 세상이었다. 그는 소를 방목하는 데 필요한 땅도 비판했다. 그러나 그의 주장은 시대에 맞지 않아 지지받지 못한 정치사상에 불과했다. 그렇다고 외로운 싸움인 것만은 아니었다. 동시대를 살았던 프랑스 수필가 미셸 드 몽테뉴 역시 사냥에 대해서는 모어와 같이 끔찍하게 생각한 나머지 다음과 같이 썼다.

"나는 양심의 가책도 없이 아무런 위법 행위나 해를 주지 않고 죄도 없이 무방비 상태에 있는 동물을 쫓고 죽이는 행위를 차마 볼 수 없었다."

마찬가지로 복지라는 말이 동물을 기르고 죽이는 사람들에게는 대수롭지 않았다. 1817년 『요리의 신탁』에서 윌리엄 키치너 박사는 과거의 불행한 요리에 대해 실례를 들었다. 그 책에는 살아 있는 돼지에게 식초, 로즈메리, 백리향, 나륵꽃, 월계수잎과 세이지로 만든 양념을 마시게 한 다음, '즉시 때려죽이고 바로 굽는' 레시피가 실려 있다. 또 다른 레시피에서는 요리사에게 "너무 늙지 않은 수탉을 잡아와서 때려죽이라"는 제안을 한다.

키치너는 1660년에 출간된 책에서 발견한 미잘드 씨가 쓴 더 끔찍하고 충격적인 레시피를 인용했다. '거위를 산 채로 구워서 먹는 법'은 우선 '살아 있는 생물'을 요구한다. 거위 털을 뽑고 라드와 버터를 바른 후, 꿀을 탄 여러 컵의 물과 사과 몇 조각을 넣은 다른 물을 옆에 놓고 요리를 시작한다.

거위에게 불을 붙이면 산 채로 구워져 팔딱팔딱 뛰게 되고 거위는 죽을힘을 다해 물을 마신다.

"거위가 충분히 구워지면 정신을 잃고 비틀거리기 시작한다. 다 익은 거위를 꺼내 손님 앞에 내놓으면 고기를 자를 때마다 거위가 울고 죽기 전에 거의 다 먹어치우게 된다. 보는 것만으로도 재미가 쏠쏠하다."

어떤 사람은 이렇게 말도 안 되는 레시피는 이제껏 본 적도 없다며 무시해버릴 수 있다. 그러나 바로 그런 생각이 볼 만한 구경거리를 꾸준히 제공하며 육식에 광분하는 최악의 사태를 상징적으로 보여준다.

19세기 초반에는 이에 대한 반응으로 채식주의 식단에 많은 관심을 보였다. 한편 이전 세기의 부자들은 지나친 육류 섭취로 비만해져 통풍에 시달리기도 했다. 성공한 어느 의사는 돌 32개와 같은 몸무게로 살았다고 한다. 시장에서 채소를 더 쉽게 구입할 수 있으며 다양한 종류의 채소가 공평하게 분배되기 때문에 채식주의자가 더 좋다는 생각도 하게 된다.

채식주의 초기 단계에서는 금주운동으로 격려를 받기도 했다. 술을 입에도 대지 않았던 윌리엄 카우허드 목사는 "하느님이 우리에게 고기를 먹게 할 뜻이었다면 과일을 익혀서 먹게 한 것처럼 고기도 먹을 수 있는 상태로 주셨을 것"이라며 1800년대 초기 교회 성도들 사이에 육류를 피하는 것이 좋다는 생각을 확산시켰다. 물론 스테이크 타르타르[우리나라 육회와 같음]는 이것으로도 설명이 안 된다. 채소와 과일은 고기와 달리 먹기 전에 조리할 필요가 없다. 카우허드는 인기가 있었으며, 조지프 브라더턴은 그의 추종자 중 한 사람이었다. 그들은 '채식주의 사회Vegetarian Society'를 공동으로 창설했다. 카우허드 목사의 아내 마타는 『채식주의 요리Vegetarian Cookery』를 냈는데 많이 알려지지는 않았다.

'채식주의 사회'의 초대 회장이었던 제임스 심프슨은 1812년에 초판이 출간된 후 1866년판 도입부에서 길고 지루하게 독자들에게 고기가 없는 식단에 대한 원칙을 받아들일 것을 강요했다. "인간은 중간 매개 동물이다"라는 강력한 어조로 시작해서 "인간은 동물과 견줄 때 씹고 소화하는 음식에 대해 여러 기관에 꼭 알맞은 중간 매개체적 특성이 있다"며 계속 써내려갔다. 페이지마다 스테이크를 요구하는 많은 사람을 위해 음식 재료를 충분히 실었다.

이러한 메시지는 빅토리아 시대의 개혁정신과 동일한 맥락이었다. 담배와 술을 폄하하는 사람들은 기꺼이 금지 리스트에 고기를 추가했다. 과학이론 중 일부분에서는 다소 신빙성이 떨어지는 주장까지 나올 정도였다. 심프슨은 육류의 영양소는 동물들이 먹는 채소에서 나오기 때문에 중간층을 배제하는 것이 이치에 더 맞는다고 주장했다. 도덕주의자와 새로운 사상가, 선지자를 지지하는 시대에 살았던 많은 사람이 고기를 먹지 말자는 주장에 관심을 보이며 진지하게 고민했다.

54

롤리폴리 잼 푸딩

roly-poly jam pudding

이저벨라 비턴Isabella Beeton, 1861년,

『비턴의 가정관리서Beeton's Book of Household Management』

Recipe

- 소요 시간-2시간
- 충분히 먹을 수 있는
  인원-5~6인분
- 굳은 쇠기름 340그램
- 여러 종류의 잼 340그램

- 균원가-9달러
- 계절에 맞는 신선한 과일을 구할 수 없을 때
  겨울에 먹는 푸딩으로 적합함

쇠기름을 넣어 밀가루 반죽을 한다. 1.3센티미터 두께로 반죽을 밀어 가장
자리는 남겨두고 잼을 골고루 펴 바른 다음 푸딩을 넣는다. 돌돌 말아 끝
부분에 밀가루를 충분히 묻혀 단단히 붙인다. 끓는 물에 푸딩을 넣고 2시
간 동안 끓인다. 잼 대용으로 다진 고기나 마멀레이드를 쓸 수 있다. 맛있
는 푸딩을 만든다.

빅토리아 시대는 도덕과 질서, 규율의 시대로 일컬어진다. '불확실성의
시대The Age of Uncertainty'란 블로그를 운영하는 현대의 한 논객은 빅토리아 시
대를 골상학에 대해 일시적으로 흥미를 느끼고 인상적인 수염을 기른 사람
에 비유하며, 누구라도 자기 마음에 드는 주제에 대해 광범위한 주장을 펼
친 '진정한 사기꾼의 시대'였다고 덧붙였다.

시대정신에 대해 꿋꿋한 기상을 고수하고 싶어하는 사람들에겐 너무 종적인 수직관계의 정신이 아니라면, 그와 관련된 조언이 필요했다. 1861년에는 『우수하고 강직한 빅토리아 사람이 되는 방법』이라는 책이 출간됐다. 사실 그 책은 처음에 비턴의 이름을 따서 '비턴의 가정서'라고 했는데 출판사에서 다시 '비턴 여사'라고 붙였다. 더 놀라운 것은 당시에 일었던 출판 열풍이 오늘날까지 이어지고 있다는 사실이다. 이 책은 영어로 쓰인 가장 유명한 요리책이다. 단순히 레시피만 실은 것이 아니라 죽음과 생계에 대한 안내서이기도 하다. 1000페이지가 넘는 책에는 2000개의 레시피와 방대한 지식이 정리되어 있다. 영국의 전통 잼인 롤리폴리를 만드는 방법뿐만 아니라 나쁜 꿈을 다루는 방법, 소득세 계산하는 법, 하숙 치는 법, 반창고 붙이는 법, 침구 정리하는 법, 유화 청소하는 법, 하인에게 올바른 임무를 맡기는 법 등을 배울 수 있다. 이 두꺼운 책이 계속 발행되는 이유는 첫째, 수백 년 동안 계속 책의 내용을 보완하면서 지속적으로 독자에게 도움을 주었고, 둘째, 19세기 후반 중·상류층의 생활이 고스란히 그려져 빅토리아 시대의 상황을 알 수 있기 때문이다.

혹자는 가정에서 요리하고 일하는 사람들의 처지를 대신해주는, 그들에게 평생 정점이 될 만한 책으로 결국 그 사람이 모든 집안일에서 존경받는 결정권자가 되는 것을 기대했을지도 모른다. 그런 책을 펴낸 사람은 다름 아닌 미국인 일라이자 레슬리다. 레슬리는 빅토리아판을 만들었고 나이가 들어 정신이 오락가락한 상태에서도 컵케이크나 에티켓에 대해 배우고자 하는 사람들을 집 안으로 맞아들였다. 비턴은 널리 알려진 것처럼 예쁘거나 날씬하지 않았다. 빅토리아 시대에는 나이 든 여자들이 코르셋으로 몸을 조였기 때문에 뚱뚱해 보이지는 않았다. 비턴의 책이 나올 당시 그녀는 25세였는데 그 두꺼운 요리책을 만드는 데 4년이나 걸릴 정도로 꽤 힘든 작업이었다. 모차르트가 35세의 짧은 삶을 살면서 600개에 이르는 곡을 남겨 음악계를 깜짝 놀라게 했던 것처럼 이저벨라 비턴도 무려 1000개의 레시피를 만들고 요절해 모든 사람에게 충격을 주었다.

그녀가 젊은 나이에 죽었다는 사실은 비극이지만 생전에 여러 번 유산하면서 받은 정신적·육체적 고통에 비하면 빙산의 일각이다. 아마 신혼여행에서 젊은 시절 매춘부를 좋아했던 것으로 알려진 남편에게서 매독이 전염된 듯하다. 당시 비턴의 첫아이는 겨우 세 살에 죽었고, 그녀 역시 둘째 아이를 낳을 때 얻은 열병으로 결국 죽음을 맞게 됐다.

그녀의 비극은 남편의 갑작스런 죽음으로 막을 내렸다. 비턴의 죽음으로 상심한 새뮤얼은 심각한 병을 얻었고 극심한 경제적 부담까지 견뎌내야 했으나 결국 결핵으로 쓰러져 40대 중반에 세상을 떠났다. 그러나 새뮤얼은 이저벨라와 함께 호황을 누린 적도 있었다. 이저벨라는 새뮤얼이 출판업자로 성장하는 시기에 만났다. 그가 출판한 『영국 여성 가정지Englishwoman's Domestic Magazine』는 1850년대에 인기를 끌었고, 결혼 후에 부부는 피너에 있는 새로 지은 세미 디태치트 하우스[땅콩주택]에 보금자리를 마련했다. 그 집에서 이저벨라는 레시피를 연구했고, 남편은 플리트 스트리트에서 사업을 했다.

가정관리에 대한 지식과 이해는 이저벨라의 가정환경에서 비롯되었다. 그녀는 두 아버지(첫 번째 아버지 사망 후 아버지가 네 명이었음)한테서 태어

『비턴의 가정관리서』에 나오는 찬 음식 순서별 모음(왼쪽), 이저벨라 비턴의 초상화(오른쪽).

난 21명의 자녀 중 맏딸이었으며 그런 환경에서 질서 있는 집안 분위기와 현실적인 음식 공급에 대한 필요성을 느꼈다.

남편이 출간한 잡지의 요리 부문에서 비턴의 전설적인 책이 탄생했다. 그녀는 독자에게 요리법을 요청했는데 감당하지 못할 정도로 많은 답장을 받았다. 수많은 편지가 배달됐고 그녀는 매일같이 독자가 보내온 레시피대로 요리했다. 이저벨라는 첫머리에 재료를 실은 것만 제외하고는 끝부분에 재료를 나열한 전임자 일라이자 액턴에게서 영감을 얻어 레시피를 순서대로 정리했다. 일라이자의 레시피뿐만 아니라 또 다른 요리책들에서도 많이 도용했는데 그녀의 책에 대해서는 편집 개념으로 크게 인정해주었다.

그 뒤 새뮤얼은 부분 작업으로 레시피와 다른 설명서 및 정보들을 책으로 출간하기 시작했다. 새뮤얼이 마케팅 전략이나 광고 수단도 없이 모든 발행을 유지할 수 있었던 것은 다음에 나올 책을 열렬히 기다리는 전국에 있는 여성들에게 입소문이 빠르게 퍼져나갔기 때문이다. 이런 첫 모험에 대한 성공을 입증하듯 그는 1861년에 낸 단일 대형판 안에 모든 것을 수록했다. 전례가 없던 일이었다. 집에서 일어나는 일에서 위안과 도움을 찾는 여성에게는 당연히 필요한 책이었다. 책 무게만 빼고는 내용 면에서 벼랑 끝에 선 젊은 여성들에게 확실한 정보를 주었다.

물론 이전에도 에티켓과 음식, 약에 이르기까지 다양한 문제에 대해 충고를 해줄 믿을 만한 책이 여럿 나와 있었다. 그러나 비턴 여사의 책은 달랐다. 그녀는 빅토리아 시대 여성들이 요리하고 싶어한다는 사실을 짐작조차 못 했다.

결론적으로 수많은 레시피는 다름 아닌 독자들에게서 받은 것이다. 책은 시기적으로 잘 맞아떨어졌다. 1850년대와 1860년대의 여성들은 과도기에 살고 있었다. 빅토리아 시대에 A. G. 페인이 『카셀의 요리사전』에서 "세상은 매우 빠르게 변화하고 있다"고 쓴 것처럼 산업화는 모든 것을 변화시켰고 요리에도 새로운 시대가 열렸다. 페인은 덧붙여 말했다.

"역사상 한 나라가 변화를 겪을 때 이처럼 몇 년 사이에 빠르게 정착한 시대는 없었을 것이다."

옛날 요리책에는 돼지고기 요리 방법이 아닌 돼지를 어떻게 죽일 것인가, 돼지를 도축하기 전에 어떻게 털을 벗겨낼 것인가에 대해서만 설명했다. 보존을 위한 레시피로는 정원에 넘쳐나는 과일을 처리하는 것과 긴 겨울을 준비하는 것으로 도움을 주었다. 1747년에 해나 글래스는 "책을 쓰면서 아무도 가치 있다고 생각하지 않은 요리의 일종", 즉 새로운 것을 제시했다. 그녀는 음식을 절이고 보관하며 파이를 만들고 소고기를 말았다. 그러나 이제는 많은 사람에게 이러한 것이 소용없게 됐다. 1851~1871년에 도시의 중류층이 세 배나 늘어나 더 이상 돼지를 잡을 필요가 없어졌고, 부엌은 점점 더 작아졌으며 저장실은 찬장으로 바뀌었다. 이제는 자두를 보관할 수백 개의 항아리를 놓을 공간도 없지만, 사실 겨울에도 필요한 재료를 살 수 있기 때문에 그럴 까닭이 없다.

음식을 담아두기 위해 개선된 금속용기 제조로 가게에서는 모든 종류의 음식을 통조림으로 팔았다. 미국산 통조림 소고기와 알래스카산 통조림 연어도 있었다. 프라이스, 라운트리스, 캐드베리스가 여러분을 위해 과자를 만들 수 있는데 왜 자신의 과자를 만들고 있습니까? 더욱이 집이 더 작아진 까닭에 하인이 더 이상 필요치 않았으며 부엌에서 일할 수 있는 사람의 수도 더 적어졌다.

도시에서 살지 않는 사람들이 직장에 다니기 시작했고 생활은 더 엄격해졌다. 처음에 전문가들은 굽거나 보관하는 일 따위를 적극적으로 말렸다. 19세기 후반에 영향력을 지녔던 『카셀의 가정지침서Cassell's Household Guide』 편집장은 다음과 같이 논평했다.

"케이크는 물론 집에서 만든 빵을 먹겠다고 억지를 부리고, 잼과 피클을 만들 목적으로 과일과 채소를 산다고 가정해보십시오. 가족이 게을러 그 일을 하지 않으면 절약이 아니라 오히려 손실이 됩니다."

지침서에는 "시간은 돈이다"라고 적혀 있었는데, 그 뒤에는 음식 제조업자가 급증하면서 사회의 새로운 주역이 된 배경이 있었다. 사실 영국이 음식 문화를 잃어가고 있을 때 역사의 한 획을 긋고 싶어한 사람이 비턴 여사의 책이 출판되는 바로 그 순간 음식 역사의 위치를 정해놓았다. 시장에는 수프 가루에서 마가린, 과일 통조림, 겨자가루, 농축우유에 이르기까지 편리한 제품들을 선보였고 식품공장에서는 싼 돼지고기파이와 비프롤을 대량 생산했기에 더 이상 가정에서는 만들 필요가 없었다.

비턴 여사도 인스턴트 레모네이드를 만들기 위해 생과일 레몬 없이 가루로 레모네이드 만드는 방법을 설명한다. 사실 그녀의 책은 경제를 지탱해주고 부엌일에 간편함을 주는 것이 목적으로 요리의 세련미는 찾아볼 수 없다. 이를테면 그녀의 레시피에는 와인, 허브나 향신료를 전혀 사용하지 않는다. 건강과 웰빙에 대한 새로운 집착은 완전히 익히지 않은 음식에 불신을 보였다. 그녀는 "익히지 않은 상태로 조리되는 채소는 위에서 발효하기 쉽다"고 경고했다. 그래서 맛없는 음식은 사라지고 그때부터 채소는 삶아 먹는 것을 원칙으로 한 영국의 전통 먹거리가 1980년대까지 이어졌다.

그 시대에는 거만한 권위주의가 있었지만 비턴 여사는 영향을 받지 않았다. 그녀 말대로 집안을 관리하는 데 불편과 고통을 겪은 것이 동기가 됐을 것이다. 그렇더라도 매일 아침 찬물이나 미지근한 물로 목욕을 해야 한다고 계속해서 말해야만 했을까?

그녀와 동시대 사람인 파이 헨리 채바스 박사는 즐거움에 대한 개념을 혐오하는 전통 빅토리아의 권위주의자처럼 푸딩을 공격하고 나섰다. 그는 자녀 양육에 대한 책에서 다음과 같이 썼다.

"나는 푸딩이라는 음식이 사람을 서서히 죽이는 독이라고 생각한다."

"어린아이에게 케이크와 사탕 먹는 것을 절대로 허락하지 않는다면 그 아이는 마른 빵 조각을 사치라고 생각할 것이다."

이제 우리는 또다시 과일과 절인 채소를 저장하고 싶어하고, 많은 사람이 꿈에서라도 돼지를 기르고 싶어한다. 그러나 예전에는 꼭 필요했던 것이 지금은 풍미나 재미를 위한 것이 됐다. 빅토리아 시대와 대조적으로 보여주는 것이 전부이며, 음식은 약간 현란하고 맛은 있지만 저속하다.

비턴 여사는 책의 두께가 염려스러웠지만 사람들이 그 책에 감동한 것은 책에 담긴 충고 때문만이 아니었다. 그녀의 책에서는 시대정신을 높이면서 화려한 그림을 처음으로 넣어 다른 요리책에서는 전혀 시도하지 않았던 것을 선보였다. 그 책은 편집자로서 그녀의 고집을 입증했다. 그녀는 "이 책에 실린 노동자를 사전에 알았더라면 이 일을 시작하기에 앞서 그렇게 망설일 필요는 없었을 것이다"라고 썼다. 한편 그녀의 남편과 출판사는 그녀의 죽음을 비밀에 부치고 권리를 비참하게 팔아넘겼다. 신화적이고 소박한 빅토리아 이미지를 가진 비턴 여사의 책은 그녀가 사망한 지 3년째 되는 1868년에 이미 판매 부수가 200만 부로 늘어났다.

이 육중한 책은, 책장 맨 위 칸을 차지한 건방지고 무례한 반빅토리아적인 초콜릿 푸딩 요리책에 영향을 줄 만한 조치를 취하는 것만으로도 100년은 더 지속될 것이다.

55

에그 베니딕트

Eggs à la Benedick

찰스 랜호퍼, 1894년, 『미식가Epicurean』

Recipe 머핀을 비스듬히 반으로 자른다. 반으로 자른 머핀을 살짝 굽는다. 그 위에 1.54센티미터 두께의 햄을 8부까지만 얹는다. 중간 불에 데워서 수란[끓는 물에 달걀을 깨뜨려 흰자만 익힌 음식]을 토스트 위에 올린다. 홀런데이즈소스[버터, 달걀노른자, 식초로 만든 소스]를 끼얹는다.

에그 베니딕트의 기원에 대해선 논란이 있다. 자르르 흐르는 기름, 소금과 햄, 머핀, 달걀과 홀런데이즈소스의 부드러운 조화가 기분을 좋게 만든다.

이 메뉴를 개발한 사람은 르무엘 베니딕트다. 그는 부유한 뉴욕 사교계의 대명사이기도 하다. 자손들 말에 따르면, 1894년 어느 날 아침 그는 심한 숙취 상태에서 아침 식사가 끝날 시각쯤 월도프 아스토리아 호텔로 들어갔다. 웨이터가 메뉴판을 내밀었을 때 베니딕트의 관심을 끄는 음식은 없었다. 그는 토스트와 베이컨 위에 수란을 얹은 다음, 홀런데이즈소스를 부어달라고 주문했다. 특별히 이른 시간은 아니었고 사실 점심에 더 가까운 늦은 아침이었다. 이 대단한 메뉴는 그렇게 개발됐고 자신도 모르는 사이에 브런치 메뉴로 확고히 자리잡았다.

신화가 될 만한 또 다른 이야기가 있다. 르그랑 베니딕트 여사는 당시 유명한 델모니코스Delmonico's의 단골손님이었는데 어느 날 심란한 상태에서 그 식당을 찾았다. 그 식당 메뉴는 눈부신 업적을 자랑할 만큼 오래되고 유명했지만 11쪽이나 되는 메뉴판에서 특별히 눈에 들어오는 것은 없었다. 이를테면 송아지 요리만 하더라도 47가지나 있었지만 그녀의 마음을 사로잡는 음식은 하나도 없었기에 요리사에게 요청했다. 그 요리사는 찰스 랜호퍼였는데 사람들은 그를 뉴욕에서 제일가는 요리사라고 말했다.

아침을 먹어야 했지만 그녀가 원하는 것은 달걀뿐이었다. 그러자 요리사는 덥수룩한 긴 턱수염을 만지며 곰곰이 생각하더니 드디어 그녀에게 딱 맞는 메뉴를 찾았다며 호언장담했다. 몇 분 후, 그는 마치 승리를 확신하듯 자신 있게 요리를 들고 왔다. 프랑스 요리에 대한 랜호퍼의 세심한 배려와 함께 요리를 그녀 앞에 내놓았다. 요리에 크림이 들어가기는 했지만 버터는 많이 들어가지 않았고 달걀을 그저 끓는 물에 넣고 익혀 여성에게 딱 맞는 가벼운 소스를 뿌렸다. 거기에 살짝 익힌 유럽식 햄과 미국식으로 구운 머핀을 곁들였다.

그 요리는 매우 아름다워 보였고, 고객에게 즐거움을 주었으며, 랜호퍼 자신도 직접 개발한 메뉴에 만족했다. 그는 이 요리를 레스토랑 메뉴에 올렸고, 자신이 쓴 터무니없이 두꺼운 책 『미식가』에도 이를 위한 레시피를 소개했다. 랜호퍼가 실제로 레시피 책을 출간했을 때 베니딕트라는 요리에 미심쩍은 부분이 남아 있기는 했지만 승리는 그의 것이었다. 그는 프랑스 사람이었으며 요리가 까다롭고 요란하기까지 한 점으로 미루어볼 때 교육을 꽤나 받은 사람이었을 것이다.

랜호퍼는 델모니코스의 수석 주방장이었다. 그렇지만 1920년대에 와인이 들어간 요리나 소스에서 와인이 없어질 때까지 계속된 금주령으로 식당이 문을 닫아야 하는 지경에 이르렀다. 어쨌든 오늘날 같은 장소에 같은 이름을 가진 식당이 있다. 사회적으로 어려운 시기에 금주령은 뉴욕 시민들의 삶에 큰 영향을 미쳤다. 그 때문에 가난한 사람들은 더 가난해졌다. 그들은 대부분 공동주택에서 살았고 빈민가는 철거되기 시작했다. 1892년 발간된 『킹의 뉴욕 안내서King's handbook of New York City』에서 가난한 사람들이 밖에서 식사하는 경우는 불친절한 배급소 같은 싼 식당에서뿐이라고 기록하고 있다. 그들이 주로 먹는 음식은 10센트짜리로 해시hash[여러 식품을 잘게 썰어서 만든 요리]나 빵과 버터를 곁들인 콩, 마실 음료는 차나 커피가 고작이었다. 킹의 책에서 편집자는 "[뉴욕에서의] 여행이 미식의 잔혹 행위를 드러낼 것"이라고 적었다.

한편 미국사회의 상류층은 빅토리아 시대로 돌아간 영국식 요리에 대한 죄책감을 분담하진 않았다. 그들이 남긴 음식과 차디찬 고기가 있는 비턴 여사의 요리는 받아들이면서도 푸딩은 멀리하기 일쑤였다. 1891년 한 보고서에서는 1퍼센트의 인구가 어떻게 99퍼센트의 인구보다 더 많이 소유할 수 있는지를 보여주었다. 대담한 부자들은 델모니코스와 같은 도시 최고의 식당에서 부를 자랑하고 싶어했다.

1827년에 세워진 식당 로렌조에서는 1862년 랜호퍼를 요리사로 초빙했다. 식당 경영주의 아들이자 유명한 주방장의 손자인 랜호퍼는 열두 살 때부터 페르시아 식당에서 일했으며 프랑스 요리에 대한 안목이 있었다. 그는 성공하겠다는 꿈을 안고 행운을 찾으러 뉴욕으로 떠났다. 로렌조는 경쟁 식당인 메종 도레에서 랜호퍼를 빼내왔는데, 이 만만찮은 상대와의 첫만남을 다음과 같이 회상했다.

"그는 옷차림이나 예의가 완벽했고 마치 내 초대에 응한 게 큰 호의를 베푸는 것인 양 느끼게 했다."

"당신이 주인입니다."

랜호퍼가 새 사장에게 말했다.

"방과 음식을 준비하고, 제게 고객 인원과 그들이 원하는 것을 말해주십시오. 그러면 나머지는 제가 알아서 하겠습니다."

그는 나폴레옹 3세를 위해 프랑스에서 열린 대연회에서 소개한 요리도 책에 포함시켰다. 그의 메뉴에 적힌 많은 요리에는 음식의 유래가 밝혀져 있었고 화려하면서 사치스러웠다. 예를 들어 기름진 간의 콜럼바인, 최고의 샴페인 셔벗, 커피 아이스크림 파르페, 초콜릿 수플레와 곁들인 샤틀리에의 우둔살, 브리뇰리의 마카로니와 레이널의 특산품 허브가 들어간 대구구이가 있었다. 이러한 메뉴는 물론 수많은 요리를 소개했고 그의 철저한 조언을 담아 『미식가』에 수록했다.

"그는 결코 방해받지 않으려 했고 자기 분야에서 독보적인 존재였다."

그와 같은 시대에 살았던 사람이 전한 말이다. 주방에는 45명의 직원이 있었는데 랜호퍼는 고객들의 말 한마디나 사소한 손놀림까지도 놓치지 말

에그 베니딕트 요리를 발명한 사람은 르무엘 베니딕트다.
그는 숙취로 시달리다 뉴욕의 월도프 아스토리아 호텔에서 그 메뉴를 주문했다.

라고 주의를 주었다. 그리고 "내가 책임질 테니 모든 것을 내가 지시한 대로 하라"는 말도 덧붙였다.

랜호퍼는 미국이 러시아에서 구입한 알래스카를 기념하기 위해 베이크트 알래스카처럼 자신이 개발한 요리는 물론 흰 테이블보와 인쇄된 메뉴를 '뉴욕 저녁 식사'에 소개했다. 그는 특별한 와인과 함께 제공하는 특별한 요리를 고집했으며, 프랑스산 와인이 어마어마한 저장고에 저장되어 있었다. 보르도는 포도주에 따라 11~15도, 버건디 같은 포도주는 5~7도를 유지하면서 고객에게 제공했다. 디저트 와인은 차게 해서 내놓아야 하고, 라인과 모젤에서 생산된 포도주는 생선과 함께 제공해야 한다고 고집했다.

특별한 요리는 내놓는 시기도 남달랐는데, 예를 들면 R자가 들어 있는 달에만 굴을 먹어야 한다는 식이었다. 또 식사를 다양하게 즐기려는 사람들을 위한 충고를 했는데, 예를 들면 여성과 함께 하는 저녁을 위한 메뉴는 예쁜 디저트로 가볍고 화려하게 꾸며야 하며, 남성을 위한 메뉴는 더 간단하면서 내용물이 풍부해야 했다. 둘만의 식사 시간에 신사가 코트를 건네주면 웨이터는 신사에게 주소가 적힌 봉투를 내미는데, 그 속에 식당으로 안내받는 숙녀의 이름이 적힌 카드가 들어 있어야 했다.

랜호퍼는 1899년 신장질환으로 사망할 때까지 관장을 관장했다. 아마도 그는 자신의 요리가 왕족이 베푸는 연회를 위한 사치스런 음식이 아닌 카페 브런치 메뉴로 인식되고 있다는 이야기를 들으면 무덤에서 통곡할지도 모른다.

56

홀런데이즈소스

Hollandaise sauce

마르트 디스텔, 1895년, 『라 퀴지니에르 코르동 블뢰La Cuisinière Cordon Bleu
(코르동 블뢰 요리사The Cordon Bleu Cook)』

Recipe 이 소스는 아주 간단하다. 매우 낮은 온도에서 버터를 녹이거나 중
탕으로 조리한다. 녹인 버터는 그대로 두고 위스키를 넣은 레몬주스에 약
간의 소금을 넣고 저어준다. 고운체에 받쳐서 소금을 넣고 소스 그릇에 담
아 낸다.

1861년 런던 교외 피너에서 이저벨라 비턴은 "오늘날 남성들은 클럽이
나 깔끔한 술집, 식당에 가서 대접을 잘 받는 편이다. 이런 유혹적인 장소
와 맞서려면 부인들은 가정에서 요리의 이론과 실전을 완벽하게 익혀야 한
다"고 주장했다. 그녀는 가련한 부인들에게 두툼한 요리책을 제공했다. 그
책은 남편들이 편안하고도 잘 정리된 집으로 다시 돌아오는 것을 보장하는
영양가 풍부한 요리 방법을 알려주었다.

1895년에는 엄청난 변화가 있었다. 프랑스 여성 마르트 디스텔은 맛있
는 가정 요리만으로는 충분하지 않다고 생각했다. 그녀는 프랑스 가정주부
들이 식당들과 정면으로 맞서야 한다고 보았다. 결국 요리 전문가와 유명한
요리사가 독자를 위해 일종의 통신매체를 통한 레시피, 요리를 만드는 요령
과 많은 즐거움을 주는 요리에 대해 조언을 아끼지 않는 도움이 될 만한 잡
지 『라 퀴지니에르 코르동 블뢰』를 출간했다.

여자 요리사는 퀴지니에르Cuisinière로 불려 셰프라는 이름을 갖지 못했

다. 셰프는 남성에게 붙이는 호칭이었다. 그러나 코르동 블뢰는 여성에게 주는 포상이기에 사용할 수 있었다. 반면 남자 요리사는 코르동 블뢰라고 부르지 못했다.

그런데 모순이 있긴 하지만 이것은 전통적으로 남성과 어울리는 말이 됐다. 1578년 프랑스 왕 앙리 3세는 성령의 기사단이라고 알려진 엘리트 계급을 만들었다. 기사들은 부르봉 왕에게는 아부하듯 절하고 아리따운 숙녀의 손에는 정중하게 키스하면서, 부하와 소작농에게는 가차 없이 채찍을 휘두르며 돌아다녔다.

그들은 훈장으로 장식한 파란 리본을 달고 함께 돌아다니면서 식사를 했다. 코르동 블뢰들은 남자의 높은 지위, 강철 같은 명성과 수완을 의미했다. 시간이 흐르면서 '코르동 블뢰'는 특정 분야에서 뛰어난 사람과 관련된 표현이 됐고 차츰 음식 경연에 붙여졌다.

그렇다면 여성에게는 그 호칭을 어떻게 붙이게 됐을까? 전설에 따르면 18세기에 프랑스를 통치한 루이 15세의 정부 뒤 바리 부인은 남자만이 위대한 요리사가 될 수 있다는 왕의 말에 짜증이 났다고 한다. 며칠 뒤, 그녀의 개인 요리사 퀴지니에르가 저녁을 준비했다. 왕은 음식이 마음에 들어 뒤 바리 부인에게 물었다.

"당신을 위해 요리한 새 요리사가 누구요?"

"남자가 아니라 여자입니다."

뒤 바리 부인이 대답했다.

"코르동 블뢰라고 해요. 그녀를 칭찬해줘야 할 것 같아요."

이제 여자 요리사에게 그 이름을 붙인 이유를 확실히 알게 됐을 것이다.

19세기 후반에 마르트 디스텔은 새로운 잡지에 코르동 블뢰라는 이름을 사용하기로 결심했다. 프랑스 상류층 부인들은 남편을 집에서 멀어지지 않게 하려고 그 책에서 요리사들과 경쟁하는 방법을 배우게 됐다. 그래서 『라 퀴지니에르 코르동 블뢰』의 구독자 수는 꾸준히 늘어갔고, 1년 뒤인 1896년에는 잡지를 구매하는 사람들에게 무료로 요리 시범을 보이는 획기적인 마케팅 전략을 펼쳤다.

1월 14일에 팔레 루아얄 주방에서 첫 요리 수업이 열렸는데 그곳은 멋

마르트 디스텔이 창간한
『라 퀴지니에르 코르동 블뢰』는 유익한 잡지였다.

진 식사를 하는 이유를 배우기에 안성맞춤이었다.

팔레 루아얄 주방에 참석한 사람들은 파리 최고의 남자 요리사가 묘기를 부리면서 펼치는 몇 가지 요리 시범을 지켜보았다. 이곳은 요리를 가르치는 과정에서 도시 최고의 요리사들을 영입했고 인기를 누리게 됐다. 그래서 잡지를 광고하기보다는 오히려 잡지가 요리과정을 광고하는 데 이용됐다.

상류층 자제들이 깔끔한 옷과 모자를 쓰고 요리를 배우기 위해 팔레 루아얄로 모여들기 시작했다. 학교가 소문 나기 시작하면서 곧 요리를 배우기 위해 전 세계에서 사람들이 몰려왔다. 1905년에는 일본에서 온 학생에 대한 기록도 있다. 점차 상류층 자제뿐 아니라 남녀를 불문하고 요식업계에서 일하고자 하는 사람들이 배우러 왔다.

코르동 블뢰 학교는 프랑스 예술로서 고급 요리를 교육과정에 편성하고 미식가의 표본이 되는 프랑스 요리를 확립했다. 영화 「사브리나」에서 오드리 헵번이 요리 공부를 하기 위해 1950년대에 파리의 유명한 요리학교에서 오믈렛 만드는 법을 배우는 장면이 나오는데 그 배경으로도 쓰였다. 코르동 블뢰는 가장 수준 높은 요리 교육을 대표하게 되었다.

코르동 블뢰는 전 세계에 지점을 갖고 있으며 그랑 디플롬Grand Dimplôme 과정으로 1년을 공부한 사람은 바닷가재, 송로버섯, 푸아그라를 훌륭한 저녁 식사로 내놓을 수 있어야 한다.

57

스트로베리 쇼트케이크

Strawberry shortcake

패니 파머, 1896년,

『보스턴 요리학교 요리책The Boston Cooking-School Cook Book』

Recipe

- 밀가루 2컵
- 베이킹파우더 4작은술
- 소금 1/2작은술
- 설탕 2작은술
- 우유 3/4컵
- 버터 1/4컵

밀가루는 섞어서 체에 두 번 내린다. 버터를 넣은 다음 우유를 천천히 첨가한다. 도마에 밀가루를 뿌리고 반죽을 올려 두 도막으로 나눈다. 반죽을 얇게 밀어 뜨겁게 달군 오븐에 버터 바른 워싱턴 파이나 둥근 레이어 케이크를 12분 동안 구운 뒤, 이를 잘라서 버터를 바른다. 딸기는 설탕을 뿌리고 불 위에 올려 살짝 익힌 다음, 쇼트케이크 위와 케이크 사이에 놓는다. 다른 책에서는 케이크 위를 크림으로 덮는다고 되어 있다. 쇼트케이크에 반으로 자른 딸기를 하나씩 올려놓는다.

패니 파머가 미국 무대에 등장한 시기는 1890년대 초반이다. 그녀를 비턴 여사라고 소개해도 사람들이 믿을 정도였다. 그녀는 통통한 편으로 간호사같이 친절하면서도 다소 엄격했으며 보스턴 요리학교의 요리책을 가장 유명한 책으로 만들어놓는 대단한 역할을 했다.

처음에 그녀는 요리책을 많은 부수로 인쇄하지 않았다. 그러다가 약간 편집해서 조심스럽게 리틀, 브라운앤드컴퍼니에서 출간했다. 책을 출간하는 일은 위험이 뒤따랐기에 패니 파머가 전체 비용을 부담하기로 했다. 그런데 패니 파머에게 그런 결정을 하게 한 출판업자는 결국 후회하게 됐다. 1915년 그녀가 사망할 무렵까지 36만 부가 인쇄됐고, 1936년까지는 173만 6000부, 또 그로부터 10년 후까지는 253만1000부가 인쇄됐던 것이다. 그 책은 지금도 개정판이 계속해서 인쇄되고 있으며, 원본보다 더 유익하다는 평을 받는다. 비턴 여사의 책이 인쇄된 부수와 비슷하다.

『패니 파머의 요리책Fannie Farmer Cookbook』도 출간했다. '패니 파머의 퍼지Fannie Farmer's Fudge'에서 단어들의 첫소리가 재미있다고 느낀 독자들은 그 책에 흥미를 갖게 됐다. 처음에 출판업자는 그녀에 대해 믿지 않았지만은 호감을 갖게 된 듯하다. 스트로베리 쇼트케이크 레시피는 슬쩍 보기만 해도 그 책이 얼마나 인기 있었는지를 알 수 있다.

패니 파머의 요리책은 일라이자 액턴의 레시피를 발전시키고 비턴 여사의 레시피에 기반을 둔 까닭에 독자들에게 더욱 믿음을 주었다. 재료 나열에서 분량에 이르기까지 이전에 출간된 어느 책보다도 더 확실한 방법을 제공하는 요리책이었다. "요리 결과는 다양할 수 있다"는 생각이 그녀에게는 통하지 않았다. 그녀는 "한 컵이란 도구를 사용해 측정된 정확한 양을 말하는 것이다"라고 단언했다. 실제로 매우 정확하고 완벽해서 파머는 '표준계량법의 어머니'로 알려지기도 했다. 다른 유명 요리사들은 후대 사람들이 자신들을 좀더 유난스럽게 기록해주길 바랐겠지만, 그녀라면 이렇게 불리는 것에 완벽히 만족했을 것이다.

패니 파머는 10대에 몸의 일부가 마비되는 병으로 고통받았고 다리를 저는 상태로 결혼도 하지 않은 채 나머지 생을 살았다. 하숙집을 운영했는데 거의 모든 일은 어머니가 도맡아 했고 그저 보조 역할만 하면서 요리에 희망을 걸었다. 보스턴 요리학교에서 교육과정을 마친 뒤, 메리 제이 링컨 교장 밑에서 교감 직을 맡다가, 1894년 메리의 정년퇴임으로 교장이 되었다.

2년 뒤, 파머는 레시피 책으로 유명해졌다. 스트로베리 쇼트케이크는 물론 다른 레시피도 실패하지 않았으며 그 맛으로 인해 미국 가정에서 그 다음 세대까지 주요 요리가 됐다. 그녀는 수많은 요리 가운데 브라우니, 초

콜릿 케이크, 브라운 브레드 아이스크림, 튀긴 감자를 곁들인 돼지갈비, 소
금에 절인 소고기 해시, 바닷가재 비스크와 버지니아 와플을 내놓았다.

그녀는 학교에서 시간을 낭비하지 않고 실질적인 것을 가르쳤으며 시대
의 흐름과 발맞춰나갔다. 영국과 마찬가지로 미국도 점점 더 많은 여성이
도시로 몰려왔다. 도시로 온 여성들 가까이에는 요리를 가르칠 어머니도,
전화도 없었다. 이런 이유로 패니의 요리책은 여성들에게 꼭 필요한 지침서
가 됐다. 독일과 아일랜드 그리고 동유럽과 서유럽에서 온 많은 이주민에게
도 도움의 손길이 필요했다.

이주민들은 고향의 맛을 잃어갔고 새로운 생활에 적응할 수 있는 대안
이 필요했다. 한편 가스난로가 등장함으로써 주방용품에 대한 혁신이 일어
났다. 예전에는 손으로만 온도를 짐작할 수 있었는데 이제는 기계로 조작할
수 있게 됐다. 부엌에는 시계와 타이머가 준비됐고 계량컵과 계량스푼이 나
왔다. 패니는 독자들이 그런 조리 기구를 구할 수만 있다면 그녀의 레시피
대로 음식이 동일하게 나올 것이라 생각했다.

보스턴 요리학교에서 마사 헤이스 루든의 학생인
파머 양이 레시피를 실험하고 있다.

패니의 레시피는 비턴 여사의 레시피보다 더 정확했으며 프랑스의 주먹구구식 요리와 엄청난 차이가 있었다. 프랑스 요리사들은 재료의 양에서 여전히 자유로운 반면, 미국 요리사들은 정확하고 꼼꼼한 계산에 부담을 갖게 됐고 이는 지금까지도 상당히 적용되는 편이다.

패니는 사물에 대해 정의 내리는 것을 즐겼다. 볶음 요리에 대해서는 '열기를 모아 반사판에 불이 활활 타오르기 전의 요리'라고 정의하고, 조리용 스토브는 '다리가 달린 커다란 철 상자'라 불렀다. 또한 냉동은 '얼음 덕분에 시원함을 해결하는 것'이라고 했으며, "압축가스는 식힌 다음 확장이 가능한 기계"라고 덧붙였다. 그러나 그녀의 정의는 일반화되진 않았다. 오늘날 다른 요리책과 마찬가지로 그녀의 책에서도 요리에 알맞은 온도를 알려주고 있다.

그녀는 이따금 서정적인 모습을 내비치기도 했다. 예를 들어 "인생이란 우주에 아무것도 없는 것, 즉 인생에는 모든 자양분이 필요하다"고 책 머리말에 써넣었다. 그러면서도 추진력이 남달랐다. 그녀에게 음식은 예술이 아니라 현실 그 자체였다.

그녀가 성장한 시기에는 과학이 발전해 음식에 대한 영양학적 가치를 이해하게 됐다. 그래서 그녀는 책에서 신체의 구성 요소를 설명하고 영양의 필요성에 대해 소개하려 했다.

"여성은 남성과 똑같이 일해도 대체로 음식은 덜 요구한다."

그녀가 내린 결론이었다. 특히 마시는 차에 대해서는 생각이 확고했다.

"차는 음식 대용이 아니다. 그러나 차를 많이 마시는 곳에서 음식이 덜 필요한 것은 사실이다. 차의 음용으로 휴지 사용도 줄 것이다."

그러나 신은 이 인기 있는 음료의 지나친 소비를 금했다.

"지나치게 마시면 불면증이 생기고 신경계에 작용해 결국 몸이 망가진다."

패니 파머는 자신의 가르침이 건강한 생활을 위해 중요한 지침이 된다고 믿었다. "식단에 대한 기본 지식이 교육의 필수 요소가 되는 시기가 그리 멀지 않으리라 확신한다"고 말했다. 그러나 그 시기는 그녀가 바라던 것보다 더 기다려야 한다. 사람들은 대부분 두 컵도 안 되는 밀가루로 여전히 스트로베리 쇼트케이크를 만들고 있다.

58

완두콩 조림

Preparation of peas

윌리엄 로프터스, 1902년,

『생선 굽는 사람과 그의 일The Fish Frier and his Trade』

Recipe 완두콩은 사용하기 전에 7시간 정도 물에 푹 불린다. 완두콩에 1티
스푼의 소다를 넣고 완두콩이 완전히 잠기도록 끓는 물을 붓는다. 완두콩
이 끓으면 소쿠리에 받쳐 몇 분 동안 찬물을 틀어놓고 식힌다. 금속 소스
팬에 찬물을 담고 완두콩을 넣는다. 불 위에 올려놓고 끓기 시작하면 즉시
불을 끈다. 몇 분 동안 뚜껑을 덮은 채로 놓아둔 다음, 뚜껑을 연다. 튀지
않게 가끔 저어준다.

20세기로 전환할 무렵 영국에서 생선과 감자튀김이 얼마나 인기를 끌
었는지 보여주는 잡지와 그 책의 주제를 보고해온 한 통신원이 있었다. 바
로 윌리엄 로프터스로, 그의 기사는 '미스터 채트칩Mr Chatchip'이라는 필명
으로 『생선 무역 기관지Fish Trades Gazette』에 실렸다. 그는 사업을 하며 생선과
감자칩 가게를 운영했을 뿐 아니라 생선유통협회의 서기장이자 회장직을
겸했다.

로프터스는 현장 전문가로 자리를 더 굳히기 위해 1902년 『생선 굽는
사람과 그의 일』이라는 책을 출간했다. 독자에게 그 책의 주제와 관련된 모
든 것을 알려주었는데, 특히 어떻게 창업할 것인가를 보여줬다. 실제로 그
책은 '기술에 대한 완벽한 개요와 생선튀김 기계'라는 부제를 붙여 관련 정
보를 제공했다.

여기서 보여준 레시피처럼 완두콩은 물론 생선과 감자를 준비하기 위한 지시 사항도 있고, 신선한 것도 냉동도 아닌 말린 재료를 제공하고 곤죽 상태로 내놓지 않는 것을 원칙으로 하는 '유용한 정보'로 가득하다. 감자 껍질 벗기는 최신 기구를 구비해 고객에게 내놓는 음식에 대한 위생의 중요성을 강조하는 정보와 생선 사는 요령도 적혀 있다. 로프터스는 다음과 같이 말했다.

"가게에서는 절대로 담배를 피우지 마라. 나 같은 상습적인 흡연가라도 담배를 몸에 지니거나 손님 음식에 담뱃가루가 날리는 건 용납하지 않는다."

그는 또 장사는 힘든 일이라고 덧붙였다. 사람들에게 생선과 감자튀김을 제공해야 하므로 일찍 일어나서 생선을 사고 감자를 씻으며 껍질 벗기는 일을 하다 보면 늦게야 가게 일이 끝난다. 이 일은 결코 온순하거나 어수룩한 사람들이 할 수 있는 게 아니었다. 그는 "장사를 하는 사람들은 그만둔 후에도 오랫동안 등에 혹이 나서 고름이 생기거나 쑤시거나 혹은 둘 다 생기는 경우가 태반이다"라고 말했다. "장사에 뛰어든 10명 중 9명은 할 수만 있으면 당장 그만둔다"며 진저리를 쳤다. 1880년대 후반부터 제1차 세계대전이 일어난 그 사이에 생선과 감자튀김 가게가 놀라울 정도로 늘어났다면 어느 쪽이 더 과장된 것일까?

1913년까지 영국에는 2만5000개의 아웃렛이 있었고 영국 항구에 도착한 생선 중 4분의 1이 감자튀김과 함께 제공됐다. 전쟁으로 어업, 수송과 석유 수출, 다른 산업들 간에 지장을 주어 사업이 일시 중단된 적도 있다. 그러다가 1920년대 전반에 걸쳐 무역이 본격적으로 성장했다. 1933년에는 생선튀김업자의 수가 3만5000명이 넘었다. 즉 7만 명이 사업에 직접적으로 종사하고, 20만 명이 수송·조선·어업 등에 간접적으로 종사했으며, 항구에 들어온 생선의 50퍼센트가 생선튀김 전문점에서 소비됐다.

한편 로프터스는 당시 스톡턴온티스에서는 20~25파운드면 누구나 튀김 사업을 시작할 수 있는 것 같다고 『생선 무역 기관지』에 썼다. 그의 사업은 날로 번창했지만 그는 생선과 감자의 놀라운 궁합의 기원에 대해서는 깊이 생각하지 않았다.

이 사업은 산업화된 잉글랜드 북부와 런던 일부 지역에서 1850년에 박차를 가했다. 찰스 디킨스는 1850년에 소설 『올리버 트위스트』에서 '생선튀김 가게'를 인용했다. 생선튀김은 유대 이민자들이 들여왔을지도 모른다. 조지프 말린이라는 사람이 1860년 보^{Bau} 근처에서 런던 최초로 생선과 감자튀김 가게를 열었다는 주장이 있다. 하지만 일찍이 1840년대에 헨리 메이휴가 『런던의 노동자와 가난한 사람들』이라는 책을 발간했을 때 더 확실하게 퍼져나갔다. 메이휴는 공동주택 건물에서 나오는 생선 냄새를 역겨워했다. 묵은 돼지기름으로 응접실에서 생선을 튀기는 가난한 사람들의 궁색한 생활을 창문으로도 엿볼 수 있었다.

가게 안에서는 찌든 기름의 끓는 냄새 때문에 밖에서 내다 버린 생선 썩는 냄새가 나도 문을 열어놓아야만 했다.

"생선 냄새에 익숙하지 않은 사람들에게는 진을 마시는 것이 최고로 잘 어울립니다."

어떤 장사꾼이 한 말을 메이휴가 인용한 것이다. 한편 로프터스는 1870년대에는 집주인이 "튀김 장사꾼에게 가게를 세놓는 것"을 얼마나 꺼리는지 자세히 보고했다. 그리고 "체면을 위해서라면 무엇이든 주장하는 사람들이 피할 정도로 그 냄새는 끔찍했고 악당이나 역병을 멀리하듯 생선튀김 가게와 생선 튀기는 사람들을 멀리했다. 당시에는 무식한 계층이 생선 튀기는 일에 뛰어들었다"고 했다.

"생선튀김 장사꾼은 깨끗하기는커녕 위생에 전혀 신경 쓰지 않아 몹시 의심스럽기까지 했다. 가게에 종종 나타난 장사꾼의 모습은 혐오스러웠으며 날마다 기름때에 찌든 옷을 입고 있었다."

예전에는 감자를 잘라서 튀기는 일을 생각지도 못했는데 아마 20세기 초에 발전했을 것이다.

"기름은 '아주 깨끗한' 상태를 유지해야 하고 '감자는 바삭바삭하게 튀겨질 때까지' 계속 저어야 한다."

"감자를 건진 후에는 그 위에 소금을 약간 뿌린다."

현재 우리는 책에 적혀 있는 방법대로 먹고 있다.

생선과 감자튀김의 맛이 어우러지는 것을 역사가 증명해주었듯 이 사업은 제대로 자리잡아 성공을 거두었다. 사람들은 생선을 횟감으로만 생각했고 튀김이 유행하기 전에는 생선 맛의 즐거움을 충분히 경험하지 못했다. 20세기 초 어느 튀김업자는 이렇게 말했다.

"이전의 우리 고객들은 고슴도치에 조심스럽게 다가가는 폭스테리어처럼 생선과 감자튀김으로 차려진 저녁 식사를 받아들여야만 했다."

그러나 생선을 횟감으로 쓰든 튀기든 상관없이 가난한 사람들은 오랜 세월 양배추와 양파, 죽으로 연명해왔다. 19세기 들어서 빵과 고기의 육즙, 잼과 차, 종이에 싸서 식초로 재운 생선과 감자튀김이 있는 따뜻한 저녁을 먹게 되자 마치 꿈을 이룬 듯했을 것이다. 노동자 계층 여성들은 적어도 일주일에 2~3일 정도는 저녁 준비를 할 필요가 없었다. 그들에게는 생선과 감자튀김 가게가 사교의 중심지가 됐다. 그런 발전은 "술집이 없어지기 시작한 시기와 우연히 일치했다"고 사회학자 존 월슨은 썼다.

공중보건이 사회적으로 역사상 최악의 상태였을 때 필요한 단백질을 공급해준 것은 생선이었다. 당시 노동자들이 받은 급료는 생활수준을 보장해주기에는 턱없이 부족했다. 예컨대 1902년 리즈Leeds에 대한 보고서에 따르면, 어린이의 절반은 구루병과 충치를 앓았고 5명 중 2명이 보아 전쟁 당시 군에 지원했는데 의료 검진 결과 부적합하다며 거부당했다. 굶주린 어린이는 집중력이 떨어져 학교에서 공부를 할 수 없었다. 그 문제를 해결하기 위해 신체노화위원회가 결성됐다. 한편 학교 의회와 구세군은 저렴하면서 영양가 있는 식품을 아이들에게 제공하기 시작했다.

물렁물렁한 완두콩과 강낭콩을 조금씩 늘려서라도 채소를 먹인다면 어느 정도 필요한 영양가는 채워질 거라 기대할 수 있었다. 적어도 생선과 감자튀김은 그나마 단백질 공급원이 됐다. 그러나 정말 가난한 가정에서는 남은 밀가루 반죽으로 어린이들에게 튀김을 해주었고 어른들을 위해 생선을 보관해두기도 했다.

물론 빅토리아 시대 후반에는 생선과 감자튀김으로 저녁을 해결하려는 여성들에게 가정에 대한 의무를 소홀히 한다는 불만의 목소리가 커졌다. 비턴 여사는 모든 사람에게 채소를 익혀 먹어야 한다고 주장했는데 그것이 영국의 음식 문화가 쇠퇴하는 지름길이 됐을까? 생선튀김은 패스트푸드의 서막을 알리는 음식이 됐으며 이제는 더 이상 가정에서 요리할 필요가 없

었다. 또한 요리의 기본 재료에서도 멀어지게 만들었다. 그러나 유럽에서는 별다른 반응이 나타나지 않았다. 가난한 사람은 여전히 가난해서 테이크아 웃 전문점으로 들어가기보다는 집에서 손수 음식을 만들어 먹었다. 영국의 노동자 계급이 그들의 농경문화를 뒤로하고 갈수록 산업화됐기 때문이다.

1900년까지 중세의 단조로운 식생활은 생선과 감자튀김이라는 현대 요 리로 확실히 대신하게 됐다. 어업에서 수송에 이르기까지 산업이 그 언저 리에서 번창해나갔다. 싼 밀가루와 싼 생선이 산업에 끼어들 수 있었다. 제 조업체들은 화려한 튀김을 생산했고, 가족 사업으로 남편이 음식을 튀기면 부인은 카운터에서 판매하며 기업을 운영했다.

1930년대라는 암울한 시대에 생선과 감자튀김은 조지 오웰의 『위건 부 두로 가는 길』에서 싸구려 담배와 여성들의 스타킹, 극장의 온기와 더불어 노동자 계층의 사치스러운 면을 보여주었다. 그리고 그것은 빅토리아 시대 에서 20세기 현대로 성장한 나라인 영국의 주요한 생활 특징으로 남게 됐 고 오늘날까지 이어지고 있다. 평론가 앨버트 핼시는 다음과 같이 썼다.

"생선과 감자튀김, 셰필드 웬즈데이[축구 클럽 가운데 하나]와 군주제는 여전히 사회 연속성의 일부가 됐다. 그것이 바로 영국이다."

59

피치 멜바

peach melba

조르주 오귀스트 에스코피에, 1903년,
『요리의 길잡이Le Guide Culinaire(The Guide to Cooking)』

Recipe 바닐라 맛이 나는 시럽에 복숭아 껍질을 벗겨 졸인다. 충분히 식으면 틀에 넣어 바닐라 아이스크림 위에 복숭아를 올려놓는다. 라즈베리소스를 뿌린다.

19세기 말에 프랑스 요리는 성공적으로 자리를 잡았다. 영국은 상대가 안 됐다. 뽑히는 사람들은 누구든 프랑스 요리사였다. 영국인 요리사를 고용했다면, 그건 자랑할 만한 게 못 됐다. 실제로 번성하는 중산층은 영국 요리를 드러내놓고 경멸했다. 빅토리아 시대에는 음식을 즐겁게 누리는 것을 혐오했다. 비턴 역사가 채소를 삶아야 한다고 지나치게 고집부리지 않고 또 생선과 감자튀김이 없었다면 영국의 음식 문화는 파괴되지 않았을 것이다.

영국은 점점 세를 얻는 프랑스 요리의 우월주의를 눈감아주었다. 음식 학자 콜린 스펜서는 다음과 같이 말했다.

"나라 전체가 역사적으로 치열한 경쟁국의 요리를 받아들일 수 있다는 사실에 놀라게 된다."

한편 프랑스는 식탁에서만큼은 영국을 정복하려 들지 않았다. 그들의 미식가는 어디든 있었다. 찰스 랜호퍼는 미국에서 인기를 끌었다. 러시아에는 히폴리트 구페와 같은 프랑스 요리사가 있었고, 그의 형 알퐁스 구페는

『요리의 길잡이』를 쓴 조르주 오귀스트 에스코피에.

빅토리아 여왕의 페이스트리 요리사였다. 또 다른 형 쥘 구페는 『리브르 드
퀴진Livre de Cuisine』을 통해 파리 기수 클럽 요리사로서 말을 전했다. 리브르
드 퀴진을 영어로 번역하면 '왕실 요리책The Royal Cookery Book'이다. 그의 좌우
명은 '청결'이었다. 그래서 모든 주방 문에 다음의 말을 새겨넣어야 한다고
생각했다.

"주방은 작든 정돈이 안 되든 채광이 나쁘든 그 어떤 이유에서라도 더러워
서는 안 된다."

새롭게 성장하는 철도 시스템으로 유럽 주변에 늘어나는 호텔과 식당에 프랑스 요리사들이 고용됐다. 전 세계를 여행하는 부유한 유럽인들은 자기 집에서 대접받는 식사와 같은 높은 수준의 음식을 원했고 프랑스 요리사들은 그들에게 만족감을 안겨주었다. 한편 프랑스 파리는 요리를 즐기는 사람들에게 마음의 고향이 되어 식도락가들이 즐겨 찾았다. 요리에 대한 중요한 안내서인 『라루스 가스트로노미크Larousse Gastronomiq』에서는 "파리는 미식가의 중심지가 됐다"고 논평했다.

조르주 오귀스트 에스코피에가 이 요리세계에 나타나 대권을 장악했다. 그의 책 『요리의 길잡이』에는 5000개의 레시피가 실려 있다. 그로 인해 프랑스 미식학이라는 말이 널리 퍼져나갔다. 이 책은 이후 엄청난 영향을 미쳤으며 오늘날의 요리사들에게도 도움을 줄 정도다.

"평생 동안 나는 전 세계에 2000권의 요리책을 뿌렸다."

많은 사람을 가르친 에스코피에가 자랑스럽게 말했다. 그는 저녁 준비를 주관해달라고 초대받을 때면 언제나 프랑스 직원이 프랑스 재료로 프랑스식의 과일을 대접하라고 강조했다. 에스코피에는 자신들이 요리에 사용한 재료가 최고라는 이유로 프랑스 요리사도 최고라고 주장했다. 프랑스는 채소, 과일, 가금류, 고기, 게임(자연산 포유류나 가금류의 고기)은 물론 와인에 이르기까지 최상의 환경을 갖추고 있었다. 그는 말했다.

"프랑스인이 미식가와 훌륭한 요리사가 될 수 있는 것은 너무나 당연하다."

언론인 마이클 스타인버거가 "프랑스는 신의 식품 저장고"라고 말한 대로 프랑스는 선택받은 땅이었다.

그러나 에스코피에가 일생을 보낸 곳은 신의 식품 저장고라고 표현한 프랑스가 아니었다. 이 프랑스 음식 특사는 자신의 기술을 가지고 런던으로 갔다. 에스코피에는 여러 나라로 돌아다니기 전에 열세 살 때부터 니스에 있는 삼촌네 식당에서 일을 했다. 그곳에서 평생의 사업 파트너가 된 세자르 리츠를 만났다.

리츠는 수완 좋은 호텔 지배인이자 사업가였다. 그들은 한 팀을 이루어 새로 개장하는 런던 사보이 호텔에 채용됐다. 에스코피에는 1890년 45세의 나이에 대성공을 거두었다. 그는 프랑스식 요리법이 아닌 조직적인 기술력을 런던에 들여와서 효과적인 기능을 갖춘 전문 주방과 조립 라인 방식으로 그룹을 편성했다.

과거에는 대저택, 호텔, 식당 주방의 각 분야에서 특별 요리를 만들 때 독립적으로 일을 했다. 반면 에스코피에는 팀을 구성해서 한 가지 요리를 모든 요리사와 함께 작업했다. 즉 한 사람이 고기를 구우면 다른 사람은 소스를 만들었다. 각 분야는 전체 운영을 총괄하는 수석 조리장이 맡았다.

이 방식이 지금도 활용되고 있다. 그가 택한 방식은 풍성하면서 더 짧은 시간에 식사하기를 원하는 사람들에게 안성맞춤이었다. 사람들이 큰 접시를 들고 테이블로 가는 대신 '선택식à la carte' 메뉴를 보고 주문하면 에스코피에가 음식을 접시에 담아 내보냈다.

에스코피에의 주방은 주문 장소이면서 인간미가 넘치는 곳이기도 했다. 그의 주문은 '꽤 간단'했다. 그는 요리사들이 요리를 간단하게 받아들이고 서로 존중해주기를 원했다. 그러나 간단하다는 그의 생각은 과장하지 않고도 높은 기술력을 갖추는 것이었다. 한편 마리앙투안 카렘의 어마어마한 페이스트리 탑은 피했다. 그가 사보이 호텔에 있을 때 그의 요리 방식은 막을 수가 없었다.

요리 지도를 이용한 사보이 호텔 광고를 함으로써 런던은 식도락가들에게 인기 있는 장소가 됐다. 그럼에도 그와 리츠는 1897년에 해고됐다. 오늘날 요리업계에서는 이 전설적인 요리사가 신성시되는 것을 달가워하지 않는다. 라루스는 '개인적인 이유로' 사보이를 떠났다고 기록하고 있다. 사실 그와 리츠는 주방용품으로 쓰는 비용의 5퍼센트를 정기적으로 몰래 받은 비리가 드러남으로써 쫓겨났다. 수완이 뛰어난 리츠는 대수롭지 않게 여기며 재빨리 에스코피에가 능력을 펼칠 만한 새로운 일터를 구했다.

칼튼 호텔에서는 선뜻 두 사람을 고용하면서 곧 리츠 칼튼이라고 이름을 바꾸었다. 새로운 장소인데도 단골 고객을 모두 끌어들였고 에스코피에는 그곳에서 여생을 보냈다.

사실 칼튼 호텔은 그가 생애 최고의 시기를 보낸 곳이기도 하다. 연예인들이 리츠 칼튼으로 식사하러 오면 에스코피에는 답례로 연예인들의 비위를 맞추며 기분 좋게 해주었다. 호주 여배우 넬리 멜바를 위해서는 얼음을 낳는 백조 위에 올려놓은 아이스크림에 복숭아를 얹는 요리를 개발했다. 그는 그 요리를 '복숭아 백조'라고 불렀다. 백조 대신 라즈베리소스를 얹어서 '복숭아 멜바'라는 이름을 붙이기도 했다.

이보다 더 심한 아부가 있을까? 자신의 이름을 붙여서 만든 새로운 토스트에 얼마나 흥분할지 그 누가 알았겠는가! 다른 여배우들도 '레이철 메추리고기'와 같이 그들의 이름을 붙인 음식과 비슷한 대접을 받았다.

세자르 리츠는 선동하고 에스코피에는 부자와 권력가들에게 아첨하는 데 성공했다. 어느 날 카이저 빌헬름 2세가 그의 주방에 들어와 이렇게 말했다.

"나는 독일 황제이고 당신은 요리사의 황제다."

과한 칭찬에 깔깔대며 웃는 그의 모습이 눈에 선하다.

에스코피에는 프랑스에서 마땅히 받아야 할 명예를 뒤로하고 프랑스 요리사들의 우상으로서 황제의 기사와 요리사들의 관리자가 되어 요리 수준을 끌어올렸다. 대장장이의 아들인 그는 특이하게 생긴 그릇에 자기 이름을 새기고 최고 요리사가 된 명성을 이용해 피클과 소스를 만들어 담았다. 요리는 자신이 좋아서 선택한 직업이 아니었다. 당시 어린 나이에 삼촌의 식당에서 일한 것은 결코 화려한 선택이 아니었다. 런던에서 프랑스 요리를 지지하며 영국 요리에 또 다른 자극을 주면서 그는 미래 세대가 자신의 본을 따르기를 진심으로 바랐다. 여러 면에서 후세들은 그의 뒤를 따랐다. 그의 프랑스 기질은 따르지 않았어도 적당한 시기에 영국 요리사들은 그의 프랑스 요리법을 받아들였다.

60

겉보리 수프

Scotch Barley Broth

메리언 커프, 1907년,

『가난한 아이들에게 주는 끼니A Course of Meals Given to Necessitous Children』

Recipe

- 뼈를 제거한 소고기 567그램
- 당근 227그램
- 순무 227그램
- 양파 340그램
- 보리 142그램
- 물(또는 사골 국물) 2.3리터
- 셀러리 또는 셀러리 소금,
  파슬리, 후추, 소금

고기는 토막 내고 냄비에 보리와 물을 넣고 같이 끓인다. 채소는 껍질을 벗긴 후 잘게 썰어서 냄비에 넣는다. 물러질 때까지 푹 끓인다. 파슬리는 곱게 다져서 셀러리, 소금과 양념을 넣는다. 빵과 함께 내놓는다.

주의 1-셀러리가 제철이면 씻어서 자르고 다른 채소도 더 넣는다.

주의 2-소고기 대신 양고기를 사용해도 좋지만 뼈와 지방이 많으면 비용이 더 든다.

생선과 감자튀김이 영양 결핍 상태에 있는 가난한 사람들에게 필요한 단백질을 충분히 공급해주었을지 모르지만, 1900년대 초까지 영국에서 국민의 영양 상태는 심각한 사회 문제가 됐다.

보어전쟁 시기 많은 남성이 군대 소집에 귀가 솔깃했지만 모두 부적합

판정을 받았다. 어릴 때 영양이 결핍되어 신체적으로 기준에 못 미쳤기 때문이다. 그런 이유로 군대를 소집하지 못하게 되자, 정부에서는 어떤 조처를 취해야만 했다. 간섭주의 영국 복지가 국민의 영양 결핍을 위해 최초로 본보기를 보인 1906년 교육법령(급식 지원)이 허울뿐 실속이 없었다면 전쟁으로 인한 군대 소집은 끼니를 때울 수 있는 좋은 기회가 됐다.

정부는 하나의 법안으로 지방교육 당국에 정말 어려운 사람들에게는 무료급식을 제공하고 좀더 나은 사람들에게는 저렴하게 공급하도록 했다. 학교 급식은 많은 어린이에게 중요한 식사가 됐다. 그런데 브래드퍼드에 있는 학교에서는 급식이 어린이를 위해 음식을 만드는 책임을 부모에게서 빼앗아가는 부정적인 측면이 여실히 드러났다.

이 북부 지방은 굶주린 아이들로 오랫동안 골치를 앓았다. 부모들은 추위를 이겨내야 하는 겨울에도 플란넬을 말 그대로 여기저기 꿰매 입혔다. 아이들은 조회 시간에 기절하기도 했다. 1906년에 제정된 교육법으로 학생들을 위한 급식비를 공공 요금으로 사용하는 법이 통과될 때까지는 지역 유지가 아이들을 위한 기금을 내놓았다.

무료급식이나 가격이 저렴한 식사라는 새로운 제도를 만들었을 때 랠프 카울리는 지역 의사로서 영양 상태가 형편없는 사람들의 신체검사를 기금으로 충당하기로 하고, 100명 정도의 아이를 선발해서 1907년 4월과 7월에 정기적으로 밥을 먹이고 몸무게를 쟀다. 여기에는 국내 문제 감독관으로 브래드퍼드 교육위원회에서 일하고 있는 한 여성이 합류했다. 메리언 커프라는 이 여성은 『가난한 아이들에게 주는 끼니』라는 이름의 레시피 소개 책자를 만들었다. 내용은 그 지역 학교에서 아이들에게 제공하는 메뉴가 중심이 됐다.

그녀는 화요일과 목요일에는 고기로, 금요일에는 생선으로 제공하는 17가지 식사를 소개했다. 우유와 당밀을 넣은 죽이나, 마가린과 육즙을 얹은 빵과 같이 먹는 아침 식사에는 우유를 곁들였다. 점심에는 푸른 완두콩과 야채수프, 혹은 강낭콩과 고기 국물이 들어간 코티지파이가 있었다. 푸딩은 간식으로 제공했다. 커프의 책자에는 잼 롤리폴리, 찐 과일과 설탕을 넣어서 버터로 볶은 밥에 대한 레시피가 있었다. 대황 타르트푸딩과 함께 겉보리 수프[고기·야채에 보리를 섞은 걸쭉한 수프]에 대한 레시피도 있었다. 그런데 샐러드는 어디에도 없었다. 양배추, 당근, 감자, 완두콩과 쌀, 주요리와 파이나 수프에 넣은 야채가 전부였다.

메리언 커프의 레시피를 본 카울리 박사는 음식 제공 방법에 대해 지시했다. 먼저 식탁을 배치한 다음 50명의 아이를 한 명씩 앉히고, 고학년 여자아이들이 음식을 나누어주게 했다. "복도는 그야말로 깨끗하게 수성페인트를 칠해야 한다"고 조언하며 말했다.

"식탁에는 식탁보를 깔아야 하고 화초나 꽃을 놓아야 하며 아이들은 손과 얼굴을 깨끗이 씻고 식사를 하러 와야 한다."

카울리 박사가 "아이들 옷이 더러워서 주말이면 식탁보가 얼마나 더러워졌던지"라고 지적한 것처럼 많은 아이가 지저분했다. 그러나 아이들이 학

1900년경 '값싼 아침 식사'를 위해 구세군을 기다리는 아이들.

교에서 씻을 수 있는 곳은 어디에도 없었다. 아이들이 아무리 굶주렸어도 음식에 적응하기까지 시간이 걸리는 것도 중요한 문제였다. 그는 "처음 음식을 먹는 아이들에게는 우유를 줘야 한다"고 했다. "아이들에게 제공되는 식사는 보통 시골집에서 먹던 것과 다르다. 레시피가 아니라 아이들 양육에 잘못이 있었다"고 강조했다.

굶주린 학교 아이들은 메리언 커프의 메뉴에 따라 먹었고 카울리 박사는 매주 아이들의 몸무게를 쟀다. 5월 중순이 되자, 아이들은 성령강림절을 지내기 위해 집으로 돌아갔다. 12일간의 방학이 끝나자 아이들은 학교로 돌아왔고 의사는 다시 몸무게를 쟀다. 그때 그는 놀라운 사실을 발견했다. 모든 아이의 몸무게가 줄어든 것이다. 아이들이 집에서는 전혀 먹지 않는다는 사실이 여실히 드러났다. 심지어 생선과 감자튀김조차 먹지 못했다.

61

양파버터소스

Onion butter sauce

저자 미상, 1908년, 『옥소 홍보자료Oxo promotional material』

Recipe

- 스테이크, 간이나
  버거와 함께 내놓는다.
- 우스터소스 1티스푼
- 아주 잘게 썬 양파 85그램
- 140밀리리터의 끓는 물에
  녹인 빨간색 옥소 큐브

- 버터/마가린 85그램
- 잘게 다진 파슬리 1테이블스푼

버터를 녹인 다음 양파를 넣고 10분 정도 서서히 익힌다. 옥소 육수, 파슬리, 우스터소스를 넣고 잘 젓는다.

1908년 로마에서는 올림픽이 개최될 예정이었다. 22개 국가에서 참가하는 경기였다. 선수들은 이탈리아 시내를 여행할 계획이었지만 자연조건이 따라주지 않았다. 1906년 4월 4일, 해발 1200미터 베수비오산의 분화구에서 화산 폭발이 일어났다. 며칠 동안 폭발이 계속되어 화산재 기둥이 하늘로 솟구치고 용암이 분수처럼 솟아오르며 경사면으로 흘러내렸다. 나폴리 주변 지역이 완전히 파괴되고 오타비아노 마을은 잠겼다. 당시 해설자는 '제2의 폼페이'라고 묘사했다. 정부는 파괴된 거리와 집을 복구하는 데 막대한 자금을 쏟아붓기로 결정했다.

올림픽에도 엄청난 자금(2012년 런던 올림픽에 200억 파운드가 들어갔는데 100년 전에는 그보다 더 많은 비용이 들어갔다)이 투입되어야 했기 때문에 이탈리아는 재정 문제로 올림픽을 포기했고 주최국으로서 다른 나라에 도움을 청할 수밖에 없었다. 그래서 올림픽이 런던으로 넘어가게 됐다. 화이트 시는 효율적인 조직 도시임이 증명됐지만 6만8000명이 관람할 경기장을 짓기에는 기간이 짧았다. 한 회사가 그 사업에 자금 지원은 물론 음식까지 후원해주었다. 리비히 육수를 9년 동안 만들어온 옥소ᵒˣᵒ 사였다.

옥소 사는 올림픽 기간 동안 경기에서 탈락한 마라톤 주자나 줄다리기 참가자들에게 뜨끈한 소고기 육수를 나누어주었다. 여기에 나와 있는 '양파버터소스'와 같은 레시피가 책과 옥소 팩 뒷면에 인쇄됐다. 옥소 사는 올림픽과 관련하여 사람들에게 영양가 있는 자사 제품과 국가 자존심의 상징이라는 문구를 내보내 회사를 홍보할 수 있었다. 결국, 영국 팀 전체가 그 제품을 홍보하는 역할을 하게 된 셈이다. 에이 던컨이라는 운동선수는 "옥소가 내 성공에 크게 기여했다"고 강조했다. 어떤 포스터에는 선수들이 모두 "몸에 기운을 주는 옥소의 가치에 대한 증거"를 써주었다. "운동선수를 위한 음료로서 옥소는 항상 우수한 제품이다"라고 자신만만하게 말한 사람은 3200미터 장거리를 우승으로 이끈 아서 러셀로 추정된다.

경기 초반에는 날씨가 좋지 않아 여름이라도 옥소를 데워주었다. 그러나 선수들은 뜨거운 소고기 수프를 먹고도 경기에서 기록을 세우지 못했다.

옥소 사는 육면체 모양으로 제품을 획기적으로 만들었고 광고 면에서도 놀라운 이익을 얻었다. 당시 한 포스터에는 약간 통통한 두 명의 금발머리 아이가 육면체로 된 육수 팩을 들고 깡충깡충 뛰며 "건강해야 신난다"고 말하는 모습을 담았다.

경기 때 음료를 협찬받은 마라톤 주자는 옥소 사의 또 다른 문구를 확인해주었다.

"체력을 위해 옥소를 마시자."

초창기 문구는 이랬고, 점점 상표와 식품 기술이 세련되어갔다.

사람들은 밭에서 추수한 식품이 아무리 좋아도 식품이 뛰어난 만큼 반응하지 않았으며, 현대식 제품은 새로운 큰 공장에서 샀다. 1895년에 버즈 커스터드 파우더Bird's Custard Powder는 바로 그 점을 알아챘다. 한 포스터에서 두 명의 요리사가 부엌에서 달걀 하나로 커스터드를 만드는 것과, 조그맣고 앙증맞은 상자에 있는 또 다른 파우더를 보여주었다. 달걀을 든 요리사는 슬픈 표정으로 깨진 달걀 껍질을 쳐다보고 있고, "이런, 다른 걸로!"라는 말이 자막 처리됐다. 여기에 "달걀은 안 돼! 위험은 금물!"이란 말이 두드러지게 쓰였다.

"숙녀와 가정주부들은 『페이스트리와 사탕』이라는 유용한 소책자를 참고해서 만찬과 저녁 식탁을 위해 온갖 종류의 질 좋은 산해진미를 목록에 추가할 수 있다"는 문구도 있었다. 버즈는 책을 무료로 나누어주었는데 그 안에는 커스터드 파우더에 사용된 모든 레시피가 들어 있었다.

옥소 사도 이와 유사한 방법을 썼다. 독일 화학자 유스투스 폰 리비히는 몇 년 전에 소고기 육수를 만들었다. 그는 1893년에 출간된 『리비히 회사의 실용적인 요리책The Liebig Company's Practical Cookery Book』에서 제품을 알렸다.

그 책의 저자는 해나 영이었다. 그녀는 "요리사가 투여하는 노동과 고된 일을 줄여야 한다"고 말했다. 이러한 노력으로 새로운 제품이 나왔다. 그녀는 "리비히 사의 고기 육수가 현장에서 최고의 자리를 차지했다"며 소고기 육수를 사용한 수백 개의 레시피를 선보이기 전에 써넣었다. 레시피마다 소고기 육수를 주재료로 썼는데 심지어 생선 요리에도 사용했다. 그런 식으로 '리비히 샌드위치'와 '토스트 위의 리비히'가 나왔다. 해나 영이 애플 크럼블이나 잼 롤리폴리에도 소고기 육수를 한 컵 넣으라고 억지로 밀어붙였을 거라고 의심하는 사람도 있지만 푸딩에만큼은 사용하지 않았다. 그 책을 화려하게 장식한 삽화는 신선한 채소, 경기장과 바닷가재 사이에 자랑스럽다는 듯 리비히 육수 그릇을 배치했다. 금색으로 칠한 사진틀 안에 그려넣은 주방의 모습에서도 이를 잘 보여준다. 이와 같은 제품을 사용하는 것은 멋진 현대의 중산층으로 살아가는 열쇠였다.

초창기에는 사람들이 옥소 제품에 열광했다. 소고기는 값이 비쌌기 때문에 부자들만 요리에 육수를 넣을 여유가 있었다. 빅토리아 시대 작가들은 낭만적으로 소고기 육수에 대한 글을 썼다. 소설 속에서 중병을 앓고 있는 여주인공들은 소고기 육수로 원기를 회복해 다시 살아났다.

옥소 사는 저렴한 방법으로 가족 식사에 풍미를 더해주는,
가족 지향적인 광고로 만들어진 제품을 마케팅해서 영국을 대표하는 이미지가 됐다.

유스투스 폰 리비히는 그 상품에 대해 소신이 있었다. 그는 백방으로 수소문한 끝에 상품을 보증해줄 사람으로 플로렌스 나이팅게일을 떠올렸고 그녀를 간신히 설득했다. 더 경제적인 방법으로 상품을 만들기 위해 소고기 가격을 낮춰 곧 군대 주방에서도 기본 재료로 사용했다. 세기 전환기에 꼭 필요한 모험적 식품이 된 것은 물론이다.

마침내 옥소라는 이름이 탄생해 제품은 어마어마하게 생산될 수 있었고 영국을 넘어 식품업자들을 비롯해 개인 소비자까지 그 제품을 구매했다. 사람들은 "남자들이 육면체의 옥소를 먹기 시작했고 여자들은 요리를 배우기 시작한 뒤로 식품 개발에서 가장 큰 발전을 이루었다"는 문구를 외쳤다.

그렇지만 옥소 육수가 지닌 실제 영양 가치는 의심스러웠다. 옥소에는 자극적인 향미제가 많이 들어 있었다. 요리사들은 남아프리카같이 먼 곳에서 키운 소를 끓여 만들어낸 육수에 소금을 친 제품을 사는 것보다 소뼈로 만들어 쓰는 것이 더 경제적이라고 생각했다. 사실, 그 회사는 프라이벤토스라는 마을 근처에 있는 우루과이 강둑에 농장을 많이 보유하고 있었다.

일반적인 생각과 옛날 방식의 식품 가치를 고려할 때, 초창기부터 오늘날까지 계속되는 소비지상주의와 엄마 손맛 사이에서 브랜드의 힘이나 새로운 제품에 대한 구미가 소비자의 입맛을 사로잡지는 못했다.

62

크로크 무슈

Croque monsieur

브라이언 럭 여사(E. 드푸크가 쓴 레시피), 1915년,
『벨기에 요리책Belgian Cookbook』

Recipe 칼과 와인 잔을 이용해 빵을 같은 크기로 둥그렇게 자른다. 둥근 빵 위에 버터를 바르고 취향에 따라 간 그뤼예르 치즈를 뿌린다. 빵과 같은 크기로 자른 햄을 빵 위에 놓는다. 달걀 무게만큼의 버터를 팬에 녹여 빵을 구워낸다. 햄을 올린 빵 위에 치즈를 올리고 앞뒤로 노릇하게 굽는다. 뜨거운 상태에서 파슬리 가루를 뿌린 후 내놓는다.

점심의 역사는 음식의 역사만큼이나 뒤틀리고 바뀐 것이 많다. 누가, 어디서, 얼마나 좋아하느냐에 따라 메뉴가 결정된다. 점심 식사가 길어지면 영웅적이며 대사건이 될 만한 퇴폐적인 코스와 와인도 많이 나올 수 있다. 그러나 솔직히 말하면, 현대사회는 주말을 제외하고는 근무 시간에 지장이 없을 정도의 점심이 주를 이룬다.

한낮에 와인을 마시기 위해, 음식을 그럴 듯하게 차리고 친구나 지인들과 한담을 나누기 위해 시간을 낼 수 있는 사람들은 극소수일 것이다. 나머지 대부분의 사람은 그저 만들어 먹는다면 빨리 만들 수 있고, 먹기도 쉬우며, 맛있고, 다음 식사 시간이 될 때까지 배를 든든하게 해주는 뭔가를 원했다.

1900년대 초까지 영국인들은 직업이나 계급에 따라 샌드위치, 패스티(고기와 채소를 다져 넣은 파이), 파이를 점심으로 먹었다. 반면에 프랑스 사

람들은 거기에 약간의 창의력을 더했다. 카페가 날로 번창함에 따라 새로운 품목이 프랑스의 도시에서 메뉴로 자리잡았다. 그 메뉴는 파리의 긴 대로인 카퓌신 거리에 있는 카페에서 1910년에 첫선을 보였다. 크로크 무슈는 치즈와 햄을 넣어, 뜨거우면서도 바삭바삭하고 저렴하면서도 맛이 있을 뿐만 아니라 화려하기까지 해서 점심 문제를 완벽하게 해결해주었다.

그러나 그 발명품이 자신의 것이라고 주장하는 요리사는 아무도 없다. 한 프랑스 노동자가 치즈와 햄 샌드위치를 넣은 그릇을 라디에이터 위에 올려놓고 점심시간이 되어 열어보니 치즈가 녹아 있었다. 이것이 바로 첫 번째 이야기다. 그렇다면 그 이름은 어디서 나왔을까? 크로크croque를 번역하면 '바삭'이라는 뜻이지만 무슈monsieur[프랑스어에서 남성에 대한 존칭]는 뭘까? 이런 궁금증이 답을 주었다. 고객이 바삭바삭한 치즈 샌드위치를 원하면 주방에서 해줄 수 있는 음식이 된 것이다. 요리사가 샌드위치 위에 크림이 약간 있는 베샤멜소스를 넣어준다면 더 맛있어진다.

1915년에 브라이언 럭 여사가 편집한 『벨기에 요리책』에 크로크 무슈

1910년대 카퓌신 거리에 있는 전형적인 파리 카페를 보여주는 그림엽서.

레시피가 나와 있다. 머리말에 "이 작은 책 속의 레시피는 영국으로 피난 온 벨기에인들이 보내주었으며 그것을 편집할 수 있었던 것은 특파원의 친절 덕분이다. 영국 요리는 벨기에 요리 연구에 도움이 될 수 있다"고 썼다.

이로써 크로크 무슈가 벨기에 요리라고 당당하게 주장할 수 있다. 레시피에 대한 믿음으로 인해 그것을 쓴 드푸크에게 개인적으로 꽤 궁금증이 생겼다. 그 혹은 그녀는 독일군이 고향을 파괴했을 때 영국으로 쏟아져 들어온 25만 명의 벨기에 난민 중 한 사람이었을 것이다. 영국 정부는 여러 나라로 흩어진 벨기에인들을 모으는 일에 주력했다. 많은 공동체에서 새로 들어온 난민들을 따뜻하게 맞아주었고 기금 모금으로 그들을 도왔다. 브라이언 럭 여사는 새로 들어온 벨기에 사람을 찾게 되면 그들이 갖고 있는 음식 유산을 기록하고 기금 마련을 위해 벨기에 레시피 책을 적극적으로 편집했다.

럭 여사는 워터주이^{waterzooi}와 살구 수플레 같은 음식은 요리책에 포함시켰지만 온갖 종류의 생선을 한데 끓여 머리와 꼬리가 그릇에 둥둥 떠다니는 플레미시 수프는 '영국인의 입맛에 맞지 않아' 넣지 않기로 했다. 크로크 무슈는 점심 식사 주 메뉴가 아닌 식사 전 요리로 제안했는데, 이는 벨기에인들이 먹는 방식인 듯했다.

마르셀 프루스트는 『잃어버린 시간을 찾아서』에서 요리에 대해 언급했다. 무명의 해설가가 바닷가에서 펼친 아침 교향악 연주회를 감상한 뒤 '크로크 무슈와 크림을 넣은 달걀 요리'로 점심 식사를 하기 위해 호텔로 돌아온다. 공포의 제1차 세계대전이 발발했을 때 낙관주의와 혁신의 시대는 끝났다. 프루스트는 황금시대를 회상하면서 특히 마들렌이나 송로버섯으로 맛을 낸 자고새 음식에 대해 설명했다. 그는 소설에 크로크 무슈를 등장시켜 교양을 갖춘 우아한 요리라는 인식을 사람들에게 심어주었다.

런던 카페에서는 그릴로 녹인 치즈를 토스트 위에 얹어 손님들에게 내놓았다. 반면 프랑스에서는 토스트 안에 특별히 그뤼예르 치즈를 녹여서 더 맛있고 우아해 보이게 했으며 몇 년 동안 달걀 프라이를 올려놓은 '크로크 마담'과 토마토를 곁들인 '크로크 프로방샬'과 같이 여러 재료가 어우러진 메뉴를 제안했다.

영국 사람들은 수 세기 동안 웰시 레어빗이라 부르는, 치즈를 얹은 토스트를 먹어왔다. 그러나 토스트에 우스터소스를 뿌리든 안 뿌리든 상관없이 내용물의 다양성만 요구하고 모양 면에서는 우아함을 개발하지 않았다. 특히 책상에서 급히 먹는 샌드위치와 비교하면, 오늘날은 크로크 무슈와 샐러드, 붉은 포도주 한 잔, 감자튀김이 있는 파리식 점심을 더 선호한다.

63

초콜릿 케이크

Chocolate cake

월터 베이커 사를 위한 마리아 팔로아, 1916년, 『레시피를 선택하라Choice Recipes』

Recipe

- 버터 1/2컵
- 우유 3/4컵
- 풀어놓은 달걀노른자 3개
- 월터 베이커 사의 최고급
  초콜릿 85그램
- 설탕 3/4컵
- 바닐라 1/2티스푼
- 빵가루 1과 3/4컵
- 풀어놓은 달걀흰자 3개

크림버터에 설탕을 조금씩 넣은 다음 풀어놓은 달걀노른자, 우유, 바닐라, 녹인 초콜릿을 넣는다. 밀가루는 베이킹파우더와 같이 섞어서 체에 치고 마지막에 거품 낸 달걀흰자와 섞는다. 버터 바른 얇은 케이크 팬에 옮겨 중간 불에서 굽는다.

「클래런스 손더스 이야기」는 지극히 미국적인 드라마다. 이 드라마는 빈곤, 야망, 성공, 파멸, 제2의 성공으로 이어지다가 기진맥진한 마지막 부분에서 절정으로 치닫는 이야기다. 클래런스 손더스는 유산을 많이 남기지 않았는데도 대단히 놀랍고 감격스러운 이야기로 전해졌다. 그의 인생은 복잡했지만 식료품 가게를 셀프서비스 제도로 바꿔놓아 문화적으로 자유로운 세상을 만들었다.

손더스는 20세기 미국 문화를 이끌었다고 할 정도로 혁신적인 피글리 위글리라는 셀프 가게를 17개 주에 600개 정도 열어 세상에 선물로 주고 갔다.

손더스의 어린 시절은 몹시 끔찍했다. 테네시 주 팔미라에서 성장했는데 다섯 살 때 어머니가 돌아가시고 아버지는 얼마 안 되는 돈을 탕진했다. 소년 손더스는 가진 것이 없어서 어느 겨울에는 신발도 신지 못했다. 손더스는 열네 살 때 학교를 그만두고 지역 식료품 가게에 취직해 점원이 됐으며, 소매업 일을 꼼꼼하게 배워나갔다. 자신이 할 수 있는 일을 찾아가면서 마침내 인생도 바뀌게 됐다.

20대 초반에는 도매업을 하면서 가게 주인이 장사하는 모습을 보고 술집 주인보다 더 낫지 않다는 것을 알게 되었다. 그들은 고객에게 바가지를 씌우기 일쑤였고 서비스도 형편없었다. 나중에 그는 비슷한 가게의 작은 체인점을 운영하는 식료품점 주인에게 재고 물품 파는 일을 배웠다. 경쟁자에게 미움을 사기도 했지만 싼값에 물건을 제공해 고객에게 인기를 끌었다.

그는 획기적인 방법으로 투자를 받기 위해 가게에 공을 들였으나 계속 헛발질만 하던 차에 인디애나에서 돌아오는 기차여행에서 문득 새로운 생각을 하게 됐다. 실망에 차 돌아오는 길에 그는 차창 밖을 유심히 바라보다가 비효율적인 식료품 사업에 대해 곰곰이 생각했다. 어느 지점에서 기차가 서행하고 있을 때 큰 돼지 농장을 지나치게 됐다. 그때 그는 돼지우리 안에서 엄마 돼지 주위로 몰려와 젖을 먹는 엄청난 수의 새끼 돼지를 보았다. 그는 바쁜 시간대에는 직원 수가 적어 고객이 계산대에서 기다리는 반면 한가한 시간대에는 직원이 넋 놓고 있는 어느 식료품 가게를 떠올렸다. 그는 그 돼지들을 보면서 피글리 위글리라는 이름을 떠올렸고 몇 달 되지 않아 1916년 9월 5일에 첫 번째 가게를 열었다.

선착순으로 도착한 여성들을 대상으로 미인 경연대회를 열고 현금을 준다는 소문에 멤피스의 가게 주위로 군중이 몰려들었다. 사실 신문 보도자는 모든 여성에게 5~10달러를 주었고 돈이 다 떨어질 때까지 미인 대회를 열었다. 가게 주인이 들어가면 악단이 음악을 연주했고 아이들에게는 꽃과 풍선을 나누어주었다.

가게 안에서 고객들이 본 것은 예전과는 완전히 다른 새로운 것이었다.

계산대에 길게 늘어선 줄도 없었고 주문을 받는 흰옷 입은 직원도 없었다. 대신 손만 뻗으면 담을 수 있는 물건들이 선반에 놓여 있었다. 가게 물건으로는 여기에 제시한 레시피처럼 종종 딸려오는 상품 광고물, 캠벨 수프와 월커 베이커 사의 초콜릿 바와 같은 상품이 많이 있었다. 여자들은 선반에서 물건을 꺼내 바구니에 척척 담는 재미를 맛보았다. 판매 부담도 없고 이 물건 저 물건을 사라는 재촉도 없었다. 더 특이한 점은 모든 물건에 가격표가 붙어 있는 것이었다.

손더스는 "언젠가 멤피스는 피글리 위글리를 자랑으로 여길 것이다"라며 복음 전도사처럼 강조했다.

"모든 사람이 피글리 위글리가 이 땅에 깨끗한 먹거리를 점점 늘리고 다시 채웠다고 전할 것이다."

당시 남자들은 쇼핑하는 일이 드물었다. 그래서 여성 고객이 현금 등록기에 다다를 때까지 가게를 지나가는 통로를 만들어야 했는데, 손더스는 대단히 발 빠르게 원웨이 방식을 구상했다. 직원은 고객이 산 물건을 합산하고 고객이 물건 값을 계산하면 집에 가서 확인해볼 수 있는 영수증을 주었다.

가게는 편리함과 접근성을 필요로 하는 시대에 발맞춰나갔다. 한 가정 잡지에선 "물건을 사고파는 방식이 무척 간단하고 쉽고 자연스러워서 일단 피글리 위글리에 처음 가게 되면 예전에는 왜 아무도 이런 생각을 못 했을까 하고 놀랄 따름입니다"라고 썼다.

"또 다른 시스템을 어떻게 생각하게 됐는지 놀라울 따름이다."

손더스의 말처럼 그것은 순식간에 성공을 이뤘냈다.

"100명의 사람이 피글리 위글리에서 기다린다면…… 48초마다 한 명씩 고객은 자신의 물건을 가지고 피글리 위글리를 나간다."

그는 첫해에 9곳의 가게를 열었는데 정확하게 똑같은 가맹점을 세웠으며 매장을 관리하는 사람들은 회전식 문과 구성 단위에서부터 현금 등록기와 신호 체계에 이르기까지 손더스에게 필요한 모든 장비와 부품을 다 사야 했다.

그는 다방면에서 성공해 셀프서비스 제도에 대해 특허권을 받으려고 했다. 1918년까지 피글리 위글리는 전국 각지에 퍼졌다. 1923년까지 손더스가 첫 가게를 개장한 지 불과 7년 만에 '전 세계를 넘어서'라는 로고를 자랑스럽게 새겨넣을 정도로 1268개의 매장이 생겼다. 그렇게 짧은 기간에 세상의 이목을 끈 사업가는 드물었다.

손더스는 자신의 성공을 즐겼으며 넓은 부지에 커다란 집을 짓고 비행기와 자동차를 몇 대씩 소유했다. 한 친구는 "그가 마이다스의 손으로 신화적인 왕이 된 것 같다"고 말했다. 그런 손더스에게도 불행이 닥쳐왔다. 그는 피글리 위글리 주식에 대한 투자자들의 인식 부족에 대응해 자사의 주식을 엄청나게 사들였고 뉴욕 증권거래소와의 한판 대결로 결국 거래를 하지 못하게 됐다. 주식을 매점 매석한 손더스는 회사 자산과 개인 자산을 몽땅 써버리는 바람에 1924년 2월 결국 파산했다. 이로써 돼지를 연상케 하는 분홍색 집과 그가 가진 모든 것을 잃고 말았다.

자신의 사업과 유명세를 잃은 후, 그는 다시 힘을 내 새로운 사업을 시작했다. 제정신이 아닌 상태에서 자기를 망하게 한 부도덕한 투자자들에게 화가 치밀어 새로운 셀프서비스 식료품 체인점을 시작했다. 손더스는 식료품 체인점에 피글리 위글리라는 이름을 사용할 수 없어서 '내 이름 가게의 자영업자 클래런스 손더스'라고 이름 지었다. 그는 수많은 가게를 열었고 새로운 가게는 곧 성공했다. 자영업자 가게에는 더 많은 상품이 있었다. 그 가게에서는 신선한 육류와 빵 그리고 식품을 팔았는데, 그것이 바로 슈퍼마켓이었다. 캘리포니아에 가게를 열었는데 창고같이 큰 이 가게는 10년 뒤에도 슈퍼마켓이라는 말을 사용했다. 새로운 체인점은 빠르게 확장해갔고 그는 1928년에 백만장자라는 소리를 다시 들을 수 있었다. 나아가 '핑크 팰리스'보다 훨씬 더 웅장하고 커다란 집을 또 사들였다. 시골에 가장 큰 골프장을 짓기 전에 그는 실내 수영장과 볼링장 그리고 영화관을 설치했다. 그러나 2년 후 대공황으로 채권자들에게 쫓기는 신세가 됐고 또다시 파산했다. 그때까지 그는 두 아내에게서 4명의 자녀를 두었다.

그는 절망하지 않고 또 다른 사업을 구상했다. 이번에는 '키두즐 Keedoozle'이었다. 오락실 같은 새로운 개념으로 돈을 넣고 기계 팔을 작동해서 컨베이어 벨트에 물건을 놓는 완전 자동화로 만들어진 가게였다. 그는

클래런스 손더스가 만든 피글리 위글리는 1916년에 미국에서 처음 문을 열었다.
오늘날 17개 주에 600개의 가게가 여전히 남아 있다.

특유의 자신감으로 "5년 후 미국 전역에 1000개의 키두즐이 생길 것이다"
라고 선언했다. 그러나 계획은 빗나갔다. 기계 팔이 옮기던 상품을 떨어뜨려
손상을 입혔고 잦은 기계 고장으로 사업 실적은 저조했다. 열두 곳의 체인
점이 문을 열었지만 계획은 무산됐고 재정은 또다시 바닥을 쳤다.

손더스는 또 새로운 아이디어를 냈다. 그가 생각해낸 '푸드일렉트릭'은
자동기기를 이용해 고객이 상품을 포장하고 값을 치르는 개념이었다. 오늘
날 슈퍼마켓에서 많이 사용하는 셀프계산대의 선구자 격이었다. 그는 "8명
의 직원이 200만 개 품목을 취급할 수 있다"고 언제나처럼 자신 있게 말했
다. 하지만 불행히도 손더스는 단 하나의 가게도 열지 못했다. 1953년 그는
72세의 나이에 극심한 과로로 지쳐 사망했다.

손더스를 비난하는 사람들은 그가 음식 문화에 해로운 영향을 끼쳤다
고 생각한다. 비평가들은 손더스로 인해 부패가 시작됐다고 본다. 그가 만
든 편리한 아이템과 식품의 출처, 계절에 따른 시장 수요 변동으로 사람을

끌어당기는 유명 상품들 때문에 상품이 끊임없이 획일화됐다고 본다.

그러나 사람들은 그가 쌓아놓은 수프 통조림과 초콜릿 바를 좋아했듯이 새롭고 깨끗하면서 반짝거리는 그의 가게를 좋아했다. 그는 자신의 가게에서 제공한 초콜릿 케이크 레시피를 책자로 만들어 홍보했다. 1922년에는 회사 매장에서 고객이 자유로운 선택을 경험할 수 있는 것을 극찬한 『시카고 트리뷴』에 광고도 했다. "피글리 위글리는 남녀노소가 스스로 할 수 있도록 가르치면서 민주주의 정신"인 독립정신을 발전시켰다. 전 세계 수백만 명의 사람이 그 해방운동에 동참했다.

64

스파게티 알 라 캠벨

Spaghetti à la Campbell

캠벨 수프를 만든 사람, 1916년, 『여주인을 위한 지원서Helps for the Hostess』

Recipe

- 캠벨 토마토 수프 1통
- 가늘게 자른 훈제 햄 227그램
- 양파 작은 것 2개(굵게 썬 것)
- 고추 작은 것 3개(잘게 썬 것)
- 마늘 한 쪽
- 간 치즈(미국산 치즈 또는 파르메산 치즈)
- 가장 작은 튜브 스파게티 227그램
- 양송이통조림 1통
  (또는 싱싱한 양송이 227그램)
- 백리향 1/2티스푼
- 올리브 오일 2테이블스푼

끓는 소금물에 정향이나 마늘을 넣고 스파게티가 부드러워질 때까지 재빠르게 삶는다. 장식용으로 쓸 버섯과 고추는 약간 남기고 데운 냄비에 기름, 양파, 고추와 버섯을 넣고 부드러워질 때까지 서서히 볶다가 물기를 뺀 스파게티를 넣는다. 요리할 때 가늘게 잘라놓은 햄을 볶는다. 햄을 볶은 냄비에 캠벨 토마토 수프를 붓는다. 스파게티, 양파, 고추와 백리향을 넣는다. 재료를 잘 섞어서 접시에 담는다. 가늘게 썬 햄을 그 위에 올리고 치즈를 뿌린다. 버섯과 둥글게 썬 고추를 기본 장식으로 한다.

영국의 옥소 사가 자사의 매력적인 재료를 사용한 모든 고객에게 요리책을 선보였을 때 미국의 캠벨 수프 제조사도 똑같은 방법으로 요리책을 내놓았다. 1900년대 초부터 수프 제품을 성장시키면서 제조사는 별 볼일

없는 수프 캔이 얼마나 다용도로 사용될 수 있는지를 보여주기 위해 여성들을 부추겼다.

1916년부터 요리책으로 쓰인 『여주인을 위한 지원서』에 나오는 '스파게티 알 라 캠벨'은 가장 사소하고 불쾌한 제안이었을 것이다.

책에는 캠벨 수프, 식힌 닭고기, 속을 올리브로 채워서 한 입 크기로 만든 '닭고기 젤리 덩어리'가 있었다. '캠벨 젤리'는 캔으로 된 수프를 사용했다. '소고기를 넣은 밥'은 네모꼴로 자른 소고기나 양고기 혹은 돼지고기를 섞어 캠벨 토마토 수프로 채운 것이다. 화가 나는 것은 구운 넙치 스테이크인데, 생선 사이에 토마토 수프를 넣은 다음 올리브와 자른 레몬을 올리기 전에 맨 위에 수프를 끼얹었다.

그들의 독창성에는 끝이 없었다.

"남은 음식물을 버리는 일이 다반사인데, 캠벨 수프로 식욕을 돋우는 맛있는 음식을 만들 수도 있다."

영국에서 만든 독창적인 옥소 사와 마찬가지로 캠벨 사도 자사 제품을 선전하기 위해 두 명의 통통한 아이를 내세웠다.

그 회사는 19세기 말에 도매업자 조지프 캠벨에게서 이름을 따왔다. 그는 에이브러햄 앤더슨이라는 자그마한 통조림 공장을 하는 보잘것없는 양철공과 손을 잡았다. 그 뒤 캠벨은 동업자의 주식을 사들였고 1900년에 그가 죽은 뒤 최고 상사인 존 도런스를 영입했다. 그는 수프를 응축시키는 방법을 개발한 화학자이자 아들인 존 T. 도런스를 데려왔다. 수프를 응축시킴으로써 생산가를 크게 절감하게 됐다. 물이 덜 필요할수록 운송비도 낮아졌다. 축구 시합 때 선수들이 입는 셔츠에서 착안해 빨간색과 흰색의 줄무늬가 들어간 독특한 디자인을 고안해냈고 흥미로운 그림으로 깡통을 둘러씌운 상품을 만들어냈다. 그때까지 나온 통조림에는 상표나 그림이 없어서 한눈에 알아보기 힘들었을 뿐 아니라 매력도 없었다. 통조림 제조 과정은 루이 파스퇴르가 음식을 깡통 안에 밀봉하기 전 특정 온도로 열이 가해진 음식에 미생물이 번식하는 실험을 했을 때인 1816년을 기점으로 놀랍도록 발전했다.

문제는 판매 시장이 넓지 않은 데다 판매량도 저조하다는 것이었다. 회사는 초창기에 포스터를 이용한 캠페인을 벌이며 수프 만드는 단조로운 일에서 자유로워지도록 여성들을 설득했다. 그러나 전환기의 미국 여성들은 직접 수프 만드는 일을 좋아했다. 더욱이 수프가 식단에서 중요한 부분을 차지하지도 않았다.

회사는 전에는 인식하지 못한 여성들에게 필요한 것을 갖도록 설득하는 도전을 했다. 1908년에 시도된 첫 번째 계획은 캠벨 아이에게 어른처럼 옷을 입혀서 사람들의 관심을 끌게 하고 캠페인이 진행되는 동안 색다른 활동에 참여시켜 사회 경계선을 넘는 것이었다. 사내아이는 턱시도를 입고 벽돌을 쌓거나 경찰놀이를 했고, 여자아이는 인형놀이나 거울을 들여다보는 이미지로 구상했다.

이는 미국 주부들의 심금을 울렸고, 주부들의 불안감을 노린 구호와 그 이미지를 병치시켰다. 캠벨 사가 확실하게 목표로 삼은 대상은 요리 실력이 없거나 걱정을 많이 하는 여성들이었다. 회사는 미국 여성들이 사회 문제를 두려워하며 살기를 원했다. 어느 날 밤, 남편이 집에 왔는데 멋진 저녁을 만들 충분한 재료가 없다고 상상해보라. 그보다 더 최악일 수 있을까? 그래서 센스 있는 여성들은 대비책으로 캠벨 수프를 마련해두었다.

캠벨은 전차에 붙어 있는 포스터나 『여성 가정지Ladies' Home Journal』 같은 잡지에서 여성들이 남편의 바람이나 요리, 다른 것들을 만족시키기 위해 끊임없이 싸우는 사회의 모습을 결정적으로 그렸다. 남자가 집에 와서 하는 일이라고는 이러니저러니 타박하는 것뿐이었다. 어떤 형태로든 식사에서 캠벨 수프가 빠지면 난리가 났다. 캠벨 사는 1911년부터 포스터를 이용해 다음과 같이 광고했다.

"남자의 마음을 사로잡는 길은 음식밖에 없다."

"젊고 얌전한 주부들이 남자의 마음을 사로잡을 수 있는 '지름길' 중 하나는 바로 캠벨의 토마토 수프다."

1912년 광고에서는 한 남자가 부엌에서 시간을 너무 낭비한다며 아내를 꾸짖는 모습을 보여준다. 그는 "생각을 현대식으로 해"라며 아내를 꾸짖는다. "가정식 수프에 신경 쓰지 말고 캠벨 수프를 이용하라"는 광고가 나가는 사이에 또 다른 포스터에서는 한 남자가 "좋아, 바로 그거야"라고 한다.

광고는 집 안에서의 여성의 역할을 지지하지만 수프는 양념과 부엌에서 종노릇하는 여성들을 자유롭게 해준다고 약속했다. 1912년의 포스터에서는 한 주부가 다른 주부에게 "단 한 명의 가정부! 어떻게 하면 멋지게 다룰 수 있을 것인가?" 하고 말한다.

　　우스운 이야기이지만 지금은 거의 만들지 않는 수프 만드는 부담에서 해방되기 위해 여성은 독립했고, 이젠 가정부가 필요 없게 되었다.

　　캠벨 아이들은 미국 어린이들이 엄마에게 통조림을 가져오라고 조르게 만들고 엄마들도 아이들에게 통조림을 사줘야 하는 도덕적 의무를 느끼게

캠벨 수프는 전 세계에 미국을 상징하는 상품으로 알려지게 됐다.

만들었다. 다른 포스터에서는 "미국 주부들은 이 수프를 요구합니다"라고 강조했다. 앞으로 미국 주부들은 수프 없이 대체 어떻게 살아갈 것인가를 걱정하게 될 것이다. 그들은 새로운 상표와 가정으로 들어온 인기 있는 상품을 환영하지 않을 수 없었다.

1914년에 사장이 된 존 T. 도런스는 터무니없는 이유로 공급망을 통제하면서 끊임없이 비용을 내리며 열성적으로 사업을 운영해나갔다. 그는 뉴저지 캠던에 있는, 수프를 만들 수 있는 식물에는 관심이 없었다. 그 마을에는 장애물이 많다고 생각했다. 존 T. 도런스는 "음료는 남자의 능률을 10퍼센트 저하시킨다고 생각한다"고 말했다. 그리고 "우리는 일의 능률을 높이기 위해 곧 캠벨타운으로 이사할 것이다"라고 덧붙였다.

그가 생각한 수프는 편리하고, 건강에 좋으며, 위생적인 현대식 요리 중 하나였다. 하지만 이 이야기의 이면에는 임금을 제대로 받기 위해 몸부림치던 노동자와, 이득을 위해 계절에 따라 움직였던 싼 이민 노동자의 고용이 있었다.

캠벨 수프는 대량 생산으로 각 가정에 하나씩은 있을 정도로 미국 전역으로 퍼져나갔다. 사람들이 사륜마차를 타고 달리면 주위에 온통 주스와 토마토가 달려 있는 빨간 캠벨 나무가 즐비했다고 한다. 광고가 성공한 것은 앤디 워홀이 1960년대에 통조림에 그림을 그려넣어 진짜 미국을 상징하는 상품으로 사람들 마음속에 각인시킨 데서 비롯되었다.

65

크림이 있는 버섯

Creamed mushrooms

플로렌스 크라이슬러 그린바움, 1919년,
『국제 유대인 요리책International Jewish Cook Book』

Recipe 버섯을 찬물에 씻어 껍질을 벗기고 줄기를 제거한 다음 2등분 또는 4등분 한다. 불 위에 냄비를 올려놓고 버터 1테이블스푼을 녹인 후, 버섯을 넣고 5분 동안 서서히 볶는다. 소금과 갓 갈아놓은 검정 후추로 알맞게 양념한다. 그러고는 크림을 약간 넣는다. 밀가루 1테이블스푼을 체에 내린 다음, 우유 285밀리리터를 붓는다. 밀가루 덩어리가 없어질 때까지 잘 젓는다. 버섯과 크림이 있는 냄비에 서서히 붓고 덩어리가 생기지 않도록 계속 저어준다.

살짝 끓인 뒤, 버터 1테이블스푼을 추가로 넣고 뜨거운 접시를 준비한다. 버터를 바른 뜨거운 토스트 위에 크림 묻힌 버섯을 부어서 접시에 담아 내놓는다. 이 버섯 요리는 소고기보다 영양가가 훨씬 더 높다.

어떤 사람은 플로렌스 K. 그린바움이 '여성 가사의 효율'이라는 제목을 좋아했을 거라고 추측했다. 하지만 1600개의 유대 레시피 중 하나를 그녀의 책 맨 앞에 써넣었다.

그녀는 1920년에 이르기까지 10년 동안 뉴욕에서 요리를 가르쳤는데 '유대 가정학 협회를 위한 강사'를 포함해서 다양한 제목을 붙였다. 보통의 유대인 주부를 돕기 위해 쓰인 그녀의 책은 이를테면 유월절과 안식일에 대비한 요리들을 실었다. 그녀는 특히 토스트에 심취했다. 가령 닭 간이 들어 있는 토스트, 양배추를 크림에 버무려 넣은 토스트, 계피를 뿌린 토스트뿐 아니라 버섯이 있는 토스트를 좋아했다.

20세기 초반에는 토스트에 특별히 새로울 것이 없었는데 그 뒤 각 가정에 전기가 들어오면서 발명에 영향을 끼쳐 새롭고 신나는 자극을 주었다. 1919년에 그린바움 여사는 자신의 지식을 미국의 유대인 주부들과 함께 나누기로 결심했다. 미네소타에 근거지를 둔 정비사 찰스 스트라이트는 최초로 자동토스터기를 발명해 2년 후 특허를 받았다.

그렇게 되기까지 얼마 동안은 빵을 썰어 불 앞에 놓거나 뜨거운 돌 위에 놓아 구워 먹었다. 그 방법은 빵의 역사를 일별해볼 때 자연스런 과정이었고 또한 합리적으로 보전할 수 있는 방법이었다.

빵과 토스트, 버터를 바른 뜨거운 토스트의 차이점을 생각해보라. 인간의 노동과 열기는 밀가루와 물이라는 기본 재료를 멋지게 탈바꿈시켰다. 토스트는 빵에 새로운 차원인, 썰어서 요리하는 방법을 허락함으로써 완전히 다른 창작품이 됐다. 토스트 자체는 평범하고 지루하고 단조로우면서 삭막하기까지 하다. 그러나 버터를 바르면 완전히 새롭고 놀라운 매력을 지닌 것이 된다.

인간이 약 6000년 동안 빵 만드는 기술을 완성해오던 중 지난 100년 동안 빵 굽기가 뿌리를 내렸다. 특기할 만한 점은 빵이 익으면 토스트가 튀어나오는 기계가 발명된 것인데, 이것은 한 고독한 남자의 업적만은 아니다. 토스트기의 발명은 음식 역사에서 가장 치열하고 두려운 전쟁 중 하나가 되었으며 미국에서 시작해 곧 유럽으로 퍼져나갔다.

1905년 앨버트 마시는 니켈과 크롬을 합쳐서 만든 니크롬선으로 불에 녹지

않는 철사를 최초로 발명해 온도를 154℃까지 올려 토스트를 만들었다. 그보다 4년 전에는 프랭크 셰일러라는 또 다른 발명가가 기계에 철사를 넣어 최초의 전기 토스트기를 만들어 판매했다. 셰일러는 이 일로 토스트기의 제작자이면서 최고 경쟁자인 로이드 코프먼을 이겼다. 그러나 셰일러가 만든 토스트기는 토스트를 손으로 뒤집어야 했기 때문에 위험한 편이었다.

이때 코프먼 여사가 정면에 나서서 판도를 뒤집었다. 어느 날 뉴욕에서 남편과 같이 길을 걷다가 가게 진열대에 놓인 셰일러 토스트기를 본 코프먼 여사는 진열된 제품들을 보며 몹시 화가 난 남편을 진정시키면서 말했다.

"여보, 빵을 자동으로 뒤집어주는 토스트기를 만들면 참 좋겠어요."

1914년에 토스트가 구워지면 저절로 뒤집히는 정교한 기계가 공개됐을 때 코프먼은 바로 셰일러를 능가했다. 그는 아내 헤이즐 B. 코프먼의 진심 어린 조언으로 특허권을 얻게 됐다. 코프먼의 경쟁자는 무척 화가 났다. 그는 어떤 것은 운반 장치를 달고 또 어떤 것은 토스트가 좌우로 마구 흔들리는 완전히 다른 토스트기를 만들었는데도 특허료를 지불해야만 했다. 그런데도 토스트를 구울 때 지켜보지 않으면 여전히 타기 일쑤였다. 마침내 찰스 스트라이트는 토스트기에 용수철과 타이머를 추가로 설치하고 빵 양면이 구워지도록 철사를 넣어 더 간단하게 만들었다.

토스트기를 만드는 열풍이 독일로 확산되면서 유럽의 다른 지역으로 퍼져나갔다. 토스트기는 모양이 예쁜 것, 휴대용 시계처럼 디자인이 멋진 것, 기품 있는 나무 손잡이에 파격적으로 은을 입혀 만든 것 등 디자인이 다양했다.

스트라이트의 친구들은 그의 발명품에 투자했고, 처음으로 차일즈라고 하는 식당 체인점에 수제품 방식으로 100개를 만들어 납품했다. 그의 발명품을 '토스트마스터toastmaster'라 불렀는데, 이는 1926년까지 현대 주방용품을 예고하며 대중에게 폭넓게 쓰였다.

스트라이트는 토스트기가 한층 더 대중화되면서 전환점을 맞게 되었다. 오토 프레더릭 로웨더가 1920년대 후반에 발명한 식빵 자르는 기계는 토스트기에 혁신을 일으켰다. 1933년까지 미국인들은 자르지 않은 빵보다 자른 빵을 더 많이 구입했다. 그리고 빵을 구워 먹을 수 있다는 이유로 사람들은 빵 위에 바를 수 있는 것은 무엇이든 행복하게 사들였다.

빵에 버터를 발라 먹으면서 또 다른 문제가 발생했다. 아주 맛있는 빵을 음미하기 전에 토스트에 버터를 양껏 바르고 어디선가 남몰래 토스트를 먹는 사람들에게 문제가 생긴 것이다. 버터 바른 뜨거운 토스트는 왜 떨어지는가? 게다가 언제 떨어지고, 왜 항상 버터 바른 쪽이 바닥 면에 떨어지는가? 바로 이것이 문제였다.

이 주제는 '고양이와 버터 바른 토스트 이론'으로 유명하다. 버터 바른 빵은 하필 버터 바른 쪽이 바닥에 떨어지고 고양이는 떨어질 때 항상 발로 착지한다는 것은 당연한 사실로 받아들인다. 그렇다면 고양이 등에 버터 바른 토스트 조각을 매달아 떨어뜨리면 무슨 일이 생길까?

버터와 발이라는 두 가지 반대되는 힘으로 고양이가 허공에서 맴돌면 고양이는 어떻게 떨어질까? 이 법칙이 고속 모노레일의 토대를 이룰 수 있을까? 그 실험을 하려면 고양이는 물론 토스트와 버터가 많이 필요할 것이다. 한 이론가는 단순히 토스트를 잘라서 고양이에게 버터를 발라 먹일 것을 제안했다. 고양이를 대단히 사랑하는 뉴욕 시의 헌터 대학에서 식품화학을 전공한 플로렌스 K. 케이가 그린바움 여사를 모른다고 해도 나는 그 이론에 찬성했을 것이다.

66

딸기 아이스크림소다

Strawberry ice-cream soda

앨리스 브래들리, 1927년, 『전기냉장고 레시피와 메뉴: 제너럴
일렉트릭 냉장고를 위해 특별히 준비한 레시피Electric Refrigerator Recipes and
Menus: Recipes Prepared Especially for the General Electric Refrigerator』

Recipe 딸기와 라즈베리 통조림에서 시럽 1/4을 유리컵에 채운다. 바닐라
아이스크림을 큰 수저로 한 번 넣고 컵을 소다수나 물로 채운다. 같은 방식
으로 다른 과일 시럽을 사용한다.

토스트기나 옥소 큐브가 없는 세상은 상상할 수 있다. 그러나 냉장고
없는 생활은 어떨까? 과연 가능할까? 한여름에 시원한 음료도 얼음 조각도
없다면 참다못해 곡괭이를 들고 얼음집으로 갈 것이다. 1930년까지 가정에
서 부엌이 어떤 상태였는지 어렴풋이나마 짐작하고 싶다면 일주일 동안 냉
장고를 끄고 생활해보라. 가정용 냉장고 덕분에 식품 보존 방법으로 쓰이던
소금 치기, 절이기, 훈제하기에서 식품 손실은 물론 고객과 식품 공급자 사
이의 거리가 예전보다 멀어졌다. 그러나 사람들은 불만을 품지 않는다. 냉장
고에 대해 점점 더 호의적인 생각을 갖게 되면서 음식 문화가 침식당하는
것을 탓하지 않는다. 냉장고는 20세기에 훌륭한 기계 중 하나로 자리잡으
며, 기후와 계절에 대한 장벽을 무너뜨릴 수 있게 해주었다. 한편 인위적으
로 만들어진 빛으로 인해 우리는 잠자리에 들 시간을 알리는 자연의 소리
를 무시하게 됐다.

우리의 노력이 부족해서 20세기 초반까지 시간이 걸린 것은 아니었다.

일본인은 4세기에 얼음 구덩이를 만들었으며 수백 년 동안 상류층 사람들은 얼음저장고를 소유했다. 냉장식품을 더 오래 지속시키고 심지어 물속 지하창고에 넣어두기도 했으며 얼음을 안에 넣거나 옆에 두지 않고도 간단하게 식품이 들어 있는 큰 상자를 차게 유지하는 방법을 해결하기까지는 시간이 오래 걸렸다. 1860년대 미국의 냉동화물열차는 각 객차 끝에 있는 얼음통 위에 있는 순환 공기로 우유와 버터를 차게 유지했다.

More than a quarter of a million users
and they haven't spent a single dollar for service

Two years ago this month the General Electric Refrigerator was first publicly announced. And how it was received! Everywhere you heard it said that General Electric had completely revolutionized the art of refrigeration. They had indeed.

Fifteen years of research and development had produced a refrigerator with an hermetically sealed, dust-proof mechanism, mounted on top... a refrigerator with an improved type of cabinet, mounted on legs... one with an accessible temperature control... that established a new standard of quiet operation... that required no oiling... that dispensed with all troublesome machinery... that banished installation problems... that eliminated all radio interference... that lowered operating costs.

This small-family model sells for $215 at the factory... $215

Today more than a quarter of a million homes are enjoying the exclusive innovations which only the General Electric Refrigerator offers. And not one of these owners has ever paid a dollar for service... that was our guarantee to them!

There has been no fundamental change in the original design of the General Electric Refrigerator. A radical improvement, however, has been made in the cabinet! It is now all-steel! It cannot warp. It is as strong as a safe. This remarkable cabinet and the hermetically sealed mechanism combine to make the most perfect refrigerator that has ever been built. For descriptive booklet address Section K-6, Electric Refrigeration Dept., General Electric Company, Hanna Bldg., Cleveland, O.

GENERAL *GE* ELECTRIC
ALL-STEEL REFRIGERATOR

1920년대에 미국 전역에서 가정용 냉장고를 도입했다.

377

1927

사실 몇백 년 전에 스코틀랜드의 윌리엄 컬런 박사가 처음으로 인공 얼음을 만들려고 시도했다. 어느 공간에서 열기가 빠져나가고 찬 공기는 어떻게 남게 되는지에 대한 냉각 과정 원리와 증명을 세웠으나, 냉장고가 부엌으로 들어가기까지 기술적 발전은 너무나 오랜 시간을 요했다.

　　19세기 후반에 미국은 냉각의 한 방법으로 암모니아를 사용했는데 대중에게 폭발과 죽음의 재앙이라는 염려를 안겨주었다. 시카고에 있는 얼음저장 공장에서 폭발이 일어나 화염에 휩싸였을 때 사람들은 무척 놀랐다. 주위에 얼음이 많이 있더라도 화염을 생각하면 탈출하는 것만이 마지막 단계에서 우리가 할 수 있는 최선의 방법이었다. 압축암모니아는 폭발한다. 그래서 염화메틸이 가까운 시일 내에 가정용 냉장고에서 새어나와 그 과정에서 몇 사람이 죽게 된다면 위험은 마찬가지일 것이다.

　　반면 독성이 약한 다른 화학물질인 CFCs[염화불화탄소, 프레온가스]가 더 안전하다는 이유로, 오존층에 치명적인 영향을 미치고 끝내 인류의 존재까지도 위협할 수 있다는 사실이 결정적으로 밝혀지기 전까지 가정용 냉장고에 사용되었다.

　　그때까지 영국의 많은 가정에서는 여전히 하루에 두 번 우유를 배달시켜 먹고 고기나 생선, 녹색 채소류는 매일 혹은 이틀에 한 번 온다는 이유로 1930년까지 가정용 냉장고 혁명에 동참하지 않았다. 그러다가 미국으로부터 들여온 도깨비 냉장고를 사용하면서 서서히 보급됐다. 1948년까지 영국 인구의 2퍼센트만이 냉장고를 소유했다.

　　미국에서 대규모로 가정용 냉장고가 소개된 것은 1920년대였다. 그때 비로소 부자들의 소유물이 됐다. 1909년 잡지 광고에서 알프스를 배경으로 한 대저택에 있는 냉장고를 보여주었을 때는 필수품이 아니라 사치품으로 보였다. 그러나 1927년까지 냉장고는 큰 사업이 됐고 커다란 요리 혁신으로 생산자와 유통업자가 냉장고를 사도록 분위기를 조성했다. 옥소 큐브나 피글리 위글리 상점이나 역사를 통틀어 수많은 요리책이 진정으로 여성을 해방시키려 했다면 냉장고는 그야말로 여성 해방을 위한 도구가 될 수 있었다. 제너럴 일렉트릭이 지탱할 수 있었던 이유이기도 하다. 여성들은 '여가에 새로운 황금 시간을 가져다주는' 냉장고를 원했고 미국 여성들에게 확신을 줄 대변인으로 여성 요리장 앨리스 브래들리를 추천했다.

앨리스 브래들리는 1890년대 후반에 창설된 패니 파머 요리학교 교장으로서 냉장고와 관련해 특별한 요리 레시피를 개발했다. 제너럴 일렉트릭 사는 레시피와 메뉴, 냉장고 선전 찬성이라는 내용에 패니의 이름을 넣게 해달라고 그녀를 설득했다.

"자연은 당신에게 1년 중 고작 며칠이나 냉장고와 같은 날씨를 허용해줄까?"

그녀는 책 머리말에서 강조했다.

"현대 미국 주부는 더 이상 냉장고를 여름 사치품으로 여기지 않는다."

그 책은 식당은 물론 완성된 요리를 보관해놓을 수 있는 냉장고를 가능하면 가까이에 두어야 한다, 쓸모없는 물건은 바깥에 둔다고 생각하는 경우를 제외하고는 집에 들여놓아야 한다고 설명했다. 그녀는 말했다.

"제너럴 일렉트릭 냉장고와 함께 가족의 음식 문제나 손님 접대에 대한 당혹감을 해결할 수 있다."

앨리스 브래들리는 냉장고를 이용한 레시피와 화려한 메뉴를 생각해냈다. 아침 식사로는 얼음을 깨뜨려 넣은 오렌지주스와 칸탈루프 멜론을 곁들인 구운 자두를 제안했다. 점심 메뉴로는 얼린 파인애플 샐러드와 아이스크림 파이, 저녁 메뉴로는 여기에 제안한 딸기 아이스크림소다와 같은 음료는 물론 자몽 칵테일과 육즙으로 속을 채운 토마토가 있다. 그녀의 믿을 만한 제자는 마지막에는 뜨거운 식사로 채우기를 원했다.

냉장고를 구비한 덕에 여러분은 아플 때 먹는 요리는 물론 주말 손님, 짧은 오후, 영화 구경 후 점심, 자녀들 파티를 준비할 수 있다. 다시 말해 냉장고는 가정 요리의 완성에 진정한 디딤돌이 됐다. 현대 광고는 가전제품이 여성에게 가정생활의 효율성을 가져다주고 남편을 기쁘게 해주며 여성을 매력적으로 만드는 기본 도구인 것처럼 선전한다. 아이들은 빛을 받은 냉장고를 신기하다는 듯 쳐다본다. 신록으로 풍광이 좋은 집에 있는 냉장고를 상상한다.

'반덱스 모델'을 광고한 한 회사가 냉장고를 돌출된 큰 창처럼 만들고, "이제 우리는 겨우내 싱싱한 딸기를 먹을 수 있다!"고 하자 아이들이 좋아서 어쩔 줄 몰라 하며 소리를 지른다. 이제 손가락만 까딱하면 제철이 아니라도 원하는 음식이 있는 냉장고를 열어 이국적 풍미의 세상을 접할 수 있다. 이것만 제외하면 예전에 피글리 위글리에서 대부분의 재료를 산 것만큼 그다지 놀랄 일은 아니다. 냉장고가 나오자 더 이상 얼음 장사꾼에게 얼음을 살 필요가 없어졌다. 냉장고가 매력적인 장식품으로 세상을 손에 쥐기까지는 족히 40년이 걸렸지만 이제는 냉장고를 위한 공간으로 새로운 주택을 짓게 됐다.

67

토드 인 더 홀

Toad-in-the-hole

저자 미상, 1927년,

『복사열 요리책Radiation Cookery Book –

'새로운 세상'과 더불어 사용하기 위한 온도 조절장치가 있는 가스 쿠커

For Use with the 'New World' Regulo-Controlled Gas Cookers 』

Recipe

- 밀가루 113그램
- 달걀 2개
- 소금

- 소시지 227그램
- 우유 285밀리리터
- 육수 57그램

밀가루, 달걀, 우유, 소금 약간으로 반죽을 한다. 잘 치댄 후 가능하면 두 시간 동안 숙성시켜서 사용한다. 육수는 뜨겁게 하고 파이 접시나 빵 굽는 그릇에 반죽을 붓고 소시지는 껍질을 벗겨 군데군데 놓는다. '레귤로' 오븐에서 7번을 눌러 35분 동안 굽는다.

미국 냉동 산업은 깔끔한 쿠키라는 문구를 널리 퍼뜨리기 위해 모성애를 자극했는데 영국의 가스와 전기 제조사에서도 똑같은 방법을 취했다. 여성전기협회를 소집한 제너럴 일렉트릭 사는 애슐리 여사가 주도했는데, 그녀는 전기로 요리하면 여성들이 고된 가사에서 해방될 뿐 아니라 "위생적이고 한결 경제적이며, 청소가 편하고 즐거운 일"이라고 했다.

한편 영국산업가스협회는 가스 산업을 홍보하기 위해 브랙넬 여사의 모

드 에이들린 크라우드슬리 브레레턴Maud Adeline Cloudesley Brereton이라는 이름의
서비스를 도입했다. 1909년에 펴낸 책『어머니의 동반자The Mother's Companion』
에서 그녀는 여성들에게 예산 유지와 자녀 양육에 대해 가르쳤다.

그녀는 유럽을 넘어 미국에서도 강의를 했는데 가스 산업에서는 명목
상으로만 최고였을 뿐이어서 전기 제조사와 경쟁하기를 두려워했다. 그녀
의 지도에 의해 가스협회는 모델 가정을 선발해서 요리 경연을 하며 자유로
운 강의를 했다. 그녀는 가스 산업과 소비자들의 요구에 대한 기사를 써서
가스 사용의 이점을 강조했다. 초기 전기조리 기구는 확실히 저조한 편이
었다. 이를테면 1.14리터의 물을 끓이는 데 15~20분이 걸렸다. 반면 가스는
화력이 더 좋고 조절하기도 수월했다. 음식학자 콜린 스펜서는 다음과 같이
말했다.

"가스 오븐은 낮은 온도로 보글보글 끓이는 것에서 푹푹 끓이는 것까지
놀랍게도 열을 다 조절할 수 있어 요리가 한 걸음 진보할 수 있었다."

『복사열 요리책-'새로운 세상'과 더불어 사용하기 위한 온도 조절장치
가 있는 가스 쿠커』에서는 '새로운 세상 가스 쿠커 레귤로Regulo'를 구매하
는 고객은 여러 가지 이점으로 편하게 요리에 접근할 수 있다며 조심스럽게
강조하고 있다. 책에는 토드 인 더 홀을 포함해서 많은 레시피가 들어 있다.
고기 내장, 양파를 비롯해 수많은 재료를 굽거나 속을 채운 내장 요리에 이
르기까지 근로자가 먹고 사는 현실적인 면에 맞추었는데, 레시피는 비턴 여
사에게서 직접 영감을 받은 듯 보인다.

기계의 기술적 장점은 대단했다. 그 기계는 실제로 자신의 주요리 기술
을 개발하거나 좀더 특이한 재료나 생각을 시도하지 않고도 주부를 충분히
만족시켰다. 다시 한번 새로운 기술이 주는 메시지는 여성 해방을 가능케
할 것 같았다. 이를테면 레귤로 조리 기구는 처음으로 온도조절장치가 달
린 오븐으로 '자동 조작, 즉 지켜보거나 주의하거나 사용자의 역할이 필요
하지 않음'을 약속했다. 제조사는 레귤로를 다음과 같이 정의했다.

"가정주부가 요구하는 요리 조건에 꼭 맞게 구입하고 재생산을 가능하
게 해주는 하인이다."

이 친환경 주방 기구의 출현은 분명 크게 기뻐하며 받아들여야만 했

다. 더 이상 도마 위에서 자르고 나르고 할 필요가 없을뿐더러 훨씬 덜 썻었고 예전엔 없었던 요리의 정확성이 이루어졌다. 이러한 조리 기구 사업은 1920년대에 가스가 나오기 전에는 어떻게 온도 조절을 했는지를 한 요리사가 회고한 것처럼 급조된 것이었다.

한때 나는 석탄이 있으면 4등분한 통나무로 불을 때서 빵 굽기에 충분하다고 생각했다. 구깃구깃한 종이와 두 개의 막대기만 있으면 주전자에 물을 충분히 끓일 수 있었다. 머핀을 만들고 싶으면 불을 지핀 다음, 손에서 놓지 않고 시간을 쟀다. 8분까지 가면 너무 뜨거워서 견디기 힘들었다. 그렇게 해서 머핀을 만들었다. 빵은 6분이고, 파이는 10분이었다.

당시 여성지 광고에서는 마치 레귤로를 해방자인 양 표현했다. 한 주부가 외쳤다.

"결혼해도 나는 집에 있지 않을 것이다. 나는 '레귤로' 고정 팬이다!"

한편 다른 주부는 이렇게 선언했다.

"요리가 나를 정원에 나가지 못하게 한다. 나는 '레귤로' 고정 팬이다!"

가스협회는 기술적으로 새로 나온 레귤로의 사촌 격인 토스터기와 전기다리미, 온수기, 그 밖의 기구들을 "묵묵히 일하는 하인"이라고 부르면서 사용을 독려했다. 마침내 중산층을 위한 기술이 하인을 대신했다. 당시 한 여성지에 집안일에 서툰 여성이 나왔는데 그녀에게는 가정부가 없었다.

"일하는 건 '레귤로'예요. 저는 우선 '레귤로'를 맞춰봐요. 5번! 6번! 7번! (…) 또는 어떤 번호든 요리표가 저에게 말해주죠. 그런 다음 모든 저녁은 오븐으로 들어가요. 일단 오븐으로 들어가면 아무것도 하지 않아요."

안타깝게도 그녀가 말한 요리 시간은 애매했다. 대부분 요리 시간은 '30~45분' '2~3시간' 또는 '2시간 더'로 표현됐다 그래서 주부들은 여전히 정원에서 뛰어 들어와 오븐을 열고 빵이 익었는지를 찔러보았다.

아마도 신기술은 집안일을 하는 사람들에게는 도움이 됐던 듯하다. 예전에는 집안일을 해준 대가를 가정부와 하인에게 지불했다. 그런데 기계 제조사에서는 이제 그들을 대신해서 반짝거리는 기계가 외롭고 힘든 집안일

TIME YOU HAD A 'NEW WORLD' GAS COOKER

Go to your Gas Showrooms and ask to see the unrivalled. Radiation 'New World' Gas Cooker. Note the 'Regulo' control—which regulates the oven heat automatically and enables you to cook anything from a single dish to a full-course dinner without attention. The single oven burner, in conjunction with the flue outlet at the bottom of the oven, not only is much more economical in gas but actually gives better cooking. You can cook a six-course dinner to perfection in the 'New World' for as little as 1¼d. (with gas at ordinary rates). The patent

"Vertico" taps cannot be turned on inadvertently; there is a choice of plate-racks, and a Duplex burner on the larger models, for simmering ...... And now, the beautiful, "Beau" enamelled finish — in pleasant olive green and cream; mottled light blue and white; pale green and white or in dark blue and ivory. Go to your Gas Showrooms to-day or post the coupon below for full particulars and free Recipe Book.

THE 'REGULO'

To:
Radiation Ltd. (Publications) Dept. 212. D. 164, Queen Victoria St., London, E.C.1

Please send your free Recipe Book.

NAME

ADDRESS

Radiation

PORCELAIN ENAMELLED

NEW WORLD
GAS COOKERS
THE ONLY GAS COOKERS WITH 'REGULO' CONTROL

온도조절장치가 있는 첫 조리 기구인 레귤로 가스 쿠커의 초기 광고.

에 새 시대를 열고 있다고 주장했다.

새로운 기술은 남편을 들뜨게 했는지도 모른다. 그러나 음식에 대한 열정은 어디로 갔을까?

'레귤로' 제조사는 요리가 "반복적으로 아무 생각 없이 하는 일이 아니라 창조적인 활동"이 되어야 한다고 주장했다. 국가의 새 가정 노예 레귤로는 요리에 대한 영감과 작은 기쁨까지도 절대적으로 필요로 했다. 다행스러운 일은 그 기계를 집 안 구석에 놓아도 된다는 것이었다.

68
간편 오트밀 쿠키
quick oatmeal cookies

이르마 롬바워, 매리언 롬바워 베커, 1931년,

『요리의 기쁨Joy of Cooking』

Recipe

- 쿠키 5.08센티미터짜리 3묶음
- 황설탕 1/2컵
- 버터 1/2컵을 넣은 크림
- 오븐은 170℃로 예열
- 백설탕 수북하게 1/2컵

달걀 1개, 바닐라 1티스푼, 우유 1테이블스푼을 섞어 부드러워질 때까지 치댄다.

모든 재료를 체에 내리고 다음 재료(다목적용 밀가루 1컵, 소다 1/2티스푼, 콤비 베이킹파우더 1/2티스푼, 소금 1/2티스푼)를 넣는다.
부드럽게 치댄 후 으깬 날귀리 1컵을 넣는다.
(초콜릿 칩 3/4컵), (간 오렌지 껍질 1티스푼)

혼합한 재료를 잘 치댄다. 쿠키는 기름칠이 잘된 쿠키 판 위에 5센티미터씩 간격을 두어 놓고 갈색이 나도록 굽는다.

많은 미국 여성은 우울한 상태로 1930년대를 맞았다. 1929년의 월가 사태 이후 대공황은 세계 경제에 영향을 미쳤고 아메리칸 드림은 악몽으로

끝났다. 게다가 미국의 가정주부들은 침체되어 있었다. 경제적 여유가 있는 사람들은 음식을 저장하고 요리하고 굽는, 신기술로 만든 기계에 잔뜩 기대를 품고 부엌에 들여놓았다. 이제는 고용인도 없고 퇴근 후 집으로 향하는 남편과 더불어 요리에 돈을 아끼지 않은 채 새로운 장비 값을 치르고 눈부신 음식을 기대하면서도 한편으로는 많은 사람이 더욱더 만족스러워하지 못했다.

가스와 전기 산업을 홍보하기 위해 기계에 맞는 조리법을 쓴 가정학자들은 말투가 거만했다. 여성들은 도움이 필요했다. 이르마 롬바워가 딸 매리언의 도움으로 낸 조리 모음집은 처음 발행했을 때는 판매 부수가 저조했다. 이르마가 자신의 비용으로 『요리의 기쁨』이라는 책을 출판한 것은 경험 없는 비전문가나 음식을 할 줄 모르는 초보자에게 도움을 주고 싶은, 요리 경험이 풍부한 비전문가의 배려였다. 이 책은 하드커버로 1000만 부가 팔리고 세기말까지 문고판도 같은 부수로 팔려 그 가치를 증명했다. 첫 인쇄에서 운 좋게 3000부가 팔려나간 뒤, 이르마가 우연히 브리지 게임에서 출판사 사장 봅스메릴을 만났고, 그리하여 1936년 완성본이 출시돼 전국으로 불티나게 팔려나갔다.

모든 세대는 요리의 기초를 필요로 했다. 요리가 많은 사람을 만족시키는 것은 사실이다. 이르마 롬바워는 여성들이 남편과 친구, 가족의 입맛을 어떻게 맞춰야 하는지를 적극적으로 알려주었다.

"무일푼의 변호사에게 억지로 떠넘기는 무지하고 도움도 안 되는 황당한 신랑처럼 내가 한때 안 것이 당신에게 격려가 될까요?"

그녀가 책 서문에서 던진 질문이다. 어떤 사람은 부엌 모퉁이에서 책을 읽으며 눈물을 흘렸을지도 모른다.

"제 생각은 그런데요."

이르마는 말을 이었다.

"우리는 다 같이 결혼이라는 제단 위에 번제 제물을 많이 올려놓지요."

수많은 독자는 요리에 접근하는 그녀의 믿을 만한 태도와 편안함에 전염되어 그녀를 사랑하게 됐다. 재미있는 점은 이르마의 딸 매리언이 "인생 말년에 음식보다 사교를 더 중요하게 여긴" 어머니를 생각하면서 요리책을 공동 제작하기로 결심했다는 것이다.

시작부터 그녀의 메시지에는 유머가 있었다. 이를테면 영국 소설가 사키의 말을 인용해 재치 있게 표현했다.

"요리는 좋은 요리였다. 마치 훌륭한 요리사가 가듯 이르마의 책을 따라가라. 꾸준히 몇 달 동안 그렇게 하면 여러분은 요리를 편하게 자기 것으로 만드는 기술을 익히게 될 것이다."

그녀는 격려의 말도 덧붙였다.

"당신은 기대 이상으로 승리하게 되리라는 것을 믿으세요."

냉장고나 조리 기구를 만든 사람이 여성 해방을 약속할 때는 거짓말처럼 들렸다. 그러나 이르마가 더 나은 생활이 가능하다고 장담할 때는 믿게되었다. 그녀의 책으로 공부하라, 그러면 "해방감을 한껏 즐길 수 있다. 당신이 선택한 시간에 먹고, 자신의 독특한 맛으로 조리하고 양념한 음식을 먹으면서 나누는, 그야말로 값으로 환산할 수 없는 은밀한 가족의 기쁨을 다시 얻게 될 것이다."

그녀는 남편의 죽음과 가족이 헝가리로 추방당한 것에 자극을 받아 레시피에 몰두하게 됐다. 그녀의 절절한 연민이 요리가 필요한 사람들에게 도움을 주었다. 정말로 이 책은 여성뿐만 아니라 음식을 잘 모르는 사람과 대학생들에게도 도움이 됐다.

이르마는 40대 중반에 자신이 미망인이라는 사실을 깨닫고 딸 매리언과 함께 레시피를 편집하는 일로 위안을 찾았다. 매리언은 책 본문에 멋있고 단순한 삽화를 그려넣을 것을 제안했다.

이르마 자신이 이주민이었기 때문에 그녀는 고유의 음식을 잃은 사람들에게 접근하기 쉽다는 사실을 알았다. 독일 이주민의 딸인 젊은 이르마 폰 슈타르클로프는 미국인이 아님을 피부로 느꼈다. 그녀는 무시하지 말고 도와달라고 요청할 수 있었다. 무엇보다 경험 없는 사람이 요리할 수 있도록 레시피를 썼다.

그녀는 전 세계를 다니면서 오늘날 활용 가능한 것보다 더 다양한 레시피를 제공했다. 여행을 통해 글에 서정적인 어조로 색깔을 입히기 시작했다. 이를테면 그녀는 산딸기에 대해 "매력적인 방법을 쓰려면 밖으로 나가 산딸기를 원뿔 모양으로 만들라"고 썼다.

"푸에르토리코의 열대 우림의 그림자 속에서 처음 산딸기를 보았다. 폭포 옆에서 원뿔 모양의 잎 속에 숨어 있는 산딸기를 들고 있는 아이들이 우리를 맞이해주었다. 은박지로 싼 상자를 찬양하라."

수많은 레시피 중에는 별난 것도 있다. '주머니쥐에게 덫을 놓고 죽이기 전에 20일 동안 우유와 시리얼을 먹인다'는 레시피가 그것이다. 뒷마당에 시리얼을 먹이며 묶어놓은 주머니쥐를 보러 집으로 돌아가는 것이 배고픈 남편에게 가장 허심탄회하게 경고하는 방법이었다.

곰에 대한 레시피도 있다. "기름으로 양념해서 최소 24시간 동안 양념해 놓으면 흑곰을 제외하고 모든 곰을 먹을 수 있다"고 일러주었다. 그러나 일단 곰을 잡으면 어슬렁거리지 말고 "즉시 곰 고기에서 지방을 제거해야 한다. 그 이유는 아주 빠르게 변질되기 때문이다". 이 레시피들은 나중에 출판한 책에는 나오지 않는다. 이 책은 2006년의 가장 최근 개정판까지 여러 차례 출판됐다.

책에는 전통 있는 비턴 여사 방식으로 날짜가 기록됐다. 그래서 이르마와 매리언의 요리는 신세대들에게도 통할 수 있었다. 1997년판은 그녀의 손자 이탄이 출판했다. 손님 접대와 상차림에서 건강에 좋은 안전한 음식에 이르기까지 충고와 함께 시대별로 날짜까지 실었다.

'비상시를 위한 챕터' '현대 요리에 따르는 어려움에 직면하기'라는 항목이 있는 1946년판이 독자들에게 특히 도움이 됐다. 냄새 나는 빵을 닭고기 속에 넣어서 해결하듯이 음식을 폭넓게 활용하는 것은 물론 이르마는 독자에게 애국적인 열정까지 더해 말했다.

"미국은 강력한 무기인 요리 스푼을 현명하게 사용해서 전통을 지켜야 한다."

이르마의 요리책은 여성들이 허드렛일이라고 여긴 요리에 대한 인식을 기쁨으로 바꾸었다. 그녀의 요리책은 뉴욕 시립도서관에서 뽑은 '21세기에 가장 큰 영향을 끼친 150권의 책' 목록에 들어갔다. 그러므로 한때는 시들 했지만 지금은 제법 기쁨으로 일하는 미국 주부들뿐 아니라 세기를 넘어 많은 사람에게 불굴의 정신에 경의를 표할 수 있는 이라면 그녀의 '퀵 오트 밀 쿠키'를 바로 만들 수도 있다. 그들은 빠르고 맛있게 요리를 잘할 수 있 도록 책에 온 마음을 담았다.

69

오믈렛

Omelette

그자비에 마르셀 불레스틴, 1937년,

『더 멋진 요리, 또는 파티를 위한 요리The Finer Cooking, or Dishes for Parties』

Recipe 이 오믈렛은 아주 간단하다. 맛의 비결이 달걀과 버터에 있으므로 재료가 신선해야 한다. 간은 소금으로만 맞춘다. 달걀은 고르게 풀어주고 버터를 팬에 놓고 녹으면 달걀을 넣는다. 윗면까지 익도록 달걀이 엉기면 들어 올리면서 가끔 포크로 저어준다.

달걀이 준비되면 쫙 펴서 내놓는다. 반으로 접으면 스페인 오믈렛처럼 평범해 보이지 않는다. 달걀을 울퉁불퉁하지 않게 쫙 편다. 스크램블드에그처럼 달걀 전체를 접시에 깐다.

1937년 1월 21일 목요일, 『라디오 타임스』 텔레비전 일정에서 오후 9시 10분의 「마크스 앤드 마임스」와 9시 40분의 「영국 뉴스」 프로그램 사이에 9시 25분 「요리사의 밤 외출」이라는 프로그램이 편성됐다.

당시는 BBC가 공기업이 된 지 10년째로 존 로지 베어드가 텔레비전을 발명한 이후 TV에서 요리사가 첫 요리를 선보였다.

"마르셀 불레스틴이 소개할 다섯 가지 멋진 디너 코스에서 미리 준비된 다섯 가지 독립된 요리를 처음으로 카메라 앞에 선보일 것입니다."

"첫 토크쇼에서 불레스틴은 오믈렛 요리를 보여줄 겁니다."

그는 15분 동안 방송을 진행했는데 방송이 무척 잘됐다는 것을 알 수 있었다. BBC 초창기 때부터 저녁에 한 시간짜리 텔레비전 프로그램을 맡으며 예상보다 일찍 3시부터 두 시간 동안 편성된 방송을 해왔기 때문이다.

처음으로 선구적인 텔레비전에 대해 흥분한 날이었다. 『라디오 타임스』에서 보충 자료 목록을 출간하면서 BBC 공동 설립자인 세실 루이스는 놀라운 선견지명을 가지고 말했다.

"성장을 따르는 사람들은 인간 능력의 놀라운 확장과 우리가 거의 예견할 수 없는 끝을 보고 있다."

당시 케이블은 이미 설치되었고 야외 방송은 실험 단계였다. 루이스는 다음과 같이 말했다.

"우리는 시청자들에게 수도생활에서 이루어지는 많은 활동을 보여줄 수 있으며, 영화관과 경기장 그리고 잉글랜드 주변에 있는 공장을 찾아갈 것이다. 그러면 마이크로웨이브 송신기는 '박람회와 마술경연대회, 야외 연극, 강 풍경을 보여주기 위해 시청자를 그 나라 밖으로' 데려갈 수 있을 것이다."

루이스의 열의는 대단했다. 스튜디오 안에서 오믈렛 레시피를 보여주는 불레스틴의 모습은 녹화할 수 없었기에 공개적으로 영사실에서 지켜보는 사람들이나 성능이 뛰어난 '고화질과 눈에 피로감을 주지 않는 무선전신 마르코니 TV'를 운 좋게 소유한 사람의 집에서만 볼 수 있었다. 따라서 나머지 사람들은 호기심과 흥분 속에서 상상하는 데 그칠 수밖에 없었다.

BBC에서는 당시 요리 프로그램 진행자로 요리에 대한 권위를 지녔을 뿐 아니라 화술에 능한 불레스틴을 선정했다. BBC는 그의 TV 요리 강좌가 "표정이 풍부한 얼굴과 몸짓에서 힘입은 바가 컸다"고 했다.

아마 카메라에서 멀리 떨어져 있어서 자신감 있게 말할 수 있었을 것이다. 코번트 가든 주변에서 레스토랑 두 곳을 경영하는 그는 디자인, 장식, 캐리커처, 음악 평론, 소설 쓰는 일까지 재능을 두루 갖추었다. 그중에서 그가 가장 빛을 발한 것은 바로 음식이었다. 엘리자베스 데이비드는 그를 비롯해 동시대에 와인 무역을 주도한 앙드레 시몽이 '음식과 와인에 대한 영국인의 태도에 깊은 영향을 끼쳤다'고 주장했다. 그들의 작품이 영어로 번역돼서라기보다는 프랑스인이 썼다는 이유에서였다. 데이비드가 지적한 대로 프랑스인들은 영국에 와서 거의 영어로 말하지 않으면서도 영국생활에 동화되어 곧 영국인들에게 '특별한 인상'을 주는 영어로 책을 쓰고 출간했다.

불레스틴의 글은 『보그』지에 자주 게재됐다. 그는 1936년에 『나 자신, 나의 두 나라Myself, My Two Countries』라는 자서전과 함께 여러 권의 책을 낸 것은 물론 칼럼도 썼다. 그는 어린 시절을 서남 프랑스에서 보냈다. 책에서 그는 좋아하는 장소와 한때 일했던 주방사업에 대해 쓰기도 했다. 또한 꼬챙이에 꽂아 구운 닭고기와 자고새 그리고 그 '닭고기에 밴 묘한 향기'를 설명했다. 그는 미리 준비한 바삭바삭한 샐러드와 마늘로 버무린 수탉에 대해 말했다. 돼지고기는 체리우드 용기에 소금으로 절여놓았다. 한편 그의 식품 저장고에는 흰 강낭콩과 감자자루뿐만 아니라 벌집에서 흘러나오는 꿀, 브랜디로 양념한 포도와 체리, 그 밖에 콩피confits[거위, 오리, 돼지 등 육류에 소금을 뿌리거나 그 자체의 지방으로 천천히 조리하여 오랫동안 보존이 가능하도록 한 것]로 가득했다.

바구니에는 '아주 작은 멜론과 자두, 잘 익은 모과, 복숭아, 콩 등 자연스럽게 익은 9월의 모든 과일과 이따금 태양의 온기가 아직 남아 있는 것'들이 담겨 있었다. 제2차 세계대전 전에 런던의 멋진 레스토랑에서 그를 아주 혐오스럽게 한 기억은 인공적으로 키운 농산물을 비싼 가격으로 수입해 온 일이었다.

불레스틴의 음식 유산은 그를 매우 전통적인 유명 요리사로, TV에서나 그 바깥에서나 확고한 신념을 지닌 사람으로 만들었다. 그는 "좋은 식사에는 예외가 아니라 규칙이 있어야 한다"고 했다. 그러면서 자신을 받아준 영국이라는 나라가 이 말을 업신여기는 사람들로 넘쳐나는 사실에 몹시 안타까워했다. 음식에 대한 이야기를 저속하다고 여기는 영국인들이 빅토리아 시대부터 숙취는 야만스럽고 혐오스러울 정도로 지나치게 즐기면서 음식에 대해서는 열등한 대화의 주제라고 조심스럽게 말하는 것이 짜증을 돋우었다. 그는 "먹을 만한 가치가 있는 음식은 토론의 가치가 있다"고 선언했다. 음식에 대해 말하기를 꺼리는 영국인의 습관은 이방인에게 영향을 미쳤다. 어쩌면 그는 오래도록 아주 괴상한 사람으로 영국에서 머물렀는지도 모른다.

그는 영국사회에서 음식에 관해 대화를 하지 않는 관습이 영국 음식

1938년 11월, BBC에서 요리하는 마르셀 불레스틴.

의 발전을 가로막고 있다고 생각했다. 『오늘은 뭘 먹을까요?What Shall We have Today?』라는 책에서 "우리가 의견 일치를 본다면, 좋은 음식은 많은 사람이 소위 말하는 '인생에서 중요한 것'보다 더 많다. 행복하거나 불쾌한 일로 최소한 하루에 두 번 일어나는 사건을 살짝 무시하는 사람은 진정으로 없다"라고 썼다. 우리는 요리사가 집 안에서 중요한 역할을 담당하는 사람임을 인정해야 한다. 그 이유는 요리사가 귀하고 참을 수 없는 선물을 내놓기 때문이다.

불레스틴은 18세기와 19세기 초에 자기 선조들이 해온 방식대로 요리에 소중한 기술을 썼다. 요리사들은 전문적인 예술가로서 직업을 가진 사람으로 인식되어야 한다. 그런데 프랑스 요리의 지배를 받으면서도 영국 여성들은 일반적인 인식 부족으로 식품의 질이 형편없고 도움을 주는 하인도 없이 집 안의 모든 일을 잘해야 하며 요리까지 하도록 요구받는 세상으로 돌아갔다.

"이 책이 출간된 1931년에는 골프를 잘 치는 것 외에, 차를 운전하며 우아하게 춤을 추고 성공적으로 가게를 운영하는 젊은 여성이 능력 있는 주부와 행복한 안주인이 된다는 생각이 당연한 것이었다."

그래서 그는 도움이 될 만한 충고와 수백 가지 레시피를 모두 프랑스식으로 소개했다. 이를테면 크림이 들어간 수프를 대접하려면 화이트소스가 있는 생선을 내놓으면 안 된다. 어떤 면에서는 부엌에서 일하는 최소한의 시간으로 저녁 식탁에 최대한의 효과를 내는 메뉴를 정리했다고 할 수 있다.

그는 손님에게 마지막으로 대접한 음식을 잘 기억하라고 충고했다. 그렇게 되면 똑같은 것을 두 번 대접하지 않을 것이기 때문이다. 또 '똑같은 메뉴를 가지고 나타나는 엄청난 실수'를 피하기 위해 손님들이 입었던 옷을 적어두라고 권했다.

그는 집착에 대해 정확하게 지적했다.

"부엌에서 가장 위험한 사람은 무게, 치수, 온도와 비율에 대해 융통성이 없는 사람이다. 페이스트리나 잼을 만들 때를 제외하고는 요리할 때 과학적 도구는 많이 사용하지 마라."

엘리자베스 데이비드가 "규칙이 무엇인지 대강 알아야 하는 사람은 규칙을 무시할 수 있는 사람이다"라고 지적한 바와 같다.

불레스틴의 방송 경력은 BBC에서 TV 방송 시간을 보류하는 동안 갑작스런 전쟁으로 끝이 났다. 그는 65세에 죽음을 맞이했다. 그러나 불레스틴 레스토랑은 똑같은 코번트 가든 자리에 1994년까지 있었다. 이후 식당이 팔렸고, 그 자리에는 세계 최초의 TV 방송 요리사가 무덤에서 통곡할 만한 피자헛이 들어섰다.

70

엘더베리와 사과 잼

elderberry & apple jam

마거리트 패튼, 1940년, 『국민 먹여 살리기Feeding the Nation』

Recipe

- 요리 시간: 1시간가량
- 양: 2.7킬로그램
- 엘더베리 1.36킬로그램
- 사과 1.36킬로그램
- 설탕 2.27킬로그램

엘더베리의 줄기를 제거한 뒤 씻는다. 주스를 만들기 위해 엘더베리는 실온에 둔다. 30분 동안 끓여 껍질을 무르게 한다. 사과는 팬에 물을 약간 넣어 속이 물러질 때까지 끓인다. 물러진 사과는 체에 걸러 나무 수저로 잘 으깬다. 엘더베리에 사과를 넣고 다시 끓인 다음 설탕을 넣는다. 설탕이 녹을 때까지 저어주고 잼 상태가 되도록 재빨리 끓인다. 10분 뒤 응고되었는지 확인한다. 뜨거운 유리병에 넣고 봉한다.

정보통신부가 제작한 영화에서 원예가 로이 헤이가 단호한 목소리로 물었다.

"채소를 사기 위해 줄을 서는 게 좋습니까?"

그는 연이어 의미심장한 질문을 던졌다.

"아니면 그런 일이 피곤할 뿐 아니라 시간 낭비라고 생각합니까? 오래 기다리는 일이 쓸데없다고 생각한 적은 없습니까? 당신 차례가 오기 전에 물건이 다 떨어지면 어떨까요? 그건 식료품점 주인의 잘못이 아닙니다. 바로 당신에게 달렸죠."

정부는 전시에 생생한 메시지를 전하기 위해 원예가 헤이를 고용했다.

전쟁 전에 영국은 소비되는 식품의 3분의 1 정도를 수입했다. 반면 독일은 더 많이 자급자족할 수 있어 식품의 15퍼센트만 수입했다. 1940년에 영양학자 존 보이드 오어는 정부에 다음과 같이 알렸다.

"국내 전선에서 건강의 척도는 영토의 마지노선만큼이나 중요해질 것입니다." 전쟁이 계속되면서 물자를 나르던 영국 선박의 4분의 1이 독일 해군에 의해 격침됐다. 할 수만 있었다면, 히틀러는 폭격보다는 굶김으로써 그 나라를 더 빨리 멸망시켰을 것이다.

헤이의 메시지는 영국의 남성과 여성, 아이들이 '승리를 갈구해야' 한다는 것이었다. 그는 또 다른 원예가 C. H. 미들턴의 캠페인에도 합류했다. 미들턴은 전쟁 전에 BBC 방송에서 방영된 「당신의 정원에서In Your Garden」라는 프로그램으로 영국 시청자들에게 알려진 인물이었다. 그는 TV 방송 요리사 마르셀 불레스틴과 나란히 방송에 나왔다. 미들턴과 헤이는 영화와 눈길을 끄는 포스터를 이용해 전국을 다니면서 "전쟁에서 총이 있어야 하듯이 음식은 중요합니다"라는 메시지를 널리 알렸다.

식품부를 설립한 로드 울턴은 회고록에서 식량 부족의 위협에 대해 썼다. 그는 다음과 같이 회상했다.

"국가는 재앙이 얼마나 가까워졌는지 결코 깨닫지 못했다."

"금요일 오후 두 시간 동안, 대서양 항로에서 식량을 실은 배가 침몰했다는 신호를 해군 본부에서 별도로 다섯 번이나 보냈다. 불행히도 다섯 척의 배에는 주로 베이컨이 실려 있었다."

로드 울턴의 주목적은 배급을 기다리는 대중에게 정부의 맹세가 성공하는 것이었다. 국민이 굶주린 상태로 전쟁을 할 수 없다는 사실을 그는 잘 알고 있었다. 대중 시위로 비참한 결과를 낳을 게 뻔했다. 그는 다음과 같이 썼다.

"사람들의 배고픔을 해결하지 못하면 틀림없이 적과 긴 싸움을 하는 끔찍한 결과로 이어질 것이다."

식품부는 음식 공급을 통제하는 거대한 가게가 됐고 로드 울턴과 그 팀은 모든 수단을 동원해 배급 물품을 서둘러 받았다. 매주 베이컨이나 햄

113그램, 설탕 340그램, 차 57그램, 지방 113그램, 마가린이나 버터 57그램, 치즈 28그램을 지급할 수 있었다. 시리얼과 통조림 음식, 잼, 꿀과 당밀은 월 할당량에서 공제된 만큼만 지급했다. 배급 규제를 어기는 사람에게는 별로 과중한 벌금과 구금을 부과했다.

로드 울턴은 1941년 5월 31일 독일 유보트를 피해 미국에서 배로 어떻게 보급품을 조달했는지를 회상하며 득의양양해했다. 그는 달걀 400만 개, 치즈 54톤과 밀가루 1000톤을 싣고 갔다. 그는 다음과 같이 썼다.

"9킬로그램짜리 치즈가 240개나 되는 착륙 물품을 나누어주기 위해 나 자신의 규정을 깨서 넘겨준 것은 기념할 만한 일이었다."

그리고 되새겼다.

"영국에 암시장이 거의 없다는 것은 그 시대의 역사가들이 영국인들에게 찬사를 보내며 자랑스럽게 기록해야 할 것입니다."

로드 울턴과 그 팀은 그나마 암시장을 지킨 사람들이었다. 식품의 출처가 의심스러우면 미국뿐 아니라 다른 나라 사람들을 경계했다. 그들은 밀가루에서 설탕까지 공급해줄 수 있는 연락책들을 전 세계로 찾아다녔다. 이를테면 쌀은 싱가포르에서 접했고 이집트에서는 암시장을 이용해 뒷거래로 자신의 규칙을 깼다. 일을 진행하면서 관련 인물이 누구인지 정확히 알지 못한 채 운이 따라주기를 기대하며 조심스럽게 접근한 것이다. 그는 다음과 같이 밝혔다.

"이집트에서 쌀을 어떻게 구했는지 나로서는 전혀 생각지 못했던 일을 조사해야 했다."

로드 울턴과 그의 팀이 배급량을 유지한 방법은 제2차 세계대전의 비화 중 하나였다.

그러는 동안 후방에서는 여성들이 먹을 것을 재배하기 시작했다. 로이 헤이는 장담했다.

"화원에서는 베고니아뿐 아니라 비트도 키울 겁니다."

그는 땅이 있으면 무조건 채소를 심었다. 그는 땅 파는 일을 재미있어 하며 이렇게 말했다.

"머지않아 여러분 입속에서 녹을 완두콩, 신의 계시가 될 당근 그리고 왕에게 걸맞은 양배추를 먹게 될 것입니다."

다음 과제는 넘쳐나는 양배추와 턱없이 부족한 치즈 보급량으로 국민을 위해 요리하는 방법을 모색하는 것이었다. 이에 정부는 전기나 가스 쿠커로 요리할 가정을 설득하기 위해 그 방면에 아주 능숙한 사람을 원했다. 그 일에 적합한 인물은 전력공급소와 전기냉장고 회사에서 근무한 적이 있는 가정학자 마거리트 패튼이었다. 그녀는 당시의 일을 기억했다.

"사람들이 모두 식료품 저장실이 그만하면 괜찮다고 생각하던 시기였어요. 냉장고를 사라고 설득하는 일은 사람들에게 인정받지 못했기 때문에 요리 기술과 연극적 소질을 발휘했지요."

라디오 방송에서는 매일 아침 8시 뉴스 이후 5분 동안 「부엌 전선The Kitchen Front」이라는 짤막한 영상을 보여줬고, 팸플릿과 책으로 최고의 보급품

1948년 4월 여성을 위해 만든 BBC TV 쇼에 나온 영국 요리 전문가 마거리트 패튼(왼쪽)과 제럴딘 페핀(오른쪽).

을 만들었다. 패튼은 절약 기술을 가르쳤는데, 그녀가 열정을 가지고 만든 2분짜리 「푸드 플래시즈Food Flashes」라는 영상은 경제를 위해 남긴 음식을 처리하는 내용으로 공감을 불러일으켰다. 정부는 계속해서 일깨웠다.

"음식을 낭비하지 마십시오. 여러분도 알다시피 음식은 가게에서 기르지 않습니다."

로드 울턴도 사람들에게 음식을 남기지 말고 적게 먹으라고 설득했다. 승리할 의지가 있는 사람들, 감자 껍질로 요리하는 사람들, 껍질 깎는 광경을 아는 사람들, 로드 울턴의 감성에 깊이 감명을 받은 사람들은 라디오 방송에 귀를 기울였다. 울턴은 먹거리를 찾는 방법에 대해 글을 쓴 프랑스 요리사 비콩트 디 마르디트로부터 도움을 많이 받았다. 그 책에는 구운 다람쥐, 다람쥐꼬리 수프, 끓인 찌르레기와 설탕 없는 푸딩과 같은 레시피가 포함됐다.

패튼은 여성들에게 쇼핑할 때는 메뉴를 미리 정해 적어두라고 권했다. 영국 쇼핑객들은 쇼핑하러 가기 전에 사야 할 식품에만 신경 쓰고자 신중하게 계획을 세워서 신선한 계절상품에 마음이 가는 것을 무시해왔기 때문에 전쟁 후에도 그런 태도가 오랫동안 지속됐다. 이처럼 통조림과 분유, 건조달걀, 통조림 채소, 과일, 육류와 생선이 있는 가게 진열대에 머무는 사람들에게 하는 정부의 충고는 1970년대와 그 이후에 국가식품저장실에도 스며드는 듯했다.

패튼의 일은 도전적이었다. 잼 만드는 계절 동안에는 설탕보급품을 추가로 주었고 "고래 고기를 스테이크로 대체하고 심지어 당근으로 마멀레이드를 만들어야 했다"고 그녀는 회상했다. 한편 어린이들은 과일 주스를 농축한 보급품에서 비타민을 섭취하는 한편, 패튼은 어른들에게 생으로 간 순무에서 비타민을 섭취하라고 설득해야만 했다. 그러나 그녀는 전시 식단에 대해 긍정적으로 회상했다.

"내가 생각했던 것보다 더 좋았어요. 먹을 수 없는 음식을 만든다면 몇 년 동안 살아남을 수 있을까요?"

실제로 여기에 나오는 엘더베리와 사과 잼에 대한 레시피는 설탕을 제외하고는 재료를 찾는 사람들이 정원과 시골에서 얻을 수 있는 완벽한 재료였다.

1945년까지 "승리를 위해 땅을 파라"고 한 캠페인 덕분에 시골에서는 600만 에이커의 땅을 경작하게 됐고 영국은 그 땅에서 식품의 3분의 2를 생산해냈다. 국가 식단을 강제로 바꾼 것이 실제로 효과가 있었다. 이 사업으로 폐결핵이 줄었고 충치 비율이 낮아졌다. 동시에 국내의 많은 의사와 간호사가 해외에서 군대에 지원했고 실제로 나라는 더 부강해졌다. 음식학자 콜린 스펜서는 "2년 후에 국민은 더 날씬하고 건강해졌다"고 했다. 배급으로 부자들은 덜 먹게 됐고 가난한 사람들은 더 많이 먹게 되어 수준을 맞출 수 있었다.

그 당시 로드 울턴이 뽑은 다른 요리사는 아이린 빌이었는데, 그녀는 『전시의 레시피Wartime recipes』라는 책에서 전쟁이 요리에 미치는 효과에 대해 열정적으로 언급했다. 그녀는 "전에는 영국 사람들이 과도하게 영양을 따져서 먹거나 영국 여성들이 지나칠 정도로 민감하게 요리에 흥미를 가진 적이 결코 없었다"고 썼다. 그러고는 이렇게 덧붙였다.

"음식과 요리 준비에 프랑스식으로 세심한 마음가짐을 요구하며 쓸 만한 실용적인 레시피에 대한 요구가 끊임없이 늘어나고 있었다."

그녀의 생각은 선전에 가까웠다. 몇 년 뒤, 마거리트 패튼은 그때를 회상하며 말했다.

"사람들이 전쟁 당시로 돌아가고 싶다고 말하기까지 했습니다. 그런데 말도 안 되는 소리죠. 어느 누가 신선한 토마토가 없는 6개월 전으로 돌아가고 싶겠습니까? 난 절대 아니었어요."

그러나 배급은 전쟁 후에도 계속 이어졌다. 전쟁으로 7년 이상 몸에 밴절약하는 습관과 지저분한 채소로 음식을 만들어 먹던 습관이 전쟁이 끝난 뒤에도 몇십 년 동안 이어졌다는 것은 놀랄 일이 아니었다. 식량 배급 제도는 1953년까지 폐지되지 않았다. 당시 평화로운 시기에 자란 사람들은 자녀들에게 당근 샌드위치, 쭈글쭈글한 돼지껍데기와 스팸 구이를 해주었다는 사실에 부모로서 죄책감마저 들었다. 그렇지만 시장에서 싱싱한 멜론이나 육즙이 흐르는 스테이크를 살 수 있어도 히틀러의 폭탄이 비껴가는 것과는 별개였다.

71

크림이 있는 프랑스식 굴

French creamed oysters

펄 V. 메첼틴, 1941년, 『구르메Gourmet』 지

Recipe 신선로 냄비 위에 불을 켜고 버터 1컵을 넣는다. 물에 갠 겨자 1테이블스푼, 멸치액 3/4티스푼, 소금, 후추, 고춧가루를 약간 넣는다. 완전히 섞일 때까지 저어준다. 곱게 썬 셀러리 3컵을 넣고 거의 익을 때까지 계속 저어준다. 풍부하고 신선한 크림 약 95밀리리터를 천천히 부어준다. 혼합한 재료가 끓을 때까지 계속 저어준다. 굴 48개는 수염을 깨끗하게 제거한 후 2분간 조리한다. 셰리와인 1/4컵을 마지막에 넣는다. 뜨거운 접시 위에 바로 만든 토스트를 내놓는다. 레몬 1/4쪽과 싱싱한 어린 물냉이로 장식한다. 육두구를 살짝 섞은 파프리카로 장식한다.

"먹을 만한 음식은 의논할 가치가 있다"고 한 마르셀 불레스틴의 호소는 사람들에게 무시당했다. 전쟁의 와중에 국가가 어떻게 미식가의 말을 지지할 수 있겠는가? 영국 정부가 보급 제도를 정착시키면서 국민에게 토마토와 순무를 먹으라고 설득할 무렵, 세계는 갈등 국면에 돌입했다. 텔레비전 방송이 중단되면서 불레스틴은 영국을 떠나 프랑스 본국으로 돌아갔지만 답변이 온 곳은 미국이었다.

잡지 발행인 얼 R. 매코슬랜드가 『구르메』라는 제목으로 1940년 12월에 잡지를 펴냈다. 『구르메』는 이전에 출간된 잡지와 달랐는데, 특히 시기적으로 맞지 않았다. 미국은 불황의 막바지에 다다른 듯했지만 그래도 전쟁 전야였다. 열정을 가지고 아름답게 꾸민 삽화를 넣어 만든 잡지가 하는 일은

문명화되고 편안한 식사를 추구하는 것이었다. 일단 그 잡지는 길지 않았고 광고도 없이 48쪽으로 구성됐다. 대중매체에서 흔히 취급하는 음식도 피했다.『숙녀들의 가정지Ladies' Home Journal』『좋은 가정주부Good Housekeeping』『여성의 가정 동반자Woman's Home Companion』와 같은 잡지에서는 실제로 모든 것을 보여주었다. 주부들은 여전히 가족과 남편을 위해 음식을 장만해야 했고, 좋은 날에 만드는 요리는 주부들에게 칭찬이 돌아갈 수 있지만 여전히 집안 허드렛일에 불과했다.

『구르메』는 철학이 완전히 달랐다. 아르케스트라투스 같은 대식도락가를 들먹이며 화려한 음식을 실었다. 잡지는 첫 호를 발행하면서 "구르메는 인생에서 '최고선summum bonum'을 정직하게 추구하는 사람이란 뜻이다"라고 설명했다. 그 구절은 음식을 만들 때 듣고자 기대하는 표현은 아니었다.『구르메』사설에서 전문가들은 "예술가의 눈, 시인의 상상력, 음악가의 리듬 그리고 조각가의 폭을 갖게 될 것이다"라는 말을 계속했다.

고루한 빅토리아 사람들은 음식에 대해 말하는 것이 격이 떨어진다며 거부했는데 마침내 그에 대한 반격이 있었다. 편집자는 여행 경험이 많고 인정받은 여성 요리사이자 요리 작가인 펄 V. 메첼틴이었다. 그녀는 여성은 물론 남성들에게도 감동을 주었다.

매코슬랜드는 음식을 무척 좋아하면서도 잘난 척하지 않고 주제에 대해 잘 아는 작가로 위탁 기사는 물론 자문 역할을 할 뉴욕 요리사 루이 P. 드 구이와 함께 팀을 꾸렸다. 1941년 1월에 창간한『홀리데이 이슈Holiday Issue』는 25센트로 발매를 시작했다. 그 잡지에는 '음식에 대한 질문과 답변'은 말할 것도 없고 돼지고기 구매와 먹거리에 대한 기사, 버건디라는 프랑스 와인 지역으로의 여행, 크리스마스와 새해를 위한 레시피 등 정보가 잔뜩 실려 있었다.

'오늘의 유명한 요리사들'에서는 도시의 프랑스 요리라는 유산을 남긴 '미식가의 거장 중 한 사람'인 뉴욕 시 피에르 호텔의 총괄요리사 조르주 고노를 독자들에게 소개하는 특별 코너도 마련했다. 그는 '위대한 피에르 수프Le Potage Pierre Le Grand'라는 버섯 수프 요리에 대해 다음과 같이 애매하게 표현했다.

"겨울은 여러분을 우울하게 하지만 뜨거운 크림 수프는 우리를 든든하게 받쳐주는 버팀목입니다."

거대한 꿩 조각상 아래서 요리사와 다른 세 사람이 사냥의 영광에 대해 찬양하는 그림도 수록했다. 드 구이는 사냥하는 날을 떠올리면서 다음과 같은 글을 썼다.

"사냥은 스릴 넘치는 아침에 코를 벌름거리는 충실한 사냥개를 천천히 따라가며 걸을 때, 여러분이 신은 부츠에서 나는 뽀드득 소리에 무리 지어 있던 새가 놀라 훌훌 날아가는 순간을 기다리는 것이다."

펄 메첼틴은 새 잡지에 멋스럽게 기댄 전형적인 모습으로 '특별 요리Specialités de la Maison'라는 광고에 등장해서는, 크림이 있는 굴에 대한 레시피로 와인을 칠면조와 같이 내놓으라고 충고했다. 작가 피터 그레이그는 "가장 좋은 시절에 고기는 질이 좋지 않았고 너무 말라서 맛이 없었다"며 의견을 밝혔다. "칠면조의 따뜻함과 풍미를 넣기 위해 풍부한 붉은 버건디나 론 와인을 당당하게 요구하라"고 하는 한편, 독자들에게 와인에 대한 생각의 폭을 넓히라고 충고했다. 그는 "프랑스를 벗어나 생각하라. 그러면 미국 혹은 칠레나 호주에서 만든 포도주를 찾으려 할 때 진정한 재미가 시작된다"고 말했다.

현대의 좋은 음식 잡지에는 자신감 있으면서도 도움이 될 만한 고무적인 내용이 바로 나올 수 있지만, 음식 문제를 다룬 새로운 장르는 제2차 세계대전 전야에 처음 실렸다. 얼 R. 매코슬랜드와 그의 패거리는 진정한 낙관론자들이었다. "시기에 딱 맞는 『구르메』 같은 잡지는 이제껏 없었다"며 잡지에 대해 계속해서 찬사를 보냈다.

몇 달 지나지 않아 미국은 전쟁에 돌입했고 보급품과 음식 부족에 대한 대책으로 4개년 계획에 착수했다. 잡지에는 '충분히 영광스러운' '요리의 취미와 재미' '감각적 즐거움'과 '미학적 웰빙'이라는 표현이 거침없이 실렸다. 사람들은 그 뒤의 공포와 파괴, 내핍의 시대를 놀랍게도 잘 견뎌냈다.

사람들은 잡지를 신뢰하게 되면 순수하게 헌신할 수도 있다. 식도락가는 "프랑스 가정주부의 검소한 살림살이에서 혹은 고층 호텔의 흰 모자 쓴 요리사에게서" 찾을 수 있음에도 불구하고 그 잡지의 독자들은 여행을 잘

하는 상류층이었다.

　요리연구가 앤 멘델슨이 "고난이 있었기에 더 행복한 과거나 더 행복한 미래상을 위해 미각을 발전시켰을지도 모른다"고 말한 바와 같다. 미국은 음식을 즐기지 못했다는 문제를 인식하게 되었다. 독자가 현실적으로 요리에 관심을 갖든 말든, 요리할 수 있든 없든 상관없이 맛있을 거라는 상상력이 불타올라 잡지에 실린 야심찬 글과 그림에 군침을 흘리게 해야 진정으로 좋은 잡지다.

72

라이스 크리스피 트리츠

rice krispies treats

밀드레드 데이, 1941년,

『라이스 크리스피의 이면the back of a Rice Krispies packet』

Recipe

- 버터 3/4컵
- 마시멜로 227그램
- 프라이팬 크기: 41×56센티미터
- 사각팬 크기: 2.5×2.5센티미터

- 바닐라 1/2티스푼
- 켈로그 라이스 크리스피 1팩
  (약 440그램)

버터와 마시멜로는 중탕으로 녹인다. 바닐라를 잘 섞어 넣는다. 버터를 바른 큰 그릇에 라이스 크리스피를 넣고 마시멜로 혼합재료를 붓는다. 버터 바른 얇은 팬에 넣고 누른다. 사각형으로 자른다.

1940년까지 시리얼은 서양에서 자리를 굳힌 식단이었다. 존 켈로그 박사가 사업가인 동생 윌 키스 켈로그의 도움을 받아 미시간 주 배틀크리크 요양원에서 환자들을 위해 아침에 먹는 시리얼을 개발한 이후 수십 년이 흘렀다. 1860년대로 돌아가 그는 자신이 돌보는 환자들의 식단 조절을 위해 채식 위주로 영양이 풍부한 음식으로 하루를 시작하도록 환자들을 격려했다. 이후 10년 동안 꾸준히 생산 방식이 개발됐고 간편하게 구운 여러 종류의 콘플레이크가 수백만 가정에 성공적으로 보급됐다. 가정에서는 요리할 필요도 없고 별생각 없이 빠르고 맛있는 아침을 즐길 수 있었다. 시리얼은

행복한 듯 가게 진열대에 앉아서 간단히 우유를 부어 먹는 놀라운 생활을 가져다줄 준비를 하고 있었다. 전쟁 때는 시리얼을 먹기 위해 보급된 우유가 아이들을 더욱 들뜨게 했다.

시장에는 많은 브랜드가 진출했고 제조업자는 자사 제품을 구매하라고 사람들을 설득하기 위해 독창적인 방법을 고안해냈다. 시리얼이 왜 아침 식사의 대명사로 여겨지는가? 여러분의 자녀가 다른 음식은 먹지 않으려고 수선을 떨면서 시리얼은 즐겁게 먹는다면 다른 시간에는 왜 시리얼을 주지 않는가? 1933년 라이스 크리스피 포스터에 다음과 같은 광고가 실렸다. '여러분의 자녀는 배가 고프다.' 하지만 아이들 앞에 '영양식이 놓이면 식욕이 갑자기 사라진다.' 그런데 켈로그의 라이스 크리스피가 거부당하면 '대사건이다.' 그것들은 당신에게 이야기조차 할 수 없다. 그것들이 '우유와 함께 아삭 깨물면 터져요' 하고 말하는 것처럼 아이들은 '들어봐, 배고프지'라고 말하는 듯하다. 당신의 자녀가 '이런 호소에 귀 기울이는 것을 보게 되어 즐겁다.'

피곤한 엄마들은 조리가 필요 없는 음식을 찾고 아이들은 열심히 먹는다면 무엇이 진정한 기쁨인가? 하루 종일 시리얼을 먹는다면 제대로 켈로그를 느낄 수 있다. 그래서 회사는 과감하게 광고를 냈다. 아이들은 아침에 시리얼을 잘 먹었고, 저녁에 내놓아도 괜찮았다. 저녁에 줘도 괜찮은 이유는 '소화가 잘되고 잠을 푹 잘 수' 있기 때문이었다. 한 단계 더 나아가 광고로 이용하기 위해 직원으로 채용한 가정학자 밀드레드 데이가 라이스 크리스피를 사야 하는 다른 이유를 생각해냈다.

밀드레드 데이는 시리얼을 이용한 조리법을 개발했으며 1996년 미네소타에서 고령의 나이로 생을 마감했다. 소문에는 그녀가 신제품 개발을 위해 2주일 동안 켈로그 주방에서 꼼짝 않고 강도 높은 일을 했다고 한다. 그 뒤 '라이스 크리스피 트리츠Rice Krispies Treats'라는 신메뉴가 출시됐다. 켈로그는 1941년에 포장지에 써넣은 많은 조리법이 마음에 들었다.

엄마들은 켈로그가 가공품인데도 '집에서 만드는' 음식이라는 점에 호감을 갖기 시작했다. 그래서 회사는 원래의 재료에서 벗어나 한발 더 나아가 계절에 따라 다양하게 만들었다. 시리얼 팩뿐만 아니라 판촉용 팸플릿에

...EVERY TEMPTING SPOONFUL *Crunchy-Crisp!*

Delicious with fresh, frozen, or canned fruits

IMAGINE SERVING a breakfast cereal that is unlike anything the family has known before! Something so lastingly crunchy-crisp, so tantalizing on the tongue, so wonderfully delicate . . .

But why imagine? You *can* serve such a cereal tomorrow morning and have the whole household cheering you to the skies. Just say "Kellogg's Rice Krispies" to your grocer.

Rice Krispies are born to be different . . . and crisp as their name. They're individual grains of rice "oven-popped," by a Kellogg patented process. Then toasted to bring out the unique richness of flavor.

In milk or cream, they stay afloat and prove their sensational crispness with a snap! crackle! pop! that never fails to win the youngsters.

Only premium quality, American-grown "Blue Rose" rice goes into Rice Krispies. They come to you with their crisp freshness protected by Kellogg's new and exclusive inner-wrap, completely "Waxtite" heat-sealed at both top and bottom. "Discover" Kellogg's Rice Krispies for your family—today!

"OVEN-POPPED" KELLOGG'S PATENTED PROCESS! Rice Krispies are absolutely unique in form. They'll float for hours in milk or cream. Product and process are protected by United States Letters PATENT NOS. 1,925,267; 1,832,813

Kellogg's RICE KRISPIES

FLAVORED WITH MALT SUGAR AND SALT

Crackle

snap *So Crisp* pop

THEY CRACKLE IN CREAM

Copr. 1939 by Kellogg Company

RICE KRISPIES IN MILK, OR IN RICH, FRESH CREAM— ADD PEACHES RIPE FOR A DISH SUPREME!

pop

Sensational offer! Large, colorful nursery-rhyme pictures by Vernon Grant, artist who created the characters "Snap!" "Crackle!" and "Pop!" see back of Rice Krispies package

인기 있는 아침 식사 시리얼을 위한 초기 광고 중 하나.

인쇄된 조리법도 아이들의 마음을 사로잡았다.

시리얼은 이제 엄마의 도움 없이 아이들이 스스로 만들어 먹을 수 있는 달고 맛있는 음식이 되었다. 세계는 지금 노동력과 정성을 쏟아서 요리할 필요가 없는 시대로 오기까지 얼마나 멀리 돌아왔는가?

물론 아이들을 겨냥한 광고는 1941년에도 새로운 것이 없었다. 옥소와 캠벨 수프는 모두 잘 먹는 청소년층을 겨냥해서 만들었다. 즉 궁핍한 시절에 청소년의 통통한 몸은 건강이 좋다는 것을 나타냈다. 그러나 라이스 크리스피는 통통한 아이 이미지 대신 발랄하게 꾸민 요정을 이용했다. '아삭 깨물면 터져'라는 문구로, 시리얼이 영양가가 풍부한 점보다는 부드러운 티타임용 간식으로 여겨지도록 사람들을 설득했다. 켈로그는 라이스 크리스피 트리츠를 만드는 과정에서 중간자는 배제하고 소비자에게 미리 만들어 놓은 제품을 팔았다.

사실 켈로그 박사는 인정하지 않았을 것이다. 건강에 대한 진심 어린 열의가 이미 1900년대 초에 없어졌지만 그때 켈로그는 소비자에게 라이스 크리스피는 '크림 속에서 바삭'거린다고 선전했다. 광고의 진실성이 켈로그의 건강에 대한 사명에서 벗어난 것은 아니다. 2009년 켈로그는 라이스 크리스피 상자에 유난히 큰 문구를 써서 광고했다. 켈로그 시리얼, '이제 당신 자녀의 면역력을 높여줍니다'. 광고가 나간 후 사람들에게 경멸하듯 빗발치는 비난을 받고서 그들은 패배를 인정했으며 과대 광고로 인정되는 문구는 삭제했다.

1941년으로 돌아가서 켈로그는 가족의 건강을 잘 지탱해주는 유익한 브랜드로 거듭나기를 간절히 원했다. 켈로그는 '아주 깨끗하고 햇빛이 잘 드는 부엌'에서 제품을 만든다고 강조했다. 사람들이 마치 더럽고 불결한, 자연광도 들지 않는 지하실에서 제품을 만들고 있다고 생각하는 것처럼……

소비자는 '아이들이 먹는 음식에 대해 자유로운 글이나 충고의 편지'를 회사에 보낼 수 있다. 그러나 여러분이 적당한 충고를 하기 위해 글을 써도 그들은 경고한다.

"병이 났을 때 당신의 의사는 진료를 하지만 우리 의사들은 전혀 의료 서비스를 하지 않습니다."

라이스 크리스피 개발자는 환자들에게 영양가 있는 균형 잡힌 식단을
제공하는 문제만 생각했을 테지만 장삿속에 눈이 먼 그의 후손들에게서는
그러한 숭고한 목적을 거의 찾아볼 수 없다.

73

빅토리아 샌드위치 케이크

Victoria sandwich cake

저자 미상, 1948년, 『당신의 새로운 켄우드 요리사에
대한 모든 것All About Your New Kenwood Chef』

Recipe

케이 혼합기 사용

• 버터 170그램   • 흰 설탕 170그램

• 달걀 3개   • 베이킹파우더가 든 밀가루 170그램

풍미를 위한 재료

• 바닐라: 바닐라 에센스 1/2티스푼   • 초콜릿: 초콜릿 파우더

• 커피: 인스턴트커피 파우더   1테이블스푼

  1테이블스푼   • 오렌지: 껍질 간 것 1티스푼

• 레몬: 껍질 간 것 1티스푼

우선 케이 혼합기와 그릇을 전체적으로 따뜻하게 한다. 그릇에 설탕과 버
터를 넣고 스위치는 최저 속도로 맞춘다. 재료를 섞을 때는 두 배 속도로
휘핑크림과 비슷한 느낌이 나도록 가볍게 부풀어 오를 때까지 치댄다. 이
과정이 매우 중요하다. 보통 2~3분쯤 걸리지만 지방의 온도에 따라 걸리는
시간은 제각각이다.

준비한 달걀 3개 중 하나를 깨서 아주 많이 부풀어 오를 때까지 거품을 낸
다. 나머지 2개의 달걀도 똑같은 방법으로 거품을 낸다. 거품 낸 달걀에 밀
가루를 넣을 필요는 없지만 원한다면 약간 넣어도 된다. 재료가 분리되려
면 달걀을 차갑게 해야 한다. 최소한도로 속도를 줄여서 체에 거른 밀가루

를 넣는다. 즉시 스위치를 끄고 밀가루를 섞는다. 몇 초밖에 걸리지 않는
다. 이 단계에서 더 치대면 케이크를 망칠 것이다. 주걱을 이용해서 반죽을
2개의 기름 바른 20센티미터 샌드위치 통으로 옮긴다. 중불(190℃)로 달군
오븐에 넣고 25분 동안 적당히 굽는다. 식으면 샌드위치에 잼과 속을 넣은
다음 내놓는다. 가루설탕을 살살 뿌리고 원하는 대로 장식한다.

  1947년 마거리트 패튼은 해로즈 식품 지원국에서 근무할 때 전기부로
발령을 받았다. 그녀는 다음과 같이 회상했다.

  "난 그때까지도 몰랐어요. 그런데 한 통의 전화 때문에 가정 요리로 인
생역전을 맞았죠."

  그녀는 매장을 관리 감독하는 '영화배우처럼 생긴' 한 남자를 소개받았
다. 그 남자 옆에는 전기 믹스기가 있었다. 자부심이 대단한 그 남자는 패
튼에게 다가와 여러 기능을 갖춘 믹스기 작동법을 설명했다. 패튼은 대중
에게 믹스기를 보여주는 책임을 맡았다. 해로즈는 믹스기를 갖추기 위해
독점 거래를 했는데 그 대상은 바로 케네스 우드였다.

  패튼은 믹스기를 소개한 후 시연을 시작했다. 덕분에 켄우드 셰프
Kenwood Chef는 빠르게 팔려나갔다. 어느 날 저녁, 그녀는 런던 팔라디움에서
더 많은 시연을 했는데 강당에 사람들이 꽉 찼다. 당시에는 텔레비전이 널
리 보급되지 않았었다. 곧 셀프리지스 같은 다른 가게에서도 켄우드를 구입
하기 시작했다. 구매 열풍은 수그러들지 않았고 오늘날에도 세계 곳곳에서
누군가에게 2초마다 한 대씩 켄우드 가전제품이 팔려나가고 있다. 특히 주
방에서 일하는 주부들에게 켄우드의 등장은 시기적으로 딱 맞아떨어졌다.
사회와 기술의 발전으로 가정에서는 하인이 하던 일을 냉장고와 현대 조리
기가 대신하게 됐다. 여성들은 그 사실을 받아들이기 쉽지 않았지만, 어쨌
든 이제 얼음을 만들고 음식을 차게 보관할 수 있는 새로운 친구를 부엌에
두게 되었다. 한편 석탄과 나무는 가스와 전기로 인해 이전만큼 필요하지
않게 되었다. 여성들은 여전히 다지고, 젓고, 섞고, 거르고, 치대고, 휘저어

서 요리를 해야 했다. 그런 일을 이제껏 해보지 않은 사람들이라도 해야만 하는 일이 된 것이다.

그나마 조리기의 도입은 미국 주부들에게 도움을 주었다. 키친에이드라는 회사는 믹스기를 가장 먼저 개발했는데 처음에는 공장용 물건을 만들어 냈다. 그 뒤 차츰 가정에 맞는 모델이 개발됐고 1930년까지 미국 전역의 가정에 보급됐다. 그러면서 몇몇 사람이 켄우드라는 상품명이 개발자 케네스 우드의 이름에서 나왔다는 사실을 알게 됐다.

우드는 1947년 서리에 있는 자그마한 작업장에서 자신만의 물건을 개발했다. 후원자가 거의 없었을뿐더러 자본금도 몇백 파운드밖에 되지 않았다. 부품을 지원해주는 사람이 있다 해도 그의 발명품에 대한 믿음이 희박해 선불로 결제할 것을 요구했다. 그러나 우드는 산업에 들이는 시간을 절약하는 첨단 장비를 갖춘 식품공장에 자신의 주장을 굽히지 않고 발명품을 보여줌으로써 연구에 박차를 가했다.

우드의 개발품은 키친에이드와 맞먹을 정도로 우수할 뿐 아니라 사실 더 튼튼하기도 했다. 일단 크기와 무게 면에서 안정적이었다. 초창기 사용자들은 거품기가 그릇 주위를 돌아가는 것을 보고 '행성 운행'처럼 신기하게 여겼다. 실제로 켄우드는 첫 발명 모델이 오늘날까지 여전히 판매되고 있다.

탄환도 뚫고 나가지 못할 정도로 견고한 켄우드 셰프 제품은 마거리트 패튼이 1940년대를 '배급 제도와 고된 부엌일의 시대'라고 묘사한 것처럼 전후 주부들에게는 더 바랄 게 없는 주방 기구가 되었다. 그 기계는 형편없는 배급품으로 바쁘게 빵을 굽는 사람 모두에게 하늘이 준 선물이었다. 재료를 자르고, 주무르고, 벗기고, 섞어주면서 실제로 요리에 매력을 더해주었다. 처음에는 머랭, 무스와 치즈케이크는 말할 것도 없이 몇 초 만에 수플레 거품을 낼 수 있었다. 주부들은 이제 더 이상 요리하는 데 힘들일 필요가 없었다. 스위치만 누르면 원하는 대로 요리를 만들 수 있었다.

10년 뒤, 자유배급제 이후로 패니 크래덕이라는 TV 방송 요리사가 새로 등장하여 최신 요리 장비를 마음껏 사용한 요리를 제안함으로써 주부들은 요리 시간의 절약은 물론 요리 과정에 재미까지 더해져 부엌을 행복한 장소로 느끼게 되었다.

불과 8년 만에 우드는 400명의 직원과 150만 파운드의 매출을 올렸다. 그는 곧 가전제품을 만드는 다른 회사를 사들였다. 회사는 믹스기와 스팀다리미, 칼 가는 기계, 미니 로티세리[고기를 쇠꼬챙이에 끼워 돌려가면서 굽는 기구]를 만들어냈으며, 그는 40대 초반에 백만장자가 됐다. 유럽 국가 중에서 특히 프랑스는 마요네즈를 만들기 위해 켄우드를 사용했으며 무역에 성공한 우드는 미국 제품이 지배적인 캐나다에 믹스기를 가지고 갔다.

우드는 거기서 신제품 분유에 대한 소비자 반응을 테스트하기 위해 전략에 능한 방문판매원을 고용했다. 환원우유가 냉장고에서 식는 동안 판매원은 켄우드 믹스기를 보여줘도 괜찮겠냐고 시험 삼아 물어보곤 했다. 그는 이렇게 회상했다.

"우리는 믹스기를 판매하기 시작했습니다. 덕분에 우유도 엄청나게 팔았습니다."

정규 교육을 거의 받지 않은 우드는 부친이 사망한 지 불과 2년 뒤인 열네 살 때 견습항해사로 배에 올랐다. 타고난 장사꾼으로 가죽과 담배 같은 상품을 사고팔면서 4년 동안 전 세계를 누볐다. 그 뒤 해군생활을 하다가 나온 뒤 처음 들어간 직장에서 텔레비전 설치와 수리 일을 하면서 전기공학과 회계를 공부하기 위해 야간학교에 등록했다. 하지만 전쟁으로 학업을 중단해야 했다.

전쟁 후 그는 복귀할 생각이었다. 그러나 자금이 넉넉지 않았던 터라 로

저 로런스와 함께 우들라우 제조회사를 설립했다.

"우린 겨우 800파운드밖에 없었어요."

그가 말했다.

"그래서 토스트기를 만들었지요."

우드와 로런스는 나중에 회사를 분리시켰지만 결혼을 앞둔 커플에게 지금까지도 우들라우가 도움을 주고 있다는 것은 흥미로운 일이다.

켄우드 셰프는 새 시대 노동 절약형 기계를 이끌며 토스트기를 뒤따라 갔다. 기계들은 원만한 결혼생활을 하는 데 도움이 되었으며, 더 중요한 것은 전쟁 후 기호식품인 빅토리아 스펀지케이크를 만드는 데 꼭 필요한 기구가 되었다는 점이다.

74

툴루즈식 카술레

Cassoulet toulousain

엘리자베스 데이비드, 1950년, 『지중해 요리책A Book of Mediterranean Food』

Recipe

- 강낭콩 907그램
  (오랜 시간 요리를 해야 하므로
  중간 크기의 흰색 강낭콩)
- 갈릭 소시지 통째로 1개
- 다진 양파 170그램
- 돼지고기 454그램
- 양 가슴살 454그램
- 햄 또는 베이컨 껍질 635그램
- 저장 처리한 거위 227그램
- 돼지 또는 거위 지방 85그램

강낭콩을 밤새 물에 담가둔다. 도기 냄비에 콩, 양파, 베이컨 껍질 그리고 돼지 발목 부위로 만든 햄을 넣고 물을 부은 뒤 오븐에 넣는다. 4~5시간 동안 저온에서 익힌다. 이어서 돼지는 여러 덩이로 나누어 굽고, 양고기는 고기에서 나오는 지방에 의해 갈색빛이 돌 정도로 굽는다. 강낭콩이 거의 익으면 고기와 저장 처리한 거위, 베이컨과 소시지를 적당한 크기로 자른 다음 접시에 콩과 함께 교대로 배치한다. 그러고는 기름기 뺀 냄비를 다시 오븐에 넣어 더 익힌다. 콩 윗부분이 바삭하게 익어서 단단한 층이 생길 때까지 굽는다. 위에 있는 콩을 밑으로 보내며 휘젓고 아래층에 있던 콩을 위로 보내 단단한 층을 만든다. 이 같은 방식으로 세 번째까지 콩을 골고루 구우면 요리가 완성된다.

엘리자베스 데이비드의 『지중해 요리책』이 영국 곳곳에 퍼지기까지는 출간 후 3년이 더 걸렸다. 그때까지만 해도 영국의 음식 문화는 절정에 이르지 못했다. 엘리자베스 데이비드는 더운 지중해 지방을 여행한 뒤 고향으로 돌아왔다. 하지만 그녀를 즐겁게 해주던 그곳 음식이 귀국 후에는 별로 영감을 주지 못했다.

"물에 밀가루를 풀고 후추로 간을 한 수프, 빵과 고기 연골을 넣어 만든 리솔, 수분이 빠진 양파와 당근, 소금에 절인 소고기에 튀김옷을 입혀 튀긴 음식이 있었다. 그러나 나는 그 음식들을 굳이 쓸 필요가 없었다."

엘리자베스 데이비드는 훗날 그때를 회상하며 말했다. 이처럼 자신의 생각을 견지하면서도 인생의 일부를 보낸 햇빛 쏟아지는 지중해에서 경험한 맛을 되새기며 그녀는 본격적으로 처녀작을 집필하기 시작했다.

좀더 나은 음식을 선보이고 싶은 열망이 컸던 그녀는 시장에서 맛있는 식재료를 다양하게 구할 수 있길 바랐다. 물론 시장 사람들이 원하지 않는 재료들은 최대한 자제하면서 말이다. 『지중해 요리책』은 온기가 느껴지면서도 안락한 분위기를 물씬 풍기는 책이다. 그녀는 가판대에 '피멘토pimento[맛이 순한 고추]와 가지, 토마토, 올리브, 멜론, 무화과 열매, 라임'을 한가득 진열한 시장에 대해 언급했다. 비늘이 반짝거리는 생선, 다소 낯선 치즈들과 정육점 진열대를 구경하면서 느낀 경이로움에 대해서도 묘사했다.

"정육점에는 인간이 먹을 수 있는 모든 동물의 고기가 부위별로 진열되어 있었다."

하지만 전쟁 후 퍼르다purdah[결혼 후 인도에서 여성들이 남편이나 직계가족 외에 다른 남자들과 접촉하는 것을 엄격하게 금지하는 관습]를 받아들여야 하는 가정에서는 고문이 아닐 수 없었다. 데이비드는 "오일과 사프란, 마늘, 톡 쏘는 맛이 있는 현지 포도주, 아로마 향이 강한 로즈메리, 야생 사철쑥과 주방에서 말린 바질 등"을 마음껏 구경하고 맛볼 수 있었을 것이다. 그렇다면 집 안에만 틀어박혀 지내야 하는 영국의 평민 계층 주부들은 이러한 식재료를 음미하는 즐거움을 전혀 누리지 못했을까?

바로 그런 환경에 처한 여성들이 데이비드의 책을 무척 좋아했다. 생기 넘치는 저자의 목소리를 들을 수 있는 것은 물론 분위기가 따뜻하고 즐거웠기 때문이다. 데이비드는 대다수가 경험해보지 못한 다소 낯선 대상을 다룸으로써 독자들이 그 대상을 꿈꿀 수 있기를 기대했다. 그녀가 쓴 책의 편집자였던 질 노먼은 다음과 같이 말했다.

"그녀는 상상력을 포착하는 능력이 있다. 1950년대에는 식량 배급이 제한되어 있었다. 버질이나 토마토, 올리브유를 마음껏 쓸 수 있는 상황이 아니었다. 하지만 상상에는 제한이 없었다."

엘리자베스 데이비드는 사람들이 몸이 아닌 정신을 위한 음식을 생각할 수 있다고 주장했다. 그리고 식량 배급 제도가 끝나자 가게마다 다양한 종류의 식재료를 들여놓기 시작하면서 이제 다들 한시름 놓게 됐다.

데이비드는 식량 배급 제도 때문에 자신의 책이 금방 유용성을 인정받지 못할 수도 있다고 예상했다. 하지만 독자들이 재료를 구하기 위해 물심양면 노력한다면 그녀의 레시피 중 상당수를 집에서 충분히 만들 수 있을 거라고 굳게 믿었다. 그러면서 자신과 같이 충분히 생각하고 말할 수 있는, 소위 잘사는 중산층과 상류층 독자들을 상대로 거침없이 말을 쏟아냈다. 런던에 사는 사람들이 지중해산 식재료를 더 쉽게 구할 수 있다는 말도 서슴지 않았다. 마음만 먹으면 오히려 그리스나 이탈리아 사람들보다도 런던 사람들이 그 재료들을 더 쉽게 구할 수 있다는 것이었다.

그녀의 말에 따르면, 식재료들이 런던에 들어오는 경로는 매우 간단할 뿐만 아니라 손쉬운 영국 요리를 할 때 자주 쓰이고, 때로 영국산보다 외국에서 온 재료의 종류가 더 다양할 때도 있었다. 그녀는 사람들에게 결코 실망하지 말라고 격려하며, "올리브유는 훌륭할 뿐만 아니라 그 양도 풍부하다"고 자신의 책에 기록했다. 또한 요리용으로 쓰는 포도주는 가격이 저렴하다는 말도 덧붙였다.

"브루어 스트리트에 생선 가게가 있는데 갑오징어와 문어를 판다. 해로즈에 가면 싱싱한 사철쑥을 살 수 있다. 셀프리지 식료품 백화점에 가면 각종 향신료를 볼 수 있다. 이곳은 이스턴 향신료 시장과 어깨를 나란히 한다."

로즈메리나 회향과 같은 허브도 빠질 수 없다.

"자기 집 정원에 허브를 키우는 사람들이 있다는 것은 누구나 아는 사실이다."

전쟁 후 식량이 부족했다는 이야기가 다소 과장됐거나, 아니면 엘리자베스 데이비드가 엘리트 계층의 환상적인 세계에 살면서 모자랄 것 없이 풍족한 생활을 했던 것이 틀림없다. 물론 이 문제의 핵심은 거기에 있지 않다. 그녀가 말한 내용과 책으로 기록한 요리 방식들이 당시 사람들을 음식 세계의 암흑기에서 구원해냈다는 게 골자다. 그녀의 자연스럽고 호소력 있는 문체는 사람들의 심금을 울렸다. 그녀는 기존 방식과는 차별화된 새로운 화법을 구사했다. 즉 요리 방법을 설명하기 전에 재료에 대한 상세한 설명을 무시하는 기존 레시피 작성법을 멀리했다.

그녀의 레시피를 읽는 독자들은 글만 읽어도 군침을 흘렸다.

"나는 여러분에게 멋진 요리법을 제공하고자 한다. 현지인들도 아직 잘 모르는 그 지방의 고유한 요리법을 소개하려고 한다."

이렇게 운을 떼우면서 자신이 현지에서 맛본 음식들을 떠올렸다.

"간간이 햇빛과 바다, 올리브 나무로 둘러싸인 축복받은 지방의 고유한 향기를 책 속에 고스란히 담으려고 노력했다. 그러면서 영국식 주방에까지도 그 지방의 향기를 느낄 수 있게 하고 싶었다."

그 뒤에도 그녀는 여러 권의 책을 더 출간했다. 『프랑스 프로방스식 요리French Provincial Cooking』에서 『오믈렛과 포도주 한 잔An Omelette and a Glass of Wine』에 이르기까지 외국 음식들은 영국인들에게 끊임없이 영감을 불어넣었다. 특히 실질적인 프랑스 요리의 정신을 영국 주방에 전파하려는 시도도 계속했다.

그녀가 받은 고유한 영감은 교환 프로그램을 위해 파리에 갔을 때부터 시작됐다. 토리당 하원의원 집안의 네 딸 중 한 명이었던 그녀는 이렇게 말했다.

"열여섯 살 때 영국의 기숙학교에 있으면서 파시Passy 출신의 중산층 자녀들과 함께 생활한 것은 정말이지 너무나도 가슴 아픈 일이었다."

파리의 라이트 뱅크에 있는 가정들은 그녀의 표현을 빌리면, "유별날 정도로 탐욕스럽고 호의호식하는 부류였다". 얼굴에 부티가 잘잘 흐르고 머리에는 백발 가발을 쓴 체격이 통통한 이 동네 안주인들은 집에서 오랫동안 고생하는 가정 요리사를 위해 대신 중앙시장인 레알에 가서 커다란 장바구니에 식재료를 가득 사왔다.

어린 엘리자베스는 학교에서 새 급우들을 금방 사귀었다. 방과후에는 함께 어울려 다니면서 장난을 쳤다. 식당과 카페에도 들어갔는데 대개 자녀 보호 차원에서 출입을 허락하지 않는 장소들이었다. 영국 학교에 마련된 식당에서 그녀는 이런 끔찍한 음식을 가정에서는 어떻게 먹을까 하고 생각했다. 그녀는 "학교에서 점심으로 주는 유아식에 가까운 타피오카나 끔찍한 대구 요리"만큼 저주스러운 음식은 없을 거라고 장담했다. 집에 돌아와서는 프랑스식 음식 문화에 푹 빠져 지냈다. 그녀는 그렇게 어렸을 때부터 식료품 시장과 카페, 식당에서 음식의 향과 시각적, 미각적인 가치를 자주 음미할 수 있었다. "내가 전에 알고 있던 음식과는 분명히 달랐다"고 그녀는 회상했다.

10대 시절 프랑스에 체류하면서 맛본 음식은 그녀에게 음식에 대한 관심을 증폭시켰다. 그리고 20대 초반에 옥스퍼드 레퍼토리 극단에 들어가 잠깐 활동하면서 그녀의 짓궂은 면이 다시 한번 부각됐다. 그 뒤 엘리자베스는 사랑하는 사람과 함께 도주하듯 프랑스를 떠났다. 그리스에서도 살았고, 이집트로 건너간 뒤 인도 출신의 장교 앤서니 데이비드를 만나 결혼했다. 전쟁이 발발하면서 남편을 따라 뉴델리로 건너갔고, 그곳에서 병에 걸리자 고향인 영국에 혼자서 돌아왔다. 남편이 나중에 영국으로 오긴 했지만 그들의 결혼생활은 그녀 생각에 예전 같지 않았다. 그녀는 로맨틱한 사랑이 아닌 결혼생활로 시간을 낭비하고 싶지 않았다. 특히 자신의 여행에 방해가 되는 것을 바라지 않았다. 결국 부부는 자녀를 낳지 않았고 1960년에 이혼했다.

사생활이 복잡했기 때문인지 그녀는 인터뷰를 할 때마다 개인적인 삶에 대해 이야기하는 것을 꺼렸다. 질 노먼은 말했다.

"엘리자베스는 공개 석상에 나가 대중 앞에 모습을 드러내는 것을 극도로 싫어했다."

그러면서도 인쇄 매체에서 자신의 생각을 표현하는 것은 전혀 수줍어하지 않았다. 심기를 불편하게 하는 주제를 다룰 때도 글로 표현하는 것이라면 전혀 상관없었다. 프랑스 음식을 사랑했던 그녀는 자신의 관심사를 다른 사람과 공유하고 싶은 마음이 컸다. 그런 까닭에 프랑스에 거주하는 영국인들이 프랑스 음식에 대해 실망하는 이야기를 들을 때마다 마음이 언짢았다. 1960년에 그녀는 『프랑스 프로방스식 요리』를 펴내면서 "좋은 음식은 그것을 찾는 자를 위해 존재한다"는 말을 했다. "나쁜 음식도 마찬가지인데, 오히려 전보다 더 많아졌다. 누군가 그런 음식을 만들었다면, 탓할 사람은 자신밖에 없다." 그녀는 너무 늦은 시간에 시내에 도착했거나 주문하기 전에 식당 주인과 친구가 되지 않은 경우라도 몇 가지 간단한 요령만 실천하면 식탁에서 끔찍한 요리를 충분히 피할 수 있다고 제안했다. 많은 프랑스인이 영국인을 얕보는 경향이 있는데 이것을 바로잡는 것도 그녀에게는 매우 중요했다. 그녀의 책에는 "프랑스인은 영국인이 비프스테이크 또는 달걀 프라이와 감자칩만 좋아한다고 생각한다"는 내용이 있다.

프랑스인도 영국인처럼 자국의 고유한 음식 문화가 사라지는 것을 결코 용납하지 못했다. 프랑스는 당시 세계대전을 두 차례나 겪었으며 물가가 치솟는 시기를 보냈다. 그 결과 제철 음식과 관련한 운송 및 가공 처리 사업에서 큰 피해를 입었다. 그러나 영국만큼 심각한 피해는 아니었다. 엘리자베스 데이비드는 프랑스가 여전히 농업에 치중한 농경사회이기 때문이라고 보았다. 예를 들면 훌륭한 요리사들은 현지에서 활동하는 성실한 농부와 정육점 관계자들을 통해 신선한 식재료를 제공받을 수 있는 여건이 됐던 것이다.

그렇다고 영국인들이 모두 궁핍한 식생활을 했던 것은 아니다. 1951년 그녀가 『프랑스의 국가적 요리French Country Cooking』를 집필하면서 "영국에는 식료품의 원재료들이 충분하진 않지만 국가적 요리로 인정된 음식의 실제 재료보다 더 다양한 식재료가 식도락가들을 위해 존재한다"고 적었다. 그녀는 현대화된 세계라면 실제로 훌륭한 요리에 훼방을 놓기보다는 정반대로 장려하는 사회가 될 것이라고 예상했다. 그녀는 "식량 배급의 제한, 하인의 부재, 식당에서 파는 질 나쁘고 값비싼 음식들은 영국 여성들이 단순히 예의를 차리는 데만 신경 쓰는 것이 아니라 음식에 더 관심을 갖도록 유도했다"고 설명했다.

당근과 채찍을 교대로 활용하는 그녀의 접근 방식은 성공을 거두었다. 그녀의 독자들은 솔직하면서도 우아한 그녀의 글을 마음에 들어했다. 그녀

엘리자베스 데이비드의 『지중해 요리책』(1950)이 존 레만 사에서
출간됐을 때 앞표지를 장식한 삽화다. 아티스트 존 민턴의 작품이다.

는 "좋은 음식은 항상 힘이 들기 마련이다. 준비 과정을 사랑의 노동으로 보아야 한다"고 말했다. 그러면서 필요한 요소로 "헌신적이고 결단력 있는 정신을 꼽았으며 순교자적인 고통을 기대하면 안 된다"고 덧붙였다.

그 결과 그녀의 책을 읽은 수많은 독자는 나중에 요리의 노동을 순수한 즐거움으로 느끼기 위한 완벽한 조건을 염원하게 됐다. 그중 몇몇은 현실로 이루었고, 그렇지 못하더라도 엘리자베스 데이비드의 책을 침대 옆 작은 탁자 위에 비치해놓고 책을 읽으면서 행복을 느꼈다. 그녀가 소개한 카술레 레시피는 "프랑스의 고유한 레시피로 만든 훌륭한 음식들 중 하나로 (…) 아마도 가장 전형적인 국가의 대표 음식일 것이다". 데이비드의 표현에 따르면, 요리에 대한 글을 읽는 것도 그 요리를 직접 하는 것만큼 맛이 있다.

75

시럽 타르트

Syrup tart

굿 하우스키핑 협회, 1950년,

『굿 하우스키핑의 그림으로 보는 요리Good Housekeeping's Picture Cookery』

Recipe

- 쉽게 부서지는 과자 170그램
- 골든 시럽 3~4테이블스푼
- 빵의 연한 속부분 57그램
- 레몬 1개를 짠 즙

접시에 페이스트리를 가지런히 배치하고 가장자리를 장식으로 꾸민다. 빵의 연한 속부분과 시럽, 레몬즙을 섞은 다음 페이스트리 위에 바른다. 232℃의 뜨거운 오븐에서 20~25분간 굽는다.

『굿 하우스키핑』은 1885년 미국에서 창간한 잡지다. 1922년에 영국 지사를 설립했고, 그로부터 2년 뒤에는 교육 기관을 세웠다. 이 교육 기관은 마케팅 부문의 선두 역할을 하면서 신뢰할 만한 기관으로 발전했다. 모든 종류의 소비재를 테스트하고 그 가치를 평가했는데, 특히 식품이 주요 대상이었다. 『굿 하우스키핑』을 읽는 독자들은 예전에도 그랬고 지금도 꾸준히 자신만의 레시피를 글로 써서 잡지사에 기고할 수 있다. 독자들은 다른 사람들이 제안한 레시피에 대해 의견을 남길 수 있고, 집안일과 관련해 질문하는 코너도 있었다.

1940년대에 굿 하우스키핑 협회는 당시에는 혁신적인 발견이었던 컬러 사진을 포함한 소책자를 찍어냈다. 영국 여성들은 그 소책자에 열광했다.

전 세계 여성들이 협회에 글을 보냈고 더 많은 분량과 더 확실한 컬렉션을 요구하는 사람들의 요청이 이어졌다.

"협회는 사진과 함께 요리 수업 강좌를 포함시켜달라는 요구를 여러 번 받았다"고 보고할 정도였다. 심지어 요리 수업을 열망하는 여성들이 직접 잡지사 문을 두드리며 찾아와 더 많은 정보를 요구했다. 소책자의 발행은 성공을 거두었고, 보고서에서는 "요리 과정을 말로 배우는 것보다 사진과 함께 배울 때 더 가치를 발휘한다는 것을 여실히 증명한 셈이었다"고 밝혔다.

색이 들어간 그림이 삽화로 등장한 경우는 그전에도 있었지만 컬러 사진이 요리책에 포함된 것은 처음이었다. 결과는 폭발적이었다. 이러한 요리책에 흥분한 여성들에 대한 감사의 보답으로 1950년에 드디어 『굿 하우스키핑의 그림으로 보는 요리』가 출간됐다. 이 책이 성공한 이유는 무엇보다도 흑백 사진과 컬러 사진을 수록한 데 있었다. 20세기 중반에 유행한 영국 음식을 사진과 함께 만날 수 있었던 것이다. 굿 하우스키핑 협회는 책이 나오자마자 기쁨을 표현했다. 가정학자와 경험 많은 요리사로 구성된 여성 단체는 "우리는 이 책이 세상에 단 하나밖에 없는 고유한 발행물이라고 믿는다"며 입을 모아 이야기했다. 그들이 발행한 책에는 색감이 풍부하고 흥미로우며 (…) 눈요기가 되는 멋진 사진들이 있었다. 사용법도 쉬워 사진을 보면서 음식을 만들면 글만 읽었을 때보다 내용을 더 잘 이해할 수 있었다. 반면 레시피는 '최대한 간결하면서도 구체적으로 설명'하려고 노력했다.

이러한 시도는 엘리자베스 데이비드가 자신의 처녀작을 발행한 시기와 맞물려 이뤄졌다. 데이비드의 책은 지혜롭고 개인적인 경험이 고스란히 담긴 남부 지방의 지방색이 확실한 음식들로 가득 채워져 있다. 데이비드 책의 각 장은 암시적인 문구로 시작된다. 저자가 직접 쓴 글도 있고 다른 사람의 말을 인용한 것도 있다. 스페인, 그리스, 프랑스의 여러 지역을 여행하면서 그녀가 직접 맛본 음식에 대한 탐방기가 알차게 수록되어 있다. 그렇다 해도 독자들은 앞치마 끈을 꽉 묶은 다음 오로지 영국 요리와 관련된 레시피들만 따라 할 수 있었다.

이 책의 서문에 컬러 사진에 대한 언급이 10여 차례 나온다. 마치 북이 둥둥 울리는 소리가 점점 더 세지는 것처럼 기대감이 고조되고 공동 저자들은 그들이 삽입한 사진에 대해 또 한 번 말했다.

"특히 컬러로 된 사진들은 처음 보는 순간 매력을 느끼지 않을 수 없다."

그런데 가짜 프랑스 요리가 그 책에 섞여 있다는 끔찍한 진실이 밝혀졌다. 전쟁 후 식량 배급을 제한한 현실적인 측면과 나태한 영국인의 수가 급증하면서 복합적으로 일어난 결과였다. 엘리자베스 데이비드는 그녀의 요리책이 지중해 음식을 있는 그대로 정직하게 반영한 과정에 대해 설명했다. 그 과정에서 인터내셔널 팰리스 호텔의 특선 요리를 그럴싸하게 따라 한 가짜 프랑스 요리는 자신의 책에 없다고 강조했다. 반면『굿 하우스키핑의 그림으로 보는 요리』는 영국 주부들에게 지나치게 단순화한 요리법, 평범한 요리를 너무 쉽게 표현함에 따라 형편없는 요리로 전락시킨 예를 소개하기도 했다. 게다가 레몬을 나비 날개 모양처럼 잘라서 파슬리와 함께 장식하기도 했다.

두 차례의 전쟁을 치른 빅토리아 시대 사람들은 식량 배급의 제한을 몸소 겪고 프랑스에 점령당한 시기가 있었다. 그럼에도 영국의 음식 문화를 매장시키지 않았다. 하지만 혼합 전채 요리를 다룬 장을 보면 영국의 음식 문화를 거의 화장터까지 데려가려고 애쓰는 모양새다. 토마토주스와 멜론 칵테일 그리고 올리브, 비트, 작은 오이, 정어리를 가득 채운 큰 접시를 소개하며, 주변에는 나비 날개 모양으로 자른 레몬 껍질을 장식했다. 이때 흑백 사진은 이 요리의 끔찍한 얼굴을 가려주는 듯했다. 조심스럽게 배치된 음식들의 조합이 그런 역할을 하지 못해서 사진이 대신 그 역할을 해주었다.

그러다가 머지않아 컬러 사진으로 찍은 요리가 등장했다. 은색 쟁반에 완두콩과 함께 송어 요리가 소개됐다. 이때도 역시 레몬 장식과 함께 고기의 눈 위에 파슬리를 솜씨 좋게 올렸다. 뿐만 아니라 굴과 더 많은 생선 요리가 살짝 갈색빛을 띠는 사진 속에 담겨 있다. 해덕대구구이도 마찬가지로 생선 눈 위에 파슬리를 올렸다. 이 생선 요리의 경우는 속을 파낸 레몬과 파슬리를 요리 중앙에 장식했다.

'젤리 형태로 조리한 새우링' 레시피는 요리사들에게 올리브를 자르고 따뜻한 토마토주스를 아스픽aspic[육즙으로 만든 투명한 젤리] 위에 뿌리기 전에 먼저 '링 모양의 틀을 축축하게 만들라고 한다. 그릴에 구운 양갈비구

이도 완두콩과 함께 대접한다. 이때 양갈비의 뼈 부분을 종이로 만든 주름 장식으로 꾸민다. 생선 눈에 하는 장식과 양갈비에 하는 장식은 같은 맥락에서 이해할 수 있다. 또한 파슬리 묶음은 '비스킷 링 파이' 요리를 장식할 때 다른 요리보다 더 많이 사용된다. 나비 날개 모양의 레몬 껍질은 소스가 걸쭉한 비프 카레 요리를 장식할 때도 사용된다. 뼈만 앙상하게 남은 닭 요리를 할 때는 그 위에 파슬리를 뿌려서 장식한다. 구운 꿩 요리의 경우는 오렌지를 얇게 조각낸 뒤 꿩의 꼬리 깃털이 나온 것처럼 장식할 수 있다.

흑백 사진 중에 토끼 요리가 있는데, 단계별로 준비하는 방법을 설명하면서 2단계에서 어떻게 '내장들을 꺼내는지'를 그림과 함께 일러주고 있다. 그런데 그다음 단계인 '내장을 익히는 과정'에서는 사진이 없다. 컬러 사진들 가운데 견과류와 사과를 넣어 만든 샐러드, 삶은 달걀의 흰자와 마요네즈를 섞은 음식이 있다. 납작하게 누른 고기를 넣은 샐러드와 고기 샐러드의 틀은 흑백 그림으로 연출됐는데 노란 데이지 꽃잎을 바닥에 깔고 젤리 형태의 과일로 채운 멜론이 흑백으로 찍히면서 슬픈 이미지로 바뀌는 결과를 낳았다.

'뷔페 샐러드'라고 해서 포도와 바나나, 대추야자, 설탕 절임을 한 버찌에 대한 내용도 있다. 농축 연유에 과일과 견과류를 조금 넣은 다음 버터크림을 토핑으로 얹은 음식도 있고, '포도주 비스킷'이라고 해서 밀가루와 설탕, 지방, 입자가 작은 설탕과 잘 휘저은 달걀을 혼합해서 만든 음식도 있다. 이 비스킷을 만들 때는 셰리주를 아주 조금 넣는다. 체리 마지팬과 후추크림, 견과류와 농축 연유, 마가린, 설탕절임을 한 체리로 만든 체리 퍼지

덕분에 맛없는 요리들로 실망한 입맛을 되살릴 수 있었다. 게다가 '시럽 타르트는 요리법이 비교적 간단하면서도 감칠맛이' 나는 예외적인 레시피에 속한다. 아마도 엘리자베스 데이비드는 당시에 그 레시피를 얻으려고 무던히도 노력했을 것이다.

76

뵈프 부르기뇽

베이컨과 양파, 버섯을 곁들인 포도주를 넣어 끓인 비프스튜

Boeuf bourgignon

시몬 벡, 1961년, 루이제트 베르톨레과 줄리아 차일드, 1961년,

『프랑스 요리의 대가가 되는 길Mastering the Art of French Cooking』

Recipe

6인용

비계와 살코기가 줄줄이 섞인 베이컨 170그램

껍질을 벗기고 베이컨을 두툼한 조각으로 자른다.(베이컨 조각의 두께는 0.6센티미터, 길이는 3.8센티미터)

껍질과 베이컨 조각을 물 1.43리터에 넣고 10분 동안 끓인다. 물기를 빼고 말린다.

232℃에 예열

깊이 7.6센티미터, 너비 22.9~25.4센티미터의 내화성 냄비

올리브유 또는 요리용 기름 1테이블스푼

2~3분 동안 약한 불에서 기름을 넣은 냄비에 베이컨이 살짝 갈색빛이 돌 때까지 굽는다.

구멍 뚫린 큰 스푼으로 베이컨을 떠서 곁들임 요리로 대기시킨다. 냄비를 한쪽에 치워두었다가 소고기를 굽기 전에 기름기가 다 증발하도록 냄비를 데운다.

비계가 없는 스튜용 소고기 1.36킬로그램을 5.08센티미터의 정육면체로

자른다.

소고기의 물기를 뺀다. 축축하면 갈색빛으로 익히기 어렵다. 고깃덩어리 여러 개를 한꺼번에 튀긴다. 뜨거운 기름과 베이컨 비계를 넣어 고기의 모든 면이 골고루 갈색을 띠도록 익힌다. 다 익으면 소고기를 베이컨과 합친다.

- 얇게 썬 당근 1개　　　　　　・얇게 썬 양파 1개
얇게 썬 채소가 갈색을 띨 때까지 볶는다. 냄비에 튀기다가 남은 기름을 붓는다.

- 소금 1테이블스푼　　　　　　・후추 1/4테이블스푼
- 밀가루 28그램
소고기와 베이컨을 함께 냄비에 넣고 소금과 후추를 뿌린다.

그런 다음 밀가루를 흩뿌리듯 하고 그 위에 밀가루와 함께 소고기 소량을 더 얹는다.

4분 동안 예열한 오븐 중앙에 뚜껑을 연 냄비를 놓고 데운다. 냄비를 꺼내서 고기를 넣은 다음 4분간 더 익힌다. 밀가루가 갈색으로 변하고 고기 윗부분이 살짝 바삭바삭하게 구워진다.

냄비를 불에서 치우고 163℃까지 낮춘다.

숙성 기간이 비교적 짧으면서 풀바디인 적포도주 710밀리리터를 준비한다. 보통 손님 접대용으로 대접하는 포도주나 이탈리아산 포도주 키안티Chianti를 쓴다.

갈색으로 구운 소고기나 소고기 부용bouillon[고기나 채소를 끓여 만든 육수] 430~570밀리리터

- 토마토 페이스트 1테이블스푼　・으깬 마늘을 곁들인 정향 2개
- 백리향 1/2테이블스푼　　　　　・잘게 조각 낸 월계수잎 1개
- 베이컨의 흰색 껍질
냄비에 포도주를 붓고 휘젓는다. 고기가 포도주에 간신히 잠길 정도로 채운 다음 부용을 만든다. 토마토 페이스트와 마늘, 허브, 베이컨 껍질을 추

가로 넣는다. 화로 위에 냄비를 올려놓고 부글부글 끓인다. 냄비를 덮고 예열해둔 오븐의 아래층에 냄비를 넣는다. 불을 조절해서 국물을 3~4시간 천천히 끓인다. 포크로 찔렀을 때 푹 들어갈 정도로 고기를 잘 익힌다.

작은 양파 18~24개를 갈색빛이 돌 때까지 푹 삶는다.
싱싱한 버섯 454그램을 개수당 넷으로 쪼개 버터에 튀긴다.
소고기를 요리하는 동안 양파와 버섯을 익혀 준비한다. 익힌 채소는 한쪽에 둔다.

고기가 부드럽게 익으면 소스용 냄비 위에 체를 올려놓은 다음 냄비에 있는 내용물을 붓는다. 깨끗하게 비운 냄비를 씻고 다시 그 안에 소고기와 베이컨을 넣는다.
요리한 양파와 버섯을 고기 위에 골고루 놓는다.

소스에 있는 기름기를 뺀다. 1~2분 동안 소스를 끓인 뒤 다시 생기는 기름기를 한 번 더 제거한다. 걸쭉한 소스 약 570밀리리터를 준비한다. 소스 두께가 수저를 덮을 수 있을 정도면 된다. 두께가 얇으면 좀더 졸이도록 한다. 반대로 너무 걸쭉한 것 같으면 고기 국물 또는 부용을 몇 테이블스푼 더 넣어서 희석시킨다. 그러고는 간을 맞춘다. 고기와 채소 위에 소스를 붓는다.

이제 레시피가 완성됐다.

파슬리를 그 위에 살짝 뿌린다.

요리 후 바로 먹을 때

냄비 뚜껑을 덮고 2~3분 동안 더 끓인다. 고기와 채소를 익히면서 중간에 소스를 여러 번 끼얹는다. 식사를 위해 대접할 때는 접시에 감자나 면, 밥을 얹은 다음 옆에 완성된 고기 스튜를 올린다. 마지막에 파슬리를 살짝 뿌리면서 장식한다.

요리 후 나중에 먹을 때

음식이 식으면 뚜껑을 덮어서 냉장 보관한다. 식사하기 15~20분 전에 음식을 꺼내 적당한 온도로 끓인다. 이때 뚜껑을 덮고 10분 동안 천천히 데운다. 고기와 채소 위에 소스 끼얹기를 다시 해도 된다.

미국에서 텔레비전이 방영되던 초창기 시절에 사람들을 놀라게 하는 일이 일어났다. 「아이브 빈 리딩I've Been Reading」이라는 쇼 프로그램이 있었는데 똑똑한 사람들이 한자리에 모여 최근에 나온 문학작품에 대해 토론하는 토크쇼였다. 그런데 프로그램 내용이 달라지는 사건이 일어났다. 1962년 2월의 어느 날, 스튜디오에 화재가 발생해 제작팀이 황급히 촬영 장소를 교회 부속 예배당으로 옮겨야 했다. 평소 같으면 진지한 남성 작가들을 초대 손님으로 모셨겠지만 그날은 시간을 낼 수 있는 사람이 없었다. 결국 단 한 명의 여성 게스트와만 촬영을 해야 했다. 그녀의 이름은 줄리아 차일드였다. 그녀는 집에 텔레비전이 없어 쇼 프로그램을 본 적도 없었다. 그럼에도 그저 자신이 쓴 책만 가져와서 홍보하고 싶진 않았다. 그녀가 한 말을 그대로 인용하면, "내용에 활기를 불어넣기 위해" 뜨거운 요리를 선보였는데, 커다란 구리그릇과 함께 달걀을 풀어서 거침없이 휘젓는 모습이 시청자들에게 전달됐다.

프로그램이 진행되면서 그녀는 분위기를 압도했다. 188센티미터의 장신으로 사회자는 물론 보스턴 칼리지의 영국 교수 P. 앨버트 두하멜 박사와 함께 있는 자리에서 주도권을 잡았다. 달걀을 풀어 미친 듯이 휘저으며 보스턴 악센트가 섞인 영어를 날카로우면서도 천천히 큰 소리로 말했다. 무대 뒤에 있던 제작자 러셀 모라시는 정색을 한 채 꼿꼿하게 의자에 앉아 있었다. 그는 훗날 당시를 회상하며 말했다.

"저 스스로에게 말했죠. 대체 저 정신 나간 여자는 책을 소개하는 프로그램에 나와서 왜 음식을 만드는 거야?"

방송을 본 시청자들의 문의가 쇄도했다. 줄리아 차일드가 하는 요리 프로그램을 또 보고 싶다는 것이었다. 결국 시청자들의 요청에 따라 러셀 모라시가 연출하고 제작하는 「프랑스 셰프The French Chef」란 제목의 요리 프로그램이 탄생했다. 이 프로그램을 빛낸 스타는 프랑스 요리사도, 셰프도 아니었다. 줄리아 차일드의 키에 맞도록 제작된 스튜디오는 마치 집에 있는 주방을 연상시켰다. 현대의 시청자들이 보기에는 여러 스타일을 섞은 혼성 모방 작품, 즉 파스티슈를 연상시켰다. 변덕스럽고 괴짜 같은 블랙애더Blackadder 스타일의 음악과 함께 어딘가 어설퍼 보이고, 블라우스를 곱게 차려입은 이 주부는 남을 즐겁게 하기 위해 연기를 하는 것이라고 일부 시청자는 생각했다. 그렇다면 그녀는 데임 에드나 에브리지[호주의 유명한 희극 배우인 배리 험프리즈가 영화나 TV 쇼에서 연기하는 배역]에서 진짜 영감을 받아 이런 일을 하는 것일까?

"30분 만에 완성되는 저녁 요리는 어때요?"

줄리아 차일드는 방송이 시작되고 얼마 지나지 않아 떨리는 목소리로 말했다.

"마지막 몇 분을 남기고 저녁 파티를 준비하는 건요? 300명을 초대하는 파티는요? 오플렛을 만들어볼까요?"와 같은 질문을 건넸다. 그녀가 열심히 거품을 내며 휘저을 때, 음식이 옷에 튈 때, 주걱을 믹서기에 빠트렸을 때, 팬에 있던 음식이 요리 테이블 위에 떨어졌을 때의 모습을 보면 정신이 나간 사람처럼 보일 수도 있지만 어쩌면 그녀는 최고의 요리 선생님일 수 있다. 정말로 자연스러운 모습을 내비치며 보는 이를 즐겁게 해주었기 때문이다. 그녀는 요리를 하면서 대본을 달달 외우는 것이 아니라 즉흥적으로 나오는 말들을 내뱉는 매력까지 겸비했다. 팬케이크를 테이블에 떨어트려도 그녀는 요리할 때 일어날 수 있는 상황을 보여주기 위해 그런 것이라고 말했다.

"여러분이 두려움이나 실수에 대해 너무 민감하게 반응한다면 결코 요리를 제대로 배울 수 없을 거예요."

그녀는 미국의 대중에게 프랑스 요리의 범접할 수 없는 가치를 눈높이에 맞게 낮추는 데에도 기여했다.

"수플레는 치즈나 버섯처럼 향이 강한 재료를 넣고 걸쭉한 화이트소스를 만들기만 하면 되는 거예요. 달걀흰자를 계속해서 거품을 내면 저절로 부풀어 올라 수플레의 형태가 될 거예요."

줄리아 차일드의 쇼는 미국 텔레비전 역사상 가장 오랜 기간 방영되는 프로그램이 됐다. 그녀는 프랑스 요리를 알리는 사회자에서 황금시간대의 오락 프로그램을 대표하는 사회자가 됐다. 미국 전역에 그녀를 사랑하는 수많은 팬이 생겨났다. 큰 키에 성격이 활달한 50대의 이 여성에게 모두 매료된 것이다. 그녀는 바닷가재를 재료로 넣은 비스크^{bisque}[진한 수프]를 마치 "토스트처럼 쉬운" 요리로 소개했다. 노년기에 접어든 그녀는 지난날을 회상하며 "나는 대중과 사랑에 빠졌고 대중은 나와 사랑에 빠졌다"는 말을 남겼다.

그녀가 처음 한 TV 쇼에서 언급한 책이 바로 『프랑스 요리의 대가가 되는 길』이다. 길고 세부적인 내용이 자세하게 설명된 레시피들과 함께 방대한 양을 자랑하는 두꺼운 책이다. 줄리아 차일드는 그 책에 소개된 레시피들 중에는 필요에 따라 길게 설명된 것들도 있다고 했다. 대표적인 예가 여기에 소개한 뵈프 부르기뇽이다. 내용이 너무 길지만 그만큼 요리 방법에 대해 자세하게 알 수 있다. 이 책은 초보 요리사들이 행간의 의미를 파악하도록 애써 강조하거나, 대강 추정은 되지만 아직 자신의 것으로 만들지 못한 지식을 부여잡도록 하지 않는다. 요리라는 것은 자유롭게 연주하는 즉흥 재즈 음악이 아니기 때문이다. 이 책에 적힌 내용을 글자 그대로 따라하기만 하면 요리가 수월하게 만들어지도록 유도했다.

줄리아 차일드는 남편과 함께 프랑스에서 거주하면서 10년 동안 프랑스 요리를 연구했다. 그녀가 프랑스에 도착하기 전까지는 꿈에도 생각하지 못한 일이었다. 미국에서 프랑스로 건너가면서 그녀의 인생은 완전히 달라졌다. 그녀는 캘리포니아 주 패서디나에서 유년기를 보냈는데 장녀로 키가 큰 두 명의 동생과 함께 자랐다. 키가 어쩌나 컸던지 그녀의 어머니는 "자식들이 태어났을 때의 키를 모두 합치면 5.5미터는 될 것"이라고 말했다. 어머니는 결코 요리를 잘하는 사람이 아니었다. 줄리아 차일드는 과거를 회상하면서 "어머니는 치즈 토스트를 만들 수 있었지만 그게 다였다"라고 말했다. 미국의 부유한 중산층 가정들이 그렇듯 당시 차일드 가족의 집에는 집안일을

미국의 요리사 줄리아 차일드가 TV 요리 프로그램 「프랑스 셰프」에
출연해 미국의 중산층 시청자에게 프랑스 요리를 가르치고 있다.

하는 여성과 요리사가 있었다.

"인건비가 저렴했기 때문에 하인들의 거처를 제공했지요. 하지만 이러한 풍토는 1930년대에 거의 사라졌어요."

어린 줄리아는 '멋쟁이처럼 여유를 부리는 생활'을 했다. 그녀가 말했다.

"당시에 여성들은 그렇게 진지한 대접을 받지 못했어요. 여성은 단지 자손을 낳는 사람이었죠."

그녀는 가끔 "연극을 즐기면서 삼류 엉터리 연기를 하기도" 했다. 비록 그녀가 맡은 역은 보잘것없었지만 "물 만난 고기처럼 잘 지냈다".

타이피스트들의 모임에 합류하게 된 그녀는 그곳에서 미국 중산층 여성들과 친해지면서 자신을 발견해나갔다. 당시 미국은 제2차 세계대전의 여파로 먼 극동아시아로 파견 나갈 일꾼을 모집했다. 파일을 정리하고 타이핑을 하는 일이었는데 해당 기관은 미국 중앙정보국ᶜᴵᴬ이었다. 그녀는 대형 보트를 타고 인도로 건너가 실론 섬에 도착했다. 거기서 남편 폴 쿠싱 차일드를 만났다. 그는 지도를 제작하고 군대를 위한 차트를 만드는 그래픽 디자이너였다. 전쟁이 끝난 후, 두 사람은 미국으로 돌아와 결혼식으로 올렸다.

그러던 중 1950년대 초반에 남편의 일 때문에 프랑스로 건너가게 되었는데 그곳에서 줄리아는 일생일대의 새로운 국면을 맞았다. 그녀는 프랑스 북부에 위치한 루앙이라는 도시 부근의 한 식당에서 처음으로 맛본 음식을 결코 잊을 수가 없었다. 굴 요리와 납작하게 만든 오리 고기에 레드버건디소스를 곁들인 점심 메뉴였다. 디저트로는 작은 프랑스식 케이크를 먹었다. 그녀는 그때를 떠올리며 "그 뒤로 나는 중독되다시피 했다"고 말했다. 여성 잡지에 나오는 미국의 음식과 전혀 다른 세계의 음식이었는데, 혼합 케이크와 젤 오 브랜드의 굽지 않은 크림 파이는 결국 전통 방식의 요리가 현대식 기술에 제압당한 결과로 볼 수 있다.

그녀는 프랑스 음식과 사랑에 빠졌다. "역사와 배경이 공존하는 진정한 예술의 형태"였기 때문이다. 파리에서 그녀는 르 코르동 블뢰에 들어가 프랑스 친구들을 사귀었다. 그러면서 프랑스어를 할 줄 모르는 미국인들을 위해 친구들과 함께 요리를 가르쳐주는 교육 사업을 구상하기 시작했다. 이때 그녀가 사귄 친구들이 바로 시몬 벡과 루이제트 베르톨레다. 그들은 레시피들을 모아 공동으로 책을 집필했다. 그때를 회상하며 줄리아 차일드는 이렇게 말했다.

"그들에게 공동 협력자가 한 명 있었는데 유감스럽게도 그가 죽으면서 제가 그 자리에 들어가게 됐어요."

시몬 벡과 루이제트 베르톨레는 책을 집필하면서 75달러를 선금으로 받았다. 줄리아 차일드는 영어권 저자로서 그 작업에 합류했다. 이 집필 작업은 장기간 프로젝트로 진행됐는데 영리 목적으로 만드는 도서가 아니었다. 10년 만에 탈고를 마쳤지만 출판업자들은 그들의 책에 대해 냉랭한 반응을 보였다. 어떤 편집자는 "내용이 너무 길고 복잡하다"면서 출판을 거부했다. 그러나 줄리아 차일드는 그러한 결과에 대해 안타까워하지 않았다.

"기존 작가들 중에는 아무도 우리처럼 레시피를 이렇게 길게 설명한 적이 없었다. 나는 이제 요리책의 흐름이 바뀌어야 한다고 생각한다. 우리가 제안한 레시피를 그대로 따라 하면 정확하게 요리할 수 있다."

미국에 돌아온 줄리아 차일드는 뉴욕 출판업계에서 유명한 편집자인 앨프리드 A. 노프에게 원고를 내밀었다. 비록 인쇄 부수는 적었지만 「아이 브 빈 리딩」에 출연했던 줄리아 차일드가 없었다면 그나마 독자들의 가정 집 주방 선반에서만 볼 수 있는 요리책으로 끝났을 것이다. 그러나 공동 저자에 그녀가 있었기에 이 책은 미국 역사에 획을 그을 만한 영향력 있는 요리책으로 인정받았다. 1960년대 초반의 소위 '시대정신^{Zeitgeist}'을 자양분으로 삼았으며 케네디 대통령의 아내 재클린의 도움도 한몫했다. 프랑스와 관련된 것이라면 뭐든 관심을 보였던 재클린의 프랑스에 대한 사랑이 전염병처럼 미국 사람들에게 퍼진 것이다.

책의 서문을 펼치면 "이 책은 집에 요리하는 하인이 없는 사람들에게 꼭 필요한 요리책"이라고 적혀 있다. 슈퍼마켓에서 손쉽게 구할 수 있는 식 재료로 구성된 레시피들이기 때문에 마음만 먹으면 얼마든지 요리할 수 있었다.

우리는 의도적으로 케케묵은 병들을 생략했다. 하얀 모자를 쓴 주방장은 바쁘게 소스를 만들고 있다. 작은 식당에는 반짝거리는 리넨 테이블보가 깔려 있고 매력이 물씬 풍기는 이야기들이 펼쳐진다. 이처럼 막간에 낭만적으로 꾸며진 프랑스 요리는 우리를 지금 이곳이 아닌 저기 어딘가에 존재하는 모든 것이 다 있는 꿈의 나라로 안내한다. 그곳은 모든 사람이 행복하게 지낼 수 있는 곳이다.

이러한 글은 엘리자베스 데이비드에게 영향을 미쳤다. 그녀 역시 이와 같은 막간의 낭만을 이용해 영국 독자들에게 음식에 대한 열정을 불어넣으려 했기 때문이다. 결국 그녀는 이 책의 복사본을 얻는 데 성공했다.(내가 본 복사본은 런던 시의 길드홀 도서관에 소장된 책인데 앞표지에 그녀의 이름이 있는 게 아닌가!)

줄리아 차일드는 미국의 중산층에게 충분히 전달할 수 있다는 열정으로 프랑스 요리를 가르쳤다. 그녀는 "나는 사람들이 음식에 관심을 갖지 않으면 그 사람에게 별로 흥미를 느끼지 못해요"라며 자신의 속마음을 털어놓았다.

"자신의 성격을 표현하는 방식에서 무언가 결핍된 것처럼 보이거든요."

물론 모든 사람이 그녀의 말을 곧이곧대로 믿은 것은 아니었다. 하지만 그녀가 사람들에게 도움을 주고 영감을 주었다는 것만큼은 부인할 수 없는 사실이다. 당시 점점 더 많은 미국의 주부가 음식에 대한 사람들의 기대치 때문에 부담을 느끼고 있었다.

그런 주부들은 미국 출신의 작가 페그 브라켄을 통해 카타르시스를 느끼며 마음의 짐을 덜어냈다. 페그 브라켄은 『나는 요리책대로 요리하는 게 싫다I Hate to Cook Cookbook』라는 책을 쓰면서 독자들의 마음을 크게 동요시켰다. 같은 시기에 줄리아 차일드는 출간을 앞둔 책의 마지막 원고를 마무리하던 중이었다. 페그 브라켄은 자신의 책에서 "요리를 좋아하는 여성들이 있다. 이 책은 결코 그런 여성들을 위한 것이 아니다"라고 솔직하게 밝혔다. 그녀는 나중에 줄리아 차일드의 책에 대한 견해를 직접적으로 밝히면서 "최악의 상황은 방대한 양의 두꺼운 요리책들이 여러분에게 모든 사항을 다 알려주려고 한다는 것이다. 특히 레시피가 너무 많은 게 문제다. 당신이 그 잡다한 것들을 확인한 다음에는 결코 그 요리를 만들고 싶지 않을 것이다"라고 평했다.

페그 브라켄은 자신의 요리 실력에 대해 확신이 없는 사람들에게 매우 확실한 조언을 했다.

"당신이 요리하기를 싫어한다면 결코 다른 사람의 저녁 초대에 응하지 말아야 한다."

이어서 말했다.

"그렇지 않으면 조만간 당신은 그들의 집에 가서 모욕적인 일을 겪게 될 것이다. 왜냐하면 그 초대에 보답을 해야만 하는 순간이 올 것이기 때문이다."

잘 새겨들어야 한다. 왜냐하면 그녀의 레시피를 그대로 따라 했다가는 사회적 왕따가 되기 십상인데, 이는 그녀의 레시피가 사실상 너무 파격적이기 때문이다. 예를 들면 그녀는 "수프 위에 얇게 썬 레몬만 놓을 것이 아니라 팝콘을 놓을 수도 있다. 팝콘은 보기에도 예쁘고 크루통croûtons[수프나 샐러드에 넣는 바삭하게 튀긴 작은 빵 조각]보다 만들기도 더 쉽다"고 독자들에게 말한다.

페그 브라켄은 어쩌면 요리에 염증을 느끼는 주부들의 힘겨운 일상에 대해 쓴소리를 대신 해준 사람으로 볼 수 있다. 반면 줄리아 차일드는 열심히 달걀 거품을 내면서 페크 브라켄에게 정신을 차리라는 듯 훈계의 말을 해주었다.

77

워터크레스 수프 1인분

Watercress soup for one

진 니데치, 1963년,『웨이트 워처스 요리책Weight Watchers Cookbook』

Recipe 믹서기로 재료들을 혼합한다. 재료가 부드럽게 섞일 때까지 약 1분 동안 믹서기를 작동시킨다. 이때 필요한 재료는 물 3/4컵, 닭고기 부용 또는 닭고기 인스턴트 수프 가루 그리고 워터크레스 1/4다발 또는 어린 시금치 1단(단단한 부분은 제거)이다. 끓는점까지 끓여서 바로 먹거나 식혀서 먹는다.

제2차 세계대전으로 인한 궁핍과 배급을 경험한 이후 인류는 풍족해진 식량을 과도하게 먹은 나머지 이제는 다이어트를 해야 하는 상황에 이르렀다.

1960년대에 가난한 주부들은 별것 아닌 것을 비싼 값에 사들이게 된 것처럼 느꼈다. 하인들이 하는 일을 대신 해주는 냉장고, 최신식 장비와 가공식품은 가정에서의 열반 상태, 즉 니르바나nirvana에 이르게 해주었다. 그런데 어느 날, 남편을 위해 특별 저녁 메뉴를 준비하다가 주부들은 남편이 좋아할 만한 드레스가 더 이상 자신에게 맞지 않는다는 것을 알게 된다. 20세기에 이르러 가정에 더없는 행복을 보장한다고 말하는 '피리 부는 사람'이 등장하면서 주부들에게 감미로운 다이어트 방법을 소개하기 시작했다. 물론 비만이 20세기에 가장 심각한 문제로 대두된 것은 아니지만 어쨌든 1960년대부터 사람들은 비만 문제에 신경 쓰며 걱정하기 시작했다.

그전부터 비만에 대한 전문가로 자칭하는 인물들이 있긴 했다. 예를 들면 1927년에 토머스 쇼트 박사가 「비만의 원인과 결과에 관한 연구The Causes and Effects of Corpulence」 논문을 발표하면서 비만인 사람은 더 건조한 지역으로 옮겨가야 하고 뚱뚱한 사람은 습지 근처에 있어야 한다는 조언을 했다. 또한 그는 지방을 녹이는 비누 사용에 대해 언급하기도 했다. "살과 피의 짐을 짊어진 채 본의 아니게 해야 하는 노동"은 내적으로든 외적으로든 그 짐을 사용하도록 만든다. 그러면서 만약 당신이 뚱뚱하다면 비누를 먹음으로써 지방을 녹일 수 있다고 말했다. 그리고 그보다 덜 특이한, 그러면서 더 유용한 조언을 하기도 했다.

"눈을 크게 뜨고 주의하며 입은 다물라."

이전 시대로 거슬러 올라가 빅토리아 시대에도 이와 같은 돌팔이 의사는 존재했다. 그 시절에 관을 짜는 일을 했던 윌리엄 밴팅이 한 조언은 상식으로 통용되기도 했다. 1860년대에 그는 너무 많이 먹어서 신발끈을 제대로 맬 수 없을 정도였다. 심지어 계단을 내려갈 때도 뒷걸음질을 할 정도였다. 그는 스스로 절제하려고 애쓰면서 『비만에 관한 서신Letter on Corpulence』을 썼다. 이 글에서 그는 비계를 뺀 고기, 버터를 바르지 않은 구운 빵, 달지 않은 과일, 녹색 채소가 있는 식단을 강조했다. "말 그대로 기적적인" 식단이었다. 그러면서 금해야 할 음식으로 샴페인, 포트와인, 맥주를 꼽았다. 그는 여러 지혜로운 말을 사람들에게 전했다.

"나는 비만인 사람들에게 갑자기 식단을 바꾸라고 조언하지 않는다. 자기 상황에 맞게 심사숙고한 후에 행동으로 옮기고 의사에게 전반적인 진찰을 받은 뒤 결정해야 한다."

샌프란시스코의 예술품 딜러였던 호러스 플레처가 1903년에 제안한 '플레처식 식사법'은 당시엔 신뢰를 얻지 못했다. 음식을 입안에 넣었을 때 머릿속으로 서른두 번을 세면서 음식물을 꼭꼭 씹은 다음 뱉는 식사법이었다. 이 식사법의 비밀은 결코 음식물을 삼키지 말라는 데 있다. 호러스 플레처는 사람들에게 "자연은 음식을 제대로 씹지 않는 자를 책망할 것이다"라고 강조했다. 이러한 방식은 세기가 바뀌기 전에 허리에 운동용 벨트를 차고 진동시키면 저절로 뱃살이 빠진다고 사람들을 설득하는 것과 별로 다를 바가 없다. 그러한 방식이 실제로 어떠한 가치를 발휘하는지는 상관없이

이러한 제안들은 수십 년 동안 지속됐다.

1950년대에 이르러 다이어트 상품이 슈퍼마켓 진열대의 한쪽을 장악하기 시작했다. 존 콜필드와 같은 여배우들은 실제로 식욕을 억제하는 에이즈^Ayds 다이어트 식품의 판매 촉진에 직접 참여했다. 여러분은 식사 전에 이러한 다이어트 식품을 허겁지겁 먹어봤을 것이다. 초콜릿, 버터 맛 스카치 캔디, 캐러멜, 땅콩버터 등이 대표적인 예다. 존 콜필드는 말했다.

"우리는 에이즈 식품이 훌륭한 몸매를 유지하는 완전하고도 자연스러운 비결이라는 것을 잘 알고 있다."

이 완전하고 자연스러운 다이어트 음식에는 벤조카인이라고 하는 단맛을 내는 화학물질이 들어 있다. 이 물질은 코카인의 분량을 늘릴 때 쓰는 재료이기도 했다. 미미하지만 마취 성분이 들어 있기 때문에 코카인 복용자들은 코카인에 의한 환각 상태를 느끼기도 전에 먼저 치아

1950년대에 유행한 다이어트 식품인
에이즈의 광고에 출연한 여배우 존 콜필드.

의 잇몸이 마비되는 경험을 했다. 그러한 놀라운 발견은 당시만 해도 아직 제대로 밝혀지지 않았다. 그러다가 1980년대 중반에 이르면서 결국 사람들

442

이 알게 됐고 에이즈 다이어트 식품은 브랜드 이미지에 큰 타격을 받았다. 설상가상으로 후천성 면역 결핍증인 에이즈와 발음이 같아 심각할 정도로 체중이 감소되는 이 병과 유사하게 발음되는 에이즈 다이어트 식품은 결국 상품화를 중단해야 하는 상황에 이르렀다.

그 뒤에도 식욕을 억제한다는 다이어트 음료, 셰이크 등 여러 음식이 계속 등장했다. 한 예로, 다이어트 딜라이트가 있는데 과일 통조림으로 상품화됐다. 1960년대 TV 광고에서 부인이 남편 앞에 과일 샐러드 통조림을 내놓자 남편이 말한다.

"오, 맛있어 보이는군. 그렇지만 여보, 내 허리로 가는 칼로리는 어쩌지?"

그러자 아내가 대답한다.

"걱정 말아요. 이거 다이어트 딜라이트예요. 기존의 과일 샐러드 통조림과 맛은 같지만 칼로리는 절반밖에 들어 있지 않아요."

그러나 그로부터 10년이 흘러서 남자는 더 이상 저녁 식사 후식으로 그 통조림을 좋아하지 않게 됐다. 왜냐하면 한 실험 결과가 발표됐는데, 과일 통조림에 든 단맛을 내는 인공 감미료인 시클라메이트가 실험용 쥐를 대상으로 실험한 결과 방광암을 유발하는 물질로 판명됐기 때문이다.

주류 음료업계도 사람들이 다이어트 식품에 열광하는 세태를 모른 척할 수만은 없었다. 그래서 코카콜라를 선전하는 광고에서는 목이 마른 주부가 콜라를 벌컥벌컥 들이키면서 "콜라를 마셔도 허리둘레를 걱정할 필요가 없어요"란 대사를 했다. 이어서 그녀는 다음과 같이 말했다.

"실제로 한 사람이 마시기에 딱 적당한 이 병에 들어 있는 칼로리는 포도 한 송이 칼로리의 절반도 안 돼요."

1961년 과장 광고에 의한 불협화음이 한창이던 때, 미국 뉴욕 주에 사는 가정주부였던 진 니데치는 몸무게가 97킬로그램에 달했다. 그녀는 살을 빼려고 갖은 노력을 다했다. 약도 먹어보고 다이어트 음료도 마셔봤다. 진동으로 살을 빼는 운동기구도 써봤다. 하지만 그때까지만 해도 술을 끊고 싶어하는 사람들의 모임인 '알코올중독자의 단체'처럼 살을 빼고 싶어하는 사람들의 모임을 만들 생각은 미처 하지 못했다. 이 단체는 1935년에 창설된 이래 알코올중독자를 치료하는 데 큰 성공을 거두었다.

결국 진 니데치는 자기처럼 살빼는 일에 지친 사람들을 퀸즈에 있는 집으로 초대하여 다이어트에 성공하기 위한 전략을 세우기 시작했다. 그 결과 그녀는 32킬로그램을 뺐는데, 이는 다른 사람들에게 다이어트를 할 수 있다는 믿음을 주기에 충분했다. 그녀는 이 모임에서 사람들로부터 용기를 얻을 수 있었다. 모임에 속한 다른 회원들도 체중 감량에 성공해 이 소식은 입소문을 타고 여러 사람에게 퍼져나갔다. 나중에는 너무나 많은 사람이 찾아오는 바람에 집에 앉을 자리가 없을 정도였다. 머지않아 그녀는 두 명의 친구, 앨 리퍼트 및 그의 아내 펠리스 리퍼트와 웨이트 워처스Weight-Watchers[체중 감시자] 사업을 시작했다.

이들의 사업은 뉴욕 주 리틀 넥에 있는 한 영화관에서 시작됐다. 진 니데치는 뉴욕 시의 보건부가 추진하는 다이어트 프로그램을 홍보하는 자리에 참석했다. 첫 미팅에 50명이 참가할 예정이었지만 실제로는 400명이나 되는 인원이 함께했다. 그룹을 만들어서 체중 감소라는 단 하나의 목표를 달성하기 위해 자신의 다이어트 과정을 공유하는 것이 기존의 다이어트 방식보다 훨씬 더 효과적이라는 것을 진 니데치와 그녀의 멤버들은 알고 있었다. 그들이 최종적으로 이루고 싶은 목표에 이를 때까지 꾸준히 프로그램 과정을 준수하는 것이 중요했다. 그래야 다시 살이 찌는 것을 막을 수 있기 때문이다.

하루에 세 번씩 모임을 가지면서 미팅의 리더들이 도시별로 회원을 모은다. 모임의 리더는 반드시 체중을 감량해야 하며 그 자리를 지키기 위해 감량한 체중을 꾸준히 유지해야 한다. 웨이트 워처스 사업은 미국 전역을 거쳐 캐나다, 푸에르토리코, 이스라엘, 영국까지 확장됐다. 오늘날 1억 명에 달하는 사람들이 매주 30개국에서 진행되는 이 모임에 참가하고 있다. 웨이트 워처스 회사는 현재 연간 40억 파운드 이상의 매출을 기록하고 있다. 당시와 비교하면 두 배 이상 상품이 팔리는 것과 같다.

진 니데치는 자신이 예전에 살이 많이 찐 이유 중 하나로 어머니의 잘못을 지적한 적이 있다.

"정확히 기억은 안 나지만 어렸을 때 내가 울면 엄마가 먹을 걸 주셨던 것 같아요. 그럼 전 기분이 좋아졌지요."

그러나 성인이 되면서 비대해진 몸 때문에 그녀는 식욕을 억제하는 식단을 짜야만 했다. 웨이트 워처스 요리책에 소개된 레시피 가운데 '골든 글로 샐러드Golden Glow Salad'가 있는데 간단히 소개하면, 젤라틴과 포도 조금, 오렌지, 레몬주스, 설탕 대용물, 식초, 설탕 그리고 뜨거운 물에 데친 양배추로 만든 샐러드다. 증기를 이용해 찐 닭과 함께 채소로 시금치를 추가하고 과일소스를 얹은 요리도 이 책에서는 '적절한' 식단으로 취급된다. 여기에 소개한 워터크레스 수프도 그렇게 끔찍한 것은 아니다. 치즈와 빵과 함께 먹는다면 충분히 장기간 먹을 수 있는 다이어트 음식이다.

여성들이 웨이트 워처스 프로그램에 지원하는 한편 1964년에는 남성들을 위한 다이어트 프로그램이 시작됐다. 자가 학습을 통해 허리 사이즈가 큰 남성들의 살을 빼주는 책 『술 마시는 남자의 다이어트The Drinking Man's Diet』가 출시된 것이다. 각 요리에 어울리는 포도주를 추천해주는가 하면, 이 책에는 "점심 전에 마르티니 두 잔을 마시고 베르네즈소스를 곁들인 풍성한 스테이크를 먹으면서도 편안한 분위기에서 영업활동을 하고, 다시 회사로 돌아와서도 살이 30그램은 찌지 않았을까 걱정할 필요가 없는" 다이어트 비결을 독자들에게 보장했다. 물론 어떤 사람은 덜 먹고 운동을 더 해야지만 살을 뺄 수 있다고 말하는 책을 출간했다. 그러나 아마 독자들은 한 페이지 이상을 보려 하지 않을 것이다. 이제 그런 식의 다이어트 방식은 상업적인 자살 행위나 다름없다.

78

40명을 위한 대형 칵테일 크러시

A large cocktail crush for 40

제임스 비어드, 1965년,

『제임스 비어드의 손님을 즐겁게 하는 메뉴James Beard's Menus for Entertaining』

Recipe 6시나 7시경에 시작하는 파티가 8시 반에서 9시까지 이어진다. 충분한 음식이 제공되기 때문에 사람들은 따로 저녁을 먹으러 갈 필요가 없다. 이때 술을 준비하는데 샴페인 및 카시스주와 함께 백포도주를 갖춘다. 그러면 당신은 모든 사람을 만족시킬 수 있을 것이다. 9시에 커피를 대접하는 것도 좋은 생각이다. 이때 달콤한 비스킷을 같이 내놓으면 더 좋다. 겨자를 곁들인 로스트비프, 얼음을 채운 생채소와 치즈를 종류별로 선별한 모듬 치즈, 견과류와 올리브도 함께 내놓는다.

제임스 비어드는 주요 인사들이 별로 가치 있게 생각하지 않고 관심을 두지 않는 것일지라도 자신만의 확고한 관점을 가졌다. 그는 편집자와 한 인터뷰에서 "나는 샐러드와 함께 먹는 치즈가 정말 싫어요"라고 답했다. 그러면서 "과일과 함께 먹는 치즈도 물론 싫지만요"라고 덧붙였다. 그는 마지막으로 결론을 내리듯 "사람들이 샐러드를 과도하게 먹는 것 같아요"라며 자신의 주관을 굽히지 않았다.

1960년대에 그는 거인이었다. 실제 몸집도 컸지만 영향력도 무척 컸다. 당시에는 전쟁이 끝나고 평화로운 시대였다. 전쟁터는 뷔페용 음식을 실어 나르는 공간이 됐다. 전쟁이 끝나고 거의 20년이 지난 뒤에 세계는 강도가 센 보드카 마티니를 간절히 원했다. 그다음에 일어날 결과는 어떻게 돼도 상관없었다. 파티를 주최한 집주인은 손님들이 술에 취해 마리화나를 교환하기 전에 멋진 칵테일파티를 열 수 있는 신뢰할 만한 조언이 절실하게 필요했다.

미국과 영국에 거주하는 많은 사람이 조언을 얻기 위해 제임스 비어드를 찾았다. 그 이유는 여러 가지를 들 수 있다. 어쨌든 그는 남자였다. 여자들에게 조언을 구하면 너무 장황하게 설명하기 일쑤였다. 특히 음식을 담는 그릇을 가장 중요한 특징처럼 간주하는 경향이 있었다. 제임스 비어드는 1941년에 『실외에서 요리하기Cook It Outdoors』란 책을 발표했고 꽤 성공을 거두었다. 심지어 그는 본인이 직접 책 표지에 '한 남자가 쓴 남자의 이야기'란 글귀를 넣었다. 그가 소개한 레시피 중에는 '남자가 먹기에 알맞은 크기의 패티patty'가 등장한다. 그것도 모자라 그는 자신의 성을 이름 안에 넣었다. 또한 그는 남성을 부르는 호칭을 쓰면서 '타협하지 않고, 직접적이며 즐거운' 일을 별로 대수롭지 않게 여겼다.

그는 수년간 많은 책을 집필하면서 1960년대 중반을 주도해나갔다. 요리용 생선을 주제로 한 책에서부터 요리사가 예산을 세우는 데 도움이 되는 안내서까지 내용도 다양했다. 칵테일파티가 한창 유행하던 시대에 제임스 비어드는 충고하기에 좋은 위치에 있었다. 그의 전문가적 식견은 사람들에게 훌륭한 대접을 받았다.

"성공적인 유흥의 장을 만들기 위해 우리는 극작가의 상상력을 발휘할 수 있어야 한다. 계획을 짜야 한다. 연출 감독의 기술력으로 파티를 계획하고 배우의 본능적인 감각을 발휘해서 행동해야 한다."

그는 『제임스 비어드의 손님을 즐겁게 하는 메뉴』라는 책에서 독자들에게 현명하게 아첨하며 조언을 늘어놓았고, 독자들도 얼마든지 저자가 조언하는 파티를 여는 사람이 될 수 있다고 격려했다.

한편 지나치게 관대한 파티는 자제해야 한다고 경고했다. 다소 '당황스러운' 접대가 어떤 것인지를 독자들에게 상기시켰다. 집주인은 상황을 단순하게 봐야 하며 손님에게 좋은 인상을 주겠다면서 광적인 분위기를 연출해서는 안 되었다. 제임스 비어드는 자신이 제안한 '30명을 위한 칵테일파티' 아이디어가 "칵테일을 마시는 시간에 대한 내 접근법을 가장 잘 구현한다"

고 책에 기록했다.

"크기가 작은 소량의 음식을 여러 쟁반에 줄줄이 내놓는 대신 주인의 세심함이 느껴지는 파티 음식을 제공할 수 있다. 사람들이 일상적으로 마시는 음료를 종류별로 골고루 선보인다. 이때 맥주와 샴페인, 달지 않은 차가운 셰리주는 빠지면 안 된다."

음료와 함께 정성이 들어간 요리로 스테이크 타르트를 그릇에 담아 선보인다. 그리고 스테이크 주변에 여러 종류의 빵과 크래커를 놓고 고기가 거의 붙어 있지 않은 갈비뼈와 익히지 않은 완두콩과 아스파라거스를 추가로 장식한다. 제임스 비어드는 구운 땅콩과 크나크워스트^{knockwurst}[독일 소시지]도 제안했으며 여기에 샬롯^{shallot}[작은 서양 양파]을 잘게 썰어서 넣은 겨자소스를 곁들였다.

그의 또 다른 레시피인 '작지만 우아한 10명을 위한 칵테일파티'도 이에 뒤지지 않았다. 풍부한 음식을 제공했는데, 그는 흥분해서 다음과 같이 말했다.

"이런 유형의 파티는 생활의 우아한 요소를 사랑하는 친구들을 위해 또는 주요 인물을 만나기 위한 파티를 열 때 적합하다. 다시 말해 대성공이다!"

제임스 비어드는 은색의 커다란 펀치용 사발에 얼음을 가득 채우고는 그 안에 차가운 샴페인과 보드카를 넣었다. 그리고 덧붙였다.

"작은 그릇에 담긴 요리를 내놓고, 나이프와 포크, 최상품 리넨을 제공하라."

이런 파티에서는 '캐비아, 훈제 연어, 푸아그라'와 같은 화려한 음식들을 쉽게 볼 수 있다.

그는 마티니 칵테일을 미리 만들어 파티 당일에 차갑게 해서 대접하라고 말했다. 그가 제안한 '40명을 위한 대형 칵테일 크러시'에 대해 인상을 쓰는 사람이 있다면 아마도 얼음을 넣은 생채소가 별로 화려해 보이지 않아서일 것이다. 물론 현대판 칵테일파티라면 질적으로 훨씬 더 나은 상태로 제공됐을 것이다. 닭 간으로 만든 파테(또는 치즈 통조림)를 크래커에 바르고 작게 만든 토스트와 버섯을 넣은 달걀도 대접한다. 참치를 넣은 방울

토마토도 괜찮다. 크림치즈를 펴 바른 살라미salami에 작은 오이를 올려놓고 돌돌 만 다음 이쑤시개를 꽂아 고정시키는 것도 시도해볼 만하다.

성인들은 비틀즈의 장점에 대해 토론하거나 다음번 월드컵에서 어떤 팀이 이길지에 대한 이야기를 나눈다. 반면 아이들은 어른들의 다리 사이를 헤집고 다니며 이국적인 음식 한 조각을 얻어먹으려고 야단법석이다. 또 터틀넥 상의와 미니스커트, 무늬가 있는 타이트팬츠를 입은 여성들이 이상한 음료를 홀짝거리며 마시는 모습을 보면서 의아해한다. 시간이 더 지나서는 크러시트 벨벳 슈트를 자랑스럽게 입고 키퍼 타이[색상이 화려하고 폭이 아주 넓은 넥타이]를 맨 남자 어른들을 호기심 가득한 시선으로 구경한다. 이어서 낄낄거리며 재미있어하는 여성들을 응원하듯 바라보다가 아이들은 언제 그랬냐는 듯 보통 사이즈보다 작은 자전거를 타려고 애쓴다.

물론 이러한 상황은 영향력 높은 제임스 비어드가 추진한 파티 계획 덕분에 가능하다. 그가 사망한 후 사람들은 그를 기리기 위한 명예 재단을 만들었다. 당시에 그가 미국에 있으면서 이루었던 업적을 증명해주는 결과라고 볼 수 있다. 줄리아 차일드는 그에게 '미국 요리의 대부'라는 호칭을 지어주었다. 또 다른 사람들은 그가 여러 분파로 갈라지는 미국 요리를 한데 모아 미국의 미식업계를 일관성 있게 만든 것을 높이 평가했다. 소위 '미국의 음식 혁명'을 이루는 데 기여한 독창적인 식재료를 제공한 공도 인정했다. 물론 이에 대한 정확한 정의를 두고 사람들의 의견은 여전히 분분하다.

제임스 비어드는 하나밖에 없는 자식을 지극정성으로 아낀 어머니 덕분에 어렸을 때부터 요리에 눈을 떴다. 사실 그의 첫사랑은 요리가 아니라 연극이었다. 그러나 요리에 대한 사랑이 무척 컸던 나머지 본격적으로 요리를 하게 됐고 마침내 칵테일파티에 필요한 음식과 음료를 제공하는 사업에 착수했다. 그는 그러한 출장 연회 서비스를 '오르되브르hors d'œuvre'라 불렀다. 그는 자신의 요리법으로 책도 내고 초기 TV 방송에까지 진출했다. 그러나 카메라 앞에서 너무 경직된 모습을 보이는 바람에 방송 제작자는 그와 일을 계속하기가 어렵다고 호소했다.

미국 식품계에 미친 그의 영향력은 그가 뉴욕에 설립한 요리학교에서도 볼 수 있다. 그는 그 학교의 지침 강령에 만족하며 다음과 같이 말했다.

"우리는 이곳이 고전적이지 못하다는 이유로 한두 명의 사람들로부터 공격을 받았다. 물론 그들의 말처럼 우리는 전통적인 요리학교와는 거리가 멀다. 그렇다고 돈을 많이 벌어들이는 방법을 알려주는 곳도 아니다."

그는 자신의 유명세를 이용해 많은 돈을 벌어들였다. 그러면서 그린 자이언트와 플랜터스 피넛 같은 기업을 적극적으로 홍보했다. 뿐만 아니라 여러 항공사의 홍보활동도 맡았다. 이 모습을 눈꼴사납게 여긴 안티 팬들은 그를 '미식업계의 매춘부'라고 혹평하기도 했다. 그러나 그는 결코 그러한 비난에 흔들리지 않았다. 그럴수록 자신의 음식 사업을 더 발전시키는 데

1972년에 작가이자 최고의 셰프인 제임스 비어드가 주방에서 피카소의 걸작에 버금가는 작품을 만들었다.

앞장섰다. 그는 글을 쓰거나 강의를 하지 않는 시간에는 유럽 곳곳을 여행하며 음식 탐방을 다녔다. 프랑스에 있는 미슐랭 별 3개를 받은 모든 레스토랑을 돌아다니며 식사를 하는 데만 1년을 보낸 적도 있었다.

1985년 그는 심장마비로 사망했다. 그의 나이 81세였다. 그의 유언대로 유년기를 보냈던 오리건 주의 한 해변가에 유골이 뿌려졌다. 오리건 주에서 생산되는 것들은 그에게 많은 영감을 주었다. 그는 어렸을 때 과일과 생선, 견과류를 맛보면서 1960년대 중반이 되면 뷔페 사업을 꼭 하겠다고 다짐했었다.

79

네그레스 상 슈미즈

프랑스어로 '블라우스를 입지 않은 흑인 여성이란 뜻'

Négresse sans chemise

로버트 캐리어, 1966년, 「캐리어의 집 메뉴The Menu at Carrier's」

Recipe

- 달걀 6개
- 입자가 고운 설탕 227그램
- 브랜디 3테이블스푼
- 무염버터 227그램
- 녹인 비터초콜릿 340그램

달걀의 흰자와 노른자를 분리한 다음 흰자가 덩어리질 때까지 거품기로 휘젓는다. 버터와 설탕, 달걀노른자를 함께 섞어 휘젓는다. 여기에 녹인 초콜릿과 브랜디를 넣는다. 그리고 달걀흰자를 조심스럽게 넣으며 잘 혼합한다. 이 재료를 유리 용기 안에 넣은 뒤 냉장 보관한다. 거품 크림과 함께 시식하면 된다.

1960년대에 제임스 비어드가 칵테일과 간단한 음식을 소개했다면 로버트 캐리어는 정식 저녁 요리에 주의를 기울였다. 그의 이색적인 브랜디는 거품 크림 덩어리 및 다소 많은 양의 사프란과 함께 등장한다. 그는 영국인들이 응어리가 많은 그레이비소스와 과일 통조림을 더는 먹지 않도록 대담한 시도를 했다. 사치스럽고 퇴폐적인 음식이 더 이상 부끄러운 일이 아닌 새로운 시대가 열리다 보니, 런던의 이즐링턴에 위치한 그의 식당인 '캐리어의 집Carrier's'에서는 푸딩 메뉴가 무척 환대받았다. 『타임스』 기사에 따르면 이

식당은 "작지만 편안하고 분위기가 있다. 그리고 비싸다".

　네그레스 상 슈미즈는 거리낄 것 없는 퇴폐적인 디저트다. 샹티이 크림 Chantilly cream으로 덮지 않은, 전쟁 중에 플로리스트 콘스턴스 스프리Constance Spry가 만든 '갸토 네그레스gâteau négresse'를 새롭게 변형시킨 것이다. 이 디저트는 콜레스테롤 수치를 높이기에 충분할 정도로 양이 풍부하다. 게다가 이름 또한 의문을 불러일으키기에 충분하다. 흑인 여성이 자신의 하얀 네글리제[얇은 천으로 된 여성용 실내 가운]를 벗었다는 의미인가 하고 고개를 갸우뚱거리게 만든다. 이 디저트는 영국인들에게 이제는 검소함을 상징하는 식상한 담요를 벗어던져도 된다는 외침이었다. 로버트 캐리어의 열정이 느껴지는 청원이었다. 그가 계획한 목표는 마늘과 스파게티에 대해 의심적어하는 영국인들의 편견을 깨는 것이었다. 그래서 그는 유머와 정성 두 가지 요소를 잘 활용해 일을 했다. 그가 소개한 레시피 중 25가지 재료가 들어가는 요리가 있다. 그 재료들은 하나같이 이국적이었다. 연어, 캐비아, 푸아그라, 송로는 물론 싱싱한 쿠민도 있었다. 그는 사람들에게 "양배추 잎이 있다면" 그것도 추가할 것을 제안했다.

　그는 TV 쇼 「캐리어의 주방Carrier's Kitchen」에 출연하고 여러 권의 책도 출간하면서 사람들에게 요리를 할 때 좀더 모험정신을 펼치라고 촉구했다. 어쩌면 그는 화려한 것을 좋아한 남자였는지도 모른다. 다른 사람들의 아픈 곳을 건드리는 남자이기도 했다. 한 예로, 그의 책 『세계의 위대한 음식들 Great Dishes of the World』은 아주 비싼 값이 매겨져 돈 없는 사람들은 읽고 싶어도 읽을 수가 없었다. 그런데도 총 14개국 언어로 번역되어 1100만 부나 팔려나갔다. 또한 그는 TV 시청자와 독자들에게 항상 응원을 아끼지 않았다. 그는 요리에 대해 다음과 같이 말했다.

　"누구나 할 수 있다. 매우 간단하기 때문이다. 그 외에 다른 이유는 없다. 사람들이 요리에 대해 필요 이상으로 걱정하는데 전혀 두려워할 필요가 없다."

　로버트 캐리어는 영국인들에게 문화적인 변화가 필요하다는 것을 인식했다. 그래서 훌륭한 음식을 가치 있게 평가하고 요리할 기회가 주어져야 한다고 생각했다. 그는 다음과 같이 기록했다.

"프랑스인들에게 어떻게 먹는지 안다는 것은 식도락가, 좋은 맛을 찾을 수 있는 감식력, 즉 미각을 갖추었다는 것을 의미한다. 반면 영국인들에게 어떻게 먹는지 안다는 것은 식탁에서 어떻게 행동하는지 안다는 것을 의미한다."

국가는 통제하려는 성향을 버릴 필요가 있었다.

"사람들은 여전히 집에서 많은 실험을 하지 않는다. 그런 까닭에 음식에도 여전히 계층적 한계가 존재한다."

그러나 세월이 흐르면서 20년 전에 그가 영국을 처음으로 방문했을 때보다 상황은 많이 좋아졌다. 캐리어는 아일랜드와 프랑스계 조상을 둔 미국인이었다. 그러나 그는 자신의 천분을 런던에서 찾았다. 1940년대 초반 군인의 신분으로 참전해 런던에 갔을 때는 스물한 살이었다. 그는 스스로 "비자발적인 순례자"라고 말했다. 당시 그는 자신이 목격한 광경을 보고 충격에 빠져 다음과 같이 기록했다.

"기진맥진해 있는 영국인들을 보고 있자니 그저 놀라울 따름이었다. 사람들은 더 이상 감정을 느끼지 않는 듯했다. 또 이곳 음식은 정말이지 끔찍했다."

그가 영국에 대해 받은 첫인상이었다. 그러한 기억을 간직한 채 미국으로 건너간 그에게 빅토리아 시대의 영국은 전혀 쾌락을 느낄 수 없는 곳이었다.

"그곳에서 전쟁은 마치 중요한 자리를 차지하던 억눌린 청교도주의자들을 위해 신이 내린 용서처럼 환영을 받는 듯했다. 상상할 수 없는 최악의 음식을 대접받는 것이 그곳에서는 거의 미덕이었다. 그러한 음식을 즐기는 것은 그 자체로 죄악이었다."

정반대로 그가 프랑스에서 처음으로 맛본 음식은 전혀 다른 인상을 심어주었다. 그는 루앙에서 몇 킬로미터 떨어진 뒤클레르란 도시에서 소부대에 속한 군인 신분으로 체류했다. 우연찮게도 줄리아 차일드가 프랑스의 고유한 음식에 눈을 뜨게 된 장소 또한 그곳에서 멀지 않았다. 강가에 자리잡은 여관에 묵으면서 그는 맛있는 식사를 기대했다. 남쪽 지방에서 장시간의 행진 끝에 도착했기에 음식에 대한 기대가 그 어느 때보다도 간절했다. 군대에서 배급하는 간소한 식량만 먹던 군인들은 여관에 와서 잘 차려진 식탁을 원했다. 여관 주인은 그들에게 대접할 음식이 없다고 말했지만 배고파하는 젊은이들이 너무 딱해 보여서 급한 대로 집에서 만든 파테와 포도주를 대접했다. 캐리어는 당시에 마신 포도주를 떠올리며 이렇게 기술했다.

"지하 창고의 벽돌로 쌓은 벽 뒤에 독일인들의 눈을 피해 몰래 숨겨둔 포도주였다."

파테는 오리 테린terrine[잘게 썬 고기를 다져 차게 식혀 먹는 전채 요리]으로 만들어졌는데 캐리어는 훗날 그 음식을 회상하며 '최고의 파테'였다는 찬사를 아끼지 않았다.

"금빛 나는 하얀 지방으로 덮여 있고 오븐에서 천천히 익힌다. 이때 위에 포도주를 소량 뿌린다. 오리 가슴과 간 부위를 잘 저며서 익힌 뒤 식힌 테린을 얇게 자른다. 그러고 나서 빨간 피가 살짝 보일 때까지 익힌 고기의 가장자리를 테린으로 감싸고는 칼로 자른다."

"바삭바삭한 빵과 지하 창고에서 가져온 시원한 클라레claret 와인을 마시던" 군인들은 처음에는 그 음식을 보고 비웃었다. 하지만 나중에는 절대 잊을 수 없는 음식이 됐다.

운 좋게도 캐리어는 10년 뒤 다시 런던을 찾았다. 1953년 왕의 대관식을 보기 위해서였다. 영국의 모습은 예전과 많이 달라져 있었다. 보는 사람마다 즐거운 듯했고 "건물마다 화환으로 장식되어 있었다". 그는 머무는 동안 차도 마셨다. 3일 동안 체류하면서 영국 음식에 대한 인상이 확 바뀌었다. 그 인상은 그 뒤 몇 년 동안 기억 속에 남았다. 딸기와 크림을 층층이 쌓은 음식을 먹은 그는 이렇게 묘사했다.

"지금까지 한 번도 먹어본 적 없는 음식이었다. 햇볕을 받아 따뜻했고 그냥 씻은 게 아니라 붓으로 정교하게 구석구석 깨끗하게 씻은 듯한 인상을 받았다."

이 딸기가 없었다면 그는 미국이나 프랑스로 돌아가면서 영국에 대해 뭔가 빠진 것 같은 아쉬움을 느꼈을지도 모른다. 결국 그는 영국에 머물렀고 그곳에서 새 직장을 얻었다. 옥수숫가루와 뉴질랜드산 사과와 같은 상품을 홍보하는 일이었다. 그가 주관한 저녁 파티에 참석한 『하퍼스 바자』 편집장은 그에게 홍보활동을 그만하고 요리를 해보라고 권했다. 파티 주최 자인 그가 만든 요리에 깊은 인상을 받았던 것이다. 더 나아가 그녀는 그에 게 잡지사에서 음식 전문 편집인으로 일해보라고 제안했다. 결국 그는 여러 잡지사에서 음식 관련 칼럼을 쓰기 시작했고 출판업계에서 자신의 경력을 탄탄하게 쌓아갔다. 그는 레시피가 적힌 카드를 인쇄한 최초의 요리책 작가 이기도 하다. 책뿐만 아니라 마침내 TV와 요식업계에서도 그는 역량을 발휘 했다.

1970년대에 그는 자신의 요리학교도 열었다. 서퍽에 있는 거의 버려진 폐허나 다름없는 웅장한 건물을 매입해 학교를 지은 것이다. 그 뒤부터 그 는 영향력 있고 유행에 민감한 사람의 대명사가 됐다. 유명 인사들은 그의 식당 '캐리어의 집'에 몰려들었다. 나중에 요리사 사이먼 홉킨슨은 식당에 마련된 힌들샴 홀을 '캐리어의 호평받는 이즐링턴 레스토랑에 있는 아늑한 별장'이라고 부를 정도였다. 그의 식당은 사이먼 홉킨슨의 말처럼 유명 인 사들이 몰래 모이는 은밀한 사교계 장소가 됐다.

요리학교에서 캐리어는 주로 저녁 파티와 관련된 것을 강의했다. 그는 학생들에게 말했다.

"소모임으로 파티를 하는 것은 새로 생긴 규칙과 같다. 그래야 좀더 진 지한 대화 그리고 격식을 갖출 필요가 없는 편안한 주제의 대화가 가능하 기 때문이다. 물론 젊은이들을 위한 파티는 그보다 더 편하게 진행된다. 삼 삼오오 바닥에 앉아 몇 시간 동안 음악을 들으며 파티를 하기 때문이다."

그는 즐거움을 추구하는 오락 분위기가 예전보다 더 쉽게 형성된다고 강조했다.

"물론 여러분의 집에 집안일을 해주는 하인이 없을 수도 있지만 일요일 점심 식사에 20명이나 되는 사람이 함께할 가능성도 적을 것이다."

그를 따르는 추종자들에게 영감을 불어넣기 위해 그는 자신의 식당을 찍은 사진첩을 세상에 공개했다. 이것은 1970년대의 세련된 식당 분위기 를 느낄 수 있는 완벽한 본보기가 됐다. 갈색 벽에 그려진 벽화에는 원숭 이와 호수, 산이 그려져 있었다. 천장에는 두 개의 커다란 이탈리아풍 샹

들리에가 걸려 있고, 대나무처럼 속이 빈 줄기로 엮은 의자들이 배치되어 있었다.

1965년에 그는 『로버트 캐리어의 요리책The Robert Carrier Cookbook』이라는 두터운 책을 출간하면서 그 안에 저녁 파티 메뉴를 소개했다. 첫 시작으로 정어리를 넣은 크레프에 달걀흰자와 거품 크림을 섞었는데 이 전채 요리를 먹은 뒤에는 포도주를 넣어 만든 소스를 곁들인 닭 요리가 주요리로 나온다. 이때 구운 녹색 후추에 사프란을 뿌린 밥이 같이 나온다. 아니면 마늘 향이 나는 마요네즈와 함께 식힌 양고기를 전채 요리로 먹고 나서 베이컨과 함께 홍합의 살 부분을 꼬치에 끼워 구운 것을 주요리로 대접한다. 빵 부스러기와 밀가루, 달걀노른자를 섞은 다음 튀겨서 베르네즈소스와 함께 먹는 건 어떨까?

아니면 여러분은 흥청망청 화려한 파티를 벌이며 연어가 들어간 수플레 무스souﬄé mousse를 새우와 함께 전채 요리로 시작하고 얇게 썬 소고기에 바닷가재로 소스를 낸 요리를 먹은 다음 튀긴 버섯 및 양파 페이스트와 함께 익힌 햄이 들어간 요리를 즐길 수도 있다. 이어서 디저트는 금빛을 띠는 재료로 가득 채운 페이스트리로 마무리됐다.

당시는 많은 사람이 전기 믹서기와 거품기를 애용하던 시기였다. 캐리어는 주방 싱크대 안에 쓰레기통이 하나의 가구처럼 들어가 있는 것을 보고는 흥분을 감추지 못했다.

"요리사에게 필요한 여러 장비 없이 나는 아무것도 할 수 없다. 전기를 이용한 튀김용 팬도 마찬가지다. 긴 전선이 있으면 야외에서 음식을 튀길 수도 있어 예전에 음식을 튀기던 방식과 확실히 차이가 난다."

그는 사람들에게 식탁용 찜냄비를 권장했다.

"혜성과 같이 떠오른 놀라운 능력을 가진 주방 기구로, 음식을 조리하는 마지막 몇 분을 주방에서 지체할 것 없이 냄비째로 식탁에 가져와 데울 수 있다. 그러면 식탁 앞에 앉아 음식을 기다리는 손님들의 눈앞에서 음식을 따뜻하게 대접할 수 있다."

그런 충고와 영감을 배우기 위해 그의 학교에 요리 강의를 들으러 오는 학생들이 줄을 이었다. 하지만 1982년에 그의 심경에 돌연히 큰 변화가 찾아왔다. 거의 20년 동안 요리업계의 최고봉 자리에 있었던 그는 사람들의 지나친 칭찬을 들을 때마다 불안했다. 어쩌면 남아프리카에서 온 어느 여성 백만장자 때문이었는지도 모른다. 어느 날 아침, 그녀가 그의 학교에 찾아왔는데 손을 덜덜 떨었다.

캐리어가 무슨 일인지 묻자 그녀는 이렇게 대답했다.

"당신은 음식의 신이에요."

그 순간 캐리어는 학생들이 그의 명성 때문에 요리학교를 찾아온다는 것을 깨달았다.

"나는 온몸이 얼음처럼 딱딱하게 굳는 듯했다. 사람들이 왜 이 학교에 찾아왔는지 그 이유가 그제야 명확해졌다. 그들은 요리를 하기 위해 온 것이 아니었다."

돈 많고 사회적으로 성공했지만 몸은 과체중이었던 그는 스스로 "간이 축구공 크기만 하다"고 말했다. 마침내 그는 자신이 소유하고 있던 식당과 요리학교를 팔고 마라케시로 홀연히 떠났다. 그 뒤 10년이 지나 다시 고국을 찾았을 때는 살이 쪽 빠진 모습이었다. 칼바도스와 버터를 좋아하던 식성도 예전보다 덜했다. 하지만 자만심만큼은 변함없었다.

"사람들은 내가 요리업계의 천재라고 하더군요."

그가 1980년대의 어느 TV 광고에 나와 한 말이다.

"이 매지믹스 믹서기가 없었다면 난 그저 (…) 똑똑한 사람이었겠죠."

그는 요리와 관련된 신기술을 반갑게 받아들이며 돈벌이가 되는 일에 주력했다. 그러면서도 신기술이 요리업계에 어떤 변화를 가져올지 걱정하지 않을 수 없었다.

"우리 세대가 봄철 음식의 신선하고 상쾌한 맛을 보는 마지막 세대가 될 것인가?"

다음 글은 그가 1965년에 쓴 기록에서 발췌한 것이다.

현대 과학의 발전으로 우리는 1년 내내 풍성한 식재료를 제공받는다. 그러다 보니 그해에 처음 생산된 부드러운 아스파라거스의 맛을 느낀다거나 부드러운 향과 싱싱한 정원용 완두콩의 질감을 느끼는 기회를 박탈당하고 (…) 전 세계에서 온 가스로 저장된 과일이 1년 내내 판매 중이며 (…) 그런 까닭에 1월부터 12월까지 절반도 눈에 띄지 않은 채 1년 중 몇 주만 즐거움을 준다.

로버트 캐리어는 자신의 유별난 요리법으로 대중을 열광시키는 한편 요리업계에 새로운 요소를 도입하고자 애썼다. 그것은 바로 환경에 대한 관심이었다. 전쟁 후 인구가 증가함에 따라 과학자들은 이 늘어난 인구를 어떻게 먹여 살릴 것인가에 대한 고민이 많았다. 농산물 생산량이 더 늘어야 하는 것은 물론 재배 경작지가 더 많이 필요했다. 또 식품 저장의 효율성이

로버트 캐리어는 사람들에게 요리와 파티를 즐기라고 조언했다.

전보다 더 높아져야 했으며 더 많은 공장이 요리하기 쉬운 간단한 식품을 생산해야만 했다. 이제 음식은 더 많은 사람이 구입할 수 있는 상품이 됐으며 가격도 저렴해졌다. 그러나 이런 대량 생산의 결과로 정작 지구는 어떤 대가를 치러야 하는 것일까?

80

치즈 퐁뒤

Cheese fondue

베티 크로커Betty Crocker, 1970년,

『베티 크로커의 디너 파티Betty Crocker's Dinner Parties』

Recipe

- 바게트 1개 또는
  하드롤 빵 6~8개
- 마늘 1쪽
- 드라이한 백포도주 1컵
  (라인, 리슬링, 샤블리, 뇌샤텔)

- 스위스 치즈 454그램
- 밀가루 2테이블스푼
- 키르시나 셰리주 2테이블스푼
- 소금 1티스푼
- 견과류 1/8티스푼
- 백후추 소량

바게트 1개를 2.54센티미터의 정육면체로 자른다. 치즈를 0.6센티미터의 정육면체 모양으로 자른다(약 4컵 분량). 치즈가 덮일 정도로 그 위에 밀가루를 뿌린다.

마늘 한 쪽을 자른 다음 세라믹 처리된 퐁뒤 냄비 가장자리와 바닥을 문지른다. 무거운 소스용 팬이나 풍로가 겸비된 식탁 냄비로 쓴다. 여기에 포도주를 첨가한다. 표면에 거품이 생길 때까지 중간 불에 익힌다. 와인은 펄펄 끓이면 안 된다. 치즈를 천천히 녹여가면서 한 번에 1/2컵의 포도주를 붓는다. 치즈가 완전히 녹고 섞일 때까지 반복한다. 음식이 너무 뜨겁게 익을 때까지 해서는 안 된다.

준비한 술과 양념을 넣고 천천히 젓는다. 퐁뒤 요리가 완성되면 냄비째 식탁에 옮겨 그곳에서 끓이면서 치즈가 부글부글 올라올 때까지 좀더 가열한다. 손님은 퐁뒤용 긴 포크로 바게트 조각을 찍은 다음 치즈 퐁뒤에 담근다. 중간에 한 번씩 풍뒤를 휘젓는다. 풍뒤가 너무 걸쭉해지면 따뜻한 백포도주 1/2컵을 붓고 젓는다. 4인용 식단.

지구상에 절약이 절실해지기 전에 로버트 캐리어나 프랜시스 무어 라페와 같은 부류의 사람들은 어떻게 하면 더 많은 디너파티를 열 수 있을까를 고민하며 그에 대한 책임의식을 가졌다. 1970년대 들어서 쏟아져 나오는 요리와 관련된 아이디어 중에는 분명 당시에 주목받는 인물이었던 베티 크로커의 것도 있었다. 핫팬츠와 나팔바지가 유행하던 시대적 정신이 느껴지는 아이디어들이었다. 베티 크로커는 "오늘날의 손님 접대는 전보다 더 신나고 편안해졌습니다"라고 말했다. 그녀의 표현대로라면 그 책은 디너파티와 관련된 '파티장에 새로운 것'을 반영한, 현대 식사에 관한 내용으로 꽉 차 있었다.

사람들은 베키 크로커란 인물에게 매료됐다. 미국 중산층에 속한 그녀는 신뢰할 만했고 합리적인 사람으로 보였다. 그녀의 얼굴은 자상하고 매력적이었다. 완벽한 주부의 모습을 보여주었을 뿐 아니라 픽션 장르에서도 그러한 이미지는 이어졌다. 현대판 비턴 여사로 알려지기도 했다. 그녀의 이름은 1921년 미니애폴리스의 워시번크로즈비 회사에서 차용하기도 했다. 한편 그녀의 이미지는 20세기 전반에 걸쳐 세월이 바뀔 때마다 꾸준히 등장했고, TV에 출연하는 여러 여배우가 그녀를 연기했다. 배우는 바뀌어도 베키 크로커가 자주 입었던 빨간색 재킷과 흰색 블라우스는 변함없었다.

베키 크로커는 식품 회사의 구미에 맞게 만들어진 인물 중 한 명이었다. 코코아 팝스Cocoa Pops, 골든 그레이엄스Golden Grahams, 카운트 초쿨라Count Chocula와 같은 식품 뒤에는 그 상품을 개발한 사람들이 자리하고 있다. 카운트 초쿨라는 괴물이 테마로 등장하는 아침용 시리얼 상품이다. 딸기 맛나는 시리얼인 프랑켄 베리도 여기서 빠질 수 없다. 이 괴물은 몸이 분홍색인데 인간은 그 괴물을 파괴할 수가 없다. 그래서 아이들이 이 시리얼을 먹으면 밝은 분홍색을 띠는 변을 보기 때문에 괴물과 맞서 싸울 수 있다는 이야기가 광고 내용이다. 아마 많은 부모는 자녀가 '프랑켄 베리 변'을 보겠다고 그 시리얼을 먹을 때 걱정 반 호기심 반의 감정을 느낀 적이 있을 것이다.

베티 크로커는 자신의 이름을 케이크 혼합물과 같은 여러 식품에 넣지 않을 때는 그 허구적인 이미지를 디너파티에 투영했다. 미국 전역에서 수많은 주부가 그녀의 레시피를 시도했다. 그녀가 약속한 대로 "예상 밖의 곤란한 문제가 발생하거나 실수, 반만 성공한 경우"는 없었다. 1970년대가 시작되면서 휴식을 추구하는 사회 분위기가 형성됐다. 베티 크로커는 파티에 온 손님들에게 "플라스틱으로 만든 육면체 모양의 의자나 오토만ottoman[위에 부드러운 천을 댄 기다란 상자처럼 생긴 가구로 윗부분은 의자로 씀]에 앉아 발판이나 바닥에 깐 쿠션 위에 발을 대라고" 제안했다.

"활활 타오르는 불과 함께 파티 분위기를 내거나 스테레오를 설치해 배경 음악을 트는 것도 가능했다. 물론 사람들과 자유롭게 대화를 나누는 장이라면 음악 소리를 낮춰야 할 것이다."

그러나 제임스 비어드라면 베티 크로커가 제안하는 파티 분위기에 동의하지 않았을 것이다.

저녁 식사는 "쟁반이든 TV를 놓는 세트든 표면이 단단한 곳이면 어디든" 그 위에 놓고 먹을 수 있다. 베티 크로커는 '단순한 기억 게임'을 제공하며 파티를 시작했다. '당신의 첫 직장은 어디였나요?'로 시작되는 게임은 아니었다. 이러한 방식의 파티 스타일은 1970년대에 성행했다. 당시에는 "최고의 파티라면 주방에서 모두가 포크송을 부르면서 막을 내리는 것이었다. 사람들은 노래를 부르면서 음식을 먹곤 했다".

그렇다면 주로 어떤 음식들을 먹었을까? 그때는 '식탁에서 요리해서 먹는 저녁 음식'이 유행한 시대였다. 그래서 디너파티가 식당에서 거실로 옮겨졌으며 주방 기구들은 부엌에서 나와 거실에 배치됐다. 낮은 탁자에 장비를 구비한 다음 거기서 요리를 했고 완성된 음식을 바로 손님들에게 제공했다. 당시에 인기 있는 기구는 체이핑 디시chafing dish[풍로가 있는 냄비]였다. 알코올램프 위에 금속으로 된 냄비를 올려놓고 식탁에서 바로 요리를 했다. 이 주방 기구는 밀물과 썰물처럼 인기몰이를 했다가 잠시 시들하는 주기를 반복했다. 사실 이 기구는 고대 그리스에서도 인기가 많았다. 그러다가 자취를 감추었고 세월이 흘러 19세기 후반에 다시 사람들에게 인기를 얻었다. 1898년에 패니 파머의 흥미로운 책인 『체이핑 디시로 할 수 있는 요리의 가능성Chafing Dish Possibilities』이 나왔으며, 1903년에 프랑크 슈뢰서가 『체이핑 디시에 대한 추종The Cult of the Chafing Dish』이란 책을 출간했다.

1970년대에 이르면서 체이핑 디시가 다시 대두됐다. 집주인은 손님에게 번쩍거리는 새 주방 기기를 선보일 수 있어 좋았고 플람베flambéing[과일을 달콤한 소스에 버무려 식후에 먹는 프랑스 요리]와 크레프 수제트crêpe suzette를 손님들 앞에서 할 수 있어서 일석이조였다. 베티 크로커는 이 냄비를 매우 높게 평가했고 저녁 식사의 들러리로 체이핑 디시를 반갑게 맞았다. 그녀에게 퐁뒤 요리는 "이국적이고 정교하면서도 친밀감을 유도하는" 식사였다. 여러분을 집에 초대한 여주인이 체이핑 디시로 환상의 마법쇼를 펼치듯 치즈 퐁뒤 요리를 선보일 때 일단 음식을 맛보면 사랑에 빠질 수밖에 없을 것이다.

"퐁뒤 파티야말로 정말 신나는 환상의 파티죠."

죽은 베티의 영혼이 우리에게 말한다. 하지만 그녀는 경고도 덧붙였다.

"5명이나 6명을 초청하는 파티에서만 이 퐁뒤 요리를 해야 한다."

사람들이 게걸스럽게 퐁뒤를 먹으면 어떤 일이 벌어질지 누가 알겠는가? 그래서 그녀는 퐁뒤 요리를 먹을 때 지켜야 할 규칙까지 생각해두었다.

"만약 어떤 남성이 퐁뒤 냄비에 자신의 빵을 실수로 떨어트리면 그는 포도주 한 병을 사야 한다. 그리고 여성이 빵 조각을 떨어트린 경우에는 그 식탁에 있는 모든 남성에게 뽀뽀를 해야 한다."

그녀의 소중한 메뉴 가운데 퐁뒤는 중심 메뉴였다. 예민한 식도락가들이라면 아마 지금이라도 퐁뒤에 눈을 돌릴 것이다. 베티 크로커 메뉴의 전채 요리는 '매운 양념을 한, 햄으로 구성된 애피타이저 쟁반'에서 시작된다. 낱개로 떼어서 먹을 수 있는 햄은 통조림에 들어 있던 것이다. 여기에 시큼한 크림을 섞고 서양고추냉이와 후추를 넣은 소스로 양념을 한다. 양념한 햄을 그릇에 담고 그릇 가장자리에 크래커와 셀러리, 쐐기 모양으로 자른 사과 조각을 두어 함께 먹는다.

1970년대에는 치즈 퐁뒤를 메뉴로 디너파티를 여는 것이 유행이었다.

그다음 요리는 덜 자극적인 퐁뒤 요리로 '녹색 채소를 다져서 양념과 함께 조리한 샐러드'를 내놓기 전에 제공한다. 시금치와 상추, 무에 병에 든 샐러드드레싱을 뿌려서 차갑게 먹는 샐러드가 퐁뒤를 먹은 뒤 나온다. 그러고 나서 '아이스크림 데이트 파이'란 이름의 후식이 나온다. 마가린과 대추야자, 버터 피칸 아이스크림을 혼합해서 익힌 파이다. 사람들은 진탕 먹고 마시며 난잡하게 노는 파티를 즐기다가도 이 후식을 먹으면서는 음식의 결함을 더 이상 찾을 수 없게 된다.

난잡한 듯하면서도 섹시하고 유쾌한 이 음식은 알프스 지역에서 영감을 얻은 것이다. 1970년에 「사운드 오브 뮤직」을 보았을 때의 나이가 일곱 살이었지만 이제는 어엿한 성인이 된 사람들은 그때의 알프스에 대한 향수를 간직하고 있다. 1967년 영국의 웨스트본 파크 로드에 위치한 한 건물 지하에 오스트리아 산악지대의 오두막을 연상시키는 분위기의 식당이 들어섰다. 그 식당의 이름은 트리올러 헛 레스토랑으로 지금도 잘 운영되고 있다. 퐁뒤 요리는 여전히 빠지지 않는 인기 메뉴다. 과거에 유행한 나팔바지, 허리가 가슴 밑까지 올라오는 팔라초 바지, 새우 칵테일도 마찬가지로 복고 열풍에 동참하고 있다.

81

중동식 타코와 함께 먹는 지중해식 레몬 수프

Mediterranean lemon soup with Middle Eastern tacos

프랜시스 무어 라페, 1971년, 『소행성을 위한 다이어트Diet for a Small Planet』

Recipe

6인분

- 육수 약 1.13리터
  (요리하고 남은 각종 채소나
  완두콩으로 만든 육수)
- 양조용 효모 2테이블스푼
- 레몬 1~2개의 즙과 건더기
  (요리할 때 처음에 조금 넣었다가
  마지막에 맛을 보고 더 넣을지
  여부를 결정한다.)

- 생현미 1/2컵
- 필요하다면 소금
- 서머세이보리summer savory 1/4티스푼
- 푼 달걀 4개
- 중동식 넓적한 빵 10개
  또는 밀로 만든 토르티야 10개

- 중동식 타코 10개
- 볶은 참깨(수북하게 담아) 1/2컵
- 레몬즙 2테이블스푼
- 소금 1/2티스푼
- 카옌 고춧가루 1/4~1/2티스푼

- 말린 병아리콩을 푹 쪄서 1컵
- 마늘 2쪽
- 곱게 간 고수 3/4티스푼
- 곱게 간 커민 1/2티스푼

육수를 불 위에 올려 끓이고 현미에 소금을 소량 넣은 다음 휘젓는다.
약 30분간 뚜껑을 덮고 부글부글 끓인다.
서머세이보리와 효모를 잘 혼합한 다음 달걀과 섞는다.
여기에 레몬즙과 건더기를 넣고 잘 섞는다.

뜨거운 육수 1컵을 천천히 달걀 혼합물에 넣는다.

꾸준히 지속적으로 잘 휘젓는다. 육수가 점점 줄어서 없어지면 그 안에 달걀 혼합물을 붓는다.

시식한다.

추가로 고명 만들기

- 잘게 조각 낸 상추
- 다진 토마토
- 다진 오이
- 다진 양파
- 요구르트(또는 치즈) 1컵

모든 재료를 합쳐서 퓌레를 만든다.(양념 맛이 더 좋아진다.)

실온에서 적어도 12시간 놔둔다.

중동식 넓적한 빵을 반으로 자른 다음 그 속을 완두콩으로 채운다. 아니면 밀로 만든 토르티야를 부드럽게 살짝 튀긴 뒤 그 속을 채워도 된다. 여기에 고명을 더 얹어서 식탁 앞에 모인 사람들이 저마다 자신의 '타코'를 만든다.

1970년 뉴욕의 발랜타인 출판사 편집장인 베티 발랜타인은 스물여섯 살의 대학원생 프랜시스 무어 라페를 만나기 위해 버클리에 있는 캘리포니아대학을 찾았다. 그 여학생은 75쪽 분량의 소책자를 만들었고, 발랜타인은 명쾌하면서도 자연스러운 열정이 느껴지는 라페의 고기를 뺀 다이어트 식단을 읽었다.

두 사람은 함께 시간을 보냈고 라페는 초대 손님을 위해 타코와 함께 먹는 맛있는 레몬 수프를 만들었다. 그녀의 요리에 담긴 독창성과 신선하면서도 매력적인 맛이나 향이 사람들을 기분 좋게 만들었다. 그녀의 주장은 대중을 설득시키기에 충분했다. 결국 라페는 책을 쓰기로 하고 계약금을 두둑이 받았다. 38년이 지나 그녀가 쓴 책은 '세상을 변화시킨 여성들이 쓴

75권의 도서 목록'에 포함됐다. 그 책이 바로 『소행성을 위한 다이어트』다. 이 책은 수많은 미국인의 식사 방식에 혁명을 일으켰다.

라페의 요리에 대한 생각은 그녀가 사람들에게 나눠준 1쪽짜리 팸플 릿에서 시작되어, 책을 출간한 뒤 300만 부나 팔리면서 큰 성공을 거두었 다. 그녀는 연구소 재단에서 일하기도 하고 17권의 책을 추가로 발표했다. 1971년에 그녀가 발간한 책은 음식 소비와 생산에 대해 많은 사람의 관점 을 바꾼 터닝포인트가 됐다. 전쟁 후 세계 인구가 증가하면서 식량 생산량 도 함께 늘어나 식품 산업이 크게 발전했다. 작물의 재배 면적지가 늘어나 고 목장이 더 많은 면적을 차지하게 됐으며 저수지에 서식하는 어획량도 증 가했다. 공장 방식의 농장 사육도 규모가 확대됐다. 가축 집약 산업도 전보 다 더 많은 주의를 기울여야 했고 식품 가공 및 포장 산업의 생산량이 증 가하면서 슈퍼마켓 선반을 가득 채우는 상품들이 탄생했다.

젊은 세대들은 생산량은 많으나 복지는 낙후된 시절로 돌아가기를 거부 했다. 라페는 1966년에 대학을 졸업했는데 그 시기에 베트남 전쟁이 일어났 고 미국에서는 시민운동이 한창이었다. 로버트 캐리어가 언급한 것처럼 그 시절에 성격이 쿨한 젊은이들은 '몇 시간 동안' 음악을 들으며 바닥에 앉아 시간을 보냈고 비틀즈의 음악을 들으며 몸을 흔들었다. 그러면서 그들이 해 야 하는 말을 속으로 삼켰다.

숲이 베여나가고 공기와 물이 점점 더 오염되는 세상에 살고 있는 젊은 이들은 그들의 부모 세대가 20여 년 동안 자유로운 해방을 외쳤던 그 땅 에 머물고 있다. 그러나 지구의 건강은 점점 악화되고 있다. 젊은이들은 더 이상 정부에 문제를 해결해달라고 요청하지 않는다. 1970년대에 미국 정부 의 고위 정치가들은 이미 워터게이트 사건으로 신뢰를 잃었기 때문이다. 행 정부가 어떤 사항에 대해 긍정적인 평가를 내려도 젊은이들은 권력 당국의 말을 믿지 않는 것이 자연스러운 관례가 되어버렸다.

버클리의 대학 도서관에 앉아 라페는 무슨 까닭에 그녀의 고국이 베트 남 전쟁에 참전하게 됐는지 심각하게 고민했다. 그러다가 문득 다른 주제 에 관심을 돌리게 됐다. 그녀는 세계의 많은 사람이 먹을 것이 없어 배고파 하는데 그것이 국가의 잘못은 아닌지에 대한 의문이 생겼다. 세계가 보유한 전체 식량은 어떻게 분배되는 것일까? 훗날 그녀는 말했다.

"내가 밝힌 사실들이 내가 살고 있는 이 세상을 바꿀 것이다."

과거에는 채식주의를 옹호하는 열띤 추종자가 많았다. 존 이블린도 1699년에 샐러드 식단을 강조했다. 영국에서는 1847년에 채식주의자협회가 설립되면서 채식주의를 외치는 목소리가 더 커졌다. 하지만 20세기 초·중반에 전쟁을 겪으면서 채식주의 운동 역시 시련을 겪었다. 전쟁 기간 동안에는 무엇을 먹느냐가 중요하기보다는 먹을 것을 구하는 것 자체가 관건이었기 때문이다.

미국은 1930년대에 요리사 이르마 롬바워와 같은 동시대인들이 열정적으로 옹호하던 풍요로운 땅을 대변했다. 그러한 명성답게 미국은 풍요의 시대를 보냈으며, 1960년대 후반에 이르러 대다수 미국인의 식단에 육류가 다량으로 포함됐다. 라페는 바로 이 대량으로 생산되는 육류 때문에 지구 환경이 골치를 앓는 것이라고 지적했다.

그녀의 주장을 뒷받침하는 중요한 원리 중 하나는 454그램의 고기를 얻기 위해서는 그 가축에게 7.25킬로그램의 곡류를 먹여야 한다는 사실이다. 그러나 이 무게에 해당되는 고기는 같은 양의 곡류에 함유된 칼로리의 5퍼센트, 단백질의 15퍼센트 미만을 함유하고 있다. 육류 생산은 결국 막대한 양의 천연자원을 감소시킨다. 예를 들어 454그램의 고기를 얻기 위해 9460리터의 물이 필요하다. 가축에게 먹일 사료를 만들기 위한 옥수수 생산 때문에 자리를 내주어야 하는 땅은 말할 것도 없다. 그리고 가축이 활동할 수 있는 목장을 만듦으로 인해 자연의 숲은 점점 훼손되고 있다.

가축을 기르기 위해 큰 면적의 땅이 필요하다는 주장은 예전에도 있었다. 고대 그리스 학자인 플라톤은 자신이 쓴 『국가』에서 그 부분을 강조했다. 17, 18세기를 거치면서 여러 작가 역시 그 부분을 지적했다. 19세기에 영국 출신의 시인 퍼시 비시 셸리도 마찬가지였다. 셸리는 다음과 같이 썼다.

"인간이 살 수 있는 지구 면적 중 가장 비옥한 땅이 지금 가축을 위한 사료를 재배하는 용도로 경작되고 있다. 이것은 시간의 지연이며 계산할 수 없는 식량 낭비다."

라페는 수학적인 계산을 시도했다. 독자 여러분이 식당에 가서 227그램

의 스테이크를 먹었다고 가정하면, 라페는 "이 분량의 스테이크 하나를 만들기 위해 생산되어야만 했던 곡물로 40명을 위한 밥그릇을 일일이 채울 수 있다고 계산했다". 그녀는 곡물을 육류로 전환하는 이 쓸데없는 사육 행위가 "모든 논리적 생각에 혼란을 야기한다"고 주장했다. 그러니 이 '단순한 잔학 행위'와 관련해 사람들이 문제의 심각성을 인식해야만 하며, "기근은 곧 인간이 만드는 것"이란 단순한 사실을 하루속히 깨달아야 한다.

비록 환경에 대한 심각성을 인식하는 사람이 점점 늘어나더라도 당장 가축 산업을 중단하는 것은 현실적으로 거의 불가능하다. 라페는 미국의 식단이 가진 가장 큰 문제점을 환기시켰다. 미국인들이 지나칠 정도로 소고기에 의존하는 식단을 짜는 점이었다. 그 양은 미국인의 생활양식에도 문제를 야기했다. 집약적인 농업에 문제를 제기하는 것이 순진한 생각으로 들린 과거에 비해 세상은 달라졌고 사람들의 인식에 큰 변화가 생겼다. 그녀는 나중에 『소행성을 위한 다이어트』를 쓸 때를 떠올리며 말했다.

"당시에는 이단적인 생각, 화두가 되지 못하고 주변 가장자리에서 머물던 생각이 이제는 모두가 인정하는 상식이 됐다."

이제 채식주의를 위한 다이어트를 외치는 그녀와 한목소리를 내줄 용사들을 모아야 한다. 모두를 위한 충분한 식량 생산이 가능해졌고 지구는 아직까지 건강한 상태를 유지하고 있으니 말이다. 그녀는 채식 위주의 식단에 대한 조언과 레시피를 사람들에게 제공했다. 그러면서 그들에게 식품 저장실에 벌가bulgar[쪘다 말린 밀의 가루로 만든 음식]나 견과류, 씨, 렌틸콩, 해바라기유를 저장하고 냉장고에는 두부와 저지방 요구르트, 코티지치즈cottage cheese를 채우라고 권했다. 또한 그녀는 소규모의 유기농 식품을 파는 가게에서 물건을 구매하라고 조언했다. 그러면서 "곡물과 채소, 견과류, 씨로도 얼마든지 다양한 요리가 가능하므로 가게 한 곳에만 들러도 몇 달 치 먹을 식재료를 구입할 수 있을 것"이라고 덧붙였다. 그녀의 레시피는 사람들의 눈을 휘둥그레지게 만들었다. 왜냐하면 전 세계에서 온 다양한 식재료가 담겨 있었기 때문이다. 남아메리카부터 중국, 중동은 물론 인도와 유럽까지 온갖 나라의 재료가 다 있었다.

1970년대 초에 그린피스Greenpeace에 소속된 회원 수가 5000명을 돌파했다. 라페와 같은 생각을 하는 사람들은 이제 미국 전역에서 230만 명에 달한다. 그러나 그녀가 명시한 것처럼 앞으로 부를 축적한 인구가 증가함에 따라 그들의 육류 소비량도 덩달아 늘 것이다. 많은 사람이 고기 식단을 최소한으로 줄이면서도 얼마든지 행복한 식생활을 영위하고 있다. 우리 주변에는 숯불에 중간 정도만 익혀서 살이 부드럽고 육즙이 풍부한 고기를 절약하는 운동에 동참한 사람들이 여전히 존재한다.

양고기 코르마

Lamb Korma

마두르 재프리, 1973년,

『인도 요리로의 초대An Invitation to Indian Cooking』

Recipe

6~8인분

- 곱게 간 고수 3테이블스푼
- 말린, 달지 않은 코코넛
  1테이블스푼

- 곱게 간 커민 1테이블스푼
- 껍질을 벗기고 큼지막하게 썬
  중간 크기의 양파 4개

껍질을 벗기고 길이와 두께를 각 2.54센티미터로 큼지막하게 썬 생강(통조림 또는 밭에서 수확한) 껍질을 벗기고 큼지막하게 썬 큰 토마토 1개 또는 작은 토마토 2개

- 곱게 간 강황 1티스푼
- 카다멈 꼭지 통째로 5개
- 흑후추 7개
- 길이 5.08센티미터의
  계피 막대 1개

- 식물성 오일 6테이블스푼
- 통마늘 6쪽
- 월계수잎 2개
- 말린 매운 빨간 고추 2개(선택 사항)

양고기의 뼈를 발라낸 어깨 부위 1.36킬로그램을 물기를 쪽 뺀 상태에서 길이 2.54센티미터의 정육면체 모양으로 자른다.(장딴지나 목, 다리 부위도 괜찮다.)

- 플레인 요구르트 1테이블스푼
- 가람 마살라garam masala 1티스푼

- 소금 2티스푼

작은 프라이팬을 중간 불에 가열한다. 고수, 커민, 코코넛을 건조 상태에서 굽는다. 스푼으로 옮겨 향신료가 살짝 어두운 빛을 띨 때까지 2~3분 동안 굽는다. 다 구우면 한쪽에 둔다. 프라이팬을 불에서 내려놓는다. 양파와 마늘, 생강을 믹서기에 넣은 다음 토마토와 강황을 넣고 섞는다. 1분 동안 믹서기를 가장 빠른 속도로 돌린다. 부드러운 반죽이 되었으면 멈추고 한쪽에 둔다.

바닥이 두꺼운 큰 냄비에 기름 4테이블스푼을 넣고 중간 불에 가열한다. 냄비가 뜨겁게 달아오르면 여기에 카다멈과 마늘, 흑후추, 월계수잎, 계피, 빨간 고추를 넣는다. 잘 젓는다. 흑후추 알갱이가 흐물거리고 빨간 고추의 색깔이 어둡게 변하면 고기 몇 조각을 넣는다. 불을 좀더 세게 올려 고기의 모든 면이 갈색으로 익을 때까지 가열한다. 고기가 골고루 다 익으면 냄비를 불에서 내려놓는다. 양고기가 갈색을 띠며 잘 익었으니 뚜껑을 덮고 한쪽에 둔다. 냄비에 있는 향신료들을 구멍이 뚫린 큰 스푼으로 떠내고 양고기도 따로 둔다.

소스 만들기

중간 불에 기름 2테이블스푼을 넣고 남은 국물을 더 졸인다. 가열하면서 믹서기로 간 양념 반죽을 넣는다. 표면이 수시로 바뀌도록 자주 저어준다. 물기가 다 증발하면 반죽이 바닥에서부터 견고하게 굳기 시작할 것이다. 이때 불을 낮추고 계속 천천히 저어주면서 5분 동안 유지한다. 그 위에 물을 조금 뿌려서 내용물이 바닥에 눌지 않도록 주의한다. 구운 향신료를 첨가해서 5분간 더 익힌다. 요구르트를 넣으면서 젓는데, 조금씩 부어 내용물이 바닥에 눌지 않도록 한다.

고명으로 얹기

- 튀긴 양파 링
- 곱게 간 싱싱한 카다멈 씨 1/4티스푼
- 매운 청고추 잘게 썬 것
- 싱싱한 고수 잘게 썬 것

이제 고기와 설탕을 넣는다. 양고기를 거의 덮을 정도로 물을 충분히 붓는다. 끓이는데 뚜껑을 덮고 한 시간 정도 가열한다. 시간이 다 되면 뚜껑을 열고 가람 마살라 1티스푼을 뿌린다. 5분간 더 끓이며 요리한다.

시식하기

큰 스푼으로 내용물을 떠서 접대용 접시에 담는다. 고명으로 제안한 음식
물 중 하나 또는 전체를 얹는다. 뜨거운 밥을 고기 옆에 함께 대접한다. 쌀
의 종류로는 푸리나 차파티, 아니면 오크라나 콜리플라워(꽃양배추), 가지
의 일종인 바르타를 데친 것도 좋다. 이 요리는 단맛이 나는 밥이나 요구
르트 그리고 스위트 토마토 처트니와 함께 먹어도 좋다.

1960년대에 영국에서는 식당들이 우후죽순으로 생겨났다. 이탈리아 식
당과 중국 식당이 대표적이었다. 그런 가운데 인도 식당도 빠른 속도로 영
국의 많은 도시, 특히 런던에 집중적으로 들어섰다. 1970년대 초반에 영국
을 방문한 여배우이자 요리사인 마두르 재프리는 런던에 있는 한 인도 식
당에 간 적이 있는데, 인도 식당들이 "구역마다 문을 열며 성황리에 활동
중이었다"고 회상했다. 그러면서 상황이 전보다 개선된 것을 확인할 수 있
었다. "품질 좋은 식재료들이 공급됐고 인도 본토 고유의 음식을 선보이는
식당이 점점 더 많이 생기는 것 같다"고 말했다.

그녀는 1950년대에 런던을 방문했다. 올드 델리 외곽에 위치한 집에서
가까운 학교의 왕립연극학교 장학생이 된 것이다. 그러나 그때의 기억은 별
로 아름답지 못했다. 그녀는 당시를 회상하며 말했다.

"도시는 칙칙했고 음식은 형편없었다. 예전에는 골목마다 하나씩은 꼭
싱싱한 생선을 파는 가게가 있었는데 지금은 모든 것이 한심한 상태로 전
락했다."

거의 20년 만에 영국을 다시 찾은 그녀는 고향의 맛을 느끼게 해줄 인
도 식당에 가면서 희망에 부풀었다. 그러나 정작 요리를 맛본 뒤에는 크게
실망하고 말았다.

"대부분의 식당이 이류로 전락한 느낌이었다. 인도 고유의 음식을 실제

보다 질이 떨어지게 요리하고 있었다."

그녀의 말에 따르면 그곳 요리사들은 실력이 형편없었다.

"식당에서 일하는 요리사들은 전직 어부였거나 정식으로 요리 자격증을 따지 않은 도시 사람들이었다. 이국적인 이민생활을 하고 싶다는 꿈에 영국으로 건너온 인도인들이었다."

식당마다 다른 식당의 메뉴를 그대로 따라 하는가 하면 '맛이 형편없는' '가짜' 인도 요리를 선보이는 식당이 많았다. 또한 그녀는 자신이 태어난 국가에는 무척 다양한 음식이 존재하는데도 인도 음식 하면 '카레'밖에 소개하지 않는 식당들의 모습에 화가 났다. 그녀는 "인도의 훌륭한 요리가 이곳에서 쇠퇴하고 있다"고 지적했다.

그러나 이러한 현상은 몇백 년 전부터 서서히 진행돼온 것이다. 인도의 레시피와 식재료들은 1600년대 초반부터 영국에 들어오기 시작했다. 동인도회사가 설립되던 시기와 맞물렸던 것이다. '카레' 레시피가 요리책에 처음 등장한 것은 1747년에 해나 글래스가 쓴 책에서였다. 그러다가 1800년대에 이르면서 '카레'가 인도 음식의 대표적인 참고 자료가 됐다. 동양적인 풍미가 그대로 느껴지는 음식으로 말이다. 1840년에 에마 로버츠가 새롭게 개정한 『가정 요리의 새로운 시스템A New System of Domestic Cookery』이 나왔는데 거기서도 작가는 인도와 페르시아, 터키의 음식들을 소개했다. '동양적인'이라는 수식어가 붙은 여러 레시피를 소개했는데, 이때도 인도의 주요 메뉴는 모두 카레 종류였다.

그러면서 마두르 재프리의 걱정거리 중 하나인 카레 가루를 뿌린 레시피들이 생겨났다. 게다가 "전통적인 인도 요리에 대해 카레를 지나치게 단순화시킨 경향이 있었다". 그녀는 사람들이 카레 가루를 가볍게 보고 이 음식 저 음식에 막 넣는데 그러면 "음식 본연의 맛을 카레 가루 때문에 다 망쳐버릴 수 있다"고 경고했다.

그녀가 방문한 모든 인도 식당은 인도 요리의 왜곡된 버전을 고집했다. 그러다 보니 그녀의 관점에서 볼 때 영국인들이 인도 음식에 대해 호기심을 가지고 모험적인 미각을 실험하기에는 역부족이란 생각이 들었다. 재프리는 자기 소유의 식당을 열 계획은 없었고 그나마 고국의 요리를 망치는 이러한 행태를 막는 유일한 방법은 자신이 인도 요리에 관한 책을 쓰는 것이라고 결론지었다.

제2의 고향인 뉴욕으로 건너간 재프리는 출판사와 논의했고 마침내 『인도 요리로의 초대』가 출간됐다. 책 도입부에서 그녀는 다음과 같이 말했다.

"환상적인 인도 음식을 먹는 유일한 길은 여러분 스스로 그 음식을 만드는 것이다."

그녀는 미국인이 인도 음식을 제대로 맛볼 수 있도록 교육하는 작업부터 먼저 구상했다. 3년 뒤에는 그녀의 책이 런던에서도 출간됐다.

재프리가 본격적으로 요리책 작가로서의 경력을 키워나가게 된 데에는 친구인 영화감독 이스마일 머천트의 영향이 컸다. 머천트는 1965년에 영화 「셰익스피어 왈라」를 찍기 위해 그녀를 캐스팅했다. 매스컴을 통해 그녀는 주목을 받았고 『뉴욕타임스』는 요리하는 인도 여배우인 그녀에 대한 기사를 다루었다. 그 기사를 본 출판사 편집자들은 그녀와 함께 레시피에 대한 책을 구상하고 싶어했다. 그렇게 그녀는 책으로 수입을 얻으면서 돈벌이가 별로 좋지 않았던 배우생활을 지속할 수 있었다. 그때를 회상하며 그녀는 "마치 하늘에서 비가 내리듯 나에게 그런 기회가 떨어진 것 같아요"라고 말했다.

재프리만의 요리법은 임시변통이었지만 통신 강좌 수업을 통해 사람들에게 알려졌다. 1950년대에 런던에 도착해 인도 음식을 먹고 절망에 빠졌던 그녀는 인도에 계시는 어머니에게 상황을 설명하며 부탁했다. 사실 그전까지 그녀는 요리를 해본 적이 없었다. 재프리의 가족은 부유한 편으로, 친척들과 함께 큰 저택에서 살았는데 거느리는 식구만도 30명이나 됐다. 그래서 요리사가 모든 식사를 준비했기에 어린 재프리가 하는 일이라곤 그 음식을 맛있게 먹는 것뿐이었다. 재프리의 어머니는 딸이 더딘 속도지만 천천히 인도의 레시피를 익힐 수 있도록 편지로 각종 인도 음식의 자세한 레시피를 보냈다.

1970년대에 런던에서 연기활동을 이어가던 재프리에게 드디어 BBC 방송에서 화면 테스트를 하자는 요청이 왔다. 그녀는 배우로서의 연기 실력을

여배우이자 베스트셀러 작가인 마두르 재프리, 1984년.

최대한 발휘하면서 인도 요리와 관련된 시리즈물의 주역으로 발탁됐다. 그녀는 당시를 회상하며 말했다.

"처음에 BBC에 오디션을 보러 갔을 때 저에게 아무것도 주지 않았어요. 그러면서 방송 관계자들이 제가 요리를 하는 것처럼 연기를 하라고 시키더군요."

그녀 앞에는 식재료나 프라이팬이 없었다. 텅 빈 카운터만 덩그러니 있어 재프리는 분주하게 인도의 별미를 만드는 척 연기를 했다. 그러면서 "정말 환상적인 결과가 나왔네요. 여기 현장에서 바로 고용될 정도네요"라며 능청스럽게 말했다고 한다.

그녀는 배우와 작가로서 확실한 경력을 쌓았다. 오늘날 그녀의 이름은 '영국인에게 카레 요리를 가르친 여성'으로 통한다. 하지만 그녀를 극도로 화나게 만드는 단어가 바로 인도 음식을 카레로 정의하는 것이다. 그런 그녀의 생각을 잘 감안해서 여기서는 그녀의 개성을 확실하게 드러내는 레시피를 골랐다. 바로 양고기 코르마인데 이 고전적인 인도 음식은 시간도 적게 걸리는 장점이 있다. 이 레시피는 그녀가 미국 시장을 공략하면서 쓴 레시피였다. 인도 음식이 아주 맛있으면서도 다른 음식과 어떻게 차별화되는지, 또 가격 면에서도 얼마나 저렴한지 생생하게 증명해주는 요리다.

83

생강 케이크

Ginger cake

세실리아 노먼, 1974년,

『주부를 위한 전자레인지용 요리법Microwave Cookery for the Housewife』

Recipe

- 밀가루 227그램
- 마가린 85그램
- 생강가루 1과 1/2티스푼
- 우유 5테이블스푼
- 골든 시럽 170그램

- 베이킹소다 1티스푼
- 황설탕 57그램
- 큰 달걀 1개
- 생강 설탕절임 57그램

골든 시럽과 마가린, 설탕을 적당한 크기의 용기에 담는다. 1분 30초 동안 익힌다. 재료들을 잘 휘젓는다.

밀가루와 베이킹소다, 생강가루를 체로 거른 뒤 여러 재료를 혼합한 위의 용기에 추가로 넣는다.

여기에 달걀을 풀고 우유 2테이블스푼을 골든 시럽과 함께 섞은 재료에 넣는다.

밀가루 혼합물을 잘 섞은 뒤 반죽을 잘 치댄다.

우유 3테이블스푼을 더 넣고 반죽이 차질 때까지 꾸준히 치댄다.

생강을 잘게 토막 내어 썬 다음 위의 재료와 혼합한다.

유리로 된 케이크용 용기(지름 약 23센티미터)에 혼합물을 붓는다.

5분 30초 동안 익힌다. 1분 30초가 경과할 때마다 혼합물을 1/4가량 돌려 주면서 골고루 익게 한다.

혼합물을 1인용 종이 케이스에 각각 따로 담는다. 각각 1분 정도 더 익힌다. 마지막으로 4인분용 케이크를 오븐 아랫부분에 함께 넣은 다음 동시에 3분 30초 정도 더 익히면 된다.

가젤과 유니콘이 합쳐진 동물, 아니면 당나귀이자 종마의 모습을 함께 지닌, 머리가 두 개인 변종 동물과 같은 특이한 존재가 세상에 나타났다. 1970년대에 영국 요리의 확실한 퇴보를 이끈, 어떻게 보느냐에 따라 진보가 될 수도 있는 물건이 나타났다. 바로 전자레인지가 가장 최신의 주방 액세서리가 된 것이다. 마두르 재프리 같은 인물이 천천히 더딘 속도로 진정한 요리를 선보일 때 영국에 기반을 둔 요리에 대해 책을 쓴 세실리아 노먼과 같은 작가들은 "가능한 한 빨리 식탁에 음식을 선보이는 것이 최고라는" 정신을 강조했다.

전자레인지의 발명으로 사람들은 몇 초 안에 음식을 데울 수 있게 됐다. 또 냉장고의 계보를 이어 생겨난 레귤로 오븐과 켄우드 셰프는 주부를 집 안의 노예로부터 해방시켜준 주방 기기다. 세실리아 노먼은 자신의 책에 소개할 대상을 정할 때 거침이 없었다. 그래서 책 표지에 명시된 제목에 '전자레인지'란 단어가 포함된 점만 빼면 200년 전에 출간된 책이라고 해도 믿을 정도다.

요리 관련 기술은 이미 발전되었던 덕에 이 책에도 여러 가지로 도입됐다. 그래서 음식을 준비하는 과정에 도움을 주면서 용감하게 주방 기구로 자리잡았다. 지금은 요리 과정이 발전을 거듭해 요리를 할 필요를 아예 없게 만드는 기구들이 생겨났다. 아이러니한 결과가 아닐 수 있다. 말인즉슨, 이제는 슈퍼마켓에서 다 만들어진 완제품 요리를 구입할 수 있게 된 것이다. 그래서 냉장고에 넣어 보관해두었다가 필요할 때 전자레인지에 넣어 데우기만 하면 된다. 그러면 바로 먹을 수 있는 요리가 완성된다. 그러다 보니 영국인들에게 너도나도 전자레인지를 구입하려는 분위기가 형성됐고, 이는 영국 음식 문화의 발전 가능성을 또 한 번 저해시키는 요인으로 작용했다.

그러나 세실리아 노먼은 책 도입부에 명확하게 언급했듯이 전자레인지에 대한 영국인의 열풍을 좋게 평가했다.

"1960년대에 전자레인지가 빠른 속도로 확산되면서 그 가치를 인정받았다. 음식을 공급하는 모든 유형의 기관이 이 가전제품을 도입할 정도였다. 왜냐하면 속도가 매우 빨라 미리 해놓은 음식을 데우기만 하면 바로 식사 대접이 가능했기 때문이다. 그리고 냉동식품을 해동하는 데도 그만이었다."

그녀는 책에서 전자레인지에 포함된 가열 부품이 제2차 세계대전 동안 레이더 검색 과정의 원리에서 발명됐다고 언급했다. 다음과 같은 성급한 표현도 서슴지 않았다.

"이제 전자레인지를 이용한 요리는 그 자체로 가정에서 직접 하는 요리만큼이나 높은 가치를 인정받고 있다. 음식을 빠른 시간 안에 데우거나 냉동식품을 해동하는 것은 물론이고 기본적인 요리를 할 때도 유용하다. 앞으로 전자레인지는 어떤 종류의 요리든 상관없이 모든 음식의 요리 시간을 단축시키는 역할을 하게 될 것이다."

세실리아 노먼은 전자레인지에 넣어서 하면 안 되는 요리들이 있다고 말한 적이 없다. 예를 들면 스테이크나 수플레, 빵이나 각종 구이는 전자레인지로 하지 말라고 충고한 적이 없다. 또한 그녀는 전자레인지가 실제로 어떻게 작동하는지 진지하게 생각해볼 필요가 있다고 이야기한 적도 없다. 그 과정을 알게 되면 어떤 음식도 그 안에 넣어 요리하고 싶은 마음이 들지 않을 수도 있는데도 말이다. 그러나 전문 평가단도 그런 조언을 하지 않기는 마찬가지였다. 아직 그 문제와 관련된 객관적인 검증이 이뤄지지 않았기 때문이다. 전자레인지를 둘러싼 다수 집단의 생각을 고려한 확실한 실험 결과가 미처 실행되지 않았던 것이다.

물론 전자레인지 제조업체는 이 가전제품이 안전하다고 주장한다. 그렇다 하더라도 전자레인지가 어떻게 작동하는 것인지 정확한 과정을 알 필요는 있다. 그 과정은 매우 간단하다. 음식이 이 기계에서 방출하는 전자파 방사선을 흡수함으로써 작동하는 것이다. 음식을 이루는 작은 분자들이 1초에 수백만 번 이상 진동한다. 아주 빠른 속도로 이뤄지는 마찰에 의해 음식이 뜨겁게 데워지는 것이다. 음식물의 분자는(주로 물이 대부분인데) 열을 받으면서 데워진다. 전자레인지는 기존의 오븐보다 더 빠른 속도로 열을 넬 수 있다. 왜냐하면 방사선이 음식물에 투과되는 속도가 오븐이 열 분자를 통해 음식물을 데우는 것보다 더 빠르게 진행되기 때문이다.

회의론자들은 전자레인지를 별로 좋아하지 않는데 그 이유는 다양하다. 어떤 회의론자는 음식을 구성하는 분자 화합물이 어떻게 변하는지 아무도 확실하게 알지 못한다고 주장한다. 방사선이 화합물을 최악의 상태로 변질시킬 수도 있다. 또한 회의론자들은 전자레인지가 작동하면서 비타민을 포함한 여러 영양소를 파괴한다고 말한다. 실험 결과 음식의 좋은 성분은 파괴되는 반면 리스테리아균과 같이 몸에 나쁜 성분은 남는 것으로 밝혀졌다.

노먼이 언급한 대로 전쟁 기간 동안 전자레인지에서 음식이 데워지는 원리가 발견됐다. 당시 상황을 예로 들면, 독일 병사들은 레이더 망 주변에 모여 추운 몸을 데웠다. 미국의 기술자인 퍼시 스펜서가 어느 날 우연히 레이더 장비를 가지고 있다가 주머니 속에 들어 있던 초콜릿바가 녹은 것을 보고 아이디어를 얻어 전자레인지의 가열 원리를 개발하게 됐다. 핵심은 음식과 같이 우리 인간이 유기물로 이루어져 있다는 사실이다. 여러분이 전자레인지에 고기 조각을 넣고 가동시키면 고기가 익는다. 그렇다면 여러분의 신체 일부가 그 안에 들어가면 어떻게 되겠는가? 여러분 자신이 하나의 음식물

1970년대에 전자레인지는 부엌에 꼭 있어야 하는
귀중한 주방 액세서리가 됐다.

처럼 익지 않을 이유가 없지 않은가? 전자레인지의 반투명한 창문 너머로 달걀이 '펑' 하고 터지는 과정을 보면서 곰곰이 생각해보라. 어쩌면 여러분의 눈에 따뜻한 눈물이 고이는 것을 느낄 수 있을지도 모른다.

실제로 러시아에서는 1976년에 전자레인지 사용을 금했는데, 너무 위험하다고 판단했기 때문이다. 하지만 페레스트로이카를 내세웠던 고르바초프가 권력을 잡으면서부터는 금지안이 풀렸다. 오늘날 작고 볼품없는 식당에서부터 크고 화려한 식당까지 모든 가게에 전자레인지는 기본으로 마련되어 있다. 뿐만 아니라 요즘 사람들 중에 전자레인지로 음식을 하거나 데우는 것을 완강히 거부하는 이는 거의 찾아보기 힘들다.

세실리아 노먼은 전자레인지로 케이크를 만들 수 있다고 제안한다. 만약 여러분이 그 요리법이 가능하다고 믿지 않는다면 여기서 소개한 생강케이크를 만들어보길 바란다. 그리고 여러분 스스로 결정하면 된다. 전자레인지로 요리는 할 수 있지만 베이킹까지는 할 수 없다고 생각하는가? 하지만 1970년대 중반으로 거슬러 올라가면 그 점을 불신한 사람은 거의 없었다. 심지어 세실리아 노먼까지도 전자레인지를 이용해 만들 수 있는 레시피에 관한 책을 여러 권 내지 않았던가! 그녀는 생선과 채소는 물론 잼과 피클까지도 전자레인지를 이용해 얼마든지 만들 수 있다고 주장했다.

반면 실험을 좋아하는 사람들은 다음의 두 가지 속임수 기술에 매료될 수도 있다. 첫째는 전자레인지에 금속으로 된 접시를 넣으면 집에서 번개가 치는 것처럼 폭발 사고를 낼 수 있다는 점이다. 그리고 전자레인지에 물이 든 컵을 넣을 경우 운이 좋으면 물이 뜨겁게 데워지는 데서 끝날 수 있다. 그러나 끓는점 이상으로 온도가 올라갈 경우에는 물에서 더 이상 거품이 생기지 않는다. 이때 행여나 티백을 넣었다면 물은 그 즉시 끓어오르고 티백은 폭발할 것이다.

미국의 '전자레인지 요리 전문가'로 자청하는 바버라 카프카는 이 기묘한 장치로 고기를 태울 정도로 구울 수 있는지도 궁금했다. 그녀는 "전자레인지로 음식을 태울 때까지 익히는 것이 가능하다. 갈색빛이 날 때까지 익힐 수 있는데 여러분이 원하는 형태로 잘 익는 것은 아니다"라고 답했다. 또 전자레인지를 사용하면서 발생할 수 있는 잠재적 위험 요소에 대해 세실리아 노먼은 가족 구성원 중 몇몇을 위해 전자레인지가 매우 쓸모 있는 선택 안이 된다고 주장했다.

"남편이 혼자서 거의 졸면서 베이컨을 굽는다면 가스레인지를 쓰는 것보다 차라리 전자레인지를 사용하는 편이 더 안전하다." 그러면 남편이 가스레인지나 그릴판에서 베이컨을 구울 때 기름이 튀어 화상을 입을 일도 없다. 만약 화상을 당한다면 붕대를 찾으러 가는 사이에 가스레인지나 그릴판의 불을 끄는 것을 깜박해서 베이컨을 그을릴 정도로 태울 수도 있다. 하지만 전자레인지는 타이머가 있어서 정해진 시간이 지나면 자동으로 꺼진다.

전자레인지가 언젠가는 휴대전화 및 각종 송신기와 함께 유해 물품으로 규정되는 날이 올까? 누가 알겠는가! 하지만 지금은 이 물건들이 우리의 일상생활을 편안하게 해주는 것만큼은 확실하다. 대다수의 사람은 이러한 물건들이 우리 뇌에 좋지 않은 영향을 미친다는 것을 알면서도 기꺼이 사용하기를 멈추지 않는다. 우리 뇌뿐만 아니라 고기를 태우지 않고 구울 때 앞으로도 계속해서 전자레인지를 사용할 것으로 전망된다.

84

연어 케이크

Salmon fish cakes

델리아 스미스, 1976년, 『검소한 음식Frugal Food』

Recipe

3인분

- 연어 통조림 213그램
- 잘게 썬 파슬리 2테이블스푼
- 잘게 다진 삶은 달걀 2개
- 안초비소스 1티스푼
- 튀김을 위한 같은
  양의 기름과 버터

- 껍질 벗긴 감자 227그램
- 잘게 다진 오이 피클 2개
- 레몬즙 2티스푼
- 밀가루
- 소금과 곱게 간 후추
- 카옌 고추 한 줌

싱싱한 연어를 쓰는 것만큼이나 통조림 연어를 사용해도 훌륭한 생선 케이크를 만들 수 있다.

먼저 소금물에 감자를 익히는 것부터 시작한다. 다 익으면 물기를 빼고 으깬다. 연어의 물기를 뺀 다음 껍질이나 뼈를 모두 제거한다. 포크로 연어살을 으깨서 반죽처럼 만든다.

감자를 연어와 파슬리, 오이피클, 삶은 달걀, 레몬즙, 안초비소스와 한데 섞는다. 모든 내용물을 골고루 잘 혼합한 뒤 소금과 곱게 간 후추, 카옌 고추로 간을 맞춰서 양념한다.

이 혼합물을 6개의 생선 케이크로 만든다. 각각의 덩어리에 밀가루를 입힌다.(이 과정을 미리 해놓을 수도 있다.) 생선 케이크를 뜨겁게 달군 기름에 양면이 노랗게 되도록 튀긴다. 기름기를 쏙 뺀 뒤 따뜻할 때 시식한다. 접시에 파슬리 잔가지와 쐐기 모양으로 만든 레몬을 장식한다.

델리아 스미스의 영향력은 처음에는 잔잔한 미풍에서 시작해 거대한 폭풍을 몰고 오는 힘을 발휘했다. 그녀가 펴낸 39권의 책은 2100만 부 이상 팔렸다. 복잡한 요리에서 아주 단순한 요리까지 요리책 분야를 주기적으로 뒤흔들어놓은 그녀는 꽤 적절한 시기에 세상에 모습을 드러낸 것 같다. 로버트 캐리어가 텔레비전 방송을 통해 왕성한 활동을 했다면 엘리자베스 데이비드는 매우 세속적인 방법으로 활동했다. 한편 델리아는 정말로 쉽고 간편하게 하길 원했다.

세상에 널리 알려진 그녀의 유명한 책은 마치 옆집에 사는 예쁘장하게 생긴 소녀처럼 귀엽기도 하고 당돌하기도 하다. 『요리하면서 교묘하게 속이는 방법How to Cheat at Cooking』인데, 이 책은 영국에서 포드의 코티나와 핫팬츠가 유행하는 시기에 나왔다. 페이퍼북으로 되어 있어서 바지 뒷주머니에 쏙들어간다. 이 책은 영국 화폐에 새롭게 도입한 단위인 페니로 35페니만 있으면 살 수 있었다.

그녀는 책 서두에서 다음과 같이 선언했다.

"만약 당신이 아침에 갓 따온 버섯으로 정성스레 음식을 만드는 사람이라면, 슈퍼마켓에서 파는 샐러드 세트를 사용하지 않고 각종 재료를 대충섞어 샐러드 만드는 것을 좋아하지 않는 사람이라면, 이 책은 당신을 위한 것이 아니다."

소책자로 발행된 그녀의 요리책은 가정에서 요리할 시간이 없는 어머니들을 위한 설명서라 할 수 있다. 집에서 남편이 아내에게 저녁 식사로 로버트 캐리어 스타일의 근사한 음식을 요구할 때 아내가 짧은 시간에 요리를 뚝딱 해치울 수 있도록 해주는 책이다.

1970년대 초반 미국에는 유럽에서 생산된 상품들이 대량으로 유입됐다. 프랑스에서 새로운 치즈들이, 이탈리아에서는 올리브유가 들어왔지만 젊은 여성과 소수의 젊은 남성들은 자부심을 느낄 수 있는 저녁 파티에 대한 열망과 그동안 한 번도 배운 적이 없는 요리에 대한 무지 사이에서 방황할 수밖에 없었다. 그들은 그동안 일률적인 식단 배급으로 세뇌 교육을 받았고, 집에서 어머니들은 '한번 만들면 오래 저장해서 먹을 수 있는' 음식을 만들기에 급급했다.

"여성 잡지에서는 화려한 음식을 만드는 여섯 가지 방법을, 현란한 고기 다지는 기술과 색채감 있는 그림으로 현혹하지만 알고 보면 그 이상의 소득은 없다."

델리아는 고심 끝에 자기만의 해결책을 찾아냈다고 주장했다. 간편한 즉석식품으로도 얼마든지 멋진 식사를 할 수 있다. 집에서 추가로 교묘한 솜씨를 발휘하기만 하면 여러분이 만드는 모든 음식은 집에서 차린 음식으로 둔갑할 수 있다.

그녀는 "나는 요리를 배우는 일에 열정이 매우 큰 사람이었다"라고 말했다. 그러면서 동시대의 요리책들을 보고 있노라면 실망하지 않을 수 없었다고 토로했다. 그녀는 엘리자베스 데이비드와 로버트 캐리어의 책을 소장하고 있었다.

때로 나는 내가 많은 것을 놓치고 있다는 느낌을 받을 때가 있다. 차를 운전하고 싶다면 우선 운전 수업을 받는 것이 기본이다. 차 열쇠를 바로 쥐어서는 안 된다. 어떻게 운전하라는 말을 들어서도 안 된다. 왜냐하면 당신은 운전을 직접 하기 전에 이론부터 배워야 하기 때문이다. 나는 혼자서 해내려고 무던히도 나 자신과 싸웠다. 그래서 다른 사람들은 내가 지나온 과정을 겪지 않아도 되게끔 그들에게 내가 쌓은 노하우를 이야기해주고 싶다. 한번은 마멀레이드를 만들려고 레몬을 준비했는데 요리책에서는 껍질을 벗기라는 말을 해주지 않았다. 그렇다면 당신은 레몬을 통째로 사용해서 즙을 낼 것인가? 소소한 예지만 나는 이런 식으로 사람들에게 요리하는 기술을 내 방식대로 알려주고 싶었다. 음식과 요리법이 주인공이지 내가 주인공은 아니다. 나는 그저 무대 뒤에 서서 당신이 요리하는 법을 잘 이해할 수 있도록 도와주는 역할을 하는 것이다.

델리아는 사람들이 대화에서 프랑스의 요리 용어를 그대로 차용해서 쓰며 잘난 척하는 것을 조롱했다. 자신의 책에서 "브라운 루가 나비의 한 종인 줄 알았고 드미글라스는 아이스크림의 절반을 가리키는 말인 줄 알았다"고 썼다. 그리고 그녀는 미식업보다 더 위대한 요리는 없다고 말하는 사람들을 대놓고 폄하했다.

"세상에는 요리보다 더 중요한 것이 얼마든지 있다."

델리아는 다른 사람의 눈치를 보지 않고 자기 생각을 당당하게 말했다. 요리 때문에 당황한 적이 있거나 실패해본 사람들은 그녀의 견해에 동의했다.

그녀의 출판 대리인인 데버러 오언은 말했다.

"그녀는 선생님이 아닌 친구로서 독자들에게 말을 건다."

데버러 오언은 그녀가 요리책 출판일을 시작할 수 있도록 도와준 사람이다. 델리아는 잡지에 실리는 사진과 관련해서 조언을 주는 가정학자로 일했는데 그때 함께 일했던 사진작가의 소개로 오언을 알게 됐다. 오언은 델리아에게 자신이 남편을 위해 데친 달걀 요리를 얼마나 완벽하게 만드는지 보여주겠다며 집으로 초대했다. 그때 오언의 눈에 델리아의 세상 물정에 밝은 명철함이 들어왔다. 미모도 아름답고 다정한 미소를 짓는 이 젊은 요리사의 가능성을 알아본 것이다.

데버러 오언은 몇 년 뒤 그때를 회상하며 말했다.

"나는 이 여성이 내 결혼식 준비를 도와줄 수 있다면 다른 모든 사람을 위한 결혼식 준비도 문제없이 할 수 있을 거라고 생각했다."

그녀는 델리아가 "기본기가 튼튼한 상식에 정통한 사람"이라고 묘사했다.

데버러 오언은 『데일리 미러Daily Mirror』가 1969년 새롭게 창간한 잡지에 델리아가 요리 칼럼을 쓸 수 있도록 도와줬다. 델리아는 타고난 이해력을 물심양면으로 발휘해 그녀와 같은 시대를 사는 사람들에게 필요한 정보를 전달했다. 그녀가 페이퍼북으로 펴낸 소책자는 두 사람이 비밀리에 공유한 정보로 채워졌다. 그녀는 독자들에게 이 책을 "꽁꽁 잘 숨겨두라"고 당부했다. 당신이 진정한 요리의 천재라는 것을 친구들에게 설득하려면 이 책이 말하는 몇 가지 교묘한 전략을 쓰면 된다. 하지만 친구들이 절대 이 책을 볼 수 없도록 잘 감춰놓아야 한다.

델리아는 주방 주변에 말린 허브를 걸어놓고 몇 가지 흥미로운 향신료가 담긴 병을 준비하라고 제안했다. 그러니 동네 슈퍼마켓에 가서 몇 가지 교묘한 속임수를 쓸 음식을 사기 전에 식재료를 구비해두어야 한다고 강조

델리아 스미스는 모든 사람이 오믈렛에서 당밀로 만든 푸딩에 이르기까지
기본 요리부터 만들 줄 알아야 한다고 강조했다.

했다. '건조시킨 우유캔과 크라프트 브랜드의 파르메산 치즈, 즉석 소스 혼
합 가루, 헬먼 브랜드의 마요네즈 단지'가 바닥나지 않도록 하는 것이 무엇
보다 중요했다. '즉석 매시 포테이토 가루와 배철러 브랜드의 건조 분말 채
소와 마크앤드스펜서 브랜드의 즉석 초콜릿소스'는 말할 것도 없다.

완제품이나 냉동식품을 제외하고 집에서 직접 반죽하지 않는 비법을
알려준다. 그중에는 다이제스티브 비스킷 8개와 버터 57그램을 재료로 쓰
는 레시피도 포함되어 있다. 버터를 녹인 다음 비스킷 부스러기를 넣는다.
통이나 접시에 비운 뒤 "방바닥을 완전히 덮는 카펫처럼" 납작하게 만든다.

1970년대에 그녀는 즉석식품으로도 얼마든지 진정한 음식을 만들 수 있다고 하면서 미래에 유행하게 될 다수의 요리를 자신이 강력하게 미는 레시피에 합류시켰다. 그녀가 방대한 분량의 요리책을 낼 때만 해도 사람들은 즉석 수프와 같은 인스턴트식품에 덜 의지하고 있었다.

그녀가 출연한 TV 쇼에서도 마찬가지로 인스턴트식품은 보조적인 수단에 불과했다. 그녀는 시청자들을 위해 이 식품이 구현하는 기특한 점을 알리고자 주방을 바쁘게 돌아다니지 않았다. 물론 그 점은 이전부터 경험으로 알고 있었다. 그녀가 출연한 첫 번째 방송은 제목이 「패밀리 페어Family Fare」였으며 1973년부터 총 33회 3시즌으로 방영되었다. 그녀는 그때를 회상하며 말했다.

"끔찍했다. 프로그램은 24분 30초 동안 진행됐는데 그 시간에 시청자들이 동시에 요리를 해야 했다. 그래서 중간에 실수를 하면 처음부터 다시 시작해야 했다."

무선 통신업체 RAF 사 설립자의 딸인 델리아는 런던 외곽에 위치한 벡슬리히스에서 자랐다. 그녀의 어머니와 할머니는 평범한 가정주부였지만 요리를 아주 잘하는 실력가였다. 델리아가 요리에 관심을 갖게 된 것은 남자친구가 자꾸만 전 여자친구의 요리 실력을 언급하며 비교했기 때문이다. 그녀는 작은 프랑스 레스토랑에 들어가 설거지를 하는 아르바이트를 시작했다. 그러다가 서빙을 하게 됐고 요리사를 도와 음식을 만드는 보조로도 일하게 됐다. 그러면서 델리아는 일라이자 액턴이 쓴 고전 요리책 등을 읽게 되었고 영국박물관에 전시된 요리책들의 매력에 푹 빠져들었다. 그녀는 기존 요리법을 연구하고 그 자신이 태생적으로 획득한 상식을 무기 삼아 영국 음식계에 존재감을 드러냈다. 영국의 가정 요리사들이 갈피를 못 잡고 갈팡질팡할 때, 그들을 안내해줄 누군가가 절실하게 필요할 때 때마침 그녀가 등장했다. 『요리하면서 교묘하게 속이는 방법』을 통해 델리아는 독자들에게 신뢰를 얻었고, 책을 낼 때마다 저자와 독자 사이에는 끈끈한 관계가 형성됐다.

그로부터 5년이 더 흘러, 1976년에 델리아는 여섯 번째 책인 『검소한 음식』을 세상에 내놓았다.(1973년에는 『도시 여관과 식당에서 가져온 레시피

Recipes from Country Inns and Restaurants』가 나왔고, 그다음 해에는 『대표적인 저녁 요리 Evening Standard』란 제목으로 레시피를 모은 컬렉션이 나왔다.) 새 책에서는 그녀의 목소리가 전보다 더 진지하게 변한 걸 확인할 수 있다.

"나는 아무런 제한 없이 식단을 선택하는 것이 엄격하게 제한될 거라고 생각한다. 우리가 살고 있는 이 지구에는 모든 인구를 먹여 살릴 만큼 식량이 충분하지 않다."

그녀는 인간의 식습관이 통제 불가능할 정도로 변질됐으며 비만 문제가 거의 '전염병의 확산율'과 맞먹을 정도로 번지고 있다고 진단했다. 교묘하게 속이는 요리법은 더 이상 화두가 아니었다. 이제 사람들은 저렴한 음식을 원한다. 그녀는 소위 노동력을 절감한 식단을 맹렬히 공격했다. 왜냐하면 가격이 "너무 비싸기 때문이다. 그래서 이러한 음식들에 결함이 생겨 문제가 일어나면 이 음식에 의존하는 사람은 문제를 해결할 방법을 찾기 어려울 것"이라고 불평했다.

값싼 음식의 대명사였던 인스턴트식품이 지금은 '너무 비싼' 음식으로 지탄받고 있다. 경제적 효율성이 최우선 순위가 되어버렸다. 예를 들면 포도주를 쓰는 대신 더 저렴한 사과주로 요리를 하는 식이다. 또한 델리아는 냉동식품에 대해 신중한 견해를 보였다.

"나는 냉동식품의 소비가 금전적인 절약을 약속한다는 것에 대해 아직도 이해할 수 없다."

그러면서 그녀는 피시 핑거fish fingers[생선살을 막대 모양으로 잘라 튀김옷을 입혀 튀긴 것. 보통 냉동 포장으로 판매함]가 "터무니없이 비싸다"고 비난하면서, 그녀의 대표 레시피로 연어 케이크를 소개했다. 달걀과 수프 요리, 그리고 캐러멜을 곁들인 사과 절임과 같은 단순한 디저트도 그녀의 책에 소개된 레시피다.

2년이 더 지난 1978년에 이르러서야 그녀는 영국 요리에 '대표적인 기여'를 했다는 인정을 받았다. 『델리아 스미스의 요리 강좌Delia Smith's Cookery Course』란 책을 출간했을 당시 그녀는 BBC 시리즈에 출연하고 있었다.

그녀는 훗날 그때를 떠올리며 말했다.

"내가 이 『델리아 스미스의 요리 강좌』를 집필하던 시기에 유복한 사람들은 코르동 블뢰에 등록했다. 그리고 돈 없는 사람들은 저녁 요리반 수업을 들었다."

"BBC 시리즈와 이 책은 사람들에게 집에서 요리를 배울 기회를 제공했다. 굳이 캄캄한 밤에 저녁반 요리 수업을 들으러 외출할 필요가 없었다."

델리아는 책을 쓰면서 영국은 자체적인 요리 개발을 거의 멈추다시피 한 것 같다는 말을 했다.

"영국에선 산업혁명이 시작되면서 지방 중심의 산업이 멈추다시피 했다. 그러면서 시골에 사는 가정은 국가와 연계되어 있다는 유대감을 상실했다. 훌륭한 요리의 뿌리가 시작되는 곳은 가정인데도 말이다."

델리아는 영국이 두 차례의 세계대전을 겪으면서 식량 배급 제도와 식량 부족 사태를 동시에 겪어야 하는 최악의 상황에 처해 있음을 고려했다. 그녀는 이어서 "전쟁이 끝날 때까지 모든 세대를 아우르는 인구가 요리에 대한 쾌락을 잊고 살았다. 많은 여성이 일터로 나가면서 집안일의 가치는 예전보다 크게 떨어졌다"고 지적했다.

델리아의 책에는 기본적인 요리법이 잘 소개되어 있다. 그녀의 말을 그대로 빌리자면 요리라는 것은 "즐겁고, 무엇보다 재미있어야 한다". 그래서 그녀는 요리의 기초에 대한 상식을 잃어버린 세대에게 오믈렛과 키시 quiches[햄, 양파, 크림 등으로 만든 파이], 생선 파이에서 그레이비소스와 모든 종류의 구이를 할 수 있도록 장려했다. 그와 더불어 당밀로 만든 푸딩에서부터 빵과 버터로 만든 푸딩에 이르기까지 기본적인 디저트를 제안했다. 그러면서도 균형을 유지하도록 다이어트와 날씬한 몸매를 위한 확고한 조언을 아끼지 않았다.

"내가 남의 접대를 받는 경우가 아니라면 주말에만 포도주를 마시도록 자기 자신과 약속한다. 그리고 푸딩이나 케이크 종류도 주말에만 먹도록 한다."

델리아가 음식의 쾌락을 누리지 못한 세대에 속한, 수많은 서투른 요리사에게 깨알 정보를 주려고 했던 것만큼은 확실하다. 그래서 그들은 물론 그들의 자녀 세대까지도 이 세상에 살아 있는 동안 요리와 함께 떠나는 여행에 동참시켰다.

85

전통식 부야베스

Classic bouillabaisse

키스 플로이드, 1984년, 『생선을 다루는 플로이드Floyd on Fish』

Recipe

6~8인분

- 곱게 다진 큰 양파 2개
- 으깬 마늘 5쪽
- 올리브유 28밀리리터
- 회향 잔가지 1개
- 끓는 물 2.3리터
- 각종 생선 2.27킬로그램:
  달고기, 농어, 양놀래깃과,
  돔발상어, 딱지가 연한 작은
  식용 게, 대구, 눈동미리류 포함
- 다진 숙성 토마토 5개
- 곱게 다진 리크 1개
- 오렌지 껍질 1테이블스푼
- 백리향 잔가지 1개
- 사프란 1회분 봉지 2개
- 소금과 후추
- 루유소스 1단지[아래 참고]
- 아이올리소스 1단지[아래 참고]
- 찐 감자 907그램

큰 팬에 양파와 리크, 마늘, 토마토를 올리브유와 함께 튀긴다. 채소가 금
빛을 낼 때까지 익힌다. 그런 뒤 백리향과 회향, 오렌지 껍질을 첨가한다.
내용물을 잘 섞고 5분간 더 익힌다.

다음 단계를 위해 물을 확실하게 끓인다. 펄펄 끓으면 올리브유와 채소를
넣고 1~2분 동안 센 불로 격렬하게 가열한다. 소스가 한눈에 봐도 걸쭉하
게 될 때까지 끓인다. 올리브유를 추가로 더 넣어도 된다. 적당하게 익었다
싶을 때까지 내용물을 계속 끓인다.

여기에 각종 생선을 넣는다. 생선 크기가 균등하지 않다면 큰 것부터 차례
대로 넣으면서 골고루 익힌다. 소금과 후추로 간을 맞추고 사프란을 추가로

넣으면서 10~15분 더 충분히 끓인다.

소스를 끓이는 냄비에서 생선을 조심스럽게 꺼낸다. 껍질과 뼈를 제거한다. 높이가 낮은 매력적인 접시에 생선을 가지런히 놓는다. 졸인 소스 1~2컵을 그 위에 뿌린다. 남은 소스는 큰 그릇에 부어놓았다가 루유소스나 아이올리소스와 함께 먹는다. 이제 찐 감자와 함께 아이올리소스를 곁들인 생선을 시식한다.

루유소스

• 껍질을 벗기고 곱게 다진 큰 마늘 2쪽
• 잘게 다진 붉은 칠리 고추 2개.
  (식료품점과 슈퍼마켓에서 싱싱한 상태의 칠리 고추를 구입할 수 있다.)
• 물에 적셔두었다가 큰 견과류 크기로 압축시킨 오래된 빵
• 올리브유 2~3테이블스푼

다진 마늘을 막자사발에 넣고 막자로 더 으깬다. 푸드 프로세서food processor[식재료를 자르고 섞는 만능 조리 기구]를 쓰기에는 양이 너무 적으니 그냥 수동으로 하자. 이제 견과류 크기로 압축시킨 빵을 추가하고 다진 칠리 고추를 넣어서 부드럽게 으깬다. 여기에 내용물이 부드럽게 섞이도록 올리브유를 소량 넣는다. 붉은빛이 도는 머스터드소스를 완성한다.

아이올리소스

• 마늘 8쪽   • 달걀노른자 2개
• 품질 좋은 올리브유   • 레몬 1개로 낸 즙
  430밀리리터   • 소금과 후추

먼저 막자사발에 마늘을 넣고 으깬다. 달걀노른자를 넣고 잘 휘젓는다. 올리브유를 소량 넣은 다음 걸쭉한 노란색 마요네즈소스가 완성될 때까지 힘주어 휘젓는다. 마지막으로 레몬즙을 넣고 잘 젓다가 소금과 후추로 간을 맞춘다.

아니면 푸드 프로세서에 올리브유만 빼고 모든 재료를 넣는다. 식재료가 다 섞이면 그 위에 올리브유를 소량 붓는다. 천천히 골고루 부으면서 달걀과 마늘을 잘 휘젓는다. 수동으로 하는 것만큼 잘되지는 않겠지만 시간을 절약할 수 있다.

셰프의 하얀 셔츠와 나비넥타이를 맨 키스 플로이드가 한 손에 포도주잔을 들고 난로 옆을 으스대며 활보하고 있다. 1950년대를 주름잡은 기회주의자의 매력적인 음성으로 그가 카메라를 향해 입을 뗀다.

"여러분은 지금 제 눈을 보면서 저 사람 난장판이구나라고 생각할지도 모릅니다. 네, 여러분이 받은 인상대로 저는 그런 사람일 수도 있어요. 그건 어쩔 수 없겠죠. 이 프랑스 포도주를 (…) 지난밤에 과하게 마신 것 같군요."

그러고 나서 그는 '세계에서 가장 맛있는 최고의 생선 스튜' 요리를 시작한다. 그가 선보이는 요리는 바로 부리드^{bourride}[부야베스와 비슷한 지중해식 생선 요리]다. 프랑스 프로방스 지방의 대표 음식 중 하나인데 그는 주방 곳곳을 날렵하게 돌아다니며 애드리브를 펼쳤다. 그러면서 카메라를 바라보며 어디에서 자신을 찍으면 되는지 말해주었다. "내가 저기로 가서 월계수잎을 잡고 있는 동안 여기에 머물러서 찍으면 됩니다"라고 말해주는 듯했다.

지금까지 텔레비전 방송에서 볼 수 없는 모습이었다. BBC 스튜디오에 마련된 주방 세트에서 요리하는 모습을 찍은 인물로는 델리아와 마두르 그리고 켄스가 있었다. 그의 대화는 직설적이었으며 요리와 관련된 조리 기술을 직접적으로 가르쳤다. 수많은 시청자는 키스 플로이드를 BBC 브리스틀^{Bristol}이 연출한 TV 화면에서 처음 보자마자 시선을 빼앗겼다. 그에 대해 더 알고 싶어하는 사람들이 그가 만든 레시피와 그의 신상 정보를 알기 위해 방송국에 전화를 걸어왔다. 플로이드는 훗날 이렇게 말했다.

"우리는 그저 우리가 하던 일을 했던 것뿐입니다. 우리는 그냥 길로 나

키스 플로이드는 1980년대에 TV 쇼에 출연해 유명 인사가 됐다.
수백만 명의 시청자가 그의 이색적인 요리 스타일에 열광했다.

가 생각했어요. 나가서 생선을 구해서 요리를 하자, 뭐 이런 식이었던 거죠."

여기서 그가 말하는 '우리'에 해당되는 인물은 키스 플로이드 본인과 데이비드 프리처드(그를 처음 발탁한 프로듀서) 그리고 고깃배를 이끌어준 선원을 의미한다.

플로이드가 말했다.

"우리 방송 프로그램이 영국 대중의 마음을 얻게 된 것은 즉흥적으로 느끼는 기분에 따라 방송을 했기 때문이에요. 상황이 안 좋은 방향으로 흐를 때도 마찬가지였어요."

방송이 제대로 진행되지 않을 때가 정말로 있었다. 그러면 플로이드는 더는 할 말이 없어서 잠깐 휴식을 취하자고 청했다.

그는 회상을 하며 다음과 같이 말했다.

"코니시 해안가에 있을 때나 아니면 데번 트롤선을 탈 때, 비가 억수같이 오거나 거친 바람이 불 때, 아니면 햇빛이 쨍쨍 내리쬘 때나 우리끼리 했던 것을 그대로 영상에 즉흥적으로 담았어요. 그런 영상이 대중적인 프로그램이 됐고 국가 차원의 방송이 된 거죠."

대중은 그들의 방송을 사랑했다. 플로이드는 기존의 쇼를 좋아하지 않는 새로운 관중으로부터 주목받으면서 그들에게 영감을 주었다. 그의 요리 방식은 고유한 그대로의 즐거움을 제공했다. 그것을 보면서 요리를 따라 하는 것이 아니라면 프로그램을 보면서 한잔하기에도 좋았다. 그가 출연한 요리 방송의 인기는 빠르게 확산됐다. 그의 발자취를 따라가는 다른 프로그램의 사회자들마저 그를 신뢰했다. 그는 새로운 장르를 탄생시킨 인물로 여겨졌다.

앤터니 워럴 톰슨은 이렇게 말했다.

"현대식 TV에 출연하는 모든 셰프는 그를 돌볼 의무가 있었다. 왜냐하면 그가 길을 잘 닦아놓은 덕분에 자신들이 활동할 수 있다고 믿었기 때문이다."

그는 플로이드의 시대가 지나고 몇십 년 후에 방송계를 이끈 셰프 중 한 사람이었다.

사실 플로이드와 프리처드는 기존 요리 방송의 단점을 보완하기 위한 취지 아래 이처럼 새로운 유형의 요리 쇼를 처음부터 작정하고 계획한 것은 아니었다. 그들의 방송은 꽤나 자연스럽게 만들어졌다. 플로이드는 그들이 하는 일이 어떤 파장을 일으킬지 예상은 했다. 그는 스튜디오에서 촬영하는 쇼가 "근본적으로 지루해서 현대적인 가정 경제 속에서 받는 일종의 중등교육 수업에 가까웠다"며 기존의 방송 형태에 대해 평했다.

프리처드는 플로이드가 브리스틀에서 운영하는 식당에서 수년간 만나온 사이였다. 주방에서 그를 보았고 어느 날 저녁 대화를 나누면서 조만간 이 독특한 개성을 지닌 남자를 꼭 촬영하겠노라고 다짐했다. 프리처드는 플로이드에게 "5분 정도면 충분할 거예요"라고 말하며 촬영을 제안했다. 그때를 회상하며 플로이드는 말했다.

"그가 내게 한 첫 번째 거짓말이 바로 그것이다. 촬영은 거의 하루 종일 진행됐다. 그는 내 전화기를 하루 종일 썼고 내 포도주를 다 마셨다. 그리고 내게 고작 15파운드를 주었다."

프리처드는 플로이드를 TV에서 선풍적인 주목을 받는 인물로 만들었다. 수십 편의 시리즈가 이어졌고 여러 권의 책도 냈다. 마침내 가정에서 하는 요리가 남성의 전유물이 되는 시대가 도래했다. 스포츠와 같은 요리, 젊은 여성들을 감동시킬 만한 남자들의 쿨한 수법이 된 요리, 사무실에서 쉽게 나눌 수 있는 대화 주제로서의 요리가 된 것이다. 플로이드는 가사의 대명사로 알려졌고 전 세계 수많은 셰프의 사랑과 존경을 한 몸에 받았다. 그럼에도 그는 결코 행복하지 않았다. 화로 옆에서 모습을 드러낸 그는 창의적이고 흥미진진한 이야기를 가득 담고 있는 인물처럼 그려지지만 정작 그자신은 매우 파괴적인 남자였고, 그의 개인 사업과 사생활은 혼란 그 자체였다.

그가 운영하는 식당들이 하나씩 문을 닫기 시작했다. 그가 문을 열었다가 닫아야 했던 가게 중 데번에 위치한 술집이 하나 있었는데 '때론 플로이드의 여인숙'이라는 이름으로 불렸다. 그러나 이 '때론'이란 표현은 그의 주장대로 정말 손님들이 어쩌다 한번 오는 곳이 되고 말았다. 결국 수백만 파운드의 손해를 입고 문을 닫아야만 했다. 그는 끊임없이 직원들을 해고했고 여러 명의 부인과 여자친구도 그의 곁을 떠났다. 그는 결혼을 네 차례나 했으며 술에 잔뜩 취해 있는 시간이 많았다. 결국 TV 화면에서도 더 이상 그를 볼 수 없는 날이 오고 말았다.

2007년 9월에 기자 제임스 스틴이 그를 옥스퍼드셔에 있는 한 술집에서 만났다. 플로이드가 살던 마을이었다. 그는 플로이드와 이틀 동안 대화를 나누었고 그에 대해 자세히 알게 됐다. 두 남자는 서로 대화가 잘 통했고 제임스 스틴은 결국 그의 전기를 써주는 대필 작가가 되기로 약속했다. 그러나 그와 관련한 첫 번째 미팅은 스틴의 머릿속에 잊히지 않는 장면을 각인시켰다.

"당신은 생기 있고 긍정적이며 활기 넘치는 밝은 사람이라는 이미지를 떠올리겠지만 모퉁이에서 만난 그는 놀랍게도 예전의 그가 아니었다. 조끼까지 갖춰 슈트를 잘 차려입었지만 술에 취한 모습이었다. 포도주를 많이 마시고 담배를 피운 사람의 행색이었다."

스틴은 그에 대해 이렇게 썼다. 결국 두 사람의 미팅은 우울한 분위기에서 진행됐다.

"나는 그에게 함께 살기 까다로운 사람인지 그 자신의 생각을 물어보았다. 그러자 그는 누가 가슴을 세게 강타한 것마냥 당황했다. 긴 침묵이 이어졌고 그의 눈가에는 눈물마저 고였다. 그는 나에게 판단을 내리기 난처한 질문을 했노라고 말했다."

플로이드는 자신에게 높은 명성을 얻게 해준 수단에 대해 비관적이었다. 스틴의 질문에 답하면서 그는 기회가 된다면 전혀 다른 삶을 살았을 것이라고 대답했다.

"텔레비전 출연도 하지 않았을 거요. 다시는 하지 않을 일이지. 지난 28년 동안 내가 관여한 일이라고는 합법적으로 변호사, 매니저들과 분쟁을 한 것뿐이오. 나를 소유한다고 생각하는 사람들과 수도 없이 싸웠어요. 그들은 친구처럼 내게 친절하게 대했지만 한 번도 내 허락을 받으려고 한 적이 없는 자들이었소."

플로이드가 기자에게 한 대답이었다.

그를 나중에 만난 사람들은 벨Bell 브랜드의 위스키를 즐겨 마시며 수척해진 그의 모습을 기억했다. 그는 식탁에 놓인 요리는 손도 안 대고 술만 마셨다. 그러면서 주변 사람들이 자기를 이용하기 위해 접근해온다고 불평했다. 그는 자신이 출간한 책에 대해서도 제대로 된 인세를 받지 못했다고 하소연했다. 음식에 대한 관심이 완전히 사라졌는지 더 이상 음식에 대한 열정이 느껴지지 않았다. 술이 그의 인생을 망쳐버린 것이다. 그의 아버지는 그가 주색에 빠졌다고 비난하면서 "너를 만나기 전에 난 한 번도 술에 취한 적이 없었다"고 말했다.

플로이드는 상류층 사람처럼 말하는 경향이 있는데 아마도 기숙 학교와 군대 경험 때문에 그럴 가능성이 높았다. 그의 부모는, 플로이드의 표현에 따르면 "열심히 일하는 노동자 계층"에 속했다. 그의 아버지는 전기계량기를 고치는 수선공이었으며, 그의 요리 실력은 어머니의 유전자를 물려받은 게 틀림없었다. 플로이드는 첫 번째 이혼 이후로 자신이 직접 요리하는 법을 배우기 시작했다. "나는 슬픔을 주체할 수 없었다. 요트를 장만해서 지중해에도 나가봤지만 소용없었다." 그는 정처 없이 떠돌았고 머무는 곳에서 요리사로 일했다. 다시 고향으로 돌아왔을 때 그는 전문 요리사로 거듭났고 식당을 열었다. 프리처드와 운명적으로 만난 것도 바로 그 식당에서였다.

플로이드는 어쩌면 자신이 요리계에 끼친 영향력에 대해 부정적으로 생각할 수도 있다. 물론 그를 제외한 나머지 사람들은 그의 기여도에 영원히 감사할 테지만 말이다. 그가 텔레비전에 출연해 얻게 된 성공을 후회한다면 그는 정말 훌륭한 연기자라고 말할 수 있다. 즐겁게, 천성적으로 요리에 대한 열정이 느껴지는 모습을 그렇게 감쪽같이 속이면서 연기해내다니, 이처럼 훌륭한 연기를 한 사람은 전에도 없었고 그 이후에도 없었다.

플로이드는 자신의 전통식 부야베스에 대해 다음과 같이 평했다.

이 요리의 전문가들은 진정한 부야베스는 결코 본고장을 떠날 수 없다고 말한다. 진정성을 그대로 드러내는 생선 냄새는 그곳에서만 얻을 수 있기 때문이다. 나는 그 말에 동의한다. 뜨거운 마르세유의 길거리에서 풍겨오는 냄새와 바람에 실려온 석유 냄새, 프랑스 골족의 전통이 느껴지는 곳에서 먹어야 제맛일 테니 말이다. 파란색 천막 지붕이 있는, 금방 막 치운 듯 깨끗한 식당 테라스에 앉아 맛보는 부야베스에서는 뭔가 통제된 듯한 히스테리와 흥분이 함께 느껴졌다. 하지만 까짓것 그곳이 아니면 어떠랴. 만들어볼 가치는 충분하다. 눈을 감고 당신이 프랑스에 있다고 상상해보라. 이 소소한 레시피를 그곳에서 만들어 먹고 있다고 상상하면 될 것 아닌가. 부야베스를 요리한 뒤 완성된 생선 수프를 후루룩 들이마셔 보라.

86

돼지고기 탕수육

Sweet & sour pork

켄 홈, 1984년, 『켄 홈의 중국 요리Ken Hom's Chinese Cookery』

Recipe

4인용

- 기름기 없는 돼지고기 340그램
- 왜간장 1테이블스푼
- 소금 1/2티스푼
- 빨간 고추(약 1/2개) 57그램
- 대파 57그램
- 옥수숫가루 2테이블스푼
- 단맛이 없는 셰리주 또는 청주 1테이블스푼
- 청고추(약 1/2개) 57그램
- 당근 57그램
- 푼 달걀 1개
- 기름, 가능하면 땅콩기름 426밀리리터
- 물기를 뺀 리치 통조림 또는 신선한 오렌지 조각 85그램

소스

- 닭고기 육수 142밀리리터
- 소금 1/2티스푼
- 설탕 1테이블스푼쌀
- 토마토 페이스트 1테이블스푼
- 물 1티스푼
- 왜간장 1테이블스푼
- 사과식초 또는 중국식 흰색 식초 1과 1/2테이블스푼
- 옥수숫가루 1티스푼

돼지고기를 2.54센티미터의 정육면체로 자른다. 셰리주 또는 청주를 담은 그릇에 고기를 넣고 왜간장 1테이블스푼과 소금 1/2티스푼을 넣고 20분간 재워둔다. 그러는 동안 청고추와 빨간 고추를 2.54센티미터 너비로 자른다. 당근과 대파는 껍질을 벗기고 2.54센티미터 크기의 정육면체 모양으로 자

른다. 고기와 채소의 크기를 균일하게 해야 접시에 담았을 때 시각적인 멋이 산다. 냄비에 물을 넣고 끓이면서 당근을 넣고 4분간 익힌다. 물기를 뺀 다음 당근을 식힌다.

달걀과 옥수숫가루를 그릇에 넣고 반죽 튀김옷이 되도록 잘 섞는다. 양념장 소스에 고기 조각을 담근 다음 꺼내서 튀김옷을 입힌다. 각 면이 골고루 입혀지도록 한다. 깊이 팬 튀김용 팬이나 큰 웍wok[중국 음식을 볶거나 요리할 때 쓰는 우묵하게 큰 냄비에 기름을 붓고 연기가 피어오를 때까지 달군다. 튀김옷을 적당히 입히고 구멍 뚫린 큰 국자로 퍼서 기름이 끓고 있는 냄비에 넣는다. 고기를 잘 튀긴 다음 키친타월 위에 놓고 기름기를 쏙 뺀다.

닭고기 육수와 간장, 소금, 식초, 설탕, 토마토 페이스트를 큰 소스용 팬에 놓고 잘 섞는다. 불 위에 놓고 끓인다. 여기에 준비한 모든 채소를 넣는다. 리치나 오렌지는 넣지 말고 우선 채소만 넣고 휘젓는다. 작은 그릇에 옥수숫가루와 물을 넣고 잘 섞는다. 이 혼합물로 걸쭉한 소스를 만들어 냄비에 붓는다. 불을 줄이고 약한 불에 끓인다. 여기에 리치나 오렌지를 넣고 돼지고기를 넣는다. 잘 젓다가 어느 정도 시간이 지나면 깊이 팬 접시에 돼지고기 탕수육을 담는다. 완성된 요리는 따뜻할 때 바로 먹는다.

켄 홈의 개인적인 삶은 중국식 식습관의 극단적인 두 형태를 잘 반영한 결과로 볼 수 있다. 그는 시카고의 차이나타운에서 유년기를 보냈는데 그때는 살기 위한 생존의 식사를 했다. 그 뒤 경제적 형편이 나아지면서 기쁨을 위한 식사가 가능해졌다. 포도주를 즐겨 마셨고 프랑스 서남부에 위치한 그의 집에서 포도주를 수집하는 애호가의 삶도 만끽할 수 있게 됐다. 그는 필요(삶을 유지하기 위한 곡물)에서 풍요(고기와 채소, 생존의 측면에서 볼 때 부차적인 요소)로 이행하는 기회를 운 좋게 얻었다. 영국에서 BBC 시리즈인 「켄 홈의 중국 요리」를 방영하기로 한 덕분에 그런 행운을 얻게 된 것이다. 그 뒤 그는 방송 제목과 같은 이름으로 책을 출간했는데, 120만 부나 팔려

나갔다.

그의 TV 쇼는 델리아 스미스나 마두르 재프리와 유사한 특징을 보였다. 사실 두 인물은 켄 홈이 그들이 주도하던 요리세계로 성공적으로 입문하는 데 영향을 준 중요한 사람들이었다.

어린 시절에 켄 홈은 정말 무일푼의 가난뱅이였다. 그의 아버지는 중국계 미국인으로 군인 출신이었다. 중국에서 만난 아내와의 사이에서 그가 태어났다. 그는 아내를 데리고 사회주의 혁명의 위협에서 벗어나고자 미국으로 도망가듯 이민을 떠났고, 켄 홈은 애리조나 주 투손에서 태어났다. 그러나 켄 홈이 생후 8개월 되던 때에 아버지가 갑자기 사망하고 말았다. 설상가상으로 아버지는 본인의 생명보험을 사망 직전에 해약했고, 영어도 할 줄 모른 채 과부가 된 부인은 어린 아들과 함께 살길이 막막해졌다. 결국 그녀는 생존 가능한 곳을 찾아 떠났는데, 바로 남편의 친척이 살고 있던 시카고의 차이나타운이었다.

켄 홈은 그곳에서 영어도 할 줄 모른 채 여섯 살 때까지 살았다. 어머니와 단둘이 외롭게 지냈으며 어머니는 미군 부대로 납품하는 중국 음식 통조림을 제조하는 공장에서 일했다. 그때까지도 켄 홈은 영어를 전혀 배우지 못했다. 그는 어머니가 등 부상으로 잠시 일을 할 수 없었던 끔찍한 시기를 떠올렸다. 먹을 것이 없어 쌀과 소금 간을 한 생선으로 연명했다. 그렇게 두 달 동안 모자는 보잘것없는 밥과 반찬으로 겨우 배를 채웠다.

그의 어머니는 훌륭한 요리사이자 재미있는 사람이었다. 열한 살 때 그는 삼촌 식당에서 일하기 시작하면서 요리에 대한 열정을 서서히 불태웠다. 그는 자신이 번 월급 전부를 어머니께 드렸다. 보너스를 받거나 임금이 인상될 때 여분의 돈만 챙기는 정도였다. 그러다가 10대가 끝날 무렵, 캘리포니아 대학에 들어갔고 본격적으로 음식에 대한 열정을 실행에 옮겼다.

그는 늘 음식을 했다. 자기가 먹을 요리를 하기도 했지만 친구들을 위해서도 자주 요리를 했다. 대학 등록금 마련에 문제가 생길까봐 걱정하던 찰나에 때마침 운 좋게도 그에게 요리 강사 제의가 들어왔다. 돈 많은 하원의원의 아내에게 요리를 가르치는 과외를 하게 된 것이다.

"사람들에게 파스타 만드는 법을 가르치고 300달러를 벌었습니다. 저에게는 마치 로또 복권에 당첨된 것 같은 행운이었어요."

그는 자기 집에서 요리 수업을 하게 됐고 나중에 캘리포니아 요리 아카데미 강사로 발탁됐다. 요리책을 만들자는 섭외도 이어졌다. 그는 뉴욕에까지 일터를 확장했다. 그가 말했다.

"잡담을 좋아하는 부류는 정말 중국 음식을 좋아하더군요."

그는 유명 인사가 됐다. 1982년에는 마두르 재프리를 어느 파티에서 만나기까지 했다. 그녀는 당시 영국에서 인도 요리와 관련된 시리즈에 출연 중이었다. 그런 그녀가 그에게 중국 요리를 대상으로 같은 방식의 프로그램을 해보라는 제안을 했다. 그 조언에 따라 켄 홈은 런던으로 가서 오디션을 봤다. 그의 역량은 충분히 인정을 받았고 결국 성공했다. 그는 스미스, 재프리와 함께 생방송 쇼를 하게 됐다. 단출한 스튜디오에서 사회자가 된 켄 홈은 조심스럽게 시청자들을 바라보며 오렌지를 곁들인 소고기 튀김 요리와 베이징 카오야北京烤鴨를 만들었다.

스미스는 켄 홈의 새로운 요리 시리즈를 홍보하기 위해 신문 칼럼에 "결코 잊을 수 없을 것"이라는 호평을 하기도 했다. 하지만 그의 성공이 처음부터 보장된 것은 결코 아니었다. 그가 영국에서 빌려 쓰는 집을 청소해주는 아주머니가 집 안 곳곳에 널려 있는 중국 요리 식재료를 보더니 이렇게 소리쳤다고 한다.

"대체 이 중국 쓰레기가 여기 왜 있는 거죠?"

그의 친구 중 한 명도 비관적인 견해를 보였다. 그녀는 친구인 켄에게 말했다.

"켄, 내 생각엔 다시 준비해야 할 것 같아. 이런 재료로는 어림도 없을 거야."

그러나 켄 홈의 요리는 큰 호응을 얻었다. 그의 시리즈는 방송을 타자마자 성공을 거두었다. 물론 그가 쓴 재료들은 현지에서 쉽게 구할 수 있는 것이 아니었다. 1980년대 초반에 영국의 슈퍼마켓 진열대에서 간장과 청주, 생강뿌리를 찾기는 어려웠다.

물론 당시 영국인들이 중국 음식에 친숙하지 않았던 것은 아니다. 중국 이민자들이 1960년대 이래로 마오쩌둥의 혁명을 피해 이주했고 1970년에는 4000명의 중국인이 음식업을 했다. 대부분 테이크아웃 전문점이었다. 여러 향이 결합된 중국 음식은 달콤한 동시에 시큼한 소스로 이루어져 있다. 영국인들은 역사적 무의식 속에 중국 음식에 대한 선입견이 있었다. 중세 시대 요리라도 달콤한 맛과 신맛이 동시에 느껴졌다. 중세 시대의 많은 레시피에서는 이 두 맛이 결합된 경우가 많았다. 음식학자 콜린 스펜서는 1980년대에 영국에 번창하던 중국 음식의 성공 사례에 대해 다음과 같이 평했다.

"우리가 좋아하는 중국 요리의 맛은 과거에 우리 조상들이 전통적으로 먹던 음식의 맛을 다시 느끼기 위한 결과로 볼 수 있다."

그러나 켄 홈은 자신의 레시피를 담은 요리책에서 달콤함과 시큼함이 동시에 느껴지는 돼지고기 요리에 대해 이렇게 말했다.

"잘 준비한 중국식 탕수육은 여러 가지 맛이 교묘하게 조화를 이루기 때문에 이 음식이 달콤하거나 시큼하다고 규정짓는 것은 지극히 제한된 범위로 맛을 평가하는 것이다."

어떤 경우든 간에 영국인들의 맛봉오리가 중국 요리 테이크아웃점에서 만들어진 음식에 많이 익숙해진 것은 사실이다. 켄 홈은 그러한 음식을 얼마든지 집에서 만들 수 있다며 영국인들을 설득했다. 그는 "자신이 적재적소에 있었다"고 말했다.

"이 나라가 내 음식에 흥미를 보였다. 당시에 이 나라는 배고픈 상태였다. 내가 제프리 아처를 앞서게 된 해에 베이징 카오야가 테이크아웃점에서 팔리는 메뉴에 들어가 있었다."

또한 영국인들이 주로 중국 요리를 할 때 쓰는 냄비인 웍을 사들이기 시작할 때 켄 홈은 수십 권의 책을 내고 여러 편의 TV 시리즈에 출연했다. 뿐만 아니라 커피숍을 열고 중국 주방 기구를 파는 일에도 뛰어들었다. 하지만 그는 영국인들이 뼛속 깊이 중국 요리를 사랑할 수 있도록 만들지는 못한 것 같다며 애통해했다. 많은 사람은 아로마 향이 나는 바삭바삭한 오리 구이와 해초류 튀김 같은 중국 퓨전 요리를 좋아한다. 그러나 외국에서 인기를 얻은 중국 요리는 정작 중국 현지에서는 볼 수 없는 것들이다.

"중국인들은 스팀 요리를 선호해요. 부드럽고 씹는 맛이 있는 요리를 좋아하죠. 반면 영국인들은 튀긴 것을 좋아해요. 그래서 스팀으로 찐 생선 요리를 권하면 인상을 쓰면서 싫어하죠."

이런 말을 하면서 그는 비통함을 감추지 못했다.

"영국인들은 음식에 대해 겁을 내는 것 같아요. 그들이 현재 먹고 있는 음식의 출처에 대해 별로 관심도 없어요. 값싼 식품으로 자기 자신에게 독약을 먹이는 중이라는 것도 모른 채 말이에요."

켄 홈은 TV에 출연하던 초창기에 카메라 앞에서 승리자의 미소를 지으며 덥수룩한 검정 머리카락을 일부러 더 보이려고 애썼다. 영국인들이 행복하게 배울 수 있는 것을 자신이 가르칠 수 있어서 행복한 것도 사실이었다. 그는 한 인터뷰에서 이런 말을 했다.

"중국인이 영국인에게 배워야 할 것은 법의 지배가 확실하다는 거예요. 하지만 영국인이 중국인에게 배워야 할 것은 바로 진정한 볶음 요리를 어떻게 하는지가 될 거예요."

87

기우라

오랫동안 천천히 푹 끓이는 소고기 찌개 요리_Giura

릴리아나와 리세타 부를로토, 1986년,

「레알 카스텔로 디 베르두노의 메뉴The menu at Real Castello di Verduno」

Recipe

8인분

- 숙성된 소고기(주로 목 부분)
  1킬로그램
- 셀러리 2개
- 로즈메리 잔가지 1개
- 흑후추 열매 15개
- 월계수잎 1개

- 흰 양파 큰 것 2개
- 당근 2개
- 마늘 3쪽
- 계피 막대 1개
- 간 보기용 소금
- 엑스트라버진 올리브유 2스푼

준비 과정

소고기를 큼지막하게 썬다. 깨끗하게 씻은 채소를 잘게 썬다. 로즈메리와
계피를 곱게 간다. 다른 재료와 한데 섞어 기름을 두른, 예열한 큰 테라코
타 냄비(또는 바닥이 두꺼운 소스용 팬)에 쏟는다. 두께가 상당한 뚜껑으로
냄비를 덮은 뒤 약한 불로 2시간 30분 동안 익힌다. 난로 위에 쇠로 만든
조리판이나 오븐에서 익히면 된다. 두껍게 썬 묵은 빵, 구멍이 듬성듬성 난
빵과 함께 먹어보자. 폴렌타polenta[옥수숫가루로 만든 음식] 및 익힌 채소와
함께 먹어도 좋다.

1986년 7월 26일 피드몬트에 있는 세라룽가 달바에서 카를로 페트리니가 미식업계의 의장으로 선출됐다. 이탈리아 문화교육단체는 훗날 동일한 관점을 지향하는 그룹과 합병했다. 그러면서 슬로푸드Slow Food로 더욱 유명해졌다. 이 단어가 당시 정확히 무엇을 뜻하는지보다 더 중요한 것이 있었으니, 그들이 당시에 무엇을 먹었느냐이다. 그리고 그 음식의 출처가 어디이며 어떻게 요리된 것인지에 대해 할 말이 더 많았다.

어느 저녁, 이탈리아 문화교육단체의 대표 회원들은 한 식당에 갔다. 세 자매인 릴리아나, 리세타, 가브리엘라 부를로토가 운영하는 레알 카스텔로 디 베르두노라는 식당이었다. 가브리엘라는 의장인 카를로 페트리니와 그의 동료들을 자리로 안내했다. 나머지 두 자매는 슬로푸드의 초석이라 할 만한 대표 음식들을 준비했다. 각 음식은 특정 지역의 음식 문화를 고스란히 간직했으며 정성껏 마련됐다. 음식의 맛은 섬세할 정도로 정교했는데 슬로푸드로서 매우 중요한 점이었다. 미국 출신의 셰프인 앨리스 워터스는 슬로푸드를 '맛있는 혁명'이라 칭했는데, 이는 음식을 위한 매우 소중한 운동이었다. 왜냐하면 음식 맛이 정말 슬로푸드가 지향하는 운동 내용만큼이나 훌륭하다면 사람들이 무작정 버거킹으로 향하기 전에 걸음을 멈추고 생각하지 않을 수 없게 될 것이기 때문이다.

그날 밤 대표 회원들은 처음으로 닭 간과 허브를 곁들인, 농촌에서 먹는 수프를 저녁으로 먹었다. 메인 코스로 소고기를 푹 익혀서 만든 스튜인 기우라가 애호박으로 만든 크림과 함께 등장했다. 피드몬트 지역의 특별 음식으로 초콜릿과 아마레티amaretti[바삭거리는 마카롱 과자]로 만든 푸딩의 이름은 현지어로 보넷bonet이었다.

식사의 주요 메뉴인 기우라는 젖을 최대한으로 다 제공한 나이 든 암소의 고기로 만든 간단하면서도 경제적인 요리였다. 고기에 미리 양념을 재워두었다가 현지산 포도주인 바롤로Barolo를 넣고 스튜처럼 장시간 끓이는데, 오븐에 넣어 익히기도 한다. 이 요리를 가장 먼저 만든 사람은 농민들로서, 바깥에서 힘든 노동을 하고 난 후 집에 들어와 이 음식을 만들어 먹었다. 이 전통 음식을 페트리니와 그의 동료들이 맛보게 된 것이다. 슬로푸드를 일반화시키려고 애쓰는 사람들에게는 이 음식이 그들에게 안도감을 주는 양식이 된다. 그래서 이 음식을 예찬하는 이유를 관철하기 위해 애쓰면서 마치 슬로푸드가 아니면 세상에 종말이라도 올 것처럼 부정적인 언어를 쓰며 자신의 음식 철학을 관철시키려고 노력한다.

슬로푸드를 주장하는 예찬론자들은 빅맥 햄버거를 먹는 것은 곧 그 사회를 멸종의 길로 이끈다고까지 믿는다.

"우리는 속도에 지배당하는 노예로 전락했다. 그리고 모든 사람을 동일한 해로운 바이러스에 노출시켰다. 패스트 라이프fast Life는 우리의 관습을 방해한다. 그리고 우리가 살고 있는 가정의 프라이버시를 침해하며 우리에게 패스트푸드를 먹으라고 강요한다."

슬로푸드 예찬론자들이 자주 하는 말이다. 슬로푸드를 지지하는 톰 브루스 가르다인은 기자이자 음료 전문 작가다. 그는 이런 주장을 펼쳤다.

"서양인들은 스스로 만든 방종의 이미지를 그대로 패러디하고 있다. 새로운 세기로 접어들면서 서양인들은 전보다 더 뚱뚱해졌으며 건강한 치아도 점점 잃고 있다. 게다가 예전보다 변비로 고생하는 사람 수가 늘어만 간다."

카를로 페르티니는 슬로푸드를 주장하는 많은 동료와 함께 그 스스로 이탈리아 미디어의 자칭 좌파 입장을 표명했다. 후퇴하는 세계를 막기 위해 그는 세상에서 가장 가난한 사람들의 문화를 개선하는 일에 앞장섰다. 결정적인 음식 전통은 그런 사람들이 계속 보존하고 있기 때문이다. 요리를 하는 방식도 그렇고 치즈를 만드는 방식에서도 소박한 사람들이 지금까지 고수하는 방식들을 보존해야 했다.

페트리니는 같은 생각을 가진 동료들과 함께 모일 때마다 음식은 그 자체로 훌륭해야 하고 진정성 있어야 한다며 입을 모아 강조했다. 한 예로 파리에서 열정적인 모임이 이뤄지던 날, 슬로푸드를 지지하는 운동가들은 그곳에서 철갑상어를 넣은 플랑flan[달걀, 치즈, 과일 등을 넣은 파이]에 흑양배추로 만든 소스와 감자, 백리향을 넣은 전채 요리를 먹었다. 그리고 송아지 고기로 만든 하얀 송로와 함께 나온 파스타 요리도 시식했다. 그러고 나서 양고기 안심 요리를 먹고 커피를 마셨다. 푸딩은 꿀을 넣은 젤리였는데 발사믹 식초와 야생 산딸기를 넣은 디저트였다.

모임에 나온 음식이 만족스럽지 않을 때는 그 공간이 순식간에 아수라장이 되기도 했다. 1982년 10월에 페트리니는 이탈리아 문화교육단체 동료들을 이끌고 토스카나 언덕에 위치한 몬탈치노로 갔다. 그곳에서 잔치가 열렸는데 브루넬로와 바롤로의 수확을 마치고 풍년을 기리는 행사였다. 이때 페트리니와 그의 동료들은 사회주의자 및 공산주의자들과 한자리에 있게 되는 절호의 기회를 얻어 그들의 염려와 정치 전략에 대해 좌파 정치가들과 허심탄회하게 이야기를 나누었다. 그러나 끝이 좋지 않았다. 결국 페트리니는 화가 잔뜩 나서 자리를 박차고 떠났다. 그가 상대와 나눈 대화 내용은 질적인 면만 따지면 훌륭했다. 그는 연회에 제공된 음식이 매우 형편없었기 때문에 화가 난 것이었다.

고향 브라로 돌아온 페트리니는 이탈리아 문화교육단체를 대표해서 그 행사를 조직한 주최자에게 분노를 가득 담은 편지를 보냈다.

"당신이 주최한 행사장에서 먹은 점심 식사에 대해 말씀드리려고 이 편지를 씁니다."

그의 편지는 이렇게 시작됐다.

"그곳에서 먹은 식사는 군대 막사 혹은 1950년대 저녁 식사에서나 맛볼 수 있는 수준이었어요."

그는 음식 맛에 대해 평가하면서 "끔찍한" "도저히 받아들일 수 없는"이란 수식어를 썼다. 그러면서 "차갑게 식은 파스타, 씹을 수 없는 리볼리타ribollita[이탈리아 토스카나 지방에서 주로 먹는 야채 빵을 넣은 수프], 씻지 않은 녹색 샐러드, 식용 불가능한 디저트였습니다. 그래서 많은 사람이 그 음식을 어떻게든 빨리 해치우려고 밀쳐내기에 바빴습니다."

만약 그가 그런 음식을 고향인 브라 지역에서 했다면 아마도 "공개 처형을 당했을 것"이라는 과장 섞인 말까지 서슴지 않았다.

1986년에 맥도널드가 로마에서 못생긴 얼굴을 드러냈을 때 사람들이 어떤 반응을 보였을지는 안 봐도 뻔하다. 페트리니와 그의 동료들은 또 한 번 분노를 표출했다. 로마에서도 고대의 유적을 간직한 아름다운 스페인광장에 떡하니 맥도널드가 들어선 것이다. 한 건축학자는 "폭탄이 이 도시에 떨어졌다"며 탄식했다. 도시설계학자이자 비평가인 브루노 체비는 이렇게 말했다.

"스페인광장이 이제 역겨운 튀김 냄새로 가득한 쓰레기 더미로 변할 것인가?"

그는 이것이야말로 "로마의 폐허"라고 말했다. 또 다른 사람들은 빅맥이 로마를 접수한 것에 대해 이보다 더 해로운 "미국의 대량 서식"은 없다고 비꼬았다.

카를로 페트리니는 동료들을 모아 유명한 스페인광장의 계단에 자리를 잡고 계단 위쪽에 있는 산타 트리니타 데이 몬티 성당까지 점령했다. 그러고는 그곳에서 파스타를 먹었다. 마늘과 칠리 고추를 넣고 가벼운 토마토소스로 만든 음식을 먹으며 시위를 펼친 것이다. 슬로푸드는 그날 제 목소리를 냈다. 그리고 이 운동의 이름을 영어로 지음으로써 더 많은 사람이 운동의 취지를 이해하고 참여할 수 있도록 유도했다. 그들은 그들만의 방식으로 빅맥과 싸운 것이다.

그럼에도 불구하고 로마에 맥도널드가 세워졌으며 3만 개에 가까운 지점이 전 세계에 들어섰다.

최초의 맥도널드는 미국 일리노이 주 데스플레인스에 1955년 4월 15일 들어섰다. 페트리니의 음식 철학은 그의 멘토 중 한 사람인 프랑스인 브리야사바랭의 철학과 크게 다르지 않다. 브리야사바랭은 평소에 사람들에게 "천천히 먹고 음식 맛을 신중하게 음미하라"고 강조했다. 또 그가 한 다른 말들 중에 맥도널드를 겨냥한 말로 옮겨도 될 만한 글귀가 많다. 그는 이런 말도 했다.

"당신이 어떤 종류의 음식을 먹는지 내게 말해주시오. 그럼 나는 당신이 어떤 유형의 인간인지 말해주겠소."

한편 페트리니는 음식에 대해 사람들의 관심이 늘어나는 것을 우려했다. 진정한 음식 문화의 정착이라기보다는 무지를 낳는 결과를 초래한다고 보았기 때문이다. 그는 한 기자에게 다음과 같이 말하기도 했다.

"우리는 미식업과 각종 레시피에 둘러싸여 있어요. TV를 켜보세요. 전 세계의 모든 풍경을 다 볼 수 있어요. 당신은 스푼을 들고 있는 바보 같은 사람을 보게 될 겁니다. 각종 신문과 잡지에도 레시피들이 있고 사체 위에서 찍은 것처럼 끔찍해 보이는 음식 사진들이 넘쳐나고 있어요. 이것은 일종의 수음이자 자위에 가까워요. 우리는 음식을 손이 닿지 않는 받침대에 고이 모시기보다는 표준이 되는 정상적인 음식을 먹어야만 합니다."

그에게 요리란 결코 집안일의 일부가 아니었다. 왜냐하면 맥도널드로 의심할 여지 없이 도피할 수도 있는 요리사를 대체할 만한 진정한 음식을 만드는 일이기 때문이다. 그런데 여기서 참으로 아이러니한 점은 페트리니 자신도 요리를 자주 하는 것은 아니라는 사실이다. 그는 엘리트주의에 빠져 있다는 질책도 받았다. 그가 슬로푸드를 주장할 때 하는 말이 있다.

"국제적인 슬로 운동이 지향하는 문화의 목표는 모든 형태의 맹목적 국수주의를 무너뜨리는 것이다. 다양성을 재정립하고 문화적 상대주의를 건전한 수위에서 자유롭게 추구하는 것이다."

어쩌면 여러분 중에는 그의 주장에 어느 정도 수긍은 하지만 어찌 됐든 그전에 맛있는 햄버거와 감자튀김부터 먹고 싶다고 생각하는 사람도 있을 것이다.

88

캐비아를 곁들인 굴 탈리아텔레

Tagliatelle of oyster with caviar

마르코 피에르 화이트, 1987년,

「하비스의 메뉴The menu at Harvey's」

Recipe

4인분

싱싱한 굴 20개(즙이 풍부하고 껍질 형태가 둥근 것을 껍질째 준비할 것)

화이트버터소스

- 곱게 다진 샬롯 4개
- 정육면체 모양으로 자른 무염버터 225그램
- 입맛에 따라 필요한 양만큼의 레몬즙
- 화이트와인 식초 75밀리리터
- 소금과 곱게 간 백후추

시식 재료

- (가능하면 짙은 녹색을 띤) 오이 225그램
- 싱싱한 해초 그리고(또는) 암염
- 버터 25그램
- 탈리아텔레 225그램
- 블랙 캐비아 2테이블스푼

소스 만들기

프라이팬에 식초를 넣고 샬롯을 시큼한 냄새가 날 때까지 1~2분 정도 익힌다. 여기에 찬 물을 몇 방울 넣고 다시 불 위에 가열해 졸인다.

프라이팬을 불 위에서 내려놓은 다음 그 위에 버터 조각을 하나씩 조심스럽게, 그러면서도 빠르게 넣는다.

20분 동안 소스가 걸쭉하게 될 때까지 기다린다. 소금과 후추로 간을 하고 원하면 레몬즙도 소량 넣는다. 모슬린 천에 소스를 거른다. 필요하다면 다시 한번 간을 보고 양념을 더 해도 좋다. 따뜻한 상태로 두었다가 요리가 다 됐을 때 곁들여 먹는다.

탈리아텔레와 오이 장식 준비하기

오이 껍질을 벗기고 씨를 빼낸다. 가늘게 채 썰듯이 약 4센티미터 길이로 자른다. 팬 위에 오이가 덮일 정도로 물을 붓고 버터 1/2조각을 넣는다. 오이가 부드럽게 익을 때까지 불 위에 팬을 놓고 끓인다. 오이의 물기를 빼고 따뜻한 상태를 유지한다.

식사를 하기 전에 탈리아텔레가 충분히 잠길 정도로 물을 붓고 끓인다. 여기에 남은 버터를 넣고 필요하면 양념을 더 해서 간을 한다.

굴 요리하기

껍질이 둥근 굴을 박박 깨끗하게 문지른다. 작은 팬에 넣고 굴이 충분히 잠길 때까지 물을 붓고 끓인다. 끓이면 살균 소독도 되고 껍질이 따뜻하게 데워진다.

굴즙을 모은다. 껍질에 남은 것은 제거한다. 이 즙을 작은 팬에 넣고, 필요하다면 굴이 잠길 정도의 물을 조금 넣고 끓인다. 여기에 굴을 넣고 촉감이 탱탱해질 때까지 약한 불로 익힌다. 1분 정도만 익히는 것이 중요하다! 굴의 물기를 제거한 뒤 깨끗한 천으로 톡톡 두드려주고 따뜻한 상태로 유지한다.

시식하기

해초 또는 암염을 깐 바닥에 각 음식을 올려놓는다. 둘 다 없으면 매시 포테이토를 놓고 그 위에 굴 껍데기를 올려놓은 다음 그 안에 굴 요리를 놓아도 좋다. 5개의 따뜻하게 데운 굴 껍데기를 조심스럽게 각 접시 위에 올려놓는다.

물기를 뺀 탈리아텔레를 포크로 휘감아서 작은 둥지 모양으로 만든 다음

굴 껍데기 한쪽에 올려놓는다. 그 위에 굴을 올리고 채 썬 오이로 장식한다. 굴 위에 버터를 섞은 간장을 수저로 떠서 소량 뿌린다. 그런 다음 굴 1개당 캐비아 몇 알씩을 올려놓는다. 원하면 해초로 접시 주변을 장식한다.

1987년 어느 매섭도록 추운 밤에 스물네 살의 젊은 주방장 마르코 화이트가 스승인 젊은 여자 셰프 및 두 명의 웨이터와 함께 그의 식당 문 옆에 서 있었다. 그들은 완즈워스 커먼에 무섭게 내리는 눈을 응시했다. 식당은 텅 비어 있었다. 가게가 문을 연 지 며칠이 지났지만 날씨가 도와주질 않았다. 마르코 화이트는 그날 이런 생각이 들었다고 했다.

'우린 끝장이야. 이런 식으로 몇 밤만 더 손님이 오지 않는다면 파산하고 말 거야.'

그러나 그의 눈을 가득 채운 별이 있었으니 바로 미슐랭 별Michelin star이었다. 주로 프랑스 요리를 전문으로 하는 식당이 미슐랭 별을 획득했다. 마르코 화이트는 이 점을 염두에 두고 전통 프랑스 요리를 배우는 일에 열중했다. 1970년대에 이어 1980년대 초반에 많은 식당에서 프랑스 요리를 선보였다. 영국은 19세기 말까지도 프랑스 요리의 지배적인 영향력을 묵인하는 듯했지만 20세기의 전쟁 후부터는 본격적으로 프랑스 요리에 관심을 가졌다.

1970년대 초반에 인기 있었던 알베르와 미셸 루 형제를 예로 들 수 있다. 이 형제는 런던의 저녁 식사 풍경을 한 단계 더 멋지게 만드는 역할을 톡톡히 했다. 1969년에 형제가 연 식당인 르 가브로슈Le Gavroche는 젊은 셰프들이 요리 트레이닝을 받고 싶어하는 가장 인기 있는 곳이 됐다. 그 밖에 영국에 프랑스 요리를 선보이는 식당들은 더 있다. 라 탕트 클레르La Tante Claire를 운영하는 피에르 코프만도 있고, 더 코넛The Connaught을 운영하는 미셸 부르댕도 런던에 첨단 유행을 달리는 식당을 열었다. 1984년에 독학으로 요리를 배웠다는 레몽 블랑 셰프는 옥스퍼드셔에 르 마누아르 오 콰세종Le Manoir aux Quat'Saisons이란 이름의 식당을 차렸다. 야망 있는 셰프들은 이들이 운영하는 식당에 와서 프랑스 셰프들이 있는 주방에서 일하길 원했다. 떠오르는 신예 요리사로 재능을 떨친 마르코 화이트는 이 유명한 식당에서 일하게 되는 행운을 얻었다.

　리즈의 노동자 계층 가정에서 태어난 마르코는 10대 후반에 해러게이트에 위치한 세인트조지 호텔에서 첫 아르바이트를 시작했다. 그는 그곳에서 처음으로 이건 로네이의 가이드북을 접했다. 페이지를 넘길 때마다 그의 눈길은 화려하고 멋진 식단에 빼앗겼고 불꽃이 튈 정도로 이글거렸다. 그 뒤에 그는 이 작은 빨간 가이드북의 사본을 구했고 많은 사람이 원하는 별, 얻기 매우 힘든 별을 알게 됐다. 이 별을 얻는 사람이 흔치 않았기 때문에 어린 마르코의 마음에 더 큰 불을 지폈는지도 모른다. 마르코는 그때부터

유명 셰프인 마르코 피에르 화이트(오른쪽)는 33세의 나이에
미슐랭 별 3개를 받는 데 성공한 영국 최초의 최연소 요리사로 급부상했다.

언젠가는 꼭 자기도 미슐랭 별을 따겠다는 놀라운 야심을 품었다. 그가 쓴 글에는 다음과 같은 구절이 있었다.

"돈은 중요하지 않다. 나의 성공은 바로 미슐랭 별로 매겨질 것이다."

미슐랭 별에 대한 그의 꿈은 이어졌고 영국 최고의 식당 여러 곳에서 훈련을 받았다. 그 뒤에 그는 자기 힘으로 미슐랭 별을 따기 위해 열심히 일했다. 요리사로서 성공하는 과정은 매우 힘든 여정이었다. 그러다 보니 그는 그 별을 수여하는 기관이 혐오스럽게 느껴지기까지 했다.

미슐랭 별을 받은 식당을 소개하는 『미슐랭 레드 가이드Michelin Red Guide』는 수많은 요리사에게 공포의 대상이었다. 요리사들은 별을 얻기 위해 잠도 자지 않고 일하면서 매년 2월에 출간되는 이 책자에 자신이 일하는 식당의 이름이 오를 수 있도록 고군분투했다. 이 가이드의 발행은 1900년에 시작됐다. 자동차가 귀하던 그 시절에 훌륭한 자동차 정비소는 더 귀했다. 그때 앙드레와 에두아르 미슐랭 형제는 1880년대에 타이어 회사를 설립해 잠재적 가능성이 있는 고객들을 대상으로 한 가이드북을 출시했다. 어디에서 타이어를 교환할 수 있는지 그리고 여행 도중에 들러서 식사하기에 좋은 맛집은 어디인지를 함께 소개했다.

처음에는 타이어 회사의 상품 판매를 위한 마케팅 전략의 일환으로 식당을 소개했지만 이 가이드북에 소개된 식당의 영향력은 빠른 속도로 커졌다. 1926년에는 최고의 식당에 미슐랭 별을 주는 의식까지 시작하게 됐다. 별 1개는 "해당 음식을 전문으로 하는 식당 중 매우 좋다"는 평을 의미했다. 그리고 별 2개는 "훌륭한 요리 덕분에 또 한번 들를 만한 가치가 있다"는 뜻이었다. 이어서 별 3개는 "다른 식당과 비교할 수 없는 뛰어난 맛을 자랑하며 이 음식을 맛보기 위해 일부러 여행을 가도 좋을 정도"를 의미했다. 별 3개는 1980년대 초반에 마르코 화이트의 마음을 사로잡기에 충분했다.

웨스트요크셔에 위치한 명성 높은 식당인 박스 트리Box Tree에서 일했던 그는 런던으로 넘어가 원즈워스에 있는 르 가브로슈 식당의 문을 두드렸다. 그곳에서 그는 알베르 루를 만났다. 마르코 화이트의 요리 실력에 깊은 인상을 받은 루는 그에게 말했다.

"리즈로 돌아가 짐을 싸서 월요일까지 이곳으로 오시오. 그리고 화요일부터 이곳에 나오세요."

그렇게 마르코 화이트는 자신의 잠재력을 최대한 발휘하며 살았다. 미슐랭 별을 얻는 데 성공하기까지의 여정은 루의 식당에 들어가면서 본격적으로 탄탄대로를 달리기 시작했다. 한번은 루가 그에게 말했다.

"내가 별 3개를 얻지 못하면 저 템스 강물에 뛰어들겠다."

1987년의 겨울, 절망적인 그날 밤, 몇몇 손님만이 강추위를 뚫고 그의 식당을 찾았다. 그 손님은 교도소 교관과 그의 아내였다. 그러나 단골이 되지 못하고 일시적인 손님으로 그쳤다. 이 식당이 바로 하비스Harvey's다. 그러나 식당 비평가가 방문한 뒤부터는 44명을 수용할 수 있는 식탁이 꽉 찰 정도로 손님들이 북적거렸다. 페이 매슐러는 이 식당에 대해 "변덕스럽긴 하지만 멋진 마르코와 그의 강렬한 색깔이 9미터 멀리 떨어진 곳에서도 그의 크렘 브륄레crème brûlée(불에 그을린 크림이라는 뜻)'를 찾게 만든다"고 평가했을 정도다. 그 뒤에 마르코 화이트의 관심사에 영감을 주었던 이 남자는 그 식당을 자주 찾았다. 이건 로네이 역시 화이트의 음식에 대한 리뷰를 썼다. 마르코 화이트는 "그 뒤로 식당의 예약이 멈추질 않았다"고 말했다. 이건 로네이는 그를 부를 때 중간 이름까지 꼭 붙여서 마르코 피에르 화이트라고 했다. 이름에 들어 있는 화이트는 깔끔하게 정돈된 이미지로 기억하게 하는 데 어느 정도 기여했다. 장사가 잘되자 마르코 화이트는 본격적으로 자신의 요리가 미슐랭 별을 딸 수 있도록 집중했다. 결국 별을 얻는 데 성공했고, 이는 1980년대와 1990년대를 이끈 수많은 요리사의 명성에 이어 그의 시대를 맞는 데 이바지했다.

하지만 세련된 우아함을 자랑하는 그의 레스토랑과 작은 예술작품에 견줄 만한 그의 요리들과는 대조적으로 주방의 모습은 우아함과 거리가 멀었다. 화이트는 훗날 이렇게 털어놓았다.

"하비스에서 나는 아드레날린이 샘솟는 천국을 경험했지만 동시에 그곳은 고통의 낙원이었다."

주방 한가운데에 있는 테이블에서 그는 종이에 메모해둔 요리들을 한데 모으기 시작했다. 그의 헝클어진 곱슬머리가 얼굴을 가렸다. 그는 직원들이

각 요리의 재료를 자기 앞에 가져올 때까지 초 단위로 숫자를 셀 만큼 엄격했다.

"우리는 거의 늑대 같았어요. 여기저기로 뛰어다니며 모든 일을 해치워야 했으니까요."

어떤 실수도 용납되지 않았다. 실수를 하면 정신적인 공격은 물론 신체적인 공격도 감수해야만 했다. 주방에 피해를 준 사람은 쓰레기통에 내동댕이치는 벌을 받았을 정도니 더 말해 무엇 하랴. 주방이 너무 덥다는 불평이 들리자 화이트는 오히려 에어컨을 끄고 요리사들의 옷에 헐렁한 구멍을 내라고 했을 정도다. 그러나 그의 보조로 꾹 참고 일한 사람 가운데 나중에 큰 성공을 거둔 요리사가 있었으니 바로 고든 램지다.

화이트는 주방에서 크게 분노를 터뜨리지는 않았다. 그러나 잘못된 요리를 만들거나 지각하는 직원, 웨이터에게 손가락질하며 비난의 화살을 돌리는 직원은 바로 식당을 떠나야 했다. 그는 셰프라기보다는 록 스타에 가까웠다. 또 미디어의 주목을 받는 것을 즐기는 편이었다. 1980년대 중반에 한 기자가 그와 인터뷰를 하면서 말했다.

"지난 2주 동안 식당에 고용된 직원 8명이 해고됐다고 들었습니다."

그러자 마르코 화이트는 "2주에 8명이라……"고 중얼거리며 생각에 잠겼다. 그러고는 늘 그렇듯 말버러 담배를 입에 물며 대답했다.

"세상에, 제가 평균 이하의 인간이었군요."

그러나 그 어느 것도 그가 미슐랭 별을 획득하는 데 방해 요소가 되지는 못했다. 그는 완벽함과 일관성으로 무장해 자신이 아는 요리 기술로 당당히 그 별을 따냈다. 그의 메뉴는 전통 프랑스 요리로 구성되어 있었다. 돼지 방광 주머니 안에 비둘기 고기를 넣어 만든 요리에서 돼지 족발, 조개 수프, 굴이 들어간 라비올리를 비롯해 캐비아를 곁들인 굴 탈리아텔레도 포함됐다. 그는 이에 대해 훗날 이렇게 평했다.

"각 방면에서 뛰어난 기량을 보여야 성공할 수 있다. 그저 맛이 훌륭한 요리로는 충분하지 않다. 맛도 좋아야 하지만 시각적인 매력도 무시할 수 없다는 것을 알아야 성공한다. 실제로 모든 면에서 뛰어난 음식은 몇 안 되는 것으로 알고 있다. 매우 희귀하다."

힘들게 고생한 데다 뛰어난 재주를 가진 그에게 드디어 보상의 날이 왔다. 1년 만에 그가 미슐랭 별을 획득한 것이다. 2년 뒤에는 별 2개를 획득했다. 1995년에 그는 영국인으로서 별 3개를 획득한 최초의 요리사가 됐다. 그때 그의 나이 겨우 서른셋이었다. 별 3개를 얻게 된 최연소 영국인 요리사가 된 것이다.

"별 1개를 따는 것도 매우 힘든 일이다."

그는 훗날 당시를 회상하며 이렇게 말했다.

"별 2개를 따는 것은 그보다 훨씬 더 힘든 일이었다. 결국 별 3개를 획득했다는 소식을 들었을 때 (…) 그동안 열심히 달렸던 경주가 드디어 끝났다고 생각했다. 나는 미슐랭의 드럼에 맞춰 춤을 췄다. 나는 경기 규칙을 잘 이해하고 있어서 미슐랭 심사위원이 어떤 점을 기대하는지 잘 알았다."

마르코 화이트는 5년 동안 별 3개를 획득했다. 1999년 11월 그는 미슐랭 기관에 전화를 걸었다. 그리고 12월 23일자로 요리를 중단할 것이라는 소식을 전했다. 그는 별점을 주는 심사위원인 데릭 벌머에게 다음번 가이드북에서는 자신의 이름을 빼달라고 요청했다.

그러나 미슐랭 기관은 그의 치기 어린 요청을 거부했다. 미슐랭 별을 딴 식당을 홍보하는 입장으로서 그의 요구가 탐탁지 않았기 때문이다. 마르코 화이트는 자신이 그 식당에서 더 이상 요리를 만들치 않으니 의미가 없다고 했다. 그는 거짓말을 하고 싶지 않았다. 그리고 요리를 하지 않으니 별을 계속 받을 수 없다고 생각했던 것이다. 그는 별을 받는 것에 대한 압박감을 떨쳐버리고 싶었다. 그래서 미슐랭 기관을 상대로 화를 내고야 말았다.

"요즘 미슐랭 별이 색종이 조각을 뿌리듯 남발되는 것 같다."

2010년에 그가 한 말이다. 그는 베일에 싸인 심사위원들이 과거에 판단했던 것보다 음식에 대한 지식과 식별 능력이 더 낮아지고 있다고 평가했다. 그래서 주방에서 시간을 보내는 것보다 TV 방송에 출연하는 시간이 더 긴 셰프들에게 별을 주는 것 같다는 말도 덧붙였다.

"가이드북에 소개된 별점을 받은 식당 전체에 의혹을 품어야 할 때가 됐다. 현재 미슐랭 기관 전체가 불안정하다."

마르코 화이트는 당당하게 주장했다.

사람들의 갈채를 한 몸에 받고 있는 셰프 니코 래드니스는 그에 대해 이렇게 말했다.

"마르코는 음식에 미친 열정을 가진 사람이다. 지금까지 살면서 그보다 더 음식에 열정을 쏟는 사람을 본 적이 없다. 광기에 가까운 수준이다. 우리는 그를 용서해주어야 한다. 그는 누가 뭐래도 천재니까……."

몇몇 사람에게 화이트는 곧이곧대로 믿을 수 있는 성격이 아니었다. 자기중심적인 남자에 불과했다. 그는 낚시를 가야 한다는 이유로 주방을 떠난 셰프였다. 하지만 그의 요리를 둘러싼 격정적인 매력과 악평은 어디서나 볼 수 있는 것이 아니었다. 그는 프랑스에 가보지 않고서도 최고의 프랑스 음식을 요리한 사람이었다. 그는 심사숙고하며 말했다.

"그것은 하나의 혁명이었다. 프랑스인들은 영국의 주방을 지배했다. 하지만 나는 내 손으로 영국인들을 흥분시킬 프랑스 음식을 만들었다."

89

치킨과 올리브를 곁들인 염소치즈 무스

Chicken & goat's cheese mousse with olives

롤리 리, 1987년,

「런던 켄싱턴 플레이스의 메뉴The menu at Kensington Place, London」

Recipe

- 큰 닭가슴살 2개
- 염소 치즈 100그램
- 틀에 바를 버터
- 열을 가해 투명하게
  만든 소스용 버터
- 입자가 고운 갈색 설탕 45그램
- 으깬 백후추 1디저트스푼

- 달걀흰자 2개
- 더블크림 700밀리리터
- 블랙 올리브 2테이블스푼
- 적포도주 200밀리리터
- 적포도주 식초 50밀리리터
- 포트와인 50밀리리터

닭가슴살에서 껍질과 굵은 힘줄을 제거한다. 작은 조각으로 자른 뒤 푸드 프로세서에 넣고 걸쭉해질 때까지 간다. 여기에 달걀흰자를 추가하고 부드러워질 때까지 계속 간다. 혼합한 재료를 분쇄기에 거른다. 커다란 강철 그릇에 거른 고기와 칠리 고추를 담은 다음 크랩랩으로 고기를 덮는다.

염소 치즈를 작게 자른 다음 푸드 프로세서를 깨끗하게 씻고 나서 그 안에 넣어 간다. 여기에 더블크림 100밀리리터를 넣고 부드러운 혼합물이 될 때까지 간다. 이때 나무 막대로 중간에 저어주는 것을 잊지 마라. 고무 국자로 푸드 프로세서의 용기 가장자리까지 잘 긁어서 재료가 균일하게 혼합되도록 한다. 이번에는 더블크림 100밀리리터를 공기 중에서 잘 휘젓는다. 크림을 가볍고 부드러운 상태로 만든다.

이제 염소 치즈와 따로 휘저은 더블크림을 합쳐서 잘 섞을 차례다. 끓는 소금물이 담긴 작은 냄비에 이 혼합물을 1티스푼 넣고 끓인다. 이때 혼합물에 알갱이가 생기지 않도록 부드러운 상태로 요리하려면 혼합물이 견고한 상태를 유지해야 한다. 이제 덩어리진 상태가 견고한지 확인하면서 남은 크림을 한꺼번에 휘젓는다. 원하는 상태가 됐을 때, 즉 가볍고 부드러운 크림이 됐을 때 소금으로 간을 한다. 이때 소금을 넣으면 혼합물이 더 단단해진다. 그러나 너무 일찍 넣으면 대참사가 발생할 수 있다. 만약 혼합물이 너무 단단하면 크림을 소량 더 넣어도 좋다. 마지막으로 간을 하고 혼합물의 맛을 본다.

부드럽게 녹인 버터를 묻힌 붓으로 150밀리리터용 틀 6개의 속을 바른다. 올리브를 씻은 다음 납작하게 만든다. 큰 칼로 정교하게 채 썰듯이 썬다. 올리브 조각을 키친타월로 닦으며 물기를 빼낸다. 틀의 바닥을 올리브로 채운다. 버터 속으로 녹아내리는 것처럼 아래층을 올리브로 채운다. 이번에는 크림으로 만든 무스 혼합물을 바른다. 중간에 공기층이 생기지 않도록 주의하면서 팔레트 나이프로 표면을 평평하게 바른다. 뜨거운 물이 담긴, 폭이 있는 쟁반 안에 틀을 놓는다. 쿠킹포일로 위를 덮은 다음 오븐(예열 온도 120℃)에 넣고 약 25분 동안 익힌다.

포도주와 식초, 설탕을 작은 팬에 넣고 끓여 양이 2/3가 될 때까지 졸인다. 여기에 포트와인을 넣고 살짝 더 졸인다. 으깬 후추를 추가로 넣는다. 6개의 접시 위에 이 소스를 뿌린다. 열을 가해 투명하게 만든 버터 1테이블스푼을 각 접시에 뿌린다. 그리고 나서 포도주를 졸인 소스 1/2디저트스푼을 버터 위에 흩뿌리듯 떨어트린다. 처빌 2~3개로 접시를 장식한다.

마르코 피에르 화이트가 프랑스 요리를 자신만의 독창적인 방법으로 탈바꿈시키는 동안 런던의 또 다른 지역에서는 그와 차별화된 새로운 혁명이 일어났다. 르 가브로슈에서 트레이닝을 받던 롤리 리라는 남자가 바로 그 주인공인데 그의 요리 접근법은 매우 느긋한 천하태평형으로 전 세계의 어느 요리사와도 겹치지 않았다.

아마도 그는 영국의 셰프들에게 반격을 가할 만한 인물이 아니었을지도 모른다. 그는 여러 학교를 다녔고 20대 초반에는 스누커라고 하는 당구에 푹 빠져 지냈다. 그의 표현대로 "간담을 서늘하게 하는 행동"을 많이 하고 다녔다. 그러다가 돈이 궁해지면서 코번트 가든에서 햄버거를 만드는 일을 하기 시작했는데, 우연한 기회에 음식이라는 벌레에 물렸다. 다시 말해 음식의 매력을 알게 되어 런던의 최고급 식당 여러 곳에서 일을 하게 됐던 것이다. 르 가브로슈에서 일하는 동안 알베르 루의 눈에 띄면서 그는 똑똑한 루 형제가 운영하는 도시 번화가에 위치한 식당 르 풀보 ^{Le Poulbot}의 주방장으로 임명되었다. 그가 말했다.

"르 풀보의 주방장이 됐다. 나는 요리를 하면서 살았고 요리를 꿈꾸며 살았다."

하지만 그는 무언가 결핍을 느꼈다. 르 풀보는 화려한 저녁을 즐기거나 아니면 저렴한 가격으로 흥을 돋울 수 있는 술집도 겸하는 식당이었다. 이 식당은 두 구역으로 나뉘었다. 위층은 화려하게 장식된 식당이었고 아래층은 술을 마시면서 간단하게 식사도 할 수 있는 술집이었다. 그는 이 두 요소를 합치고 싶었다.

"멋진 식사에 대한 야망이 없는 식당은 런던 어디에도 없다."

결국 롤리 리는 닉 스몰우드, 사이먼 슬레이터와 동업을 하기로 결심했다. 이 두 사람은 사우스켄싱턴 론서스턴의 상류층 부자들을 상대로 한 레스토랑 창업에 성공했다. 현실적이면서도 흥미를 유발하는 음식, 그러면서도 더 큰 시장을 상대로 예산을 마련할 수 있는 음식을 개발하는 것이 핵심이었다.

르 풀보에는 줄리언 위컴이 디자인한 큰 방이 하나 있었다. 바닥부터 천장까지 대형 창문으로 되어 있어서 노팅힐의 거리가 내다보였다. 롤리 리는 창에 메뉴를 적었다. 이 시도는 많은 사람이 그를 현대판 영국 요리를 창시한 설립자로 믿게 할 발판을 마련해줬다. 여러분은 그곳에서 엘리자베스 데이비드의 패션이 정교하게 다져진 허브와 만났다는 간단한 오믈렛을 주문할 수 있다. 감자칩과 매시 포테이토, 소시지도 있다. 롤리 리가 개발한 메뉴로는 요리용 번철에 구운 즙이 줄줄 흐르는 푸아그라 요리가 있다. 이 요리는 사탕옥수수 팬케이크와 함께 시식할 수 있다. 아니면 부드러운 닭고기와 염소 치즈 무스를 정교하게 혼합한 요리도 있다. 여기에 완벽함을 더하기 위해 잘게 다진 올리브를 토핑으로 올려서 살짝 신맛도 느껴진다.

당시에 롤리 리와 함께 일하던 셰프 중 한 명인 캐스 그래드웰은 이렇게 회상했다.

"그것은 하나의 혁명과도 같았다." 그러면서 말을 이었다.

"매우 용감한 선택이었다. 당시에는 아무도 메뉴판에 감자칩을 넣을 수 없었고 있어도 당장 빼야 할 판이었다. 당신이 북부에 아주 현명한 식당을 열었는데 메뉴판에 그런 값싼 음식을 넣는다면 당장에 손님들이 항의하고도 남을 것이었다. 그런데 시대가 변했다는 것을 그가 몸소 보여줬다."

롤리 리가 만든 염소 치즈 무스를 곁들인 닭 요리는 처음에 그가 진지하게 고민해서 만든 메뉴가 아니었다. 아이디어는 미셸 루가 운영하는 워터 사이드 인에서 주어졌다. 프랑스 요리사들이 로크포르Roquefort 치즈 및 견과류와 함께 치킨 무스를 만드는 것을 보고 롤리 리가 개발한 것이다. 그는 회상했다.

"나는 그것을 메뉴에 옮겨보았다. 왠지 재미있는 요리라 여겨졌다. 내가 그 요리를 직접 만들 거라고는 생각하지 못했다. 창에 적힌 그 메뉴는 거의 레드 핀치red finch였다."

보통 핀치라는 새를 떠올릴 때는 하얀색만 알고 있는데 레드 핀치를 보여줌으로써 사람들의 시선을 받는 마케팅 전략이 잘 통한 것이다.

"그 음식을 사람들이 정말로 잘 먹고 좋아할 줄은 몰랐어요. 인기가 너무 많아지니깐 나중에는 메뉴판에서 그 음식을 뺄 수가 없더군요."

결국 그 음식은 롤리 리가 보유한 무기 중 최고의 능력을 가진 것이 됐다. 그가 20년 뒤에 베이스워터에 르 카페 앙글레Le Café Anglais라는 식당을 열기 위해 떠나기 직전까지 그 음식은 식당의 단골 메뉴로 자리잡았다.

포도주에 담근 닭가슴살을 분쇄기로 정교하게 갈아 부드러운 염소 치즈와 섞는 과정을 거친다. 그런 뒤 잘게 썬 올리브를 바닥에 깔고 이 재료를 넣어 익히기만 하면 된다. 이중냄비에서 익힌 요리가 완성되면 토핑 색깔이 비교적 어두운 빛깔을 띤다. 그래서 롤리 리는 음식을 담은 접시 주변에 투명한 버터뿐 아니라 포트와인과 포도주를 졸인 소스도 같이 뿌렸다. 마지막으로 처빌 잔가지 3개로 장식까지 했다.

놀라운 점은 그가 수도 없이 만든 요리인데도 한 번도 정식으로 먹어본 적이 없다는 사실이다.

"나는 이 음식을 한 번도 먹지 않았습니다. 만약 그러면 맛을 개선하려고 할 것 같아서요. 그래서 지금 모습 그대로를 유지하고 싶은 마음에 그냥 먹지 않기로 했습니다. 이 요리는 사람들이 계속 찾는 레시피이고 완벽해야 할 필요가 있습니다. 하지만 어린아이들이 오믈렛과 함께 이 요리를 시도하는 모습을 보는 것만으로도 벅찬 자부심을 느낍니다. 그걸로 만족합니다."

식당은 롤리 리가 말한 것처럼 "메뉴를 선보인 첫 주 만에 많은 손님이 찾는 곳이 됐다". 그리고 토요일에 식당을 찾아온 레스토랑 비평가 조너선 메디스가 『타임스』에 이곳을 평한 기사를 실었다.

"우리가 찾는 바로 그곳, 요즘 시대를 대표하는 곳이다."

롤리 리는 "그때가 정말 본격적인 출발의 시작"이었다고 회고했다.

런던 식당업계의 성장은 그때부터 승승장구했고 수많은 식당이 생겨났다. 마거릿 대처가 등장한 시기이기도 했는데 이 무렵부터 외식이 일반화되기 시작했다. 더 이상 돈 많은 상류층만이 집이 아닌 식당에 가서 식사를 하는 문화가 아니었다. 이제는 누구나 대인관계를 위해 외식을 하는 문화가 유행처럼 퍼졌다.

롤리 리는 자신의 혁명을 이어나가기 위해 영국에 새싹처럼 피어난 다른 요리사들과 함께 일했다. 사이먼 홉킨슨은 자신이 그토록 신봉하는 홈 쿠킹에 대한 기술을 식당 요리에 접목시켜 테렌스 콘란의 식당인 비벤덤Bibendum의 셰프이자 공동 운영자로 일했다. 노팅힐에서는 앨러스테어 리틀이 자신의 이름을 딴 간단한 메뉴의 식당을 열었다. 켄싱턴 플레이스가 있는 거리 건너편에는 샐리 클라크가 클라크스Clarke's란 식당을 열기도 했다. 그녀는 고정 메뉴와 함께 영국 계절의 즐거움을 고취시켰다. 롤리 리는 말했다.

"모든 풍경이 사람들의 시선을 받고 있다. 앨러스테어, 사이먼 그리고 나는 음식에 미친 사람이 됐다."

런던 켄싱턴 플레이스 식당에 있는 롤리 리.

어쩌면 롤리 리는 프랑스 요리사들에게 가르침을 받고 캉 크루에의 책을 통해 프랑스 대표 셰프들의 레시피에서 영감을 받았을지도 모른다. 하지만 프랑스 요리에 대한 그의 애정은 어느 순간 갑자기 식어버리고 말았다. 독학으로 요리를 배운 프랑스 요리사 레몽 블랑이 영국에 건너왔을 때 롤리 리는 그와 함께 런던에 획을 그을 만한 식당을 열었다. 그러나 정작 식당은 옥스퍼드에 위치해 있었고 두 사람은 술집을 열었다.

사실 롤리 리가 식당에 혁명을 일으키겠다는 의도를 처음부터 품었던 것은 아니다. 음식업계에 종사하는 다른 요리사들처럼 그는 자연스럽게 그 길에 들어섰다. 그는 결코 주방을 험악한 곳으로 만들고 싶지 않았으며, 요리에 대한 그의 관점은 꽤나 치료학적인 것이었다. 그의 아이콘이 되어버린 염소 치즈 무스를 곁들인 닭고기 요리를 맛보는 것은 매력적이면서도 전체적으로 자신을 치료하는 경험이 될 수 있다는 것이다.

90

메추라기 쿠스쿠스

Quails with couscous

존 번팅, 1990년, 『마스터셰프 1990 Masterchef 1990 』

Recipe

- 올리브기름이나 녹은 버터
  1테이블스푼
- 구운 잣 2~3테이블스푼
- 메추라기 4쌍
- 베이컨 8조각
- 후추

- 소금
- 쿠스쿠스 225그램
- 아르마냑[프랑스 브랜디]에 담겨
  크게 부푼 건포도 50~75그램
- 적포도주 약간
- 고명으로 신선한 고수나 파슬리 약간

넓은 소스팬에 300밀리리터의 물과 1테이블스푼의 올리브기름이나 버터를 넣는다. 약간의 소금을 첨가해 끓인다. 불에서 내려놓은 뒤 쿠스쿠스를 넣고 15분간 부풀어오를 때까지 저어준다. 잣과 건포도를 넣고 다시 저어준다. 메추라기의 배에 쿠스쿠스 혼합물을 채우고 꼬치로 배를 봉한다. 각 메추라기를 베이컨에 싸서 구이용 접시에 올린다. 적포도주를 약간 붓고 소금과 후추로 양념을 한다. 가스오븐을 7~8로 맞춰 220~230℃에 놓고, 부드러워질 때까지 7~8분간 굽는다. 양념을 제거하고 따로 놓는다. 재가열한, 남아 있는 쿠스쿠스를 접시 한가운데에 올리고 메추라기를 그 주위에 놓는다. 소스를 뿌리고 위에 고수나 파슬리를 고명으로 올린다.

존 번팅은 오랜 교사생활을 접고 뉴캐슬 근처에 있는 고향 고스포스로 돌아오는 길에 『라디오 타임스』 한 부를 발견했다. 대강 훑어보던 그녀의 눈에 BBC 광고가 들어왔다. 광고는 새로 시작하는 요리대회에 지원할 사람을 찾는다는 내용이었다. 그녀는 그 내용이 있는 페이지를 찢어 광고가 있는 부분을 동그랗게 표시하고는 전화기를 집어들었다.

번팅은 오래전부터 요리에 관심이 있었고 그녀의 어머니에게서 요리 강의를 듣기도 했다. 사실 그녀는 열 살이 될 때까지 일요일엔 하루 종일 고기 굽는 법을 배웠다. 당시 다른 텔레비전 요리대회가 없어서 이 대회가 어떻게 진행될지 몰랐지만, 이 새 요리대회의 기준이 그리 까다로운 것 같지는 않았다.

1990년 7월 2일 첫 방송이 전파를 탔다. 이 프로그램에서 그녀는 다른 아마추어 요리사 두 명과 기술을 겨뤘고 준결승까지 올라갔다. 세 번의 준결승을 거친 다음 결승에 오르자 9개 분야에서 경쟁을 해야 했다. 9월 24일 그녀는 피스투pistou[프로방스 지방에서 주로 먹는 마늘 향료 식물기름이 들어간 야채 수프]에 홍합을 넣은 요리, (전통적인 비둘기 요리 대신) 쿠스쿠스를 넣은 메추라기 요리, 마늘과 향나무를 곁들인 신선한 배추 요리 등을 선보였으며 지중해 섬의 푸딩으로 끝을 맺었다. 이 푸딩 요리는 커스터드소스 위로 머랭[설탕과 달걀흰자 등을 섞어서 파이 등에 얹어 구운 것] 조각이 떠다니고 신선한 과일로 장식된 요리다.

요리와 심사가 끝났다. 그날 밤엔 두 명의 심판, 즉 요리사 앤턴 에덜먼과 미술사학자 로이 스트롱이 있었다. 쇼 진행자인 로이드 그로스먼이 카메라를 가까이 댔다. 그가 말했다.

"우리는 오랜 생각 끝에 결론을 냈습니다."

전국 각지에서 이 프로그램을 보던 시청자들이 그의 느린 보스턴 억양을 따라 하자 그의 멘트가 메아리쳤다. 사회자는 존 번팅이 우승자라고 외쳤다.

이 시리즈가 끝나자 TV 요리 프로그램에 일대 혁명이 일어났다. 그로스먼은 말했다.

"이 프로그램은 TV 요리 방송의 인기를 일으키고 확산시키는 데 선구자적 역할을 했습니다."

존 번팅은 수줍게 말했다.

"제가 우승하리라고는 생각지 못했습니다."

이후 그녀는 뉴캐슬의 지역 신문 『저널』에 13년 동안 요리 칼럼을 기고했고, 은퇴 후에는 자신에게 우승을 안긴 요리에 대해 영감을 주었던 프로방스 지방에 머물고 있다.

「마스터셰프」는 1970년대 후반에 모드-리바이벌mod-revlval[1970년대 후반 영국에서 일어난 문화 부흥운동] 경향의 영화 「콰드로페니아Quadrophenia」를 성공적으로 제작한 영화감독 프랭크 로덤이 고안한 프로그램이다. 로덤은 로이드 그로스먼을 프로그램 사회자로 선택했는데, 당시 그는 "지금까지 가장 성공한 TV 프로그램 중 하나"라고 하는 「열쇠구멍을 통해Through the Keyhole」를 데이비드 프로스트와 공동 진행했다. 『선데이 타임스』와 잡지 『하퍼스앤드퀸Harpers & Queen』에 레스토랑에 대한 비평 글을 오랫동안 기고했기 때문에 그가 이 프로그램을 맡았을 때 음식에 대한 '신뢰'는 컸다.

그는 텔레비전 방송 중에 매우 이상한 말투를 썼는데, 캐치프레이즈와 함께 섞여 나오는 낯선 말투는 프로그램을 한층 더 재미있게 했다.

"저는 방송 경험이 많기 때문에 캐치프레이즈가 얼마나 중요한지 잘 압니다. 그리고 사람들이 제 말투를 따라 하기 시작했다는 것을 알고 있습니다. 사람들이 제 말투에 감염된 거죠."

물론 영국 시청자들에게 얼마나 관심을 얻었느냐가 중요했다. 그로스먼은 다음과 같이 말했다.

"저는 요리 관련 글을 10년간 쓰면서 요리와 그 관련 지역에 대해 많은 것을 알게 됐고 곧 둑이 무너진다는 사실을 깨닫게 됐습니다. 요리는 사회적, 문화적 이유로 너무 오랜 시간 억눌려 있었습니다. 그리고 「마스터셰프」가 출발하는 바로 그때 그 둑은 무너졌습니다. 우리는 진행에 박차를 가했죠."

이 프로그램은 음식을 분위기 있는 조명 아래 어두운 색 테이블 위에 놓음으로써 먹음직스럽게 만드는 방법으로 큰 인기를 끌었다. 이는 여느 요리 프로그램과 달랐고, 요식업체에서도 이를 좋아했다. 마이클 케인, 조지 멜리 같은 유명 인사를 전문으로 담당하는 요리사 목록을 보면 요식업계의 위대한 출근카드 같다는 생각이 든다. 목록에 있는 다른 많은 요리사 가운데 알베르와 미셸 루 형제, 사이먼 홉킨슨, 앨러스테어 리틀, 레몽 블랑 그리고 피에르 코프만 등이 눈에 띈다.

요리에 관해 신중하게 접근함으로써 이 프로그램은 요리 이외의 분야에서 많은 시청자를 확보했다. 그로스먼과 다른 관계자들은 이 프로그램의 성공을 확신했지만 방송 일정을 잡는 사람은 그렇지 못했다. 그로스먼은 이렇게 회상했다.

"우리는 「대관식 거리Coronation Street」에 대항해 월요일 저녁 7시에 방송을 했는데 그건 매우 힘든 일이었습니다. 하지만 우리 프로그램은 참신했고, 이를 본 시청자들은 우리 프로그램에 관해 이야기하기 시작했습니다."

그로스먼은 「마스터셰프」가 '변화의 수용'에 대해 책임을 지고 있으며, 시청자들에게 요리 문화를 제공함으로써 지금 이 자리에 서게 됐다고 믿었다. 「마스터셰프」가 방송되고 2년 뒤 런던의 한 레스토랑의 웨이터가 그에게 말했다.

"이 프로그램이 시작되기 전에는 사람들이 요리에 대해 말하는 것을 들어본 적이 없습니다. 대부분 골프나 사업에 대해서만 이야기했지요. 하지만 요즘 사람들은 먹는 것에 대해 이야기합니다."

그로스먼은 말했다.

"지금까지는 음식이 대화의 본격적인 주제가 되지 않았습니다. 음식에 대해 이야기한다는 것은 거의 교양 없는 것으로 여겨졌지요."

「마스터셰프」는 다른 방식으로 세계에 방송을 하면서 거대한 글로벌 브랜드가 됐다. 「셀러브리티 마스터셰프 오스트레일리아Celebrity MasterChef Australia」나 「독일판 마스터셰프German Deutchlands Meisterkoch」와 같은 프로그램들이 나왔다. 그 프로그램은 많은 역경을 딛고서 결국 가장 중요한 시간대에 방송되는 프로그램이 됐다. 로이드 그로스먼에게 존 번팅의 도움이 조금은 있었지만, 그는 좋은 음식과 그것을 먹는 즐거움은 더 이상 냉소적으로 바라볼 부분이 아니게 됐다는 것과 그들이 이러한 현상의 한 부분을 담당했다는 것을 보여줬다.

91

소시지, 토마토 & 아티초크 피자

Individual sausage, tomato & artichoke-heart pizzas

『구르메』지(1991년에 이 요리가 처음으로 이 잡지에 소개됐다),
1995년, 에피큐리오스닷컴epicurious.com

Recipe

2인분

- 시간: 45분 이내
- 뜨거운 물(54℃) 1/2컵
- 속성 이스트 1티스푼
  (7그램짜리 팩의 반)
- 소금 1/2티스푼
- 잘게 썬 양파 1/2컵
- 큰 마늘 1쪽 혹은
  취향에 따라 작은 마늘 1쪽
- 물기를 빼고 잘게 썬 다음 다시
  체에 걸러 물기를 잘 제거한
  이탈리아 토마토 397그램짜리
  깡통 하나
- 거칠게 간 모차렐라 치즈 1/2컵

- 표백되지 않은
  다용도 밀가루 1과 1/2컵
- 올리브기름 1테이블스푼
- 설탕 1티스푼
- 익힌 이탈리아 소시지 227그램
  포장은 버리고 소시지는 잘게 썬다.
- 말려 빻은 오레가노 1/2티스푼
- 말려 빻은 바질 1/2티스푼
- 물기를 빼고 씻은 뒤
  잘 말려 양념에 재운 아티초크
  170그램짜리 1단지
- 막 갈아낸 파르메산 치즈 1/3컵

푸드 프로세서에 밀가루 1/2컵과 이스트를 섞어 넣고 모터가 돌아갈 때 물을 넣은 다음 모터를 끈다. 기름, 설탕, 소금 그리고 남아 있는 밀가루 1컵을 넣고 혼합물이 공 모양이 될 때까지 섞고 혼합물 표면에 밀가루가 약간 입혀지면 끈다. 공 모양의 밀가루 반죽을 8~10개 정도 만들고 소시지 혼합물을 만든다.

소시지를 작고 무거운 냄비에 넣고 저으면서 중간 불로 끓인다. 다 익으면 구멍 난 숟가락으로 접시에 옮기고 1테이블스푼 분량만 냄비에 남겨놓은 뒤 나머지는 버린다. 두터운 냄비에 양파, 마늘, 오레가노, 바질과 기호에 맞는 적당량의 소금 및 후추를 넣고 요리한다. 양파가 부드러워지면 불을 끄고 그릇으로 옮긴다.

반죽을 반으로 나누어 각각을 공 모양으로 만든 다음 18센티미터 길이로 늘려 가장자리가 약간 더 두꺼운 둥근 모양으로 만든다. 이 원형 반죽을 구이판(윗부분을 바삭하게 구우려면 검은 철판이 좋다)으로 옮기고 기름을 바른 뒤 옥수숫가루를 살짝 뿌린다. 소시지 혼합물, 아티초크, 모차렐라 치즈, 파르메산 치즈, 소금과 후추 적당량으로 둥근 반죽 위에 균등한 높이로 올리고, 260℃로 예열된 오븐 바닥판에 놓고 10~12분간, 혹은 껍질 부분이 황갈색으로 변할 때까지 가열한다.

영국에서 요리 프로그램이 처음으로 방영된 지 58년이 지나, 새로운 요리에 일대 혁명을 일으킬 매체가 일상으로 퍼져나갔다.

1995년 어느 여름 아침, 뉴욕 광고회사 콘데 나스트의 대표인 로셸 우델은 뉴욕 웨스트체스터 카운티에 있는 그녀의 멋진 그리크 리바이벌 스타일의 집 바닥에 앉아 있었다. 불빛이 비추는 거실에는 잡지와 요리책들이 그녀 주위에 널려 있었다. 크리에이티브 마케팅 앤드 뉴 미디어의 부회장이기도 한 그녀가 회사에서 돌아온 그날은 주말이었다.

브루클린에서 빵가게 주인의 딸로 태어난 그녀는 어린 시절에 많은 시간을 아버지의 일을 도우면서 보냈다. 이러한 과정을 통해 그녀는 음식과 재료에 대해 애정을 품게 됐다. 하지만 이날 아침 그녀는 실망했다. 그녀는 말했다.

"제가 원한 건 제대로 된 닭가슴살 요리였습니다."

훌륭한 요리사이기도 한 우델은 파티를 할 때 냉장고에 보관된 닭가슴살로 기존의 것과 다른 요리를 만드는 특별한 기술을 보유하고 있었다.

최근 회사에서 '월드 와이드 웹'이라는 새로운 현상을 이용할 방법을 찾아보라는 명을 받은 그녀는 자기가 원하는 요리가 있을 만한 인터넷이 있지 않을까, 혹은 관련 웹사이트가 있지 않을까 하는 생각이 갑자기 떠올랐다. 하지만 1995년에는 이러한 것들이 없었다. 그녀는 바닥부터 찾아봤고 닭가슴살은 잊었다. 그리고 그녀는 더 큰 아이디어를 얻게 되었다.

그녀는 몇 년이 지나 회상했다.

"그때는 주현절이었습니다."

그날 저녁 친구들을 감동시킨 닭가슴살 요리가 어떤 것인지는 정확히 기억하지 못했다. 하지만 월요일 아침 그녀는 자신의 생각을 설명하려고 콘데 나스트의 회장인 시 뉴하우스를 만나러 갔다.

"저는 웹사이트를 개설하려 했습니다. 웹사이트는 두 가지 중요한 기능을 한다고 봅니다. 웹은 사람과 사람을 이어주고 정보를 분류합니다. 요리는 다루기 좋은 분야에 속하고 웹 관련 사업을 이해하는 데도 좋은 주제가 됩니다."

그 결과물이 로셸이 창업자이자 사장으로서 여름이 끝날 무렵 개설한 에피큐리오스닷컴이다.

에피큐리오스는 이후 브랜드 가치를 갖게 됐다. 그 이름을 딴 잡지, TV 프로그램과 요리 상품이 줄을 이었다. 하지만 로셸은 그해 추수감사절 바로 전에 규모는 작지만 관련 분야는 더 광범위한 대상을 다루는 '에피파니 epiphany'라는 이름의 웹사이트를 개설했다.

로셸이 가족들과 함께 한 주를 지내던 뉴욕의 11월은 따뜻했다.

"저는 새벽 5시 30분에 일어났습니다. 일기예보에선 21℃를 기록할 것이라 했고 저는 칠면조를 그릴에 굽는 방법에 대해 곰곰 생각했습니다. 그래서 저는 '온라인의 칠면조'라는 표어를 내건 '아올닷컴 aol.com'에 로그인했습니다. 아침 6시에 요리 아이디어에 관한 질문을 이 사이트에 던졌고 30분 뒤 30개의 답을 받았습니다."

이로써 로셸의 다음 계획은 에피큐리오스에 호환 가능한 요리 영역을 추가하는 것이 되었다. 그중 많은 요리법을 『구르메』지에서 차용했다. 원래

『구르메』에 소개됐던 '소시지, 토마토와 아티초크 피자'는 웹사이트가 개설될 때 최초로 소개된 요리다. 이 가운데 아티초크는 일반 요리에 세련미를 더하는 요소가 됐다. 이 음식이 나오면서 사람들은 요리에 대해 이야기하고 직접 만들거나 논평했다.

이때부터 이 사이트는 양적으로 성장했을 뿐만 아니라 요리 아이디어가 인터넷에 폭발적으로 소개됐다. 15년 이상이 지난 시점에서 이 사이트에는 약 3만 개의 요리가 입력돼 있는데, 모든 새 요리는 에피큐리오스가 요구하는 대로 만들어지며 사이트에 오르기 전에 테스트를 거친다. 이 요리 중 69퍼센트가 소비자의 평가를 받는데, 그 수가 매달 600만~800만 건에 이른다. 그런 까닭에 요리가 인터넷에 소개됐다는 것만으로 마냥 즐거워할 수만은 없다.

1700년대 후반과 1900년대 초반에 책이 얼마나 팔렸는가로 요리가 평가됐듯 사이트는 광고 수입으로 성공 여부가 평가된다. 그러다 보니 표절이 만연했다.

epicurious.com

2005년 편집장이 된 타니아 스틸은 다음과 같이 말했다.

"사람들이 우리 요리를 훔쳐갑니다. 우리가 동의한 적이 없는 콘텐츠가 버젓이 모습을 드러내고 있습니다. 이것은 짐승의 속성입니다. 우리는 이것이 우리를 칭찬하는 것이라 생각합니다. 우리는 나이가 들면서 현명해지는 일종의 공룡이지요. 그리고 우리는 우리를 따라 하는 자들에 대해 별로 걱정하지 않습니다."

처음으로 요리 웹사이트를 개발한 지 16년이 지나, 로셸 우델은 자신의 창작품이 스스로가 처음 간직했던 정열이나 밤중에 열심히 읽었던 요리책의 가치를 없앨 수도 있다는 생각은 일소해버렸다.

"요리책에는 온라인에서 느낄 수 없는 감동적인 울림이 있습니다. 사람들이 요리를 하고 먹는 것은 감정적인 부분에 속합니다. 사람들은 요리책과 요리 잡지를 계속 구입할 것입니다."

추수감사절에 앞서, 신기술이 예전의 전통에 도움이 될 수 있다는 것을 보여줌으로써 에피큐리오스는 가장 많은 조회수를 기록하고 있다.

92

피칸과 바나나 시럽으로 만든 피칸 와플

Pecan waffles with pecan & banana syrup

에미릴 라가스, 1998년, 『에미릴의 TV 디너Emiril's TV Dinners』

Recipe

4~8인분

- 무염분의 녹은 버터
  113그램(1봉지)과 2테이블스푼
- 껍질을 벗겨 1.27센티미터
  너비로 자른 중간 크기의
  익은 바나나 2개
- 베이킹파우더 1테이블스푼
- 달걀노른자 큰 것 2개
- 우유 1과 3/4컵

- 피칸 조각 1컵
- 순수 메이플시럽 2컵
- 간 피칸 1/3컵
- 표백 다용도·밀가루 1과 1/2컵
- 설탕 1/2컵
- 소금 1/4티스푼
- 순수 바닐라 추출물 1티스푼
- 달걀흰자 큰 것 2개

중간 크기의 튀김 팬에 2테이블스푼의 버터를 넣고 중간 불로 가열한다. 피칸 조각을 넣고 황금색으로 변할 때까지 2~3분간 젓는다. 바나나 조각과 시럽을 넣고 끓인 후 불에서 내려놓고 따뜻한 상태로 보관한다. 작은 덩어리가 될 때까지 젓는다.

밀가루, 간 피칸, 설탕, 베이킹파우더와 소금을 중간 크기의 믹싱볼에 넣고 섞는다. 큰 믹싱볼에 달걀노른자와 바닐라를 넣고 저어준다. 우유와 한 봉지의 녹은 버터를 달걀 혼합물에 넣고 섞는다. 밀가루 혼합물을 달걀 혼합물에 붓는다. 달걀흰자를 작은 믹싱볼에 넣고 뾰족한 봉우리가 생길 때까지 돌린다. 작은 거품만 남기고 반죽 위에 서서히 붓는다.

만일 벨기에 와플기를 사용한다면, 기름칠을 해 예열한 판 위에 1컵(일반적인 와플기는 약 1/2컵 사용)의 반죽을 붓는다. 뚜껑을 덮고 요리가 끝날 때까지 그대로 둔다. 벨기에 와플기의 경우 황금색으로 변하거나 바삭해질 때까지 3~4분간 놓아둔다. 작은 와플기는 1.5~2분이 소요된다.
뜨거울 때 피칸, 바나나 시럽과 함께 먹는다.

리스 숀펠드는 TV 방송계에서 확고한 위치에 서 있다. 1980년에 테드 터너와 함께 CNN^{Cable News Network}을 공동 창업했다. 뉴욕의 기자라는 직업 외에 사업으로 관심을 돌린 그는 CNN을 시청각 형태의 신문으로 생각했다. 그는 진행자나 리포터가 다뤄야 할 뉴스가 24시간 내내 무척 많다고 판단했다.

약 10년 뒤 그는 요리라는 주제를 갖고 무언가 비슷한 일을 해야 할 시기라고 생각했다. 이에 TV 요리 네트워크 TVFN^{TV Food Network}에 대한 아이디어를 냈다.

"그건 단지 신문을 TV로 옮기는 겁니다."

밤낮으로 요리 이야기만 하는 채널에 사람들이 얼마나 관심을 보일 것인가 하는 의문이 있었지만 그는 간단히 답했다.

"모든 사람이 밥을 먹는다."

물론 이보다 더 복잡한 일이었다. 당시에는 케이블 채널, 예를 들면 CNN과 니켈로디언^{Nickelodeon} 혹은 MTV(음악 방송) 등의 채널이 미국 전역에 퍼져 있었다. 살아남기 위해선 '부문 방송'(케이블 업계에선 이렇게 부른다)이 시청자들을 광고회사에 넘겨야만 했다. 왜냐하면 숀펠드에겐 이 기발한 콘텐츠에 투자할 후원자에게서 받는, 시청률에 따라 나오는 광고회사의 자금이 필요했기 때문이다. 그래서 이 프로그램은 많은 시청자의 관심을 끌어야만 했다.

TV 요리 주간 방송은 이미 많이 있었는데 대부분은 교육용 수준이었다. 숀펠드는 만일 미국이 24시간 TV 요리 프로그램을 받아들일 준비가 됐다면 이 프로그램은 오락성을 갖춰야 한다고 생각했다. 그는 공략 시장을 결정했다. 이 프로그램에 참여할 요리사는 많았지만, 그는 남편과 아이들에게 밥을 해주면서 일하는 18~35세 여성들의 관심을 끌기 원했다. 그들 가까이에 다가가야 했다. 신문사와의 제휴하면서 그는 메이저급 TV 방송국 및 9개의 케이블 업체와 협력했다. 이 업체들은 750만 미국인이 시청하는 새로운 채널을 처음부터 제공했다.

그는 1993년 11월 23일 미국인이 식도락을 즐기는 때인 추수감사절에 개국 방송을 하기로 결정했다. 이 채널은 처음에 여섯 시간짜리 프로그램을 방송했고 하루에 네 번 재방했다. 이 프로그램은 이전에 방송됐던 프로그램에 비해 오락성을 많이 띠었으며, 앵커가 뉴스 형식의 방송을 했다. 「요리 소식과 평가」, 마리오 바탈리의 「몰토 마리오Molto Mario쇼」, 바비 플레이의 「칠린 앤드 그릴린Chillin and Grillin」 「여러분의 가족을 100달러로 일주일간 먹이는 법」 「에미릴 요리의 진수」 같은 프로그램이 있었다.

에미릴 라가스는 TV 프로듀서가 그를 시험방송용 프로그램에 소개할 무렵 뉴올리언스의 레스토랑에서 일하던 덩치 크고 말 많은 요리사였다. 시간을 어렵게 낸 리가스는 시험방송에 응해 좋은 평가를 받았으며 이 채널 최초의 프로그램으로 「에미릴 요리의 진수」가 방송됐다. 뉴욕 스튜디오에서 하루 7개의 프로그램을 녹화하면서 라가스는 프로그램 제작팀을 지루함에서 일깨우는 방법을 찾아냈다. 소금이나 설탕을 음식에 뿌릴 때 큰소리로 "붐!" 하고 외쳤던 것이다.

이 소리는 팀원을 깨웠고 그의 구호가 됐다. 그는 미국 TV에서 가장 친근한 인물 중 한 사람이 됐으며, 이후 늦은 밤 토크쇼 프로를 맡아 방청객 앞에서 직접 요리를 하며 자신만의 팀을 꾸리기도 했다. 남이 따라 할 수 없는 그만의 스타일은 5년 뒤 출간된 『에미릴의 TV 디너』에 기록되어 있다. 예를 들면 피칸 와플을 소개하면서 다음과 같이 말했다.

"만일 당신이 와플을 좋아한다면, 이것은 당신을 위한 것입니다. 피칸과 바나나 시럽을 곁들인 와플은 아주 대단한 음식입니다."

손펠더가 매각한 후 '요리 네트워크Food Network'로 이름을 바꾼 TVFN은 점점 시청자를 끌어모았다. 이 방송에선 줄리아 차일드와 제임스 비어드 같은 요리사가 전통 요리를 재현했고, 「살찐 두 여자Two Fat Ladies」(1997)와

「벌거벗은 셰프The Naked Chef」(1999) 같은 프로그램은 유에스 브리티시 쇼US British shows에서 방송되기도 했다. 제이미 올리버는 인기가 좋아 '요리 네트워크'에선 회사의 수입을 올리려고 그에게 더 많은 편수의 프로그램을 배정했다.

2002년까지 '요리 네트워크'의 가입자는 7100만 명이었으며 약 10년 후에는 9000만 명에 달했다. '요리 네트워크'는 2009년엔 영국에서 방송을 개설했고(영국에선 요리 채널이 2001년에 개설됐다), 아시아에선 2010년에 개설했다.

'요리 네트워크'는 요리 프로그램이 오락성도 가질 수 있다는 숀펠드의 신념을 입증했다. 이후 다른 채널에선 '요리 네트워크'를 따라 요리와 시식 프로그램을 개설했다. 이후 더 많은 시청자가 '요리 네트워크'에 가입해 그들의 입맛을 만족시킬 만한 요리를 찾으려 했다. 이 채널을 통해 요리사라는 직업이 화려하게 조명을 받았으며 많은 사람이 요리학원에 등록했다. 그들의 꿈은 레스토랑 요리사가 아닌 TV 방송 요리사가 되는 것이었다. 숀펠드는 비록 그가 예상했던 방법으로는 아닐지라도 커다란 부를 손에 쥐게 되었다. '요리 네트워크' 또한 많은 돈을 벌어들였다. 수많은 시청자가 있지만 요리를 하겠다는 의지 없이 보는 사람이 대다수였다.

요리는 미국과 영국에서 관중을 동원하는 스포츠처럼 되어버렸다. 영국 요리의 현황을 조사한 조애나 블리스먼 기자는 다음과 같이 논평했다.

"2002년 영국의 TV 화면은 요리 프로그램으로 4000시간이 채워졌다. 900권의 요리책과 음식 및 요리에 관련된 2500개의 단어가 출판됐다. 하지만 우리는 우리 자신이 요리하는 것보다 요리사가 요리하는 장면을 지켜보면서 더 많은 시간을 보낸다. 영국은 '요리 관음증'의 국가가 됐다."

요리 프로그램은 여전히 사람들이 식당에서 요리를 주문하거나 요리에 관한 이야기를 나눌 때 도움을 준다. 그리고 여러분이 요리할 때 TV를 본다면 결국 손을 베고 말 것이다.

93

소형 케이크

Fairy cakes

니겔라 로슨, 2000년,

『가정의 여신이 되는 법How to be a Domestic Goddess』

Recipe

12인분

- 무염의 부드러운 버터 125그램
- 큰 달걀 2개
- 바닐라 추출물 1/2티스푼
- 즉석 로열 아이싱 500그램짜리 1통

  [설탕과 달걀흰자로 만들어

  케이크 위에 바르는 당의]

- 설탕 125그램
- 베이킹파우더가 든 밀가루 125그램
- 우유 2~3테이블스푼

- 종이 머핀컵 1통(12개)
- 가스 오븐을 200℃로 예열한다.

소형 케이크를 만드는 것은 쉽지 않다. 우유를 제외한 모든 준비물을 프로세서에 넣고 부드러워질 때까지 돌린다. 우유를 깔때기에 부을 때 부드럽게 하고자 일정량을 일정 간격으로 붓는다. 손으로 직접 만들기를 원한다면, 빅토리아 스펀지케이크[반죽에 동물성 기름을 넣어 만든 것]를 만드는 방법을 따르는 게 좋다. 혼합물의 양이 부족해 종이 머핀컵 12개를 다 채울 수 없다면, 숟가락으로 내용물을 떠서 각 컵의 양을 균등하게 만든다. 오븐에 집어넣고 15~20분간, 혹은 케이크 윗부분이 황금색으로 변할 때까지 굽는다. 케이크가 익자마자 컵에서 꺼내 각각의 상자에 넣고 그물 선반에 놓아 식힌다. 나는 체리로 윗부분을 뾰족하게 장식한 케이크를 좋아한다. 한편 꽃과 예술적 효과 등으로 케이크를 장식하고 싶다면, 케이크 윗면을 튀어나온 부분이 없게 평평하게 아이싱해주어야 한다.

커다란 무색의 빵을 구워 시리얼 그릇으로 옮기고 반죽 튜브에서 나오는 여러 색상의 작은 점을 티스푼으로 저어주면서 추가하고는 색깔을 입히면서 천천히 그리고 세심하게 원하는 색깔이 나올 때까지 그 위에 올린다. 여러분의 미적 기준이 어떻든 파스텔이 가장 효과를 나타내는 부분은 이때다. 다른 숟가락으로 각각의 케이크 위에 아이싱을 한다. 아이싱용 숟가락과 믹싱용 숟가락을 다른 것으로 사용하는 게 중요하다. 그렇지 않으면 아이싱 그릇에 부스러기가 남게 된다. 겉 표면이 약간 마르게끔 잠시 놓아뒀다가 장미나 데이지 꽃 혹은 둘 다로 장식한다.

─────────────────────

니겔라 로슨은 미국에서 봤던 컵케이크를 당도를 약간 낮춰 영국 시장으로 들여왔다. 이것은 그녀의 요리 가운데 가장 큰 인기를 얻었고 그녀의 요리책 『가정의 여신이 되는 법』의 표지를 장식하기도 했다. 몇 년이 지나 니겔라 로슨은 생각했다.

"이 요리로 인해 수많은 컵케이크 카페가 생겨났다."

빵을 굽는 법에 관한 요리책처럼 보이는 『가정의 여신이 되는 법』은 요리 이외의 영역에서 많은 영향력을 행사했다. 제목과 내용을 본 신문 논설위원들은 여자의 사회적 역할에 대해 격한 감정을 드러냈다. 여자와 요리용 레인지 사이의 사랑과 미움의 관계는 지난 세기 내내 이어져왔다. 기술은 여자들을 자유롭게 하는 데 실패했고, 한 세기가 바뀌고 여성 노동력이 증가하는 지금, 로슨이 여자들을 부엌으로 되돌아가게 하려는 것처럼 보였다.

"가끔 우리는 자기 자신을 포스트 페미니스트, 능력 이상의 것을 해내는 여자로 생각하지 않는다. 오히려 피곤한 아침에 파이를 굽는, 나무 연기를 따라가는 가정의 여신으로 비춰지길 바란다."

그녀의 책 서문에 실린 내용이다. 그녀는 다음과 같이 말했다.

"요리는 음식을 자르고 만들고 하는 것이지 부엌과는 아무 상관이 없다. 이것이 요리가 중요한 이유다."

언론계의 반응은 신랄했다. 『데일리 메일Daily Mail』의 기자인 니컬라 타이러는 외쳤다.

"여자들이 빵 굽는 것을 싫어하는 진짜 이유는 이 행동이 우리를 전형적인 가정노예로 보이게끔 만들기 때문이다."

타이러는 말했다.

"대부분의 남자는 성의 대상으로서의 아내나 빵을 굽는 여성으로서의 아내, 즉 노예 상태로 전락하려는 스텝퍼드 와이프Stepford wife를 내심 좋아한다. 그것은 빵을 굽는 것에서 가정노예로 전락해가는 작은 첫걸음이다."

『선데이 헤럴드』 기자인 애나 번사이드를 포함한 많은 사람이 이 분노의 대열에 합류했다.

"마치 우리가 이전에 모든 것을 할 수 있는 존재가 되라는 압박을 받지 않았다는 듯이, 새로운 TV 요리 스타 니겔라 로슨은 우리에게 빵 굽는 능력을 갖추라고 이야기한다. 또한 책을 보면 여성들이 직업을 포기하고 점심도시락을 챙기며 바느질을 하게 하는 내용으로 메워져 있다."

번사이드는 백옥 같은 하얀 피부와 매혹적인 커다란 눈을 가진 대단한 미모의 로슨이 격조 높게 살면서 영국의 중산층에게 설교나 하는 여자로 비치는 것에 화를 내며 말했다.

"문제는 현재 우리 삶의 방식이 로슨이 생각한 대로 변해간다는 것이다. 그런데 이러한 방식은 런던 신문사에 글을 올리고, 크고 멋진 차를 몰고, '오페어au pair[영어를 배우기 위해 영국 가정에 입주해 가사를 돕는 외국인 여자]'를 고용하고, TV에서 현재 방송되는 자신의 시리즈물을 갖고 있는 사람을 위한 것일 뿐이다."

좌익 칼럼니스트 수잰 무어는 『더 메일 온 선데이the Mail on Sunday』에 니겔라가 팔고 있는 환상에 대해 분노를 터뜨렸다. 로슨의 책은 영국을 불법 낙태가 성행한 페미니즘 이전 시대로 되돌릴 수도 있다고 외쳤다.

기자이며 요리 비평가이자 『보그』 지에 요리 관련 글을 쓰는 요리작가이기도 한 로슨은 칼럼니스트들의 생각을 이해하고는 비판을 겸허히 받아들였다. 그녀는 자신이 다음과 같은 생각을 하고 있다는 사실을 깨닫고 더 이상의 칼럼 쓰기를 포기했다.

"이전에 이 주제에 관해 글을 썼습니다. 하지만 어떤 목적으로 썼는지 기억하지 못합니다."

사실 그녀의 책은 순수하게 요리에 관해서만 기술했다. 책이 출간된 지 10년이 지나, 그녀는 빵 만드는 과정을 기술할 때 자신이 어떻게 '약간 급진적으로' 됐는지를 생각해보았다.

"밀가루를 섞어 반죽하는 것은 손 안에서 실질적인 감촉을 느끼는 매우 좋은 방법이라는 것을 알았다. 또한 여러분이 어떻게 열을 가해 음식을 만드는지 이해할 수 있다면 달걀, 버터, 밀가루를 섞어 케이크를 만드는 과정 중에 무언가 기적적인 일이 일어남을 이해하게 될 것이다."

로슨을 포함한 많은 여성이 "일, 일, 일, 집으로 돌아가 소리를 지르고 또 일, 일, 일만 하는 존재"로 여겨진다는 사실을 깨달으면서 새로운 생각을 하기 시작했다.

로슨은 말했다.

"저는 어떻게 하면 여성이 자신을 가정의 신으로 느낄 수 있는지에 대해 그리고 새로 발견한 빵 굽기에의 애착에 대해 『보그』지에 기사를 한 편 썼습니다. 이후 수많은 답장을 받았는데 그중에는 여러분이 생각지도 못한 곳으로부터 온 답장도 있습니다."

당시에는 제빵에 관한 책이 많았지만 결코 유행한 것은 아니었던 반면 제빵업자들은 유능하고 촉망받는 직업인으로 여겨졌다. 그녀는 이 주제에서 신화적 성격을 없애길 원했다. 그리고 그녀가 준비한 어린이 파티에서 어린이보다 부모들이 소형 케이크를 더 좋아한다는 사실을 알게 되었다. 그녀는 말했다.

"나는 잘못된 향수에 빠져 있었다. 내가 갖지 못한 어린 시절에 대한 향수였다. 빵을 굽는다는 것은 나 자신과 내 아이들을 위해 내 어린 시절을 재창조한다는 것을 의미한다. 그것은 부엌에서 안정감 있고, 안락하며, 힘을 주는 느낌을 만들어낸다."

로슨은 여자들이 요리를 통해 일종의 속죄를 하게끔 만든다는 비난에 대해, 그리고 빵을 굽는 것에 대해 다음과 같이 말했다.

"그것은 여자를 부엌에 묶어두는 것이 아니다. 요즘 얼마나 많은 케이크가 사무실로 배달되고 있는가? 배달하는 것도 여자가 하지 않는다. 나는 수년간 남자들이 가지고 온 내 책에 사인해줬고 책 표지에서도 '여신'이라는 단어를 지우고 느낌표를 집어넣었다."

이 책은 많은 찬사를 받았다. 『더 타임스』는 다음과 같이 표현했다.

"로슨은 델리아처럼 우아하게 교육을 하는 것이 아니라, 그저 언니처럼 다정하게 제안한다."

요리사이자 작가인 타마신 데이루이스도 『데일리 텔레그래프』에 다음과 같은 논평을 실으면서 로슨에게 긍정적인 입장을 표명했다.

"이 책에는 토스카나식 채소 숯불구이보다는 일반 케이크, 소형 케이크와 스펀지케이크에 대해 포스트모더니즘적인 방법으로 설명하려는 과감한 신념이 들어 있다."

영국의 미디어는 기자 특유의 독설을 잊은 채 이 사안에 대해 따뜻한 시선을 보냈고 『가정의 여신이 되는 법』은 출간 이후 4개월 만에 18만 부가 팔렸다. 로슨은 첫 번째 작품 이후 1998년에 하드커버로 된 『음식을 어떻게 먹을 것인가』라는 책을 출간했으며 이 역시 인기를 끌었다. 이 책에서 작가는 "내 욕심밖에는 말할 게 없다"고 했다. 집필생활이 활발해졌으며 TV 출연이 잦아졌고, 시청자들은 요리에 몰두한 이 커리어우먼을 좋아했다. 특히 로슨이 '위대한 다이어트 신에 대한 거부'라고 표현하는 음식을 만들 때의 모습을 좋아했다.

니겔라 로슨은 사람들을 설득하는 능력이 탁월했다.

"부엌을 떠나는 것이 아니라 여러분을 자유롭게 할 부엌으로 들어가라는 것이다."

"내가 여기서 하는 일은 감자, 버터와 크림만으로 인간의 삶을 지켜나갈 수 있는 방법을 찾는 것이다. 매시 포테이토만이 이 역할을 해낼 것이다."

물론 케이크도 같은 역할을 할 것이다.

『가정의 여신이 되는 법』 출판 기념회에서의 니겔라 로슨.

94

베이컨, 부추 & 감자 그라탱

Bacon, leek & potato gratin

제인 백스터, 2001년,

『리버퍼드 유기농 채소 뉴스레터Riverford Organic Vegetables newsletter』

Recipe

6인분

- 잘게 썬 부추 2묶음
- 잘게 썰어서
  구운 베이컨 100그램
- 다진 마늘 2쪽
- 강판에 간 파르메산 치즈
  1~2테이블스푼

- 버터 1덩어리
- 더블크림 100그램
- 우유 100그램
- 껍질을 벗기고 2~3밀리미터의
  두께로 썬 감자 800그램
- 바다 소금과 검은 후추

부추에 버터를 두르고 10분간 서서히 익힌 다음 베이컨과 마늘을 넣는다. 크림과 우유를 추가해 끓인다. 양념을 해서 감자와 섞은 뒤 그라탱 접시로 옮긴다. 포일로 덮고 감자가 부드러워질 때까지 180℃에서 약 50분간 굽는다. 포일을 벗겨내고 파르메산 치즈를 뿌린 다음 황금 갈색으로 변할 때까지 다시 10분간 굽는다.

프랜시스 무어 라페는 1970년대 초 미국인들을 상대로 지구를 보호하고 고기를 덜 먹자는 운동을 전개했지만, 크게 팽배해 있는 소비지상주의와 맞서 싸우기에는 역부족이었다. 결과적으로 미국과 마찬가지로 영국에

선 1970~1990년대를 거치면서 대처리즘에 의한 경제 호황과 현금 보유액의 증가로 슈퍼마켓이 엄청나게 들어섰다. TV에서 광고든 시사 프로그램이든 간에 끊임없이 홍보하는 편익 증가와 노동력 감축이라는 두 가지 정책에 무기력한 농업 종사자들은 참여할 수 없었다.

1990년대 말까지 대부분의 영국 소비자는 경쟁적으로 물건 가짓수는 더 많이, 가격은 더 싸게 제공하려는 슈퍼마켓에서 음식을 구입했다. 슈퍼마켓의 통로를 걸어가면 모든 감각이 자극을 받았다. 거대한 상품 진열대는 전 세계에서 들어온 물건들로 채워졌고 소비자의 시선을 끌려고 서로 다퉜다. 수송과 통신의 엄청난 발전 덕분에 여러분이 12월에 딸기를 원한다면, 지구 어딘가에 있는 딸기를 재배할 만큼 충분히 따뜻한 나라에서 수송이 가능해진 것이다. 소비자들이 원하는 이국의 식품을 연중 어느 때나, 하루 중 어느 시간에나 구입할 수 있는 시대에 접어들면서 영국의 배급량에 대한 걱정은 사라졌다. 21세기에 들어설 때까지 영국에서 식품은 철저히 현실적인 주제였다. 디너파티에서 더 이상 이야기의 화제가 되지 않던 음식은 거의 필수적인 주제가 됐다. 영국의 레스토랑들은 변했다. 세계 각지에서 몰려든 젊은 요리사들이 영국 요리사의 주방에서 요리 수업을 받았다. 요리 관련 책과 잡지 등이 호황을 누렸다. 1998년에 『음식 일러스트Food Illustrated』가, 뒤이어 『올리브 앤드 딜리셔스Olive and Delicious』가 출판됐다.

또한 레스토랑 비평은 말할 것도 없고 요리 관련 글쓰기가 많은 사람이 열망하는 직업이 되면서 요리에 관련된 사안에 대해 더 깊이 생각하는 것이 일반화됐다. 하지만 이는 슈퍼마켓 통로를 지나가면서 콜롬비아 커피에서 지중해의 검은 참다랑어에 이르기까지 모든 물건을 카트에 집어넣는 소비자에게는 더 좋지 않은 소식이었다. 갑자기 새로운 유행어가 요리 관련 글에 퍼지기 시작했다. 이러한 유행어는 '지역적' '계절적'과 같은 용어에서 시작됐는데, 대부분의 사람은 그 용어의 의미를 파악할 순 있었지만 '유기적' '지속적' '도덕적' 그리고 '공정무역'과 같은 용어는 이해하기 힘들었다.

판단력이 있다는 자부심을 지닌 사람들에게 쇼핑은 갑자기 죄책감을 품은 광산이 됐다. 단지 커피를 좋아한다는 이유만으로 커피를 샀던 그곳에서, 이제 여러분은 여러분의 호의로 학교와 병원이 잘 지어지길 바란다면 어떤 원두가 공정무역을 통해 들어왔는지 따져봐야 한다고 말하는 것이었다.

새로운 용어 '푸드마일$^{food\ miles}$'[식료품이 생산자의 손을 떠나 소비자 식탁에 이르기까지의 이동 거리] 때문에 아마도 커피에 대한 모든 생각이 사라지고 뜨거운 물에 레몬 조각을 넣어 마시는 경우라면 그날 저녁에는 잠을 잘수 있을 것이다. 그런데 잠깐! 지금 겨울인데 레몬은 어디에서 오는 걸까?

시장 점유율을 높이려고 경쟁하면서 슈퍼마켓 업주들은 유기농 식품에 투자하는 것이 잠재적 성장을 보장한다는 사실을 깨달았다. 하지만 한 남자가 등장하기 전까지, 그리고 어느 정도는 남을 배려한다는 이유로 유기농 식품이 금세 등장하지는 않았다.

가이 왓슨은 대처의 아이들$^{Tatcher's\ children}$[마거릿 대처 수상이 집권할 당시에 태어난 아이들]로서 북부 데번의 한 농장에서 자랐다. 뉴욕에서 경영 컨설턴트로 활동했지만 마음은 뉴욕 사무실에 있지 않고 그가 어린 시절을 보냈던 곳으로 되돌아가는 것을 깨달았다. 그래서 어느 크리스마스 날 고향으로 돌아와 그곳에 머물기로 결정하고 아버지에게서 땅을 빌려 유기농법을 실행해보기로 했다.

"저는 농사에 화학제품을 과도하게 사용하지는 않나 항상 의심해왔습니다."

그는 '새로운 시장의 출현을 예고'하면서 이렇게 말했다.

가이 왓슨은 소비자들 사이에서 그들이 먹는 음식이 어디서 왔고 지역과 계절에 맞게 먹고 있는지에 대한 관심이 점점 커지고 있다는 사실을 알게 되었다. 그는 이렇게 말했다.

"많은 사람이 정당한 일을 하고 싶어하지만 수많은 잘못된 정보 때문에 실망하고는 자신들이 해야 할 일에 게을러지고 만다."

이에 그는 소비자들의 편의를 위해 지역 유기농장에서 나오는 계절채소를 소비자에게 직접 배달하는 계획을 세웠다. 그의 초창기 고객은 왓슨이 낡아빠진 시트로엥을 타고 직접 손으로 배달하는 상자를 받았다. 이러한 소비자 직접판매 외에 도매업자와 소매업자에게도 과일과 야채를 판매했는데, 이를 통해 몇 년 사이에 그의 사업은 크게 확장됐다.

하지만 왓슨은 잡초, 질병, 해충 등과 싸우면서 유기농법이 생각했던 것보다 훨씬 어렵다는 사실을 깨달았다. 그리고 사이렌의 달콤한 노래에 유혹당해 위험한 섬으로 끌려가는 오디세우스처럼 계속 살충제를 사용하고픈 유혹에 시달렸다. 그는 "화학제품 판매 사원이 계속해서 내 귀에 속삭였다"고 말했다.

하지만 그는 유기농이라는 운명의 돛에 자신을 묶고 항해를 계속했다.

그는 안정적으로 사업을 발전시켰고 2001년엔 가맹점 영업권을 특정 분야까지 확장했다. 이때 사업 형태가 바뀌었다. 그는 말했다.

"놀랄 만한 일이었습니다. 사업이 엄청 잘됐습니다."

"채소를 상자에 담아 판매하는 것은 제 사업의 10퍼센트밖에 되지 않습니다. 그 어떤 영업 행위도 하지 않았습니다. 이 분야는 사업에 집중하는 데 의미가 있습니다."

그의 동료와 누이는 브랜드에 대해 고려해보라고 설득했다. 그는 말했다.

"저는 그들이 이야기하는 것을 잘 이해하지 못했습니다."

그는 자신의 생각을 고집했고, 10년 뒤 리버퍼드 유기농 채소는 연 58억 원의 매출을 기록하며, 4만 7000개의 유기농 채소상자가 잉글랜드 전역과 사우스웨일스로 배송된다. 소비자 입장에서 유일하게 불편한 점은 쓸데없는 부분까지 모두 요리를 해야 하는가이다. 왓슨은 요리사인 제인 백스터가 고안한 베이컨, 부추&감자 그라탱과 같은 요리를 피처링해 정기 뉴스레터에 실어 소비자의 이해를 돕고 있다. 제인 백스터는 데번 시의 농장에 개업한 레스토랑을 책임지고 있으며, 훗날 유기농을 더 널리 홍보하기 위해 요리책을 출간하기도 했다.

슈퍼마켓 업자들은 유기농 판매업소 지정을 받기 위해 필사적으로 싸움을 벌였다. 왓슨은 말했다.

"그들은 종래의 공급업자들을 괴롭혔습니다. 웨이트로스[영국 슈퍼마켓 체인]를 제외하곤 모두 악랄했습니다."

그에게 이러한 현실은 냉정한 상업 논리 이상의 것이었다.

제게 유기농은 철학입니다. 이것은 세계와 교류하는 문제이지 모든 것을 지배하려는 시도가 아닙니다. 슈퍼마켓 업자들은 신뢰할 수 없는 히피 집단이 더 이상 유기농 식품을 공급하지 못하도록 하는 상황을 만들어놓았지만, 인증서만 받으려고 하는 그들의 유기농에 대한 생각은 제 생각과 비교할 수 없습니다. 거대한 농장에서 식품을 수확하고 셀로판으로 포장해 지구 반대편으로 배송한다면 그 식품의 질은 당연히 떨어지죠.

왓슨은 초기 유기농업의 선구자로서 소비자에게 대안과 더불어 흙에서 직접 캐낸 식품을 구입할 수 있는 경험을 제시했다. 그의 채소상자도 커다란 반향을 일으켰다. 반면 생선을 더 많이 먹으라는 충고를 기쁘게 받아들였던 생선을 좋아하는 사람들은 충격을 받고 죄책감에 시달렸다.

95

양념 보리새우

Spiced prawns

굴람 카더호이 눈, 2001년,

『눈의 정통 인도 요리The Book of Authentic Indian cookery』

Recipe

4~6인분

- 식물기름 5테이블스푼
- 계피 줄기 2개
- 마늘 퓌레 1테이블스푼
- 검정 후춧가루 1/2티스푼
- 누룩식초 1/2티스푼
- 누룩식초 3테이블스푼
- 신선한 커리 잎 15개
- 갈색 설탕 1테이블스푼
- 머리를 떼어내고·껍질과
  줄무늬를 제거한 중간 크기의
  생새우 1킬로그램

- 정향 6개
- 자른 양파 150그램
- 붉은 고춧가루 1/2티스푼
- 커민[미나릿과 식물] 가루 1/2티스푼
- 회향 씨 1/2티스푼
- 잘게 썬 토마토 350그램
- 지거리[인도산 사탕수수] 100그램
- 토마토 퓌레 125그램
- 기호에 따라 소금 적당량

1. 밑이 패고, 무게중심이 아래에 있는 팬이나 웍에 기름을 넣고 가열한 뒤 정향과 계피 줄기를 지글지글 소리가 날 때까지 10초간 끓인다. 양파를 넣고 갈색으로 변하기 시작할 때까지 저으면서 10분간 익힌다. 마늘 퓌레를 넣고 30초간 요리한다.

2. 불을 줄이고 모든 양념과 식초를 넣은 뒤 기름이 음식물에서 빠져나오기 시작할 때까지 끓인다.

3. 잘게 썬 토마토, 카레 잎, 지거리, 갈색 설탕, 약간의 소금을 넣고 기름이 음식물에서 빠져나올 때까지 끓인다. 500밀리리터의 끓인 물에 토마토 퓌레를 넣고 잘 섞은 다음 연해질 때까지 15분간 끓인다.

4. 새우를 넣고 6~8분간 끓인다. 납작한 모양의 익힌 쌀과 함께 먹는다.

* 마늘 퓌레: 50그램. 마늘 껍질을 벗기고 잘게 썰어서 물 1테이블스푼과 함께 믹서나 푸드 프로세서에 넣고 퓌레로 만든다. 냉장고에서 2~3일간 보관 가능하다.

런던 교외에 위치한 사우솔에 있는 카레공장 맨 위층의 중역회의실 맨 윗자리에서 눈Noon 경이 야채수프를 입에 댔다. 주위에는 특별 시식회에 초대된 기자들과 눈에게 부를 가져다주고 수많은 영국인의 입맛을 만족시킨 인도 즉석요리 견본이 있었다.

점심으로 그들은 치킨 티카 마살라chicken tikka masala[강한 맛의 향신료와 요구르트, 토마토 등을 가미한 닭고기 요리], 양고기 코르마korma[요구르트나 크림에 보통 아몬드를 넣어 만드는 남부 아시아의 요리], 달dahl[인도의 콩 수프], 쌀 그리고 이 공장에서 만든 인도 빵 등을 먹었다. 하지만 윌리 웡카가 초콜릿을 거절하면서 그곳에 초대된 손님들을 당황하게 했기 때문에, 눈은 즉석식품을 먹는 대신 자회사의 전통 음식과 관련된 일반 수프를 먹었다. 눈은 이렇게 말했다.

"저를 믿으세요. 카레는 매우 좋은 음식입니다. 그래서 저는 카레를 자주 먹습니다. 여러분도 카레를 맛보시고 사람들이 집에서 먹는 인도카레를 제가 얼마나 변화시켰는지 확인해보십시오."

수많은 닭고기가 그릴에서 구워져 컨베이어 벨트를 통과한 각자의 접시에 놓이고, 다음 칸에서 노란 쌀과 섞이는 과정을 지켜보면서 기자들은 허기를 느꼈다.

눈은 말했다.

"제가 손을 대기 전까지 즉석 인도 음식은 무미건조했습니다. 아무 맛

이 없었습니다. 하지만 제가 미국에서 돌아와 생각해봤습니다. 그러고는 '바로 이거야'라는 아이디어가 떠올랐습니다."

1989년에 눈은 두려움을 느꼈다. 뉴욕 사람들에게 인도 음식을 제공한다는 것이 처참한 실패로 끝났기 때문이다. 그는 도시와 그 외곽에 있는 11개 레스토랑에 냉장 상태로 제공돼 그 자리에서 요리할 수 있는 음식을 생산하는 공장을 세우려고 했다. 하지만 "미국인의 생각과 맞지 않다"는 것을 인정했다. 그는 영국에서 이주자를 겨냥한 제과업, 즉 뭄바이에서 가족사업으로 하던 로열 스위츠Royal Sweets로 많은 돈을 벌었지만 미국에서 모두 날렸다. 이후 그는 런던으로 돌아와 20대 초반을 런던생활에 푹 빠져 지냈고, 이 도시를 자신의 꿈을 실현시킬 곳으로 여겼다.

1980년대 후반에 여자들이 사무실에서 일하는 시간이 늘어남에 따라 가정에서 요리하는 것은 부차적인 일이 됐다. 여자들이 밖에서 일하는 시간이 많아지면서 가스레인지 옆에 있는 것보다 체육관에 있는 시간이 더 길어졌다. 핵가족화되면서 혼자 사는 사람이 늘어나고 이혼율이 증가했으며 즉석식품이 유행하기 시작했다.

문제는 이러한 즉석식품의 질이 떨어진다는 것이었다. 마크스 앤드 스펜서가 치킨 키예프chicken kiev[뼈를 발라낸 닭가슴살에 조미한 버터를 입힌 다음 빵가루를 입혀 넉넉한 기름으로 튀긴 러시아 요리]와 치킨 코르동 블뢰를 즉석식품으로 처음 판매하기 시작한 지 10년이 지났지만, 이 이국적인 요리의 영국 진출은 완전한 성공을 거두진 못했다. 어떤 요리는 카레 맛을 내기도 했는데 이는 값싼 고기에 양념을 많이 해 비싼 고기처럼 보이게 하는 간단한 방법이었기 때문이다. 이런 맛없는 소고기 카레 요리는 마치 군대 음식 같았다. 1970년대 초반엔 이런 음식이 여전히 신상품이었으며 비교할 만한 정통 카레 요리가 없어서 사람들은 이 음식을 맛있게 먹었다.

이러한 음식은 삶아서 봉지에 넣은 파스타소스와 '한 사람만을 위한 버즈 아이[냉동식품회사]의 로스트비프 저녁 식사'와 같은 냉동식품과 함께 놓이기도 했다. 'TV 디너'라 불리는 이 음식은 미국에서 왔는데, 미국 기업 스완슨은 기내 음식을 가정식으로 바꾸려는 생각을 했다. 이 음식과 관련된 칠면조 고기와 크랜베리소스, 옥수수빵 등은 원래 시장에서 초과 물량으로 나오는 칠면조 고기를 소비하기 위해 개발된 것이었다. TV를 보면서 신상품을 찾는 사람들에게 이 고기를 포장해 떠안기려는 것이었다.

기술의 발달로 냉장 시장은 냉장 즉석식품에 자리를 내주었고, 요리할 필요가 없는 음식에 대해서뿐만 아니라 식습관에 대한 소비자의 관심이 높아졌다. 핀더스Findus는 「간편 요리」에서 여자들이 부엌 밖에서 몸치장을 할 수 있다고 이야기했다. 음식물 포장에 과도한 소금과 방부제를 첨가한다고 이의를 제기하는 사람은 아무도 없었다.

그때까지만 해도 타민족의 음식 시장은 빈약했다. 눈은 슈퍼마켓에서 인도 즉석식품을 구입해 집에서 먹어본 적이 있기 때문에 이러한 사실을 잘 알고 있었다. 그는 말했다.

"여러분께 말하건대, 정말 실망이 컸습니다."

슈퍼마켓에서 구입한 음식에는 정통 양념이 없었다. 하지만 그는 뉴욕에서 기술을 발전시켰고 이 기술을 영국에서 적용해 음식의 질을 향상시켰다. 그는 미국인의 입맛에 맞는 음식을 만들려고 했으나, 미국인은 그의 카레에 관심을 보이지 않았다.

그는 마침내 작은 공장을 세우고 즉석식품을 슈퍼마켓에서 팔기 시작했다. 그가 처음으로 주문을 받은 것은 1989년 '버즈 아이'로부터였다.

"자그마치 270만 파운드[약 46억 원]어치 주문이 들어왔습니다. 저는 그만 의자에 주저앉고 말았습니다."

20년 뒤 영국인 세 명 가운데 한 명은 일주일에 최소한 한 번은 즉석식품을 먹었다. 많은 사람이 즉석식품에 의존하는 것을 보면서, 그의 음식은 국민 음식으로 자리매김했다고 여겨진다. 함께 식사하는 사람이 점점 줄어든다는 점, 다문화 요리에 관한 적당한 요리 문화가 없다는 점으로 인해 이러한 경향은 피할 수 없는 것이었다.

다시 중역 회의실로 돌아와, 사람들의 입맛을 만족시키는 능력을 갖고 있고 이로 인해 많은 재산을 모은 눈 경이 상냥하게 웃으며 말했다.

"인도 요리는 정말 어렵습니다. 저는 이 사실을 잘 알고 있었기에 주말마다 요리 연습을 했습니다."

이것이 바로 여기서 여러분께 말하려는 요리정신이다.

"변화를 위해선 즉석식품을 포기하고 대신 눈 경의 양념 새우 요리를 처음부터 다시 시작해보시길……"

96

훈제 고등어 파테[*]

Smoked mackerel pate

찰스 클로버, 2004년, 『그만의 요리법His own recipe』

Recipe

- 훈제 고등어 250그램
  (혹은 껍질과 뼈를 제거한
  고등어 2마리), 말린 후추 열매는
  기호에 따라 선택 사용
- 토스트나 귀리비스킷
- 200그램짜리 필라델피아 크림치즈 1통
- 기호에 맞게 압착 레몬즙 적당량
- 양념
- 잘게 썬 쪽파나 딜-가능하다면

고등어와 크림치즈를 푸드 프로세서에 넣고 부드러워질 때까지 빠른 속도로 간다. 압착 레몬즙을 넣고 잘 섞이게끔 기계를 느린 속도로 돌린다. 고등어 살코기에 검은 후추가 덜 뱄다고 생각되면 후추를 더 넣어서 기호에 따라 양념해도 된다.

귀리비스킷이나 멜바 토스트[바삭하게 구운 얇은 토스트]와 함께 차린다. 작고 거친 스코틀랜드 귀리비스킷을 구할 수 있으면, 그 빵 위에 잘게 썬 딜이나 쪽파를 뿌리고 접시 둘레에 레몬을 놓는다면 멋진 카나페를 만들 수 있다.

햇살이 좋은 1981년 부활절인 토요일 아침, 환경부 기자인 찰스 클로버가 웨일스의 디 강에서 낚시를 했다. 막 점심을 먹기 위해 일어서려던 참에 커다란 연어가 물속에서 둑으로 튀어올랐다. 연어의 몸짓은 자기를 잡아보

---

[*] 파테: 잘게 썬 고기를 양념해 익힌 다음 식혀 먹는 요리.

라고 놀리는 듯했다.

클로버는 재빨리 미끼를 끼웠다. 물결은 높았고, 이전에 연어를 잡아본 적이 없었지만 그는 연어와의 싸움을 더 해보기로 결심했다. 낚싯줄을 강물로 던졌고 미끼는 강물을 따라 서서히 연어가 숨어 있을 하류로 흘러 내려갔다.

이내 낚시를 포기하고 다른 사람들과 점심을 먹으러 가기 전 그는 낚싯줄을 얼마나 많이 던져야 하는가를 생각해봤다. 그때 낚싯줄이 팽팽해졌다. 연어가 당기는 것이었다. 클로버는 물고기를 놓치지 않으려고 곧바로 낚싯대를 들어올렸다.

"내가 원하는 바로 그 시간에 연어가 미끼를 물었다. 그렇지 않았다면 연어는 급류 속으로 사라졌을 것이다."

그는 연어와 35~40분간 싸운 끝에 결국 잡아 거꾸로 들어올렸다.

연어를 완전히 제압하고 나서 무게를 달았다. 그의 첫 번째 커다란 성과물인 연어의 무게는 약 10.4킬로그램이었다. 그는 '연어를 훈제해놓고 수개월에 걸쳐 먹었다'고 기억했다. 하지만 자부심을 느낀 한편 낚시에 대해 더 많은 것을 알게 되면서 그는 서서히 죄책감을 갖기 시작했다. 낚시로 연어를 잡을 수 있기 때문에 연어가 봄 산란기에 수 킬로미터를 헤엄쳐 내륙까지 들어가는 경우는 드물다. 그렇다면 다른 물고기는 어떤가?

그는 생각했다.

"만약 한 낚시꾼이 파리나 미끼로 물고기 한 종을 남획할 수 있다면, 트롤망 어선이 떠 있는 바다에선 무슨 일이 일어난단 말인가?"

클로버는 이 주제에 대해 깊이 생각하면서 더 많은 관심을 갖게 됐다.

"이런 생각을 사람들에게 알려 강에서 미끼를 사용해서 연어 잡는 것은 금지해야겠어."

하지만 그곳에선 연어 낚시가 계속됐다. 환경에 대한 관심과 기자로서의 감각을 갖춘 그는 성공을 예감했다.

"아직까지 누구도 바다의 건강에 대해 쓰지 않았어. 여기엔 아주 잘못된 무언가가 있어. 만약 내가 이것에 대해 기사를 쓴다면 특종을 잡을 수 있을 거야."

몇 년이 지난 2004년에 그는 자신이 찾아낸 충격적인 사실을 자세하게 설명한 책을 출판했다. 『낚시의 종말』에서 그는 지난 몇십 년 동안 생선 섭취의 중요성에 대해 강연한 사람들을 정면으로 비판했다. 그들의 강연 내용이 항상 맞는 것은 아니었다. 실제로 육류 소비가 어류 소비보다 훨씬 많았다. 상류층은 식탁 위에 소 뒷다리살로 만든 로스트비프와 희귀한 조류 고기를 올려놓음으로써 부를 과시했고 생선은 가난한 자들의 음식이 됐다. 빅토리아 시대가 끝나면서 생선과 감자튀김은 도시 외곽 주민들의 패스트 푸드가 됐다.

100년 뒤 생선은 상류층 식탁에 오르게 됐다. 배우 로버트 드니로가 공동 소유주인 노부Nobu 같은 레스토랑은 런던과 뉴욕에서 많은 단골손님을 확보하고 있다. 먹을 수 있는 모든 종류의 스시는 엘리트 계층이 파티가 끝난 뒤 코카인을 흡입하고 샴페인을 마시기 전에 먹는 비싼 음식이 됐다. 마찬가지로 유행에 민감한 사무실 근로자들에겐 샌드위치보다 훨씬 근사한 음식으로 자리잡게 됐다.

하지만 클로버에 따르면, 레스토랑에서 생선 한 접시를 주문하는 것이 '세계적인 도덕적 딜레마'에 빠지면서 바다에 갑작스런 변화가 찾아왔다. 영양학자들의 충고(영국 심장협회에선 매주 최소 2인분의 생선 섭취를 권장하고 있다)를 따라 생선을 먹는 것은 옳은 일인가?

그는 책에 다음과 같이 썼다.

"우리는 더 이상 물고기를 사랑할 수 없게 됐다. 인식 전환의 순간이 다가왔다."

그는 우리가 알 수 없는 바다 밑의 세계에서 무슨 일이 일어나는지, 혹은 그 세계는 어떤 모습인지를 우리에게 잘 보여줬다.

"사냥꾼들이 두 대의 커다란 전지형 만능차 사이에 그물을 펼치고 아프리카 대륙을 가로지르는 속도로 바다를 훑는다면 어떤 일이 일어날지 상상해보세요."

생태계와 지나치는 모든 것을 파괴하는 이 파괴적 힘은 "저인망 어업으로 알려진 방법으로 모든 생명체를 효과적으로, 그러나 마구잡이로" 궤멸하고 있다.

그럼에도 불구하고 그 누구도 물고기에 대해 신경쓰지 않았다. 사랑스럽지 않고, 미끌거리고 냉혈이지만 생선은 육류보다 더 거리낌 없이 소비되며, 심지어 채식주의자 중에도 생선만큼은 먹는 이들이 있다. 클로버는 이러한 상황, 즉 물고기의 남획, 불법 어업, 저인망 어업, 시장에서도 받아주지 않는 저질의 물고기나 승인 할당량을 넘긴 물고기를 덤핑 처리하는 것을, 매머드를 멸종시키고 우림 지역을 훼손하는 것에 견주었다.

실제로 바다에서 물고기가 사라질 수도 있다는 생각에 직면한 기자들이 못 믿겠다는 듯 클로버에게 그런 일이 실제로 생길 가능성이 있느냐고 물었다. 그는 대답했다.

"지금 그런 일이 벌어지고 있습니다. 이것은 미래학이 아닙니다. 과학은 기후변화만큼 복잡하지 않습니다. 우리는 이런 일들이 지금 벌어지고 있다는 것을 알고 있습니다. 그리고 우리는 이런 상황에 대해 무언가를 해야 합니다."

자신의 뜻을 전달하기 위해 클로버는 정치인, 기업체 사장, 레스토랑 운영자 등을 질책하며 세계를 돌아다녔다. 책을 출간하고 3년 뒤에 클로버는 책 제목과 동명의 영화를 제작하는 데 참여했다. 바다, 거대한 물고기 떼 그리고 멋진 장소 선택 등으로 이 영화는 완벽했다. 다큐멘터리 영화는 보통 청각적인 면에서 약점을 보이는데 이 영화는 전혀 그렇지 않았다.

클로버는 많은 변화를 일으켰다. 유럽 전역의 소비자들이 그를 주목했다. 예를 들면 많은 영국 슈퍼마켓에서 잘 관리, 보관된 생선만 골라 판매대에 올리는 등 전격적인 변화가 일어나고 있다.

책이 출판된 지 약 6년이 지나 클로버는 자랑스럽게 이야기했다.

"내 책과 영화는 엘 고어의 『불편한 진실The Inconvenient Truth』보다 대중에게 더 많은 영향을 미친다."

사람들은 지금까지 개선된 점을 고려해 현 상황을 클로버가 개선해나가야 한다고 말했다. 하지만 그는 단호하게 거절했다.

"2004년의 상황은 아주 안 좋았습니다. 그런데도 우리는 여전히 너무 많은 물고기를 잡고 있습니다. 검은 참다랑어는 상황이 더 좋지 못합니다."

클로버는 책을 통해 물고기의 남획이 세상의 모습과 사람들의 식습관을 바꾸고 있다고 이야기했다. 그리고 그 누구도 이러한 사실을 무시할 수 없다고 말했다. 그는 바다를 지배하는 자들을 '미치광이'라 부르며 인간의 탐욕과 오해에 맞서 도전했다. 그는 맥도널드에서 파는 생선버거를 조사했는데, 예를 들면 패스트푸드 체인점이 교묘하게 징계를 피하는 것에 매우 놀랐다.

"나는 독점적 레스토랑의 소유주들이 인체에 유해한 음식을 파는 것을 멈추라고, 그리고 그들이 맥도널드를 향해 엉덩이를 들이밀라고 충고하고 싶습니다."

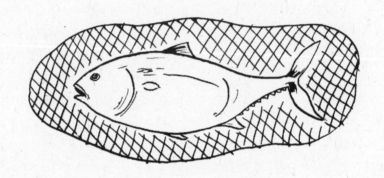

다행히도 이런 레스토랑의 고객들이 지속적인 어업에 찬성하고 있다. 클로버는 그의 아이디어가 대중매체에서 광범위하게 표절되는 데 불만을 토로했다. 하지만 이는 그의 호소하는 듯한 계시적 관점의 긍정적인 부분을 나타낸다.

"나는 피시투포크닷컴fish2fork.com이라는 웹사이트를 개설함으로써 여러분께 희망을 드리려 합니다. 이 사이트에 들어가면 지속적으로 공급되는 생선을 어디에서 먹을 수 있는지 알 수 있습니다."

어떤 생선을 먹고 어떤 생선은 먹지 말라고 알려주는 정보를 담은 출판물이 급증하고 있다.

클로버는 오래전부터 투쟁했다. 세상은 생선을 더 적게 잡고, 더 적게 먹고, 쉽게 상하는 생선은 잡지 말아야 하며 소모적 어업을 중단해야 한다.

그가 누구도 생선을 먹지 말라고 이야기하는 건 아니다. 그 자신만의 요리 법인 훈제 고등어 파테가 그 증거다. 그는 말했다.

"여러분이 맑은 정신으로 생선을 먹는다면, 그 맛은 더 좋아질 겁니다."

클로버의 파테는 바삭한 토스트 및 냉장된 무스카데Muscadet[프랑스 백포 도주]와 함께 먹으면 더 좋다.

97

본즈* 생강 드레싱과
고추냉이 완두콩을 곁들인
아시아 샐러드

Asian salad with ponzu ginger dressing & wasabi peas

제니퍼 챈들러, 2006년, 『간편 샐러드Simply Salads』

Recipe

6가지 에피타이저 혹은 보조 샐러드 만들기

샐러드

- 1봉지(142그램)
- 스프링 믹스Spring Mix[모듬 채소]
  (푸르고 붉은 어린 로메인과 같은
  어린 상추와 적색 근대와 치커리
  같은 롤라로사 포함)
- 신선한 압착 라임주스
  1테이블스푼
- 껍질을 벗기고 간 생강 1/2티스푼

- 고추냉이 완두콩 1컵
- 본즈 생강 드레싱
- 간장 1/4컵
- 물 2테이블스푼
- 붉은 포도 식초 1테이블스푼
- 얇게 썬 스캘리언 1개

간장, 물, 식초, 라임주스, 생강, 스캘리언을 작은 그릇에 넣고 젓는다.
1/2컵 정도만 사용한다.
큰 그릇에 스프링 믹스와 고추냉이 완두콩을 넣은 다음 입맛에 따라 드레
싱을 뿌리고 잘 섞는다. 즉석에서 먹는다.

본즈: 일본 요리에서 여러 음식에 다양하게 쓰이는 기본 소스.

총명하고 발랄한 성격의 요리 작가이며 TV 방송 요리사이고 젊은 미국 엄마이기도 한 제니퍼 챈들러는 파리에 있는 정통 요리학교 코르동 블뢰에서 공부했다. 하지만 그녀는 처음부터 끝까지 모든 과정을 거쳐 요리를 해야 한다고 생각하진 않았다. 멤피스에서 가공식품 판매 전문 슈퍼마켓인 셰피스 마켓 앤드 모어Cheffie's Market & More를 둘러보고는 포장샐러드에 관심을 보였다.

그녀가 쓴 책『간편 샐러드』는 이런 부분을 그런대로 잘 설명했다. 여기에 소개하는 '스프링 믹스' 샐러드에서는 여덟 가지 다양한 샐러드를 효과적으로 연결하여 보여주는데, 이로 인해 샐러드에 대해 폭넓게 접근할 수 있다. 포장샐러드에 대한 좋지 않은 선입관이 있다면 텃밭에서 직접 채소를 뽑아 샐러드를 만들 수도 있다.

반면 이 책은 포장되지 않은 채소로 요리하는 방법을 100가지 이상 소개하고 있다. 그녀는 책에 다음과 같이 썼다.

"포장샐러드는 내가 샐러드를 즐기는 방법을 바꿨다. 누구든 이러한 혼합물을 '즉석식품'으로 만들기로 결정했다면 내 책 속에선 비범한 재능을 보유한 자로 소개된다."

그녀는 '밭에서 캔 시금치에서 모래와 먼지'를 제거하는 데 많은 시간을 보냈다. 아마도 집집마다 찬장 뒤를 보면 먼지가 층층이 쌓여 있는 채소탈수기가 있을 것이다.

많은 미국인이 그녀의 생각에 동의했다. 영국 슈퍼마켓에 포장샐러드가 서서히 들어오면서 10년이 안 되어 포장샐러드 시장은 약 12억5000만 파운드 규모의 시장을 형성했다. 이런 규모는 슬라이스 브레드 시장이나 아침식사용 시리얼 시장보다 크다.

포장샐러드는 1960년대에 캘리포니아에서 처음 시작됐다. 하지만 소비자는 이에 대해 거부감을 느꼈으며, 이런 채소를 구입한 이들은 작은 상추를 다듬는 것을 포기한 레스토랑의 요리사들뿐이었다.

상추는 한번 뽑아내면 신선도가 오래가지 않기 때문에 품질을 유지하기 위한 기술이 필요했다. 샐러드나 채소 음식을 만들기 위해 상추를 뽑아내면, 상추는 산소를 들이마시고 이산화탄소, 수분, 열기를 내뿜는다. 이러한 과정을 통해 상추는 시드는데, 트랜스 프레시 그룹이라는 한 회사에서 포장과정 중 산소는 줄이고 이산화탄소는 늘리는 방법으로 상추가 시드는 것을 방지하는 데 성공했다. 이러한 가스치환포장방식MAP을 통해 샐러드는 신선도를 더 오래 유지할 수 있게 됐다. 맥도널드와 버거킹에서 1980년대에 샐러드를 대량으로 구입하면서 1980년대 말에는 일반 소비시장에서도 포장 샐러드 개념이 확산되기 시작했다.

포장샐러드는 빠르고 편리하게 이용할 수 있기 때문에 특히 시간이 없는 사람, 돈이 많은 사람, 부업을 하고 있는 가정주부 등에게 인기가 좋다. 그래서 1990년대 초에는 적색 치커리에서 어린 아루굴라까지 광범위한 재료들이 포장샐러드 시장에 유입됐다. 또한 드레싱 세트가 있는 시저 샐러드와 파르메산 크루통 샐러드와 같은 신상품이 나오기도 했다. 포장을 뜯는 것만으로 신선한 음식을 먹을 수 있기 때문에 포장샐러드의 판매는 급증했다. 프레시 익스프레스Fresh Express는 트랜스 프레시Trans Fresh로 바뀌었는데 1991~1994년에 거의 여섯 배에 달하는 포장샐러드 수입을 올렸다. 2000년대 중반 현재 매주 포장샐러드를 먹는 미국인이 2000만 명에 이르고 있다.

한편 2002년까지 영국인의 3분의 2가 포장샐러드를 정기적으로 구입하고 있다. 이러한 포장샐러드의 유행은 20세기에 부엌에서 요리하는 데 드는 시간을 크게 줄였다. 1930년대에는 하루 3시간, 1970년대에는 1시간을 부엌에서 소비했던 데 비해 20세기 초반에는 15분만 소비하는 것으로 나타났다.

제니퍼 챈들러와 많은 사람이 이런 놀라운 통계에 환호하는 반면 별로 신경을 쓰지 않는 사람들도 있다. 영국 신문기자 펄리시티 로런스는 "직접 요리하는 과정이 사라짐으로써 우리는 음식의 많은 문화적 의미를 잃고 말았다"며 우려를 표명했다. 하지만 이보다는, 포장샐러드를 뜯는 것이 슬로푸드 운동을 추종하는 사람들을 두렵게 하는, 일종의 공포 음식물이 든 판도라 상자를 열어 입에 거품을 일게 할 것처럼 보였던 것이다.

예를 들면 포장샐러드를 세척하는 염소가 있는데, 챈들러는 이에 대해 걱정하지 않았다. 왜냐하면 포장샐러드를 세척할 것인가 말 것인가에 대해 많은 토론이 있었지만 '세척할 필요가 없다'고 결론 난 것을 잘 알고 있기 때문이다.

1992년에 포장샐러드가 슈퍼마켓에 도입됐고 큰 성공을 거두었다.
이는 시간이 부족한 가정에 편익을 가져다주었다.

2004년 영국의 유명 기자인 로런스는, 지난 50년 동안 영국인이 평균 300~500가지의 화학물질에 중독됐다는 사실을 밝혀낸 한 독성물질 임상 병리학자의 연구 결과를 보도했다. 물론 그들 모두가 포장샐러드를 먹어서 중독됐다는 것은 아니다. 로런스가 지적한, 포장샐러드가 유행하기 시작한 1992~2000년에 음식물 오염의 6퍼센트가 포장샐러드와 과일통조림, 채소 통조림과 관련 있다는 것 또한 그리 중요한 의미를 갖지 않는다.

채소 재배과정에서 문제점이 드러나기도 한다. 이는 로런스가 지적했듯이 '매우 불결한' 환경에서 일하는 이주 노동자들의 '값싼 임시노동'과 관계 있다. 이라크 쿠르드족, 브라질인, 리투아니아인, 러시아인, 우크라이나인들은 냄새 나는 좁은 이동주택에서 생활하고 있다.

그리고 채소를 키우는 땅의 질은 어떤가? 영국에서 채소 수확이 끝난 후(그리곤 온실이 이를 대치한다) 옮겨간 스페인 남부 지방의 토양은 농약에 찌들어 새 흙으로 갈아야 할 정도다.

2004년에 출간된 독창성이 돋보이는 저서 『상표에 없는 것들Not on the Label』에서 로런스는 포장샐러드가 음식 문화를 파괴하고, 요리하고 함께 식사하는 시간을 빼앗는다며 실망감을 드러냈다. 그녀는 다음과 같이 주장한다.

"채소 잎사귀 몇 개에 99펜스를 지불한다는 것은 지나치다. 하지만 종업원이 계속 음식을 나르고 접시를 닦고 잘 살펴보고 하는 것(예전엔 층계 밑에서 이루어졌지만 요즘은 주방이 식당 외진 곳이나 손님이 볼 수 있게끔 투명창으로 되어 있다)을 감안하면 식당에서 99펜스를 지불하는 것은 비싼 게 아니다."

하지만 제니퍼 챈들러와 많은 사람은 로런스의 생각을 인정하지 않으며 채소탈수기는 형편없는 결혼 선물이라고 생각하고 있다.

98

토마토, 바질, 쿠스쿠스를 넣은 연어찜

Steamed salmon with tomato basil couscous

제이미 올리버, 2009년, '20분 음식20 Minutes Meals' 앱

Recipe

준비물

- 신선한 연어 필레
  200그램짜리 2토막
- 신선한 바질 작은 다발 1개
- 붉은 양파 1개
- 회향씨 1/2티스푼
- 신선한 계수나무 잎 1개
- 천연 요구르트 2테이블스푼
- 바다 소금

- 잘 익은 방울토마토 100그램
- 쿠스쿠스[고기를 넣고 찐 경단]
  150그램
- 작은 구근 회향 1개
- 반쯤 말린 붉은 고추 1개
- 레몬 1개
- 올리브기름
- 부드럽게 빻은 검은 후추

요리 도구

주전자, 식칼, 도마, 중간 크기(지름 약 25센티미터)의 뚜껑 달린 냄비, 나무
숟가락, 절굿공이와 절구, 믹싱볼, 강판

1. 주전자를 끓인다. 오븐을 가장 낮은 온도로 예열시킨 다음 접시를 오븐
   에 넣고 데운다.
2. 연어 살코기를 접시에 놓고 올리브기름을 살짝 뿌린 뒤 소금과 후추로
   양념한다.
3. 바질 잎을 떼어내 한쪽에 놓고 그 줄기를 잘게 썬다. 팬을 중간 불로 가
   열한다.

4. 양파 껍질을 벗기고 회향을 다듬은 후 잘게 썬다. 고추를 이등분해 씨를 뺀 뒤 잘게 썬다.

5. 달궈진 팬에 올리브기름을 넣고 바질 줄기와 준비한 채소를 넣는다. 채소가 부드러워질 때까지 5분간 살살 젓는다.

6. 회향씨를 절구에 넣고 가루가 될 때까지 빻은 다음 계수나무 잎과 함께 팬에 넣는다.

7. 쿠스쿠스를 믹싱볼에 넣고 끓는 물 150밀리리터를 붓는다. 포크로 덩어리를 으깬다.

8. 방울토마토를 반으로 잘라 부드러워진 채소와 함께 팬에 넣는다. 소금과 후추로 양념해서 잘 섞은 뒤 평평하게 고른다.

9. 채소 위에 쿠스쿠스를 부은 다음 평평하게 눌러준다. 끓는 물 150밀리리터를 붓고 연어 필레를 쿠스쿠스 위에 놓는다.

10. 레몬 껍질을 연어에 문질러 향을 더하고 레몬을 반으로 잘라 즙을 짜내 연어 위에 뿌린다.

11. 팬의 뚜껑을 덮은 채 쿠스쿠스가 부풀어 오르고 연어가 익을 때까지 중간 불로 7~10분간 요리한 다음 불을 끈다.

12. 식사 도구와 소금, 음료를 식탁에 차리고 오븐에서 음식을 꺼내 식탁 배치한다.

13. 엑스트라 버진 올리브기름과 약간의 검은 후추를 뿌린다. 바질 잎을 듬성듬성 뜯어 음식 위에 뿌린다.

14. 식탁 가운데에 음식이 담긴 팬과 요구르트 그릇을 놓고 식사한다.

2009년 가을, 여러분의 손안의 기기를 통해(기술의 발달은 요리사에게까지도 유용하다) 한 요리사가 어떻게 연어 필레를 찌고, 바질과 토마토 맛이 깊게 밴 쿠스쿠스 위에 올리는지 설명하고 있다. 그 주인공은 제이미 올리버다. 이 장면은 아이폰에 다운받을 수 있는 첫 요리 애플리케이션이 아닌데도 곧 가장 인기 있는 애플리케이션 가운데 하나가 됐다.

웹사이트 에피큐리오스닷컴은 빅오븐BigOven이나 올레시피Allrecipes처럼 수많은 응용 프로그램을 보유하고 있다고 자랑하지만 올리버의 앱은 다르다. 그의 앱은 사진과 비디오로 오직 여섯 가지 요리만 소개한다. 그리고 많은 앱과 달리 4.99파운드 혹은 7.99파운드인데, 이는 매우 비싼 편에 속한다. 그럼에도 그의 앱은 정상적으로 방영되고 있다.

"여러분 안녕하십니까?"

책과 TV 쇼를 통해 많은 사람과 친숙해진 올리버가 손안에서 인사한다.

"여러분은 여기 있는 모든 재료로 약 20분 만에 멋진 음식을 만들 수 있다는 확신을 가질 겁니다. 실제로 여러분은 그렇게 할 수 있습니다. 그러니 요리를 시도해보고 즐기세요."

그가 수많은 회의적인 생각(많은 사람이 수입이 거의 없는 시장에 투자를 크게 하는 것에 대해 경고했다)에 맞서고 시장을 발전시키는 데는 6개월이 걸렸다. 10월에 앱 방송을 시작한 지 며칠도 안 돼 제이미 올리버의 '20분 음식'은 애플에서 가장 크게 성장한 앱이 됐다. 이후 소프트웨어 회사의 지원을 받은 다른 유명 요리사들이 이러한 앱 시장에 연이어 뛰어들었다.

'20분 음식' 방송을 시작할 때 올리버는 말했다.

"저는 약간 괴짜 기질이 있습니다. 저는 기술을 이용하는 것을 좋아하고 일할 때 새로운 방법을 찾는 것을 좋아합니다. 그래서 처음 아이폰을 봤을 때 '저 기술에 요리를'이라는 생각을 했습니다."

그는 런던 동부의 소프트웨어 회사 '졸모Zolmo'에서 그곳 직원들과 함께 앱 개발에 힘썼다. '졸모'의 공동 창업자인 트리스탄 셀더는 다음과 같이 회상했다.

"30명의 직원이 오직 앱 개발을 목적으로 일했습니다. 우리가 목표로 한 장비의 특성은 이동성과 편리함이었는데, 이는 여러분이 항상 이용할 수 있는 요리앱을 주머니 안에 넣고 다닐 수 있다는 것입니다."

이 앱은 애플이 자신들의 앱을 무료로 구입하거나 다운받을 수 있게 한 뒤 18개월이 지나서 세상에 나왔다. 신기술을 소개하는 잡지 『와이어드Wired』는 이러한 앱의 출현에 대해 다음과 같이 논평했다.

"이 앱이 어떻게 사용되든 우리는 경제적, 행동양식적 전환점에 서 있다."

이러한 점이 요리를 강의하는 것뿐 아니라 음식과 관련된 사안을 홍보하는 데서도 경력을 쌓은 올리버의 관심을 끌었다. 올리버는 그의 앱을 영향력 행사에 단초를 제공하는 것으로 사용했다.

에식스에서 호텔 주인의 아들로 태어난 올리버는 부엌일을 도우면서 어린 시절을 보냈다. 요리에 많은 관심을 갖게 된 그는 16세에 학교를 마치고 외식 전문학교에 들어갔다. 22세 때는 런던의 유명 레스토랑 리버 카페River Café에서 일했는데, 다큐멘터리를 제작 중이던 한 TV 프로듀서가 그의 실력

제이미 올리버.

을 알아보고 「벌거벗은 요리사」라는 쇼 프로그램을 그에게 맡겼다. 그가 경쾌하고 느긋하게 그리고 친근하게 진행하는 요리 프로그램은 대중에게 선풍적인 인기를 끌었다. 그는 요리책을 출간한 뒤, 요리 프로그램을 녹화하고 이탈리아 레스토랑 체인점을 개업하는 와중에 실업자를 영국 양돈업자에게 소개하는 캠페인을 벌이기도 했다.

그의 앱이 홍보성이 강하다는 것은 그에겐 매우 자연스러운 일로 보였다. 올리버는 이러한 캠페인도 건강한 식생활에 관심 있는 사람들을 확보하는 일의 한 부분이라고 주장했다.

"만일 사람들이 제 캠페인에 감화돼 요리를 더 잘하게 된다면, 그 캠페인은 성공적이라 할 수 있습니다. 저는 항상 제 뜻을 전달할 방법을 찾고 있습니다. 그리고 여러분도 할 수 있는 작지만 현명한 이 일들을 저는 했습니다. 모든 놀랄 만한 아이디어가 제 앱에 올라와 있습니다."

요리를 정성스럽게 선택한다는 것과 가짓수가 적다는 것 때문에 앱 이용자들은 부담을 느끼지 않는다.

"자 여러분, 재료에 관해 살펴봅시다."

말돈 소금상자, 콜먼 겨자 통, 하인즈 토마토케첩 병을 배경으로 한 앱 영상에서 올리버가 말을 이었다.

"여러분이 20분 만에 음식을 만들고 싶다면, 찬장에 정확한 재료를 갖춰놓아야 합니다."

요리사는 항상 자신의 아이디어를 세상에 전하고 싶어한다. 하지만 21세기 초반엔 그 누구도 자신의 아이디어를 어떻게 전달할 것인가를 생각하지 못했다. 작은 기기가 다이어리를 작성하고 뉴스를 보고 전화를 걸고 하는 것뿐만 아니라, 지나칠 정도로 많은 요리법을 찾아내 그 가운데 요리할 하나를 선택하기 위해 검색하고, 결정하면 요리 방법까지도 정확하게 알려주는 것에 대해 사람들은 놀라움을 금치 못하고 있다.

99

대황 조림

Stewed rhubarb

주디스앤 웨스트우드, 2010년, 『그녀만의 요리Her own recipe』

Recipe

- 잘게 썬 요크셔 대황 줄기 4개
- 흰 설탕 200그램
- 물 1테이블스푼

재료를 팬에 넣고 대황이 부드러워질 때까지, 하지만 죽처럼은 되지 않게 살살 젓는다. 더블크림이나 한 주걱의 바닐라 아이스크림과 함께 먹는다.

영국 북부의 웨스트요크셔 지방에서는 겨울에 삼각주(웨이크필드, 몰리, 로스웰) 대황을 수확한다. 그곳에는 대황 재배실이 있다.

2011년 추운 1월 아침, 데이비드 웨스트우드는 재배실에서 가족 및 농장 일꾼들과 함께 핑크빛이 한창 오른 대황 열 사이를 걸어갔다. 그들은 깜빡거리는 촛불 아래서 적당한 크기의 잘 익은 대황 줄기를 골라 바구니에 담았다. 대황 수확에 참여한 사람들은 이러한 작업이 거의 종교적인 분위기를 띤다고 말한다. 대황 줄기를 선별하는 것만큼이나 다루는 것도 매우 조심스럽게 해야 한다. 아주 작은 상처나 흠집도 곰팡이를 생기게 하거나 썩게 할 수 있기 때문이다. 웨스트요크셔 지방의 농부들은 1800년대 후반에 대황 뿌리 혹은 머리 잎사귀 부분을 어두운 재배실에 심으면 일찍 수확할 수 있을 뿐만 아니라 단맛이 더 난다는 사실을 깨달았다. 머리 부분은 2년 동안 들에서 키운 후 재배실로 옮겨 심는데, 그다음은 앞서 설명한 것처럼 전 과정을 수작업으로 진행한다. 머리 부분을 제거한 줄기는 예외다.

들에서 파낸 대황 뿌리는 태양 에너지를 탄수화물 형태로 바꿔 보관한다. 잎사귀 부분이 한번 재배실로 옮겨지면 햇빛이 부족해 뿌리에 탄수화물이 모인다. 재닛 올드로이드 같은 식물 재배자의 말을 빌리면, 탄수화물이 일종의 식물을 위한 '도시락' 역할을 하는 것이다. 이 탄수화물은 포도당으로 변환돼 대황이 다시 싹트게끔 하는데, 맛이 매우 달콤 쌈싸래하다.

이러한 대황 촉성재배 과정은 19세기 말 지역 광산에서 생산되는 석탄으로 재배실을 따뜻하게 유지하고 지역 공장에서 나온 헌 모직 옷으로 채소에 비료를 주면서 유행했다. 모직물의 밀랍과 라놀린에서 질소와 아미노산이 나왔다. 한창때는 웨이크필드, 몰리, 로스웰 삼각지대에서 약 200명의 재배자가 대황 촉성재배를 했다. 영국 북부 철도를 통해 남쪽 런던으로 대황을 수송했고, 크리스마스와 부활절 사이의 수확기에는 해외로 수출했다.

대황 산업은 제2차 세계대전이 끝날 때까지 호황을 누렸다. 촉성재배한 대황은 맛이 달콤하기 때문에 잼을 만드는 데 대량으로 사용됐다. 그러다가 전쟁이 끝나고 다른 나라의 과일이 영국으로 유입되면서 수요가 급락했다. 2000년대 초반까지 대황 생산업체의 수는 12개로 줄었다. 요크셔의 대황 촉성재배 산업은 값싼 유사품, 특히 네덜란드로부터 위협을 받았다. 하지만 다행히도 한 줄기 희망의 빛이 보였다. 유럽연합에 납품이 예상된 것이다.

1994년부터 유럽연합은 특정 상품(특별보호품목)에 인증서를 주었다. 그중 한 분야가 오직 그 지역에서만 나는 지역특산품이거나 지역 농업활동의 주요 부분을 차지하는 생산품이다. 샴페인, 파르마 햄, 파르메산 치즈, 로크포르 치즈, 칼라마타 올리브 같은 '보호품목지정'은 유럽연합의 보호 아래 생산량이 증가했다.

유럽연합은 멜턴 모브레이 돼지고기 파이, 아브로스 훈제, 뉴캐슬 브라운 에일과 같은 품목을 '원산지 명칭 보호 라벨Protected Designation of Origin'로 지정함으로써 영국의 전통 생산품도 보호했다. 특정 지역에서만 생산되는 상품이 아니면 보호품목지정을 요구할 수 없고 어떤 유사 품목도 이러한 품목 지정을 받을 수 없다.

암울한 미래에 맞서 웨스트요크셔의 대황 촉성재배업자들은 품목 보호를 신청했다. 웨스트우드는 말했다.

"우리는 신청서를 작성하고 이틀 정도 기다리면 될 거라 생각했지만 2년 반을 기다려야 했다."

2010년 여름, 기다린 보람이 있어 유럽연합은 대황을 보호품목으로 인정하고 스티커가 부착된 인증서를 발부했다. 웨스트우드는 이렇게 말했다.

"대황은 이곳에선 잘 자라지만 다른 곳에선 이곳만큼 자랄 수 없는 식물입니다. 대황은 진흙에서도 어느 정도 자랄 수 있다고 생각되지만 이곳에서만큼은 아니라는 사실을 사람들이 모르는 것 같습니다."

재배실에서는 대황이 어찌나 빨리 자라는지 그 자라는 소리가 들릴 정도라고 한다.

"실제로 햇빛을 받아 껍질이 벗겨지고 움이 틀 때 대황이 갈라집니다."

웨스트우드의 가족은 4대에 걸쳐 촉성재배를 이용해 대황을 재배해왔다. 그는 말했다.

"이것은 우리에게 커다란 의미가 있다."

하지만 모든 재배업자의 미래를 보장하는 유럽연합의 보호품목지정이 현실화됐음에도 이 사업이 지속될지 그는 확신하지 못하고 있다. 만일 염려하는 상황이 닥치면, 이는 불안한 미래가 될 것이다. 그는 "제게는 아들 하나, 딸 하나가 있습니다. 다른 사람들에게는 딸밖에 없습니다. 저는 여자들에게 둘러싸여 있습니다. 그리고 우리 모두는 대황을 먹고 있습니다"라고 말했다.

웨스트우드는 대황을 단순하게 찌는 아내 주디스 앤의 요리 방법을 좋아한다. 반면 그의 손녀들은 크럼블[원재료에 밀가루, 버터, 설탕을 섞은 반죽을 씌운 뒤 오븐에 구워 먹는 요리]로 만들어 먹는 것을 좋아한다. 그는 이렇게 말했다.

"간편하고 달콤하고 색깔이 그대로 유지되는 멋진 요리법입니다. 우리가 이곳에서 산다는 것은 최고의 일입니다."

100

고기과일

혹은 푸아그라와 닭 간 파르페[foie gras & chicken liver parfait]
Meat fruit

헤스턴 블루먼솔, 애슐리 파머 와츠, 2011년,

「헤스턴 블루먼솔이 제공하는 런던 나이츠브리지 디너 레스토랑의 메뉴

The menu at Dinner by Heston Blumenthal, Knightsbridge, London」

Recipe

- 테린[잘게 썬 고기·생선 등을
  그릇에 담아 단단히 다진 뒤
  차게 식힌 다음 얇게 썰어
  전채 요리로 내는 음식] 만들기
  (25.4×10.2×8.9센티미터)
- 브랜디 50그램
- 푸아그라(순수 간만의 무게)
  250그램
- 다홍색 포트와인
  (포르투갈 원산의 포도주) 150그램

- 잘게 썬 양파 100그램
- 다진 마늘 3그램
- 끈으로 묶은 백리향 15그램
- 흰색 포트와인 75그램
- 쌉쌀한 맛이 나는 마데이라
  (아프리카 마데이라 제도에서
  나는 백포도주) 150그램
- 닭 간(순수 간만의 무게) 150그램
- 식탁용 소금 18그램
- 녹은 무염버터 300그램

양파, 마늘, 백리향을 마데이라, 다홍색 포트와인, 흰색 포트와인, 브랜디와
함께 용기에 담아 24시간 동안 재워둔다.

재워둔 재료를 수분이 다 빠져나갈 때까지 저으면서 가열한다. 이렇게 해
야 양파와 마늘이 타지 않는다. 불을 끄고 백리향을 건져낸다.

오븐을 100℃로 예열하고, 중탕냄비에 물을 깊이 5센티미터까지 붓고 오븐
에 넣는다.

중탕냄비를 50℃로 가열한다.

푸아그라와 닭 간을 일정한 크기로 자른다. 식탁용 소금을 푸아그라와 닭 간에 뿌리고 잘 섞는다.

닭 간과 푸아그라를 밀봉봉지에 담는다. 달걀과 알코올 끓인 것을 두 번째 밀봉봉지에 넣고 버터를 세 번째 봉지에 넣는다. 모든 봉지를 바람을 완전히 빼서 봉하고는 중탕냄비에 넣고 20분간 데운 후 건져낸다.

달걀, 알코올 끓인 것, 고기를 서모믹스Thermomix[온도까지 조절할 수 있는 다기능 믹서]에 넣고 온도를 50℃에 맞춰 내용물이 연해질 때까지 돌린다. 버터를 천천히 집어넣고 부드러워질 때까지 섞는다. 혼합물을 작은 국자로 떠 촘촘한 체로 거른다.

거른 소스를 테린 접시에 붓고 중탕냄비에 넣은 다음 중탕냄비를 알루미늄 포일로 덮는다. 가운데 부분이 64℃가 될 때까지 파르페를 가열한다. 냄비를 오븐에서 빼내 식힌다. 먹기 전 24시간 동안 냉장 보관한다.

새로운 레스토랑을 개업하기 18개월 전에 요리사 블루먼솔은 버크셔 지방 브레이 시에서 3.2킬로미터 정도 떨어진 곳에 부엌 딸린 사무실을 세냈다. 그리고 그의 유명 레스토랑 팻덕의 수석 요리사인 애슐리 파머 와츠를 그곳으로 불러들였다. 이 요리사의 임무는 멋진 나이츠브리지 구역 중심부에 있는 호화로운 만다린 오리엔탈 호텔에서 열릴 헤스턴 블루먼솔의 디너 요리를 몇 주나 몇 달간 연마하는 것이었다.

그때까지 레스토랑 업계에서 들어본 적 없는 이 특이한 프로젝트는 수천 파운드의 돈이 소요될 것으로 예상됐다. 요리사가 새로운 요리를 고안해내면, 그 요리를 손님에게 직접 내보이면서 평가하는 게 일반적이다. 하지만 블루먼솔과 파머 와츠는 이전 혹은 수백 년 동안 메뉴에서 볼 수 없었던 요리를 개발하는 중이었다.

예를 들면 지난번에 영국에 소개됐던 '쌀과 고기rice and flesh'는 14세기의 음식이다. 실제로 이 요리는 리처드 2세의 수석 요리사가 쓴 『요리의 형태

The Forme of Cury』에 이미 소개됐다. 이러한 요리는 현대 요리에 맞게 약간의 변형과정이 필요했다. 블루먼솔은 완벽주의자였기에(이건 절대 과장이 아니다) 그리고 메뉴에 수십 가지의 옛 음식이 올라와 있었기 때문에 그의 프로젝트는 어느 정도 시간을 요했다. 파머 와츠는 확신했다.

"많은 돈과 노력이 필요했다. 수석 요리사로서 양쪽에 창조적으로 대응한다는 것이 매우 어려웠다. 하지만 우리가 했던 일을 누군가가 했다는 말을 들어본 적은 없다."

수 세기에 걸쳐 요리를 개발했고 이러한 과정을 통해 영국 음식은 풍요로운 전통을 보유하게 됐다. 그동안 새로운 레스토랑의 개념을 요약하는 요리가 하나 발견됐는데, 블루먼솔이 팻덕에서 제시한 실험적이고 획기적인 것으로 요리 역사에 큰 획을 그었다. 그는 다음과 같이 말했다.

"유서 깊은 요리, 특히 중세 요리를 관찰하기 시작했을 때 관심을 끄는 것이 하나 있었습니다. 그것에 끌린 이유는 매우 기발하다는 점 때문이었습니다. 바로 고기과일입니다."

그는 중세 요리사들의 장난기 어린 요리에 관심을 가졌다. 특히 14세기 타이방 같은 요리사의 작품에 매혹됐다. 햄프턴 코트 궁전의 요리사학자와 요리연구가에 대해 관심을 갖게 된 그는 "전혀 다른 세상이 내게 열렸다"고 말했다. 그것은 아직 첫발도 디디지 않은 신천지 같은 것이었다.

그는 고대 요리를 재연하면서 일생을 보낸 요리사학자 이반 데이를 찾아냈다. 블루먼솔은 다음과 같이 말했다.

"그는 책장에서 매우 가치 있어 보이는 책을 꺼내 그 안에 있는 요리를 만들기 시작했습니다. 제가 열심히 하고 있는 모든 일, 모든 것이 바로 그 순간을 위한 것이었습니다."

이후 블루먼솔은 실제로 완벽한 개념의 레스토랑을 갖기 전에 레스토랑 팻덕과 술집 하인즈 헤드Hinds Head에서 소고기 로열[소고기를 작게 잘라 수프에 띄우는 일종의 소고기두부], 초콜릿 와인, 오이 양고기 등 많은 요리를 개발했다. 레스토랑 사람들이나 식품공급업체 사람들이 권유했음에도 두 번째 팻덕 개업을 꺼리던 그는 나이츠브리지에 디너를 개업했다. 한편 파머 와츠는 새로운 요리, 특히 고기과일을 만들어야 했다.

튜더 왕조 사람들은 병이 생길지 모른다는 생각에 과일이나 채소를 날로 먹는 것을 꺼렸다. 그래서 요리사들은 고기를 과일처럼 보이게 하는 아이디어를 고안해냈다. 예를 들면 파슬리와 사프란으로 색을 내 사과처럼 보이는 포크볼을 만들었다. 그리고 아몬드 조각을 가시로 이용한 고슴도치 파테를 만들기도 했다. 하지만 요리사학자인 피터 브레어스가 지적했듯이, 이러한 솜씨는 돼지 머리에서부터 수탉 꼬리까지 꿰매 새로운 짐승을 만드는 기술(매우 괴팍한 성격의 왕도 눈을 번쩍 뜰 수밖에 없는)에 비하면 아무것도 아니다.

과거의 요리사들이 독창적인 아이디어를 갖고 있는 반면, 블루먼솔에겐 현대적인 기술을 이용할 수 있는 장점이 있었다. 그가 만든 고기과일은 유연한 고무 틀, 인터넷 검색, 액체 질소를 이용해 완성됐다. 그 효과는 놀라웠다. 고기과일은 2011년 1월 디너 개업식에서 대표 음식이 됐다. 그것은 중세 요리사들이 연회 참석자들을 즐겁게 했듯이 오늘날의 저녁 식단을 만족시켰다.

파머 와츠가 완성한 현대판 고기과일은 만다린 젤리에 담겨 냉장된 닭간과 푸아그라 파르페로 만드는데, 이 만다린 젤리는 약간 팬 상태로 만다린 잎을 첨가해 단번에 파르페가 적정 온도를 유지하게끔(두 번째로 담그기 전에 액체질소로 빠르게 냉동해서) 해준다. 이렇게 완성된 요리는 과일 모양으로 그 안에 무엇이 있을지 궁금증을 유발시켰다. 이 요리는 성공을 거두었다. 곧 모든 저녁 식단에 애피타이저로 이름을 올렸고, 레스토랑도 성공을 거두었다. 개업 6개월이 지나서 파머 와츠는 말했다.

"대부분의 사람은 개업했을 때 레스토랑의 자리를 많이 채우기를 바란다. 하지만 우리는 레스토랑에 손님을 불러들여 그 숫자를 관리하기만 하면 됐다."

블루먼솔은 기술적으로 매우 좋은 음식을 제공하는 작은 식당을 계획했던 것이지만 이 음식은 단순하고 맛이 좋아 정식 식사의 새로운 상징으로 떠올랐다. 2011년 영국의 레스토랑은 가격이 부풀려진 음식에 대한 거부감이 있었다. 그리하여 대신 리조토, 돼지갈비, 소갈비 같은 음식들이 인기를 끌었다. 블루먼솔을 유명하게 만든 팻덕의 음식은 여느 음식과는 전혀 달랐다. 그는 이곳에서 달팽이죽, 달걀 베이컨 아이스크림, 정어리 셔벗 등을 제공했다. 고객의 취향과 입맛을 독특한 방법으로 만족시킨 블루먼솔은 개업 5년 만에 미슐랭에서 별 3개를 받았다.

이 식당은 프랑스식 작은 식당에서 시작했다. 블루먼솔은 프랑스 가족 여행 중에 들른 프로방스 지방의 우스토 드 보마니에르 호텔 레스토랑(미슐랭 별을 받은)에서 요리에 대해 관심을 갖게 됐다. 그는 다음과 같이 회상했다.

"잔이 부딪치는 소리, 식탁 도구가 접시에 부딪히는 소리, 웨이터가 자갈을 밟고 가는 소리를 아직도 기억하고 있습니다. 웨이터는 양고기 다리를 저미고, 수플레에 소스를 뿌리고 있었습니다."

그는 레몽 블랑의 르 마누아르 오 콰세종에서 간단하게 배운 것 외에 모든 요리법을 스스로 습득했다.

블루먼솔은 수습 건축기사에서부터 복사기 판매사원에 이르기까지 온갖 일을 하면서 밤에는 프랑스 요리책을 독파하고 부엌에서 요리를 직접 만들었다. 팻덕에 자금을 대기 위해 그는 아내 수재나와 공동으로 구입한 작은 집을 팔고 부모 집으로 들어갔다. 한동안은 더러운 레스토랑 타월을 깔고 자기도 했다. 그는 "그렇게 힘들 줄 알았다면 시작하지 않았을 것이다"라고 말하기도 했다.

하지만 그가 좋아하는 프랑스 요리를 본뜬 음식을 성공적으로 만들어 내자 그는 새로운 요리를 실험하기 시작했다.

"저는 천성적으로 호기심이 많습니다."

이러한 호기심은 그가 '다중 감각-식탁에서의 놀라운 맛과 감동'이라고 묘사하는 것을 만들어냈다.

팻덕은 신세대 요리사들이 자신의 요리를 만드는 데(비록 자신들만의 방식으로 요리를 하다가 참담한 결과를 초래하는 경우가 자주 있었지만) 더 깊은 생각을 하게 했다. 그리고 정찬이 유행했다. 런던이 세상에서 가장 멋진 레스토랑을 갖춘 도시라고 여겨질 때에 개업한 이 레스토랑은 멋진 식사의 개념을 바꿔놓았다. 요식산업계의 바이블이라 할 수 있는 『캐터러Caterer』는 2011년 1월호에서 다음과 같이 평했다.

헤스턴 블루먼솔은 끈질긴 과거 요리 연구를 통해
고기과일과 같은 중세 요리를 새로운 기술을 이용해 현대 요리로 바꿔놓았다.

"현대적인 요리사인데도 헤스턴 블루먼솔은 놀라울 정도로 과거에 집착한다."

장밋빛 시각으로 바라본 영국 과거 요리에 대한 그의 열렬한 존경심은 그의 레스토랑을 미래를 향한 탄탄한 길 위에 올려놓았다.

출판물

Accum, F., *Culinary Chemistry* (London: R. Ackermann, 1821).

Austin, T. (ed.), *Two Fifteenth-Century Cookery-Books* (Oxford: Oxford University Press, 1888).

Beeton, I. (ed.), *Beeton's Book of Household Management* (London: S. O. Beeton Publishing, 1861).

Berno, F. R., 'Cheese's Revenge: Pantaleone da Confienza and the *Summa Lacticiniorum' in Petits Propos Culinaires*, vol. 69 (2002), pp. 21–44.

Black, M. *The Medieval Cook* (London: British Museum Press, 1992).

Blythman, J., *The Food We Eat* (London: Penguin Books, 1996).

——, *Shopped: The Shocking Power of British Supermarkets* (London: Harper, Perennial, 2005).

Bober, P. P., *Art, Culture, and Cuisine: Ancient and Medieval Gastronomy* (Chicago: University of Chicago Press, 1999).

Bottéro, J., *The Oldest Cuisine in the World: Cooking in Mesopotamia*, trans. T. L. Fagan (Chicago: University of Chicago Press, 2004).

Boulestin, M., *Savouries and Hors-d'Oeuvre* (London: William Heinemann, 1932).

Brears, P., *Cooking and Dining in Medieval England* (Totnes: Prospect Books, 2008).

Carrier, R., *The Robert Carrier Cookbook* (London: Thomas Nelson and Sons, 1965).

Cassell's Dictionary of Cookery (London, Paris and New York: Cassell, Petter and Galpin, 1896).

Chaney, L., *Elizabeth David* (London: Macmillan, 1998).

Chao, B., *How to Cook and Eat in Chinese* (London: Penguin Books, 1956).

Clarkson, J., *Pie: A Global History* (London: Reaktion Books, 2009).

——, Soup (London: Reaktion Books, 2010).

Clover, C., *The End of the Line'*(London: Ebury Press, 2004).

Crocker, B., *Betty Crocker's Dinner Parties* (New York: Golden Press, 1970).

Dalby, A., *Cheese: A Global History* (London: Reaktion Books, 2009).

——, *Siren Feasts: A History of Food and Gastronomy in Greece* (London: Routledge, 1996).

Daves, J., *The Vogue Book of Menus and Recipes for Entertaining at Home* (New York: Harper & Row, 1964).

David, E., *A Book of Mediterranean Food and Other Writings*, 3rd edn (London: Folio Society, 2005).

——, *French Provincial Cooking* (London: Penguin Books, 1960).

Davidson, A. (ed.), *The Oxford Companion to Food*, 2nd edn (Oxford: Oxford University Press, 2006).

Deutsch, T., 2010, *Building a Housewife's Paradise: Gender, Politics, and American Grocery Stores in the Twentieth Century* (Chapel Hill, N.C.: University of North Carolina Press, 2010).

Farmer, F., *The Boston Cooking-School Cook Book* (Boston: Little, Brown & Company, 1929).

Floyd, K., *Floyd on Fish* (London: BBC in association with Absolute Press, 1985).

——, *Stirred But Not Shaken* (London: Sidgwick & Jackson, 2009).

Frieda, L., 2003, *Catherine de Medici* (London: Phoenix, 2003).

Gains, T., *A Complete System of Cookery* (London: J. Weston, 1838).

Garrett, T. F. (ed.), *The Encyclopedia of Practical Cookery* (London: L. Upcott Gill, 1892).

Glasse, H., *First Catch Your Hare: The Art of Cookery Made Plain and Easy* (Totnes: Prospect Books, 2004).

Good Housekeeping Institute, *Good Housekeeping's Picture Cookery*, revised edn (London: National Magazine Company, 1951).

Gouffé, J., *The Royal Cookery Book*, trans. A. Gouffé (London: Sampson Low, Son and Marston, 1868).

Greco, G. L., and Rose, C. M. (eds. and trans.), *The Good Wife's Guide (Le Ménagier de Paris)* (Ithaca and London: Cornell University Press, 2009).

Grossman, L., *Masterchef* (London: BBC Books, 1990).

Hartley, D., *Food in England* (London: Macdonald, 1954).

Haywood, J., *Encyclopaedia of the Viking Age* (London: Thames & Hudson, 2000).

Henisch, B. A., *The Medieval Cook*, (Woodbridge: Boydell Press, 2009).

Hieatt, C. B., Hosington, B., and Butler, S., *Pleyn Delit: Medieval Cookery for Modern Cooks* (Toronto: University of Toronto Press, 1976).

Howells, M., *Fondue and Table Top Cookery* (London: Octopus Books, 1977).

Ignotus, *Culina Famulatrix Medicinae: or, Receipts in Modern Cookery* (York: J. Mawman, 1906).

Jaffrey, M., *Climbing the Mango Trees* (London: Ebury Press, 2005).

——, *An Invitation to Indian Cooking* (London: Jonathan Cape, 1976).

Jochens, J., *Women in Old Norse Society* (Ithaca, NY: Cornell University Press, 1995).

Kelly, I., *Cooking for Kings: The Life of Antonin Carême, the First Celebrity Chef* (London: Short Books, 2003).

Kiple, K. F., and Kriemhild, C. O. (eds.), *The Cambridge World History of Food* (Cambridge: Cambridge University Press, 2000).

Kitchener, W., *The Cook's Oracle* (London: Cadell and Co., 1829).

Knight, K., *Spuds, Spam and Eating for Victory: Rationing in the Second World War* (Stroud: Tempus Publishing, 2004).

Kurlansky, M., *Salt: A World History* (New York: Walker, 2002).

Lappé, F. M., *Diet for a Small Planet* (New York: Random House, 1971).

Larousse Gastronomique: The World's Greatest Cookery Encyclopedia (London: Hamlyn, 2001).

Lawrence, F., *Not on the Label* (London: Penguin Books, 2004).

Le Cuisinier gascon (Paris: L'Arche du livre, 1970).

Lin, F., *Florence Lin's Chinese Vegetarian Cookbook* (Boulder, CO: Shambhala, 1983).

Luck, Mrs B., (ed.), *The Belgian Cook Book* (London: William Heinemann, 1915).

Mason, C., *The Ladies' Assistant for Regulating and Supplying the Table*, 6th edn (London: J. Walter, 1787).

Mason, L., *Sugar-plums and Sherbet: The Prehistory of Sweets* (Totnes: Prospect Books, 2004).

——, and Brown, C., *The Taste of Britain* (London: Harper Press, 2006).

Moss, S., and Badenoch, A., *Chocolate* (London: Reaktion Books, 2009).

Noon, G. K., *The Noon Book of Authentic Indian Cookery* (London: Harper Collins, 2001).

Norman, C., *Microwave Cookery for the Housewife* (London: Pitman, 1974).

Ó Gráda, C., *Famine: A Short History* (Princeton, NJ: Princeton University Press, 2009).

Patten, M., *Feeding the Nation: Nostalgic Recipes and Facts from 1940–1954* (London: Hamlyn, 2005).

——, *The Victory Cookbook* (London: Hamlyn, 1995).

Peterson, T. S., *The Cookbook that Changed the World: The Origins of Modern Cuisine* (Stroud: Tempus, 2006).

Petrini, C., *The Slow Food Revolution* (New York: Rizzoli, 2005).

Power, E. (trans.), *The Goodman of Paris (Le Ménagier de Paris): A Treatise on Moral and Domestic Economy by a Citizen of Paris* (London: G. Routledge & Sons, 1928).

Quinzio, J., *Of Sugar and Snow: A History of Ice Cream Making* (Berkeley, CA: University of California Press, 2009).

Riddervold, A., and Ropeid, A., *Food Conservation* (London: Prospect Books, 1988).

Ridgway, J., *The Cheese Companion* (London: Apple, 1999).

Rombauer, I., and Becker, M. R., 1999, *Joy of Cooking* (New York: Simon & Schuster, 1999).

Rundell, M., *A New System of Domestic Cookery*, ed. E. Roberts (London: John Murray, 1840).

Saberi, H., *Trifle* (Totnes: Prospect Books, 2001).

Sass, L., *To The King's Taste: Richard II's Book of Feasts and Recipes* (London: John Murray, 1976).

Scully, D. E., and Scully, T., *Early French Cookery: Sources, History, Original Recipes and Modern Adaptations* (Ann Arbor, MI: University of Michigan Press, 1995).

Scully, T. (ed. and trans.), *La Varenne's Cookery: The French Cook; the French Pastry Chef; the French Confectioner* (Totnes: Prospect Books, 2006).

——, *The Opera of Bartolomeo Scappi (1570): L'arte et prudenza d'un maestro cuoco (The Art and Craft of a Master Cook)* (Toronto: University of Toronto Press, 2008).

Serventi, S., and Sabban, F., *Pasta: The Story of a Universal Food* (New York: Columbia niversity Press, 2002).

Sidorick, D., *Condensed Capitalism: Campbell Soup and the Pursuit of Cheap Production in the Twentieth Century* (Ithaca, NY: Cornell University Press, 2009).

Smith, A. F., *Eating History: 30 Turning Points in the Making of American Cuisine* (New York: Columbia University Press, 2009).

Snodgrass, M. E., *Encyclopedia of Kitchen History* (New York: Fitzroy Dearborn, 2004).

Spencer, C., *British Food: An Extraordinary Thousand Years of History* (London: Grub Street, 2002).

——, *From Microliths to Microwaves* (London: Grub Street, 2011).

——, *Vegetarianism: A History* (London: Grub Street, 2000).

Spurling, H. (ed.), *Elinor Fettiplace's Receipt Book: Elizabethan Country House Cooking* (London: Penguin Books, 1987).

Stapley, C. (ed.), *The Receipt Book of Lady Anne Blencowe* (Basingstoke: Heartsease, 2004).

Stobart, T., *The Cook's Encyclopaedia* (London: B. T. Batsford, 1980).

Tames, R., 2003, *Feeding London: A Taste of History* (London: Historical Publication, 2003).

Toussaint-Samat, Maguelonne, *A History of Food*, trans. A. Bell (Oxford: Wiley-Blackwell, 2009).

Trager, J., *The Food Chronology: A Food Lover's Compendium of Events and Anecdotes from Prehistory to the Present* (London: Aurum Press, 1996).

Vehling, J. D. (ed. and trans.), *Apicius: Cookery and Dining in Imperial Rome* (New York: Dover Publications, 1977).

Vincenzi, P., *Taking Stock: Over 75 Years of the Oxo Cube* (London: Collins, 1985).

White, M. P., *White Slave* (London: Orion, 2006).

Whitley, A., 2006, *Bread Matters* (London: Fourth Estate, 2006).

Willan, A., *Great Cooks and their Recipes: From Taillevent to Escoffier* (London: Pavilion, 2000).

Wilkins, J., Harvey, D. and Dobson, M. (eds.), *Food in Antiquity* (Exeter: University of Exeter Press, 1995).

Wilson, B., *Sandwich: A Global History* (London: Reaktion Books, 2010).

Wilson, C. A., *The Book of Marmalade: Its Antecedents, its History and its Role in the World Today* (London: Constable, 1985).

Yeatman, M., *The Last Food of England* (London: Ebury Press, 2007).

Zaouali, L., *Medieval Cuisine of the Islamic World: A Concise History with 174 Recipes*, trans. M. B. DeBevoise (Berkeley, CA: University of California Press, 2007).

웹사이트

digital.lib.msu.edu/projects/cookbooks

www.federationoffi shfriers.co.uk

www.foodnetwork.com

www.foodreference.com

www.foodtimeline.org

www.gutenberg.org

www.historicfood.com

www.history-magazine.com

www.mrsbeeton.com

www.theoldfoodie.com

www.vegsoc.org

이 책에 필요한 조사와 집필을 하는 데 많은 사람의 격려와 도움을 받았다. 그래서 2010년 4월 1일 목요일 이후 나와 연락을 주고받은 모든 분에게 감사의 말을 드린다. 하퍼콜린스 출판사의 편집부장 이안 맥그리거를 만난 날이 바로 그날이었다. 나는 런던 홀랜드 파크 가에 있는 카페에서 그를 만났다. 나에게 책을 의뢰한 그는 매우 섬세하고 지혜와 통찰력이 뛰어난 남자였다. 만우절 장난에 속아 넘어갈 것 같은 사람이 전혀 아니었다. 이안 맥그리거, 당신에게 고마움과 함께 이 책 때문에 골치를 썩인 것에 대한 사과의 말씀을 함께 전합니다.

검색을 도와준 조지아 마셸에게도 고마운 마음을 전한다. 그녀가 없었다면 음식 정보의 진흙 구덩이에 빠져 허우적댔을 것이다. 조지아의 놀라운 지적 능력과 정보력에 감사하고 내 말을 늘 신경 써서 들어준 점을 고맙게 생각한다. 그녀는 이 책의 내용을 구성하는 데 효율적인 틀을 짜는 방향을 알려주기도 했다. 조지아는 내게 영국도서관에 있는 독자적이면서도 자유롭게 열람할 수 없는 정보의 세계로 나를 안내했다. 그곳 직원들은 내가 아무리 오래된 책을 요구해도 친절하게 찾아주었다. 희귀 도서 및 음악 서적 열람실에서 주로 글을 썼는데 내 시끄러운 타이핑 소리 때문에 불편을 겪었을 사람들에게도 사과의 말을 전하고 싶다.

존 브라운 대학의 동료들도 물심양면으로 지원하고 응원해주었다. 모두에게 감사의 말을 전한다. 특히 타비타, 케리, 벤, 올리, 제임스 디니, 샘, 대니얼 그리고 그의 멋진 반쪽인 테아 레나르두치는 나를 위해 고대 이탈리아 서적을 번역해주었다. 앤 존스의 친구인 제임스 게라르디와 키로 가르굴로도 마찬가지로 번역에 도움을 주었다. 질리언, 제시카, 마리나, 엘리너, 에마, 킴, 리비, 딘과 베누 그리고 특별히 성자 같은 베네티아에게도 고맙다는 말을 꼭 하고 싶다. 또한 우리가 노예라고 부를 정도로 고생하며 일하는 인턴들은 『웨이트로스 키친』의 세계로 입문한 것도 모자라 『역사를 만든 백가지 레시피』에 관한 자료 검색에 최선을 다해주었다. 특히 제이슨, 해나, 캐서린과 밀리에게 고마움을 전한다. 소비자 소매 출판업체의 동지라 할 수 있는 앨리슨 오커비와 올리 라이스에게도 감사한다. 누구보다도 앤드루 히르슈를 언급하지 않을 수 없다. 영감이 풍부하고 지혜로운 그는 내가 다양한 음식에 대한 계획을 세울 수 있도록 그리고 이 책을 집필할 수 있도록 시간을 만들어줬다.

그 밖에도 고마운 셰프와 홍보 담당자들이 더 있다. 음식 관련 글을 쓸 수 있도록 여러 방면에서 도움을 준 이들이다. 모린, 조, 아누시카, 카트리나와 안드레아, 특히 모니카 브라운과 멜러니 그로콧에게 감사한다. 제임스 스틴의 기자로서의 조언은 정말 고마웠다. 나를 팀 랭 교수에게 소개시켜준 로즈 프린스에게도 고맙다는 말을 꼭 하고 싶다. 덕분에 한결 수월하게 조사를 진행할 수 있었다. 나의 오래된 벗인 사이먼 브라운은 이 책에 수록될 내 모습을 찍어주었다.

하퍼콜린스 출판사에는 이안 말고도 감사의 말을 전해야 할 사람이 더 있다. 헬렌 웨지우드는 책의 방향을 설정하는 데 도움을 주었다. 홍보활동에 참여해준 캐럴라인 핫블랙과 애나 깁슨, 캐럴라인 마치에게도 고마움을 전한다. 초고본을 교정하면서 내 글의 오타와 허점을 예리한 눈으로 찾아서 고쳐준 케이트 파커는 특히 고마운 사람이다. 그렇게 했는데도 실수가 있다면 그것은 전적으로 내 잘못이다. 나의 훌륭한 에이전트 직원인 캐럴라인 미셸과 더불어 PFD에 있는 넬 앤드루에게도 감사한다.

마지막으로 내 가족과 친구들, 특히 지난 수개월 동안 나를 이해해준 사랑하는 아내 로라에게 고마움을 전한다. 주말마다 서재에 박혀 일만 하던 남편이 갑자기 스트레스를 받거나 배가 고플 때만 방 바깥으로 나왔는데도 이해해주었다. 2012년에는 꼭 요리를 시작하고 음식 장보기를 하겠다고 이 자리를 빌려 맹세하는 바이다. 또 내 아이들, 앨리스와 앨버트에게는 늘 사랑하는 마음뿐이다. 아들 앨버트가 하루는 "아빠, 돼지가 상어보다 한 해에 더 많은 사람을 죽인다는 사실, 그것도 책에 쓸 건가요?"라고 물었다. 아들의 질문에 대한 대답을 이젠 할 수 있게 됐다. 또 친구 야스퍼와 바네사, 이 두 사람은 언제나 내 정신력이 떨어지지 않도록 옆에서 응원해주었다. 이 책에 불만이 없을 수는 없다. 하지만 토비와 개비가 그랬던 것처럼 이 책은 아직 음식 역사에 관한 시작에 불과하다고 생각한다. 희망과 도전 정신의 참된 가치에 대해 몸소 보여준 모든 사람에게 감사의 말을 전한다.

찾아보기

역사를 만든 백가지 레시피

초판인쇄	2016년 3월 28일
초판발행	2016년 4월 4일

지은이	윌리엄 시트웰
옮긴이	안지은
펴낸이	강성민
편집장	이은혜
기획	서애경
편집	박세중 이두루 박은아 곽우정 차소영
편집보조	조은애
마케팅	정민호 이연실 정현민 김도윤 양서연
홍보	김희숙 김상만 이천희
독자모니터링	황치영

펴낸곳 (주)글항아리 | 출판등록 2009년 1월 19일 제406-2009-000002호

주소	10881 경기도 파주시 회동길 210
전자우편	bookpot@hanmail.net
전화번호	031-955-8891(마케팅) 031-955-1936(편집부)
팩스	031-955-2557

ISBN 978-89-6735-311-7 03900

에쎄는 ㈜글항아리의 브랜드입니다.

이 도서의 국립중앙도서관 출판예정도서목록(CIP)은 서지정보유통지원시스템 홈페이지
(http://seoji.nl.go.kr)와 국가자료공동목록시스템(http://www.nl.go.kr/kolisnet)에서
이용하실 수 있습니다.(CIP제어번호: CIP2016006134)